LA REFORMA PENITENCIARIA EN LA HISTORIA CONTEMPORÁNEA ESPAÑOLA

Isabel Ramos Vázquez

LA REFORMA PENITENCIARIA EN LA HISTORIA CONTEMPORÁNEA ESPAÑOLA

Universidad de Jaén
Facultad de Ciencias Sociales y Jurídicas

Dykinson, S. L.

Editorial DYKINSON, S.L. Meléndez Valdés, 61-28015 Madrid
Teléfono (+34) 91 544 28 46-(+34) 91 544 28 69

e-mail: info@dykinson.com
http://www.dykinson.es
http://www.dykinson.com

Consejo editorial véase www.dykinson.com/quienessomos

ISBN: 978-84-9031-752-5
Depósito Legal: M-34325-2013

A mis hijos, Diego y Helena

"Instantly reorganize humanity (...) without the aid of living Historical development"
Feodor Dostoevsky, Crime and punishment, New York, 1975, pp. 217-223.

ÍNDICE

PRÓLOGO

Ya hemos criticado en alguna ocasión la tendencia a practicar un tipo de investigación excesivamente formalista, descriptiva o acrítica cuyo resultado más penoso es el de preterir los aspectos vitales o, mejor dicho, biológicos, de la historia jurídica, es decir, la circunstancia de estar proyectados e impulsados por y para las personas. Incurre así, el historiador, en el defecto de transformar la Historia en una sucesión de formas huecas que, a manera de cadáveres, transitan el curso de los acontecimientos perdiendo de vista que, por debajo o dentro de esos acontecimientos, están los hombres o, más aún, la vida, luchando por perpetuarse en sus innúmeras formas. Afortunadamente, la obra de Isabel Ramos no pretende poner en práctica ningún innovador pseudomodelo teórico de trabajo, como tampoco plantea ningún experimento de microhistoria jurídica, historia total, o de sociología histórica. Simplemente, la autora se ha enfrentado honestamente a las fuentes, y tras "templar" y "mandar", las ha interpretado con rigor para ofrecernos el hilo argumental más coherente, completo y documentado. Nada más... y nada menos.

La autora, tras la publicación de un anterior libro, "Arrestos, cárceles y prisiones en los derechos históricos españoles" (Premio Nacional Victoria Kent 2007, Ministerio del Interior, Madrid, 2008), ha querido culminar su estudio sobre las instituciones privativas de libertad en la Historia del Derecho español con este segundo volumen sobre "La reforma penitenciaria en la historia contemporánea española".

Si en aquella primera obra se analizaban principalmente las detenciones o cárceles de custodia, y en menor medida las primeras manifestaciones de una pena de prisión aún muy secundaria, que se practicaban en los distintos reinos de la Monarquía hispánica hasta finales del Antiguo Régimen, atendiendo fundamentalmente a las fuentes doctrinales y legislativas; en este segundo texto se continua reflexionando sobre la evolución de las principales instituciones jurídicas privativas de libertad, las cárceles y las prisiones, a partir de la formación en España de los primeros Estados de Derecho, cuando la prisión se erigió en la pena típica de los ordenamientos jurídicos contemporáneos.

La llamada "reforma penitenciaria" que se acometió en España a lo largo de los siglos XIX y XX, es, en consecuencia, el principal objeto de estudio de esta obra, que además de ofrecer una exposición unitaria y sintética del estado de la cuestión, tratando de contextualizar el tema en el amplio periodo cronológico en el que se desarrolla (desde comienzos del siglo XIX hasta la Guerra Civil española en el siglo XX), pretende abundar en el análisis de las abundantísimas fuentes doctrinales y legislativas que existen sobre la cuestión, aportando nuevas perspectivas, y también situar o emplazar la reforma penitenciaria española en el ámbito internacional.

Por eso, además de a la literatura científica y la legislación histórica española, a lo largo de estas páginas se atiende a la influencia de los principales autores, teorías o experiencias penitenciarias europeas y americanas, las obras de derecho penitenciario comparado, las principales conclusiones de los congresos penitenciarios internacionales, etc. Lo que se pretende, en definitiva, es llegar a comprender cómo se idea y cómo se va plasmando, en letra de la ley, la nueva pena estrella del ordenamiento jurídico español contemporáneo: la pena privativa de libertad.

En la obra, sin embargo, no interesan sólo los presidios o prisiones como principales manifestaciones de la nueva pena privativa de libertad, sino en general todas las realidades penitenciarias, es decir, las cárceles o depósitos cautelares, los presidios y las casas de corrección o penitenciarías de mujeres. Realidades que en principio siguieron caminos diferentes, pero que a mediados de siglo XIX pasaron a formar parte de un mismo sistema penitenciario bajo la dependencia de una única Administración.

En este sentido, son muchos los aspectos que tratan de deslindarse a lo largo del libro: los orígenes intelectuales o la defensa de la nueva pena privativa de libertad en el ideario filosófico y jurídico liberal, la formación de la Administración civil penitenciaria y sus instituciones durante la Edad contemporánea española, el mapa presidial que se fue consolidando en España durante cada momento histórico, las distintas teorías o posturas ideológicas adoptadas en torno a las prisiones por las escuelas jurídicas y la clase política, y especialmente los mecanismos adoptados en la consecución del objetivo correccional de la pena, que fue el que marcó fundamentalmente la diferencia entre las penas del Antiguo Régimen y esta nueva pena privativa de libertad contemporánea.

La corrección o enmienda del delincuente (prevención especial) fue reconocido en ocasiones como el fin último del todo tratamiento penitenciario, y otras como uno más, no el principal, junto con la seguridad o prevención general y otros fines de carácter retribucionista. En cualquier caso, como ya dijera Federico Castejón, siempre ha estado de algún modo presente "ya por medio de la religión, la instrucción, el trabajo o la tutela". Por ello, en este trabajo se ha prestado también una especial atención a los distintos ritmos o etapas en las que se ha ido implementando la idea correccional en el derecho histórico español, a través de distintos medios, e influida en cada momento por un diferente discurso político y doctrinal.

Desde esta perspectiva, se pueden distinguir, a grandes rasgos, un primer periodo que vino impulsado por el desarrollo del humanitarismo liberal en la primera mitad del siglo XIX, aunque todavía arrastraba una importante influencia del humanismo y el utilitarismo dieciochescos; un segundo periodo, a mediados del siglo XIX, en el que la ley y el discurso político volvieron a decantarse decididamente por el retribucionismo penal, mientras que las ideas correccionalistas eran objeto de un vivo debate científico o doctrinal, especialmente efervescente en Europa a finales del siglo XIX; y un tercer periodo, a caballo entre los siglos XIX y XX, en el que, una vez superados los primeros problemas administrativos y económicos de la reforma, se implementaron numerosas reformas de carácter correctivo y tutelar, aunque a distintos ritmos, hasta que a finales del periodo de la Segunda República se perdiera definitivamente el cientificismo que impulsaba la búsqueda del mejor sistema penitenciario, imponiéndose un mero racionalismo mecanicista en la regulación y ejecución del mismo.

El libro se cierra con un epílogo sobre las cárceles y prisiones del franquismo, que no son específicamente objeto de estudio por cuanto supusieron una ruptura radical de los principios que inspiraban la reforma, convirtiéndose en un instrumento más de la represión política y, en cierta manera, un retroceso en la evolución de la política penitenciaria española. Con ello se pone el punto final a la historia de uno de los más brillantes y entusiastas proyectos jurídicos acometidos durante la Edad Contemporánea española hacia la humanización y progreso de la sociedad.

En suma, la obra de la Dra. Isabel Ramos supone una tal imprescindible contribución para comprender la evolución del moderno régimen penitenciario en España y las líneas de influencia nacional e internacional, que es ya un punto de referencia obligada e inexcusable para quienes aspiren a entender la historia de las instituciones penales. Hemos de congratularnos por ello.

Javier Alvarado Planas
Catedrático de Historia del Derecho
Universidad Nacional de Educación a Distancia

OBJETO Y MÉTODO DE ESTUDIO

Desde finales del siglo XVIII, y sobre todo a lo largo de los siglos XIX y XX, una nueva concepción del delincuente y de la pena, van a permitir el nacimiento y consolidación de la prisión como pena típica de las sociedades contemporáneas. Coadyuvaron a ello principios de humanidad, igualdad, humanitarismo, eficacia y utilidad.

Para algunos autores, el paso de la venganza privada y los sistemas penales expiatorios e intimidantes, de marcado carácter injurioso y sangriento, a un sistema jurídico igualitario que eligió la privación de libertad como castigo exclusivo, está relacionado principalmente con la evolución de la sociedad capitalista[1]. Si en ella todas las formas de riqueza se calculan por el trabajo medido en el tiempo, argumentan, su privación en las prisiones, además de castigar al delincuente por la riqueza que deja de generar, podía suponer un importante beneficio o utilidad económica para el Estado, ya que en los primeros presidios el trabajo era obligatorio.

Junto a esta interpretación economicista o materialista, el principal argumento que desde el punto de vista jurídico ha manejado tradicionalmente la historiografía para justificar la aparición de esta nueva forma de

---

[1] PASUKANIS, E.B., *Teoría general del derecho y del marxismo*, Barcelona, 1976, MELOSSI, D., y PAVARINI, M., *Cárcel y fábrica. Los orígenes del sistema penitenciario (siglos XVI-XIX)*, México, 1985, PAVARINI, M., *Control y dominación. Teorías criminológicas burguesas y proyecto hegemónico*, edic. Buenos Aires, 2003, RUSCHE, G. y KIRCHHEIMER, O., *Punishment and social structure*, New York, 1939, o WEISSER, M.R., *Crime and punishment in early modern Europe*, London, 1979. Siguiendo esta corriente también se han pronunciado, entre otros, SUMMER, C., *Marxism and deviancy theory*, en The Sociology of Crime and Delinquency (The New Criminologies), New York, 1976, PLATT, A. y TAKAGI, P., *Punishment and penal discipline*, Berkeley, 1980; PIKE, R., *Penal practices in early modern Spain*, en Criminal Justice History, 5 (1984), pp. 45-56, TRINIDAD FERNÁNDEZ, P., *La defensa de la sociedad. Cárcel y delincuencia en España (siglos XVIII-XX)*, Madrid, 1991, o BAEHRE, R., *Prison as factory, convict as worker. A study of the Mid-Victorian St. John Penitentiary. 1841-1880*, en Essays in the history of Canadian Law, 5 (1994), pp. 13-97.

sancionar en la Edad Contemporánea, ha sido, sin embargo, el que pone el acento en los principios de libertad e igualdad que se situaron en la cúspide de los ordenamientos jurídicos de los Estados de Derecho en el siglo XIX siguiendo la filosofía del racionalismo iusnaturalista, afirmándose así que la privación de libertad es el castigo más igualitario[2].

Desde esta perspectiva o corriente "idealista", en contraposición a la corriente "materialista", no pueden olvidarse tampoco los argumentos que ponen su acento en el humanismo y la filantropía, o, desde el desarrollo de la nueva ciencia jurídico-penal contemporánea, en el humanitarismo jurídico. Éstos hunden sus raíces en el humanismo cristiano de la Edad Moderna y, aunque evolucionan desde la caridad cristiana a la bondad innata del hombre natural de la filosofía racionalista, sitúan fundamentalmente el origen de la pena de prisión en la finalidad correctiva o de enmienda del delincuente, que trata de recuperarse como hombre honrado para la sociedad[3].

Todos estos argumentos, anclados en el tránsito del Antiguo al nuevo régimen contemporáneo, son válidos para entender el nacimiento de la pena privativa de libertad y el modelo correccional, que se presentan al investigador como un cimiento básico en la construcción del Estado de Derecho[4]. Un cimiento que, sin embargo, ha sido escasamente estudiado en su evolución histórica, más allá de tópicos o lugares comunes, y por eso ha despertado mi interés como objeto de estudio en esta obra.

El abandono científico de la historia penitenciaria en nuestro país ya fue denunciado por Antonio Beristain en 1971[5], o Carlos García Valdés

---

[2] FOUCAULT, M., *Vigilar y castigar: nacimiento de la prisión*, vigésima edición en castellano, Madrid, 1992, JIMÉNEZ de ASÚA, F., *Tratado de derecho penal I*, Buenos Aires, 1964, BUENO ARÚS, F., *Historia del derecho penitenciario español*, en Lecciones de Derecho Penitenciario, Madrid, 1986, MORRIS, N, y ROTHMAN, D.J., *The Oxford history of the prison*, Oxford, 1995, O'BRIEN, P., *Prison reform in France and other European countries in the nineteenth century*, 1996, FRAILES, P., *Un espacio para castigar. La cárcel y la ciencia penitenciaria en España (siglos XVIII-XIX)*, Madrid, 1999, o EMSLEY, C., *Law reform and penal reform in England in the age of the French revolution*, in Révolutions et justice pénale in Europe, London, 1999.

[3] GUTIERREZ FERNÁNDEZ, B., *Exámen histórico del Derecho penal*, Madrid, 1866 (edición facsímil en Pamplona, 2003), pp. 91-92, MERLE, R., *La penitence et la peine; théologie, droit canonique, droit pénal*, París, 1985, p. 64, TOMÁS y VALIENTE, F., *El derecho penal de la monarquía absoluta (siglos XVI, XVII y XVIII)*, Madrid, 1969, p. 388, o ALLOZA APARICIO, A., *En busca de las causas del crimen. Teorías y estudios sobre delincuencia y justicia penal en la España Moderna*, en Espacio, Tiempo y Forma, serie IV, Historia Moderna, t.14 (2001), pp. 473-490.

[4] FOUCAULT, M., *Vigilar y castigar...*, p. 15.

[5] BERISTAIN, A., *El delincuente en el Estado social de Derecho*, Revista General de Legislación y Jurisprudencia, Madrid, diciembre 1971, pp. 34 y ss.

en 1975[6]. Quizá porque, tras los denodados esfuerzos de Rafael Salillas, Fernando Cadalso, y algunos otros investigadores de la Escuela de Criminología, el tema penitenciario perdió toda su fuerza y su intención en España a principios del siglo XX.

Asentado ya el sistema penitenciario, se perdieron en esa época las raíces humanitarias, filantrópicas o intelectuales que impulsaron la reforma, y se consolidó un mero racionalismo mecanicista en la aplicación del derecho penitenciario español, que probablemente condujo a los investigadores a perder todo interés en el estudio de sus orígenes, causas o modelos. Si durante el siglo XIX y los principios del XX el derecho penal y, por ende, penitenciario, había tratado de hacerse más humano, desde mediados del XX sólo se preocupó de hacerse más racional, y ello afectó de forma decidida a la investigación de la historia penitenciaria.

Ciertamente, el tema se ha recuperado con un renovado vigor desde que Michel Foucault publicara su clásica obra *Vigilar y castigar* en 1975. Desde ese momento, los estudios penitenciarios se han multiplicado en el entorno europeo y americano, como puede comprobarse en la bibliografía adjunta, coincidiendo con la revisión que en los últimos tiempos se está haciendo de la pena privativa de libertad por parte de un sector de la doctrina que defiende que la prisión no ha cumplido el objetivo correctivo con el que se creó.

En nuestro país, denunciada la situación de "huerfanismo" doctrinal, el eminente penalista Carlos García Valdés y algunos de sus discípulos (Figueroa Navarro, Téllez Aguilera, Herrero Herrero, Martínez Galindo o Sanz Delgado), junto con algún otro avezado penalista como Horacio Roldán Barbero o Iñaki Rivera Beirás, también se han venido incorporando desde finales del siglo XX a esta corriente de estudio de la historia penitenciaria. A ellos se han de añadir algunos otros autores provenientes de la historia social, como Pedro Fraile, Fernando José Burillo Albacete, Justo Serna Alonso, Gutmaro Gómez Bravo o Pedro Trinidad Fernández, a quienes debemos en su conjunto grandes avances.

Pero, a pesar de ello, y de acuerdo con Francisco Bueno Arús, "si algún día se abordara con rigor el estudio a fondo de la Historia del Derecho Penitenciario español, éste sólo podría acometerse con precisión enfocándolo como una parcela de la Historia de nuestro Derecho Penal, también por hacer todavía, en el marco general de la Historia del Derecho"[7].

---

[6] GARCÍA VALDÉS, C., *Régimen penitenciario de España (Investigación histórica y sistemática)*, Madrid, 1975, p. 15.

[7] BUENO ARÚS, F., *Historia del derecho penitenciario español*, en Lecciones de Derecho Penitenciario, Madrid, 1986, p. 78.

Existen, además, los problemas añadidos de la confusión terminológica y la abundancia de las fuentes. Hay quien afronta el estudio de las *"cárceles"* de custodia como realidades independientes a la de los *"presidios"* o *"casas de corrección"*, aunque a partir de mediados del siglo XIX trató de unificarse todo el sistema de *"prisiones"* español. Por otro lado, hay quien entiende la ideología *"correccional"* en sentido amplio, relacionándola con los cambios legislativos que propiciaron la reforma penitenciaria desde comienzos del siglo XIX[8]; y quien, depurando en sentido estricto el concepto, se refiere al *"correccionalismo"* sólo como aquella escuela peculiar del pensamiento jurídico español que se desarrolló a partir de la segunda mitad del siglo XIX por influencia del krausismo[9].

Aquí se ha elegido la concepción extensa de la prisión, tratando de entender el desarrollo de cárceles, presidios y casas de corrección en su conjunto, y también el concepto más amplio de la idea correccional como base de la reforma penitenciaria española. Se sigue, en consecuencia, la teoría ya expresada por Federico Castejón de que la enmienda del delincuente (prevención especial), ha sido, junto con la seguridad o prevención general, "el fin último de todo tratamiento penitenciario", a pesar de que se haya atendido a dicho fin de distintas maneras, "ya por medio de la religión, la instrucción, el trabajo y la tutela"[10].

Expuesto el objeto de estudio y el estado de la cuestión sobre el mismo, el método de trabajo que se propone se vertebra a través de una triple dimensión del problema. En primer lugar, se trata de realizar un estudio sobre la bibliografía general que ha tratado de la cuestión, para que pueda servir de hilo conductor y punto de partida sobre el que aportar nuevas ideas.

Con esta labor se fija el contexto histórico y jurídico en el que debe anclarse el tema de investigación, teniendo en cuenta que, a diferencia de las propuestas realizadas por otros autores, aquí no se trata de extender históricamente el estudio desde la Edad Antigua o medieval hasta nuestros días, puesto que perderíamos la perspectiva estricta del problema, ni de circunscribirlo exactamente a un marco temporal preciso (el de influencia de determinadas leyes penitenciarias contemporáneas), sino de estudiar de la forma más fidedigna posible el desarrollo de la prisión moderna en

---

[8] Por ejemplo, GARCÍA VALDÉS, C., *La ideología correccional de la reforma penitenciaria española del siglo XIX*, Madrid, 2006.

[9] Por ejemplo, ANTÓN ONECA, J., *La teoría de la pena en los correccionalistas españoles*, Madrid, 1960, LANDROVE DÍAZ, G., *El correccionalismo de Concepción Arenal*, Madrid, 1969, o RIVACOBA y RIVACOBA, M., *El correccionalismo penal*, Córdoba (Argentina), 1989.

[10] CASTEJÓN, F., *Legislación penitenciaria española. Ensayo de sistematización*, Madrid, 1911, pp. 297-298.

su marco cronológico de desarrollo jurídico, desde finales del siglo XVIII hasta las primeras décadas del siglo XX, es decir, hasta el inicio de la Guerra Civil española.

Quedan fuera del ámbito de estudio el especial régimen penitenciario aplicado durante la Guerra Civil y la posterior Dictadura franquista, al que por sus peculiares características se han dedicado estudios más concretos, y, por supuesto, toda la política y el derecho penitenciario desarrollado al amparo de nuestra actual Constitución española de 1978, cuyo estudio debe ser afrontado por juristas y no por historiadores.

El estudio histórico-jurídico de la realidad penitenciaria española que aquí se propone, ha tratado de conectarse, además, con un conocimiento más extenso del entorno europeo y occidental (norteamericano especialmente), con el que se comparte una evolución similar en el ámbito del derecho comparado. El movimiento de la reforma penal y penitenciaria no fue un asunto exclusivamente español, sino una tendencia internacional en la que se vieron involucrados diversas doctrinas y sistemas penitenciarios de ámbito supranacional, que sin duda deben ser también atendidos para entender la evolución española.

Desde ahí, y en un segundo estadio, se afronta el estudio de la bibliografía específica o ciencia jurídico penal de la época, descendiendo a las fuentes jurídicas doctrinales, a los autores y obras que impulsaron los cambios con un pensamiento original. El derecho, la ley, no puede ser entendida sin su argumentación precedente, es decir, sin las teorías o doctrinas que alimentan su desarrollo, y en ese sentido seguiremos el pensamiento jurídico penal que influyó en la evolución del régimen penitenciario español desde la Ilustración hasta la Segunda República, atendiendo principalmente a la Escuela Clásica, el utilitarismo penal, el positivismo o el correccionalismo, entre otras corrientes.

Finalmente, en un tercer escalón del proceso metodológico se atiende a la plasmación legislativa o normativa que en cada momento se hizo de dichas ideas o doctrinas penales. Se pretende con ello conocer cómo la ciencia jurídica fue asumida efectivamente por el legislador, concretándose en unas fuentes jurídicas precisas, y contemplar a partir de ellas los avances producidos desde un enfoque más terrenal.

La labor hermenéutica o de interpretación de las fuentes jurídicas, ya sean estas doctrinales o legislativas, se erige así en el elemento principal de este trabajo de reconstrucción histórica. Es la que permite entender el desarrollo y significado de los principios jurídicos sobre los que se conformaron las instituciones privativas de libertad propuestas para el estudio.

El principal problema que se pone de relieve en esta fase de la investigación es, no obstante, el de la abundancia de fuentes, especialmente en el caso de las fuentes legislativas. En el ámbito penitenciario, el caos y la dispersión normativa es tal que apenas permite escoger los principios o líneas generales de estudio. La selección de las fuentes legislativas y, dentro de ellas, de sus principios fundamentales, se convierte ya en sí misma en una ardua tarea para el investigador, porque, aunque existen algunas compilaciones o colecciones de leyes penitenciarias que suman varios volúmenes, hay también muchísimas disposiciones no recopiladas, que hay que buscar y entresacar de publicaciones generales.

Por eso, la labor de investigación queda detenida en esta búsqueda normativa, y no se abunda más allá en el estudio de las fuentes documentales. Si tenemos en cuenta la extensión cronológica y la amplitud temática elegida, ésta sería, por ende, absolutamente inabarcable. De lo que se trata en este estudio, es de contextualizar la evolución penitenciaria española en el ámbito internacional, identificar sus peculiaridades y sus ritmos históricos a lo largo del periodo propuesto, y entender los principios jurídicos sobre los que se sustentó. La práctica concreta penitenciaria, o el estudio estadístico de presos y prisiones, quedan abiertos para otros futuros trabajos de investigación.

CAPÍTULO 1. EL CASTIGO DEL DELINCUENTE A FINALES DEL ANTIGUO RÉGIMEN

> *"Castigo, intimidación, utilidad: estos son los fines realmente perseguidos con las penas. Lo otro, el correccionalismo, era una evasión de la realidad, sin duda más justa que la realidad misma, pero casi totalmente al margen de ella".*
> *TOMÁS y VALIENTE, F., El derecho penal de la monarquía absoluta, Madrid, 1978, p. 358.*

1. UTILITARISMO Y HUMANISMO PENAL EN LA EUROPA DEL SIGLO XVIII

Aunque la interpretación más extendida es la que sitúa el movimiento de reforma penal tras la obra de Beccaria y, concretamente desde el punto de vista de la sanción, a partir de la filosofía de Bentham, que supusieron el punto de inflexión entre el reinado de las pena de muerte y corporales a finales del siglo XVIII, y el predominio de las penas privativas de libertad a partir del siglo XIX, merece la pena detenerse de forma más detallada en la forma de sancionar a finales del Antiguo Régimen[11]. Ciertamente, *"the history of penology may well represent a move from the gallows to the prison; but there were important intervening stages that require explanation"*[12].

[11] KNAFLA, L.A., *Crime, punishment, and reform in Europe,* Wesport., Conn. (U.A.), 2003, p. XIII de la introducción: *"The history of capital punishment has had little scholarly attention after the pioneering and controversial works of Michael Foucault and Michael Ignatieff, in their respective peer group, until the recent seminal studies of V.A.C. Gatrell ("The hanging tree: execution on the English people 1770-1868"), and Richard j. Evans ("Rituals of retribution: capital punishment in Germany, 1600-1987").*

[12] Son palabras de JENKINS, P., *From gallows to prison? The execution rate in Early modern England,* en Crime, police and the Courts in British History, edit by Louis A. Knafla, Westport, London, 1990, p. 146. Pero en esta misma línea pueden citarse también a RUSCHE, G, and KIRCHHEIMER, O., *Punishment and social structure,* New York, 1939, PIKE, R., *Penal practices in early modern Spain,* in Criminal Justice History, 5 (1984), pp. 45-56, MELOSSI, D., and PAVARINI, M., *Cárcel y fábrica. Los orígenes del sistema penitenciario (siglos XVI-XIX),* Buenos Aires, 1980, ROTHMAN, D.J., *The discovery of the asylum,* Boston, 1971, SMITH, D., *The demise of transportation: Mid-Victorian penal policy,* en Crime, police and the Courts in British History, edited by Louis A. Knafla, Westport, London, 1990, McSTAY ADAMS, T., *Bureaucrats and Beggars. French Social Policy in the Age of the Enlightenment,* Oxford, 1990; PAVARINI, M., *Control y dominación. Teorías criminológicas burguesas y proyecto hegemónico,* Buenos Aires, 2003, o SPIERENBURG, P.,

Esa etapa previa o antecedente a la reforma penal y penitenciaria, no sólo se sucedió en países como Francia o Inglaterra, desde los que posteriormente irradiaría la filosofía de la reforma, sino que también pueden constatarse en España. Cadafalch y Buguñá ya nos advertía de ello en su obra[13], y más recientemente, podemos utilizar las palabras del profesor Coronas González para afirmar que, aunque el espíritu ilustrado no calara profundamente en la sociedad española, sí "aleteó sobre el campo del derecho penal"[14].

Las causas que propiciaron estos primeros cambios podrían cifrarse en el despegue de la economía dieciochesca y de la sociedad burguesa, el discurso paternalista o tutelar del que se pertrechó la ideología ilustrada del Despotismo, y el aumento de la eficacia administrativa del Estado. La necesidad de superar a toda costa la crisis económica incrementó el uso de las penas al servicio del Estado, tratando de corregir todos los aspectos que bloqueaban la producción, y entre ellos el de una población baldía o inútil de pequeños delincuentes, vagos o mendigos. Con su recogida y castigo se pretendía obtener alguna utilidad o bien común, pero también en última instancia su enmienda para devolver a la sociedad ciudadanos honrados y de provecho.

> *"La población se aumenta de diferentes modos físicos y políticos: se aumenta físicamente cuando se acrece el número de individuos, se aumenta políticamente cuando un hombre que no trabaja ni da utilidad alguna a la república se hace un vasallo útil inclinándole a la industria, y esto es el argumento que más importa, pues cuando se dice que la riqueza del soberano consiste en el número de sus vasallos, éste se debe entender de vasallos útiles solamente, porque un millón de holgazanes, vagabundos y mendigos de población, lejos de aprovechar, sirven de una carga muy pesada al Estado, sin los que estaría mucho mejor y más rico"*[15].

The prison experience. Disciplinary institutions and their inmates in Early Modern Europe, Amsterdam, 2007.

[13] Ya tuvo una clara conciencia de ello CADAFALCH y BUGUÑÁ, J., *Discursos sobre el atraso y el descuido del derecho penal hasta el siglo XVIII*¸ Madrid, 1849.

[14] CORONAS GONZÁLEZ, S., *El pensamiento jurídico de la Ilustración en España*, en Història del pensament jurídic, Barcelona, 1999, p. 164. También en este sentido ALEJANDRE GARCÍA, J.A., *La crítica de los ilustrados a la Administración de Justicia del Antiguo Régimen*, en el Anuario Jurídico y Económico Escurialense, Anuario Jurídico y Económico Escurialense, nº 26, Madrid, 1993, pp. 425-451, y PRIETO SANCHIS, L., *La filosofía penal en la Iustración española*, en el Homenaje al doctor Merino Barbero Santos *in memoriam*, Cuenca, 2001, pp. 489-510.

[15] WARD, B., *Proyecto económico*, Madrid, 1762, edic. de L.Castellano, Madrid, 1982, p. 79.

Además, en esta época cambiaron los modelos delictivos, pasando de una violencia de sangre a una mayor violencia contra la propiedad[16], y consecuentemente también comenzó a modificarse la forma de afrontarlos, acuciándose una mayor preocupación por la criminalidad, que se hizo manifiesta, por ejemplo, en el fomento de estudios, inventarios o registros de delitos, o en la realización de concursos públicos para premiar las mejores ideas o proyectos sobre seguridad y orden público[17].

En ambos casos se partía de la convicción de que para remediar los males de la sociedad había que averiguar previamente el motivo que los causaba. Es decir, el delincuente y sus circunstancias comenzaron a mirarse con un renovado interés. Muchas de las antiguas penas corporales o infamantes, tanto de la tradición anglosajona como de la tradición del *Ius Commune* o Derecho Común continental, habían quedado obsoletas a la altura del siglo XVIII, y los nuevos Estados ilustrados requerían de una profunda reforma de su sistema sancionador que ya había comenzado a acometerse por algunos de los más importantes reyes absolutistas europeos, como Catalina II de Rusia, Federico el Grande de Alemania, José II de Austria o Carlos III de España.

La reforma penal dieciochesca se cimentaba fundamentalmente en el ya señalado criterio utilitarista, que impulsaba a los jueces a la imposición de unas novedosas "penas secundarias" en beneficio del Estado, y también en ciertas corrientes de fondo caritativo, filantrópico o cristiano, que se desarrollaron en este tiempo por toda Europa, desde Inglaterra hasta Rusia, en contra de la "teoría de la máxima severidad" que venían aplicando los monarcas del Absolutismo a la hora de castigar[18]. Utilitarismo y humanismo, fueron, en consecuencia, los primeros resortes de una reforma penal que, desgraciadamente, se vio paralizada a finales del

---

[16] Véase NICÉFORO, A., *La transformación del delito en la sociedad moderna*, traducción de C. Bernaldo de Quirós, Madrid, 1902, DURKHEIM, E., *Suicide. A Study in Sociology* (1897), New York, 1951, FOUCAULT, M., *Vigilar y castigar*, Madrid, 1992, pp. 81-82, ALLOZA APARICIO, A., *En busca de las causas del crimen. Teorías y estudios sobre delincuencia y justicia penal en la España Moderna*, en Espacio, Tiempo y Forma, serie IV, Historia Moderna, t.14 (2001), pp. 477-478 y 485-486; y, desde una perspectiva eminentemente documental, PALOP RAMOS, J. M., *Delitos y penas en la España del siglo XVIII*, en Estudis, 22 (1996), pp. 65-97. En palabras de FOUCAULT, M., *Vigilar y castigar...*, pp. 81-82, "la derivación de una criminalidad de sangre a una delincuencia de fraude forma parte de todo un mecanismo completo, en el que figuran el desarrollo de la producción, el aumento de la riqueza, una valoración jurídica y moral más intensa de las relaciones de propiedad, unos métodos de vigilancia más rigurosos, una división en zonas más ceñida de la población, unas técnicas más afinadas de localización, de captura y de información".

[17] Específicamente para el caso español, MARTÍNEZ RUIZ, E., *La seguridad pública en el Madrid de la Ilustración*, Madrid, 1988, pp. 181 y ss.

[18] HAZARD, P., *El pensamiento europeo en el siglo XVIII* (1946), traducc. de J.Marías, Alianza, Madrid, 1985, p. 10, y PRIETO SANCHÍS, L., *La filosofía penal en la Ilustración...*, pp. 489-490.

siglo XVIII en la mayoría de los países europeos, y entre ellos la España de Carlos IV, por miedo a la Revolución.

a) *El utilitarismo penal en el entorno europeo y en España*

Los cambios en el sistema penal del siglo XVIII, se acometieron antes desde la práctica, el uso o la costumbre judicial que desde la letra de la ley. En muchos países, los jueces se ampararon para ello en su arbitrio judicial y la posibilidad que tenían de conmutar penas[19]. Así ocurrió, por ejemplo, en Francia y en España, donde se desarrollaron en mayor medida las llamadas penas "utilitarias" al servicio de la monarquía durante el siglo XVIII, como la pena de galeras o arsenales, el servicio en el ejército, los trabajos forzados en minas, o incluso los primeros presidios y casas de corrección para prostitutas, mendigos o vagos[20].

En Inglaterra, aunque la muerte seguía siendo la pena acostumbrada, desde la muy temprana Edad Moderna, y especialmente a partir de 1630, se practicó asimismo la transportación (*"transportation"*) a las colonias, siendo paradójicamente este país el pionero en la aplicación de este tipo de pena "secundaria"[21].

La cuestión viene siendo ampliamente estudiada en los últimos tiempos por la historiografía de aquel país, que ha llegado a la conclusión de que ya en los siglos XVI y XVII se recurrió de forma habitual a la aplicación de la pena de *"transportation"*, relacionada sobre todo con la pequeña de-

---

[19] KING, P., *Crime, Justice, and Discretion in England. 1740-1820*, Oxford, 2000, CARBASSE, J.M., *Histoire du droit pénal et de la justice criminelle*, París, 2000, pp. 203 y ss, PETIT, C., *Absolutismo jurídico y derecho comparado. Método comparativo y sistema de fuentes en la obra de Edouard Lambert*, en De la Ilustración al liberalismo. Symposium en honor al profesor Paolo Grossi, Madrid, 1995, pp. 123-137, GONZÁLEZ ALONSO, B., *Jueces, justicia y arbitrio (algunas reflexiones sobre la posición de los jueces ante el Derecho de la Castilla moderna)*, en Vivir el Siglo de Oro: poder, cultura e historia en la época moderna. Estudios homenaje al profesor Ángel Rodríguez Sánchez, Salamanca, 2003, pp. 223-242, GARRIGA, C., *Justicia animada: dispositivos de la justicia en la monarquía católica*, en De la Justicia de jueces a justicia de leyes: hacia la España de 1870, Madrid, 2007, pp. 61-104, o ÁLVAREZ ALONSO, C., *"¿Neoclásicos o prerrománticos?. La Ilustración penal española entre la "barroca prohibición" de interpretar las leyes y el principio de legalidad revolucionario"*, en Quaderni Fiorentini per la storia del pensiero giuridico moderno, 36 (2007), pp. 81-130.

[20] McSTAY ADAMS, T., *Bureaucrats and beggars...*, o FINZSCH, N. y JÜTTE, R., *Institutions of confinement. Hospital, asylums, and prisons in Western Europe and North America. 1500-1950*, Cambridge, 1996.

[21] RADZINOWICZ, L., y TURNER, L.W.C., *Punishment. Outline of developments since 18th century*, en The modern approach to criminal law. Collected esssays, London, 1945, pp. 39-65, y EMSLEY, C., *Crime, police, and penal policy. European experiences 1750-1940*, Oxford, 2007.

lincuencia. Mientras que los criminales más cualificados seguían siendo castigados con la muerte, a veces agravada (*"the spectacle of suffering"*), los pequeños delincuentes o vagos que empezaban a asolar las ciudades por la crisis rural fueron utilizados como mano de obra al servicio del Estado, siendo transportados para trabajar a las colonias, por no existir en Inglaterra algo parecido a las galeras españolas y francesas[22].

La situación era muy parecida a la que se estaba viviendo en los otros países[23], y estaba relacionada con la nueva consideración que comenzó a tenerse en la época acerca de la pobreza o la vagancia. Si durante la Edad Media la mendicidad se había relacionado con los valores cristianos de resignación y austeridad, considerándose un instrumento de salvación del alma tanto para el pobre, como para el propietario, que encontraba en la ayuda el mendigo un modo de practicar la caridad cristiana; con el nacimiento de las ciudades comerciales desde la Baja Edad Media, y sobre todo a partir de la llegada a ellas de oleadas de mendigos excedentes del mundo rural en la Edad Moderna, la concepción de la pobreza comenzó a cambiar en defensa de los intereses de la nueva población urbana[24].

A este cambio, latente en la sensibilidad social, coadyuvaron también los pensadores humanistas del siglo XVI, que difundieron por toda Europa esta nueva visión de la pobreza, siguiendo las ideas desarrolladas principalmente por Juan Luis Vives a partir de criterios aprendidos de su maestro Erasmo de Rotterdam[25]. Su obra sirvió de referente al resto de los tratadistas que se ocuparon de la cuestión en toda Europa, y planteaba la dualidad entre una pobreza *"verdadera"*, de niños, mujeres y hombres enfermos o ancianos que merecían el cuidado de la sociedad a través de obras de caridad, y otra pobreza *"fingida"*, de holgazanes o vagos que vivían del robo, el engaño o la mendicidad siendo perfectamente válidos para trabajar.

Contra éstos últimos comenzaron a dictarse medidas sancionadoras, entre las que se incluían en Inglaterra azotes públicos, marcas en la frente, perforación de las orejas, corte de la nariz e incluso la muerte[26]; pero

---

[22] Entre otros, RUSCHE, G., and KIRCHHEIMER, O., *Punishment..*, pp. 135 y ss.; JENKINS, P., *From gallows to prison?...,*, pp. 129-149; SMITH, D., *The demise of transportation...*, pp. 241-265; o DUNN, R.S., *Sugar and slaves: the rise of the planter class in the English West Indies. 1624-1713*, London, 1973.

[23] HENTING, H. von, *La pena, formas moderna de aparición*, vol.II, Madrid, 1968, pp. 213 y ss.

[24] SOLY, H., *Pobreza y capitalismo en la Europa preindustrial (1350-1850)*, Madrid, 1986.

[25] VIVES, J.L., *De subventione pauperum sive de humanis necessitatibus*, Brugis, 1525, primera traducción al castellano, *Tratado del socorro de pobres*, Valencia, 1781.

[26] RIBTON-TURNER, C.J., *A History of vagrants and vagrancy*, 1887, COLLINSON, J., *The flogging of Vagrants*, in The Humane Review, 1909, vol.10, pp. 31-48, y WEBB, S. and B., *English poor law policy*, London, 1910.

también las primeras penas de transportación o deportación, siendo los principales delincuentes susceptibles de ser castigados, precisamente por su holgazanería, a servir al rey. Rusche y Kircheimer han datado concretamente el inicio de las deportaciones penales inglesas a las colonias en el Acta contra la vagancia de 1597 (*An Act for Punishment of Rogues, Vagabons and Sturdy Beggars*); y a partir de ella otra serie de medidas penales, dictadas a lo largo del siglo XVII, sobre todo bajo el reinado de Jaime I, potenciaron esta política sancionadora para todo tipo de pequeños maleantes.

Ahora bien, si la experiencia de servidumbre penal (*"penal slavery"*) fue más prematura en Inglaterra que en el resto de países europeos, también se agotó de forma más temprana y a mediados del siglo XVIII las colonias americanas ya no eran capaces de absorber más población carcelaria, quejándose airadamente sus representantes de que se les enviaran los desechos de la sociedad, y quedando definitivamente liberadas de esta obligación tras su independencia. Entonces se volvieron los ojos hacia Australia, pero el envío de penados a las nuevas tierras se realizó sobre todo durante el siglo XIX, por lo que hubo un periodo intermedio en el que la principal pena secundaria no resultaba eficiente[27], mientras que la prisión era aún un mero proyecto que tardaría aún un tiempo en desarrollarse.

Por su parte, aunque de la Francia del XVIII han trascendido sobre todo sus sangrientas ejecuciones públicas; para ser rigurosos con la Historia hay que tener en cuenta que en su sistema sancionador no todo era terror, y que su penalidad también comenzaba a diversificarse en aras de la utilidad[28]. En los inicios de la sociedad precapitalista, toda Europa empezaba a ensayar un nuevo tipo de penas más productivas y relacionadas directamente con el tiempo del hombre como medida de trabajo, y en Francia fueron de especial relevancia en este sentido la pena de galeras y arsenales (*"bagnes"*), prefiriéndose allí aplicar la fuerza de trabajo en la propia metrópoli, frente a la mucho más polémica pena de trasportación a las colonias inglesa[29].

[27] Se ha calculado que mientras que los enviados a América en el siglo XVIII fueron unos 30.000 hombres, a Australia debieron llegar en mucho menos tiempo unos 163.000, en RADZINOWICZ, L. y HOOD, R., *The Emergency of Penal Policy in Victorian and Edwardian England*, Clarendon Press, Oxford, 1990, p. 468, y McCONVILLE, *The Victorian prison, England, 1865-1965*," en Oxford History of the Prison, eds. Morris and Rothman., 1995, p. 121.

[28] JOUSSE, *Traité de la justice criminelle*, 1771, vol. I, p. 3, GUYOT, *Répertoire universel et raisonné de jurisprudence civile, criminelle, canonique et béneficiale* (Paris, 1784), vol.13, p. 64, o MUYART de VOLUGLANS, *Lois criminelles de la France dans leurs ordre naturel*, 1780, p. 39.

[29] MOWERY ANDREWS, R., *Law, magistracy, and crime in Old Regime Paris. 1735-1789. vol. I. The system of criminal justice*, Cambridge University Press, New York, 1994, vol.1, pp. 316-383.

La pena de galeras, con base en el puerto de Marsella, comenzó a utilizarse en el siglo XV, aunque se extendió e institucionalizó sobre todo a lo largo del siglo XVII, cuando el país estaba alcanzando su mayor hegemonía y se multiplicó, consecuentemente, su potencial naval (se aplicaba al mismo tipo de vagabundos y delincuentes menores que en España y, también como allí, para conmutar otro tipo de penas corporales)[30]. Junto a los condenados a remar en el mar, varios miles de hombres al año (se ha estimado que entre 1680 y 1748 fueron al menos 60.000 penados), algunos comenzaron a destinarse también a trabajos forzados en el propio arsenal de Marsella, para la limpieza del lugar, el bombeo de agua, o las labores más duras de construcción[31].

Con el declive del número de galeras tras la Guerra de Sucesión española, a comienzos del siglo XVIII, los trabajos en el arsenal comenzaron a generalizarse como la principal forma de pena para la mayoría de los convictos. En 1748, Luis XV puso fin a las galeras y atribuyó el control de los penados a la marina real, que tenía sus principales bases en Brest y Toulon, donde comenzaron a construirse dos nuevos arsenales para hacerse cargo del gran número de hombres que empezaron a transferirles para cumplir la nueva pena de trabajos forzados en los arsenales o *"bagnes"*. El edicto de 1748 puso así fin a las galeras (sólo se mantuvieron un par de ellas para preservar "glosiosos vestigios"), pero no al sistema penal que con ellas se había creado. La diferencia es que, a partir de ese momento, el trabajo se realizaría en tierra, y para ello se construyeron dos magníficos conjuntos de edificaciones, amurallados y vigilados, siguiendo una nueva arquitectura que se basaba en la seguridad y sanidad, con cuerpos independientes de trabajo y alojamiento, hospitales adyacentes, y espacios semicelulares para la custodia de los penados, medio siglo antes de que Bentham diseñara su famoso sistema panóptico[32].

También las prisiones aledañas a los tribunales, que eran centros de detención meramente cautelar, comenzaron a recibir algunos penados para cumplir allí sus condenas por falta de otros espacios donde desarrollar el incipiente régimen penitenciario. Se trataba de prisiones insalubres e infames, que recibieron las críticas de filántropos e ilustrados, y junto a ellas existían también algunas cárceles cualificadas (las de la *Bastille* o *Vicennes* de París), donde se castigaba a los presos políticos más impor-

---

[30] CARBASSE, J.M., *Histoire du droit pénal...*, pp. 266-267.

[31] VIGIÉ, M., *Les galériens du roi. 1661-1715*, Paris, 1985, y ZYSBERG, A., *Les galériens: vies et destin de 60.000 forçats sur les galères du France. 1680-1748*, París, 1987.

[32] ZYSBERG, A., *Politiques du bagne. 1820-1850. L'impossible prison: recherches sur le système pénitentiaire au XIXe siécle*, París, 1980, pp. 175-188; o VIGIÉ, M., *Justice et criminalité au XVIIIe siècle: Le cas de la peine des galères*, Histoire, Economie et Societé, 3 (1985), pp. 352-363.

tantes por orden directa del rey, que tampoco gozaban precisamente de la mejor fama[33]. Pero en definitiva estaban asentando, de forma incipiente, las bases de un nuevo régimen penitenciario, que en Francia contaba también como antecedente con la obra del benedictino Jean Mabillon, escrita ya a finales del siglo XVII aunque no publicada hasta 1724[34].

España, finalmente, siempre se ha considerado a remolque de otros países europeos en la reforma penal y penitenciaria, pero en ella también pueden encontrarse importantes antecedentes utilitaristas. La penalidad utilitarista tuvo en España sus primeras manifestaciones durante el gobierno de los Austria con la pena de galeras, la del trabajo en las minas de Almadén, y el inicio de una incipiente pena en los presidios del norte de África de origen militar, aunque se mayor desarrollo se produjo con el advenimiento de la nueva dinastía Borbón en el siglo XVIII[35].

La pena de galeras, impuesta por primera vez en el reinado de los Reyes Católicos[36], se convirtió de hecho en la pena principal del ordenamiento, y fue utilizada abundantemente durante los siglos XVI y XVII para responder a las crecientes necesidades de la flota naval[37]. Se señaló para el castigo de delitos concretos, pero también se utilizaba para conmutar por ella otras penas corporales previstas en la ley cuando hizo falta un mayor número de remeros, rebajándose la edad de los galeotes hasta los diecisiete años, y llegándose a prohibir que esta sanción pudiera ser sustituida por otra o indultada.

La pena de trabajos forzados en las minas de Almadén resultó menos importante por el número de penados, pero también muy significativa de la nueva penalidad. Las minas de Almadén, abandonadas desde época romana, se recuperaron para la explotación a principios del siglo XVI, cuando se descubrió que el azogue mejoraba la plata que se traía de América, y el primer requerimiento de 30 condenados a galeras para que realizaran allí trabajos forzados partió del administrador real a Felipe II en 1559. Desde 1565 hasta 1645, bajo el arriendo de estas minas a los Fugger, se

---

[33] BONGERT, Y., *Quelques aspects de la prison au XVIIIe siècle*, in *Etudes dédies à la mémoire du Professeur Gérard Dehove*, París, 1983, pp. 67-89.

[34] MABILLON, J., *Réflexions sur les prisons des ordres religieux* (1724), en la que se clamaba por un trato humano al delincuente hasta la reparación de su falta, y se desarrolló toda una teoría de la prisión como lugar de regeneración y resocialización.

[35] PEÑA MATEOS, J., *Antecedentes de la prisión como pena privativa de libertad en Europa hasta el siglo XVII*, en GARCÍA VALDES, C. (dir.), Historia de la prisión. Teorías economicistas, Madrid, 1997, pp. 63-78.

[36] ALEJANDRE, J.A., *La función penitenciaria de las galeras*, en Historia 16, 1978, octubre, numero extra, pp. 48-49.

[37] RODRÍGUEZ RAMOS, L., *La pena de galeras en la España moderna*, en Estudios Penales, Salamanca, 1982; o ZYSBERG, A. y BURLET, R., *Gloria y miseria de las galeras*, Madrid, 1989.

siguieron concedieron asientos consecutivos de entre 30 y 80 forzados para trabajar en ellas. Pero a partir del año 1646, en el que se inició nuevamente la explotación pública, se enviaron a las minas junto con los penados un mayor número de esclavos, que se consideraban más dóciles y mejores trabajadores. La pena se mantuvo así, como sanción muy minoritaria a la que eran destinados sólo unos pocos penados especialmente cualificados (condenados por delitos de sangre o contra la propiedad), hasta que la pena fuera formalmente derogada en el año 1800[38].

Por último, la pena de presidios fue una pena de origen militar que comenzó a aplicarse a finales del siglo XV para fortificar y custodiar los enclaves más estratégicos tomados en las islas y el norte de África[39]. Originariamente, allí sólo eran enviados soldados con carácter disciplinario, siendo esta pena para ellos la equivalente al servicio de galeras para los plebeyos. Sin embargo, Cerdán de Tallada ya se sorprendía en 1574 de una nueva práctica que excepcionalmente había encontrado en los tribunales ordinarios, tanto de los reinos de Aragón como de los de Castilla, consistente en condenar a ciertos delincuentes civiles a que sirviesen en los presidios militares de Orán o La Goleta, ya no para el servicio de armas sino para realizar trabajos de fortificación[40].

A partir del siglo XVII encontramos por primera vez reconocida este tipo de sanción en la ley con respecto a la población civil, entendiéndose una sanción de poca gravedad, carácter temporal, y secundaria para quienes fueran inaptos al servicio de galeras[41]. También en esta época encontramos algunas disposiciones concretas destinadas al envío masivo a los presidios del norte de África de vagos, gitanos o gente de "mal vivir"[42],

---

[38] CABANILLAS, R., *Memoria sobre las minas de Almadén*, en Anales de minas, Madrid, 1838, t.I, pp. 411 y ss; MATILLA TASCÓN, A., *Historia de las minas de Almadén (desde la época romana hasta el año 1645)*, Madrid, 1958; SALILLAS, R., *La cárcel real de esclavos y forzados de las minas de azogue de Almadén y las características legales de la penalidad utilitarista*, Madrid, 1913, y BLEIBERG, G., *El informe secreto de Mateo Alemán sobre el trabajo forzoso en las minas de Almadén*, en Estudios de Historia Social, julio-diciembre de 1977.

[39] PIKE, R., *Penal servitude in Early Modern Spain*, London, 1983; ROLDÁN BARBERO, H., *Historia de la prisión en Espanya*, Barcelona, 1988; FRAILE, P., *Un espacio para castigar. La cárcel y la ciencia penitenciaria en España (siglos XVIII-XIX)*, Barcelona, 1987; TRINIDAD FERNÁNDEZ, P., *La defensa de la sociedad. Cárcel y delincuencia en España (siglos XVIII-XX)*, Madrid, 1991; y BURILLO ALBACETE, F.J., *El nacimiento de la pena privativa de libertad. Siglos XVI-XX*, Madrid, 1999.

[40] CERDÁN de TALLADA, T., *Visita de la cárcel y de los presos*, Valencia, 1547, p. 40.

[41] Por ejemplo, en el año 1695, Carlos II añade a la pena de galeras la mucho más novedosa de presidios en África para el castigo de los gitanos o egipcianos. Véase NoR.12, 16, 7.

[42] Los Autos de 1692 y 1695 por los que se adoptaron estas medidas, han sido reproducidos por SALILLAS, R., *Evolución penitenciaria en España*, 2 vols., vol.I, Madrid, 1918, p. 65.

como una medida desesperada para la contención de este tipo de población, cada vez más numerosa debido a la crisis económica. Pero no sería hasta el siglo XVIII cuando el uso de esta sanción se generalizó, como exponente típico de la nueva *"penalidad utilitarista"* por la que apostaba la economía política del Estado, aumentando su imposición no sólo en la ley, sino también en la práctica jurisprudencial.

Entonces, la pena de presidio se siguió utilizando como medida privilegiada con la que sancionar a los nobles, al objeto de relevarlos del mucho más pesado servicio de bajeles o galeras. Así, por ejemplo, se estableció en 1745 para sancionar a los nobles que participasen en Carnavales, prohibidos desde 1744, o para los que cometiesen robo en la Corte. Aunque también se decretó de forma creciente con respecto a otro tipo de delitos y delincuentes, como en el caso de los *quadrilleros* que alborotasen el orden público en defensa de sus concejos, los gitanos, los alguaciles en algunos casos de cohecho, o los conductores temerarios de coches de caballos que pusieran en peligro la seguridad ciudadana[43].

Aunque constan algunas manifestaciones de importancia en la ley, la pena de presidios arraigó fundamentalmente en la práctica jurisprudencial, y así aparece reconocida por la doctrina de la época. Tanto la documentación, como las obras jurídicas que nos han dejado los autores dieciochescos, nos informan nítidamente de este cambio de tendencia, que excluyó definitivamente el uso de penas obsoletas, como la castración y quema de los sodomitas, el *culleum* o las mutilaciones, que consideraban antiguas y medievales, y se dirigió decididamente a la imposición de otro tipo de penas, como la de presidios, que podían usarse *"con utilidad y conveniencia de la república"*[44].

Esto ocurrió en el caso del delito de juegos prohibidos, en el que la pena de presidio se utilizaba con carácter subsidiario a la de galeras; o el del escribano falsificador de documentos, para el que la pena de mutilación de la mano derecha y privación de oficio a perpetuidad, había quedado reducida en la práctica jurisprudencial a *"privación de oficio, multa y, en ocasiones, presidio"*[45], ya que *"la (pena) de cortar la mano debe conmutarse solo por humanidad en la de presidio según práctica"*[46].

---

[43] N.R. 8, 15, auto 2, NoR. 12, 15, 3, NoR. 3, 19, 18, la NoR. 12, 16, 17, la NoR. 4, 3, 14, y la NoR. 3, 19, 23, respectivamente.

[44] Sobre las penas que se usaban o no en el siglo XVIII, véase especialmente LARDIZÁBAL y URIBE, M. de, *Discurso sobre las penas contrahido á las leyes criminales de España, para facilitar su reforma* (Madrid, 1782), edición facsimilar en México, 1982 , pp. 152 y ss; y en cuanto a la documentación de la época de la que se infieren las mismas conclusiones, repárese en el estudio de TOMÁS y VALIENTE, F, *El derecho penal de la Monarquía Absoluta*, Madrid, 1969, pp. 230 y 376 y ss.

[45] BERNÍ, J., *Práctica criminal*, Valencia, 1749, p. 55.

[46] ÁLVAREZ POSADILLA, J., *Comentarios a las leyes de Toro*, Madrid, 1826, p. 44.

Por los mismos motivos, el delito de estupro, señalado en la ley con pena económica, de azotes o de destierro[47], era castigado ya desde el siglo XVI sólo con la pena canónica (casarse con la estuprada o dotarla), a la que se añadió por costumbre de los jueces castellanos otra pena de presidio como tercera opción[48]. Particularmente con respecto a este delito, hubo una interesante polémica en el siglo XVIII, de la que nos dio ya buena cuenta el profesor Tomás y Valiente. Se creía entonces que la mayoría de los estupros eran procurados por la propia mujer para conseguir el matrimonio o la dote del estuprador, y por eso la Sala de Alcaldes de Corte consiguió en 1796 una Real Cédula por la que se prohibía que estas causas se mantuviera preso al reo durante el proceso, con tal de que diese fianza o jurase que se presentaría a la justicia cuando fuera llamado[49]. Era sólo un primer paso, que se continuó cuando Carlos IV ordenó investigar estas prácticas y se hicieron dos informes fiscales en los que se aconsejaba prohibir que se usaran penas corporales en los casos de estupro, aplicando en su lugar condenas a galeras o presidios, e imponiéndose sólo la obligación de dotar a las mujeres en cuantías pequeñas[50].

La pena de la violación en despoblado, que en la letra de la ley era la muerte, en la práctica del siglo XVIII también se terminó sustituyendo por *"presidio, galeras o minas"*, según las personas implicadas[51]. Y algo similar ocurrió con respecto al adulterio en época avanzada, pues ya en ésta época *"lo regular es que si la adúltera es de mediana esfera, entra en clausura, y al hombre se le destierra; y si acontece en genta baxa, se encarcela la muger, y el hombre va a un presidio"*[52].

La pena de presidios se consolidó de este modo en la práctica jurisprudencial antes que en la legislación, puesto que la principal pena utilitarista prevista por el derecho siguió siendo la pena de galeras hasta que, reconociendo la decadencia en la que de hecho ésta ya se encontraba, en 1771 Carlos III decidió finalmente sustituirla por la pena de presidios en el norte de África, o una nueva pena llamada de arsenales, que venía practicándose al menos desde 1748 como consecuencia de la ambiciosa

---

47 P.7, 19, 2.

48 Entre otros, GÓMEZ, A., *Ad leges Tauri commentarium* absolitussimum, Salamanca, 1555, leyes 80 y 83, pp. 694 y ss; PRADILLA BARNUEVO, F. de la, *Suma de las leyes penales*, Madrid, 1639, fol. 3; o ÁLVAREZ POSADILLA, *Práctica criminal por principios*, 1797, III, pp. 197-198. Sobre esta misma cuestión, véase también TOMÁS y VALIENTE, F., *El derecho penal...*, pp. 362-363.

49 NoR. 12, 29, 4.

50 TOMÁS y VALIENTE, F, *El derecho penal...*, pp. 361 y ss.

51 BERNÍ, J., *Práctica...*, pp. 37 y 38.

52 BERNÍ, J., *Práctica...*, p. 8.

política militar y de obras públicas puesta en marcha por el Marqués de Ensenada[53].

Dicha pragmática de 1771 consiguió finalmente fijar en la letra de la ley los anhelos reformistas de los ilustrados[54], aunque la vigencia de los arsenales fue efímera, y finalmente sería la pena de presidio la que se consolidara como la principal pena del siglo XIX, manteniendo su doble vertiente de pena militar o de trabajos forzados en la construcción[55]. El reparto de presos que se hacía para estos fines, las formas de prestación de los servicios, y en general la vida de los presidios de África, comenzó a ser regulada en distintos reglamentos presidiales[56], y junto con los presidios africanos comenzaron a fundarse otros en las colonias y en la propia península para castigar cada vez a un mayor número de delincuentes, como veremos más abajo.

b) El rigor o la humanidad en la sanción del delincuente

Pero no sólo se trataba de utilidad, sino también de humanidad o filantropía. Frente a la consabida teoría de la máxima severidad de los más tradicionalistas, otros autores del siglo XVIII comenzaron a apostar en toda Europa por la aplicación de un sistema sancionador menos riguroso y que, en lo posible, atendiera no sólo a la finalidad expiatoria, retributiva o preventiva de la pena, sino también, en cierta medida, a la utilitaria y correctiva.

[53] No obstante, la pena de galeras se restablecería temporalmente en 1784, para armas los barcos contra la piratería argelina del Mediterráneo, y no sería suprimida definitivamente hasta 1803. Véase SEVILLA, F., *Historia penitenciaria española: La Galera*, Segovia, 1917.

[54] FLORIDABLANCA, C. de, *Respuesta fiscal sobre los presidios* (1769), comentada por SEMPERE y GUARINOS, J., *Ensayo de una biblioteca española de los mejores escritores del reinado de Carlos III*, Madrid, 1785, tomo IV, bajo la voz Moñino.

[55] Aunque como hemos visto los presidios, propios de la penalidad militar, se trasladaron a la penalidad civil en fecha temprana, a partir de 1753, en un intento de dignificar nuevamente la profesión militar, se ordenó que en los regimiento fijos sólo pudieran admitirse desertores del propio ejército *"sin otro trabajo o penalidad"*, prohibiéndose expresamente el ingreso en los mismos de vagos o *"mal entretenidos"*, y en general de todos aquellos que tuvieran *"oficio indecoroso o extracción infame"*, es decir, *"mulato, gitano, carnicero, pregonero o verdugo"* que, junto con los ladrones y demás delincuentes, habían de destinarse únicamente a trabajos de fortificación, según consta en NoR 12, 9, 5, nota 3.

[56] Además del Reglamento para la plaza de Ceuta de 1715, se dictaron otros para Melilla y los dos Peñones en 1717, para Ceuta nuevamente en 1745, para Orán en ese mismo año de 1745, y para Ceuta en 1791. Todos ellos en PORTUGUÉS, J.A., *Colección general de las Ordenanzas militares*, Madrid, 1765, tomo 8.

El derecho a castigar que aplicaba el Estado absolutista fue definido por Foucault "como un aspecto del derecho del soberano a hacer la guerra a sus enemigos", y al mismo tiempo "una manera de procurar una venganza que es a la vez personal y pública"[57]. La antigua venganza privada, que buscaba sobre todo la retribución del mal con el mal, unida a los nuevos elementos soberanistas que involucraron al poder público en la persecución de los delitos, para expiar las culpas de los criminales a los ojos de Dios y la comunidad, habían dado como resultado en el Antiguo Régimen un derecho penal especialmente severo, cruel, inflexible o sangriento.

Esta realidad estaba extendida por todos los países del occidente Europeo, donde la crueldad del castigo, a finales del siglo XVIII, venía sustentada fundamentalmente por la vinculación del derecho penal con la teología, propia del *Ius Commune*, y por el despotismo que en lo político había alcanzado los príncipes cristianos: *"The other factor which contributed to the cruelty of criminal law was the despotism of the princes. In fact, absolute power implied greater penalties because the ofender was considered as having transgressed a supreme command of the ruler and as having repudiated his authority"*[58].

Ante la ineficacia o falibilidad de las instituciones policiales y los altos índices de criminalidad, el Estado absolutista optó por la política del terror, que se basaba sobre todo en la supresión de garantías jurídicas para el procesado, la arbitrariedad de los jueces a la hora de castigar y la imposición de penas muy severas en todo tipo de delitos, con el principal objetivo de prevenir la comisión de futuros crímenes. El miedo era considerado el único elemento disuasorio.

Esta idea tenía, ciertamente, arraigo en el *Ius Commune*. Partiendo de la extendidísima idea escolástica que asimilaba el cuerpo político al cuerpo humano, cualquier daño producido sobre aquel por un delincuente, fuera éste de la cualidad que fuera, se entendía como un ataque directo al soberano. Un ataque físico y personal que el monarca no tenía más remedio que repeler con toda su fuerza para evitar males mayores, y del que se derivaba una penalidad enfática, agravada y simbólica, con la que se buscaba reafirmar poderosamente la superioridad del monarca. Castigar era dominar, no sólo al delincuente sino a toda la comunidad. Por eso se castigaba públicamente, involucrando elementos espectaculares en las penas, y alusivos al delito cometido, siempre de manera infamante. Se

[57] FOUCAULT, M., *Vigilar y castigar...*, p. 53.

[58] MAESTRO, M.T., *Voltaire and Beccaria as reformers of criminal law*, New York, 1972, pp. 4-5.

trataba de dejar en la sociedad la impronta del castigo para que se sintiera amenazada y temerosa, previniéndose la comisión de nuevos ilícitos[59].

Los ejemplos de esta forma de entender la justicia penal son numerosos. Los hay en las leyes propias de los distintos reinos europeos, y los hay en los textos de los principales comentaristas del *Ius Commune*, tanto civilistas como canonistas. De ellos, pasarían a los primeros penalistas reconocidos en toda Europa, Julio Claro y Próspero Farinaccio[60]. Y, en consonancia con esta forma de pensar, se diseñaría un sistema de derecho penal unitario, en el que las escalas de transgresiones o crímenes (con los de "lesae magestad" contra Dios o el monarca en la cúspide) y el tipo de sanciones (predominio de la pena de muerte y aflictivas o corporales), eran similares en todo el Imperio Cristiano, así como lo eran los principios de arbitrio judicial y de publicidad en la sanción[61].

---

[59] Sin ánimo de ser exhaustiva, la bibliografía en este sentido abarca en Inglaterra autores como RADZINOWICZ, L., y HOOD, R., *A History of english law and its Administration from 1750*, 5 vols, London, 1948-1986, RADZINOWICZ, L. and TURNER, L.W.C. (edits), *The modern approach to criminal law. Collected essays*, London, 1945, SPIERENBURG, P., *The Spectacle of Suffering*, Cambridge, 1984, PLATT, A. and TAKAGI, P., *Punishment and penal discipline*, Berkeley, 1980, BEATTICE, J.M., *Albion's fatal tree*, London, 1975, LAGBEIN, J.H., *Prosecuting crime in the Renaissance*, Cambridge, 1974, COCKBURN, J.S., *A history of English Assizes*, Cambridge, 1972, SHARPE, J.A., *Crime in early modern England*, London, 1984, GREEN, T.A., *Verdict According to Conscience: perspectives in the English Criminal Trial by Jury 1200-1800*, Chicago, 1985, GATRELL, V.A.C, *The hanging tree: execution an the english people 1770-1868*, Oxford, 1994, KNAFLA, L.A. (edit), *Crime, police and the Courts in British History*, Westport, London, 1990, KING, P., *Crime, Justice and Discretion in England...*, o HOSTETTER, J., *A History of criminal justice in England and Wales*, Hampshire, 2009; en Francia a IMBERT, T. y LEVASSEUR, G., *Le pouvoir, les juges, le bourreau*, Paris, 1972 , LAINGUI, A., LEBIGRE, A., *Histoire du droit pénal I. Le droit pénal*, París. Cujas, 1979-1980, MOWERY ANDREWS, R., *Law, magistracy, and crime...*, BADINTER, R. (dir), *Une autre justice. 1789-1799*, París. Fayard, 1989, LAINGUI, A., *Histoire du droit pénal*, París, 2ª edic., 1993, ROUSSEAUX, X., DUPONT-BOUCHAT, M.S., VAEL, CL. (dir), *Révolutions et justice pénale en Europe. Modéles français et traditions nationales. 1780-1830*, París, 1999, CARBASSE, J.M., *Histoire du droit pénal...*, GARNOT, B., *Crime et justice aux XVII et XVIII siècle*, París, 2000, o BERGER, E., *La justice pénale sous la Révolution. Les enjeux d'un modèle judiciaire libéral*, Rennes, 2008; y en España a TOMÁS y VALIENTE, F., *El derecho penal...*, MASFERRER DOMINGO, A., *Tradición y reformismo en la Codificación penal española*, Jaén, 2003, SAINZ GUERRA, J., *La evolución del derecho penal en España*, Jaén, 2004, o ALVARADO PLANAS, J. y SERRANO MAÍLLO, A. (edit.), *Estudios de Historia de las Ciencias Criminales en España*, Madrid, 2007.

[60] Véase CLARI, J., *Practica criminalis, Sententiarum Receptarum*, Liber Quintus, Venetiis, MDCI, fols.190-210; y FARINACIUS, P., *Praxis, et theoricae criminalis. Partis Primae, Tomus Primus*, Venetiis, MDCIX, fols.146-235.

[61] CARBASSE, J.M., *Introduction historique au droit pénal*, Paris, 1990, pp. 251 y ss, KINGSTON, R.E., *Criminal Justice in Eighteenth-Century Bordeaux. 1715-24*, en KNAFLA, L. A., *Crime, punishment, and reform....*, pp. .3-4; o CLAVERO, B., *Delito y pecado. Noción y escala de transgresiones*, en Sexo Barroco y otras transgresiones premodernas, Madrid, 1990, pp. 57-90.

A pesar de la clara línea continuista, se debe notar, no obstante, una importante diferencia en la ley, la doctrina y la práctica judicial de los Estados absolutistas europeos y el derecho tradicional del *Ius Commune*. Si con anterioridad, la doctrina canónica y secular había defendido siempre, junto al rigor y la arbitrariedad del juez, un principio de proporcionalidad de las penas como único límite a la acción de la justicia criminal[62], éste último comenzó a obviarse conscientemente en las leyes y usos judiciales de cada reino a favor de un mayor predominio de la crueldad en el castigo, recuperándose en esta época con especial virulencia lo que se ha dado en llamar la "teoría de la máxima severidad".

Frente a los teólogos y moralistas cristianos del Renacimiento, como Diego de Covarrubias o Alfonso de Castro, de la Escuela de Salamanca, o sus contemporáneos ingleses Thomas More, Francis Bacon, Coke, George Fox o el obispo Jeremy Taylor, que fueron los últimos en seguir defendiendo el principio romanista y tomista de la proporcionalidad, y una cierta humanidad a la hora de sancionar (esgrimiendo incluso un objetivo correctivo para la pena mucho antes de que estos principios fueran rescatados por la filosofía liberal representada por Beccaria)[63]; el resto de los autores modernos, y particularmente los del Despotismo del XVIII, abrazaron la idea de dominación del monarca a través del castigo, que cobró en esta época una especial y renovada importancia, particularmente frente a la acechanza de las nuevas ideas de reformistas o revolucionarios[64].

En Inglaterra, por ejemplo, apareció así a principios del siglo XVIII un tratado anónimo que proponía la ejecución agravada de la pena máxima como única solución posible para prevenir la comisión de ciertos delitos, haciendo apología del severo sistema penal existente[65]. Esta misma doc-

---

[62] GUTIÉRREZ FERNANDEZ, B., *Examen histórico del Derecho penal*, Madrid, 1866, facsímil en Pamplona, 2003, p. 276; TOMÁS y VALIENTE, F., *El derecho penal...*, p. 359, y MASFERRER DOMINGO, A., *Tradición y reformismo...*, p. 39.

[63] COSTA, F., *Delitto e pena nella storia del pensiero umano*, Turín, Bocca, 1928, BLASCO, F., *Tomás Moro criminalista*, Buenos Aires, La Ley, 1945, HINOJOSA y NAVEROS, E., *Influencia que tuvieron en el Derecho público de su patria y singularmente en el Derecho penal los filósofos y teólogos españoles anteriores a nuestro siglo*, en Obras I, Madrid, 1948, p176, JIMÉNEZ de ASÚA, L., *Tomás Moro criminalista, según Francisco Blasco*, en El Criminalista, tomo IV, pp. 65-71, RADZINOWICZ, L., *The movement for Reform...*, pp. 259-267, o ALLOZA APARICIO, A., *En busca de las causas del crimen...*, p. 479.

[64] GUTIÉRREZ FERNÁNDEZ, B., *Examen histórico del Derecho penal...*, p. 93: "La legislación penal es rigurosa y hasta cruel en el periodo que precede á su reforma: la razón se comprende: este derecho, última y suprema sanción de todos, está íntimamente unido con el político. ¿Y cuál era la situación de Europa en esta época? Si preguntamos a la historia responderá manifestándonos los esfuerzos que hicieron las naciones por constituirse, las guerras de los príncipes y de los pueblos sostenidas por causas de religión y proyectos de engrandecimiento".

[65] *Hanging, not punishment enough, for murtherers, high-way men, and house-breakers, offered to the consideration of the two houses of Parliament*, London, 1701.

trina fue defendida más adelante con ardor por George Ollyffe, Martin Madan o William Paley, cuyo pensamiento se convirtió en el "credo" de los opositores al movimiento de reforma penal[66].

De la misma manera, en Francia defendieron esta teoría autores como Jousee, Guyord, Soulatges, Muyard de Vouglans o Serpillon[67], que se opusieron frontalmente a las nuevas propuestas del racionalismo liberal que ya empezaban a sonar en los ambientes más cultos, y también prácticos del derecho de carácter tradicionalista, como Lapeyrère, Automne o Dupin, que se basaron en particularidades locales a la hora de aplicar el derecho, e hicieron caso omiso de las nuevas tendencias humanitarias que se estaban desarrollando en los tribunales superiores de justicia[68].

En España, por supuesto, también hubo numerosos seguidores de la severidad penal, como Monterroso y Alvarado, Diego de la Cantera, Matheu y Sanz, Castillo de Bovadilla, o Villadiego[69]. Es muy significativa, en este sentido, la dedicatoria de su obra a la muerte de Joseph Berní, a mediados del siglo XVIII: *"Señora muerte, siendo la presente obra un resumen para castigar culpados, y extinguir abusos; contemplo por essencial un Mecenas como V.M. para que infundiendo temor, recuerde los restantes novissimos, y consigamos medir pensamientos, palabras, y obras al tenor de lo justo"*[70].

A la hora de castigar, el juez, decía Alfonso de Villadiego, *"más importa que sea recto, aunque austero, que no blando; y es bien hacerse temer en este caso, porque los súbditos más se atreven al que aman, que al que temen, y*

---

[66] OLLYFFE, G., *An Essay Humbly Offer'd, for an Act of Parliament to prevent capital crimes, an the loss of many lives, and to promote a desiderable improvement and blessing in the Nation*, London, 1731, MADAN, M., *Thoughts on executive justice, with respect to our criminal laws, particularly on the circuits, dedicated to the judges of Assize*, London, 1785, y PALEY, W., *Principles of Moral and Political Philosophy*, London, 1785, libro VI, capts. 8 y 9.

[67] JOUSSE, *Traité de la justice criminelle*, 1771, SOULATGES, *Traité des crimes*, 1762, MUYART DE VOUGLANS, *Institutes au droit criminel*, 1747, y *Lois criminelles de la France dans leurs ordre naturel*, 1780, SERPILLON, *Code criminel ou commentaire sur l'ordennance de 1670*, Lyon, 1788, o GUYOT, J., *Répertoire universel et raisonné de jurisprudence civile, criminelle, canonique et bénéficiale*, Paris, 1784.

[68] KINGSTON R. E., *Criminal Justice in Eighteenth-Century Bordeaux. 1715-24*, pp. 1-38, en Knafla, L. A. (edit.), *Crime, punishment, and reform...*, 2003, pp. 1-38.

[69] MONTERROSO y ALVARADO, G. de, *Práctica civil y criminal e Instrucción de escrivanos*, Valladolid, 1563, Quarto Tratado, fol. 47; CANTERA, D. de la, *Quaestiones Criminales*, Salamanca, 1589, *De quaestionibus tangentibus reum*, IV, quaestio n.3, fol. 73; MATHEU y SANZ, L., *Tractatus de re criminali sibe controversiarum*, Lugduni, 1702, controversia XXV, n.26, fol. 125; CASTILLO de BOVADILLA, J., *Política para corregidores y señores de vasallos* (Amberes, 1707), facsímil en Madrid, 1978, tomo I, libro II, capítulo II, nn.52 y ss, p. 234; o VILLADIEGO, A. de, *Instrucción política y práctica judicial conforme al estilo de los Concejos, Audiencias, y Tribunales de Corte, y otros ordinarios del Reyno*, Madrid, 1766, fol. 154. n.65.

[70] BERNÍ, J., *Práctica criminal*, Valencia, 1749, facsímil en Madrid, 1995, dedicatoria.

aún le querrán mas, porque el temor es portero del amor, y aún se hará temer; castigando con aspereza los súbditos, turbadores de la paz, y à los que cometieren crímeres atroces, no exceptuando à ninguno en caso de justicia"[71].

Para los pensadores iluministas, el rigor de la pena seguía siendo absolutamente necesario en la Administración de justicia, no sólo para mantener la estructura de poder establecida, sino por una finalidad preventiva; para advertir a la sociedad y contener la comisión de futuros crímenes: *"Las penas, por duras que parezcan, son una indispensable medicina en la sociedad enferma y un freno que pone la razón a las pasiones despeñadas, como un muro de bronce, capaz sólo de contener a la iniquidad en sus sacrílegos atentados contra la inocencia y la virtud"*[72].

Además del citado Meléndez Valdés, en este sentido se pronunciaron también otros insignes pensadores ilustrados como el padre Feijóo, en su conocidísimo *Teatro Universal*, o el padre Sarmiento. Feijóo se mostró en su obra firmemente partidario del rigor punitivo propio de la época, e incluso elogió las formas más atroces de quitar la vida ideadas por las distintas sociedades, titulando concretamente la tercera de sus *Paradojas políticas y morales: "La que se llama clemencia de príncipes y magistrados, perniciosa a los pueblos"*[73]. La clemencia era para él la mayor de las injusticias, pero no ya porque supusiera un atentado a la soberanía o dejara sin satisfacer la venganza pública o del príncipe, sino por motivo de la prevención. Es verdad, reconoce, que con la atrocidad de las penas no se remedían los daños del delito, *"pero se precaven otros infinitos del mismo jaez. Los delitos son contagiosos y la impunidad de un delinquente inspira a otros osadía para hacerlo"*[74].

Por su parte, cuando el padre Sarmiento comenzó a defender (antes que el propio Beccaria, dicen algunos[75]) la supresión de la pena de muerte, no lo hizo arguyendo que ésta fuera cruel, sino innecesaria. Su argumentación no tenía nada que ver con la compasión o la humanidad, sino con un criterio puramente utilitarista: *"Por malvado que sea un hombre* (decía el padre Sarmiento), *será más útil vivo que muerto a la sociedad"*. La alternativa a la muerte no era la privación de libertad para procurar

[71] VILLADIEGO, A. de, *Instrucción política y práctica judicial...*, fol. 154. n.65.

[72] MELÉNDEZ VALDÉS, J., *Discursos forenses*, en Obras Completas III, Biblioteca Castro, Madrid, 1997, p. 148, pp. 33-42.

[73] FEIJOO, B.J., *Teatro crítico universal*, edic. Madrid, 2004, p. 286.

[74] Sobre el pensamiento criminológico de este autor, SILVA MELERO, V., *La faceta criminológica en el pensamiento del padre Feijóo*, en el Anuario de Derecho Penal y Ciencias penales, 1956, pp. 33-42, y PÉREZ FERRER, E., *Ideas penales y penitenciarias del padre Feijóo*, en Revista de Estudios Penitenciarios, nº 166 (1964), pp. 438-442.

[75] GONZÁLEZ GUITIAN, L., *¿Un predecesor de Beccaria?*, en Estudios Penales y Criminológicos, Santiago de Compostela, XI (1986-1987), pp. 63-100.

su enmienda, sino la deportación para trabajos forzados, incluso de por vida, a las colonias.

Ante la insatisfacción de las penas secundarias, la teoría de la máxima severidad, recuperada con tal virulencia en los estertores del Absolutismo, conllevó sobre todo en esta época un significativo aumento del uso de la pena de muerte, denunciado como particularmente desmedido en Inglaterra (*"there is probably no other country in the world in which so many and so great a variety of human actions are punishable with loss of life as in England"*, llegó a decir en 1810 Sir Samuel Romilly)[76].

No sólo fue el aumento de la pena de muerte, incluso para los pequeños crímenes contra la propiedad (en Inglaterra, por ejemplo, contra el delito de latrocinio o *"larceny"* sin violencia[77], y en Francia y España contra el hurto doméstico o el hurto en la Corte, respectivamente[78]); sino las formas de ejecución agravada que se previeron para ella. Cuando las Monarquías Absolutas no pudieron exaltar ya más su autoridad a través de la simple imposición de la pena de muerte ordinaria en la horca, que había perdido gran parte de su valor intimidatorio por la frecuencia con la que se utilizaba en toda clase de crímenes, recurrieron a la ejecución de formas agravadas de la muerte para imponerse nuevamente, de forma triunfal y despiadada, sobre sus enemigos: arrastramiento, descuartizamiento, colgamiento en cadenas (*"hanging in chains"*), quebrantamiento, muerte en la hoguera, exposición pública, etc.

Todas estas cruentas formas de ejecución de la muerte, de carácter público e infamante, aparecen recogidas en las legislaciones de los distintos países a los que nos referimos, junto a otras manifestaciones físicas del terror como las mutilaciones, las marcas, los azotes, la exposiciones públicas en elementos como la picota española (columna donde se ataban a los delincuentes en las plazas públicas), las cadenas inglesas, o el *"carcan"* o collar de hierro francés (allí también se aplicaba la picota o *"pilori"*, donde se exponía a los delincuentes con la cabeza y manos atrapados).

Pero frente a este sombrío panorama, también surgieron de forma temprana las primeras voces que aspiraron a la humanización del castigo penal y la mejora de las cárceles de custodia, desde posiciones cristianas y puramente filantrópicas de amor al prójimo. En Inglaterra, se contaron entre ellas la de Geffrey Mynshull, quien, anticipándose al más conocido

---

[76] DAVIS, M.T., *I can bear punishment: Daniel Isaac Eaton, Radical Culture and the Rule of Law, 1793-1812*, en KNAFLA, L.A., *Crime, punishment, and reform...*, pp. 89-106.

[77] RADZINOWICZ, L., *The movement for Reform...*, pp. 41-79.

[78] CARBASSE, J.M., *Histoire du droit criminelle...*, pp. 329-341, o RAMOS VÁZQUEZ, I., *Reformas borbónicas en el derecho penal y policía criminal de la España dieciochesca*, en Forum Historiae Iuris, http://www.forhistiur.de/zitat/1001ramos.htm, nº 2.

filántropo inglés John Howard, a principios del siglo XVII ya denunció los horrores de las cárceles inglesas[79]. A comienzos del XVIII se formó una sociedad caritativa, la *Society for Promoting Christian Knowledge*, e incluso una comisión del Parlamento, la *Commission of Inquiry*, realizó entre los años 1728 y 1729 un informe estremecedor sobre la situación de las cárceles, proponiendo su mejora[80]. Pero ninguna de estas iniciativas tuvieron la proyección ni influencia de la obra de Howard, *The State of the Prisons in England and Wales*, editada por primera vez en 1777.

Tanto el autor como la obra han sido estudiadas hasta la saciedad, debido a su importancia y difusión por toda Europa. Si Beccaria ha sido considerado el padre de la nueva ciencia jurídico-penal moderna, Howard ha trascendido como el creador del derecho penitenciario[81], mereciendo los calificativos de *the philanthropist of the world*, el "peregrino de la reforma carcelaria", el "amigo de los prisioneros", el "buen samaritano", el "heroe" o el "apostol", entre otros[82]. Pero vaya por delante la diferencia: Howard no era ningún revolucionario ni filósofo de la renovación. No pretendía modificar, como sus contemporáneos Montesquieu, Voltaire o Beccaria, los cimientos del sistema de justicia penal, y ni siquiera simpatizaba con el nuevo movimiento intelectual que se estaba fraguando en Francia. Su preocupación por el estado de las cárceles tenían un fundamento estrictamente humanitario: "La reforma penitenciaria no es un su origen una obra de justicia, sino de caridad, de clemencia, de misericordia"[83].

Para la redacción de su obra, Howard visitó la mayoría de las prisiones, hospitales y casas de corrección existentes en Europa. A resultas de ello proponía fundamentalmente humanizar las cárceles, construyéndolas de nueva planta según los principios de utilidad, sencillez, higiene, economía y decoro, así como mejorar en ella el trato que recibían los presos. Ambos objetivos se erigieron en proyectos programáticos de la Ilustración europea, aunque su gran aportación no fue tanto impulsar la reforma de las cárceles, como dotar de relevancia, por primera vez en la historia de la penalidad, al reo, al delincuente, al hombre, anticipando una mirada subjetiva del derecho penal que aún tardaría mucho tiempo en fraguar[84].

[79] MYNSHULL, G., *Essays and Character of a Prison and Prisoners*, London, 1618.

[80] McGOWEN, R., *The Well-Ordered Prison. England, 1780-1865*, en The Oxford History..., cit., p. 71.

[81] CUELLO CALÓN, *La moderna penología (Represión del delito y tratamiento de los delincuentes. Penas y medidas. Su ejecución*, Barcelona, 1958, pp. 306-308, FONTÁN BALESTRA, C., *Derecho penal*, Buenos Aires, 1964, p. 81, o GARRIDO GUZMÁN, L., *Compendio de ciencia penitenciaria*, Valencia, 1976, p. 56.

[82] GARCÍA RAMÍREZ, S., *John Howard: la obra y la enseñanza*, estudio introductorio a la traducción de *El estado de las prisiones en Inglaterra y Gales*, México, 2003, pp. 49-50.

[83] QUIRÓS, B. de, *Las nuevas teorías de la criminalidad*, Madrid, 1898, p. 242.

[84] SALILLAS, R., *La vida penal en España*, Madrid, 1888, p. 77.

Howard intentó ser elegido representante de la Cámara de los Comunes, aunque finalmente sería su amigo y también gran filántropo, Samuel Whitbread, quien llevó estas ideas al Parlamento durante los veintidós años que duró su representación. Él sería invitado solamente en la legislatura en la que Alexander Popham presentó los primeros dos proyectos sobre reforma carcelaria[85]; aunque el proyecto más serio fue la *Penitentiary Act* de 1779, que el propio Howard sería encargado de impulsar, aunque finalmente se viera frustrada por el laberinto burocrático de la época[86]. Habría que esperar todavía hasta 1823, tras la muerte de Howard, para que Inglaterra comenzara verdaderamente su reforma carcelaria con la *Gaol Act* nacida de la iniciativa de Robert Peel.

Aunque se le ha reconocido exclusivamente por la reforma carcelaria, Howard también se mostró partidario de una revisión más profunda, aunque nunca "revolucionaria", de todo el sistema punitivo: *"La experiencia demuestra que el espectáculo, en vez de producir efectos saludables en el pueblo, más bien endurece sus sentimientos"*[87], llegó a decir en contra de la ejecución pública de la muerte que se practicaba como pena habitual en Inglaterra. En su época también se estaban debatiendo estas ideas, y Howard se declaró en alguna ocasión partidario de ellas, alabando las tesis de William Blackstone y William Eden sobre la reforma del sistema penal en su conjunto.

Fueron otros los que, sin embargo, se dedicaron a impulsar esta reforma, en el mismo clima de libertad de expresión del que gozó Howard. Mucho antes de que apareciera la obra de Beccaria, en Inglaterra ya clamaba por una reforma integral del sistema de justicia criminal Sollom Elym, en su obra principal *State Trials* (1730)[88], y al amparo de estas nuevas ideas se sucedieron dos interesantes *Parliamentary Comittes* en 1750 y 1770 sobre la pena de muerte y otras cuestiones relacionadas con la aplicación de la ley penal, pudiendo verse en ellos los primeros atisbos del Parlamento a favor de humanizar las penas y poner fin al desmedido incremento de la severidad penal que se había producido en los últimos tiempos.

En 1783, la idea generalizada de los males que acarreaba las ejecuciones públicas, propiciaron otro significativo cambio: las ejecuciones públicas que hasta entonces se celebraban en Tyburn (la plaza principal, aunque no la única, donde se practicaban estos espectáculos de terror en Londres) fueron transferidas a un espacio abierto, pero mucho más

[85] DIXON, Hepsworth, *John Howard and the Prison-World of Europe. From Original and Authentic Documents*, publicado por Frederick Charlton, Webster, Mass., 1852, p. 198.

[86] McGOWEN, R., *The Well-Ordered Prison...*, p. 80.

[87] HOWARD, J., *Informe especial sobre las prisiones inglesas*, p. 405, n.5., cfr. GARCÍA RAMÍREZ, S., *John Howard: la obra y la enseñanza...*, cit., p. 20.

[88] RADZINOWICZ, L., *The movement for Reform...*, pp. 259-267.

apartado al público, frente a la prisión de Newgatte. Y un último intento frustrado de reformar la legislación penal en su conjunto acaeció en 1787, cuando en la opinión pública había crecido el malestar y empezaba a pergeñarse, ya sin ningún atisbo de duda, la necesidad de la reforma[89].

En esta época, al igual que en otros países, se sucedieron en Inglaterra casos de especial intolerancia, que saltaron a la opinión pública incrementando la sensibilización social hacia el tema[90]. También llegaban al país los ecos de la revolución francesa, sobre la que se suscitaron enfrentadas posiciones. Es conocido, en este sentido, el público enfrentamiento entre Thomas Paine, a favor de aquella, y su compatriota Edmund Burke, que señaló la crueldad que los revolucionarios aplicaban en sus castigos, usando los mismos métodos sangrientos contra los que se habían levantado, y acusó a los ingleses de practicar procedimientos muy similares, cortando cabezas y levantando estacas donde clavarlas[91].

Fue entonces cuando, no por casualidad, aparecieron quienes han sido tradicionalmente considerados los principales impulsores de la reforma penal inglesa: Willian Eden, Samuel Romilly, James Mackintosh, Thomas Fowell Buxton, Robert Peel y Jeremias Bentham. El primero de ellos sólo aportó sus ideas en una reconocida obra, inspirada en Montesquieu y Beccaria[92], para luego abandonar la jurisprudencia y dedicarse a la política. Mientras que Samuel Romilly, además de pronunciarse a favor de la reforma en la polémica frente al tradicionalista Madan, y escribir otras cartas, discursos y tratados sobre la cuestión[93], fue quien en la práctica promovió verdaderamente la reforma en el Parlamento, a partir del año 1807, habiendo trascendido por ello a la historia como el gran reformador inglés.

Quizá sus logros en el Parlamento no fueron importantes, pero sirvieron para abrir el camino que luego continuarían James Mackintosh, Thomas Fowell Buxton[94], o Robert Peel[95], que fue el verdadero impulsor de la re-

[89] PIKE, L.O., *A History of crime in England illustrating the changes of the laws in the progress of civilisation*, Patterson Smith, Montclair, Nueva Jersey, 1873-1876.

[90] DAVIS, M.T., *"I can bear punishment": Daniel Isaac Eaton, Radical Culture and the Rule of Law, 1793-1812*, en *Crime, punishment, and reform in Europe...*, pp. 89-106.

[91] PAINE, T., *The Rights of man* (1791), traducción de J.A. Fontanilla, *Los derechos del hombre*, Buenos Aires, 1962, y BURKE, E., *Reflexions on the Revolution of France* (1790), traducida en por el Instituto de Estudios Políticos, *Reflexiones sobre la Revolución francesa*, Madrid, 1963.

[92] EDEN, W., *Principles of penal law*, London, 1771.

[93] Su obra más conocida es ROMILLY, S., *Observations on the criminal law of England as it relates to capital punishment, and on the mode in which it is administered*, 1810.

[94] BUXTON, T.F., *An inquiry whether crime and misery are produced or prevented, by our present system of prison discipline*, London, 1818.

[95] RADZINOWICZ, L., *The movement for Reform...*, pp. 532 y ss.

forma carcelaria en Inglaterra. Aunque, con todo, Peel nunca alcanzó la fama ni la influencia de su contemporáneo Jeremy Bentham, filósofo y jurista cuya teoría penal dio la vuelta al mundo, y del que trataremos, en relación directa con la llamada Escuela Clásica de Voltaire y Beccaria[96].

Por su parte, en Francia también se estaba produciendo un cierto movimiento de reforma en el campo penal, que partía de la crítica a la tortura y determinadas penas como las mutilaciones o las marcas, desde el siglo XVII[97]. Aportaciones como las de Ulrich, Durand, Mer o Kingston, basadas en el estudio documental de los tribunales de Roussillon, Bourgogne, la Bretaña, o el tribunal criminal de *la Tournelle* en el siglo XVIII (en éste último sirvió, no en vano, como magistrado el Barón de Montesquieu, principal defensor en Francia del procedimiento inglés), demuestran que en los tribunales superiores franceses se estaba imponiendo una política de moderación de las penas y trato humanitario hacia el delincuente, mucho antes de que esas ideas se plasmaran por escrito en el ideario filosófico de la Revolución. Para ello los jueces se basaban en un nuevo sistema legal de pruebas, frente a las antiguas pruebas de justicia divina o pruebas ordálicas, en un aparato policial mejor dotado y más fiable, y en una nueva mentalidad social que clamaba por la reducción de la pena de muerte y del uso de la tortura[98].

La práctica o costumbre judicial precedió en este sentido a la teoría, si bien es cierto que lo hizo sólo en los tribunales superiores de justicia, no en los inferiores, donde se seguían utilizando los criterios tradicionales, y gracias a la labor personal de determinados magistrados que impulsaron la reforma penal desde el foro antes que desde la filosofía. Otro ejemplo de singular interés en este sentido, es el del magistrado Dupaty, que fue una figura trascendental de la reforma en la práctica y en la opinión pública francesa desde sus cargos como abogado general y, posteriormente, presidente del Parlamento de Bourdeaux[99]. Junto a él, hay que citar a

---

[96] GUTIÉRREZ FERNÁNDEZ, B., *Examen histórico...*, p. 380, o CASÁS FERNÁNDEZ, *Voltaire criminalista...*, p. 112.

[97] CARBASSE, J.M., *Histoire du droit pénal...*, p. 354, señala en este sentido la obra escrita en 1681 por el presidente el Parlamento de Dijon, Agustín Nicolás, bajo el título *"Si la torture est un moyen sûr à vérifier les crimes secrets"*.

[98] ULRICH, D., *La repression en Bourgogne au XVIIIe siècle*, en Revue historique de droit français et étranger (RHD), 1972, DURAND, B., *Arbitraire du juge et droit de la torture : l'example du conseil souverain de Roussillon*, en Recueil de mémoires et travaux publies par la Société d'histoire du droit et des institutions (SHDE), X (1979), MER, L.B., *La procédure criminelle au XVIIIe siècle : l'enseignement des archives bretonnes*, en Revue Historique (RH), 1985, nº 555, y KINGSTON, R. E., *Criminal Justice in Eighteenth-Century Bordeaux. 1715-24*, en *Crime, punishment, and reform in Europe...*, pp. 1-38.

[99] DOYLE W., *Reforming the Criminal law at the end of the Old Regime: the example of president Dupaty*, en *Officers, nobles and revolutionaries. Essays on eighteenth-century France*, London 1995, pp. 155-161.

otros importantes reformadores de los usos judiciales como el presidente the Lamoignon, of the Paris parlement, y Servan, abogado general en Grenoble y discípulo de Voltaire, que coadyuvarían, desde el foro, a la labor iniciada por los principales filósofos de la reforma penal francesa, Rousseau, Montesquieu y Voltaire[100].

Finalmente, España también contó con jueces reformistas, que dejaron de aplicar las penas más severas del ordenamiento[101], y con un nutrido grupo de pensadores ilustrados, como Sempere, Lardizábal o Foronda[102], que, frente a los defensores de la teoría de la máxima severidad, alcanzaron a dar mayores pasos en orden a la nueva comprensión de la delincuencia y la represión, anticipando algunas de las ideas del liberalismo.

Entendieron éstos que el rigor de las penas no sólo estaba relacionado con la maldad del delincuente y la prevención de la sociedad, sino también con la inseguridad jurídica que se derivaba de un ordenamiento jurídico demasiado impreciso y desigual, y con la alta falibilidad del sistema público de administración de justicia. Por eso, los principios de legalidad y de proporcionalidad en las penas, y una adecuada reforma en la que se subsanasen los defectos endémicos de la justicia (corrupción, falta de medios, lentitud...), que después se convertirían en elementos claves del pensamiento beccariano, fueron esgrimidos desde fechas tempranas por ellos como las soluciones más eficaces frente a la crueldad: *"las leyes no se hacen más temibles por la enormidad de las penas, sino por la certeza de su aplicación: y quando más severas, tanto suelen ser más ineficaces, é impracticables"*[103].

La cuestión tuvo la oportunidad de debatirse en profundidad a raíz de la polémica que se derivó de la ley que castigaba el hurto en la Corte con la muerte, cualesquiera que fueran las circunstancias del mismo[104]. Para

[100] GRAVEN, J., *Montesquieu et le Droit penal*, en La pensée politique et constitutionelle de Montesquieu, París, 1958, pp. 210-254, HERTZ, E., *Voltaire und die französische Strafrechtspflege im achtzehnten Jahrhundert*, Stuttgart, 1887, CASAS FERNÁNDEZ, M., *Voltaire criminalista*, Madrid, 1931, o MAESTRO, M.T., *Voltaire and Beccaria...*, 1972.

[101] PETIT, C., *Absolutismo jurídico y derecho comparado....*, pp. 123-137, GONZÁLEZ ALONSO, B., *Jueces, justicia y arbitrio...*, pp. 223-242, o GARRIGA, C., *Justicia animada...*, pp. 61-104.

[102] LARDIZÁBAL, M. de, *Discurso sobre las penas...*, pp. 43-48, y FORONDA, V. de, *Cartas sobre los asuntos más exquisitos de la Economía-política, y sobre las leyes criminales*, 2 tomos, Madrid, 1789 y 1794, comentado por RIVACOBA, M. de, *Un discípulo español de Beccaria, desconocido en España*, en la Revista de Derecho Penal y Criminología, Madrid, núm.6 (1996), pp. 953-1068, y *Últimos escritos penales de Foronda*, en Homenaje al Dr. Marino Barbero Santos *in memoriam*, Cuenca, 2001, pp. 569-577.

[103] SEMPERE y GUARINOS, J., *Policía de España acerca de los pobres, vagos y malentretenidos*, en Biblioteca Española Económico-Política, tomo I, Madrid, 1801, p. 55.

[104] NR 8, 11, auto 19, y NoR 12, 14, 3. La ley se reiteró más adelante para Guipúzcoa, en NR 8, 11, auto 20, y NoR 12, 14, 4.

otros muchos la pena resultaba absolutamente desmedida, y en su contra surgió todo un movimiento de protesta, encabezado nada menos que por la Sala de Alcaldes de Casa y Corte y el Consejo de Castilla, que clamaba por la necesidad de reformar todo el severo sistema criminal absolutista[105].

La Sala de Alcaldes de Casa y Corte pidió al monarca una interpretación restrictiva de la ley porque, a su juicio, la falta de proporcionalidad no conseguiría en ningún caso el objetivo de la prevención y, por el contrario, disuadiría a las víctimas de denunciar a los pequeños hurtadores por el temor a sentirse responsables de su muerte. En el año 1744, presentó al monarca una propuesta para aminorar los efectos más indeseados de la misma, y aunque Felipe V no la aceptó en su integridad, al menos se avino a modificar la pragmática en el sentido de permitir *"que las penas de los hurtos simples sean arbitrarias"*[106].

El Consejo de Castilla, por su parte, pudo disuadir posteriormente a Carlos III de aplicar la ley contra el hurto, argumentando que la medida era *"incompetente"* para resolver el problema porque, para ser eficaces, *"las penas deben ser proporcionadas a los delitos"*, y llegando a la conclusión de que no era necesario aumentar las penas contra los hurtadores, sino vigilar el cumplimiento de las mismas a través de un aparato policial y judicial bien pertrechado, dispuesto y eficaz[107].

El dirección del cambio, por lo que vemos, venía marcada ya desde finales del Antiguo Régimen, aunque los acontecimientos sociales y políticos con los que se inauguró el nuevo régimen de los Estados liberales de Derecho, a comienzos del siglo XIX, paralizarían la reforma penal y punitiva en un primer momento, para impulsarla después desde otro ideario y en otro contexto diferente.

2. LOS PRESIDIOS ESPAÑOLES A FINALES DEL ANTIGUO RÉGIMEN

En el año 1771, Carlos III promulgó una trascendente pragmática que ha sido considerada la primera "verdadera reforma" penitenciaria[108]. La norma no sólo consagró en letra de ley lo que venía siendo un uso gene-

[105] Véase SEMPERE y GUARINOS, J., *Ensayo de una biblioteca española de los mejores escritores del reinado de Carlos III*, Madrid, 1785, tomo III, bajo la voz de Lardizábal y Uribe.

[106] NoR 12, 14, 6.

[107] SEMPERE y GUARINOS, J., *Ensayo de una biblioteca...*, tomo III, bajo la voz de Lardizábal y Uribe.

[108] NoR. 12, 40, 7. Véase sobre la cuestión SANZ DELGADO, E., *El humanitarismo penitenciario español del siglo XIX*, Madrid, 2003, pp. 118-121.

ralizado en la práctica judicial, como hemos visto más arriba, sino que también se hizo eco de los anhelos reformistas ilustrados. Concretamente, respondía a las propuestas que los fiscales Campomanes y Moñino, futuro conde de Floridablanca, hicieron al rey algunos años antes, a raíz de plantearse un expediente para el estudio de los presidios del norte de África y sus problemas (por ejemplo, las numerosas huídas de presos que se pasaban al bando marroquí) tras el Tratado de paz firmado con Marruecos en 1767[109].

El expediente se inició con rapidez, abarcando junto a la problemática de los presidios coloniales una serie de propuestas más generales sobre el sistema penal y penitenciario. Los resultados del trabajo, entre los que se recomendaba dar un mayor protagonismo a este tipo de penas y velar por su buen cumplimiento, fueron presentados finalmente ante en monarca en mayo de 1770, sirviendo sin duda para impulsar e informar el espíritu de la citada pragmática de 1771.

En ella se distinguían dos tipos fundamentales de delincuentes: los delincuentes *"no qualificados"*, para los que se establecía la pena de presidio en alguno de los de África por el tiempo que determinasen los tribunales, con un máximo de diez años; y los delincuentes *"qualificados"*, en los cuales había que excluir *"la probable esperanza de enmienda"*, y para los que se consolidó la nueva pena de arsenales, siendo destinados estos delincuentes a cualquiera de los tres arsenales de Ferrol, Cádiz y Cartagena por el tiempo que determinasen sus sentencias, para *"los trabajos penosos de bombas y demás maniobras ínfimas, atados siempre á la cadena de dos en dos"*[110].

Aparece así, por vez primera en la legislación penal española, un sistema de individualización penitenciario moderno. La clasificación de los delincuentes en dos categorías no se hacía ya en base a la naturaleza del delito, sino por la condición de la persona del delincuente, lo que es una importante novedad. "Forzados" o "desterrados", junto a "soldados

[109] Véase FLORIDABLANCA, C. de, *Respuesta fiscal sobre los presidios* (1769), comentada por SEMPERE y GUARINOS, J., *Ensayo de una biblioteca...*, tomo IV, bajo la voz Moñino, y especialmente el estudio que sobre esta cuestión realiza VALLEJO GARCÍA-HEVIA, J.M., *Campomanes y la acción administrativa de la Corona (1762-1802)*, Oviedo, 1998, pp. 161-165.

[110] Sólo cuando los delincuentes cualificados resultaban inútiles para el servicio de arsenales, la pena podía conmutarse, pero no por la de presidio en África, en la que tampoco harían buen servicio a la monarquía, sino por la de presidio en los propios lugares de la monarquía. Podía ser en los creados para los vagos delincuentes ineptos al servicio de armas (NoR. 12, 40, 21), u otros que con el tiempo se irían creando. En este sentido, véase NoR. 12, 40, 21, nota 11, en la que explicita que en la Real Orden de 3 de noviembre de 1789, con motivo de haber sentenciado la Chancillería de Granada al servicio del arsenal de Cádiz a dos ciegos inútiles en aquel destino, mandó Su Majestad que no se destinasen reos de esta calidad á los arsenales.

disciplinarios", se convirtieron entonces en las nuevas clases de penados, y en la nueva penalidad se involucró de forma novedosa y muy importante a la jurisdicción militar[111].

No sólo se utilizaban los presidios militares o los arsenales de marina para ejecutar condenas civiles, sino que también se hizo necesario el uso de depósitos militares o *"cajas"* donde mantener vigilados a los reos hasta que pudieran ser enviados a África a cumplir sus condenas. Ambos tipos de establecimientos eran custodiados y regidos por militares, y a ellos les competió asimismo ocuparse de la conducción de los reos desde sus puntos de origen hasta las cajas, lugares de embarque o presidios.

De tal manera, podría decirse que la acción de los tribunales ordinarios terminaba, en este tipo de condenas, al dictarse la sentencia. Una vez determinada la pena por los corregidores o los alcaldes de las Reales Audiencias, en la jurisdicción ordinaria (al margen de ella funcionaba la propia jurisdicción militar para el castigo de los soldados), los "forzados" o "desterrados" se ponían a disposición de la "Superintendencia general de conducciones, fugas y solturas de galeotes y condenados a presidios, campañas y minas", órgano que se creó precisamente, al amparo del Ministerio de Guerra, para la conducción de los mismos a sus lugares de cumplimiento de condena o a los depósitos o cajas a la espera de la misma.

Llegados a los arsenales, los "forzados" pasaban a depender directamente del Ministerio de Marina, escindido del de Guerra[112], mientras que el propio Ministerio de Guerra mantenía su competencia sobre los destinados a los presidios (norteafricanos o peninsulares, cuando éstos comenzaron a crearse) hasta el cumplimiento de su condena, bien por licenciamiento, por indulto o por defunción. De tal manera, todas las cuestiones disciplinarias o de régimen interno de los presos se resolvían por los oficiales militares al cargo de los presidios o arsenales, y las cuestiones jurídicas relacionadas con la evolución de su causa o el estado de su sentencia comenzaron a resolverse por un Consejero de los Consejos de su Majestad de Castilla y Guerra.

Por su parte, las cajas o depósitos también entraron a formar parte de la jurisdicción militar. La "caja" principal donde se custodiaba a los

---

[111] SELLÍN, J.T., *Reflexiones sobre el trabajo forzado*, traducción española de GARCÍA BASALO, J.C., en Revista de Estudios Penitenciarios, nº 174, julio-septiembre 1966; y ALEJO LLORENTE de PEDRO, P., *Modalidades de la ejecución penitenciara en España hasta el siglo XIX*, en el Anuario de Derecho Penal y Ciencias Penales, nº LVII, enero 2004, y en http://vlex.com/vid/modalidades-penitenciaria-siglo-xix-379523

[112] Véase ESCUDERO, J.A., *Los orígenes del Consejo de Ministros*, Madrid, 1979, o MOLAS RIBALTA, P., *La administración española en el siglo XVIII*, en SUÁREZ FERNÁNDEZ, L. y otros (dir.), La España de las reformas: hasta el final del reinado de Carlos IV, 2 vols., Madrid, 1990, vol.1, pp. 87-143.

reos antes de embarcar a los presidios norteafricanos o coloniales estaba ubicada en Málaga. Pero "depósitos" los había, al parecer, en las mismas cárceles de los tribunales o audiencias donde, junto a las salas o habitaciones donde se custodiaban cautelarmente a los presos a la espera de la sustanciación de juicio, había otras salas "de rematados" o "galeotes" donde estos esperaban a ser enviados a sus destinos (y éstas bajo la nueva dependencia organizativa y económica de la jurisdicción militar). En Madrid y sus cercanías, en concreto, el insuficiente espacio de la cárcel de la villa para atender a este tipo de presos rematados, determinó la creación de otros dos depósitos generales, que se ubicaron en Soria y Toledo[113]. Y con el tiempo, muchas de tales cajas o depósitos darían lugar a las primeras experiencias presidiales en la península, una vez los presidios africanos o americanos ya no podían absorber más población presidial.

La pena de arsenales venía practicándose desde 1748 como consecuencia de la ambiciosa política militar y de obras públicas puesta en marcha por los ministros Patiño y, especialmente, el Marqués de Ensenada, en respuesta a los deseos de los nuevos monarcas de la dinastía Borbón por fomentar la Marina. Las obras de construcción de los arsenales comenzaron ese año de 1748, no por casualidad el mismo en que Fernando VI decretaba la primera abolición de la pena de galeras, a la que venían a sustituir. Se ha calculado que entonces se enviaron unos doce mil gitanos a los tres arsenales habilitados por el Marqués de Ensenada como lugares de trabajos forzados (el de Cádiz o la Carraca, el de Cartagena y el de El Ferrol)[114]. En 1750 se decidió que todos los condenados a los llamados "presidios correccionales" fueran trasladados a éstos, reduciéndose sus condenas al arbitrio de los jueces[115]; y en 1751, cuando las minas de Almadén estuvieron saturadas, sus reos también fueron adscritos a los arsenales. Las obras de construcción de los arsenales, en las que los presos trabajaban en cuadrillas alojados en barracones, continuaron hasta comienzos de 1782.

Era su momento de mayor esplendor, cuando la fama y efectividad de la armada española era conocida en toda Europa, y por ello la pragmática de 1771 vino a sancionar su utilización como sanción penal, convirtiéndose durante ese periodo en una de las penas más utilizadas[116], ya que además de personal para las obras de construcción y mantenimiento de los arse-

[113] SALILLAS, R., *Evolución penitenciaria en España*, 2 vols., Madrid, 1918, edic. facsimilar en Pamplona, tomo II, 1999, pp. 9-23.

[114] Al parecer, ya anteriormente, por Real Orden de 13 de junio de 1731, se habían destinado 450 esclavos moros para las obras de Cartagena, según BURILLO ALBACETE, F.J., *El nacimiento de la pena privativa de libertad….*, p. 28, en nota al pie 18.

[115] NoR. 12, 9, 5, nota3.

[116] Coincido en esta opinión con PIKE, R., *Penal servitude in Early Modern Spain*, London, 1983, p. 72.

nales y los buques, se requerían también servicios de armas (batallones de marina) y tripulación (bajeles)[117]. A finales del siglo XVIII, concretamente en el año 1784, la pena de galeras se restableció temporalmente junto con la de arsenales, con el objetivo de poder armas los barcos que se estaban disponiendo contra la piratería argelina del Mediterráneo, no siendo suprimida definitivamente hasta 1803[118]. Y durante el tiempo en que convivieron ambas, se previno una rebaja a la mitad del tiempo del reo castigado a galeras que finalmente cumpliera su condena en los arsenales[119]; lo que viene a demostrar la especial dureza de este tipo de sanción (en el arsenal de Cartagena, por ejemplo, los penados tenían que trabajar con bombas de achicamiento y desaguar las norias como un motor humano)[120].

Tras la revolución francesa y las batallas que se sucedieron a finales del siglo XVIII, los arsenales perdieron su importancia y entraron en una época de decadencia. Además, su capacidad para emplear a la población penal se vio muy mermada por la crisis de la industria naval y la introducción de bombas de vapor en el sector[121]. La pena trató entonces de adaptarse al nuevo desarrollo de los presidios correccionales o de obras públicas en la península, y por Real Ordenanza para el gobierno de los Presidios de los Arsenales de Marina, de 20 de marzo de 1804, se establecieron nuevos destinos para los delincuentes destinados al presidio-arsenal (trabajos de aprendizaje como marineros u operarios, entre otros), en un régimen penitenciario que era "si no sofisticado, sí aventajado con respecto a su época"[122]. La pena de arsenales propiamente dicha dejó de aplicarse, no obstante, poco después del desastre de la marina española en Trafalgar, decretándose su supresión por Real Orden de 29 de agosto de 1818[123].

Tras la experiencia de los arsenales, los presidios se afianzaron como la principal pena del ordenamiento jurídico español. La pragmática de

---

[117] A este momento pertenece la redacción de las importantes *Ordenanzas de S.M. para el gobierno militar y económico de sus arsenales de Marina*, Madrid, 1776.

[118] Véanse respectivamente la NoR.12, 40, 10-11, y atiéndase al trabajo de investigación de SEVILLA, F., *Historia penitenciaria española: La Galera*, Segovia, 1917.

[119] Véanse la Real Orden de 15 de agosto de 1786, en la NoR. 12, 40, 16, y la Real Orden de 20 de abril de 1789, en NoR. 12, 40, 22.

[120] TEIJÓN, V., *Colección legislativa sobre cárceles, presidios, arsenales y demás establecimientos penitenciarios*, Madrid, 1886, p. 76.

[121] BURILLO ALBACETE, F.J., *El nacimiento de la pena privativa de libertad...*, pp. 32 y ss.

[122] Son palabras textuales de HERRERO HERRERO, C., *España penal y penitenciaria (Historia y actualidad)*, Madrid, 1985, p. 65.

[123] Tan sólo subsistió el arsenal de San Fernando, en Cádiz, pero afectado exclusivamente a la jurisdicción de marina como Penitenciaría Naval Militar, según nos informan, entre otros, LASALA NAVARRO, G., *Condena a obras y presidios de arsenales*, en la Revista de Estudios Penitenciarios, 119 (1955), pp. 28-29, o SANZ DELGADO, E., *El humanitarismo penitenciario español del siglo XIX*, Madrid, 2003, pp. 117-118.

1771 lo había señalado así, introduciendo aspectos muy novedosos en el sistema punitivo español, como la adscripción ejecutoria de esta pena a la jurisdicción militar, la clasificación de los penados, el límite de diez años establecido para la pena, y la llamada *"cláusula de retención"*, que ha sido considerada una "fórmula anticipada de una medida de seguridad bajo régimen de sentencia indeterminada"[124].

La cláusula de retención era de uso frecuente en los casos de los delincuentes más atroces, y su finalidad era retener al reo por más tiempo del indicado en su sentencia cuando las circunstancias del trabajo lo hicieran necesario. A juicio de Tomás y Valiente, éste, como cualquier otro aspecto derivado de la pragmática de 1771, no fue en ningún caso una manifestación insólita o incoherente en el ordenamiento en el que nacía. "Lo que sucede es que el legislador de la Monarquía absoluta no se movía a impulsos de un correccionalismo penitenciario, ni tampoco se preocupaba por mantener una racional proporcionalidad entre delitos y penas. El delincuente era malo, pertenecía a una masa humana (pero poco) de la cual cabía obtener alguna utilidad, pese a su maldad, y se decidía a extraerla con la mayor eficacia posible y con el menor riesgo de que tan caros súbditos pudiesen escaparse y desertar. La lógica de la utilidad reinaba en el plano legal y en el gubernativo, sin perjuicio de que en los libros de algunos penalistas (de nuevo habría que citar a Lardizábal) se apuntasen ya tímidas y todavía muy elementales ideas correccionalistas"[125].

El propio Jovellanos, que ya suspiraba por unas "casas de corrección" en las que, trabajando bajo una rigurosa disciplina y control, los delincuentes se convirtieran en ciudadanos útiles, no tuvo más remedio que denunciar que los presidios, cárceles y arsenales de su tiempo no sólo estaban lejos de alcanzar el objetivo de corrección del delincuente, sino que producían sobre el mismo efectos claramente nocivos. Reconocía, además, que la situación no se podía solucionar a corto plazo, y que los establecimientos que él deseaba *"no existen, ni es fácil en estos momentos llegar de una vez hasta la perfección"*. Por eso, se limitaba a aconsejar a los jueces que en la práctica eludiesen las condenas a presidios y arsenales, en los

[124] ANTÓN ONECA, J., *El derecho penal de la Ilustración y don Manuel de Lardizábal*, en Revista de Estudios Penitenciarios, 174 (1966), p. 604, quien afirma además que de esta pragmática habla Lardizábal en su *Discurso* con tanta "afición que hace sospechar la paternidad".

[125] TOMÁS y VALIENTE, F., *Las cárceles y el sistema penitenciario bajo los Borbones*, en Las cárceles en España: cinco siglos de horror, Historia 16, extra 2, Madrid, 1978, pp. 76-78. Sobre la disputa que se suscitó entre los partidarios y detractores de ésta clausula de retención, SANZ DELGADO, E., *El humanistarismo penitenciario...*, pp. 121-132.

que los presos permanecían hacinados, y sustituyeran éstas por servicios en el ejército real o en trabajos forzados en obras públicas de utilidad[126].

En efecto, las labores de fortificación que se realizaban en los presidios militares se trocaron en la península por otro tipo de trabajos en obras públicas. Existe un importante Informe fiscal de 30 de junio de 1770 que, partiendo de la necesidad de *"desahogar los presidios"* con nuevos establecimientos *"donde aya proporción de hacer útil y continuo el trabajo de los desterrados"*, sugiere la creación de presidios civiles en todas las grandes capitales, y en cualquier otro punto de la península donde existiera alguna posible actividad laboral en la que se pudiera emplear a los reos, especialmente *"fábricas de salitre y pólvora, salinas, obras públicas provinciales"* o para *"aserrar madera, piedras y otras fatigas fuertes, o minas"*. El Informe preveía *"casas de corrección"* para niños y ancianos, anexas a los hospicios y casas de beneficencia, y la creación de establecimientos para la aplicación del resto de los penados por delitos menores *"a las obras públicas y caminos de cada provincia, formando divisiones según el estado y proporción de ellas"*[127].

La idea fue muy bien recibida por los monarcas ilustrados Carlos III y Carlos IV, aconsejado éste último por su valido Manuel de Godoy en distintos memoriales sobre la conveniencia de crear de este tipo de presidios de obras públicas en la península[128]. El primero de ellos se fundó en Madrid, bajo el nombre de presidio del Prado, destinando a sus penados a la construcción del plan urbanístico aprobado por Carlos III. Posteriormente se fundaría, en 1784, el presidio del Puente de Toledo o del Camino Imperial, al que eran destinados los condenados a servir en la construcción de un nuevo camino que llevaría desde Madrid a la frontera con Francia.

Ambos presidios, que no eran más que la adscripción de determinados contingentes de rematados a dichas obras o trabajos públicos, se pusieron en principio bajo la dependencia de la Dirección General de Caminos, aunque a principios del siglo XIX el presidio de obras públicas de Madrid pasó a manos del Ayuntamiento, hasta que la reorganización general del mapa de presidios lo situara, más adelante, bajo la administración híbrida del Ministerio de Interior y el de Guerra.

---

[126] JOVELLANOS, G. M. de, *Informe de 1 de julio de 1779 sobre indultos generales*, Madrid, 1779, pp. 463 y ss.

[127] LASALA NAVARRO, G., *Condena a obras y presidios de arsenales*, en REP, 119 (1955), p. 17.

[128] Estos memoriales han sido estudiados por GARCÍA VALDÉS, C., *Del presidio a la prisión modular*, Madrid, 1998, p. 9.

También se crearon de forma temprana los presidios civiles de Málaga, Cádiz y Cartagena (antiguo depósito de arsenales), para destinar allí en obras públicas a los numerosos delincuentes que esperaban hacinados para ser enviados a su destino en África sin encontrar salida[129].

De entre estos presidios de la primera etapa, destacó fundamentalmente el presidio correccional de Cádiz, que ha sido calificado por Salillas de primer "presidio industrial" [130]. Su importancia devino tanto de las necesidades que vino a solventar en una ciudad tan populosa y con altos índices de criminalidad como era la Cádiz de finales del XVIII, como de lo avanzado que resultó en sí mismo el proyecto, *"el primero de su especie que se conoce en toda la península"*[131]. En 1802 se publicaba su primer Reglamento, que fue ampliado y corregido en 1805 tras los primeros años de experiencia adquiridos, y debido a la iniciativa del Teniente-Coronel Francisco Xavier Abadía, considerado por muchos antecesor de Montesinos por el esfuerzo personal que imprimió al proyecto y el interés que se tomó en la reforma penitenciaria[132].

Francisco Xavier Abadía, que durante el comienzo de su andadura estuvo al frente del presidio de Cádiz y pudiera decirse que lo moduló según sus deseos, hizo gala en el Reglamento de 1805 de un nutrido conocimiento de toda la literatura jurídica al efecto, y creó un establecimiento en el que predominaron los trabajos en los talleres, tanto formativos como productivos, frente a los trabajos forzados en obras públicas que se realizaban en el resto del país por los presidiarios. El suyo pretendía ser verdaderamente un "presidio industrial", aunque en la práctica sólo un centenar de internos estaban ocupados de hecho en este tipo de trabajos frente a otros destinos propios de toda penitenciaria como lo lavanderos, cuarteleros, etc.

Los presidios militares de África y los presidios civiles de obras públicas peninsulares, como el del Prado, o el Presidio industrial de Cádiz, se unificaron normativamente a partir de la Real Ordenanza para el gobierno de los Presidios de los Arsenales de Marina, de 20 de marzo de 1804, que trató de extender a todos ellos el espíritu de Cádiz, apostando por un régimen progresivo de aplicación de las penas, con distinción entre presos corregibles e incorregibles, especial atención en la educación de los jóvenes, establecimiento de un régimen de castigos, y abreviación

[129] NoR. 12, 40, 21.

[130] Un estudio pormenorizado de este presidio de Cádiz y su regulación, ya fue realizado de forma magistral por SALILLAS, R., *Evolución penitenciaria de España*, edición facsímil de la de Madrid, 1918, 2 vols., en Pamplona, 1999, vol.2 pp. 179 y ss.

[131] Son palabras textuales de su primer Reglamento de 26 de agosto de 1802.

[132] Véase BURILLO ALBACETE, F.J., *El nacimiento de la pena privativa de libertad....*, pp. 47 y ss.

de la condena como recompensa. Basta reparar en su Preámbulo para comprobar el triunfo del espíritu de la ley: *"Se establezca en los presidios de mis Reales arsenales el siguiente sistema, en que, conciliando no dejar impune el delito, alejando así la depravación, se saquen ventajas de las faenas a que se empleen los presidiarios, y, cumplidas sus condenas, resulten unos beneficiosos artesanos, habiendo cambiado la naturaleza de sus costumbres y malas inclinaciones, propendiendo ya a ser útiles ciudadanos (...)"*.

Estas mismas características se plasmaron posteriormente en el Reglamento de los presidios de corrección de Madrid de 1807[133], que serviría de modelo, junto con el de Cádiz, para la elaboración final del Reglamento General de los Presidios peninsulares de 12 de septiembre de 1807[134].

El proceso de redacción de este último fue, no obstante, algo más complejo, habida cuenta de su importancia como norma general. Partió de un ambicioso proyecto que pretendía trasladar el modelo industrial de Cádiz al resto de la península, estableciendo un presidio de tales características en las capitales del reino y cabezas de partido. Para ello se requería este Reglamento General, que tras su convocatoria oficial contó con dos proyectos distintos: uno presentado por Francisco Xavier Abadía, desde el presidio de Cádiz, y otro por el Capitán del Regimiento de infantería de Jaén, Miguel de Haro[135].

El proyecto de Abadía se limitaba a una capitanía general, la de Andalucía, pero preveía su extensión al resto de las capitanías del reino. Proponía en ellas un sistema mixto en el que los presidiarios, según una clasificación o distribución previa, fueran destinados a obras públicas o talleres, y desde el punto de vista administrativo planteaba que todos los presidios de la circunscripción, tanto militares como civiles, estuvieran estructurados en torno a una Dirección General que se desprendiera de la tradicional vinculación militar de los mismos. Miguel de Haro, por su parte, hacia un mayor hincapié en la creación de talleres industriales dentro de los presidios, y concibió un plan orgánico centralizado para todos los establecimientos peninsulares, coordinado por una Inspección General y tres Subinspecciones, lo cual también suponía un desprendimiento del control que hasta entonces venía realizando el ejército sobre los presidios.

---

[133] SALILLAS, R., *Evolución penitenciaria de España...*, vol.2, pp. -41-80. En este Reglamento ve sin ninguna duda el triunfo de la mentalidad utilitaria ROLDÁN BARBERO, H., *Historia de la prisión en España*, Barcelona, 1988, p. 66.

[134] SALILLAS, R., *Evolución penitenciaria de España...*, vol.2, pp. 435-585.

[135] Ambos estudiados también pormenorizadamente por SALILLAS, R., *Evolución penitenciaria de España...*, vol.2, pp. 459 y ss, y tomando este trabajo como referencia, también por BURILLO ALBACETE, F.J., *El nacimiento de la pena privativa de libertad...*, pp. 50 y ss.

Ante la dificultad de llegar a un acuerdo entre los propios redactores de estos planes, el Capitán General Morla fue finalmente el encargado de refundir lo mejor de los dos proyectos, aunque en el finalmente aprobado Reglamento de 12 de septiembre de 1807 para la formación de presidios correccionales en la capitales y pueblos grandes del Reino, predominaron sobre todo las ideas de Abadía. En él se mantenían los presidios africanos para las condenas más graves, y se preveía la creación de otros presidios correccionales en las grandes ciudades a imagen y semejanza del de Cádiz. Se delimitaron, por lo demás, tres grandes zonas presidiales (Andalucía, Aragón y Castilla), en las que habría un Subinspector bajo las órdenes del Inspector General de Presidios, dependiente a su vez de la Secretaría del Ministerio de Guerra.

Otros aspectos reseñables del Reglamento General fueron la clasificación de presidiarios, con distinción de *"jóvenes corrigendos"*; la estructura organizativa del personal, que sería utilizada con posterioridad hasta principios del siglo XX; y la introducción de un primer sistema disciplinario basado en el otorgamiento de premios o castigos.

El Reglamento tenía que haber entrado en vigor en 1808, pero los acontecimientos que precipitaron la Guerra de la Independencia lo impidieron. No obstante, sus propuestas no cayeron en saco roto, y su herencia sería recogida posteriormente por la Ordenanza General de Presidios del Reino de 1834.

En la práctica, lo que al parecer ocurrió fue que sólo los reos de delitos leves se destinaron a obras públicas en la península, cumpliendo su condena desde las propias cárceles municipales en pequeños destacamentos móviles para obras de carreteras, canales de navegación o puertos[136]. Mientras, los delincuentes más calificados continuaban hacinados en las cárceles y depósitos por no quedar plazas suficientes en los presidios coloniales[137]. Para solventar este problema, las Audiencias resolvieron que habría que aplicar también a los delincuentes calificados al trabajo en obras públicas, aunque por tiempo y condiciones diferentes a las de los delincuentes menores, suscitándose una interesante disputa para dilucidar

[136] El objetivo de la enmienda de este tipo de delincuentes a través del trabajo, también se hace evidente en el curioso Auto de Buen-Gobierno de la Audiencia de las Islas Canarias, de 23 de noviembre de 1778, en el que, a falta de destinos públicos para contener holgazanes, mendigos voluntarios y reos de causas menores, se establece que estos puedan ser utilizados por los particulares en los barcos de pesca, sin salario, para que *"aprendan los oficios a que se les aplicasen"* y alcanzaran así la enmienda. Véase CORONAS GONZÁLEZ, S., *El libro de las leyes del siglo XVIII*, 5 vols., Madrid, 1996, tomo III, libro VII, n.50, pp. 1717-1720.

[137] Véase BURILLO ALBACETE, F.J., *El nacimiento de la pena privativa de libertad...*, cit., pp. 45-46, y TOMÁS y VALIENTE, F, *El derecho penal...*, p. 366.

si tales reos podían dedicarse también a otros destinos ocupacionales, como los talleres o manufacturas.

Sea como fuere, la cuestión estaba sin resolver, a pesar de las buenas intenciones, y los reos continuaban hacinados en los calabozos, a la espera de un destino que nunca llegaba. Sin sol, sin ventilación suficiente, soportando todavía toda clase de apremios (cepos, grillos, cadenas...), los presos dejaban pasar allí las horas imaginando nuevas formas de delinquir o corromperse para sobrevivir[138].

John Howard notó esta realidad cuando visitó España en 1783 para redactar su obra sobre el estado de las cárceles, prisiones u hospitales[139]. Pero tras ésta y algunas otras impresiones de carácter general, se refirió también positivamente a algunos de los presidios que visitó, resultándole ejemplar la Prisión del Prado, donde se recluían a los reos que *"trabajaban en la construcción de caminos, puentes, etc"*; y sobre todo el Correccional de San Fernando, puesto en marcha por Pablo de Olavide tras el motín de Esquilache, del que dijo que era una verdadera casa de corrección en el que *"delincuentes menores, vagos y pordioseros"* acarreaban piedras a un horno de cal, lavaban o remendaban ropa, o hilaban hilo y estambre, en inmejorables condiciones: *"Los talleres miden 32 pies de ancho; las enfermerías son amplias y se hallan en la azotea de la casa. Los reclusos llevaban uniforme; a todos se les entregaban dos pares de zapatos y dos de calcetines. Las secciones de los varones se veían limpias, pero las de las mujeres aún mucho más limpias (caso frecuente en hospitales y reclusorios españoles). Cada recluso tiene una cama, un colchón y dos frazadas. Tanto hombres como mujeres tienen un patio separado; los dos pueden ser vigilados desde el balcón del alcaide. Las provisiones son buenas: 20 onzas de pan diarias..."*[140].

Entre otros de los que obtuvieron su aprobación, Howard señaló, además, que en el también madrileño hospicio de la calle Fuencarral funcionaba una manufactura para el cardado e hilado de la lana, de modo que *"el hospicio es, en realidad, una especie de prisión y, asimismo, una planta industrial bien administrada"*[141].

Salillas coincidiría años después con Howard al estudiar la casa correccional de San Fernando, que para él era uno de los dos únicos establecimientos penitenciarios modelos que pueden encontrarse como

[138] Véase CUELLO CALÓN, E., *Lo que Howard vio en España. Las cárceles y prisiones de España a fines del siglo XVIII*, en la Revista de Estudios Penitenciarios (REPe), 1 (1945), pp. 12-17.

[139] HOWARD, J., *El estado de las prisiones en Inglaterra y Gales* (1789), primera edición en español, Fondo de Cultura económica, México, 2003, pp. 337-338.

[140] HOWARD, J., *El estado de las prisiones...*, pp. 340-342.

[141] HOWARD, J., *El estado de las prisiones...*, p. 343.

antecedente en el Antiguo Régimen, junto con la cárcel real de esclavos y forzados de Almadén[142].

3. LAS GALERAS DE MUJERES

Cuando los primeros hombres comenzaron a ser castigados mediante la privación de libertad en la sociedad precapitalista de la Edad Moderna, lo fueron principalmente por motivos utilitaristas, y empezaron a servir a la Monarquía como remeros en las galeras del rey, mineros en las minas de azogue de Almadén, soldados y peones en los presidios coloniales del norte de África, brazeros u obreros en los caminos públicos, o bombeadores en los arsenales, donde realizaban los trabajos más duros.

Las mujeres, sin embargo, venían siendo castigadas a la prisión en monasterios u otros lugares religiosos desde mucho tiempo antes, en atención a otros criterios de carácter humanitario, y separándose siempre de los hombres en el caso de que, de forma excepcional, fueran detenidas en las cárceles públicas o del común. La mujer como reclusa no era, por tanto, un activo o un recurso humano en la Edad Moderna, sino una "corrigenda". Frente al hombre, ella no solía ser afligida con penas corporales (salvo en los casos más graves), ni tenía ninguna fuerza de trabajo que aportar. La mujer sólo podía aportar a la sociedad sus cualidades como esposa y madre, que eran las que, junto a la moral religiosa, se le enseñaban durante sus encierros correccionales.

Frente a la doctrina civilista que prohibía la privación de libertad como pena, el derecho canónico sí permitía que la prisión pudiera ser utilizada por la jurisdicción eclesiástica como forma de sancionar. De un lado por el impedimento moral que tenía la Iglesia para ejecutar la pena de muerte o cualquier otra pena corporal (*"penas de muerte, y efusión de sangre"*), motivo por el cual, en los delitos más graves tenía que relegar la ejecución de la pena *"al brazo secular"*. Y, de otro lado, por la finalidad correctiva que el derecho canónico mantuvo siempre en la sanción, frente a los objetivos simplemente retributivos y preventivos por los que se fue decantando con el tiempo el absolutismo regio[143].

La pena de prisión en los monasterios, conventos u otros lugares religiosos se utilizó así desde época temprana por la jurisdicción eclesiástica

---

[142] SALILLAS, R., *Evolución penitenciaria...*, vol.2, pp. 56-91.

[143] GUTIERREZ FERNÁNDEZ, B., *Exámen histórico del Derecho penal*, Madrid, 1866 (edición facsímil en Pamplona, 2003), pp. 91-92, MERLE, R., *La penitence et la peine; théologie, droit canonique, droit pénal*, París, 1985, p. 64, y TOMÁS y VALIENTE, F., *El derecho penal...*, p. 388.

para los pecadores menos cualificados y susceptibles de enmienda. No solía utilizarse con los hombres de condición seglar, a los que se presumía mayor responsabilidad en el ejercicio de su conducta, sino principalmente con los propios miembros del clero y con las mujeres nobles u honradas que hubieran cometido algún *"yerro"* o desliz, sobre todo si éste tenía que ver con la moral sexual, de la que se ocupaban preferentemente los párrocos. Éstas se vieron amparadas por la jurisdicción eclesiástica, gozando ante el derecho de una especial protección jurídica, por razón de la materia o naturaleza del crimen (*"ratione peccati"*), permitiéndoseles la expiación de su culpa en los conventos y monasterios por los pecados que entonces se consideraban típicamente femeninos, como el incesto, el adulterio o el amancebamiento[144].

La protección de la jurisdicción eclesiástica sólo alcanzaba a las mujeres honradas, a decisión de los prohombres de cada lugar. En este sentido, las diferencias que se observan en las leyes por razón de la condición social o fama pública de la mujer son más que evidentes[145], prefiriéndose otro tipo de penas corporales o infamantes para las mujeres de mala fama.

En cualquier caso, la criminalidad femenina durante la Baja Edad Media no fue abundante, y estas sanciones no dejaron de ser muy minoritarias. En esta época, la forma de vida rural y la protección de la familia impedía que la necesidad acuciase la delincuencia de las mujeres, y éstas se contemplaban en los ordenamientos jurídicos antes como víctimas (de rapto, violación, incesto...) que como sujetos activos de delitos. Los delitos típicamente femeninos, que eran los que tenían que ver principalmente con una moral sexual relajada, la prostitución o el amancebamiento, eran, por lo demás, tolerados en esta época como un "mal menor" o un "bien común" (no así el adulterio), que impedía la comisión por parte de los hombres de mayores atrocidades[146].

Pero cuando en la Edad Moderna la Contrarreforma católica comenzó una dura campaña contra los delitos de lujuria y comenzaron a perseguirse prácticas como el amancebamiento o la prostitución, aumentó significativamente la criminalidad femenina. A esta doble acción de la Iglesia y la Monarquía contra las prostitutas, mancebas y mujeres de mala fama en

---

[144] P.7, 29, 5, y NoR, 12, 38, 3.

[145] Sobre esta cuestión, GACTO, E., *Entre la debilidad y la simpleza. La mujer ante la ley*, en Historia 16, nº 145, Madrid, mayo 1988, p. 31.

[146] JIMÉNEZ MONTESERÍN, M., *Sexo y bien común. Notas para la historia de la prostitución en España*, Cuenca, 1994, VÁZQUEZ, F. (coord.), *Mal menor. Políticas y representaciones de la prostitución. Siglos XVI-XIX*, Cádiz, 1998, o RAMOS VÁZQUEZ, I., *"De meretricia turpidine". Una visión jurídica de la prostitución en la Edad Moderna castellana*, Málaga, 2005.

general, es a la que Michel Foucault se refirió hace tiempo con la expresión del "dispositivo de la sexualidad"[147], y se tradujo en la práctica en una mayor persecución y castigo de las mujeres a partir de la segunda mitad del siglo XVI, y especialmente el siglo XVII, acuciándose los problemas relativos a sus particulares formas de sancionar.

La labor humanitaria realizada en este sentido por determinadas congregaciones religiosas fue de capital importancia. Las primeras "Casas de Arrepentidas" o "Casas de Recogidas" surgieron precisamente para albergar a las mujeres que quisieran apartarse de la mala vida, gracias a la iniciativa privada de algunas órdenes religiosas, y muy en particular la Compañía de Jesús[148].

La creación de este tipo de casas para mujeres, al parecer desde la primera mitad del siglo XVI[149], fue un fenómeno común en toda Europa[150]. En España se fundaron en casi todas las grandes ciudades (Sevilla, Toledo, Málaga, Madrid, Valencia, Zaragoza, Cuenca, Córdoba, Granada, Jaén...), a lo largo de toda la Edad Moderna[151]. Pero, sin duda alguna, la más conocida de ellas fue la Casa de Arrepentidas de Valladolid o Colegio de Santa Isabel, que fue dirigida por la Madre Magdalena de San Jerónimo y sirvió de modelo para la creación de la primera cárcel de mujeres[152].

---

[147] FOUCAULT, Michel, *Histoire de la sexualitè*, I., edit. Gallimard, 1976, cap. IV, p. 105 y ss.

[148] En toda Europa destacó la labor realizada por la Compañía de Jesús, siguiendo el ejemplo de su fundador, San Ignacio de Loyola, que creó en Roma la Casa de Santa Marta. Véase RIBADENEYRA, P. de, *Vida de San Ignacio de Loyola*, Valladolid, 1547, p. 47. Para España, véase MARTIN ROA, S.J., *Historia en la provincia de Andalucía de la Compañía de Jesús* (1602), manuscrito conservado en la Biblioteca de la Universidad de Sevilla, sign.331/23, ASTRAIN, A., *Historia de la Compañía de Jesús en la asistencia de España*, Madrid, 1913, HERRERA PUGA, P., *Sociedad y delincuencia en el Siglo de Oro*, Granada, 1971, o VICENT, B., *Les jesuites et la prison royale à Seville. Missions d'evangelisation et mouvement confraternal en Andalousie à la fin du XVIe siécle*, Florence, 1994.

[149] VÁZQUEZ GARCÍA, F, y MORENO MENGÍBAR, A., *Poder y prostitución en Sevilla (siglos XIV al XX). La Edad Moderna*, Sevilla, 1995, pp. 160-161, afirman que en Sevilla ya existía una Casa de Arrepentidas, que no sería la única en la ciudad, antes de 1518.

[150] MOREL d'ARLEUX, A., *Recogimientos y cofradías del "Pecado Mortal" en los siglos XVI y XVII*, en CARRASCO, R. (edit), *La prostitution en Espagne. De l'epoque des Rois Catholiques à la IIª République*, París, 1994, pp. 111-135, y PEREZ BALTASAR, Mª.D., *Orígenes de los recogimientos de mujeres*, en Cuadernos de Historia Moderna y Contemporánea, 6 (1985).

[151] PÉREZ BALTASAR, *Mujeres marginadas. Las casas de recogidas en Madrid*, Madrid, 1984, VIDAL GAVIDIA, M.A., *La Casa de Arrepentidas de Valencia: origen y trayectoria de una institución para mujeres*, Valencia, 2001, o FERNÁNDEZ VALENCIA, A., *La casa de recogidas de Cuenca (1776-1845)*, Cádiz, 2003.

[152] SAN GERÓNIMO, M, *Razón y forma de la Galera y Casa Real, que el rey nuestro Señor manda hazer en estos Reynos para el castigo de las mujeres vagantes, ladronas, alcahuetas y otras semejantes* (Valladolid, 1608), editada por SEVILLA y SOLANA, F., *Historia penitenciaria española (La Galera)*, Segovia, 1917, pp. 237 y ss; BERISTAIN IPIÑA, Antonio, y CUESTA ARZAMENDI, José Luis de la, *Cárcel de mujeres. Ayer y hoy de la mujer delincuente y víctima*,

La idea de crear una cárcel de mujeres ya contaba, sin embargo, con algunos antecedentes de importancia, en los que sin duda se apoyó la madre de San Jerónimo. Según nos informa Isabel Barbeito, en el Archivo General de la Real Casa y Patrimonio se conserva un documento, fechado en Madrid, a 29 de marzo de 1593, en el que ya se planteaba a Felipe II la necesidad de *"hacer en la Corte un recogimiento de las mujeres mozas perdidas, que andan por estas calles ofendiendo a nuestro Señor"*. Aunque el rey está de acuerdo con la propuesta, todavía no está muy claro en la misma el carácter penitenciario de la institución y, confundiéndola en sus fines con un lugar de asistencia, el propio monarca anota al margen de la solicitud que esa casa de mujeres quizá pudiera emplazarse en el Hospital General[153].

Muy pocos años después, el Protomédico de las Galeras de su Majestad, Cristóbal Pérez de Herrera, despejaría toda confusión, aconsejando vivamente al monarca la recogida o encierro de las mujeres delincuentes, pero no a efectos meramente asistenciales, sino punitivos. Pérez de Herrera, quien por su trabajo tenía una dilatada experiencia en asuntos criminales, consignó los puntos principales de su pensamiento en una obra titulada *"Discurso del amparo de los legítimos pobres y reducción de los fingidos"*, que se editó en Madrid, en 1598[154], y en la que dedicaba todo el discurso IV al problema de las mujeres, bajo la rúbrica *"Del castigo y reclusión de vagabundas"*.

Las reflexiones de Pérez de Herrera influyeron en la propuesta de la Madre San Jerónimo, quien acuñó la expresión de *"Galera"* o *"Casa-Galera"*, comparando el castigo de las mujeres con el de los hombres que eran enviados a remar[155]. Si bien, la madre San Jerónimo fue mucho más severa en el régimen propuesto para las presas que el propio Pérez de Herrera, estableciendo, entre otras cosas, que debía haber en cada Casa-Galera *"todo género de prisiones, cadenas, esposas y grillos; y mordazas, cepos y disciplinas de todas hechuras, de cordeles y hierro, que de sólo ver estos instrumentos se atemoricen y espanten, porque como ésta ha de ser como una cárcel muy penosa, conviene que haya grande rigor"*. Las reincidentes, además, serían castigadas con el doble de la pena, y marcadas en

---

Bilbao, 1989, pp. 191 y ss; y BARBEITO CARNEIRO, M. I., *Cárceles y mujeres en el siglo XVII*, Madrid, 1991, pp. 61 y ss. También puede consultarse en *Apuntes para una Biblioteca de Escritoras españolas*, BAE, Madrid, 1903, tomo II, pp. 304 y ss.

153 Véase BARBEITO, I., *Cárceles y mujeres en el siglo XVII*, Madrid, 1991, p. 9.

154 Puede consultarse su reciente reedición en PÉREZ de HERRERA, C., *Amparo de los verdaderos pobres y reducción de los fingidos* (Madrid, 1598), Clásicos Castellanos, Madrid, 1975.

155 No obstante la obra de la Madre San Jerónimo resulta mucho más intolerante que la de aquel. Véase GARCÍA VALDÉS, C., *Del presidio a la prisión modular*, Madrid, 1998, p. 22. Véase también FIESTAS LOZA, A., *Las cárceles de mujeres*, en Historia 16, octubre 1978, extra VII, p. 91, BARBEITO, I., *Cárceles y mujeres en el siglo XVII*, Madrid, 1991, p. 59, o MARTÍNEZ GALINDO, G., *Galerianas, corrigendas y presas. Nacimiento y consolidación de las cárceles de mujeres en España (1608-1913)*, Madrid, 2002, p. 45.

la espalda a hierro candente con el escudo de armas de la ciudad o villa donde estuviese la Galera. A la cuarta reincidencia serían ahorcadas.

Siguiendo esta propuesta, en 1604 Felipe III fundaba las dos primeras Casas-Galeras de la monarquía, en Madrid y Valladolid. A éstas no tardaron en seguirles las de Granada, Zaragoza, Salamanca y Valencia, y en poco tiempo, prácticamente todas las ciudades principales de la monarquía contaron con este tipo de establecimientos, reproduciéndose en sus ordenanzas los terribles criterios que había dejado consignados en su "Obrecilla" la madre fundadora.

Un particular impulso de cara a la creación de este tipo de establecimientos, fue sin duda el Decreto de cierre de las mancebías, y consecuente prohibición de toda forma de prostitución, dictado por Felipe IV el 10 de febrero de 1623. Esta fecha marcó en España el final de la época de tolerancia hacia la prostitución (gestionada en mancebías públicas que dejaban importantes beneficios económicos a las arcas municipales), y puso fin definitivamente a la teoría del "mal menor" o "bien común" que hasta entonces la había permitido.

Con ello, el número de mujeres delincuentes que debían ser conducidas a las Galeras aumentó exponencialmente, acuciando la necesidad de su creación en muchos lugares. Pero también hay que tener en cuenta que al objetivo inicial de recoger mujeres *"perdidas"* a las que había que conducir por el buen camino a través del trabajo, la austeridad y la enseñanza de valores religiosos, se habían añadido otros con el paso del tiempo. Junto a este tipo de mujeres, se ha comprobado que ingresaron también en las Galeras otra clase de mujeres casadas a petición de sus propios maridos, para darles algún escarmiento, y delincuentes de todo tipo que reproducían entre sí los mismos vicios que se daban en las cárceles ordinarias, sin que los nuevos establecimientos penitenciarios consiguieran la finalidad correctiva para la que fueron creadas[156].

Las cárceles de mujeres en el siglo XVII, aparecen así descritas como los mismos lugares de vicio y corrupción que resultaron ser las de los hombres[157]. Para paliar sus penurias, las propias reclusas organizaban su régimen de subsistencia, procurándose productos del exterior, comprando a sus carceleras, y favoreciendo en todo caso la corrupción del ambiente. También eran ayudadas por obras pías u órdenes religiosas concretas, como la de los jesuitas, que como sabemos venían realizando una impor-

---

[156] BENAVIDES, C., *Las femmes délinquantes à Madrid (1700-1808). Justice et société en Espagne au XVIII siécle*, Paris, 2001, pp. 201-202, o VILLALBA PÉREZ, E., *¿Pecadoras o delincuentes?. Delito y género en la Corte (1580-1630)*, Madrid, 2004, pp. 109-110.

[157] FIESTAS LOZA, A., *Las cárceles de mujeres...*, pp. 92 y ss, BARBEITO, I., *Cárceles y mujeres en el siglo XVII...*, pp. 59 y ss, o MARTÍNEZ GALINDO, G., *Galerianas, corrigendas y presas...*, pp. 40 y ss.

tante labor con respecto a las mujeres delincuentes. Esta orden creó, en concreto, la figura de *"la beata de la cárcel"*, una mujer de reconocida virtud que elegía la Compañía para que visitase y cuidase de las reclusas, sobre todo cuando eran jóvenes o estaban enfermas, además de procurarles con su ejemplo un modelo de moralidad[158].

Las Casas-Galeras no llegaron a ser, en consecuencia, los lugares de corrección para los que se habían creado originariamente, sino más bien casas de retención y castigo[159]. Pero, con todo, no puede dejar de señalarse que supusieron uno de los primeros antecedentes del régimen penitenciario. "Encarcelar a mujeres por delitos sexuales", afirma Wiesner-Hanks, "marca el primer momento en que la prisión se usó como castigo en Europa en lugar de ser simplemente un lugar en el que mantener a la gente hasta su juicio o antes de la deportación"[160].

El humanismo cristiano y espíritu filantrópico del que hicieron gala los ilustrados se reflejaría en la imposición de una disciplina menos férrea sobre las reclusas, como se comprueba en las ordenanzas de las Casas Galera de la época[161], y en el impulso, a finales del siglo XVIII, de un movimiento reformista tendente a la mejora de la situación de los presos en general, y las mujeres en especial.

4. LA REFORMA DE LAS CÁRCELES Y LAS REALES ASOCIACIONES DE CARIDAD

a) La cárcel y la tortura

Las cárceles de custodia del Antiguo Régimen, anejas a los tribunales de justicia, también despertaron la atención y las críticas de los ilustrados[162]. Como reiteraría el propio Carlos III en 1788, éstas no eran

[158] LEÓN, P. de, *Compendio de algunas experiencias en los ministerios de que usa la Compañía de Jesús...*, cit., tomo I, s.l., año 1619, fols.105 y ss.

[159] Véanse DOMÍNGUEZ ORTIZ, A., *La galera o cárcel de mujeres de Madrid a comienzos del siglo XVIII*, en Anales del Instituto de Estudios Madrileños, 1973, y MEIJIDE PARDO, M.L., *Mendicidad, vagancia y prostitución en la España del siglo XVIII: la Casa Galera y los Departamentos de Corrección de Mujeres*, tesis de la Universidad Complutense de Madrid, 1992.

[160] WIESNER-HANKS. M.E., *Cristianismo y sexualidad en la Edad Moderna*, 1° edición en castellano, Madrid, 2001, pp. 135-136, haciéndose referencia concretamente a la parisina cárcel de mujeres de *la Salpêtriere*, y no tanto a la Casa-Galera española.

[161] MARCELINO PEREYRA, L., *Ordenanza de la Casa Galera de Valladolid*, Valladolid, 1796.

[162] LARDIZÁBAL y URIBE, M. de, *Discurso sobre las penas...*, pp. 211 y ss, o GUTIÉRREZ, J.M., *Práctica criminal de España*, Madrid, 1804, tomo I, pp. 216 y ss. Aunque

lugares de castigo sino para la *"custodia y no la aflicción de los reos"*[163]. Pero en la práctica, y a pesar de la abundante legislación dictada hasta el momento para evitarlo[164], aparecían ante los ojos de la sociedad como lugares insalubres en las que los reos permanecían mucho más tiempo del necesario, sufriendo abusos de oficiales corruptos así como apremios y torturas, y convertidas de hecho en *"verdaderas escuelas de maldad"* en las que *"maestros consumados en la funesta ciencia del crimen enseñan fácilmente a delinquir"*[165].

En las cárceles se recogían todavía algunos de los antiguos presos "por deudas", si bien cada vez eran menos los que ingresaban en prisión por causa civil, habiéndoles habilitado el derecho otros remedios. También los numerosos delincuentes que, por su especial peligrosidad o el riesgo de huida, permanecían encerrados mientras se sustanciaba la causa, a la espera del fallo; aunque, siendo un defecto endémico de la administración de justicia la dilación de los pleitos, este tipo de delincuentes permanecían en la cárcel mucho más tiempo del conveniente y se convertían en una especie de inquilinos sempiternos[166]. Y finalmente, ingresaban en las cárceles españolas, en principio de manera excepcional pero cada vez de forma más abundante, pequeños delincuentes con cuyo encierro se pretendía aplicar una especie de sanción correctiva:

> *"El deudor, el enamorado, el contrabandista, el que delinquió más por fragilidad que por malicia y corrupción, el que cometió alguno de aquellos excesos que no son incompatibles con la hombría del bien, todos estos están confundidos con el ladrón, con el asesino, con el blasfemos, con el perjuro, con el falsario"*[167].

Todos ellos se confundían en unos establecimientos levantados en la mayor parte de las ocasiones con escasos fondos, a partir de los famosos capítulos para corregidores de los Reyes Católicos en los que se obligaba a hacerlos, vinculados a los concejos municipales u otros tribunales, generalmente en sótanos o lugares mal ventilados, al objeto de que sirvieran al mismo tiempo para la tortura física y moral. Junto a estas cárceles

también otros, como MELÉNDEZ VALDÉS, J., *Discursos forenses...*, p. 129.

[163] NoR.12,38,25, siguiendo la máxima heredada del Derecho Común *"carcer ad continendos homines non ad puniendos haberi debet"*.

[164] RAMOS VÁZQUEZ, I., *Arrestos, cárceles y prisiones en los derechos históricos peninsulares*, Madrid, 2008, pp. 203-222.

[165] TOMÁS y VALIENTE, F., *Las cárceles y el sistema penitenciario bajo los Borbones...*, p. 77.

[166] Aún no se ha superado en este sentido la obra de ALONSO ROMERO, M.P., *El proceso penal en Castilla (siglos XIII-XVIII)*, Salamanca, 1982.

[167] LARDIZÁBAL y URIBE, M. de, *Discurso sobre las penas...*, p. 212.

antiguas, las que se elevaron más tardíamente en el Antiguo Régimen, de las que dio buenas muestras Piranesi en el siglo XVIII, eran espacios de enormes proporciones, con violentos contrastes de luz y sombras, pilares colosales, ventanucos enrejados, cadenas y máquinas, ideadas asimismo para que el reo comenzara a sufrir desde el encierro cautelar el rigor de la justicia[168].

No sólo el espacio físico, sino el propio régimen de tenencia de los reos, resultaban insanos e inclementes. Aunque la teoría recibida del *Ius Commune* rezaba que la cárcel sólo debía servir para custodiar a los reos, y nunca para castigarlos o hacerles algún mal (*"carcer ad continendos homines non ad puniendos haberi debet"*), lo cierto es que en la práctica se ejercían en ella todo tipo de abusos y corruptelas. Algunos, como las torturas o los apremios con cadenas, grillos o cepos, estaban expresamente permitidos por el derecho como la mejor manera de obtener la confesión del reo. Otros, sin embargo, eran producto de la picaresca o la malicia propia del ambiente, y se habían enquistado en el régimen carcelario por obra de los propios oficiales públicos y los reos como uno de los peores vicios, persistente e irreductible, de la administración de Justicia[169].

Contra este tipo de abusos se vino dictando una profusa legislación en todos los tiempos, y se desarrolló un importante régimen de visitas por parte de los oficiales públicos, tanto para recoger las quejas de los presos y tratar de solucionar los desmanes, como para agilizar en lo posible la tramitación de sus causas[170]. Pero ninguna de las medidas acometidas resultó suficiente, y las cárceles no sólo siguieron siendo *"lugares de iniquidad"* sobre los detenidos en régimen preventivo, sino que a ellos comenzaron a añadirse de forma creciente una multiplicidad de delincuentes menores que esperaban destino para el cumplimiento de sus condenas. Corolario de esta situación fue la famosa instrucción para corregidores dictada por Carlos III en 1788, en la que el monarca recomendaba a los corregidores que se abstuviesen en lo posible de dictar autos de prisión, pudiendo encontrar otras soluciones, como las fianzas carceleras u otras garantías económicas.

A pesar de ello, las cárceles continuaban llenas y los abusos o corruptelas seguían a la orden del día, atrayendo hacia sí las críticas de los

---

[168] La obra de Piranesi, *Opere varie di Architettura*, donde se incluían modelos de cárcel propio del Antiguo Régimen, conoció tres tiradas entre 1745 y 1750, según GARCÍA MELERO, J.E., *Las cárceles españolas de la Ilustración y su censura en la Academia (1777-1808)*, en Espacio, Tiempo y Forma, serie VII, Historia del Arte, t.8 (1995), p. 248.

[169] Sobre la cárcel del siglo XVIII, véase específicamente el trabajo de TOMÁS y VALIENTE, F., *Las cárceles y el sistema penitenciario bajo los Borbones...*, pp. 69-88.

[170] RAMOS VÁZQUEZ, I., *Arrestos, cárceles y prisiones...*, pp. 203-222.

pensadores ilustrados, que comenzaron a demandar, aunque al principio sólo de forma muy tímida, la reforma de esta situación. Reparemos, por ejemplo, en este fragmento de Meléndez Valdés, a medio camino entre la defensa de la cárcel tradicional y un nuevo modelo más "humano" y "racional" de la misma:

> *"No es la cárcel un lugar de comodidad y regalo para los reos, sino de seguridad y custodia, y conveniendo tanto su separación y retiro para precaver sus torcidas intenciones, y alcanzarlos a convencer de sus excessos y maldades, una cuerda experiencia a mostrado repetidas veces a la justicia no haber sido vanas en guardarlos las más exquisitas precauciones, y el entero apartamiento y los cerrojos. No por esto me haré el apologista de la dureza o de la arbitraridad. Lejos de mi lengua estas palabras siempre, cual lo están sus odiosas ideas de mi corazón y mis principios. Pero si nuestras cárceles son por desgracia incómodas, apocadas, oscuras y no cual anhelan justamente la humanidad y la razón; si la indecible corrupción de los tiempos, y el lujo y la miseria multiplican tanto los reos, que no hay cuadras ni patios que basten a su número, los infelices detenidos en ellas de necesidad han de sufrir las estrecheces y defectos con que los tenemos hasta que venga el día de su mejora deseada"*[171].

Las críticas de los ilustrados contaban en España con escasos antecedentes. Es verdad que desde el siglo XVI algunas voces venían exigiendo un trato más humanitario con los presos, *"la gente más desamparada y sin consuelo que tiene el mundo"*, y particularmente con los presos pobres, que en ese contexto de corrupción no podían acceder a ningún tipo de comodidad ni beneficio a través del dinero. Sin embargo, aquellas súplicas no fueron sino una minoría, y su huella en el ordenamiento jurídico pasó prácticamente inadvertida[172].

Los nuevos ecos de la polémica vinieron, como en otros casos, de Europa, y no sólo demandaban una reforma capaz de contener los abusos

---

[171] MELÉNDEZ VALDÉS, J., *Discursos forenses...*, p. 129.

[172] VIVES, J.L., *Tratado del socorro de los pobres*, Brujas, 1526, trad cast de J.G. Nieto, Valencia, s.f., GIGINTA, M., *Tractado del remedio de pobres*, Coimbra, 1579, PÉREZ de HERRERA, C., *Discurso del Amparo de los legítimos pobres y reducción de los fingidos*, Madrid, 1598, edic. Madrid, 1975, SANDOVAL, B. de, *Tractado del cuidado que se deue tener de los presos pobres*, Toledo, 1564, CERDAN de TALLADA, T., *Visita de la cárcel, y de los presos*, Valencia, 1567, CHAVES, C. de, *Relación de las cosas de la cárcel de Sevilla y su trato* (s.f., aunque no anterior a 1585), en GALLARDO, B., *Ensayo de una biblioteca española de libros raros y curiosos formado con los apuntamientos de don Bartolomé Gallardo, coordinados y aumentados por don M.R. Zarco del Valle y don J. Sancho Rayón*, 4 tomos, Madrid, 1968-1969 (edic. facsímil de la de 1866), edit. Gredos, tomo I, o LEÓN, P. de, *Compendio de algunas experiencias en los ministerios de que usa la Compañía de Jesús* (s.f, aunque hacia 1616), publicada por HERRERA de PUGA, P., *Sociedad y delincuencia en el siglo de Oro*, en Biblioteca de Autores Cristianos, Madrid, 1974.

de los oficiales y dar un trato más humano a los reos, sino que planteaban una modificación sustancial de la cárcel también desde el punto de vista arquitectónico, espacial, higiénico y de salubridad, llegando a formular como uno de sus objetivos prioritarios la supresión de los apremios y torturas que habitualmente se practicaban sobre los presos[173].

El principal instigador de este movimiento fue, precisamente, John Howard, a cuya obra ya nos hemos referido con anterioridad[174]. Sus propuestas de carácter humanitario calaron profundamente en la sociedad de la época, y no sólo entre los reformadores del derecho penal. Howard consiguió el logro de sumar a su causa, en clave de clemencia o misericordia, a muy diversas voces, tanto de absolutistas como de racionalistas o reformadores. Humanizar las cárceles, construyéndolas de nueva planta según los principios de utilidad, sencillez, economía y decoro, así como mejorar en ella el trato que recibían los presos, se convirtieron en proyectos esenciales para la Ilustración europea. Fueron muchos los se pronunciaron en este sentido, y no sólo desde el punto de vista jurídico, sino también desde la ética, la política, la filosofía, la pedagogía y también la arquitectura. La cárcel se convirtió en un tema protagonista en el tránsito del siglo XVIII al XIX.

Desde el ámbito de la arquitectura, aunque el romanticismo ya se había preocupado de las cárceles, fue el clasicismo de la Ilustración el que les imprimió el primer empuje. No debe sorprendernos que el influjo en este ámbito fuera también preferentemente inglés, basado en los estudios sobre la salubridad de Pringle, primer médico del rey de Inglaterra, y de Zimmermann; aunque sería finalmente Jeremy Bentham con su sistema panóptico quien revolucionaría la tipología carcelaria en el siglo XIX[175].

Antes de que esto ocurriera, en España se convirtió en un referente Benito Bails, que estableció la distribución de la cárcel en base a la idea médica de su necesaria ventilación, y a ello añadió fundamentalmente como segundo paradigma la seguridad. Frente a la angostura, hacina-

[173] Sobre los apremios y torturas en el proceso penal, véase MARTÍNEZ DÍEZ, G., *La tortura judicial en la legislación histórica española*, en el AHDE, 32 (1962), TOMÁS y VALIENTE, F., *La tortura en España. Estudios históricos*, Barcelona, 1973 o BERMEJO CABRERO, J.L., *Tormentos, apremios, cárceles y patíbulos a finales del Antiguo Régimen*, en el AHDE, 56 (1986).

[174] BELLOWS, H.W., *Prisons and reformatories at home and abroad*, London, 1872, p. 95, reconocía ya que la obra de Howard fue "el evangelio de la reforma penitenciaria". Véase también GARCÍA RAMÍREZ, S., *John Howard: la obra y la enseñanza*, estudio introductorio a *El estado de las prisiones en Inglaterra y Gales* (1789), primera edición en español, Fondo de Cultura económica, México, 2003.

[175] GARCÍA MELERO, J.E., *Las cárceles españolas de la Ilustración y su censura en la Academia (1777-1808)*, en Espacio, Tiempo y Forma, serie VII, Historia del Arte, t.8 (1995), p. 247.

miento y falta de higiene, diseñó unas cárceles amplias y bien distribuidas, organizando los cuerpos del edificio por medio de un primer patio con soportales. Distinguía entre la parte de gobierno (sala del tribunal, escribanía, vivienda oficial, comedores, capilla, vivienda capellán, enfermería y sala de locutorios), y la parte de reclusión, y, dentro de esta última, distinguía a su vez entre las celdas en función del tipo de delitos y condición social delincuente. Por lo demás, señaló la necesidad de establecer en medio un sitio espacioso con árboles para la ventilación. Aunque también hizo un especial hincapié en la imprescindible solidez de la fábrica de la cárcel, cubierta con bóvedas y rodeada de fuertes muros, respetando el clasicismo[176].

A finales del siglo XVIII, la tipología carcelaria sólo se modificó para adaptar al sistema del Antiguo Régimen los nuevos principios ilustrados de seguridad, comodidad, salubridad, higiene, trabajo y reeducación moral. Para lograrlo se acometieron decididos intentos de reforma en algunos establecimientos, que pusieron en práctica la clasificación o separación departamental de los detenidos. Pero los avances fueron muy escasos. Pesaba demasiado el sistema carcelario heredado del Antiguo Régimen, y la mayoría de las cárceles españolas, de distinta titularidad y financiadas con muy escasos recursos, eran manifiestamente inseguras o inútiles, y continuaban presentando un aspecto sórdido e insalubre.

La situación carcelaria del país era muy grave y requería fervorosamente una reforma bien dotada presupuestariamente. A esta conclusión llegó el Consejo de Castilla cuando comenzó a trabajar en el proyecto de reforma del sistema carcelario a finales del siglo XVIII, a la vista de los datos que comenzaron a brindarle las distintas Audiencias de las cárceles de sus respectivas jurisdicciones[177].

Al tema de la reforma carcelaria se unió de forma inescindible el otro gran tema que el humanismo de la Ilustración había depositado en el pensamiento jurídico: la abolición de la tortura. Antes que Lardizábal o Joseph Marcos Gutiérrez, otros muchos autores se habían pronunciado ya en contra de ella, desde Meléndez Valdés al mismísimo Feijóo, al que antes hemos destacado por su apoyo a la severidad en el castigo del delincuente, y que sin embargo tituló la décima de sus *Paradojas políticas y morales: "La tortura es medio sumamente falible en la inquisición de los delitos"*[178].

[176] BONET CORREA, A., *Arquitectura carcelaria en España*, en Historia 16 (extra VII), octubre de 1980, pp. 139-144.

[177] El expediente que resume este trabajo del Consejo de Castilla ha sido investigado y parcialmente publicado por BERMEJO CABRERO, J.L., *Tormentos, apremios, cárceles y patíbulos a finales del Antiguo Régimen*, en el AHDE, 56 (1986).

[178] FEIJOO, B.J., *Teatro crítico universal...*, p. 289, pp. 683-727.

De tal manera, antes de que apareciera la traducción en español del libro de Beccaria en 1774, sus ideas sobre la abolición de la tortura ya habían dado lugar en España a un primer debate de importancia para la ciencia jurídico penal y el conjunto de la sociedad. En 1770 aparecía la obra del abogado Alonso María de Acevedo, *De reorum absolutione*[179], en la se exponían los principales argumentos para la supresión del tormento, demostrando que la tortura *"se opone a los primitivos derechos de la naturaleza y que choca ciertísimamente con los pactos de la vida social"*. La obra fue agriamente rebatida por don Pedro de Castro en su *Defensa de la tortura*[180], que en realidad llevaba como título original *Lo que va de Alfonso a Alfonso*, en referencia irónica a la variación que pretendía introducir Alfonso de Acevedo en la legislación de Alfonso X[181].

También participó de este debate Juan Pablo Forner, que ha sido calificado como "uno de los personajes más eruditos y contradictorios de la cultura jurídica española del siglo XVIII", por defender al mismo tiempo ideas del más rancio pensamiento absolutista y otras de claro carácter liberal[182]. Hacía el año 1792 redactó un *Discurso sobre la tortura*, no publicado hasta época reciente, que quizá represente una de las contribuciones españolas más interesantes en la crítica de esta institución. Para él, castigar por sospechas y sin total certidumbre, sólo con la confesión de una tortura, representaba una evidente violación del propio fundamento de la sociedad política, que era defender al inocente. Es decir, además de ser un suplicio bárbaro y cruel, la tortura le parecía una prueba absolutamente falible e ilegítima[183].

El mismo Jovellanos estaba en contra de tan rancio e ineficaz medio de prueba[184], y según Sempere: "Viniendo a nuestro tiempo, apenas hay

---

[179] ACEVEDO, A. de, *De reorum absolutione objecta crimina negantium apud equuleum, ac hujus usu eleminando, praesertim ab ecclesiasticis tribunalibus*, Madrid, 1770, traducida como *Ensayo acerca de la tortura o cuestión del tormento; de la absolución de los reos que niegan en el potro los delitos que se les imputan y de la abolición del uso de la tortura principalmente en los tribunales eclesiásticos*, Madrid, 1817.

[180] CASTRO, P. de, *Defensa de la tortura y leyes patrias que la establecieron: e impugnación del Tratado que escribió contra ella el Doctor D. Alonso María de Acevedo*, Madrid, 1778.

[181] CORONAS GONZÁLEZ, S., *La literatura jurídica española del siglo XVIII*, en Historia de la literatura jurídica en la España del Antiguo Régimen, Madrid, 2000, vol.I, p. 570, donde se citan a otros autores que también participaron más tarde de la polémica, mayoritariamente en contra del tormento, como FORNER, J.P., *Discurso sobre la tortura*, Madrid, 1792.

[182] PRIETO SANCHÍS, L., *La filosofía penal en la Ilustración española...*, p. 506, y SERRANO MAÍLLO, A., *Bicentenario de las Nuevas consideraciones sobre la perplejidad de la tortura de Juan Pablo Forner*, en Revista de Derecho Penal y Criminología, nº 3, 1993, pp. 747 y ss.

[183] FORNER, J.P., *Discurso sobre la tortura*, edición de Valparaiso, 1990, p. 177.

[184] Al parecer siendo Alcalde del Crimen en Sevilla, entre 1768 y 1778, escribió un *Informe sobre la abolición de la prueba del tormento que se ha perdido*. Véase CORONAS

en Madrid abogado de alguna instrucción que no conozca la necesidad de quitar de los tribunales práctica tan contraria a la humanidad y tan poco útil para la averiguación de los delitos. El Doctor Acevedo, y el señor Lardizábal han escrito contra ella. La Sala de Alcaldes, que es el primer Tribunal criminal de la Nación, ya va para ocho años que no ha decretado el tormento para nadie, no obstante que el Fiscal, por razón de su oficio, lo ha pedido algunas veces. Se cree con mucho fundamento, que se abolirá por Ley expresa"[185].

No es de extrañar, en consecuencia, que en el mismo oficio en el que se planteaba al Consejo de Castilla un estudio sobre la oportunidad de la ley sobre hurto en la Corte y la proporcionalidad de las penas, así como otras cuestiones como la utilidad de la pena de muerte *"que se va ya desterrando en algunos países cultos"*, durante el reinado de Carlos III, se acometiera un amplísimo proyecto de supresión de los apremios y la tortura, y de acondicionamiento de las cárceles. En el oficio del Ministro Manuel de Roda, en el que se encargaba al Consejo esta labor (1776), se recomendaba fundamentalmente que *"se trate y reflexiones sobre el uso de la cuestion del tormento, que no se ha admitido en muchas naciones bien gobernadas, y ha sido modernamente disputado por muchos sabios AA. por ser prueba muy falible, dudarse de su justificación, y manifestar la experiencia con frecuentes ejemplares pasarlo sin confesar sus delitos los reos más atroces, y no haberlo podido sufrir muchos inocentes, declarando los delitos que no habían cometido"*[186].

En relación con la reforma penitenciaria, este mismo oficio se pedía un estudio sobre los presidios y cárceles, que dio lugar con el tiempo a un importante proceso de recogida de información de todas las Audiencias del reino para conocer el estado de las cárceles de sus respectivas jurisdicciones. Sin embargo, debido a las dificultades dimanadas de la propia extensión del proyecto y a la ingente documentación a la que estaba dando lugar, este propósito de reforma aún estaba en su fase inicial de recogida de datos cuando se puso fin al régimen absolutista durante los acontecimientos de la Guerra de la Independencia, y hubo que esperar hasta que el régimen liberal creado en las Cortes de Cádiz publicase el primer Decreto de abolición de la tortura, y más tarde surgiera el primer Expediente General sobre el estado de las cárceles de 1814[187].

GONZÁLEZ, S., *Jovellanos, jurista ilustrado,* en AHDE, n.66 (1996), pp. 568-569.

[185] SEMPERE y GUARINOS, J., *Ensayo de una biblioteca...*, tomo I, bajo la voz Acevedo.

[186] SEMPERE y GUARINOS, J., *Ensayo de una biblioteca...*, tomo III, bajo la voz Lardizábal.

[187] BERMEJO CABRERO, J.L., *Tormentos...*, pp. 684-727.

b) Las Reales Asociaciones de Caridad

Fracasados los intentos legislativos, la única vía que quedó expedita a la Monarquía ilustrada para impulsar de alguna manera la reforma carcelaria fue, como venía haciéndose desde antiguo, a través de la caridad. El sentimiento filantrópico que había calado profundamente en la Monarquía española de finales del dieciocho, respondió a la realidad carcelaria a través de de un modo muy cristiano mediante el fomento de obras de misericordia para los detenidos o presos de las cárceles. Esta característica de nuestro país no encuentra parangón en otros, y por ello llevó a afirmar a Franz von Liszt que *"el cuidado de los presos* (a través de las asociaciones de caridad) *y la idea correccional son genuinamente españoles"*[188].

En el fondo de la cuestión, lo que hubo fue un significativo cambio desde la visión puramente privada de la caridad hacia un concepto público de la ayuda social a finales del siglo XVIII. Hasta entonces, este tipo de acciones se habían venido considerando un asunto exclusivamente privado, dejándose a la iniciativa particular su fomento y gestión. Pero a finales del XVIII, los ilustrados comenzaron a defender que el auxilio de los más débiles, entre los que se contaban también los detenidos o presos, tenía que ponerse necesariamente bajo la administración pública[189].

Para Joseph Marcos Gutiérrez, por ejemplo, la única manera de mejorar verdaderamente el estado de las cárceles era suprimir los aranceles carcelarios que hasta entonces pagaba cada reo para contribuir a sus gastos diarios (en el caso de los pobres las obras de misericordia), y fijar un salario público para sus oficiales frente al carcelaje, arbitrándose además un buen sistema de inspección y control al objeto de evitar los abusos económicos[190].

Habría que esperar hasta 1847 para que esta idea se plasmara finalmente en la letra de la ley, y el Estado asumiera como una obligación pública el mantenimiento de los presos en las cárceles (vestido, enseres, alimentos...). Pero a finales del siglo XVIII, la monarquía ya se atrevió a dar un significativo paso en esa dirección, colaborando económicamente con las dos principales asociaciones de caridad que, aún debidas a la iniciativa privada, se crearon bajo su patrocinio, intitulándose por ello Reales Asociaciones de Caridad.

---

[188] VON LISZT, F., *Tratado de Derecho penal*, edic. de Buenos Aires, 2008, p. 129.

[189] DOU y BASSOLS, R.L. de, *Instituciones del Derecho Público general de España, con noticia del particular de Cataluña y de las principales reglas de gobierno en qualquier estado*, vol.8, Madrid, 1803, edición facsimilar en Barcelona, 1975, pp. 165-166.

[190] GUTIÉRREZ, J.M., *Práctica criminal...*, tomo I, pp. 226-229.

La primera de ellas fue la Real Asociación de Señoras creada por el padre Portillo en 1787, que fue seguida por la Real Asociación de Caballeros bajo la dirección del Conde de Miranda en 1799. Ambas se crearon con la finalidad de amparar a los presos pobres de las cárceles, y no sólo contaron con el padrinazgo moral o el beneplácito de *"nuestro benéfico soberano y su sabio ministerio"*, sino que también recibieron de él una serie de ayudas económicas extraídas de los fondos públicos para poder mantenerse, habiendo sido señaladas así por Salillas como dos de las instituciones de finales del Antiguo Régimen que coadyuvaron también de manera más decidida a la reforma del sistema penitenciario[191].

Junto a ellas, y siguiendo su ejemplo, se crearon también otras asociaciones de caridad para presos pobres. Surgieron así las Asociaciones de señoras de Valencia y Zaragoza, para asistir a las reclusas en las Galeras de las respectivas ciudades, y el resto de las cárceles de Zaragoza; y también las Asociaciones de Caballeros de Zaragoza, Cuenca, Palencia, Valencia, Badajoz, Barcelona y Granada. Sus labores, sin embargo, no pasaron de ser las propias de la caridad o beneficencia, mientras que las de las Reales Asociaciones de Madrid, patrocinadas públicamente, llegaron mucho más allá; sus fondos no alcanzaron la importancia de los de las madrileñas; y la avanzada fecha de su creación, en muchos casos, determinó que apenas tuvieran tiempo de concretarse antes de que los acontecimientos de la Guerra de Independencia les pusieran fin precipitadamente[192].

1. La Real Asociación de Señoras

La Real Asociación de Señoras fue "erigida en esta Corte el año 1787 para beneficio de las infelices reclusas en la galera, y presas en las cárceles de corte y de villa. Las Señoras Asociadas dieron principio á sus loables exercicios en la galera baxo la dirección de la Excelentísima Señora Condesa viuda de Casasola, y después extendieron su beneficencia á dichas cárceles"[193].

La primera noticia acerca de esta Real Asociación, de la que se hicieron eco en sus obras José Marcos Gutiérrez a principios del siglo XIX, y Rafael Salillas a principios del siglo XX, se encuentra en la obra de Arquellada[194].

[191] Realiza un estudio pormenorizado de las mismas SALILLAS, R., *Evolución penitenciaria de España...*, vol.1, pp. 163-406.

[192] Véase SALILLAS, R., *Evolución penitenciaria de España...*, vol.1, pp. 217-236 y pp. 382-388.

[193] GUTIÉRREZ, J.M., *Práctica criminal...*, tomo I, p. 234.

[194] ARQUELLADA, V. de, *Noticia del estado de la cárcel de Filadelfia* (Madrid, 1801), edición de Madrid, 1916, p. 76.

A partir de ella, Salillas logró localizar la documentación básica sobre su fundación y funcionamiento, contrastando los datos que ya dieran los autores anteriores, y ofreciéndonos un estudio detallado y minucioso al que me remito para un conocimiento más exhaustivo.

La Galera de Madrid fue el primer objeto de atención de la Real Asociación de Señoras, fundada en 1787 con el auspicio del padre Pedro Portillo, presbítero del Real Oratorio del Salvador, y bajo la dirección de la Señora Condesa viuda de Casasola. A ella comenzaron a acudir las señores asociadas, tratando quizá de saldar con su labor la cuenta pendiente que tenía la Galera con la sociedad: *"Las señoras asociadas enseñan a las presas las labores propias de su sexo y que les permite su situación; las leen el catecismo todos los domingos y días de fiesta enteros; también las leen un rato en algún buen libro espiritual y enseñan a leer a la que quiere aprender, con lo cual se ha conseguido desterrar de aquella casa las blasfemias, los juramentos y desórdenes en que antes abundaba"*[195].

Las labores asistenciales que comenzaron a realizar las señoras asociadas en la Galera tuvieron tan buena acogida social e institucional, que en un brevísimo periodo de tiempo se extendieron al resto de las cárceles de mujeres de la Corte y villa de Madrid, y se diversificaron. A las primeras labores de mantenimiento y enseñanza que realizaban con las jóvenes de delitos leves, se fueron añadiendo otras de mayor trascendencia, como la provisión de camas, vestido, comida y enseres a todas las reclusas necesitadas, la instauración de enfermerías en todas las cárceles, y la creación de unas salas especiales, llamadas sala de reservadas (para salvaguardar el honor de las jóvenes embarazadas) y sala de corrección (para jóvenes que comenzaban a extraviarse y eran consideradas susceptibles de enmienda).

La Real Asociación contaba para ello, además de con las limosnas de las asociadas o personas ajenas, con una importante ayuda económica de la monarquía. Tan sólo un año después de su creación, en 1788, Carlos III la dotó con sesenta y seis mil reales anuales, cobrados por cuatrimestres y adelantados del fondo de correos y arbitrios píos. Cuando se estableció el Departamento de Reservadas, Carlos IV añadió otros treinta mil reales para sus gastos, y en 1807, se aumentó la financiación pública de esta institución con otros tres mil reales, cobrados sobre los fondos de la religión de Malta[196].

Gracias a estas ayudas económicas, y a la caridad privada, la Asociación pudo afrontar todas las actividades señaladas más arriba en el ámbito de

---

[195] ARQUELLADA, V. de, *Noticia del estado de la cárcel de Filadelfia* ..., p. 76.

[196] Más datos sobre la gestión económica pueden consultarse en SALILLAS, R., *Evolución penitenciaria de España...*, vol.1, pp. 188-198.

la cárcel, y algunas otras que trascendieron de aquel, como costear los viajes de las mujeres redimidas a sus pueblos o lugares de origen, para que iniciaran allí una nueva vida, o proporcionar limosnas, ropa y labores a las mujeres e hijas de los presos de otras cárceles, para evitar que la indigencia les condujera a ellas mismas a delinquir[197].

Ahora bien, desde el punto de vista de la reforma penitenciaria, las dos actividades promovidas por la Real Asociación de Señoras que reclaman más poderosamente nuestra atención, fueron sin duda las llamadas Sala de reservadas y Sala de corrección, erigidas en habitaciones separadas de la cárcel frente a la Sala general de presas.

La Sala de reservadas se creó para conservar el honor de aquellas jóvenes y mujeres que, sin ser delincuentes habituales, habían cometido alguna falta de honestidad y se habían quedado embarazadas. Con esta labor se ayudaba a la mujer que había incurrido en la debilidad, ocultándola desde los tres a los siete meses de embarazo para preservar su fama (este no era un lugar para dar a la luz), y al mismo tiempo se protegía a la criatura que llevaba en el vientre, evitándose la práctica de abortos o el posterior abandono de los recién nacidos.

La Sala de corrección, por su parte, se destinó para jóvenes de 10 a 16 años que empezaban a extraviarse pero aún eran susceptibles de enmienda, a juicio de los jueces de la propia directora del cuerpo. Este tipo de sala se estableció en todas las cárceles de la corte y villa de Madrid, *"para corregir y enseñar á aquellas jóvenes de delitos leves que la Justicia condena á algun tiempo de prisión, las quales viste y mantiene á su costa la Asociación. Las mismas Señoras socias enseñan á las presas aquellas labores propias de su sexo que les permite su situación, distribuyendo entre todas el producto de sus manos que sirve para aliviar sus necesidades, estimular su aplicación y acostumbrarlas ó aficionarlas al trabajo; como también a leer á la que quiere aprender. También les leen el catecismo todos los Domingos y días de precepto, y un rato en algun buen libro espiritual"*[198].

Estas salas de tan noble propósito, que en el papel se impregnaban de un ferviente discurso humanitario y albergaban grandes esperanzas, volvieron a toparse, sin embargo, con las dificultades de la práctica, y podríamos decir que no trascendieron de la demagogia. Así se colige de las propias conclusiones a las que llegó la Real Asociación tras veinte

[197] También, como nos informa GUTIÉRREZ, J.M., *Práctica criminal...*, tomo I, p. 234, *"quando los ministros de Justicia conducen á la galera alguna presa afrentada públicamente, la reciben, limpian, visten y consuelan las Señoras con la caridad propia de su instituto; y mientras que alguna infeliz muger condenada á muerte está en capilla, la asisten sin interrupción dos Señoras que se relevan por turno, para prestarles aquellos oficios de humanidad que sin ofensa del pudor no podrían prestarle los Ministros de la religión ni los carceleros"*.

[198] GUTIÉRREZ, J.M., *Práctica criminal...*, tomo I, p. 234.

años de trabajo, cuando, al negociar con el gobierno francés la continuación de sus actividades en 1810 (desde la entrada de Napoleón en Madrid, el 4 de diciembre de 1808, hasta entonces habían suspendido su labor), le pidieron solamente tres habitaciones en la cárcel de corte, con un pequeño auxilio de mil reales, para volver a poner en marcha la Sala de reservadas, por cuanto *"la Sala de corrección nunca ha correspondido a los deseos del Cuerpo, ni era posible mientras estuviera dentro de la cárcel de Corte (por lo que se suprimió hace muchos años la de la cárcel de Villa): una de las cosas más necesarias para que una persona se corrija es el convencimiento de su falta, y esta amargura de corazón que causa el desprecio general y lo que más debe atraer a este punto a los delincuentes, es la meditación, la soledad y trabajo no interrumpido; en la soledad verá el delincuente sus crímenes; en la soledad se le presentarán sus delitos, los odiará y aún llegará a temer hasta su misma sombra; estos temores sino a fuera del trabajo de que tanta necesidad tienen las mujeres para no recaer en sus extravíos; en fin, para volver a establecer la corrección, sería menester una casa sola a propósito y con diferentes especies de habitaciones; pues las que entrasen a corregirse deberán, por tres o cuatro meses, a lo menos, vivir cada una sola y aislada en un cuarto, sin que nadie entrase en él sino la señora que cuidase del departamento y la portera, a las horas de comer, o para alguna cosa muy precisa; pero, como esto sería muy costoso, se podría dejar para más adelante"*[199].

Es curioso cómo, a partir del sentido común y la experiencia, y probablemente sin ninguna otra influencia de carácter filosófico o jurídico (¿estarían al tanto las Señoras de la doctrina de la época?), las asociadas llegan a las mismas conclusiones que Bentham estaba difundiendo al mundo: la corrección debe partir de la soledad y un trabajo personal del reo, para lo cual era necesaria una reforma integral del sistema penitenciario en la dirección apuntada en el Panóptico. Su acción, en ese sentido, había fracasado, y se aferraban sólo a la caridad. Ésta, no obstante, también dejaron de practicarla en 1811, cuando los acontecimientos políticos y las dificultades económicas pusieron fin definitivamente a la Asociación.

2. La Real Asociación de Caballeros

La Real Asociación de Caballeros, creada doce años después que la de Señoras, se instituyó ya de origen desde un punto de partida dife-

[199] Cfr. SALILLAS, R., *Evolución penitenciaria de España...*, vol.1, p. 203.

rente[200]. Si a aquella le había movido fundamentalmente la piedad o el sentimiento de humanidad que se había extendido durante el siglo XVIII, ésta se pertrechó para su fundación del nuevo discurso reformista que se estaba difundiendo desde finales de siglo para eclosionar sobre todo a partir del XIX. Fue, por consiguiente, adalid de ideas innovadoras, que no solamente utilizó como argumentos sobre los que erigirse (reconociéndose en sus escritos las influencias de Beccaria, Howard, Bentham o Lardizábal), sino que incluso promovió a través de una tarea intelectual de la que permaneció ajena a la Asociación de Señoras, mediante la traducción y publicación en nuestro país de la obra de La Rochefoucault sobre las cárceles de Filadelfia[201].

La influencia de la reciente reforma americana (emprendida en junio de 1791), se consolidó así como otro pilar básico de la Real Asociación de Caballeros. El autor que tradujo y publicó la obra de La Rochefoucauld a instancias de la Asociación, Arquellada, lo reconocía sin ningún empacho en la nota con la que precedió la obra, a pesar de que los principios del régimen liberal desde el que se afrontaba la reforma americana no tenían nada que ver con los que manejaba el absolutismo español, y notaba las diferencias entre las cárceles de uno y otro lugar como principal estorbo a la labor que estaba realizando la Real Asociación de cara a la reforma española:

> *"Las de Filadelfia están habitadas por convictos; las de Madrid, por acusados presumidos, reos o inocentes. Los presos de Filadelfia son permanentes; los de Madrid, transeúntes. Aquéllos cumplen su condena en la cárcel; éstos salen a cumplirla fuera. Aquéllos tienen tiempo de aprender oficio, si no le saben, y de ganar en él su jornal; éstos tienen que trabajar de aprendices ganando poco. Los de Filadelfia pueden ser obligados a trabajar, porque son sentenciados a ello; los de Madrid no pueden serlo porque la justicia no los ha condenado. Aquellos no pueden dejar de trabajar, so pena de hacer más larga su detención y más difícil su salida; éstos, sin empeorar su causa, pueden estarse ociosos. Aquellos tienen local (...); éstos trabajan en laboratorios estrechos, que por sólo esta razón no permiten manufacturas de mucha ganancia"*[202].

Más allá de la beneficencia, la Real Asociación de Caballeros persiguió así desde su origen, de manera expresa y decidida, la enmienda o

[200] MURUBE y GALÁN, F., *Tratado de las prisiones y sistemas penales de Inglaterra y Francia, con observaciones generales sobre lo que conviene saber para la reforma de las de España*, Santiago de Compostela, 1860, p. 13.

[201] ARQUELLADA, V. de, *Noticia del estado de la cárcel de Filadelfia...*

[202] ARQUELLADA, V. de, *Noticia del estado de la cárcel de Filadelfia...*, nota introductoria, p. 84.

corrección del delincuente. Con tales objetivos se fundó en 1799 bajo la dirección del Conde de Miranda, para *"el bellísimo y utilísimo fin de dar ocupación, instrucción y socorros a los pobres presos de las cárceles de esta corte"*, dirigiendo su acción tanto sobre los presos de la cárcel de Corte como sobre los de la cárcel de Villa de Madrid.

Al igual que la Asociación de Señoras, la de Caballeros obtuvo también el temprano patrocinio del rey, quien "después de aprobar dichas constituciones a tomado baxo su inmediata protección á la Asociación: ha dotado sus fondos con una cantidad anual ofreciendo hacerlo con otra mayor, quando pueda soportarlo el estado de su erario; y le ha concedido la gracia de poder comprar las alcaydías para que se incorporen á la Corona y las sirvan con dotación competente los Oficiales retirados ó los vivos del exército del mismo modo que los gobiernos de los presidios, á fin de que se supriman todas las odiosas exacciones de carcelaje, grillos, recaudos y otras"[203].

Las Constituciones de la Asociación de las que se habla en el párrafo anterior, fueron publicadas ya en el mismo momento de su fundación (*"sus constituciones, que ha salido á la luz pública, son tan sabias como sencillas"*, diría José Marcos Gutiérrez), y también cuando, a principios del siglo XX, fueron reencontradas en la Biblioteca Nacional por dos jóvenes investigadores de la Escuela de Criminología[204]. A partir de ellas se pueden reconstruir de manera muy certera los objetivos y las actividades emprendidas por esta institución, así como la estructura organizativa que constituyó para su funcionamiento.

Uno de los objetivos principales de la Asociación era, como hemos dicho, la caridad cristiana, y en este sentido adoptó el nombre de Asociación del Buen Pastor, *"para recordar a sus individuos el modelo que deben proponerse y los santos ejercicios en que se han de ocupar a imitación de nuestro divino maestro Jesucristo"*[205]. Sus miembros quedaban obligados asimismo a realizar una serie de ejercicios espirituales todos los domingos, en la forma que se detallaba minuciosamente en el capítulo XIII de sus Constituciones.

Para explicitar este objetivo con respecto a los pobres de las cárceles, la Asociación designaba además cada trimestre a ocho *catequistas* (cuatro para cada cárcel), todos ellos del estado eclesiástico, que eran una pieza clave en la organización: *"se emplean en enseñar a los presos la doctrina de la religión; en oírlos en confesión siempre que lo deseen;*

[203] GUTIÉRREZ, J.M., *Práctica criminal...*, tomo I, pp. 231-232.

[204] *Constituciones de la Real Asociación de Caridad*, Madrid, 1799, reeditadas en Alcalá de Henares, en la Imprenta y encuadernación del Reformatorio de Jóvenes, 1915.

[205] *Constituciones de la Real Asociación...*, capítulo I.

en consolarlos en sus aflicciones; en auxiliarlos en sus enfermedades, y en asistir con el mayor celo y discreción a los sentenciados a presidio y al último suplicio"[206].

La Asociación también nombraba a otra serie de *cuestadores* (por un total de 48 dicen sus constituciones) para pedir limosna por todo Madrid. Su trabajo al parecer fue muy fructífero y, junto a las contribuciones de los asociados, las limosnas se convirtieron en una fuente fundamental de financiación para la Asociación. La Monarquía contribuyó a ella en muy pequeña medida y, originariamente, a través de los fondos destinados a la Asociación de Señoras, que daba anualmente tres mil reales a la del Buen Pastor hasta que, exhaustas, pidieron y consiguieron del rey la exoneración de ese pago en enero de 1807[207].

Con el dinero recaudado, que se entregaba a un *tesorero* y registraba un *contador*, la Asociación cubría sus gastos y atendía al socorro de los presos pobres de las cárceles. Las funciones realizadas allí, además de las espirituales, consistían fundamentalmente en el aseo y limpieza de los presos, a quienes se procuraba ropa (a través de los *roperos*) y comida generales en determinados días festivos o no a juicio de la Asociación (a través de los *diputados de comidas*). También se garantizaba a los presos la asistencia sanitaria a través de unos *enfermeros*.

Otra labor asistencial de los presos y reformadora de las cárceles, de no menor calado, fue, como nos informaba José Marcos Gutiérrez, la gracia concedida por el rey de *"poder comprar las alcaydías para que se incorporen á la Corona y las sirvan con dotación competente los Oficiales retirados ó los vivos del exército (...) á fin de que se supriman todas las odiosas exacciones de carcelaje, grillos, recaudos y otras"*.

La medida venía a solventar un problema conocido: el de los abusos económicos que sufrían los presos por parte de los alcaides o carceleros, cuyos emolumentos dependían exclusivamente de los aranceles tomados de aquellos[208]. Siguiendo en este sentido la máxima de Beccaria, según la cual *"el hombre no es cruel sino a proporción de su interés propio"*, la Asociación tomó la iniciativa de comprar la alcaidía de la cárcel de Villa

---

[206] *Constituciones de la Real Asociación...*, p. 82.

[207] Sobre los problemas y tensiones económicas que se produjeron entre ambas Asociaciones cuando compartían ese sistema de financiación, véase SALILLAS, R., *Evolución penitenciaria de España...*, vol.1, pp. 204-210, y otros datos económicos más detallados de la Real Asociación de Caballeros en pp. 322-326.

[208] Según el primer secretario de la Real Asociación, Ventura de Arquellada: *"Los alcaides son rústicos hasta la grosería, ávidos hasta la crueldad e insensibles hasta la dureza; son los enemigos de todo alivio de los presos, y, por consecuencia, de la humanidad; sus irreverencias, sus tratos, su altivez y sus caprichos despóticos, son tan conocidos por los que han gemido bajo su vara de hierro, que no hay para qué detenerse en presentar imágenes aflictivas"*.

al que entonces era propietario de la misma (corría el año 1800), *"no para retenerla en sí, ni para servirla por medio de un teniente, sino para entregarla a V.M., su primitivo dueño, y suplicarle la provea, a propuesta suya, de un capitán u oficial retirado, o bien, si no, del modo que los gobiernos de los presidios"*[209].

Los fondos recaudados se utilizaban, asimismo, a la compra de las materias primas y los utensilios necesarios para el trabajo de los presos. En este punto la labor realizada por la Asociación pretendía dar respuesta al segundo de sus objetivos declarados: la corrección o enmienda del reo a través del trabajo. Y para ello, consta que ya en su primera junta general el 2 de septiembre de 1799, se acordó solicitar y reconocer los lugares o piezas de cada una de las cárceles donde tendrían que instalarse los talleres para los presos, estableciéndose que las primeras labores a realizar por ellos debían ser sencillas (el hilado de estambre y el trabajo de la estera, u otros de análoga naturaleza), separando en habitaciones diferentes a los reos según la gravedad de sus culpas, para que los ladrones y homicidas, por ejemplo, no tuvieran comunicación con los simples vagos o deudores[210].

La evolución que posteriormente se produjo de estos *laboratorios* o *talleres* de las cárceles, así como en el resto de sus labores, fue, según los testimonios que han dejado los asociados en sus juntas, muy positiva (*"venid a los laboratorios de nuestras cárceles; vosotros temíais que telares, tijeras, bancos y cuerdas habían de ser otros tantos truculentos instrumentos con que habían de guerrear unos con otros; pues no ha sucedido nada de esto. Los telares han servido para hacer cintas y bolsillos, las tijeras, para pulir y cortar; los bancos para sentarse, y el esparto, para hacer pleita, aforrar frascos y otras labores"*). Tanto creció la Asociación, y tan buenos resultados produjo su trabajo en las cárceles, que dieciocho meses después de fundación se resolvió por junta general la impresión de un nuevo *Ensayo de Constituciones* con la finalidad de ampliar los recursos personales y materiales de la Asociación.

La documentación que se conserva sobre estos años, ha sido publicada y trabajada por Salillas, a quien vuelvo a remitirme para su conocimiento por no duplicar esfuerzos. Pero me quedo, al hilo de esta exposición, con una cita tomada del discurso que el doctor Ignacio Mª Ruiz de Luzuriaga leyó en la junta de 30 de junio de 1802: *"Hijos de un padre común y herederos de su flaqueza, todos los hombres somos hermanos, y estamos expuestos a las mismas miserias, sin que haya condición ni estado exentos de esta ley universal a que vive sujeta la naturaleza humana. ¿Qué privilegios tengo yo, ni alguno de los mortales, para no haber incurrido hasta aquí en los mismos*

[209] SALILLAS, R., *Evolución penitenciaria de España...*, vol.1, p. 346.
[210] Véase SALILLAS, R., *Evolución penitenciaria de España...*, vol.1, p. 265 y ss.

delitos que aquellos a quienes procesamos por delincuentes?. ¿Quién nos asegura que, puestos nosotros en las mismas circunstancias, no hubiéramos sido mucho más criminales que ellos?"[211].

Desde el punto de vista de la criminología, la afirmación resulta reveladora por su originalidad en la fecha en que se produce. Un siglo antes de que en Europa comenzara a desarrollarse el positivismo, que atenderá a las circunstancias personales y sociales del delincuente como justificación o causa original de los delitos, en un determinado foro español (lamentablemente único y sin repercusiones), ya se estaba poniendo la mira en el delincuente frente al delito, clamando por tener en consideración el medio social en el que nacía como causa última que le conducía al delito.

A partir de esta nueva consideración del delincuente, y siguiendo las nuevas ideas correccionales que se estaban desarrollando en Europa y América, los miembros de la asociación se embarcaron en un proyecto mucho más ambicioso que el del establecimiento de los talleres en las cárceles: la creación de una casa de corrección separada de aquellas. En el prólogo de Arquellada a la obra de La Rochefoucauld, ya se advertía que, *"penetrada la Asociación de estas verdades, ha pensado muchas veces en el establecimiento de una casa de corrección independiente de las cárceles, al modo de la de Filadelfia, casa en que el silencio, la sobriedad, el buen régimen y la instrucción y trabajo continuo, reformen y como engendren de nuevo a los sentenciados"*[212].

Más abajo en el mismo párrafo, Arquellada elogiaba las Salas de Corrección erigidas por la Real Asociación de Señoras. Pero los modelos a seguir eran aún más numerosos, y en el dictamen sobre esta cuestión realizado en 1803 por una comisión de la Asociación, se citan también expresamente *"las casas de corrección establecidas en Amsterdam, en Berna, en Londres, en Vilvorde, en Gante, y últimamente en Filadelfia"*.

El citado dictamen, de 38 párrafos, resulta muy interesante para conocer todo el proyecto, desde sus causas (la ineficacia de los establecimientos penitenciarios o asistenciales existentes para la corrección del pequeño delincuente), hasta los detalles más precisos del régimen correccional que se planteaba (presupuesto, dependencias, gobierno y oficiales de la casa, bienes materiales, régimen alimenticio, clasificación de los reos, soledad y silencio como métodos para la enmienda, trabajo remunerado en atención al delincuente, ejercicios de piedad, etc), siguiendo expresamente para

[211] Véase SALILLAS, R., *Evolución penitenciaria de España...*, vol.1, p. 310.

[212] ARQUELLADA, V. de, *Noticia del estado de la cárcel de Filadelfia...*, nota introductoria, p. 84.

ello una propuesta panóptica que sin duda se debía haber aprendido ya de Bentham[213].

Pero el gran proyecto de la Real Asociación fue también su mayor fracaso. Aunque hubo incluso unos planos del edificio que se han perdido (realizados según parece por don Juan Antonio Cuervo), y un presupuesto muy minucioso para llevar a cabo las obras, las dificultades económicas, de una parte, y los acontecimientos políticos que siguieron a la Guerra de la Independencia, pusieron fin al mismo[214]. En 1805 la Asociación quedó paralizada, se reintegraron a la Corona las alcaidías de las cárceles, los bienes inmuebles cedidos por la corona fueron a parar a los Reales Hospicios de Madrid (el propio conde de Miranda fue nombrado director y juez protector de dichos Hospicios), y en general se perdieron todas las obras de caridad realizadas por ésta, si bien algunas de ellas se recuperarían en un periodo posterior, restablecido el Absolutismo, por una nueva Real Asociación de Caridad que, con menos fuerza e influencia que la anterior, continuó algunos de sus trabajos de beneficencia hasta el año 1840.

---

[213] LÓPEZ, M.A., *Descripción de los más célebres establecimientos de Europa y los Estados Unidos*, Valencia, 1832, tomo I, p. 24, da noticias parciales de esta realidad, afirmando que efectivamente la Real Asociación de Caballeros fue la primera en asumir y tratar de aplicar en nuestro país las ideas de Bentham: *"Compuso y presentó a S.M. un plan muy sabio de una casa de corrección, en el que tuvo presente, con especialidad, el observado en Filadelfia y la Panóptica de Bentham"*.

[214] Véase SALILLAS, R., *Evolución penitenciaria de España...*, vol.1, p. 347-382.

CAPÍTULO 2.
BASES IDEOLÓGICAS DE LA REFORMA EN EUROPA Y LOS ESTADOS UNIDOS DE AMÉRICA

"Toda revolución en las leyes supone otra anterior en las ideas, y esta época fue la de los filósofos y grandes pensadores. La escuela más agresiva y que primero dio la señal de ataque tuvo su origen en Francia, fue la de Montesquieu y Rousseau; otras naciones siguieron el movimiento, y en Italia vio la luz el tratado de los delitos y las penas; la obra que mayor y más decidida influencia ha ejercido en el cambio de la legislación".

GUTIÉRREZ FERNÁNDEZ, B., *Examen histórico del Derecho penal* (Madrid, 1866), facsímil en Pamplona, 2003, p. 99.

1. LOS FILÓSOFOS DE LA REVOLUCIÓN: MONTESQUIEU, VOLTAIRE Y BECCARIA

Al margen de los antecedentes humanistas y utilitaristas que se han comentado en el capítulo precedente, la revolución ideológica y también política que se produjo en Francia a finales del siglo XVIII, es el punto de partida tradicionalmente señalado para considerar el nacimiento del derecho penal y penitenciario moderno, así como la reforma de las cárceles. Fue allí donde los nuevos principios humanitarios en el derecho penal se vincularon definitivamente a una corriente filosófica que daría lugar a un nuevo sistema político en el siglo XIX, inaugurando nuestra Edad Contemporánea[215].

[215] Señalar la vinculación de esta filosofía con el nuevo régimen político surgido de la misma resulta trascendental a los efectos de esta exposición, pues de los contrario tendríamos que buscar los orígenes del movimiento en Alemania y no en Francia, tal y como afirma JIMÉNEZ de ASÚA, L., *Orígenes de la filosofía penal liberal*, en El Criminalista, tomo IV, pp. II y ss, y *Tratado de Derecho penal*, tomo I, Buenos Aires, 1964, pp. 247 y ss: *"Los filósofos alemanes pusieron su prócer mano en el derecho penal, antes que los enciclopedistas franceses lo removieran, sobresaliendo el joven espíritu de César Beccaria. La exaltación del Derecho Natural al rango de ciencia autónoma, proclamada por Hugo Grocio, reproduce y enardece la lucha en pro del derecho penal público. Grocio impulsa el progreso de nuestra disciplina puesto que abandonando las tradiciones romanas la funda en la "naturaleza racional humana". Hobbes, Spinoza y Locke, demuestran que el fin de la pena no puede ser otro que la corrección o eliminación de los delincuentes y la intimidación de los ciudadanos, arrumbando el concepto de la pena como retribución jurídica por mandato divino. Los iluministas alemanes, siguiendo a Pufendorf, desechan la idea meramente retributiva. Descuellan entre todos, por su espíritu de lucha, Christian Thomasius, Profesor de Halle,*

En este movimiento filosófico y político se refundirían muchas de las ideas previas (desde los teólogos españoles del XVI o Tomás Moro a filósofos como Grocio, Pufendorf, Hobbes, Spinoza o Locke), y con él entroncarían con posterioridad otras propuestas, como el utilitarismo inglés de Bentham. En la constitución del nuevo modelo penal y penitenciario, también influirían experiencias o prácticas muy concretas desarrolladas al otro lado del Atlántico, en los Estados Unidos de América, a las que también se atenderán en este capítulo. Pero no se puede dudar que la piedra angular del cambio, el punto de inflexión definitivo, ha de situarse necesariamente en los filósofos franceses de la Revolución.

Juan Sempere lo vinculaba concretamente Montesquieu y Rousseau[216], si bien es cierto que éste último sólo aportó al movimiento su confianza ilimitada en el sentimiento y el regreso al estado de naturaleza como estímulo para lograr la felicidad[217], y por su puesto las ideas políticas del "Contrato social" de la que beberían los autores posteriores. El verdadero impulsor de la reforma en el orden jurídico penal fue Voltaire[218], con ayuda de los enciclopedistas franceses (principalmente Diderot, D'Alembert y Jaucourt[219]), y de sus propios discípulos o seguidores (Dupaty, Servan, Brissot, Lacretelle, Turgot, Marmontel, Morelly, Condorcet, Buffon, Condillac, Beaumarchais, Manleon, Marat...).

Una brillante legión de jurisconsultos y publicistas, encabezados por Voltaire, surgió en la Francia dieciochesca para impulsar el movimiento que se opuso a la vieja escuela penal representada por Jousee, Muyard de Vouglans o Serpillon. Aquella seguía defendiendo el rigor de las penas y los suplicios como los únicos medios capaces de contener el crimen y someter al pueblo a la autoridad del monarca. Ésta, por el contrario, denunciaba los abusos judiciales y el yugo con el que los monarcas encadenaban la

---

que protesta contra los atropellos de la Inquisición, y Christian Wolff, que se caracteriza por haber adoptado políticamente la filosofía iluminista del Estado policía".

[216] GUTIÉRREZ FERNÁNDEZ, B., *Examen histórico del Derecho penal...*, p. 99.

[217] Véase CASAS FERNÁNDEZ, M., *Voltaire criminalista...*, pp. 15 y ss, y MAESTRO, T.M., *Voltaire and Beccaria...*, pp. 31-32: *"Rousseau did not examine the criminal problema in detail, preoccupied as he was with the political problema as a whole. (...) We do not find any practical proposal or idea about criminal law in Rousseau's work. The most that we can say is that he understood the necessity, in a well-organized state, of good and reasonable laws. (...) The direct influence of Rousseau is therefore to be looked for in social fields other that of criminal law".*

[218] La importancia de este autor para la reforma penal ha sido contrastada desde antiguo por autores como HERTZ, E., *Voltaire und die französische Strafrechtspflege im achtzehnten Jahrhundert*, Stuttgart, 1887, y los referidos CASAS FERNÁNDEZ, M., *Voltaire criminalista...*, o MAESTRO, T.M., *Voltaire and Beccaria...*

[219] El caballero Louis de Jaucourt fue el redactor del artículo "Crime" del cuarto volumen de la Enciclopedia (1754), en el que se recogían las principales ideas que había expresado ya Montesquieu sobre la cuestión. También sobre las nuevas ideas de derecho penal se pronuncian los artículos "Question" y "Torture".

conciencia de los hombres a través de la función judicial, y se basaba en las nuevas propuestas del racionalismo y el individualismo para oponer, frente a la preponderancia del Estado absolutista, la primacía del hombre:

> *"¿Qué sería si las leyes de un pueblo, bajo pretextos vagos e hipócritas de salvación pública y de necesidad, no fueran más que una violación sistemática de los derechos del hombre? ¿Si no existiese ninguna regla de justicia universal, ningún principio de moral, ningún sentimiento de humanidad que no fueran audazmente ultrajados?... ¿Si los legisladores, si los jefes del Gobierno diesen el ejemplo de todo lo que la crueldad y la venganza tienen de más cobarde o de más atroz?"*[220].

Desde esta perspectiva, se ha dado en llamar a este movimiento el "humanitarismo penal", en el sentido de la doctrina de Protágoras, es decir, considerando al hombre como medida de todas las cosas. Si el "humanismo" de la Edad Moderna recuperó su confianza en el hombre y su capacidad, el "humanitarismo" del siglo XVIII lo erigió en el centro del discurso jurídico como la pieza esencial de toda comunidad política, y reclamó para él una serie de derechos y garantías jurídicas[221]. En el estado ideal de naturaleza, del que partía la ideología racionalista, el hombre era previo a cualquier forma de Estado, y gozaba de unos derechos fundamentales, naturales o inalienables que había que respetar.

El individualismo y el respeto a la conciencia humana, junto a la exaltación de la virtud de la tolerancia o el sentimiento a la manera de Rousseau, fueron los detonantes que prescribieron la necesidad de dotar de alma a la justicia contra la severidad de las penas, la arbitrariedad de los jueces y la crueldad de los procedimientos, y conceder una serie de garantías jurídicas a los detenidos o delincuentes.

Téngase en cuenta, no obstante, que este "hombre" de la filosofía racionalista no era un hombre concreto, sino el hombre abstracto o natural. El delincuente seguía resultando una anomalía del hombre racional, un ser peligroso o dañino para la sociedad en la que vivía. Si Montesquieu, Voltarie y sus seguidores pidieron para él la suavización y proporcionalidad de las penas, una serie de garantías jurídicas en el proceso, y un principio de legalidad, no fue por confianza en él. La humanidad o clemencia seguía relacionada todavía, en un plano más amplio, con el Estado o el poder público constituido. Era la regla de juego que se daba a los órganos de

---

[220] CONDORCET, *Bosquejo de un cuadro histórico de los progresos del espíritu humano*, cfr. CASAS FERNÁNDEZ, M., *Voltaire criminalista...*, p. 17.

[221] SANZ DELGADO, E., *El humanitarismo penitenciario español...*, y FIGUEROA NAVARRO, M.C., *El proceso de formación de nuestra legislación penal*, en Anuario de Derecho Penal y Ciencias Penales, vol.LIII (2003), p. 329.

poder para evitar que actuaran de manera ilimitada o absolutista, y poner fin a los ilegalismos cometidos contra el pueblo.

Entendida de esta manera "ilustrada", con la que se pretendía moderar los efectos de rechazo del castigo sobre el poder que lo ejerce, la piedad reclamada por Voltaire para con los reos de la justicia, no sólo caló profundamente en la Francia revolucionaria, sino que también influyó poderosamente en otros países del entorno, como la Rusia de Catalina II, la Alemania de Federico el Grande, la Suecia de Gustavo III, o la Austria de María Teresa y sus hijos José II y el Gran Duque Leopoldo, en los que comenzaron a acometerse importantes reformas durante la época absolutista (el mismísimo Luis XVI de Francia ordenó la supresión de la tortura en 1780). Las Academias y los Centros de Cultura de los principales países europeos (incluida la España de Carlos III), promovieron concursos y premios para fomentar la mejora del régimen penal y penitenciario, llevándola al centro del debate político. En Inglaterra los pragmatistas o utilitaristas seguidores de Bentham se vincularon también a este movimiento, sumando y no restando esfuerzos a un mismo fin. Y en Italia apareció la figura que ha pasado a la Historia como el padre de la ciencia jurídico penal moderna: Cesare Bonesana, Marqués de Beccaria.

En realidad, nada de lo que Beccaria escribió en su famoso tratado, *Dei delitti e delle pene* (1764), era nuevo. Sus propuestas habían sido anticipadas por Voltaire y sus seguidores, pero ninguno de ellos había conseguido dotarlas de una sistemática tan precisa ni había planteado una teoría general del derecho penal a partir de los nuevos principios filosóficos. El mérito de Beccaria consistió precisamente en realizar esta labor.

Montesquieu, Voltaire y Beccaria se presentan, en consecuencia, como los tres autores claves en la evolución del nuevo movimiento penal, que vamos a intentar entender a través de sus figuras.

Tradicionalmente se ha señalado a Montesquieu como origen de este movimiento porque consignó en sus escritos las primeras consideraciones penales en relación con la necesidad de reformar todo el orden político-social. En realidad, Montesquieu nunca fue un penalista. Sus ideas penales se derivaron de una serie de reflexiones mucho más amplias sobre la sociedad política. Pero su pensamiento filosófico y político sirvió de base para que autores posteriores plantearan, de forma mucho más precisa, la nueva ciencia jurídica penal[222].

---

[222] GARRIDO, L., *Montesquieu penalista,* en Notas de un penalista, México, 1947, pp. 157 y ss; GRAVEN, J., *Montesquieu et le Droit penal,* en La pensée politique et constitutionelle de Montesquieu, París, 1958, pp. 210-254; y KINGSTON, R.E., *Criminal Justice in Eighteenth-Century Bordeaux...*, pp. 1-38.

El incuestionable valor de la obra de Montesquieu ha de situarse en la influencia que sus principios filosóficos ejercieron sobre el *ius puniendi* o poder de castigar, y en su capacidad de relacionar por primera vez una nueva concepción del uso de la soberanía y la política con el orden penal de la monarquía[223]. Sus primeras consideraciones en este sentido aparecieron en el año 1721, en una obrita de tono satírico y carácter divulgativo, las *Cartas Persas* (*Lettres persanes*), en la que a través de un personaje llegado a Europa desde Oriente ridiculiza muchas de las instituciones políticas y penales de los países occidentales, como la severidad o crueldad de las penas, que en su opinión no servían para disminuir los delitos, el castigo de los delitos de *"lesa majestad"*, el suicidio, la Inquisición española, o la ignorancia de los jueces en el uso de su arbitrio[224].

No obstante, la obra cumbre de su pensamiento fue *Esprit des lois* o *Del espíritu de las leyes* (1748), y en ella ofreció una secuencia mucho más articulada de las críticas que en las *Cartas Persas* sólo había desbrozado. Partiendo del estado de naturaleza como premisa del Estado de Derecho[225], Montesquieu señalaba en esta obra dos derechos fundamentales del hombre, el de igualdad y el de seguridad, y afirmaba que al constituirse voluntariamente en una comunidad política a través del llamado "pacto social", el hombre sólo cedía al Estado aquellas manifestaciones de estos sus derechos naturales que ponían en peligro al resto de la sociedad.

Desde esta perspectiva, las leyes penales no eran sino el precio que cada ciudadano había de pagar por la defensa de su libertad y seguridad en la comunidad política constituida, por lo que los castigos o las sanciones establecidas en ellas por el poder público debían guardar proporción con el peligro que el delito suponía para la ciudadanía más que con su propia maldad. El único fin por el que, a su juicio, la naturaleza concedía un poder coactivo o *ius puniendi* al Estado era la prevención, y el derecho penal como canalizador de dicho poder coactivo debía ser necesariamente moderado y proporcional.

La prevención defendida por Montesquieu como único fin de la pena, ponía en entredicho la finalidad expiatoria con la que hasta el momento se había venido utilizando. La sanción no debía utilizarse para afligir al reo

[223] En palabras de TOMÁS y VALIENTE, F., *El derecho penal...*, p. 95, *"preocupado por todos los problemas importantes de la sociedad de su tiempo, Montesquieu enfoca las grandes cuestiones penales y aporta unas ideas directrices para resolverlas. No pretende hacer un Código penal ni un tratado científico sobre la materia. Ofrece unos criterios que son al mismo tiempo censuras del sistema vigente y bases de reforma para la implantación de otro mejor. Lo que él expone son "maximes" o "reglas generales"*.

[224] Sobre estas cuestiones, véase también MAESTRO, M.T., *Voltaire and Beccaria...*, p. 23.

[225] MONTESQUIEU, *Del espíritu de las leyes*, traducido al castellano por D. Juan López de Peñalver, Madrid, 1820, Tomo I, libro I, capítulo I, p. 77: *"Las leyes en su mas lata significación son las relaciones necesarias que derivan de la naturaleza de las cosas"*.

hasta la expiación de su culpa, sino para proteger del mismo a la sociedad. Con ello la justicia penal se apartaba en cierta medida de la teología que había venido informando sus principios básicos en el pasado, y se convertía en un asunto exclusivamente humano.

Dicha consideración eminentemente humana o "terrenal" de la justicia penal, marcaba la primera separación entre la idea de delito y la de pecado, aunque de forma todavía tácita. Si la gravedad de los delitos debía medirse únicamente por el daño que causaban a la sociedad, en buena lógica habría que apartar de ellos las razones religiosas o teológicas que hasta entonces habían venido marcando su "atrocidad". Pero la formulación expresa de esta teoría no se debió a Montesquieu, sino que habrá que esperar a que años después la elaborara Beccaria.

Otra lógica consecuencia del pensamiento penal de Montesquieu, era la defensa de un espíritu de moderación y proporcionalidad en las penas. El sistema penal del Antiguo Régimen al que se enfrentaba se venía caracterizando, sobre todo en los últimos tiempos del Despotismo, por una penalidad especialmente agravada que se manifestaba en espectaculares escenas de suplicios y ejecuciones públicas con las que las monarquías absolutistas querían hacer alarde de su poder. El verdadero protagonista de toda esa parafernalia del terror era el pueblo, sobre el que las monarquías trataban de imponer su autoridad por la vía del miedo, imposibilitadas de ejercer un poder más discreto, continuo e infalible, como hemos visto con anterioridad.

Este sistema severo y desproporcionado, en el que se presumía la culpabilidad del detenido, se practicaba ampliamente la tortura, se ofrecían facilidades procesales para precipitar sentencias condenatorias, se imponía la pena capital de forma abundante e indiscriminada, y se utilizaban rituales públicos, denigrantes y sangrientos para recordar al pueblo la fuerza del poder, no sólo suponía para Montesquieu una contradicción en sí mismo con los principios fundadores del Estado, sino que era completamente ineficaz a los fines del derecho.

El sistema era contradictorio con las monarquías o repúblicas legítimamente constituidas a través del pacto, porque "en semejantes estados, el buen legislador se aplicará más a precaver los delitos que á castigarlos; á mejorar las costumbres que á imponer suplicios"[226]. Y era ineficaz porque la inseguridad del proceso y la crueldad de las penas no servían para disuadir a los hombres de la comisión de delitos, ya que la falta de seguridad jurídica ampliaba los riesgos de que los más honestos se decidieran a actuar, y la indistinción de las penas propiciaba que los delincuentes no

---

[226] MONTESQUIEU, *Del espíritu de las leyes* ..., Tomo I, libro VI, capítulo IX, p. 195.

encontraran estorbo para cometer el mayor de los delito, castigado en la práctica de forma desproporcionada como otros más leves[227].

La única utilidad que podía ofrecer el sistema penal a la sociedad política que lo sustentaba era, al contrario de lo que se venía creyendo, la seguridad jurídica y la infalibilidad de las penas: *"Nunca se debe usar con los hombres de disposiciones extremadas, sino economizar los remedios que la naturaleza nos da para dirigirlos. Si se examina la causa de cualquier relajación, se verá que procede de la impunidad de los delitos, y no de la moderación de las penas"*[228].

El corolario al que se llegaba a partir de esta idea no era otro que el principio de legalidad, según el cual sólo leyes sabias y justas debían establecer las penas de cada delito, vinculando por igual a toda la ciudadanía sin dejar ningún margen de decisión al arbitrio judicial. Tales leyes debían ser infalibles, aplicándose a todos los delitos según su literalidad, sin excepción ni diferencia alguna, para que los hombres pudieran tener seguridad acerca de las consecuencias jurídicas de su conducta, y certeza sobre el rigor del derecho. Las leyes penales sólo serían útiles al poder público respetando la libertad y seguridad del individuo como valores básicos de todo Estado de Derecho.

Otra consecuencia ineludible de este pensamiento filosófico, se proyectó en el ámbito del proceso penal (en palabras de Mommsen, "el Derecho penal, sin el procedimiento penal, es un mango de puñal sin hoja, y el procedimiento penal, sin el Derecho penal, es una hoja sin mango"[229]). Del respeto a los valores de libertad y seguridad, se derivó también la necesidad de establecer un sistema garantista de los derechos del detenido. De la misma manera que los ciudadanos deben tener seguridad acerca de la aplicación de la ley penal, era necesario que contaran con una serie de garantías procesales mínimas para asegurar su correcta defensa ante los

[227] Desde esta perspectiva, en opinión de TOMÁS y VALIENTE, F., *El derecho penal...*, p. 96, frente a la *"hiriente agudeza de un Voltaire"* o *"la vehemencia juvenil de Beccaria"*, que veremos a continuación, de Montesquieu debe predicarse fundamentalmente un *"esprit de modération"*. Montesquieu era un hombre moderado, inclinado a la suavidad y a la dulzura, que huía de las posiciones radicales. *"Sus reflexiones, en concreto las referentes a temas penales, son siempre mesuradas, equilibradas, escritas en un tono sereno y más bien frío, exento de violencia (...). Su claridad, calma y moderación hacían de la suya una obra fácilmente inteligible y aceptable (al menos en cuanto a sus ideas penales) por cualquier filósofo racionalista"*.

[228] MONTESQUIEU, *Del espíritu de las leyes ...*, Tomo I, libro VI, capítulo XII, p. 199.

[229] MOMMSEN, T., *Derecho penal romano*, vol.I, Pamplona, 1999, edic. facsímil de la de Madrid, 1903, p. 2.

tribunales, frente a los desmanes y abusos que se producían en la caótica Administración de Justicia del Antiguo Régimen[230].

De este modo, las aportaciones del pensamiento político de Montesquieu sentaron las bases de lo que después se convertirían en los postulados básicos de la reforma penal y penitenciaria. A partir de ellas se pergeñó, en primer lugar, un principio de utilidad que reclamaba leyes penales precisas e infalibles, la existencia de tribunales independientes, y garantías procesales que asegurasen la libertad y seguridad del ciudadano. También surgió un principio de moderación o humanización de las penas, que debían ser proporcionales al delito cometido. Y, finalmente, se impulsó todo un movimiento de justicia y equidad en el orden penal.

También pueden señalarse algunos desajustes o contradicciones en su pensamiento. Para Maestro, por ejemplo, lo eran su defensa de la pena de muerte a partir del principio de proporcionalidad, en un extraño reconocimiento de la antigua "ley del talión"; su admiración por la ley inglesa; o su no muy clara postura acerca del procedimiento inquisitivo[231].

Frente a las abstracciones filosóficas o la teoría política de Montesquieu, la gran aportación de Voltaire consistió en afrontar la justicia penal desde una perspectiva mucho más práctica, acercando la cuestión a la opinión pública y consiguiendo una determinante sensibilización social ante el problema. Su atención sobre la necesidad de reformar la ley y el proceso penal, se produjo fundamentalmente a partir del proceso y la ejecución de Jean Calas por la Corte de Tolosa en 1762, que le pareció absolutamente injusta, inhumana y cruel[232].

---

[230] MONTESQUIEU, *Del espíritu de las leyes...*, Tomo II, libro XII, capítulo II, pp. 91-92: *"La libertad filosófica consiste en el ejercicio de la propia voluntad; ó á lo menos (para hablar en todos los sistemas) en la opinión que cada uno tiene de que ejercita su voluntad. La libertad política consiste en la seguridad, ó por lo menos en la opinión de la propia seguridad. Nunca está más atacada esta seguridad, que en las acusaciones públicas ó privadas. Así pues la libertad del ciudadano depende principalmente de buenas leyes criminales. Las leyes criminales no se han perfeccionado de golpe (...). Los conocimientos que se han adquirido en algunos países, y se adquirirán en otros, acerca de las reglas más seguras que deben guardarse en los juicios criminales, interesan al género humano más que ninguna otra cosa del mundo".*

[231] MAESTRO, M.T., *Voltaire and Beccaria...*, p. 27: *"But, on the other hand, we must recognize that he treated the subject extensively, with an open and critical mind, thus laying the whole problema of criminal law open to discussion an paving the way for further achievements. Montesquieu's work must therefore be considered of the greatest importance in the eighteenth-century movement for the reform of criminal laws".*

[232] Con anterioridad, el acercamiento de Voltaire a la ley penal sólo se había producido de manera "filosófica" y todavía excesivamente vaga e incierta, sobre todo a través de la lectura de la obra de Montesquieu y debido a su preocupación por la intolerancia religiosa y el fanatismo, que consideraba las principales causas de la mayoría de los problemas. Véase MAESTRO, M.T., *Voltaire and Beccaria...*, pp. 35-40, donde se analizan los escritos de Voltaire anteriores al proceso de Jean Calas.

Antes de este momento, el interés de Voltaire por llegar al pueblo y hacerle partícipe de sus ideas de tolerancia y humanidad, le había llevado a escribir un buen número de obras dramáticas, con las que trataba de crear una nueva conciencia social. Voltaire sabía la enorme utilidad que el teatro podía ofrecer para sus fines, y comenzó a divulgar su crítica política y social bajo el velo de la ficción en obras como la *Henriada, Zaira, Alzire, Espartacus* o *Mahomet*, en las que proclamaba los valores de libertad, tolerancia y humanidad, criticaba el fanatismo, y defendía la religión natural[233].

Siguiendo esta misma línea, el proceso de Jean Calas le ofreció la oportunidad de pronunciarse ante la opinión pública sobre la cuestión penal, y dio lugar a una serie de escritos en los que arremetía contra los errores judiciales y los procesos farragosos y crueles propios del Antiguo Régimen. Voltaire estaba convencido de la inocencia de Calas, un honrado ciudadano que había sido acusado de matar a su propio hijo, y emprendió una decidida campaña para conseguir la revisión del proceso, vertebrada a través de numerosas cartas a amigos y personalidades, y escritos divulgativos para el pueblo. La campaña encontró eco en una sociedad preparada para escuchar las nuevas ideas, y por su importancia dio lugar a una nutrida bibliografía que coadyuvó desde su época a difundirlas[234]. Por eso, tras el caso de Calas, Voltaire fue llamado a participar en otro proceso notoriamente injusto, el del ciudadano Sirven, que también generó una abundante polémica y sumó a la causa de la reforma un grupo cada vez más nutrido de voces[235].

Los entonces abogados generales de los Parlamentos de Burdeos y Gremoble, Dupaty y Servan[236], por ejemplo, no dudaron en apoyar las opiniones de Voltaire, convirtiéndose en sus más firmes y apasionados colaboradores. Junto a ellos aparecieron otros autores, la mayoría de ellos provenientes también del terreno de la práctica, como el abogado parisino Élie de Beaumont, que contribuyeron decididamente al movimiento. Pero hay que tener en cuenta que estos escritos estaban todavía muy apegados a la realidad de los hechos, y no ofrecían un cuerpo de doctrina unificado.

Al margen de la correspondencia generada en relación a los procesos de Calas o Sirven, son muy escasas las aportaciones que Voltaire realizó

---

233 Véase CASAS FERNÁNDEZ, M., *Voltaire criminalista...*, pp. 35-40.

234 Entre otros, COQUEREL, A., *Jean Calas at sa famille*, París, 1886, o MAUGHAM, F.H., *The case of Jean Calas*, London, 1928.

235 RABAUD, C., *Sirven, étude histórique sur l'avènement de la tolérance*, París, 1858, o GALLAND, E., *L'Affaire Sirven, étude historique d'après les documents originaux*, s.l., s.f.

236 DOYLE, W., *Reforming the Criminal law al the end of the Old Regime: the example of president Dupaty*, en Officers, nobles and revolutionaries. Essays on eighteenth-century France, London, 1995, pp. 155-161.

durante estos primeros años acerca de otros problemas de la ley penal o el delincuente. Aún entroncándolas con la filosofía de Montesquieu, al que el propio autor reconoció admirar y seguir, sus ideas aparecen todavía de manera desestructurada y poco precisa. Sin embargo, se puede hacer un esfuerzo de síntesis o integración para tratar de exponerlas con un cierto orden, al objeto de fijar, al menos, cuáles fueron los principios y los argumentos que inspiraron al autor que impulsó en Francia todo el movimiento de la reforma penal.

Voltaire partía en sus primeros escritos, de la misma manera que lo hacía Montesquieu, del principio según el cual *"la ley natural es el instinto que nos hace conocer la justicia"*[237]. La razón natural sería, en consecuencia, la guía de conducta ético-jurídica que había que seguir para acometer la reforma del derecho penal.

Esta idea le llevaba, como a Montesquieu, a la impecable defensa del principio de legalidad como único medio para luchar contra la desigualdad jurídica y el desproporcionado arbitrio judicial de la época. La ley era la única herramienta capaz de asegurar la libertad, la igualdad y la seguridad de todos los individuos que componían la comunidad política, y en este sentido Voltaire se adelantó a su tiempo, llegando a defender incluso una internacionalización del derecho penal para que un mismo delito, cometido en cualquier país, recibiese una única sanción según su naturaleza.

A partir de aquí, Voltaire se pronunciaba también sobre la innecesaria severidad de las penas, y la necesidad de buscar una justa proporción entre ellas y los delitos, anticipando en cierta medida el utilitarismo de Bentham al afirmar que las penas no eran legítimas si no resultaban útiles o provechosas a la sociedad.

Otros problemas sobre los que Voltaire se anticipó, esta vez a Beccaria, fueron fundamentalmente los relacionados con el proceso penal, criticando la debilidad de las pruebas que se utilizaban sin ninguna garantía jurídica para el reo, el establecimiento de "tarifas" de pruebas según el delito, la aplicación de la tortura como medio probatorio, la iniquidad de negar a un reo la asistencia de un defensor, los juicios sumarísimos o inmediatos ante delitos considerados "atroces", la condena inmediata de los reos ausentes o "en rebeldía" en el procedimiento penal, el secreto de las actuaciones, la falta de fundamentación jurídica de las sentencias que permitía a los jueces actuar con total arbitrariedad, etc.

En esta misma línea, Voltaire no pudo dejar de pronunciarse sobre un tema principal en su época: la reforma de las cárceles y establecimientos penitenciarios, dotando de justificación filosófica al movimiento meramen-

---

[237] Traducción de CASÁS FERNÁNDEZ, M., *Voltaire criminalista...*, p. 70.

te filantrópico que tenía su principal foco de emisión en Inglaterra. No llegó a citar a Howard expresamente, quizá en un empeño de ignorarse recíprocamente[238], pero sí alabó la ley inglesa que responsabilizaba a los jueces de los encarcelamientos injustos. Las cárceles debían ser utilizadas sólo en los casos necesarios, y nunca por más tiempo del conveniente, porque de lo contrario se convertían en verdaderos suplicios.

Todas estas ideas, y algunas otras, fueron finalmente sistematizadas por Beccaria en su famoso tratado dos años después de que Voltaire comenzara a divulgarlas, y de ellas se discutiera en los tribunales, los escenarios jurídicos y otros ambientes intelectuales, como los cafés o las tertulias. Por eso, aunque ciertamente ambos se inspiraran en las mismas lecturas y pensamientos, no cabe duda de que Voltaire debió ser uno de los más sólidos cimientos de la obra de Beccaria, a la que precedió en el tiempo.

La aportación de Voltaire a Beccaria no fue sólo de contenidos, sino también de preparación o aliento del gran público al que sus ideas iban dirigidas. No olvidemos que Voltaire era ya un filósofo reputado cuando Beccaria no era más que un desconocido. Como dijera Casás Fernandez, la obra del tratadista italiano no hubiese adquirido resonancia si Voltaire no hubiera sacudido fuertemente la conciencia pública adormecida[239].

Además, una vez publicada la obra del italiano, ambos trataron de aunar sus esfuerzos. Un año después de primera edición del libro de Beccaria, en 1765, aparecía su traducción francesa hecha por Morellet, realizándose siete ediciones de la misma en tan sólo seis meses. Es verdad que la obra también tuvo feroces detractores, como Muyart de Vouglans[240], y que algunos filósofos como Diderot no estuvieron de acuerdo con él en principios como el de la abolición de la pena de muerte o la supresión de la tortura. Pero en términos generales la obra fue muy bien recibida. Beccaria fue invitado a París en el otoño de 1766 para discutir sus propuestas con los grandes pensadores franceses. Y ese mismo año aparecía el célebre comentario de Voltaire, *Comentario sobre el libro "De los delitos y de las penas" por un abogado de provincias* (1766), en el que básicamente apostillaba el pensamiento de Beccaria, poniendo por primera vez en orden el suyo propio[241].

[238] Según GARCÍA RAMÍREZ, S., *John Howard : la obra y la enseñanza*, estudio introductorio a "El estado de las prisiones en Inglaterra y Gales (1789), México, 2003, p. 42, Howard consideraba a Voltaire "uno de los hombres más viles".

[239] CASÁS FERNÁNDEZ, M., *Voltaire criminalista...*, p. 95.

[240] MAESTRO, M.T., *Voltaire and Beccaria...*, pp. 65-67.

[241] MAESTRO, M.T., *Voltaire and Beccaria...*, p. 90: *"The "Commentaire" is of great importance as a sign of the evolution of Voltaire's ideas on criminal law after the appearance of Beccaria's book. Contrary to his previous attitude, in the "Commentaire" Voltaire does not think that the change of some details would make the law satisfactory or that religious fanaticism is almost the only cause of faults in the criminal law. Voltaire now clearly understand that*

Antes de escribir su *Comentario*, Voltaire había recibido la visita de Morellet, con quien terminó de discutir el sistema de derecho penal propuesto por Beccaria, y también se había dejado influir muy vivamente por el proceso del caballero de La Barre, que entonces acababa de sucederse en Francia y tenía conmovido a todo el pueblo.

El caballero de La Barre era un joven de unos veinte años a quien un enemigo conocido acusó falsamente de blasfemia, basándose en pruebas tan endebles como que el caballero no se había quitado el sombrero a treinta pasos de una procesión. Por ello, el joven fue condenado a sufrir la amputación de la lengua hasta la raíz y la mutilación de la mano a la puerta de la Iglesia, para después ser conducido en una carreta a la plaza del mercado, donde, atado a un poste con una cadena de hierro, fue ejecutado en la hoguera[242].

Las espeluznantes relaciones del proceso y ejecución del caballero de La Barre circulaban por todo París, y sin duda propiciaron una más calurosa acogida del tratado de Beccaria por parte del pueblo. El propio Voltaire escribió una de esas relaciones y se le envió al italiano, tratando con ello de estrechar sus lazos y acuciar el inicio del proceso de reforma penal en toda Europa[243]. Pero las respuestas de Beccaria a la correspondencia de Voltaire no fueron tan frecuentes ni tan entusiastas como éste hubiera deseado, y la actitud de aquel, tras su breve y poco fecunda visita a París (sólo estuvo seis meses con un talante distante y melancólico), terminaron de apartarlo del movimiento del que, paradójicamente, se le considera fundador. Tras su inspiradísima y paradigmática obra, nunca más volvió a escribir Beccaria sobre el tema, ni a involucrarse en él con la vehemencia con la que lo hiciera Voltaire.

Voltaire, por el contrario, dedicó hasta su último aliento a la impulsar en su país la reforma penal. Siguió escribiendo para ello numerosos opúsculos, cartas y panfletos, y se involucró personalmente en nuevas causas judiciales, como la de el caballero D'Etallonde (compañero del caballero de La Barre que había conseguido huir para eludir la sentencia), o las de Martin, Montbailli, Morangiès, Beaumarchais-Goëzman y el general Lally[244].

---

the criminal system constitudes in itself one of the strongholds of obscurantism, prejudice and barbarity, one of the pillars opposing the progress of humanity and reason: therefore the system itself must be thoroughly reorganized and reformed".

242 CHASSAIGNE, M., *Le Procés du Chevalier de La Barre*, París, 1920, D'AVRAY, M., *Le Procès du chevalier de La Barre*, París, s.f, o DESERS. L., *Le chevalier de La Barre : la légende et la réalité*, París, 1922.

243 MAESTRO, M.T., *Voltaire and Beccaria...*, pp. 76-82.

244 Sobre los últimos escritos y actuaciones de Voltaire en este sentido, véase MAESTRO, M.T., *Voltaire and Beccaria...*, pp. 100-123, donde se hace un especial estudio de la obra más importante del autor en esta etapa final: *Prix de la justice et de l'humanité* (1777).

El movimiento se hizo imparable. En 1780 y 1781, la Academia francesa de Châlons-sur-Marne convocó sendos premios, encumbrando al panorama de los penalistas reformadores las figuras de Brissot de Wardille, Joseph-Elzéar-Dominique-Bernardi y Philippon de La Madeleine. En 1782, la Academia de Berna premiaba a dos alemanes, Globig y Hulster, aunque al concurso se había presentado también el propio Marat[245]. Y, al margen de otros galardones que se sucedieron en muchos países europeos, en Francia aparecieron también las obras de Mirabeau, Lacretelle, Valazé, Turgot, Morelly, Buffon, Bergasse, Condoret, Linguet, Chaussard, Pastoret, Marmontel, Robespierre o el esclarecido Marat[246].

Manleón fue el encargado de llevar al foro las ideas de Voltaire y sus seguidores, planteando un animado debate en la Asamblea Nacional entre los tradicionalistas y los reformadores. A partir de ese momento la evolución de la reforma penal tomó forma y se sumó definitivamente al programa de la Revolución, convirtiéndose en una de sus aspiraciones principales. Así, cuando en 1789 se fijaron los fundamentos de un nuevo orden político, jurídico y social, los principios del nuevo derecho de castigar fueron reconocidos expresamente entre ellos, y se plasmaron en esencia en la Declaración de los Derechos del Hombre y del Ciudadano[247].

Finalmente, Beccaria ha sido considerado el padre de la ciencia penal moderna y el fundador de la llamada Escuela Clásica del Derecho Penal, gracias a su obra *Dei delitti e delle pene* (1764), en la que realizó por primera vez una exposición coherente y sistemática de los principios racionalistas que ya dejara apuntados Montesquieu y Voltaire en el ámbito del derecho penal. Su mérito no residió, en consecuencia, en la novedad de las ideas formuladas, sino en la oportunidad de su aparición en el momento más propicio para ser aceptadas por una sociedad que acuciaba la reforma[248].

El propio Beccaria nos informa de que su "conversión a la filosofía" se produjo leyendo entre otros a Montesquieu, Rousseau, Diderot, Hel-

---

245 Para JIMÉNEZ de ASUA, L., *Orígenes de la filosofía penal liberal...*, pp. 260-263, Marat o el "amigo de la Humanidad" debe elevarse a figura principal de la reforma penal y penitenciaria junto a Howard y Beccaria, aunque ciertamente la difusión de sus ideas fue inferior.

246 Quizá sea la obra de este último la que gozó de una mayor difusión posterior. Véase MARAT, J.P., *Principios de legislación penal*, edición facsimilar Pamplona, 2004.

247 Véase CASÁS FERNÁNDEZ, M., *Voltaire criminalista...*, pp. 41 y ss.

248 La bibliografía sobre Beccaria es muy abundante. Baste citar, como obras de conjunto, las que resultaron de diversos congresos nacionales e internacionales sobre la figura del insigne penalista, como AAVV, *Atti del Convegno Internazionale su Cesare Beccaria promosso dall'Accademia della Scienze di Torino nel secondo centenario dell'opera "Dei delitti e delle pene"*, Torino, 1966; AAVV, *Cesare Beccaria and Modern Criminal Policy*, Milán, 1988; AAVV, *Beccaria et la cultura juridique des Lumiéres*, Genève, 1997; y AAVV, *El pensamiento penal de Beccaria: su actualidad*, Bilbao, 1990.

vetius o Voltaire[249]. La idea de plasmar sus ideas por escrito surgiría en las cultas tertulias que se celebraban en casa de los hermanos Verri, en su Milán natal, donde en más de una ocasión se había debatido acerca de los bárbaros métodos de juzgar utilizados en el Antiguo Régimen, y de los espectaculares suplicios o ajusticiamientos públicos que herían la sensibilidad de los allí reunidos.

La obra se publicó de forma anónima en Livorno, en el año 1764, por temor a las reacciones de condena que esperaba desencadenar. Pero junto a las críticas, también se sucedieron numerosas manifestaciones de reconocimiento y entusiasmo. El libro conmovió los cimientos de la sociedad alcanzando un éxito insospechado. A partir de 1765 fue traducido a los principales idiomas de Europa, a pesar de que la Iglesia de Roma lo incluyó en su "Índice de libros prohibidos" en febrero de 1766, y se difundió rápidamente por toda Europa, conociéndose finalmente el nombre del autor tras recibir la medalla de oro de la Sociedad Patriótica de Berna por "atreverse a elevar su voz en beneficio de la humanidad"[250].

De los delitos y de las penas es un tratado muy breve y de fácil lectura, en el que se exponen de forma analítica las nuevas ideas penales, de forma que todo postulado se apoya en los precedentes e invita a continuar la reflexión con los que le suceden de una manera lógica o racional. Más allá del contenido, tanto el tono como la forma de exposición resultaban en sí mismos innovadores en la época de su publicación, porque huían del estilo farragoso y complicado de los textos jurídicos clásicos. Frente al amontonamiento de citas sobre citas en capítulos de lectura interminable, y el lenguaje técnico y oscuro de los juristas tradicionales, Beccaria optó por la concisión y la claridad propias del racionalismo, utilizando un discurso comprensible para cualquier persona ajena al campo del derecho.

El punto de partida de Beccaria es sin ninguna duda Montesquieu, a quien hizo una alabanza en la introducción de su obra. De él tomó la doctrina del pacto social y la noción de la ley positiva como emanación de la naturaleza. El derecho de castigar sólo podía fundamentarse en la necesidad que obligó a los hombres a ceder una parte de su libertad y seguridad para garantizar las de toda la comunidad[251].

La idea de necesidad o utilidad era una constante en su obra. El único basamento sobre el que se asentaba el derecho a castigar del poder públi-

[249] Carta de Beccaria a Morelett, Milán, 26 de enero de 1766, citada en la Introducción de DELVAL, J.A. a la edición de *De los delitos y de las penas*, Alianza Editorial, Madrid, 1995, p. 12.

[250] CANTU, C., *Beccaria et le droit pénal*, París, 1885, p. 186.

[251] SALDAÑA, Q., *El derecho penal por César Bonesana, Marqués de Beccaria*, Madrid, 1930.

co[252]. Por eso, a Beccaria se le ha venido contando tradicionalmente entre las filas de los llamados "utilitaristas", o defensores de la prevención, frente a los "retribucionistas" en el ámbito de la ciencia penal[253]. Aunque, en puridad, dicha teoría de la utilidad sólo fue manejada por él con respecto a la fundamentación del castigo: *"la única y verdadera medida de los delitos es el daño hecho a la nación"*[254].

El *"depósito de la salud pública"* o *"daño a la nación"*, era el último bien jurídico digno de protección, y el rasero por el que había de medirse la gravedad de las penas. Su aplicación sólo quedaba justificada, por tanto, cuando eran estrictamente imprescindibles para la prevención general de los delitos. Las penas sólo servían en el ideario jurídico de Beccaria para reprimir actitudes antisociales o "egoístas" de determinados individuos que tendían a buscar un provecho propio más que el bien común, y por eso debían de ser proporcionales y moderadas[255].

La idea de prevención que iluminaba todo el discurso jurídico, recomendaba que las penas fueran proporcionales a los delitos para que los motivos que retrajesen a los hombres de cometerlos fueran cada vez mayores a medida que éstos implicasen una mayor vulneración del bien público. Ese mismo razonamiento conllevaba la necesidad de que las penas se impusieran por igual a todos los hombres, con independencia de su clase social; si bien es cierto que el principio de igualdad se esgrimiría principalmente en otro momento de la obra al defenderse la dignidad individual como un derecho fundamental del hombre.

Por lo que respecta a la moderación o la *"dulzura"* de las penas, Beccaria reprodujo originariamente la idea de Montesquieu según la cual *"no es la crueldad de las penas uno de los más grandes frenos de los delitos, sino la infalibilidad de ellas"*. Abundó, sin embargo, en esta apreciación mucho más que su predecesor, concluyendo que *"para que una pena obtenga su efecto basta que el mal de ella exceda al bien que nace del delito; y en este exceso de al debe ser calculada la infalibilidad de la pena y la pérdida del bien que el delito produciría. Todo lo demás es superfluo y, por tanto, tiránico"*[256].

Desde esta perspectiva, la pena de muerte no era a su juicio compatible con la idea de soberanía ni con las leyes, ya que ningún individuo hubiese cedido en el pacto social aquella porción de su libertad que implicara la posibilidad de quitarle la vida. El derecho a la vida era previo e inalienable. Pero es que, además, la aplicación de la pena de muerte era *"sólo una guerra de la*

---

[252] BECCARIA, C., *De los delitos y de las penas*, edit. Alianza, Madrid, 1995., pp. 28-29.
[253] PORRET, M., *Beccaria: le droit de punir*, Paris, 2003.
[254] BECCARIA, C., *De los delitos y de las penas...*, p. 37.
[255] BECCARIA, C., *De los delitos y de las penas...*, pp. 45- 46.
[256] BECCARIA, C., *De los delitos y de las penas...*, pp. 71-73.

nación contra el ciudadano" que resultaba absolutamente inútil e innecesaria. En un gobierno fuerte y capacitado para la dirección de los ciudadanos, no sería la crueldad de esta sanción la que disuadiría a los hombres de cometer los delitos, sino la seguridad de su acción y la certeza de otro tipo de penas que representaran un ejemplo largo y dilatado para la población.

La consecuencia más trascendente de estos principios fue la exigencia de un principio de legalidad en los delitos y las penas. Sólo podía considerarse delito aquella conducta expresamente prevista por el legislador en leyes claras y precisas que no dejaran ningún margen a la incertidumbre[257]. Era necesario para ello crear un sistema de leyes penales basado en el criterio de la racionalidad, y fijado con una buena técnica jurídica en cuerpos unitarios y sistemáticos que garantizasen la seguridad jurídica al individuo.

El afán de reducir al máximo la incertidumbre en la aplicación del derecho a castigar, conllevaba junto al principio de legalidad la exclusión del arbitrio judicial, denunciado ya ampliamente por Voltaire, y cualquier interpretación subjetiva o dispar del ordenamiento jurídico. La interpretación de la ley, según Beccaria, debía corresponder exclusivamente al legislador y nunca al juez, porque lo contrario supondría poner un dique roto al torrente de opiniones, y la aplicación de la ley se convertiría en el resultado de la buena o mala lógica de cada juez, dependiendo de sus creencias, pasiones, flaquezas o relaciones personales[258].

Siendo la principal justificación de las penas la defensa del bien común, Beccaria realizó una única clasificación de los delitos a partir de ella. Distinguía así en primer lugar los delitos que *"destruyen inmediatamente a la sociedad o a quien la representa"*, también llamados delitos de *lesa majestad*, entre los que se encontraban las traiciones, sediciones o falsedades. En segundo lugar estarían los delitos que ofenden *"la privada seguridad de un ciudadano en la vida, en los bienes o en el honor"*, como los homicidios, hurtos o injurias. Y finalmente se tendrían en consideración otros delitos de menor importancia que eran *"acciones contrarias a lo que cada uno está obligado a hacer o no hacer en atención al bien público"*, como los

---

[257] BECCARIA, C., *De los delitos y de las penas...*, pp. 26 y ss: *"Las leyes son las condiciones con que los hombres aislados e independientes se unieron en sociedad, cansados de vivir en un continuo estado de guerra, y de gozar una libertad que les era inútil en la incertidumbre de conservarla (...). La primera consecuencia de estos principios es que sólo las leyes pueden decretar las penas de los delitos, y esta autoridad debe residir únicamente en el legislador, que representa toda la sociedad unida por el contrato social. Ningún magistrado (que es parte de ella) puede con justicia decretar a su voluntad penas contra otro individuo de la misma sociedad"*.

[258] BECCARIA, C., *De los delitos y de las penas...*, p. 31: *"En todo delito debe hacerse por el juez un silogismo perfecto. Pondráse como mayor la ley general, por menor la acción conforme o no con la ley, de que se inferirá por consecuencia la libertad o la pena. Cuando el juez por fuerza o voluntad quiere hacer más de un silogismo, se abre la puerta a la incertidumbre"*.

estrépitos y desórdenes en los caminos públicos destinados al comercio y paso de los ciudadanos, o los sermones fanáticos que excitan las pasiones fáciles de la curiosa muchedumbre.

A partir de este planteamiento penal de Beccaria, se deduce inevitablemente la oposición del autor al origen divino del poder sobre el que se estructuraba toda la estructura política y jurídica del Antiguo Régimen. Aunque era consciente de los riesgos que conllevaba esta oposición a la Iglesia, y quiso advertir en el prólogo de la obra no era su intención esgrimir *"principios destruidores de la virtud o de la religión"*[259], la confrontación resultaba evidente. La nueva idea del Pacto Social sobre la que se sustentaba su visión política, privaba al derecho penal tradicional de todo soporte teológico, y se desprendía de los principios religiosos que hasta entonces habían venido informando el contenido de los delitos. Entendido el derecho a castigar como producto de la necesidad social, el delito dejaba inmediatamente de contemplarse como una vulneración de los preceptos ético-religiosos para concebirse como una lesión de los derechos individuales del ciudadano. No son de extrañar en este punto las reacciones de condena de la Iglesia, que acusó a Beccaria de impío y sedicioso, incorporando su obra al índice de libros prohibidos.

Por lo demás, si Beccaria fue un utilitarista en cuanto a la fundamentación del castigo, se puede decir que en cuanto a la defensa de los derechos individuales fue un garantista[260]. Le impulsaba a ello la lógica coherencia de su pensamiento, pero también el rechazo visceral que le inspiraban las severas prácticas procesales del Antiguo Régimen. Y puesto que el objetivo declarado en su obra era mostrar tales prácticas, el autor no dudó en realizar una pormenorizada descripción de todo aquello que le parecía inhumano o irracional en el modo de juzgar a los delincuentes, comenzando por la presunción de culpabilidad, y haciendo alusiones específicas en capítulos independientes a los duelos, las acusaciones secretas, la parcialidad de los jueces, las tortura como medio de prueba, la credibilidad de las pruebas indiciarias, y la utilización de testigos inhábiles o inidóneos en los delitos más graves.

Frente a este proceso penal del Antiguo Régimen, Beccaria proponía un proceso público que estuviera basado en el principio de presunción de inocencia, que se aplicara por igual a todos los ciudadanos, desterrándose los antiguos privilegios estamentales de los nobles y los religiosos, y que ofreciera una serie de garantías mínimas para la defensa del acusado, puesto que *"un hombre no puede ser llamado reo antes de la sentencia del*

[259] BECCARIA, C., *De los delitos y de las penas...*, p. 24.

[260] ASÚA BATARRITA, A., *Reivindicación o superación del programa de Beccaria*, en El pensamiento penal de Beccaria: su actualidad, Bilbao, 1990, p. 22.

juez, ni la sociedad puede quitarle la pública protección sino cuando esté decidido que ha violado los pactos bajo los que le fue concedida"[261].

Pero el ideario penal de Beccaria no sólo se apoyaba en la doble dimensión legalista de reforma del proceso y de la aplicación de las penas, sino que a lo largo de toda su obra aparecen también frecuentes alusiones a la necesidad de una política social que ayudase a la reducción de la criminalidad[262]. En su crítica social se introduce la idea de que los delincuentes se encontraban en muchas ocasiones abocados al crimen por las condiciones de injusticia y miseria en las que vivían; y en ese sentido consideraba un deber del Estado la mejora de dichas condiciones para ofrecer a todos los ciudadanos la posibilidad de ser miembros activos de la sociedad, obteniendo una mayor libertad a través de la educación y la participación de sus bienes.

La propiedad no aparecía en el pensamiento beccariano como un derecho natural o fundamental del hombre. Era más bien un derecho de segundo rango, *"un derecho de origen social"*, que estaba mal repartido en manos de unos pocos. Esta desigualdad económica era un lastre para el desarrollo social y, según se deduce de algunos párrafos de su obra, suponía una traba para la reducción de la criminalidad. El autor no lo expresó literalmente, pero este argumento se evidencia en varias partes de su discurso, de las que se desprende que una distribución más justa de los bienes y de oportunidades actuaría como un freno muy eficaz en la lucha contra la delincuencia[263].

La idea puede sorprender por su modernidad. Pero no hay que confundir los conceptos e intentar relacionar estas afirmaciones con una defensa social del delincuente que aún tardaría muchos años en llegar. La cuestión, más bien, debe ponerse en conexión con el utilitarismo penal largamente defendido desde la época del Despotismo, tratando de poner al servicio del estado una población provechosa y útil.

Tampoco se puede hablar propiamente de correccionalismo en la obra de Beccaria, pero en cuanto a la educación de la sociedad, es justo reconocer que en uno de los últimos capítulos el autor preguntaba a sus lectores: *"¿queréis evitar los delitos?. Haced que acompañen las luces a la libertad. Los males que nacen de los conocimientos están en razón inversa de su extensión, y los bienes los están en la directa"*[264]. Existían otros medios ajenos al derecho para evitar los delitos, como recompensar la virtud o interesar

[261] BECCARIA, C., *De los delitos y de las penas...*, p. 52.

[262] Véase también el análisis de la obra de Beccaria que ofrece GUTIÉRREZ FERNÁNDEZ, B., *Examen histórico del Derecho penal...*, pp. 328-348.

[263] Léase sobre esta cuestión a TOMÁS y VALIENTE, F., en su Notas a Beccaria en la edición de *De los delitos y las penas*, edit. Aguilar, Madrid, 1974, p. 209.

[264] BECCARIA, C., *De los delitos y de las penas...*, p. 106.

especialmente a los magistrados en su persecución, pero sin duda alguna el medio más eficaz para conseguir dicho objetivo en las civilizaciones desarrolladas era la educación de la población, y especialmente de los jóvenes[265].

Queda decir, para terminar, que Beccaria también se hizo eco de la importante polémica que bullía en su época en torno a las cárceles o prisiones. Recogió, como Voltaire o Howard, las denuncias acerca de su uso arbitrario, los apresamientos abundantes e poco justificados, los apremios y torturas que allí se practicaban, y las precarias condiciones de higiene y salubridad en las que se tenía a los presos, castigándoles así antes de haber sido condenados.

La cárcel, no obstante, seguía siendo considerada en su obra un lugar fundamentalmente de custodia, es decir, una medida cautelar, y no puede encontrarse en toda la obra de Beccaria un solo párrafo que permita aún vislumbrar el sentido correccionalista o reformador de la pena de prisión[266]. La utilización de la prisión no cubría todavía "todo el campo de la penalidad con su duración como único principio de variación. Más todavía, la idea de un encierro penal era explícitamente criticada por muchos reformadores. Porque era incapaz de responder a la especificidad de los delitos. Porque estaba desprovisto de efectos sobre el público. Porque era inútil a la sociedad, perjudicial incluso: era costoso, mantenía a los condenados en la ociosidad, multiplicaba sus vicios (...). La prisión, en resumen, era incompatible con toda esta técnica de la pena-efecto, de la pena-representación, de la pena-función general, de la pena-signo y discurso. Que la pena de prisión podía, como hoy, cubrir entre la muerte y las penas ligeras, todo el espacio del castigo, era un pensamiento que los reformadores no podían tener inmediatamente"[267].

2. EL UTILITARISMO PENAL DE BENTHAM

Aunque el utilitarismo de Jeremías Bentham definió en sí mismo una escuela penal[268], no es infrecuente situar a este autor inglés entre los dis-

[265] BECCARIA, C., *De los delitos y de las penas...*, p. 110: "*Finalmente, el más seguro, pero más difícil medio de evitar los delitos es perfeccionar la educación, objeto muy vasto, y que excede los límites que me he señalado; objeto (me atrevo a decirlo) que tiene vínculos demasiado estrechos con la naturaleza del gobierno para permitir que sea un campo estéril, y solamente cultivado por un corto número de sabios*".

[266] Véase BUENO ARÚS, F., *Los fines de la pena y la pena de prisión en Beccaria y en la política criminal española contemporánea*, en Cuadernos de política criminal, nº 38 (1989), pp. 301-312.

[267] FOUCAULT, M., *Vigilar y castigar...*, pp. 118-119.

[268] SÁNCHEZ RIVERA, J., *El utilitarismo: Estudio de las doctrinas de Jeremías Bentham*, Madrid, 1922.

cípulos de Beccaria[269], o enraizar su pensamiento directamente con las primeras ideas de Voltaire. "Hemos presentado a Voltaire como precursor de Beccaria: de igual modo será fácil encontrar íntima conexión de su ideología, en orden a la disciplina que venimos refiriéndonos, con la tendencia del sistema preconizado por Bentham"[270].

Uno y otro, me refiero a Voltaire y Beccaria, ya habían adelantado como principio básico para el nuevo orden jurídico penal la idea de la utilidad, que sería la piedra angular del pensamiento benthamiano. El utilitarismo inglés abundó más en la idea de la prevención como defensa de la sociedad. Ambas corrientes de pensamiento, o la evolución de aquella en ésta, defendieron en definitiva el carácter retributivo y proporcional de la pena sólo en cuanto tendieran a la prevención general de la sociedad.

La defensa de la sociedad seguía siendo el objetivo fundamental del derecho penal, y el delincuente aún quedaba en un segundo plano. Pero la aplicación que debía hacerse del *ius puniendi* sobre el mismo, a través de la ejecución de la pena, comenzaba a dar un viraje trascendental determinado por la búsqueda de la eficacia y el orden social. Se podría decir que, aunque Bentham hubiera tomado buena nota de los principios humanitarios franceses de los que se nutrió, su pensamiento decantó la balanza de manera mucho más decidida hacia la eficacia o la utilidad del derecho para el medio político-social.

Su más conocido discípulo, John Stuart Mill, dijo de él que fue el "padre de la innovación inglesa, tanto en las doctrinas como en las instituciones". Bentham fue en su opinión "el gran subversivo" o, en el lenguaje de los filósofos continentales, "el gran pensador crítico de su época y de su país"[271]. Pero Bentham no fue sólo un pensador crítico en el sentido negativo del término. Él no sólo quiso señalar el error, sino implantar en su lugar la verdad correspondiente, y para ello dejó de lado la metafísica y se centró eminentemente en el sentido común y la práctica. Su mentalidad era esencialmente pragmática.

Desde ese prisma, toda su obra gira en torno a la necesidad de llevar a cabo una reforma legal en Inglaterra, que afectaba también de forma muy directa al derecho penal, como la que en ese tiempo se estaba planteando en la vecina Francia. Ahora bien, Bentham no era en ningún caso un revolucionario. Creía que los principios jurídicos que sustentaban el

---

[269] GUTIÉRREZ FERNÁNDEZ, B., *Examen histórico del Derecho penal...*, p. 380: *"Colocamos á este publicista entre los discípulos de Beccaria, porque resuelve los problemas penales prescindiendo de la idea de justicia, pero genio independiente, incapaz de doblar su cabeza al yugo de las tradiciones históricas, rechaza los sistemas anteriores estableciendo como único principio la utilidad"*.

[270] CASÁS FERNÁNDEZ, M., *Voltaire criminalista...*, p. 112.

[271] STUART MILL, J., *Bentham* (London, 1838), edit. Tecnos, Madrid, 1993, p. 9.

Antiguo Régimen eran "irracionales". Pero no estaba dispuesto a modificarlos de forma violenta, sino trabajando con los gobiernos establecidos que, poco a poco, tendrían que ir mudando su carácter para dar paso a nuevas formas de entender el poder y el derecho[272].

En esta titánica labor, para Bentham sólo había un principio indiscutible, que tomó del ideario de los filósofos franceses, principalmente de Montesquieu, y elevó a núcleo de toda su doctrina jurídica: "el principio de utilidad". *"La felicidad pública debe ser el objeto del legislador: y la utilidad general el principio del razonamiento en legislación"* (comenzó escribiendo en una de sus obras más reconocibles). *"Conocer el bien de la comunidad de cuyos intereses se trata, constituye la ciencia: hallar los medios de realizar el bien, constituye el arte"*[273].

La utilidad en la legislación, en orden a conseguir la felicidad del pueblo, no podría nunca conducir a error si se medía en términos de efectividad, y se buscaba a través de un procedimiento muy sencillo, que debía consistir exclusivamente en la suma o resta de bienes y males, de placeres y dolores, las únicas motivaciones que a su juicio movían al hombre[274]. Cualquier otro principio le resultaba artificial, o lo que él llamaba "una ficción[275].

Su teoría de las ficciones ya había quedado planteada en una de sus obras principales *Introducción a los principios de la moral y legislación*, publicada por primera vez en 1780, y fue una constante de su pensamiento a lo largo de numerosos escritos que sistematizó su discípulo John Bowring, y que finalmente publicó de forma conjunta Charles Kay Orden, en el año 1932, bajo el título de *Teoría de las ficciones*[276]. Con ella nos advierte que la filosofía, el pensamiento humano, está plagado de categorías imprecisas o

---

[272] Sobre esta cuestión, véase RODRÍGUEZ GIL, M., Introducción a la edición de la obra de Bentham, *Tratados de legislación civil y penal*, Madrid, 1981, p. 9.

[273] BENTHAM, J., *Tratados de legislación civil y penal*, edición de Rodríguez Gil, M., Madrid, 1981, p. 27.

[274] Al tratar de su "Teoría de la vida humana", STUART MILL, J., *Bentham...*, p. 45, dijo que "el hombre es concebido por Bentham como un ser susceptible de placeres y dolores, y los gobernantes en toda su conducta, en parte por las diferentes modalidades del propio interés y por las pasiones que por lo común son calificadas de egoístas, y en parte por simpatías (u, ocasionalmente, antipatías) hacia otros seres. Y aquí termina el concepto que Bentham tiene de la naturaleza humana". Por eso, el gran enemigo del principio de utilidad esbozado por Bentham es, como él mismo explica en BENTHAM, J., *Tratados...*, p. 29, es el "principio de ascetismo".

[275] BENTHAM, J., *Tratados...*, p. 83.

[276] Véase BENTHAM, J., *Introducción a los principios de la moral y legislación*, primera edición en español, 2 vols., Salamanca, 1821, o *Teoría de las ficciones*, recientemente reeditada en Madrid, 2005. Sobre la teoría de las ficciones también en BENTHAM, J., *Tratados...*, pp. 83 y ss.

vagas, abstracciones carentes de una definición unívoca y clara, que sólo pueden conducirnos a error: las ficciones.

Los principios de la nueva filosofía lo eran tanto como los de las antiguas formas de pensamiento, de manera que expresiones como las de "contrato social", "libertad", "ley natural" o "Constitución", por citar algunas de las más frecuentes del pensamiento racionalista y liberal de la época, no eran sino meros eslóganes sobre los que no se podían asentar opiniones ciertas.

Las ficciones no podían utilizarse como razones a la hora de argumentar una reforma política o social, porque ni siquiera los filósofos contemporáneos tenían un concepto categórico o riguroso de las mismas. Se trataban de premisas enunciadas en un momento concreto, y expresadas a veces a través de un lenguaje tan confuso que era imposible saber si eran verdaderas o falsas. Bentham exigía una mayor precisión en el pensamiento moral y político-jurídico, y pedía que las categorías se concretasen utilizando un método que se ha definido como "exhaustivo" o "método del detalle"[277].

Dicho método, que se basaba exclusivamente en razonamiento sintético o empírico, dejando a un lado cualquier tipo de "abstracción" y sin dar cabida a la imaginación a la hora de proponer soluciones, debía aplicarse por igual a las ciencias exactas y a las ciencias morales, a la física y a la política, a la matemática y al derecho. El utilitarismo fue, en este sentido, una mera continuación del empirismo inglés clásico de Locke, Berkely y Hume, adaptado o contemplado desde las nuevas coordinadas ideológicas de la Ilustración[278].

A la hora de afrontar la reforma jurídica, Bentham proponía, en consecuencia, aplicar una lógica precisa y estricta a partir del único principio válido de su pensamiento, el principio de "utilidad", que serviría como el gran disolvente de las ficciones, y el único camino de procurar la felicidad. Dicha solución, trasladada al campo del derecho penal que nos incumbe, suponía crear una mera "aritmética política" donde las penas estuvieran siempre en justa proporción a los delitos.

Si la felicidad del pueblo era la única finalidad del Estado, y justificaba su poder de sancionar, la prevención del delito a través de penas propor-

[277] Es muy abundante la bibliografía en torno a Bentham y su método de pensamiento. Por su claridad expositiva, me remito no obstante a las obras de DINWIDDY, J., *Bentham*, Madrid, 1995, y la recientemente publicada por ROSEN, F., *Jeremy Bentham*, London, 2007, dentro del proyecto de investigación que desde los años sesenta se viene dedicando a estudiar y publicar las obras de este autor (www.ucl.ac/uk/Bentham-Project).

[278] GOICOCHEA, H., *La Ilustración, Bentham y su traducción al castellano*, en Teoría de las ficciones, Madrid, 2005, p. 10.

cionadas al mismo era el único medio "útil" para conseguirlo. Una pena que no fuera provechosa a la sociedad, o le produjera un mal mayor que el que pretendía corregir, debía entenderse como una sanción ilegítima. La pena era, para Bentham, *"un mal de pasión, que impone la ley a un mal de acción"* o *"un mal que la ley hace al delincuente por el mal que él ocasiona con el delito"*, de modo que sólo el mal producido por el delito justifica el mal de la pena, y toda pena no necesaria o útil a la sociedad era injusta porque provoca un mal que podría evitarse.

La utilidad como principio del castigo ya había sido esbozada, como hemos visto, por Montesquieu, Voltaire y Beccaria, a quienes el propio Bentham reconoció seguir en su doctrina penal. Pero ellos, como advierte el autor, simplemente habían apuntado o *"recomendado"* la necesidad de la proporción entre los delitos y las penas, mientras que él pretendía dar un paso más allá explicando *"en qué consiste esta proporción"*, y dando *"las principales reglas de esta aritmética moral"*[279].

"El mérito de una pena debe estimarse por las siguientes cualidades: que sea cierta en su naturaleza e igual a sí misma, divisible o susceptible de más o menos, conmensurable con otras penas, análoga al delito, ejemplar, económica, remisible o a lo menos reparable, dirigida a reformar la moralidad, convertible en provecho de la parte damnificada, simple y clara en su denominación, no impopular"[280].

Teniendo presentes estas premisas, Bentham elaboró una amplísima clasificación de las penas propias de la época (penas capitales, aflictivas, indelebles, ignominiosas, penitenciales, crónicas, simplemente restrictivas, simplemente compulsivas, pecuniarias, cuasi pecuniarias y características), cargada a su vez de subdivisiones o categorías[281]. Lo relevante es que en ella la pena de privativa de libertad a través de la prisión comenzó a ser contemplada por primera vez con una especial preeminencia, fundamentalmente porque era la pena que permitía una mayor individualización para adaptarse a cada delincuente (*"principio de individualización de la pena"*)[282].

---

[279] Dichas reglas se resumen principalmente en cinco en BENTHAM, J., *Tratados...*, p. 297: *"Haz que el mal de la pena sobrepugue al provecho del delito; cuanto menos cierta sea la pena tanto más grave debe ser; si dos delitos se hallan en concurrencia, el más nocivo debe ser castigado con una pena más grave para que el delincuente tenga un motivo de detenerse en el menor; cuanto más grande es un delito, tanto más se puede aventurar una pena severa, por la probabilidad de prevenirle;y no debe imponerse la misma pena por el mismo delito á todos los delincuentes sin excepción, sino que se debe atender á las circunstancias que influyen sobre la sensibilidad"*.

[280] BENTHAM, J., *Teoría de las penas legales*, París, 1825, p. 112.

[281] Atiéndase también a esta clasificación en BENTHAM, J., *Tratados...*, pp. 311-321.

[282] Sobre esta cuestión, véase también MONTEVERDE, A., *Las cárceles y prisiones en la segunda mitad del siglo XVIII y comienzos del XIX. Aportes teóricos y penales de Jeremías*

Además, no podemos olvidar la preocupación que desde hacía tiempo venía albergando la nueva sociedad burguesa e industrial por encontrar, entre los numerosos medios punitivos de la época, aquel que mejor se adaptara al nuevo modelo social capitalista, y más recientemente a los principios ideológicos liberales e individualistas del racionalismo. Acusada desde hacía tiempo la ineficacia de las sanciones corporales y económicas, sobre las que se había sustentado principalmente la penalidad del Absolutismo, se pretendía en primer lugar aportar a través de la pena una mayor utilidad al Estado, y por ende una mayor seguridad y tranquilidad a todos los ciudadanos.

La pena prisión, o la privación de libertad en los presidios o casas de corrección al uso, despuntaba entonces como el mejor medio de castigo a ese fin, en la creencia generalizada de que el encierro del cuerpo permitía la corrección de las acciones y la adquisición de nuevos valores, preparando al delincuente para enfrentar una nueva vida honrada una vez terminara su condena. La gran aportación de Bentham consistió en dotar de una precisa argumentación filosófica a esa creencia, convirtiendo la hasta entonces incipiente y residual pena de prisión en una pena principal.

La pena de prisión aparecía clasificada, junto con la relegación, la interdicción local y el destierro, dentro de las llamadas penas de restricción[283]. Su virtud era incomodar *"el ejercicio de las facultades del individuo, impidiéndoles, ya sea recibir las impresiones que le serían agradables o hacer aquello a que está inclinado"*[284], por lo que se adaptaba al principio de privación de los placeres propio del benthamiano mucho mejor que otras.

Sin obviar la también contemporánea polémica sobre el hacinamiento e insalubridad de las cárceles, donde la mayoría de los reos permanecían a la espera de juicio, Bentham distinguió a su vez dentro de esta categoría punitiva entre la *"prisión simple"* y la llamada *"prisión aflictiva o penal"*. La primera no era una pena propiamente dicha, sino una precaución o medida cautelar, pero también requería de una especial revisión o reforma jurídica, porque los abusos que de continuo se practicaban sobre los meramente "custodiados" (tormentos, apremios, privaciones...) eran a su juicio completamente ilícitos (en este punto, como sus contemporáneos franceses, Bentham también unió el derecho al proceso penal e impulsó el reconocimiento de las primeras garantías jurídicas o derechos jurisdiccionales del detenido).

Bentham, en Revista de Estudios Histórico Jurídicos de la Universidad de Valparaíso (Chile), n.20 (1998).

[283] MONTEVERDE, A., *Las cárceles y prisiones...*, pp. 8 y ss de la edición digital.

[284] BENTHAM, J., *Teoría de las penas...*, p. 138.

En cuanto a la prisión aflictiva o penal, podía resultar de distinta duración o severidad en atención a la naturaleza del delito y la condición del delincuente (principio de individualización), y debería ir acompañada en todo caso de algún tipo de trabajo, servicio a la comunidad o aprendizaje de un oficio, *"siempre con mucho respeto a la edad, clase, sexo e individuales fuerzas"*[285].

La prisión aflictiva servía, de entrada, para impedir la comisión de nuevos delitos, porque evidentemente "el hombre más peligroso para la sociedad deja de serlo mientras que continúa la prisión suya; puede conservar él todas sus malignas indicaciones, pero no entregarse ya a ello"[286]. Pero la finalidad de la pena no era estrictamente ésa, sino el arrepentimiento y, en lo posible, la reforma del delincuente y su recuperación para la sociedad como ciudadano. Ello se conseguía principalmente a través de la soledad y el trabajo.

La soledad afectaría íntimamente al delincuente, privado de sus hábitos y apartado de sus afectos, para mantener vivo el dolor por el daño causado y conservar la experiencia de su proceso de reforma. Además, el hacinamiento de delincuentes en celdas múltiples, que se venía practicando hasta entonces, sólo servía para corromper más a los reos, que compartían el conocimiento de sus malas artes y se impedían, unos a otros, realizar la necesaria labor de encontrarse con sus propias conciencias. Para salvar estas dificultades, Bentham no sólo proponía la separación de los reos en los establecimientos penitenciarios según su peligrosidad, condición social o casta (en el caso de los presidios coloniales), además de por edad y sexo, como desde hacía tiempo venían aconsejando los ilustrados de todos los países europeos, sino que también justificó la necesidad de su aislamiento en celdas individuales.

El aislamiento de los reos fue una de las más originales aportaciones del pensamiento de Bentham a la ciencia jurídico-penal. La idea quedó apuntada en su primer tratado de derecho penal en 1778, al realizar un examen crítico sobre la propuesta de reforma del sistema penitenciario planteada en su país por William Eden ante el Parlamento; y a partir de ahí se desarrolló en su obra más conocida, *El Panóptico* (1791), que se difundió por toda Europa, inaugurando una nueva forma de entender tanto la arquitectura carcelaria como la filosofía del castigo.

La nueva arquitectura carcelaria propuesta por Bentham se basaba en una composición dividida en dos partes: en el centro una torre de vigilancia, y en la periferia una construcción circular se seis pisos, dividida en celdas, de modo que desde la torre pudiera divisarse todo lo que ocurría

[285] BENTHAM, J., *Teoría de las penas...*, p. 141.
[286] BENTHAM, J., *Teoría de las penas...*, p. 154.

en cada una de ellas. Lo importante en este nuevo dispositivo panóptico no eran ya los muros o los cerrojos. Por el contrario, se recomendaba que las celdas tuvieran dos grandes ventanas para hacer el efecto de la contraluz y que los vigías de la torre pudiesen saber en cada momento qué hacía cada interno. Así se aumentaría la seguridad, se disminuiría el gasto y se mejoraría la salubridad, la limpieza y el orden. Pero además se conseguiría otro efecto fundamental para la enmienda del delincuente: al saberse constantemente vigilado, él mismo ejercería una especie de autocorrección y aumentaría su eficacia.

La propuesta de Bentham, basada en el aislamiento y el constante control de los reclusos, trataba, en consecuencia, de asegurar la enmienda del delincuente a través del aprendizaje de unos hábitos, el autocontrol y el trabajo.

El trabajo aportaría al delincuente responsabilidad y la enseñanza de un oficio para el futuro, sirviendo al mismo tiempo de satisfacción, reparación o utilidad a la comunidad, que en cierta medida se resarcía con la labor del delincuente del daño recibido. Ahora bien, si la pena se hacía muy prolongada, podía resultar el efecto negativo de que el reo se acomodara a ella sin procurar su mejora, y para evitarlo Bentham proponía reducir el período de encierro, haciéndolo especialmente severo en el tiempo de su duración, al objeto de que quedara nítidamente gravada en la conciencia del recluso la impronta del castigo.

Esta idea también se trasladó al Panóptico, cuyo objeto era "*introducir una reforma completa en las prisiones: asegurarse de la buena conducta actual, y de la enmienda de los presos; fijar la salubridad, la limpieza, el órden y la industria en estas mansiones infestadas hasta ahora de corrupción física y moral: aumentar la seguridad disminuyendo el gasto en vez de hacerlo mayor, y todo esto por una idea sencilla de arquitectura*"[287].

Según Foucault, de la lectura del Panóptico se desprende que "*el aumento productivo del poder no puede ser garantizado más que si de una parte tiene la posibilidad de ejercerse de manera continua en los basamentos de la sociedad, hasta su partícula más fina, y si, por otra parte, funciona al margen de esas formas repentinas, violentas, discontinuas, que están vinculadas al ejercicio de la soberanía. El cuerpo del rey, con su extraña presencia material y mítica, con la fuerza que él mismo despliega o que trasmite a algunos, se halla en el extremo opuesto de esta nueva física del poder que define el panoptismo; su dominio es por el contrario toda esa región de abajo, la de los cuerpos irregulares, con sus detalles, sus movimientos múltiples, sus fuerzas heterogéneas, sus relaciones espaciales. Se trata de mecanismos que*

[287] BENTHAM, J., *El Panóptico*, edición de Michel Foucault, subtitulada "El ojo del poder", en 1989, p. 34.

analizan distribuciones, desviaciones, series, combinaciones, y que utilizan instrumentos para hacer visible, registrar, diferenciar y comparar: física de un poder relacional y múltiple, que tiene su intensidad máxima no en la persona del rey, sino en los cuerpos que esas relaciones, precisamente, permiten individualizar (...). El panoptismo es el principio general de una nueva "anatomía política" cuyo objeto y fin no son la relación de la soberanía sino las relaciones de disciplina"[288].

Con ello, Bentham añadió a los principios filosóficos toda una tecnología del poder, más allá de la dinámica poderoso-sometido, y ofreció a los nuevos Estados de Derecho contemporáneos un instrumento muy útil para castigar a sus miembros más perturbadores de forma racional, útil, igualitaria, preventiva y humanitaria. Se habían puesto así las bases del nuevo sistema sancionador.

3. LA REFORMA PENITENCIARIA AMERICANA

Cuando las nuevas ideas penitenciarias desarrolladas en el Continente, especialmente en Francia o en Inglaterra, quisieron llevarse a la práctica con la construcción de presidios o prisiones modernas, los gobiernos de los distintos países europeos no dudaron en enviar diversas comisiones al otro lado del Atlántico para aprender de los modelos estadounidenses, que en esta cuestión particular estaban aventajados, habiendo desarrollado antes que en Europa las primeras penitenciarías[289].

> *"While in Europe such men as Beccaria, Howard, Romilly, and others, have had the merit of disseminating correct views on this subject, the people of the United States have the merit of attempting to carry them into effect, and by actual experiments, on a large scale, for the amelioration and reformation of criminals, they have proved that men, although criminals, are to be regarded by a civilized society as human beings capable of reformation"*[290].

La Rochefaucault-Liancourt fue uno de los primeros, viajando a Estados Unidos entre 1795 y 1797 con este objetivo, y su obra *Des Prisons de*

[288] FOUCAULT, M., *Vigilar y castigar...*, pp. 211-212.

[289] IGNATIEFF, M., *A just measure of pain: the penitentiary in the Industrial revolution (1750-1850)*, New York, 1978; y HIRSCH, ADAM J., *The Rise of the penitentiary. Prisons and punishment in Early America*, Yale University Press, New Haven/Londres, 1992.

[290] TELLKAMPF, J.L., *Reform of punishment and prisons* en *Essays on law reform, commercial policy, Banks, penitenciaries, etc in Grear Britain and the United States of America*, London-Edimburgh, 1859, p. 254.

Philadelphie par un Européen[291] se difundió rápidamente por toda Europa, siendo traducida al español por Ventura de Arquellada a la temprana fecha de 1801[292]. Alexis de Tocqueville y Gustave de Beaumont no tardaron en seguir su estela y marcharon a los Estados Unidos entre abril 1831 y enero 1832 con la misma finalidad[293]. Les siguieron en su peregrinaje otros europeos como Crawford, Demetz, Blouet, Tellkampf o Julius, quizá el mayor compilador de las experiencias nacionales sobre prisiones en el primer tercio del siglo XIX[294]; y desde España se sumaron a esta empresa hombres como Marcial Antonio López[295]o Ramón de la Sagra[296].

No puede dudarse, en consecuencia, que la influencia de los modelos americanos en Europa y en España fue de trascendental importancia, y por ello se tratará a continuación de esbozar sus principales características[297].

a) El modelo de Pensilvania o Filadelfia (sistema celular o "separate system")

Las primeras prisiones o penitenciarías de América tuvieron su origen en las creencias religiosas de la comunidad cuáquera. Cuando dicha comunidad se instaló en Pensilvania, dirigida por William Penn, abolió prácticamente todas las penas corporales propias de la época (muerte, mutilación y azotes), que consideraban propias de pueblos bárbaros, y

---

[291] *Des Prisons de Philadelphie par un Européen*, Moreau de St. Mery, Filadelfia, 1796 (2° ed., H.Hágase, París, 1799).

[292] La célebre obra de La Rochefoucauld Liancourt, *Des prisons de Philadelphie* (1789), fue traducida en nuestro país, gracias al patrocinio de la Real Asociación de Caballeros, por Ventura de ARQUELLADA, *Noticia del estado de la cárcel de Filadelfia*, Madrid, 1801, confundiéndose en un primer momento al traductor con el propio autor.

[293] TOCQUEVILLE, A. de y BEAUMONT, G., *Del sistema penitenciario en Estados Unidos y su aplicación en Francia*, traducc. Juan Manuel Ros y Julián Sauquillo, Tecnos, Madrid, 2005.

[294] JULIUS,N.H., *Leçons sur les prisons présentées en forme de Cours au Public de Berlin, en l'Année 1827, I et II*, traducc. francesa F.G. Levrault, París, Librairie parisienne, Bruselas, 1831.

[295] LÓPEZ, M.A., *Descripción de los más célebres establecimientos penales de Europa y Estados Unidos, seguida de la aplicación práctica de sus principios y régimen interior a las Casas de Corrección, Fuerza y Reconciliación que pudieran plantearse en España*, 2 vols., Valencia, 1832, aunque se duda de que realmente éste viajara a Estados Unidos, según Rafael SALILLAS, *Evolución penitenciaria...*, vol. I, p. 15.

[296] SAGRA, R. de la, *Cinco meses en los Estados Unidos de América del Norte (desde el 20 de abril al 23 de septiembre de 1835)*, París, 1836, recogido en Revista de Estudios Penitenciarios, n° 224-227, enero-diciembre 1979, pp. 209-292.

[297] Véase *Encyclopedia of American prisons*, New York, 1996, TÉLLEZ AGUILERA, A., *Los sistemas penitenciarios y sus prisiones. Derecho y realidad*, Madrid, 1998, o TERCERO ARRIBAS, F., *Sistemas penitenciarios norteamericanos*, en Historia de las prisiones. Teorías economicistas, Madrid, 1997.

estableció en su lugar una nueva pena privativa de libertad que pretendía la corrección del individuo que había faltado a su idea de lo correcto. La primera legislación en este sentido se redactó a la temprana fecha de 1682, aunque posteriormente Penn avanzó en el aislamiento y custodia de los detenidos, su clasificación y el internamiento obligatorio de ociosos y vagabundos, caracterizándose el régimen sancionador de Pensilvania por su gran humanidad. Se pretendía que los infractores reflexionasen sobre su culpa y se arrepintiesen de ella[298].

Tras la muerte del fundador (1718), estas ideas se implementaron en la práctica con la creación de la prisión de Walnut Street (1790), donde se construyeron una treintena de celdas individuales para que, por medio del aislamiento absoluto, los detenidos pudieran practicar la citada meditación sin contacto con la tentación corruptora del mundo exterior; a solas con sus pensamientos. Los presos no trabajaban ni se relacionaban con nadie, no pudiendo comunicarse con sus familiares.

Pronto se acusaron las dificultades de este sistema porque cuando, tras las leyes de 5 de abril de 1790 y 22 de marzo de 1794, los jueces de Pensilvania comenzaron a enviar a la prisión del Walnut a todos los presos que antes estaban en las cárceles particulares de los condados, se produjo una importante masificación que impidió el uso individual de las celdas. Entonces éste se reservó sólo para determinados delincuentes (los que hubieran sido condenados a muerte con anterioridad), agrupándose a los demás de forma desordenada en el resto de las celdas[299].

A pesar de ello, el Estado de Nueva York se mostró deseoso de secundar el nuevo proyecto y creó, en 1797, la prisión de New Gate o "city prison" a imagen y semejanza de la de Walnut Street. Otros tempranos seguidores del sistema celular pensilvano fueron Maryland, Massachusetts, Maine, Nueva Jersey o Virginia, y en Europa, ya a comienzos del siglo XIX, también surgieron de conformidad con este sistema la prisión de Belfaast en Irlanda; las de Glasgow y Paisley en Escocia; las de Liverpool, Wakefield, Pentonville, Parkhurst o Millbank (primera prisión nacional creada en 1816) en Inglaterra; o la de La Roquette y La Nouvelle Force en Francia.

En ninguna de ellas se obtuvo, sin embargo, el resultado deseado (la reforma de los delincuentes), y empezaron a surgir las primeras voces críticas contra el sistema porque resultaba claramente ineficaz, muy caro para el erario público y, además, perjudicial para la salud física y mental de los detenidos. Los debates sobre si el alma era reformable, o sobre si

[298] CADALSO, F., *Instituciones penitenciarias en Estados Unidos*, Madrid, 1914, y TERCERO ARRIBAS, F., *Sistemas penitenciarios norteamericanos...*, pp. 149-157.

[299] TOCQUEVILLE, A. de y BEAUMONT, G., *Del sistema penitenciario en Estados Unidos...*, pp. 107-109.

el aislamiento celular conducía al suicidio o a la locura, se arreciaron en este momento desde la jurisprudencia, la política y la medicina en toda Europa, desde la que se miraba con interés la experiencia penitenciaria americana[300]; y también en América, donde la cuestión no sólo fue discutida, sino también afrontada desde la práctica, dotándose de mayores recursos económicos y renovados esfuerzos para encontrar una solución.

En Pensilvania, dichos esfuerzos trataron de fortalecer su propio sistema, y se decretó la construcción de dos nuevas Penitenciarías, la de Pittsburg para los condados del oeste (1817), y la de Cherry Hill (1821) para la ciudad de Filadelfia y los condados del este. Ambas se construyeron conforme al régimen celular, pero con nuevos criterios que trataban de mejorar la de Walnut, abandonándose la idea de la clasificación de los penados y aumentándose el número de celdas para que, efectivamente, cada delincuente pudiera disponer de la suya propia para practicar el aislamiento absoluto diurno y nocturno.

Pero frente a este método, en Nueva York comenzó a ensayarse uno nuevo con la intención de mejorar o superar el sistema de Filadelfia: el de la prisión de Auburn, que comenzó a edificarse en 1816 según el modelo radical propio del sistema celular, y luego cambió hacia un nuevo modelo arquitectónico de caja, para procurar una zona comunitaria en la que los presos, aislados de noche, pudieran trabajar de día[301]. En opinión de Melossi y Pavarini, los criterios económicos fueron determinantes en este nuevo proyecto, que se fue improvisando o desarrollando a partir de la práctica y de forma paulatina, y con el que se pretendía solucionar la improductividad y alto coste del sistema celular, buscándose fundamentalmente la eficiencia económica y la rentabilidad del sistema[302].

b) *El modelo de Auburn (sistema mixto o del silencio; "silent system")*

La prisión de Auburn comenzó a construirse en 1816 con celdas previstas para dos condenados. *"De todas las combinaciones, ésta resultaba*

---

[300] Por ejemplo, BUXTON, T. F.l, *An inquiry whether crime and misery are produced or prevented, by our present system of prison discipline*, London, 1818; y de forma más generica sobre la cuestión O'BRIEN, P., *Prison reform in France and other European countries in the nineteenth century*, en FINZSCH, N., y JÜTTE, R., *Institutions of confinement...*, pp. 297-298.

[301] Sobre ambos sistemas en su origen y evolución, ROTHMAN, DAVID J., *Perfecting the prison. United States 1789-1865*, en MORRIS, N. y ROTHMAN, DAVID J. (eds.), *The Oxford history of the prison: the practice of punishment in western society*, New York/Oxford University Press, 1995; y KANN, M.E., *Punishment, prisons, and patriarchy liberty and power in the early American republic*, New York, 2005.

[302] MELOSSI, D., y PAVARINI, M., *Cárcel y fábrica...*, pp. 135-154.

la más desafortunada, pues era preferible apiñar a cincuenta criminales en un mismo departamento que poner a dos juntos"[303]. Y, por ello, en 1819 se ordenó ampliar el edificio con un mayor número celdas individuales, en las que en principio se encerraron a ochenta criminales en régimen de aislamiento absoluto. El experimento resultó nefasto (cinco de ellos murieron en sólo un año, uno se volvió loco, el resto desesperados hasta el punto de abandonarse a la muerte y, junto al deterioro moral, su deterioro físico resultó impactante), y el gobernador del Estado de Nueva York decidió abandonar definitivamente el sistema de aislamiento en 1823, permitiendo a partir de entonces que los condenados, aislados en sus celdas por la noche, trabajaran durante el día en talleres comunes, aunque en silencio absoluto.

La planta del edificio se adecuó a este nuevo régimen "mixto", que se sustentaba en las siguientes bases: soledad absoluta durante la noche, trabajo común diario aunque sin comunicaciones personales, servicio de comida en la misma mesa pero velando porque no haya comunicación; instrucción religiosa y escuela también sin comunicación; ración abundante y cama cómoda en celda pequeña, pero bien aireada y climatizada; permiso de visitas aunque sin hablar con los condenados; pequeña gratificación económica por el trabajo realizado; y vigilancia escrupulosa.

Un año después de comenzar a practicarse, en 1824, la comisión encargada de inspeccionar el experimento de la prisión de Auburn ya hacía un informe muy favorable. Y, ante la falta de espacio en Auburn, el antiguo capitán de la armada que había sido director de la prisión con este nuevo sistema, Elam Lynds (a quien la historiografía ha querido señalar como su principal ideólogo y fundador), dirigió la construcción de una nueva prisión a orillas del río Hudson, la penitenciaria de Sing Sing (que comenzó a construirse en 1824 y se terminó en 1827), con planos idénticos a los de Auburn[304].

Desde 1825, surgieron otros proyectos penitenciarios según el modelo mixto: la "House of refuge for Children" de Nueva York, la prisión de Wethersfield, que vino a sustituir a la antigua prisión de New Gate, el de la penitenciaria de Connecticut, o el establecimiento de acogida de jóvenes de Boston; y se suscitó una importante polémica sobre la cuestión, avivada con distintos informes de los estados norteamericanos, y con el enfrentamiento entre la Sociedad Bostoniana, defensora de nuevo sistema, y la Sociedad de Filadelfia.

303 TOCQUEVILLE, A. de y BEAUMONT, G., *Del sistema penitenciario en Estados Unidos...*, p. 111.

304 WINES, E.C., *The State of Prisons and of Child-Saving*, Cambridge University Press, Cambridge, 1880, pp. 119.

En Europa seguía prefiriéndose todavía el sistema celular, desconociéndose prácticamente el de Auburn. Pero la polémica americana llegaría al continente con la memoria realizada por Livingston para Luisiana en 1833, en la que proponía suavizar el aislamiento del sistema celular en atención a las nuevas experiencias. Edward Livingston era el principal especialista en los sistemas penitenciarios de Estados Unidos, y al menos desde 1828 estuvo en contacto con el francés Charles Lucas, con quien se carteaba, difundiéndose sus ideas en Europa[305]. Prefería las experiencias celulares de Filadelfia o Pittsburg, pero creía que el aislamiento debía aminorarse para no acabar en la desesperación en vez de regeneración moral del reo.

Los defectos señalados en el sistema de Auburn, eran fundamentalmente la crueldad de los castigos que se aplicaban sobre los reos para mantener el silencio y la disciplina, y el hecho de que el criterio económico se hubiera impuesto a la reforma moral *("there was too little time for moral reformation, and too absorbing a desire of gain")*[306]. Por eso, en Europa apenas tuvo presencia (al margen de algunas experiencias como las de la prisión de Hull en Manchester, o los barcos de convictos Justitia y Warrior en el Thames), y se siguió prefiriendo el régimen de aislamiento, o bien un nuevo sistema "progresivo" que se impuso en España con Montesinos a partir de 1835, y a partir de la década de los cuarenta en Australia con el capitán Maconochie, en Baviera con Von Obermaier o en Irlanda con Crofton[307].

España, en consecuencia, no sólo se sumó más tarde a la experiencia penitenciaria (por sus particulares circunstancias históricas a comienzos del siglo XIX), sino que depuró en mayor medida la primera influencia americana. La recibió, tradujo y difundió, tomando de ella algunos elementos, como la clasificación de penados o el trabajo de Auburn, aunque nunca el aislamiento o sistema celular en los presidios (sólo en cárceles). La mayor preocupación correccionalista española la separó, sin embargo, de las experiencias americanas más severas. Cadalso lo resume así: *"Ni el régimen de Pensilvania ni el de Auburn daban satisfacción cumplida a las tendencias humanitaristas, correccionales, reformadoras de la escuela, en sentir de varios é ilustres psicólogos. Y la activa y práctica Inglaterra, recogiendo lo bueno de las doctrinas y desechando lo opuesto á los fines que se perseguían, ensaya un nuevo procedimiento y crea el sistema progresivo.*

---

[305] Su memoria de 1822 se traduce en 1872 al francés: *Exposé d'un Système de Legislation criminelle pour l'État de la Lousiane et pour les États-Unis d'Amerique*, 2 vols., Guillaumin et Cie., París, 1872.

[306] TELLKAMPF, J.L., *Reform of punishment and prisons...*, pp. 256-263.

[307] TELLEZ AGUILERA, A., *Los sistemas penitenciarios y sus prisiones...*, o CEREZO DOMINGUEZ, A.I., *Origen y evolución histórica de la prisión*, capítulo 1 de la obra colectiva CEREZO DOMINGUEZ, A.I, y GARCÍA ESPAÑA, E. (coords.), *La Prisión en España. Una perspectiva criminológica*, Granada, 2007, pp. 1-22.

Compréndese en él la reforma de Maconochie, la servidumbre penal inglesa y el régimen irlandés de Crofton, que viene á ser la reunión ó suma desenvuelta y perfeccionada de los principios y proceder de las dos instituciones precedentes"[308]. Lo veremos más adelante.

[308] CADALSO, F., *Instituciones penitenciarias...*, p. 193.

CAPÍTULO 3.
LA ESCUELA CLÁSICA EN ESPAÑA Y LAS PRIMERAS REFORMAS PENITENCIARIAS

"Nada interesa más a una nación, que el tener buenas leyes criminales, porque de ellas depende su libertad civil y en gran parte la buena constitución y seguridad del Estado. Pero acaso no hay una empresa tan difícil como llevar á su entera perfección la legislación criminal"

LARDIZÁBAL, M. de, *Discurso sobre las penas*, Madrid, 1782, Prólogo.

1. LA RECEPCIÓN DE LAS PRIMERAS IDEAS

Por Escuela Clásica se entiende, en la ciencia jurídico-penal, la derivada del pensamiento de Beccaria; y en España, como se ha dicho, tuvo importantes antecedentes desde finales del siglo XVIII[309], a pesar de que el Estado liberal de Derecho no se impusiera definitivamente hasta la muerte de Fernando VII en 1833.

Un nuevo concepto de humanidad, así como el discurso paternalista y utilitarista de la Ilustración, habían determinado ya una primigenia transformación que vino impulsada por la propia Monarquía. En España, fue sobre todo en el reinado de Carlos III en el que se vivió "una década crucial" para el desarrollo de la ciencia penal[310], con el fomento de premios y concursos, la promoción de Asociaciones de caridad, y reformas concretas como la acometida por la famosa pragmática de 1771, o la creación de los nuevos *"presidios correccionales"* y *"hospicios"*.

Además, en referencia a los problemas más perentorios que entonces señalaba la doctrina contemporánea, como el castigo del hurto en la Corte, la proporcionalidad de las penas, o las cuestiones de la pena de muerte, el tormento y las cárceles o presidios del reino, este mismo monarca ordenó al Consejo de Castilla, a través del ministro Manuel de Roda, la realización de un estudio que finalmente fue encargado al que sería el más insigne penalista de la época, Manuel de Lardizábal.

---

[309] Véase ALEJANDRE GARCÍA, J.A., *La crítica de los ilustrados a la Administración de Justicia del Antiguo Régimen*, en Anuario Jurídico y Económico Escurialense, Madrid, 1993, pp. 425-451.

[310] CORONAS GONZÁLEZ, S., *La literatura jurídica española del siglo XVIII...*, p. 164.

Coincido con Antón Oneca en que fue en este oficio, del año 1776, donde "resplandeció más claramente el afán reformista" de la época[311]; y según nos informa Sempere y Guarinos, el mismo había de pronunciarse sobre *"la práctica que se observa en la Sala respecto a los hurtos que se comenten con cualidad, o sin ella; (...) las penas proporcionadas, y correspondientes a semejantes delitos; (...) si la pena capital, que se va ya desterrando en algunos países cultos, se pudiera conmutar en otro castigo de duración; (...) sobre el uso de la cuestión del tormento, que no se ha admitido en muchas naciones bien gobernadas; (...) sobre conmutar la pena de presidio en otros destinos más convenientes (...); y últimamente habérsele consultado también sobre la formación de un Código Criminal, en que se recopilen todas las leyes penales, omitiendo las que no están en uso, evitando la perplejidad que las mismas leyes producen por su contrariedad, obscuridad, o variación de costumbres, según la diferencia de tiempos"*[312].

La necesidad de *"formar un Código Criminal"* era muy sentida en la época. Políticos y pensadores de gran influencia, como Mora y Jaraba, Forner, Meléndez Valdés, Clavijo y Fajardo, Juan Francisco de Castro, Cabarrús, Martínez Marina[313], o los propios ministros Campomanes, Floridablanca o Manuel de Roda, reconocía que ya había llegado el tiempo de superar los antiguos estudios del *Ius Commune* en las Universidades, y vincular el progreso del Estado al estudio y creación de un nuevo derecho patrio, más apegado a la realidad de su tiempo.

> *La legislación criminal, "si menos imperfecta que en otras naciones", no permanecía ajena a este problema: "O reconozcamos más bien, confesémoslo sin rubor, que en la parte criminal nos falta, como a las más de las naciones, por no decir a todas, a pesar de sus luces y decantada filosofía, un código verdaderamente español y patriota, acomodado en todo a nuestro genio, a nuestro suelo, a la religión, a los usos, a la cultura y civilización en que nos vemos"*[314].

En este clima favorable a la reforma de la legislación penal, de ecos europeos, al menos desde 1770 circuló por la Corte española la idea de

[311] ANTÓN ONECA, J., *El derecho penal de la Ilustración y Don Manuel de Lardizábal*, en Revista de estudios penitenciarios, 174 (1966), p. 601.

[312] SEMPERE y GUARINOS, J., *Ensayo de una biblioteca española...*, tomo III, bajo la voz Lardizábal.

[313] Véase, por ejemplo, CLAVIJO y FAJARDO, J., *Sobre la necesidad de formar un cuerpo de Leyes completo en el idioma patrio y corriente*, en El Pensador, II, 1762, pp. 61-92, CASTRO, J.F. de, *Discursos críticos sobre las leyes y sus intérpretes*, Madrid, 1765-1770; o MELÉNDEZ VALDÉS, J., *Discursos forenses*, en Obras Completas III, Biblioteca Castro, Madrid, 1997, p. 251.

[314] MELÉNDEZ VALDÉS, J., *Discursos forenses...*, p. 262.

crear un primer Código Criminal[315], y finalmente el ministro La Roda, "uno de los reformistas más avanzados del reinado"[316], encargaba al Consejo de Castilla la realización de éste en el citado oficio de 1776, utilizando sin duda la palabra "código" en un sentido mucho más amplio del que luego le confirió el pensamiento liberal[317]. Se pretendía partir de las leyes existentes, rechazando las que hubieran caído en desuso o fueran obsoletas en su tiempo, evitando las contradicciones, e introduciendo reformas parciales en los temas que estaban de actualidad en toda Europa. Todo ello diez años antes de la Ordenanza sobre asuntos criminales sancionada por Leopoldo de Toscaza, y anticipándonos también doce años al Código de José I de Austria. Lo que ya es mucho decir de la iniciativa española en estos asuntos, y justifica en cierta medida el entusiasmo mostrado por Sempere en su obra, aunque a la postre el proyecto quedara frustrado y volviera a situarnos en el vagón de cola en la evolución de la ciencia jurídico-penal europea.

El proyecto se encargó a Manuel de Lardizábal, a quien ya se le hubo comisionado tiempo atrás con el también muy deseado y malogrado *Suplemento* a la Nueva Recopilación[318]. Lardizábal era uno de los juristas más autorizados de la época, tanto por su dilatada carrera profesional, como por sus contrastadas ideas reformistas de corte ilustrado. Realizó la labor en colaboración con una Junta nombrada al efecto, y finalmente presentó los resultados ante al Consejo en el año 1789. El proyecto se envió a la Sala de Alcaldes para su revisión, pero nunca llegó a recibir sanción oficial. Probablemente porque no resultó ser la obra que se esperaba, un código completo que alejara al país de la tediosa tradición de las recopilaciones, y, sin suficiente luz propia, "se perdió en el laberinto burocrático"[319]. Y también por los recelos que se tenían ante el tono revolucionario que estaban adquiriendo en la vecina Francia las ideas penales de Montesquieu, Voltaire y Beccaria, en las que sin duda se inspiraba Lardizábal.

---

[315] Al parecer ya Ensenada acarició la idea de formar un *Código Ferdinando o Fernandino*, y por Real Disposición, a consulta del Consejo de 25 de septiembre de 1770, se le encargó al Tribunal Supremo tratase y consultase sobre los medios de hacer una reforma de la jurisprudencia criminal. Véase GUTIÉRREZ FERNÁNDEZ, B., *Examen histórico del Derecho penal...*, p. 428, y SALILLAS, R., *Evolución penitenciaria de España*, 2 vols, edic. facsimilar de la de Madrid, 1819, en Pamplona, 1999, vol.1, p. 93.

[316] Son también palabras textuales de ANTÓN ONECA, J., *El derecho penal de la Ilustración...*, p. 602.

[317] La idea de Código que entonces se manejaba ha sido estudiada por CLAVERO, B., *La idea de Código en la Ilustración jurídica*, en HID, 6 (1979), pp. 49-88.

[318] Sobre el *Suplemento* a la Nueva Recopilación encargado a Lardizábal en 1745, véase BERMEJO CABRERO, J.L., *El proyectado Suplemento a la Nueva Recopilación*, en AHDE, 50 (1980), pp. 303-325.

[319] ANTÓN ONECA, J., *El derecho penal de la Ilustración...*, p. 603.

De nada sirvieron las instancias de Lardizábal ni del mismísimo Floridablanca ante el inmovilismo del Consejo de Castilla y su Sala de Alcaldes. Poco antes, ambas instituciones habían fomentado la idea iusnaturalista que consideraba el derecho un mero fenómeno social adaptable a las exigencias de los tiempos, y habían apostado por apartarse de la oscuridad del Teologismo y el Derecho Romano en la justicia penal, en pro del desarrollo de un nuevo derecho regio. Pero estas modificaciones, sin duda tomadas del pensamiento racionalista europeo, sólo eran bienvenidas si eran impuestas "desde arriba", interpretando el contrato social como ineludible precedente a la constitución de una monarquía soberanista capaz de dirigir al pueblo unido en Naturaleza. Si el impulso ilustrado había encontrado eco en las principales instituciones de la monarquía en la segunda mitad del siglo XVIII, era por su afán de "reformar legislando" desde los incólumes resortes centrales del poder. Pero ahora, a puertas del XIX, la amenaza revolucionaria ensombrecía todos los esfuerzos realizados[320].

El reformismo de personajes tan principales como Roda, Campomanes o Floridablanca en el reinado de Carlos III, tuvo que atemperarse necesariamente por el miedo a la revolución. La proclamación de las nuevas ideas penales como principios programáticos del nuevo pensamiento liberal, defensor de un nuevo régimen frente al Despotismo, las apartó del discurso ilustrado, en el que sólo tenían acomodo desde el humanismo, en el que nacieron, pero no desde el humanitarismo, con el que posteriormente se vincularon. El individualismo y el garantismo que impregnaban la nueva ciencia jurídico penal, además de su decidido entronque filosófico con la teoría más pura del contrato social, hacían peligrar los fundamentos del Estado absolutista. Y, ante los acontecimientos que se estaban produciendo en Francia, el Real Consejo de Castilla se apresuraba a recordar en 1789 que España tenía las leyes penales más benignas de Europa, y ponía freno definitivamente a la reforma que venía abanderando en este campo, postergando el trabajo de Lardizábal.

El miedo al nuevo orden jurídico-político del liberalismo, detractor de la Religión y el Absolutismo monárquico sobre los que se sustentaba el Antiguo Régimen, no sólo dio al traste con el proyecto reformista de Carlos III en el ámbito penal, sino que también puso freno al desarrollo de las ideas humanitarias de los penalistas españoles, y, por ende, a la recepción de las nuevas ideas penales europeas, representadas principalmente por la obra de Beccaria.

Los penalistas españoles, que fundamentalmente desde el humanismo cristiano e iluminista, habían comenzado a anticipar ideas de clemencia en el trato al delincuente, oponiéndose incluso a la pena de muerte antes

[320] TOMÁS y VALIENTE, F. *El derecho penal...*, pp. 104-105.

de que se publicara la obra de Beccaria, como es el caso de Fray Martín de Sarmiento[321], dejaron de ser escuchados por las autoridades. Se acabó dar pábulo a obras como las de Feijoo, el propio Sarmiento, Meléndez Valdés, Cabarrús, Forner, Foronda o Jovellanos, que vivieron sus tiempos más difíciles en el posterior régimen reaccionario e implacable de Carlos IV[322].

Por su parte, las obras de Montesquieu, Rousseau o Voltaire, no pudieron ser publicadas en España hasta fecha muy tardía, siendo perseguidas por la Inquisición por sus ideas heréticas y ostensiblemente peligrosas contra la Religión y el Estado. A pesar de ello, circulaban por los ambientes intelectuales españoles en sus originales francés o italiano, e influyeron decisivamente en un primer momento del pensamiento ilustrado.

En 1770 se publicaba en Madrid la ya comentada obra de Alfonso María de Acevedo, *De reorum absolutione*[323], que aunque en general mantenía los principios doctrinales de la ciencia jurídica tradicional, en la cuestión de la tortura se dejaba influir por el pensamiento de Beccaria, afirmando que *"cualquier especie de tortura se opone a los principales derechos de la naturaleza y a los solemnes pactos de las sociedades"*. Contra ella se alzaron las voces de los juristas más conservadores, y especialmente la del sevillano Pedro de Castro, que refutó sus teorías en el también citado opúsculo *Lo que va de Alfonso a Alfonso*, dando lugar a una polémica sobre la materia en el pensamiento ilustrado de enorme calado y prontos resultados.

Las ideas de Beccaria también inspiraron a Jovellanos su drama *El delincuente honrado* (1773), en el que censuraba la dureza de las leyes penales que castigaban con la pena de muerte tanto al que desafiaba como al desafiado en un duelo[324]. Y, por este tiempo, el afán reformista de personajes como Campomanes o el ministro Roda, todavía no empañado por la

---

[321] La doctrina penal española ha considerado unánimemente al Padre Sarmiento precursor de Beccaria en la particular campaña de nuestro país contra la pena de muerte. Ciertamente sus escritos en este sentido fueron, por pocos años, previos a la obra de Beccaria. Pero también es justo reconocer que partían de presupuestos ideológicos completamente distintos. Sobre la obra de este autor, pueden consultarse LÓPEZ PELÁEZ, P., *El gran gallego Fray Martínez* Sarmiento, Coruña, 1895, y *Los escritos del P. Sarmiento y el siglo de Feijóo*, Coruña, 1901. También GONZÁLEZ GUITIAN, L., ¿Un predecesor de Beccaria?, en Estudios Penales y Criminológicos, Santiago de Compostela, vol. XI, 1986-1987, pp. 63-100.

[322] ÁLVAREZ CORA, E., *El derecho penal ilustrado bajo la censura del Santo Oficio*, en Revista de la Inquisición, Segunda época, 11 (2005), pp. 91-105.

[323] ACEVEDO, A.M. de, *De reorum absolutione*, Madrid, 1770, traducida al castellano como *Ensayo acerca de la tortura o cuestión del tormento*, Madrid, 1817.

[324] JOVELLANOS, G. M. de, *El delincuente honrado*, en Obras Completas, tomo I, pp. 467-565. Sobre las repercusiones de la misma, véase SEMPERE y GUARINOS, J., *Ensayo de una biblioteca española...*, tomo III, bajo la voz Jovellanos.

revolución, impulsaron el trabajo de Lardizábal y permitieron, incluso, la traducción de la obra de Beccaria diez años después de su publicación[325].

La obtención de la licencia de impresión para la traducción castellana de *Dei delitti e delle pene*, realizada por Juan Antonio de las Casas, encontró en un primer momento importantes trabas, pero finalmente salió adelante con el apoyo de Campomanes. En el informe final de la Real Academia de la Historia se dudaba abiertamente sobre los inconvenientes que podrían derivarse de su divulgación, y en todo caso se recomendaba que la traducción española se publicase *"con un prólogo de el traductor en que advierta que éste es un discurso de un philósopho que hace sus especulaciones, según las ideas que inspira la humanidad sin ofender el respeto a las leyes que han sido precisas para contener la perversidad de los hombres que no obran, ni piensan según aquellos principios"*[326].

Siguiendo tales recomendaciones, cuando finalmente el Consejo de Castilla dio su autorización para la impresión del libro, ordenó que se incluyera una Nota aclaratoria de que la publicación se realizaba *"sólo para la instrucción pública, sin perjuicio de las Leyes del Reyno"*. Junto a ella, el propio traductor escribiría un extenso Prólogo en el que presentaba el pensamiento de Beccaria de la forma más atemperada posible, y una Protesta inicial en la que expresaba que *"si el todo, o alguna parte de la doctrina contenida en el Tratado presente, que habemos traducido, no fuese conforme al sentir de nuestra Santa Madre la Iglesia y a las supremas Regalías de S.M. desde luego, con toda sumisión y respeto, como debemos, lo detestamos; creyendo sólo lo que nos enseñaren y sometiendo nuestro juicio al de nuestros Maestros y Superiores"*.

Finalmente, el libro salió a la luz en medio de un tenso ambiente que enfrentaba a los partidarios del reformismo gubernamental con un nutrido grupo de opositores. Las reacciones de condena no se hicieron esperar, y al año siguiente encontraron su principal medio de expresión en la obra del monje jerónimo fray Fernando de Cevallos, en la que criticaba duramente las principales ideas de Beccaria acerca del contrato social, los fundamentos del derecho a castigar, la pena de muerte y la tortura[327]. De las acusaciones de sedicioso y libertino que vertía contra el autor del

---

325 Sobre la recepción de la obra de Beccaria en España, véase CALABRO, G., *Beccarie e la Spanga*, en Tai del Convengo internacionales su Beccaria, Torino, 1966, pp. 103 y ss., y el estudio de DELVAL, J.A., *Beccaria en España*, en la traducción de *De los delitos y de las penas*, Alianza Editorial, Madrid, 1995, pp. 161-176.

326 Documentación conservada en el AHN, sección Estado, Consejo de Castilla, Impresiones, leg.5543, n.1, y publicada originariamente por G. CALABRÓ, *Beccaria e la Spagna*, en Tai del Convengo Internazionale su C.Beccaria, Torino, 1966, p. 103.

327 CEVALLOS, J. de, *La falsa filosofía, o el ateísmo, deísmo, materialismo y demás nuevas sectas convencidas de crimen de Estado contra los soberanos y sus regalías, contra los magistrados y potestades legítimas*, Madrid, 6 tomos, 1775-1776.

libro sólo se salvaba al traductor, pues en opinión de Cevallos su fin era la felicidad común y *"en su Protesta muestra amor a la religión y a la regalía"*. Pero a pesar de ello, Juan Antonio de las Casas quedó muy contrariado con el ataque de su obra, y alimentó la polémica contestando a Cevallos con una *Carta satisfactoria* para la que volvió a obtener licencia de impresión de la Academia de la Historia.

Nada se pudo hacer, sin embargo, contra el peso de la maquinaria inquisitorial que se había puesto en marcha tras la publicación de *De los delitos y de las penas*. Cuando Manuel de Roda recibió en febrero de 1777 su nuevo borrador del Índice de libros prohibidos en el que se incluía la obra de Beccaria, trató de que se excluyera del mismo proponiendo al inquisidor una edición expurgada de la misma. Pero al Inquisidor general rechazó la oferta y por edicto de 20 de junio de 1777 el libro quedaba finalmente prohibido hasta la supresión de la Inquisición en 1813[328].

La Inquisición se incautó de tantos ejemplares como pudo, pero la obra seguía circulando libremente con la licencia del Consejo Real. Además, en esta década crucial, y antes de la paralización que supuso la Revolución francesa, todavía se publicaron las cartas de Valentín de Foronda instando a la reforma del procedimiento penal sobre la base de las garantías existentes en el derecho inglés[329], y sería traducida por Jaime Rubio *La ciencia de la legislación* de Gaetano Filangieri (1787-1789).

La obra de Filangieri no sólo reprodujo los principios ya enunciados por Beccaria para la reforma del derecho penal, sino que abundó específicamente en la problemática de las cárceles, haciéndose eco de las mismas denuncias que ya aireara John Howard desde Inglaterra, y planteó incluso, mucho más allá del pensamiento de Beccaria, una nueva penalidad presidida por las penas privativas de libertad, siguiéndose en cierta medida las ideas de Bentham. Sin embargo, esta primera edición española de la obra de Filangieri, que apareció mutilada, no caló todavía en doctrina española, siendo sin duda más determinante la segunda y la tercera edición que se harían de la misma, como veremos más adelante[330].

---

[328] TORIO, A., *Beccaria y la Inquisición española*, en Anuario de Derecho Penal, 1971, p. 391.

[329] FORONDA, V. de, *Cartas sobre los asuntos más exquisitos de la Economía-política, y sobre las leyes criminales*, 2 tomos, Madrid, 1789 y 1794. Sobre sus teorías resultan esclarecedores los artículos de RIVACOBA, M. de, *Un discípulo español de Beccaria, desconocido en España*, en la Revista de Derecho Penal y Criminología, Madrid, núm.6 (1996), pp. 953-1068, y Últimos escritos penales de Foronda, en Homenaje al Dr. Marino Barbero Santos *in memoriam*, Cuenca, 2001, pp. 569-577.

[330] FILANGIERI, C., *Ciencia de la legislación, traducida al castellano por don Jayme Rubio*, Madrid, 1787-1789. Sobre esta primera recepción filangierista en España, LALINDE ABADÍA, J., *El eco de Filangieri en España*, en el AHDE, 54 (1984), pp. 478-480, donde afirma que, para poder ser traducida la obra, se omitían textos y criticaban algunas insti-

En esta época, Manuel de Lardizábal y Uribe concluía asimismo su proyecto de concordancias y actualizaciones para la reforma de la legislación criminal. Como sabemos, este trabajo nunca llegó a recibir sanción oficial, pero de él se derivó una de las obras más importantes para el posterior desarrollo de la ciencia jurídico-penal española, optando el autor por su publicación independiente en 1782.

El *Discurso sobre las penas contrahido a las leyes criminales de España para facilitar su reforma*[331], reproducía muchas de las ideas ilustradas matizando el pensamiento de Beccaria, y mantuvo la fama de Manuel de Lardizábal aún después de que éste cayera en desgracia durante el reinado de Carlos IV. Se convertiría así en la obra de referencia sobre la reforma penal española para los tiempos venideros. Era el espejo en el que se reflejaban los anhelos y deseos de los reformistas españoles, y al mismo tiempo el discurso peligroso e irreverente que los más conservadores querían erradicar[332].

También es bastante probable que el trabajo de concordancias de Lardizábal se utilizase posteriormente por Juan de la Reguera Valdelomar para la redacción de la Novísima Recopilación de 1805. En 1787, durante el reinado de Carlos IV, hubo un último intento de realizar una suerte de Código criminal ilustrado, más acorde con la realidad de los tiempos, pero dejando a un lado las influencias más subversivas de la nueva ciencia jurídico criminal fraguada en Europa. En opinión de Tomás y Valiente, lo cierto es que el plan se asemejó más a una antigua recopilación que a un proyecto codificador[333], y recibió el encargo de hacerlo un jurista notablemente afecto a la monarquía de Carlos IV, Antonio Viegas.

Antonio Viegas presentó el proyecto de Código penal a Godoy en 1797, *"para regenerar"* nuestra legislación en asuntos tan importantes de gobierno. Pretendía ser original en cuanto al tratamiento de los delitos y las penas, mostrándose ilustrado pero no liberal. Pero eso no era fácil, habida cuenta de la confusa amalgama en la que se estaba cimentando la nueva ciencia jurídico-penal, y su trabajo resultó finalmente infundado y equívoco. Para dejar bien clara su adscripción política absolutista, Viegas comenzaba afirmando que Filangieri se equivocaba al exponer

tuciones del traducido, calificando a Carlos III de *"nuestro benéfico soberano"* y su *"sabio ministerio"*, refiriéndose al de Lardizábal.

[331] LARDIZÁBAL y URIBE, M. de, *Discurso sobre las penas...*, pp. 43-48.

[332] El menor elogio que se ha hecho de Lardizábal es que fue el *"Beccaria español"*, aunque hay autores para quienes sus méritos fueron muy superiones. Como RIVACOBA, M., *Lardizábal...*, pp. 50 y ss.

[333] TOMÁS y VALIENTE, F., *Manual de Historia del Derecho español*, Madrid, 1979, pp. 396-397. También en este sentido, CASABO RUIZ, J.R., *Los orígenes de la codificación penal en España: el plan de código criminal de 1787*, en el ADP, 22 (1969), pp. 313-342.

los principios o basamento de la potestad penal, al igual que su maestro Beccaria, con la diferencia de que ésta admitió *"principios más absurdos, más erróneos y más peligrosos"*.

Sin embargo, él no proponía un sistema coherente que supliera al de aquellos. Se limitó a afirmar que *"las penas no pertenecen a la venganza, sino a la defensa"*, y presentó un Código que seguía las consignas ya iniciadas por el derecho penal borbónico, el cual venía apostando desde hacía tiempo por el fomento de las penas utilitaristas, como el trabajo en los presidios, minas o arsenales, y la erradicación de vagos y ociosos. El proyecto no aportaba sino confusión al derecho penal y, evidentemente, recibió un informe negativo del Consejo[334].

Frustrado este nuevo intento, ya a principios del siglo XIX, Juan de la Reguera Valdelomar se basaba en el antiguo *Suplemento* a la Nueva Recopilación encargado a Lardizábal, y quizá también en su trabajo de concordancias de leyes penales, para realizar, utilizando todavía la obsoleta técnicas de las recopilaciones, la Novísima Recopilación promulgada por Carlos IV en 1805. Decadente y criticada por muchos[335] (*"vasta mole levantada de escombros y ruinas, edificio monstruoso, compuesto de partes heterogéneas y órdenes inconciliables"*[336]), este fue el resultado al que finalmente se llegó al comenzar un nuevo siglo: el inmovilismo, también en el ámbito del derecho penal.

No obstante, hubo avances que ya fueron definitivos, si no en la ley, sí en el pensamiento penal español. El principal de ellos estuvo representado por el famoso *Discurso sobre las penas* de Lardizábal (1782), que alimentó desde su publicación el intelecto de numerosos juristas, e influyó poderosamente en los cambios que estaban por venir en el siglo XIX. Siguiendo principalmente a este autor, aunque sin desdeñar otras influencias, cabe destacar también la temprana labor de los penalistas José Marcos Gutiérrez, en su obra *Práctica Criminal de España* (1804), o Senén Vilanova Mañés, en su obra *Materia criminal forense* (1807)[337].

[334] Véase también BERMEJO CABRERO, J.L., *Acotaciones a la última fase del proceso recopilador*, en el AHDE, 57 (1987), pp. 217-220.

[335] Recogiendo las críticas a la Novísima Recopilación desde Marina hasta Pacheco, pasando por juristas como Manuel Ortíz de Zúñiga, véase GUTIÉRREZ FERNÁNDEZ, B., *Examen histórico del Derecho penal...* pp. 241-242.

[336] Aunque la censuraron muchos otros, es fundamental en esta cuestión la obra de MARTÍNEZ MARINA, F., *Juicio crítico de la Novísima Recopilación*, Madrid, 1820. Sobre el estado de la cuestión, véase CLAVERO, B., *La disputa del método en las postrimerías de una sociedad: 1789-1808*, en el Anuario de Historia del Derecho Español, 48 (1978), pp. 307-334.

[337] VILANOVA y MAÑÉS, S., *Materia criminal forense* o *Tratado universal teórico-práctico de los delitos y delincuentes en género y especie*, 4 vols., Imprenta de Tunés Albán, Madrid, 1807.

Pero Lardizábal y Gutiérrez no sólo introdujeron los postulados de la Escuela Clásica en nuestro país, sino que abundaron en aspectos sobre la corrección o el trato al delincuente en las cárceles o presidios que son de particular interés en este estudio. El tema penitenciario, que ocupaba un lugar meramente secundario en la teoría penal de los filósofos franceses, pero era en la práctica una de las preocupaciones principales de la sociedad de la época, fue una de las grandes aportaciones de los penalistas españoles a la doctrina del liberalismo. Tanto Manuel de Lardizábal como José Marcos Gutiérrez se ocuparon ampliamente del él, aunando en este punto lo aprendido del liberalismo y humanitarismo francés, con lo traído fundamentalmente del humanismo (Howard) y el utilitarismo inglés (Bentham).

2. EL *DISCURSO SOBRE LAS PENAS* DE LARDIZÁBAL

Son reconocidas las influencias de Montesquieu y Beccaria, así como de otros autores como Puffendorf, Rousseau, e incluso Brissot de Warville (a pesar de la reciente publicación de su obra *Théorie des lois criminelles* en 1781), en el *Discurso sobre las penas* de Lardizábal (1782). El autor era un buen conocedor de la doctrina de su tiempo, y trató de realizar un escrito propedéutico, presentando de forma ordenada para la reforma de la legislación penal española las principales ideas jurídicas de los penalistas europeos, a las que oponía, no obstante, su particular visión[338].

De Montesquieu tomó fundamentalmente la teoría de la historicidad del derecho, sobre la que sustentaría en la Introducción todo el desarrollo posterior de la obra, defendiendo a través de ella la necesidad de la reforma penal en España[339]. En su opinión, *"es necesario, que las leyes con que han de ser gobernados los pueblos se acomoden a la república, y no la república a las leyes. Esta máxima cierta y constante, hablando de la legislación en general, lo es mucho más si se contrae a las leyes criminales, de cuya bondad*

[338] Sobre la obra penal de Lardizábal, véase principalmente ALONSO PACHECO, J., *El pensamiento penológico de Lardizábal (Comentario al Discurso sobre las penas)*, s.l., 1953; BLASCO, F., *Lardizábal. El primer penalista de América española*, México, 1954; RIVACOBA, M., *Lardizábal, un penalista ilustrado*, Santa Fé, 1964; y ANTÓN ONECA, J., *El derecho penal de la Ilustración y D. Manuel de Lardizábal*, en Revista de Estudios Penitenciarios, 174 (1966), pp. 587-626.

[339] Según ANTÓN ONECA, J., *El derecho penal de la Ilustración...*, p. 620, el autor predilecto para Lardizábal fue precisamente Montesquieu, de quien no sólo tomó la teoría de la historicidad de las leyes, sino también otros muchos argumentos para justificar, por ejemplo, la moderación o la eficacia de las penas.

depende inmediata y principalmente la seguridad de los ciudadanos, y, por consiguiente, su libertad"[340].

Lardizábal se apartaba así de los juristas más conservadores, que pretendían mantener incólume toda la legislación del pasado como una herencia propia de la identidad nacional, y defendía que las leyes debían adaptarse a las nuevas necesidades de la sociedad. Desde esta perspectiva, coincidía con Montesquieu en la existencia de unos años oscuros en la Edad Media que dieron lugar a un derecho penal severísimo y deshumanizado al que ahora el progreso de la Razón estaba llamado a reformar. Sin embargo, se apartaba de él en la consideración que en esta interpretación histórica se hacía del papel jugado por la Iglesia católica, señalando frente a Montesquieu lo mucho que la religión cristiana había hecho para pacificar y civilizar a los pueblos bárbaros que propiciaron la caída del Imperio Romano.

En esta primera divergencia ya se apunta un rasgo propio del pensamiento de Lardizábal que no sólo entraba en contradicción con Montesquieu, sino también con el maestro Beccaria, a quien principalmente seguía[341]. Su obra *De los delitos y de las penas* le parecía muy útil y conveniente en todo lo relacionado con la clasificación sistemática de los delitos, la humanización del derecho penal, la defensa de la libertad y la seguridad del ciudadano, o las ideas de moderación y proporcionalidad de las penas, llegando a reproducir numerosos párrafos de la misma de forma casi literal. Pero a pesar de sus muchas coincidencias, ambos autores partían de una ideología diferente en cuanto a su consideración del origen del Estado y el derecho a castigar.

No podemos olvidar que Lardizábal era un monárquico que comenzó a plantear la reforma penal española al servicio del Despotismo ilustrado de Carlos III. Por eso, aunque coincidía con Beccaria en que el origen del poder y de la capacidad de castigar residía en un primigenio contrato o pacto social suscrito entre los hombres libres en el estado de naturaleza, opinaba a diferencia de él que en ese contrato los hombres no cedían al Estado la menor porción posible de su libertad, sino que, muy al contrario, otorgaban al monarca elegido por la divinidad la totalidad de sus derechos naturales individuales de forma irrevocable[342]. Esta particular concepción del contractualismo sólo tomaba del pensamiento ilustrado radical una

[340] LARDIZÁBAL, M. de, *Discurso sobre las penas...*, p. 3.

[341] La influencia de Beccaria en Lardizábal está fuera de toda duda. En palabras de SALILLAS, R., *Evolución penitenciaria de España...*, vol.1, p. 147: "Beccaria está constantemente en el pensamiento de Lardizábal, sin perder éste ni su personalidad ni su finalidad, que le significa un derrotero".

[342] Véase GUTIÉRREZ FERNÁNDEZ, B., *Examen histórico del derecho penal...*, pp. 428-429.

apariencia de modernidad, al hablar de "pactos" o "contratos", aunque mantenía en el fondo una acérrima defensa del absolutismo monárquico y de la religión católica, que ineludiblemente incidiría en todas sus consideraciones posteriores de la reforma penal[343].

Además, Lardizábal muestra un espíritu práctico mucho mayor que el de Beccaria, ya que si aquel expuso sus teorías en un tratado de tono didáctico y carácter divulgativo, la obra de éste iba dirigida a una reforma real de la legislación española del momento. En consecuencia, a lo largo de todo el *Discurso* se muestra como un magnífico conocedor de las leyes penales históricas, afrontando de su reforma de una manera positiva y pretendiendo innovaciones que consideraba viables, aunque con el tiempo se vieran demoradas por la clase política por cuestiones ajenas a la voluntad inicial.

Una clara manifestación del pragmatismo de Lardizábal se encuentra en su teoría sobre la interpretación de la ley penal. No comparte con Beccaria la idea de que sea peligroso consultar el espíritu de las leyes. Las leyes manifiestan un interés general del legislador, pero no pueden prever al detalle todas las modalidades posibles de los delitos. Por ese motivo, para las cuestiones específicas de la comisión de cada delito debe permitirse la interpretación del juez, aunque sin confundirla nunca con la arbitrariedad que denostaba ya el maestro Montesquieu[344]. Lardizábal no creía *"que sea tan peligroso, como pretende el Marqués de Beccaria, el axioma comun, que propone por necesario consultar el espíritu de la ley. Los inconvenientes contra que justamente declama, de que también hemos hecho mención, no provienen de consultar el espíritu de la ley, sino del arbitrio voluntario y no regulado de los jueces"*[345].

Sobre la inutilidad del tormento utiliza sin embargo argumentos muy parecidos a los de aquel, decantándose decididamente por la abolición de una prueba judicial que, más que prueba, *"es una verdadera y gravísima pena, y sólo creo que es prueba no de la verdad, sino de la robustez o delicadeza de los miembros del atormentado"*[346]. El tono humanitario que utiliza para criticar la necesidad de la prueba de la tortura, contrasta vivamente

[343] LARDIZÁBAL, M. de, *Discurso sobre las penas...*, pp. 23-24.

[344] LARDIZÁBAL, M. de, *Discurso sobre las penas...*, p. 35: *"Triunfa la libertad, dice el Presidente Montesquieu, quando las leyes criminales sacan las penas que imponen de la naturaleza particular de cada delito, porque entonces cesa todo arbitrio, y la pena no se deriva de la voluntad, ó del capricho del legislador, sino de la naturaleza de la misma cosa, y así no es el hombre el que hace violencia al hombre, quando se le castigo, sino sus mismas acciones: reflexiones que había hecho Cicerón mucho tiempo antes".*

[345] LARDIZÁBAL, M. de, *Discurso sobre las penas...*, , p. 76.

[346] LARDIZÁBAL, M. de, *Discurso sobre las penas...*,, pp. 243 y ss.

con su consideración acerca de la pena de muerte, en la que vuelve a entrar en controversia con las opiniones de Beccaria.

Para Lardizábal la pena de muerte es útil y necesaria, y aún reconociendo que "imponerla sin discernimiento y con profusión sería crueldad y tiranía, abolirla enteramente en un Estado sería acaso abrir la puerta a ciertos delitos más atroces y peligrosos, que casi no pueden expiarse sino con sangre". Coincide con el autor italiano en que las legislaciones europeas habían abusado en los últimos tiempos de la imposición de la pena máxima, y en la excesiva crueldad de muchos de los medios de ejecución. Pero aún así defiende su utilidad para corregir los delitos más graves, por su máximo valor retributivo e intimidatorio.

A partir de este postulado inicial, en un extenso capítulo sobre la materia desmonta uno por uno los distintos argumentos aducidos por Beccaria en contra de la pena de muerte[347], concluyendo que *"las supremas Potestades tienen un derecho legítimo para imponer la pena capital, siempre que sea conveniente y necesaria al bien de la república"*. El corolario de la argumentación no podía ser otro, y entronca directamente con las distintas convicciones que tenían ambos autores acerca del "contrato social". Si para el primero, en aquel originario contrato que dio origen a la creación del estado ningún hombre cedería su derecho fundamental a la vida, para el segundo se cedieron al soberano la totalidad de los derechos del hombre de manera irrevocable, de modo que éste también podía disponer de sus vidas a través de la pena de muerte.

El derecho de igualdad que se reservarían los hombres en el pacto social, tampoco era entendido en sus últimas consecuencias por Lardizábal. Se refleja esta particularidad en su concepción de las penas, ya que si admite que las penas han de derivar de la naturaleza de los delitos, que siempre deben ser dictadas por la ley, que han de ser útiles y necesarias, y que deben mostrarse los menos rigurosas posible en atención a su proporcionalidad con el delito, disiente de la igualdad inherente a ellas. Las penas no pueden ser iguales para todos los ciudadanos según su pensamiento, porque la clase, el estado y el empleo deben influir necesariamente en las mismas. Un noble no debe ser castigado igual que un plebeyo porque el daño de la pena en uno y en otro no sería el mismo, por ejemplo, en cuanto a la cuantía de la sanción pecuniaria o la infamia realizada a su honor.

Por lo que respecta a las penas, el autor español también disentía del italiano en que la única y verdadera medida de las mismas sea el daño hecho a la sociedad, ya que esta afirmación no tenía en cuenta la moralidad de las acciones humanas ni la intención de los actos[348]. Tampoco

[347] LARDIZÁBAL, M. de, *Discurso sobre las penas...*, pp. 165 y ss.
[348] LARDIZÁBAL, M. de, *Discurso sobre las penas...*, pp. 104-151.

coincidía en esta cuestión con Brissot de Warville, para quien además del daño cometido a la sociedad, había que considerar el daño infligido a los particulares a la hora de medir la gravedad de las penas. Junto a estos dos elementos, que sin duda eran imprescindibles, en su opinión debían tenerse en cuenta otros no menos importantes como son *"la deliberación y conocimiento del delincuente, el mal ejemplo que causa el delito, los impulsos o causas que estimulan a delinquir, el tiempo, el lugar, la reincidencia, el modo e instrumentos con que se cometió el delito, la persona del delincuente y del ofendido, las cuales circunstancias juntas con el daño hecho a la sociedad o a los particulares, constituyen la verdadera medida y naturaleza de los delitos"*.

Establecidas las medidas de la gravedad del delito, para la gradación de las penas Lardizábal suscribía las primigenias teorías del marqués italiano, afirmando que los delitos que merecen penas más graves eran los que atentan contra la sociedad o el orden político, en primer lugar, y los que atentan contra la seguridad y la tranquilidad de los particulares, en segundo lugar. En todos ellos, habría que atender a los grados de participación del delincuente, y a las circunstancias atenuantes o agravantes previstas por el derecho, para establecer concretamente la pena adecuada[349].

Sin embargo, en cuanto a los fines de la pena, a diferencia de Beccaria el autor defendía una amplia variedad de ellos, siguiendo las teorías penalistas de los teólogos españoles. El *"primero"* y *"general"* fin de la pena era efectivamente la salud de la república, porque el objetivo prioritario del sistema penal debía ser la seguridad del Estado y sus ciudadanos[350]. *"Pero además de este fin general, hay otros particulares subordinados a él, aunque igualmente necesarios, y sin los cuales no podría verificarse el general. Tales son la corrección del delincuente para hacerle mejor, si puede ser, y para que no vuelva a perjudicar a la sociedad; el escarmiento y ejemplo para que los que no han pecado se abstengan de hacerlo; la seguridad de las personas y de los bienes de los ciudadanos; el resarcimiento o reparación del perjuicio causado al orden social, o a los particulares"*[351].

Es decir, Lardizábal consideraba que la pena debía reparar el daño social causado por el delincuente y proteger de cara al futuro la seguridad de los ciudadanos, otorgándole en este sentido la misma finalidad preventiva que venía siendo defendida por la filosofía liberal, a través del

---

[349] LARDIZÁBAL, M. de, *Discurso sobre las penas...*, pp. 89 y ss.

[350] LARDIZÁBAL, M. de, *Discurso sobre las penas...*, pp. 83-84: *"El derecho de imponer penas es tan propio y peculiar de la sociedad, que nació con ella misma, y sin él no podría subsistir: y como el primero y principal fin de toda sociedad sea la seguridad de los ciudadanos y la salud de la república, síguese por conseqüencia necesaria, que este es también el primero y general fin de las penas. La salud de la república en la suprema ley"*.

[351] LARDIZÁBAL, M. de, *Discurso sobre las penas...*, pp. 84-85.

carácter público y ejemplar de la pena. Pero también, y al mismo tiempo, advertía que la pena debía tener una finalidad correctiva para procurar en todo caso la enmienda del delincuente:

> *"La enmienda del delinqüente es un objeto tan importante, que jamás debe perderle de vista el legislador en el establecimiento de las penas. Pero, ¿quantas veces por defecto de estas, en vez de corregirse el delinqüente, se hace peor y tal vez incurable hasta el punto de verse la sociedad en precisión de arrojarle de su seno como miembro acangrenado, porque ya no le puede sufrir sin peligro de que inficione á otros con su contagio?. La experiencia nos enseña, que la mayor parte de los que son condenados a los presidios y arsenales, vuelven siempre con mas vicios que fuéron, y tal vez, si se les hubiera impuesto otra pena, hubiera ganado la sociedad otros tantos ciudadanos útiles y provechosos. Esto prueba la indispensable necesidad que hay de establecer casas de corrección, de que hablaré después, sin las quales nunca se podrán proporcionar las penas, de modo que produzcan el saludable efecto de la enmienda en los que aun sean capaces de ella"*[352].

El fin correctivo era esgrimido así como uno de sus objetivos fundamentales de la pena por el principal artífice de la nueva ciencia jurídica española, dejando a partir de él una estela indeleble a seguir. Lardizábal rechazaba el uso injustificado de penas corporales y aflictivas, como las de mutilación, azotes o trabajos forzados; admitía la pena de muerte sólo en casos muy señalados; y mostraba un particular interés por el tema penitenciario, que creía excesivamente descuidado en la legislación[353]. No podemos olvidar que Lardizábal era eminentemente un hombre práctico y que, habiendo ejercido importantes puestos en la Administración pública, había conocido de forma muy cercana este problema en su vida profesional[354].

Su vocación por los temas penitenciarios tuvo una doble perspectiva. De un lado, Lardizábal realizó una extensa crítica a las cárceles del momento, siguiendo con ello la tendencia que predominaba en su tiempo. Reconocía que, *"aunque la cárcel no se ha hecho para castigo, sino para custodia y seguridad de los reos"*, *"sin embargo suele imponerse por pena en algunos delitos, que no son de mucha gravedad"*, y por eso *"puede contarse entre las penas corporales aflictivas: y si se atiende á las vexaciones y malos tratamientos, que los abusos introducidos por la codicia, dureza y mala fe*

---

[352] LARDIZÁBAL, M. de, *Discurso sobre las penas...*, pp. 85-86.

[353] BUENO ARÚS, F., *Los fines de la pena y la pena de prisión en Beccaria y en la política criminal española contemporánea*, en Cuadernos de Política criminal, nº 38 (1989), pp. 301-312.

[354] Coincido en esta cuestión con ANTÓN ONECA, J., *El derecho penal de la Ilustración...*, p. 618.

de los subalternos hacen padecer a los miserables, que tienen la desgracia de estar allí encerrados, deberá reputarse por una de las mas graves"[355].

A partir de esa denuncia inicial, el autor hacía una pormenorizada descripción de las cárceles de su época, incidiendo, junto a los abusos, la corrupción y las torturas o apremios que en ellas se practicaba, en otros consabidos aspectos que había que mejorar, como la insalubridad, la oscuridad y el hacinamiento en el que vivían los presos, mezclados unos con otros, de manera que las cárceles quedaban convertidas de hecho *"en escuelas de iniquidad y seminario de hombres malos y perniciosos a la república"*. Este era, a su juicio, el primer origen de los malos efectos de las penas, *"porque como los reos, que son condenados a ellas, salen ya pervertidos de las cárceles (...), se abandonan fácilmente á otros excesos mayores, hasta llegar muchos al estado de incorregibles"*[356].

Además, *"otro daño grave que hay en las cárceles, es la continua y forzada ociosidad en que viven los reclusos en ellas, con lo qual tienen más tiempo y proporción para pervertirse unos á otros"*. Para solucionarlo, Lardizábal proponía nuevamente el recurso al trabajo, como venían haciendo quienes le precedieron en este tema, y se estaba haciendo también en otros países. El aprendizaje de un oficio o el trabajo en *"algunas labores simples y proporcionadas"*, sería el mejor medio para procurar la enmienda o corrección de los reos[357].

Al volcar la mirada hacia los presidios y arsenales que se aplicaban en el momento, Lardizábal no tenía más remedio que reconocer también su defectuosa organización, y la lamentable experiencia que estaba produciendo de hecho en los reos más perjuicios que beneficios. Pero ello no debía ser un elemento disuasorio frente a este tipo de penas, en plena pujanza, sino más bien un aliciente a superar. A su juicio, era necesario acometer una ambiciosa reforma del sistema penitenciario español, proponiendo como sustitutivos de los presidios y arsenales unas *"casas de corrección"* en donde las penas serían aplicadas individualizándolas al máximo en atención a cada delincuente, y procurando lograr la justa proporcionalidad de cada pena en relación con el reo para evitar que la condena pudiera serle perjudicial[358].

La propuesta de Lardizábal contemplaba que se estableciera uno de estos establecimientos penitenciarios en el territorio de cada tribunal superior de provincia, con reglas fáciles y sencillas, y dirigidos por un superior y unos pocos subalternos, con el auxilio en su caso de las tropas

[355] LARDIZÁBAL, M. de, *Discurso sobre las penas...*, p. 211.
[356] LARDIZÁBAL, M. de, *Discurso sobre las penas...*, pp. 213-214.
[357] LARDIZÁBAL, M. de, *Discurso sobre las penas...*, pp. 214-218.
[358] LARDIZÁBAL, M. de, *Discurso sobre las penas...*, p. 198.

para gobernarlos, confundiendo todavía en este sentido las competencias militares con las puramente civiles. Señalaba asimismo que debía tenerse en cuenta la distinción de la famosa pragmática de 1771 entre delincuentes cualificados y no cualificados para condenar a estos lugares de enmienda, y para quienes fuese *"infructuosa la corrección"*, habría que señalar otros destinos más duros en trabajos públicos o en el ejército.

Cumplidas las condenas, *"sería muy conveniente"*, asimismo, que se les prohibiese entrar en la Corte y Sitios Reales, y se les obligase a regresar a sus antiguos domicilios para vivir en ellos como ciudadanos honrados, aplicados a un oficio; para lo cual habría que arbitrar un cierto sistema de control por parte de las autoridades, con licencias, libros de reseñas y determinadas visitas[359].

En conclusión, el *Discurso sobre las penas* de Lardizábal no sólo supuso el principal cauce de introducción en España de la Escuela Clásica, sino que también dio un paso de gigante para el posterior desarrollo de un nuevo sistema penitenciario en el país, integrando y dando una justificación teórica, junto a las propuestas clásicas del liberalismo, muchos de los anhelos que en este campo estaban albergando los pensadores humanistas de la Ilustración desde tiempo atrás.

Salillas llegó a decir que en este tema, olvidado por Beccaria pero fundamental en Lardizábal, la influencia del penalista español fue *"determinante"* para la evolución penitenciaria[360]. Ciertamente en España se conocía a otros autores extranjeros, y se estaban difundiendo ampliamente modelos de presidios europeos y norteamericanos. Pero sin duda el impulso que a este movimiento imprimió el *Discurso sobre las penas* de Lardizábal también fue decisivo, aunque se utilizara más como un referente a seguir que como un texto de consulta en sí mismo: *"El asunto español, aun con el anhelo de querer aventajarnos históricamente, quedaba baldío en el acompañamiento de lo principal, de lo europeo, de lo americano, como si se tratase de una información enteramente nueva. Romero y Girón, presentando a Roeder y exponiendo el correccionalismo, cita un texto de afirmación de esta doctrina en el "Discurso" de Lardizábal, texto que aparece también copiado en el capítulo VI, número 50, página 120, del "Discurso" de un comentarista, el citado Gutiérrez* (se refiere a José Marcos Gutiérrez), *lo que quiere decir procedencia de segunda mano, y que el "Discurso sobre las penas", de Lardizábal, en estos últimos tiempos, fue citado, pero no leído"*[361].

---

[359] LARDIZÁBAL, M. de, *Discurso sobre las penas...*, pp. 198-205.

[360] SALILLAS, R., *Evolución penitenciaria en España...*, vol.1, p. 151, titulando el n.15 de su escrito precisamente *"El Discurso sobre las penas, determinante de la reforma española"*.

[361] SALILLAS, R., *Evolución penitenciaria en España...*, vol.1, en el Prólogo, pp. IX-X.

La influencia de Lardizábal se percibe todavía de forma notable en la Ordenanza General de presidios del reino de 1834, que mantiene instituciones de la Pragmática de 1771 alabadas por él, como el límite de 10 años en la pena de presidio, la cláusula de retención y la rebaja de penas a los delincuentes que se enmendaran. Pareciera que en ese medio siglo apenas se hubiera avanzado nada en el tema penitenciario, y lo cierto es que se avanzó poco.

3. LAS CORTES DE CÁDIZ Y LA PROTECCIÓN DEL DETENIDO: DERECHOS JURISDICCIONALES PARA EL REO

Es una opinión compartida que la penalidad absolutista persistió en España hasta la muerte de Fernando VII y el advenimiento del Estado liberal de Derecho, a través de la Novísima Recopilación de 1805, que recogía la herencia bajomedieval y moderna, y que se mantuvo hasta el Código penal de 1848, habida cuenta de que el Código penal de 1822 no tuvo tiempo para aplicarse en la práctica.

A pesar de ello, como afirmara Salillas, *"de ley a ley, de código a código, no quiere decir nada, siendo tan demostrable entre nosotros que, permaneciendo las leyes y los códigos sin expresa derogación ni textos en contra, viene a ocurrir que, por un interés predominante, interés del Estado para su Marina de guerra o para sus ocupaciones militares, se ponen enfrente de las penas los servicios, e imponen en las sentencias los criterios de minoración y conmutación, poderoso influjo de la penalidad utilitaria"*[362].

Las Cortes de Cádiz fueron, en plena Guerra de Independencia, el principal escaparate para conocer el pulso de la reforma. Fue en ellas donde finalmente se produjo la abolición formal de la tortura a través de un Decreto de 1811, más adelante reconocido en la Real Cédula de abolición de la tortura de 1814[363]. También se han señalado como sus principales méritos en cuanto al proceso penal y el sistema sancionador, la supresión de la Inquisición, la proclamación de la unidad jurisdiccional y la prohibición de la pena de confiscación de bienes y cualquier otra trascendente

[362] SALILLAS, R., *Evolución penitenciaria en España...*, vol. 1, en el Prólogo, p. XII.

[363] Según BERMEJO CABRERO, J.L., *Tormentos, cárceles y patíbulos...*, p. 695, es ésta, y no los anteriores textos presidiales de 1804 y 1807, la "inicia oficialmente el proyecto de reforma del sistema penitenciario" en nuestro país.

o contraria al principio de personalidad de las penas[364]. Todo lo demás, se dice, quedó incólume.

Sin embargo, en Cádiz se dieron otros muchos pasos para la reforma penal y penitenciaria. En ellas estuvo el germen de los nuevos planteamientos político-jurídicos del Estado liberal, y entre ellos los temas penales y criminológicos gozaron de una "palpitante actualidad"[365]. Tanto en los debates parlamentarios, en la voz de los diferentes diputados, como en textos jurídicos de la importancia del Discurso Preliminar a la Constitución de 1812, se pueden encontrar numerosas citas tomadas textualmente de Montesquieu, Beccaria, Howard o incluso el mismo Lardizábal. Además, el propio Discurso Preliminar calificaba de muy urgente la reforma de las leyes criminales y anunciaba como uno de los proyectos más perentorios a acometer la creación de un nuevo Código penal *"que represente la imagen de dulzura, de liberalidad y beneficencia que corresponde a la generosidad y grandeza de la Nación española"*.

Desafortunadamente, la designación de los miembros de la Comisión que debía redactarlo se hizo tan tarde, en abril de 1814, que no dio tiempo a que empezaran su trabajo antes del regreso de Fernando VII y la restauración del absolutismo. Un tardío Real Decreto dado por Fernando VII el 2 de diciembre de 1819, quiso recoger el testigo, y ordenó la formación de un Código criminal que tampoco llegó a concluirse. La razón de la obra y sus objetivos eran los mismos que venían señalándose desde el movimiento ilustrado del siglo XVIII (por ejemplo, la supresión de la tortura y de pena de confiscación de bienes, la reducción del arbitrio judicial, y una nueva clasificación de delitos y penas que fuera más acorde con la realidad vivida); y algunos de ellos aparecían incluso en el decreto fernandino con "frases arrancadas del libro de Lardizábal"[366].

Podríamos concluir que existía, en consecuencia, una tendencia unívoca hacia la reforma penal y penitenciaria, impulsada tanto por el humanismo y el utilitarismo propios del Antiguo Régimen, como por el humanitarismo liberal, que en este punto concreto se dieron la mano. Y en las Cortes gaditanas pueden encontrarse suficientes ejemplos de ello.

---

[364] Véase como obra de referencia TOMÁS y VALIENTE, F., *Manual de Historia del Derecho español*, Madrid, 1979, pp. 495-496. Sobre el tránsito del derecho penal desde el Antiguo al Nuevo Régimen, atiéndase también a las obras de MASFERRER DOMINGO, A., *Tradición y reformismo en la Codificación penal española*, Jaén, 2003, y SAINZ GUERRA, J., *La evolución del derecho penal en España*, Jaén, 2004.

[365] Véase el prólogo de Alberto González Troyano a la obra de SALILLAS, R., *En las Cortes de Cádiz* (1910), Cádiz, 2002, pp. 7-10.

[366] ANTÓN ONECA, J., *El derecho penal de la Ilustración...*, p. 624. Decreto publicado por MARTÍN BALMASEDA, *Decretos del rey Fernando VII*, tomo VII, pp. 501-504.

Las Cortes de Cádiz aportaron al derecho penal, en primer lugar, un nuevo orden filosófico, derivado de la asunción del principio de la soberanía popular, que confirió una nueva legitimidad al derecho emanado de ellas. Con ello se produjo una variación fundamental en la consideración del delito y el castigo. El delito ya no era la trasgresión de una norma dimanada de la voluntad del rey, ni se subsumía en un derecho muy difuso (el antiguo derecho romano-canónico) según el arbitrio de los jueces, sino que comenzó a entenderse como una acción antijurídica contraria a una ley procedente de la voluntad popular. Su sanción, en consecuencia, dejaba de ponerse en relación con la venganza del príncipe, y se vinculaba decididamente a la defensa de la seguridad, que era uno de los principios rectores del nuevo orden político[367].

Sin embargo, no todos afrontaron los cambios desde estos planteamientos. El propio Argüelles afirmaba que *"seguramente es para mí muy doloroso el ver la inmensa distancia que nos separa en nuestras opiniones, distancia que por desgracia mía creo que hace imposible que nos aproximemos"*[368], refiriéndose a las opiniones de quienes seguían defendiendo que nuestros antiguos Códigos (Partidas y la Novísima Recopilación), contenían ya muchas de las máximas humanitarias propuestas para la reforma criminal, y que solamente hacía falta hacerlas cumplir y, en todo caso, "ordenarlas" en un nuevo código más sencillo e inteligible, compartiendo, decían, el mismo espíritu "filantrópico"[369].

Aquellos no alcanzaban a entender, en opinión de Argüelles, que el cambio que se proponía era mucho más trascendente. Partía indefectiblemente de un nuevo concepto de soberanía, y no sólo implicaba la defensa de un férreo principio de legalidad frente al anterior arbitrio judicial, sino también la consideración de unos nuevos principios legitimadores del poder de castigar[370].

[367] Véanse también, en este sentido, las consideraciones de BABIANO MORA, J., y FERNÁNDEZ ASPERILLA, A., *Justicia y delito en el Discurso liberal de las Cortes de Cádiz*, en Antiguo Régimen y Liberalismo. Homenaje a Miguel Artola, vol.2, Economía y Sociedad, Madrid, 1995, pp. 387-399.

[368] Diario de Sesiones de las Cortes Generales y Extraordinarias (en adelante DSCGE), nº 207, 26-IV-1811, p. 943.

[369] Por ejemplo, en palabras del diputado Alcocer, en DSCGE, nº 207, 26-IV-1811, p. 942: *"No puedo menos de aplaudir el celo y sentimiento filantrópicos de la comisión, cuando según la primera regla de derecho en nuestras Partidas, "deben los jueces ayudar á la libertad, porque es amiga de la naturaleza, que aman no solamente los hombres, sino también los animales".*

[370] DSCGE, nº 207, 26-IV-1811, p. 946: *"La toga ni la magistratura no ponen á cubierto por sí solas á los jueces del imperio de las pasiones, del influjo de los Gobiernos, y de otros mil enemigos que tienen á cada paso su pureza y severidad. Las leyes deben protegerlos contra sus continuos embates, privándolos del arbitrio y ocasión de faltar a sus obligaciones. Entonces la confianza será recíproca, y el respeto y veneración á las leyes y a sus magistrados insepa-*

Más allá del principio de legalidad en contra del arbitrio judicial, que finalmente logró imponerse con rango constitucional, lo que los diputados liberales proponían en Cádiz era una Administración de la justicia criminal más racional y certera, basada en el principio de igualdad (aboliéndose de ella los fueros especiales[371]), y con una serie de garantías jurídicas para los delincuentes o detenidos que era tributaria de la nueva concepción humanitaria de la penalidad[372].

Salillas tuvo el acierto de titular una parte de su obra "la candidez doceañista", señalando que los diputados llegaron a ser tan ingenuos y candorosos como para declarar como principio constitucional que los españoles somos *"justos y benéficos"*, y llenar sus discursos parlamentarios de un aliento humanitario o humanitarista[373]. El espíritu de la época estaba impregnado de este nuevo sentimiento de clemencia, aunque para algunos el origen del mismo seguía anclado todavía en la beneficencia del juez o el filantropía, más que en la atención del individuo y su protección propia del humanitarismo. No es extraño, por consiguiente, encontrar en los debates parlamentarios discursos como el siguiente:

> *"Señor, no puedo menos de manifestar a V.M. que mi corazón se conmueve al oír lo que pasa en el de los buenos jueces cuando tienen que condenar a un reo. Me ha parecido ver a San Francisco de Borja cuando, siendo virrey de Cataluña, al firmar una sentencia de muerte se ponía a temblar y lloraba; y preguntado una vez cómo estando en su facultad el perdonar, no lo hacía para no sufrir tales angustias, respondió: "La hu-*

rables entre sí. Hé aquí lo que intenta establecer la comisión de Justicia con su reglamento. No nos opongamos a tan saludable medida. Las leyes no quedan derogadas; al contrario, las que protegen nuestra libertad y seguridad adquieren nuevo vigor, presentado su espíritu en breves y claros artículos".

[371] En este sentido, aunque es cierto que finalmente se abolió el tribunal de la Inquisición, por Decreto de 22 de enero de 1813, como mérito más sonado de las Cortes de Cádiz, y que el artículo 249 de la Constitución de 1812 proclamó el principio de unidad jurisdiccional; también lo es que en el siguiente artículo 250 garantizó la continuidad de los fueros privilegiados de la Iglesia y el Ejército, entre otras razones porque en Cádiz había 96 diputados de procedencia eclesiástica y 37 militares. Véase el capítulo titulado "Hacia la unidad jurisdiccional" de GÓMEZ BRAVO, G., *Crimen y castigo. Cárceles, justicia y violencia en la España del siglo XIX*, Madrid, 2005, pp. 87-109.

[372] Repárese, por ejemplo, en los objetivos señalados en el Dictamen de la Comisión de Justicia sobre el Reglamento para las causas criminales, en el DSCGE, nº 200, 19-IV-1811, p. 894: *"Derechos claros en los ciudadanos; sencillez en el curso de los pleitos; publicidad en todos los actos; leyes terminantes y aplicadas irremisiblemente por los jueces; una la jurisdicción y tribunales dedicados precisamente á la administración de justicia, sin poder entender en otra cosa, son los elementos de que debe constar este grande edificio. A la Nación toca disponer esta obra en sus Córtes, y echar los cimientos de la prosperidad de todos los españoles".*

[373] SALILLAS, R., *En las Cortes de Cádiz...*, pp. 15-20.

manidad me arranca estas lágrimas, pero al mismo tiempo, la Justicia mueve mi mano"[374].

Sea como fuere, la nueva consideración de la justicia en clave de humanidad, compartida tanto por los absolutistas como por los liberales, permitió conectar el debate con los dos temas principales de abolición de la tortura y garantías jurídicas al detenido, y también adentrarse en la reforma de la penalidad, obsoleta y cruel, del Antiguo Régimen, por ejemplo, mediante la supresión de la confiscación de bienes, la abolición de las penas de azotes y mutilaciones, la ejecución "más humanitaria" de la pena de muerte, o el mayor protagonismo ganado por las penas privativas de libertad, en conexión directa con el que se erigió en uno de los principios fundamentales del nuevo orden jurídico: el principio de libertad.

Tales fueron los principales intereses de la asamblea gaditana, porque en cuanto al elenco de los delitos y la consideración del delincuente, las cosas apenas cambiaron con respecto al escenario precedente. Babiano y Fernández señalan en su obra que hubo una especial preocupación por defender el principio fundamental de la propiedad, aumentando la importancia de los delitos que se cometían contra ella, y haciendo hincapié en la persecución de determinados sectores marginales (vagos u ociosos, grupos étnicos no asimilados, pobres o mendigos) a los que se tenía que poner a trabajar[375]. Pero la relevancia dada a la propiedad y al trabajo, no eran propuestas originales del liberalismo, sino que tuvieron su origen con el desarrollo de la sociedad burguesa dieciochesca, como vimos en su momento.

La tortura, largamente criticada y ya apenas utilizada, fue abolida formalmente a través del Decreto de abolición de la tortura y los apremios corporales de 22 de abril de 1811, con absoluta unanimidad y conformidad de votos[376]. No será necesario reproducir, por conocidos, los argumentos que se dieron en Cádiz en pro de su abolición. Pero sí me parece relevante destacar que sólo un diputado, de nombre Hermida, se atrevió a defender públicamente la necesidad de mantener una única manera de tortura (*"cuando se imponía velut in cadavere a los ya condenados a muerte, a fin de que declarasen los cómplices en el delito"*), obteniendo el más absoluto rechazo por parte de las Cortes en general, y del diputado Argüelles en particular[377].

---

[374] DSCGE, nº 221, 10-V-1811, p. 1053.

[375] BABIANO MORA, J., y FERNÁNDEZ ASPERILLA, A., *Justicia y delito en el Discurso liberal...*, pp. 390-393.

[376] TOMÁS y VALIENTE, F., *La última etapa y la abolición judicial de la tortura en España*, en Anales de la Universidad de la Laguna, 1 (1963-1964), pp. 23-60.

[377] Véase la propuesta de abolición de la tortura hecha por Argüelles el día 2 de abril, en DSCGE, nº 185, 2-04-1811, y los debates de la Comisión de Justicia en DSCGE, nº 202, 21-04-1811, pp. 901-907 y DSCGE, nº 203, 22-04-1811, pp. 903-910.

De Argüelles había partido precisamente la propuesta de este proyecto de ley, remitida a las Cortes algunos días antes[378]; y junto a la práctica de la tortura, quedaron abolidos también los llamados *"apremios"*, o *"la práctica introducida de afligir y molestar á los reos"*[379]. Este otro medio de obtener una rápida confesión del detenido no estaba permitido por la ley, pero sí muy extendido en los usos judiciales y carcelarios[380], comprendiéndose en el mismo tanto la utilización de instrumentos concretos con los que afligir al reo (*"esposas, perrillos y otros, cualesquiera que fuese su denominación y uso"*), como cualquier otra medida dirigida a este fin, incluidas la mala comida, la falta de higiene o medidas de salubridad, y hasta la humedad, oscuridad y hediondez de los calabozos[381].

De esta manera, el tema de la supresión de la tortura y de los apremios, volvía a unirse en las Cortes gaditanas al de la reforma de las cárceles, impulsados por un mismo espíritu humanitario. Salillas utilizó las palabras del diputado Oliveros, que era miembro de la Real Asociación de Caridad, para introducir este tema:

> *"Hace años, Señor, que me he dedicado al cuidado y la educación de los infelices que gimen en ellas (las cárceles), y soy testigo ocular de sus penas, angustias y miserias. Lugares inmundos, obscuros y sin ventilación; estancias comunes para toda clase de reos. Allí se ve confundido al inocente con el culpado. Al que por causas matrimoniales, por injurias de palabra o por acceso de cólera ofendió a su semejante, con el malhechor de profesión, con el asesino, el salteador, el delincuente en toda especie de iniquidades; al que por primera vez desobedeció, con el que se complace y ría el referir sus enormes atentados. Todos, Señor, bajaban en Madrid a dormir juntos a unos calabozos subterráneos; ¿y quién podrá pintar a V.M. los horrores que allí se cometían y las angustias del hombre virtuoso, que por una calumnia o equivocación se veía encerrado con semejantes criminales?. La Asociación de Cárceles de Madrid propuso al Gobierno un plan de edificio con la debida separación que debía destinarse a cárcel, corrigiendo estos males, y esperaba hallar, no diré en la filantropía de los filósofos, sino en la caridad de los cristianos, medios para realizarlo"*.

---

[378] DSCGE, nº 202, 21-04-1811, p. 903.

[379] MARTÍNEZ DÍEZ, G., *La tortura judicial en la legislación española*, en el AHDE, 32 (1962), y TOMÁS y VALIENTE, F., *La última etapa y la abolición judicial de la tortura en España*, en Anales de la Universidad de la Laguna, 1 (1963-1964), o *La tortura en España. Estudios históricos*, Barcelona, 1973.

[380] ALONSO ROMERO, M.P., *El proceso penal en Castilla en Castilla (siglos XIII-XVIII)*, Salamanca, 1982, pp. 196-203.

[381] Véanse en este sentido las distintas intervenciones de los diputados en DSCGE, nº 185, 2-04-1811, pp. 810-811, y nº 202, 21-04-1811, pp. 901-907.

No era ya la nueva filosofía de la Revolución, dice el diputado Oliveros, la que clamaba por el cambio tanto en las cárceles como en los presidios españoles, sino un anterior y más profundo sentimiento de filantropía, del que ya habían surgido propuestas para la enmienda del delincuente a través del sistema progresivo, en la Ordenanza de 1804, cuyo modelo habían tratado de seguir los miembros de la Real Asociación, habiendo tenido también noticias del sistema celular:

> *"Permaneciendo las cárceles en este estado, no pueden ser casas de corrección ni destinarse a ellas ningún hombre con este objeto, como ayer se dijo. Son escuelas de vicios; allí se aprende lo que no se sabe; se oyen lecciones de pecar, se pierde el pudor y el horror que la educación ha inspirado hacia los grandes crímenes. De esta clase, Señor, son también los presidios, y creo que serán muy raros los casos en que los hombres hayan mejorado en ellos sus costumbres; aún más diré: que se hayan acostumbrado al trabajo, que es el que destierra todos los vicios. Estas Asociaciones se prometían establecer casas de corrección y con las separaciones correspondientes a las diversas clases de delincuentes, en las que por un sistema dietario y moral, a ejemplo de lo que sucede en Filadelfia, se corrigiesen las costumbres de los reos, y se pudiesen restituir a la Patria después de algún tiempo como individuos útiles los que ahora se separan o llevan al cadalso como inútiles o perjudiciales"*[382].

Una de las prioridades para solucionar estos abusos denunciados en cárceles y presidios, era la reforma del procedimiento penal mediante el reconocimiento de una serie de garantías jurídicas a los detenidos, que fue el primer elenco de derechos jurisdiccionales reconocidos al individuo en la Constitución de 1812[383]. Antes se debatieron largamente en las Cortes, e informaron el contenido de un proyecto de Reglamento para las causas criminales que nunca se llegó a aprobar, pero sirvió de base al texto constitucional.

Desde que comenzaran a reunirse las Cortes, empezaron a lloverle un *"diluvio de recursos"* sobre ciudadanos injustamente encarcelados, quejas sobre los abusos cometidos en las cárceles y, reclamaciones contra la lentitud en la administración de justicia[384]. Considerándolo uno de los

[382] DSCGE, nº 207, 26-IV-1811, pp. 941-942.

[383] También considera estos derechos un eslabón fundamental de la reforma penitenciaria SANZ DELGADO, E., *Las viejas cárceles: evolución de las garantías regimentales*, en Anuario de Derecho Penal y Ciencias Penales, tomo LVI (2004), pp. 253-352.

[384] DSCGE, nº 187, 3-IV-1811, pp. 817-818: "¿No se llamará esto arbitrariedad de los jueces? ¿No será injusticia, desconcierto y despotismo prender a un ciudadano, aherrojarle en una cárcel, pudrirle en ella y olvidarse el juez de formar la causa y aun de que existe semejante criatura? En Constantinopla sería insufrible un abandono igual".

asuntos más urgentes para asegurar la seguridad y felicidad pública, tanto el diputado González, primero, como el propio Argüelles, más adelante, pidieron a las Cortes el nombramiento de una Comisión especial de Justicia para resolver dichas cuestiones[385]. Pero la misma quedó en suspenso hasta que la Comisión de Justicia general concluyese y presentase *"su trabajo sobre la pronta administración de Justicia"*[386].

Efectivamente, ya en enero de 1811 se había encomendado a la Comisión de Justicia la elaboración de un reglamento general para resolver las cuestiones criminales, nuevamente a propuesta de Argüelles. En la sesión del 30 de marzo se formó una Comisión especial dirigida a este fin, para la que fueron nombrados los diputados Dueñas, Luján, Moragues, Navarro y Goyanes. El Proyecto de Reglamento para las causas criminales que elaboraron se leyó en la sesión del 19 de abril[387], siendo sus principales objetivos afrontar la dilación de los pleitos, la reforma de los procesos judiciales, la falta de garantías al detenido, y el hacinamiento y malestar que padecían los reos[388].

Se proponía para ello un nuevo "plan regular" para la administración de justicia criminal, que se basaba en "derechos claros en los ciudadanos; sencillez en el curso de los pleitos; publicidad en todos los actos; leyes terminantes y aplicadas irremisiblemente por los jueces; una jurisdicción y tribunales dedicados precisamente á la administración de justicia, sin poder entender en otra cosa"[389].

Compuesto de 28 artículos, el Reglamento se iniciaba con una ley que, sin lugar a dudas, se tomaba del pasado: *"Ningún español podrá ser preso*

[385] Los días 1 y 3 de octubre, y 5 de noviembre de 1810, el diputado González pidió a las Cortes el nombramiento de la citada Comisión, respectivamente en DSCGE, nº 7, 1-X-1810, pp. 17-18, DSCGE, nº 9, 3-X-1810, p. 21 y DSCGE, nº 50, 15-XI-1810, p. 105. En DSCGE, nº 80, 15-XII-1810, pp. 165-166, insistió en que, al menos, se fijara un día a la semana para dar audiencia pública a los ciudadanos; y en sobre la conveniencia de dicha comisión se pronunciaría de nuevo Argüelles en DSCGE, nº 187, 4-IV-1811, p. 822.

[386] DSCGE, nº 190, 7-IV-1811, p. 833.

[387] Según el DSCGE, nº 200, 19-04-1811, p. 894, el *"Proyecto de Reglamento para las causas criminales"* se hacía *"á consecuencia de las proposiciones hechas por el Sr. Don Agustín Argüelles sobre creación de una Junta que revea las causas criminales para que no se dilaten: por el señor D. José de Cea, sobre que los jueces funden sus sentencias: por el Sr. D. Guillermo Moragues, sobre reforma de tribunales; y teniendo presente la del Dr. D. Manuel de Llano, para establecer la ley de Habeas corpus, y varios incidentes suscitados en cuanto á la seguridad personal de los presos, y quejas de otros, que pasan de 20, sobre que se les prolonga su padecer, y se tienen sus causas sin curso"*.

[388] Sobre todas estas cuestiones, RAMOS VÁZQUEZ, I., *La Comisión de Justicia y el Proyecto de Reglamento para causas criminales de 1811*, en Revista de la Facultad de Ciencias Sociales y Jurídicas de la Universidad Miguel Hernández, 5 (2009), pp. 93-112, y ALONSO ROMERO, M.P., *Orden procesal y garantías entre Antiguo Régimen y constitucionalismo gaditano*, Madrid, 2008.

[389] DSCGE, nº 200, 19-IV-1811, p. 894.

sino por delito que merezca ser castigado con penal capital, ó sea corporis aflictiva". Ciertamente esta norma ya era conocida desde Partidas, como apuntaron algunos diputados, pero también lo era que hasta entonces había resultado manifiestamente incumplida y ahora se amparaba bajo un flamante principio de legalidad frente a la arbitrariedad de los jueces.

El artículo segundo continuaba refiriendo que *"para poner preso á un español debe preceder una información sumaria del hecho del hecho que debe ser castigado con pena corporis aflictiva, y darse auto de prisión. El juez que proceda de otra suerte, por el mismo hecho será destituido de su empleo"*, incorporando sólo una excepción de las numerosas que había en el ordenamiento histórico: *"á menos que el reo sea aprehendido infraganti; pero aún entonces deberá procederse á formalizar a sumaria inmediatamente"*.

El articulado del Reglamento seguía desglosando otra serie de garantías para el detenido, haciendo un especial hincapié en la utilización de fianzas, y fijando la obligación de juez de dejar en libertad a cualquier reo del que no constase información suficiente. Se prohibía el allanamiento de morada, salvo *"para la aprehensión de un reo que merezca pena capital ó corporis aflictiva, ó para buscar detenidamente alhajas ó efectos robados"*; y se reconocía el derecho de *Habeas Corpus*[390].

A continuación el Reglamento se afanaba en acabar con la dilación de la justicia, a partir del artículo décimo, fijándose una serie de plazos procesales. También se aseguraba la publicidad del proceso a partir de la sumaria, se garantizaba información acerca del estado de los presos y sus causas, y se prescribían las obligaciones de visita de los jueces para conocer la situación de los reos en las cárceles[391].

Con respecto a éstas, el artículo 21 recordaba que *"las cárceles no son para molestar a los reos, sino para su custodia; y deberán ser las más anchurosas y sanas, y con las comodidades posibles"*[392], de acuerdo nuevamente con la legislación histórica. Se prohibían más abajo los apremios y vejaciones a los reos, y todo tipo de abusos económicos por parte de los oficiales. Nadie podría ser detenido por deudas (de hecho ya muy pocos lo eran por distintas limitaciones de la legislación del Antiguo Régimen, aunque existía la posibilidad[393]); y se prohibían incluso los embargos o secuestros de bienes injustificados[394].

---

[390] Véanse los artículos 3 al 9 en DSCGE, nº 200, 19-IV-1811, pp. 894-895.

[391] Véanse los artículos 15 a 20 en DSCGE, nº 200, 19-IV-1811, p. 895.

[392] DSCGE, nº 200, 19-04-1811, p. 895.

[393] RAMOS VÁZQUEZ, I., *Arrestos, cárceles y prisiones en los derechos históricos españoles*, Premio Nacional Victoria Kent 2007, Madrid, Ministerio del Interior, 2008, pp. 103-124.

[394] Artículo 24 del Reglamento, en DSCGE, nº 200, 19-IV-1811, p. 895.

Al concluir de presentar el Reglamento, la propia Comisión de Justicia que lo había elaborado, en palabras del diputado Dueñas, se apresuraba a vincularlo con la tradición, asegurando que *"la comisión no presume haber dicho nada nuevo, porque apenas tendrá una décima parte que no esté prevenido por las leyes. Pero como la comisión habla á V.M delante de la Nación entera, ha querido instruir al pueblo de los derechos que tiene, y que V.M. sanciona, y quiere que se guarden, porque no hay duda que se disminuirá el atrevimiento de los malos jueces á proporción del conocimiento que tengan los súbditos de sus derechos"*[395].

Pero ello no fue óbice para que se siguiera un extenso debate que comenzó el día 25 de abril, planteándose en primer lugar si el Reglamento era innecesario en su conjunto por cuanto la mayoría de sus capítulos *"están expresos y terminantes en toda legislación, y que otros son expresa y claramente contrarios á las leyes del Reino recopiladas en la Novísima Recopilación"*[396]. Era una extendida opinión que las quejas sobre la administración de justicia criminal no dimanaban de la falta de leyes, *"ni de que aquellas son malas, sino de la inobservancia y mala administración"*[397]. De modo que, a juicio del diputado Dou, no habría que pronunciarse sobre lo ya legislado sino sólo *"de aquellas especies nuevas del Reglamento, como, por ejemplo, que ninguno sea preso por deudas, que se hagan públicos los juicios, etc"*[398].

A quienes refrendaban la futilidad del Reglamento porque la mayoría de sus disposiciones estaban reconocidas en la legislación tradicional, los liberales respondían que *"si no dudamos que lo más preciso y precioso de la sociedad es la libertad y seguridad individual, ¿qué inconveniente hay en que se completen ó reproduzcan estas mismas leyes con la mayor concisión y sencillez, de modo que (como ha dicho el Sr. Dueñas) jamás puedan abusar de ellas los jueces, conteniéndoles su despotismo á vista del conocimiento que las partes tendrán en delante de sus derechos?. La claridad, Señor, es uno de los principales caracteres de las leyes justas"*[399].

Por su parte, a quienes plantearon que no había necesidad de leyes nuevas, sino simplemente una labor de inspección y castigo a los jueces que no observasen las disposiciones establecidas en la sustanciación de los procesos, respondía Argüelles que *"las cárceles hierven de presos, y es una consecuencia inevitable de las competencias de los tribunales, de donde*

[395] DSCGE, nº 200, 19-IV-1811, p. 896.
[396] Es opinión del diputado Gómez Fernández, en DSCGE, nº 206, 25-IV-1811, p. 928.
[397] Es opinión del diputado Garoz, en DSCGE, nº 206, 25-IV-1811, p. 929.
[398] DSCGE, nº 206, 25-IV-1811, p. 930.
[399] DSCGE, nº 206, 25-04-1811, p. 931.

resulta la dilación en las causas, sobre lo que tampoco puede reconvenirse á los jueces por ser un efecto desgraciado de nuestra legislación"[400].

Se discutieron también los artículos referidos a la abolición de la prisión por deudas, y a la limitación de la prisión sólo para delincuentes que merecieran pena *"corporis aflictiva"* o sorprendidos *"in fraganti"* (¿qué pasaría, se preguntaban muchos, con el resto de los delincuentes y los vagos que asolaban las ciudades?):

> *"Como hemos nacido en la opresión, las primeras ideas de libertad parece que nos deslumbran y ofenden nuestros ojos. Habituados desde nuestra niñez á ver la libertad del ciudadano hecha el juguete de la arbitrariedad, y violada continuamente la ley por una práctica corrompida, hemos llegado á consagrar los abusos y mirarlos como leyes, y creemos hoy que no pueden ser cortados de raíz sin trastornar todo el orden de las cosas. Principios erróneos nos han acostumbrado á confundir el culpado con el inocente, y á no encontrar más el inocente en aquel que una vez llega a ser preso, sin acabar de desengañarnos que ni la prisión, ni las sospechas constituyen á un hombre delincuente, sino la sentencia final de juez, con vista de las pruebas del delito, y que mientras no recaiga esta sentencia, el reo merece toda la consideración que se debe a un ciudadano"*[401].

Es digno de destacar, asimismo, el debate en torno a si la cárcel debía utilizarse o no como pena correccional, siguiendo a otros países extranjeros[402], tras haberse reconocido su doble uso *"como pena ó por seguridad"*[403]: *"En cuanto a la pena correccional, de que ha hablado el Sr. Giraldo, y á que ha contestado el Sr. Dueñas, exponiendo que la prisión hace perder la vergüenza, añadiré que también suele contraer vicios enormes. La experiencia demuestra que los menos corrompidos, una vez puestos en las cárceles, salen de ellas contaminados de inclinaciones y hábitos criminales que nunca habían conocido; porque, Señor, por más cuidado que se tenga en esto, nunca podrá haber bastante separación en nuestras cárceles para evitar la mezcla y roce de los malvados con los menos malos. Luego si las leyes disponen la prisión, aun en el concepto de pena, solo para evitar que*

[400] DSCGE, nº 207, 26-IV-1811, pp. 939-940.

[401] Reflexiones del diputado Calatrava en DSCGE, nº 223, 12-05-1811, p. 1063. Véase también el debate sobre este artículo segundo que precedió a estas reflexiones en DSCGE, nº 221, 10-V-1811, pp. 1048-1054.

[402] DSCGE, nº 206, 25-04-1811, p. 930: *"La Francia, que en su revolución trató de asegurar la libertad civil, estableció, sin embargo, las prisiones como castigo de los reos, y sus papeles están llenos de las sentencias por las cuales se destina a los franceses a cuatro o cinco años de cadenas, cuatro o cinco años de prisión, y aun podría enumerar algunos delitos que se castigan de este modo. En otras naciones sucede lo mismo, y entre nosotros están muy en uso las penas correccionales de prisión"*.

[403] DSCGE, nº 206, 25-IV-1811, p. 931.

los vicios no sigan siéndolo, y en la cárcel se contagian más, no se llena por este medio tan santo fin, antes bien este mismo prueba la necesidad de abolir semejante castigo; y la palabra "correccional" no hace más que excitarnos más y más á tan urgente reforma"[404].

Otros debates de importancia, fueron los relativos a la genérica prohibición de allanamiento de morada[405]; a los plazos procesales establecidos para evitar la dilación de las causas[406] (con referencias incluidas a las Partidas); y a la publicidad del proceso penal, que despertó uno de los más acalorados debates por su novedad[407].

El Reglamento para las causas criminales de 1811 quedó finalmente sin concluir al iniciarse los debates del texto constitucional. Pero sirvió de base para que el capítulo III del título V de la Constitución de 1812, donde se plasmaron los primeros derechos jurisdiccionales del ciudadano bajo el título *"De la administración de Justicia en lo criminal"*[408], saliera adelante sin apenas discusión parlamentaria, en apenas tres días y con un alto grado de consenso[409].

Casi todos los artículos de los que ya se había tratado previamente en el Reglamento, se aprobaron sin debate y por unanimidad. Así ocurrió con

---

404 Diputado Mejía en DSCGE, nº 206, 25-IV-1811, p. 932.

405 DSCGE, nº 228, 17-V-1811, pp. 1076-1078 y DSCGE, nº 229, 18-V-1811, pp. 1082-1085. La nueva redacción del artículo 9, todavía no definitiva, fue presentada en DSCGE, nº 244, 2-VI-1811, p. 1169, pero no desglosaba particularmente los casos excepcionales, a los que se refería vagamente, por lo que se devolvió de nuevo a la Comisión para que dividiera el artículo en dos partes, y en una segunda incorporase los casos en que podían realizarse los allanamientos.

406 DSCGE, nº .283, 12-VII-1811, p. 1443-1444: *"Concluida la sumaria, se formalizará la acusación en los juzgados ordinarios en el término de nueve días, y en los tribunales superiores en el de quince: en unos y en otros se dará traslado al reo por nueve días; y contestada la acusación, se recibirá la causa á prueba por término correspondiente á la gravedad y circunstancias de la causa, sin que pueda exceder de los ochenta de la ley. Hecha publicación de probanzas, se concederá al actor y al reo para instruir su defensa que puedan alegar de bien probada, dando a cada uno nueve días: servirá este escrito de conclusión"*. El debate sobre el artículo siguiente, acerca de la tacha de testigos, se concluyó en DSCGE, nº .287, 16-VII-1811, p. 1458: *"Las tachas deben ponerse dentro de los seis días después de la publicación de probanzas..."*. Por su parte, el artículo 14 quedó visto en DSCGE, nº .288, 17-VII-1811, p. 1461.

407 DSCGE, nº .291, 20-VII-1811, p. 1476 y DSCGE, nº .292, 21-VII-1811, pp. 1481-1488.

408 La importancia de esta capítulo III del título V de la Constitución de 1812 para la reforma de las cárceles queda probada con su incorporación, tras las leyes referidas a cárceles de la Novísima Recopilación, en la *Colección legislativa de cárceles* que ordenó hacer la Dirección General de Establecimientos Penales en Madrid, 1860, pp. 35-36.

409 En este sentido se pronuncia también TOMÁS y VALIENTE, F., *Códigos y constituciones (1808-1978)*, Madrid, 1989, pp. 160-161, mientas que ROMERO MORENO, J.M., *Proceso y derechos fundamentales en la España del siglo XIX*, Madrid, 1983, p. 81, confunde este Reglamento para las causas criminales con el Reglamento del Poder Judicial aprobado por las Cortes el 12 de mayo de 1811, y decretado el 14 de julio.

el artículo 286 con el que se iniciaba el capítulo, según el cual *"las leyes arreglarán la administración de justicia en lo criminal, de manera que el proceso sea formado con brevedad, y sin vicios, a fin de que los delitos sean prontamente castigados"*; y con el artículo 287 que le seguía, estableciendo que *"ningún español podrá ser preso sin que preceda información sumaria del hecho, por el que merezca según la ley ser castigado con pena corporal, y asimismo un mandamiento del juez por escrito, que se le notificará en el acto mismo de la prisión"*[410].

También se admitió unánimemente la detención *in fraganti*, amparada por el artículo 292; un artículo 291 en el que se reconocía que *"la declaración del arrestado será sin juramento"*; una serie de garantías jurídicas para el ciudadano ante el arresto en el artículo 293[411]; y un artículo 297 que declaraba: *"Se dispondrán las cárceles de manera que sirvan para asegurar y no para molestar a los presos: así el alcaide tendrá a éstos en buena custodia y separados los que el juez mande tener sin comunicación; pero nunca en calabozos subterráneos ni malsanos"*.

Sólo fueron objeto de disputa algunas cuestiones concretas, como el plazo de veinticuatro horas en el que se obligaba al juez a tomar declaración al detenido, o derecho de *Habeas corpus* del artículo 290[412], centrándose el debate en dilucidar si era preciso o no mantener la excepción *"siempre que no haya cosa que le estorbe"*, para no ampliar la arbitrariedad del juez[413]; la limitación del embargo de bienes realizada por el artículo 294 de la Constitución[414]; o la extensión de las fianzas para que no resultara *"grande desigualdad entre el rico y el pobre"*[415].

Se aprobaron sin dificultad los artículos 298 (sobre las visitas de las cárceles) y 299 (que reconocía el delito de detención arbitraria para los jueces que incumplieran con los artículos precedentes), abriéndose a continuación el debate más importante que quizá se sucediera en torno a

[410] El artículo siguiente establecía que *"toda persona deberá obedecer estos mandamiento: cualquiera resistencia será reputada delito grave"* (artículo 288).

[411] Art.293: *"Si se resolviese que al arrestado se le ponga en la cárcel, o que permanezca en ella en calidad de preso, se proveerá auto motivado y de él se entregará copia al alcalde, para que la inserte en el libro de presos, sin cuyo requisito no admitirá el alcaide a ningún preso en calidad de tal, bajo la más estrecha responsabilidad"*.

[412] Sobre esta cuestión, véase el estudio monográfico de GARCÍA ÚBEDA, E., *El Habeas Corpus en la Constitución española de 1812*, en Revista de Estudios Histórico-Jurídicos de Valparaiso (Chile), n.20 (1998), pp. 195-209.

[413] DSCGE, nº 435, 11-12-1811, pp. 2408-2409.

[414] La cuestión quedó zanjada por el Señor Aner, para quien era *"imposible extender mejor el artículo"*, por cuanto el espíritu del mismo, por todos conocido, era hacer solamente embargos *"en la cantidad necesaria y proporcionada al delito para que de este modo no quede su familia privada y quede asegurado el tercero"*, en DSCGE, nº 435, 11-12-1811, p. 2409.

[415] DSCGE, nº 435, 11-12-1811, pp. 2409-2410.

este capítulo constitucional: la publicidad del proceso después de la fase sumaria (artículos 300 y 301 de la Constitución).

La discusión entroncaba con la que había tenido lugar al tratarse sobre el Reglamento para las causas criminales, y enfrentaba las mismas posiciones (los absolutistas se oponían para que el acusado nunca pudiera conocer el nombre de su acusador y testigos de la acusación por evitar, decían, amenazas; mientras los liberales lo consideraban esencial para la defensa)[416]. Pero finalmente el artículo quedó aprobado, y, tras puntualizarse que la publicidad del proceso abierta tras la confesión del reo (artículo 302) no era incompatible con un posterior desarrollo legislativo[417], se aprobaron con absoluta unanimidad y sin ninguna incidencia los preceptos que declaraban abolidos los tormentos y apremios (en atención al Decreto de abril de 1811), así como la pena de confiscación de bienes y cualquier otra pena trascendente a la familia del reo (pensándose, principalmente, en algunas penas de infamia).

Además de este elenco de garantías jurisdiccionales recogidas en el texto constitucional, en las Cortes de Cádiz trataron de impulsarse otras medidas de importancia para la reforma de las cárceles. En primer lugar, la innovadora Orden de 30 de mayo de 1811, que, en atención a uno de los últimos proyectos de la Real Asociación de Caridad, impuso a los Ayuntamientos, y en concreto al de Madrid, la obligación de afrontar con dinero público la alimentación de los presos (hasta entonces en manos privadas o de la caridad), y los salarios de los empleados (prohibiendo el abusivo impuesto del *"carcelaje"* que hasta entonces pagaban los presos para ello). Lamentablemente, la medida no pudo llevarse a la práctica por el elevado coste que suponía para las corporaciones municipales, derogándose por Orden de 15 de julio de 1814[418].

En este sentido, también debe citarse el Reglamento de las Audiencias y Juzgados de primera instancia, de 9 de octubre de 1812, que recoge garantías jurídicas para el detenido y obligaciones de visita de las cárceles; y otras disposiciones preventivas de obligaciones de visita para el Tribunal especial de Guerra y Marina y los demás jefes militares, e incluso para los prelados y jueces eclesiásticos en las cárceles de su jurisdicción[419].

---

[416] DSCGE, nº 436, 12-12-1811, pp. 2411-2415.

[417] DSCGE, nº 437, 13-12-1811, p. 2419.

[418] Sobre la misma, también GARCÍA VALDÉS, C., *Régimen penitenciario de España (investigación histórica y sistemática)*, Madrid, 1975, p. 29, y SANZ DELGADO, E., *Las viejas cárceles: evolución de las garantías regimentales*, en el Anuario de Derecho Penal y Ciencias Penales, LVI (2004), pp. 253-352.

[419] Todas ellas en *Colección legislativa de cárceles*, Dirección General de Establecimientos Penales, Madrid, 1860, pp. 36-39.

Todo ello quedó derogado tras el regreso de Fernando VII en mayo de 1814. Pero posteriormente se recuperarían algunos de los avances conseguidos en este terreno. El Decreto de abolición de la tortura y de los apremios fue reconocido, por ejemplo, por la Real Cédula de abolición de la tortura de 25 de julio de 1814, en la que se preveía además la realización de un gran proyecto de reforma y acondicionamiento de las cárceles y establecimientos penitenciarios de todo el país.

Para llevar a cabo dicho proyecto, el Consejo de Castilla retomó las consultas y trabajos que venían realizándose desde finales del siglo XVIII[420], y pidió a los fiscales del reino que hicieran un Informe sobre policía de cárceles, que fue presentado finalmente el 12 de noviembre de 1814[421], aconsejándose al rey que recabase aún mayor información desde las distintas Chancillerías y Audiencias. Hasta 1818 no pudo darse por terminada la operación de recepción documental[422], llegándose a la conclusión de que, salvo algunas de las principales cárceles de las Audiencias o Chancillerías, o de ciudades señaladas como Zaragoza, Barcelona o Madrid, el estado del resto de las cárceles del territorio era lamentable. Algunos lugares ni siquiera contaban con cárcel, sino que tenían un simple "cepo" para la custodia provisional de los delincuentes, y en otros las cárceles permanecían en edificios ruinosos, húmedos e insalubres, o incluso seguían siendo de señorío.

A la vista de dicha información, los fiscales propusieron medidas como la dotación de fondos para obras de mejora y acondicionamiento, la concentración de las cárceles en las sedes principales, la formación de juntas provinciales de vigilancia penitenciaria, el fomento de la caridad y la flexibilización para la mayor obtención de recursos económicos (con especial mención a las Reales Asociaciones de Caridad), el fomento del trabajo en las cárceles, y la aplicación de medidas de policía, higiene y buen traro en las cárceles y demás establecimientos penitenciarios.

En su mayoría, eran medidas tomadas del pasado, con constantes citas a la Novísima Recopilación y al resto de la legislación tradicional del reino, que obviaban cualquier novedad que pudiera resultar revolucionaria o propia del ideario liberal. El Informe fue por ello muy bien recibido en el Consejo de Castilla, que se comprometió a seguir puntualmente las medidas propuestas en orden a poner en marcha la ansiada reforma de

---

420 BERMEJO CABRERO, J.L., *Tormentos, cárceles y patíbulos a finales del Antiguo Régimen*, en el AHDE, 56 (1986), pp. 684-727, donde presenta la documentación extraída del AHN, *Expediente formado en virtud de Orden de Consejo de 6 de marzo de 1798* (AHN, *Consejos*, legajo 3860).

421 BERMEJO CABRERO, J.L., *Tormentos, cárceles y patíbulos...*, pp. 726-727, documento perteneciente a los *Expedientes sobre apremios*, AHN, *Consejos*, leg.3860, fols.108-109.

422 BERMEJO CABRERO, J.L., *Tormentos, cárceles y patíbulos...*, pp. 696-698.

las cárceles en el país, sin que, tras el paréntesis gaditano, nada hubiera cambiado.

Con anterioridad, la Corona había intentado también llevar a cabo un tanteo de los oficios enajenados (incluidas las alcaldías de las cárceles y alguacilazgos), pero no para mejorar el servicio público, sino para controlar nuevamente su otorgamiento a servidores fieles[423]. Y, en cuanto al estado de los presidios y otros establecimientos penitenciarios, una Real Orden de 5 de junio de 1816, especificaba que quedaban restablecidas, sin ninguna novedad, las anteriores reales órdenes de 9 de enero de 1783 y 21 de agosto de 1784, según las cuales el presidio de Madrid se dejaba bajo la dependencia del Consejo Real, mientras que el resto de presidios mayores y menores, arsenales, brigadas de desterrados, depósitos o cajas de rematados del reino continuarían bajo la dependencia de la jurisdicción militar[424].

La confusión de todos estos establecimientos seguía siendo, no obstante, evidente, como prueba la Real orden de 22 de marzo de 1819, mandando que no se destinen contrabandistas a los hospicios y casas de misericordia donde no exista departamento particular de corrección, para *"que los criminales no se confundan con los inocentes recogidos en los hospicios"*[425].

Eso fue todo lo que quedó de la obra gaditana. Aunque, al parecer, la supresión de la pena de confiscación de bienes y otras trascendentes también pretendía ser recuperada por Fernando VII, a tenor del decreto para la formación de un nuevo código criminal de 1819, según el cual *"algunas penas de las Partidas, hechas según las opiniones y circunstancias críticas de aquellos tiempos de continua agitación y turbulencias, adolecen de severidad nada compatibles con la civilización y costumbres del día, que es siempre la voz muda que siempre me indicó la ley que más conviene. La confiscación de bienes, la trascendencia de infamia a los hijos por los delitos de un padre, sin otro fruto que hacer perpetuamente desgraciada a la familia..."*[426].

---

[423] Véanse la Real Cédula de 11 de noviembre de 1816, la Real Cédula de 13 de noviembre de 1817, y la Real Orden de 10 de febrero de 1818, en *Colección legislativa de cárceles*, Dirección General de Establecimientos Penales, Madrid, 1860, pp. 40-43.

[424] Real Orden de 5 de junio de 1816, publicada en la Gaceta de Madrid, jueves 20 de junio de 1816, núm.77, pp. 646-647, en la biblioteca del Boletín Oficial del Estado.

[425] *Colección legislativa de cárceles*, Dirección General de Establecimientos Penales, Madrid, 1860, pp. 45-46.

[426] Real Decreto de 2 de diciembre de 1819, por el que SM ordena al Consejo se encargue de la formación de un nuevo código criminal para que con claridad y sencillez puedan clasificarse los delitos y aplicar a ellos el justo castigo, en Decretos del rey D. Fernando VII, año VI de su restitución al trono de las Españas, por D. Fermín Martín de Balmaseda, tomo VI, Madrid, 1823, p. 502.

4. EL TRIENIO LIBERAL: INFLUENCIAS DOCTRINALES EN EL CÓDIGO PENAL DE 1822

Tras el regreso del Absolutismo, se realizó la segunda traducción de la obra de Filangieri (*Ciencia de la legislación*, en 1813), y se siguió divulgando la obra de La Rochefoucauld Liancourt traducida por Ventura de Arquellada bajo el patrocinio de la Real Asociación[427].

Además, la doctrina española se iba haciendo eco del utilitarismo penal de Bentham[428], que ya es reconocible en propuestas como la realizada por el Conde de Cabarrús, y en la principal aportación de Antonio Alcalá Galiano, *Máximas y principios de la legislación universal* (1813)[429]. Sin embargo, ninguno de ellos citaba de forma directa la fuente, por lo que en puridad la recepción de Bentham en España se ha vinculado principalmente a dos importantes personajes de la Universidad de Salamanca, el bibliotecario Toribio Núñez[430], y su traductor, el catedrático Ramón Salas, que tras un largo destierro fue nombrado diputado a Cortes en 1820 y probablemente intervino en la elaboración del primer Código Penal español[431].

La arquitectura panóptica en España se conoció también gracias al magistrado Jacobo Villanova y Jordán (*Cárceles y presidios. Aplicación de la Panóptica de Jeremías Bentham*, Madrid, 1819). Villanova y Jordán presentó al rey Fernando VII una traducción de Bentham, con un apéndice y notas, que fue muy favorablemente informada por la Sociedad Económica Matritense de Amigos del País. La obra obviaba conscientemente la filosofía revolucionaria del liberalismo, y entroncaba con la más antigua corriente humanitaria o filantrópica, vinculándose expresamente a Bentham con autores como Howard, Lardizábal o Gutiérrez, así como

---

[427] La célebre obra de LA ROCHEFOUCAULD LIANCOURT, *Des prisons de Philadelphie* (1789), fue también conocida en nuestro país, si bien en un primer momento se confundió al traductor con el autor, citándose como tal a ARQUELLADA, V. de, *Noticia del estado de la cárcel de Filadelfia*, Madrid, 1801, y no sería hasta 1913, en la monografía *Prioridad en España en las determinantes del sistema penitenciario progresivo*, publicada en Madrid, cuando finalmente se reconoce la autoría y traducción española de Arquellada.

[428] SILVELA, L., *Bentham en España*, Memoria de ingreso de la Real Academia de Ciencias Morales y Políticas, Madrid, 1894, y más recientemente RODRÍGUEZ GIL, M., *Jeremy Bentham... su recepción en España*, en su edición de los *Tratados de legislación civil y penal*, pp. 8-10.

[429] MIRANDA, M.J., *Bentham en España*, en *El ojo del poder. El panóptico*, Madrid, 1989, pp. 129 y ss

[430] NÚÑEZ, T., *Espíritu de Bentham y sistema de ciencia social*, Salamanca, 1820.

[431] Además de su traducción de la obra de Bentham, SALAS, R., *Tratado de legislación civil y penal de Jeremías Bentham*, Madrid, 1820, es notable la influencia de sus principios en su obra, SALAS, R., *Lecciones de derecho público constitucional*, Madrid, 1821.

con las asociaciones fundadas por los Excelentísimos Señores Conde de Miranda y Marquesa de Casasola[432].

Por ello, el informe que la Sociedad Matritense envió al rey alababa el planteamiento práctico de la reforma[433], y le recomendaba la obra *"del benemérito D. Jacobo Villanova y Jordán"*, consagrando al tiempo la de Bentham. Además, el informe se acompañó con una interesantísima memoria sobre la situación de las cárceles de la Villa y Corte, que le fue encargada hacer por el propio Fernando VII a través de una Real Orden de 16 de mayo de 1819, y en ella encontramos, impertérritamente, la misma descripción de presos hacinados, enfermos y enflaquecidos, los mismos horrores, las mismas miserias, y también la misma buena voluntad de cambiar el modelo siguiendo la tecnología del poder propuesta por Bentham[434].

Villanova fue precisamente el encargado de impulsar la reforma nada más iniciarse el Trienio Liberal en 1820, cuando se creó una comisión parlamentaria especial encargada de elaborar un proyecto de ley para el arreglo y mejora de las cárceles del reino, al tiempo que se publicaba una curiosa obra, titulada *Principios acerca de prisiones, conforme a nuestra legislación y las leyes, escritos para instrucción del pueblo y gobierno de Jueces y Alcaldes constitucionales*[435].

El proyecto de ley de cárceles se realizó con rapidez, tras examinarse con *"escrupulosidad"* la obra de Jeremías Bentham, traducida por Jacobo Villanova, así como el informe de la Sociedad Económica Matritense. La conclusión alcanzada por la comisión fue que era *"necesaria la construcción de nuevas cárceles (...); y para ello no encuentra medio alguno más acomodado que el de la panóptica aplicada a estos establecimientos"*. A tal fin, el proyecto de ley de cárceles planteaba edificios nuevos que habrían de ubicarse en la periferia de las poblaciones (en todas las capitales y pueblos donde residan jueces de primera instancia) siguiendo el *"plan de panóptica"*, y manteniéndose a cargo de los militares. Fue presentado ante

[432] Véase VILLANOVA y JORDÁN, J., *Aplicación de la panóptica de Jeremías Bentham a las cárceles y casas de corrección de España*, Madrid, 1834, pp. 97-100.

[433] VILLANOVA y JORDÁN, J., *Aplicación de la panóptica...*, pp. 14-15.

[434] Como muestra de la lentitud, casi inmovilismo, con el que iban cambiando las cosas, baste reparar en la curiosidad de que GARCÍA VALDÉS, C., *Régimen penitenciario en España*, Madrid, 1975, pp. 36 y 37, fecha esta ordenanza en 1919 y se la atribuye a Alfonso XIII, en vez de Fernando VII, en una errata que por la situación histórica es absolutamente comprensible. La misma ordenanza pudo haberse dictado con un siglo de diferencia.

[435] HERNÁNDEZ, T., *Principios acerca de prisiones, conforme á nuestra legislación y las leyes, escritos para instrucción del pueblo y gobierno de Jueces y Alcaldes constitucionales*, Madrid, 1820.

las Cortes en octubre de 1820[436]. Pero quedó sin aprobar y pendiente para un momento posterior que nunca llegó[437].

Lo que sí alcanzaron a aprobar las Cortes, en septiembre de 1820, fue un Decreto que restablecía las garantías jurídicas del detenido en el momento de su arresto[438], recuperadas también por vía constitucional con el restablecimiento de la Constitución de 1812. En noviembre de 1821, la Comisión de beneficencia insistía nuevamente en la necesidad de nombrar una comisión especial que tratase *"sobre la planificación y arreglo de casas de corrección y presidios correccionales"*, siendo nombrada para ella los señores Rey, Villanueva, Manescau, Losada, Antonio García, Victorica, Traver y Marcial López[439]. Y en 1822 se impulsaron los trabajos para la elaboración de una Ordenanza General de Presidios, nombrándose una comisión que presidía el Teniente General Francisco Javier Abadía y que, aunque no pudo culminar sus trabajos en este periodo, serviría de antecedente para la comisión que, a partir de 1832, redactaría la Ordenanza General de 1834.

El propio Bentham mostró un claro interés por los asuntos españoles en este nuevo periodo liberal abierto por la fuerza de las armas durante el Trienio (1820-1823)[440], en el que, siguiendo a Quintiliano Saldaña, la sombra de Bentham "soplaba por todas partes como un espíritu internacional". Su principal influencia se dejó sentir, especialmente, en la redacción del primer Código Penal español de 1822.

Tanto en su redacción, como en la del anterior Dictamen de la Comisión parlamentaria de 28 de septiembre de 1820, la obra de Villanova serviría de fundamento como primera interpretación de Bentham[441], convirtiendo al utilitarismo en la tendencia más reconocible. Aunque, junto a él, también se aprecian otras influencias doctrinales, pudiendo concluirse que este código *"en su totalidad contiene mucha filosofía"*[442]. El mismo Calatrava,

[436] Tanto del dictamen de la Comisión como este proyecto de ley de cárceles, pueden consultarse en el Diario de Sesiones de Cortes (DSC), nº 94, 6-10-1820, pp. 1445-1451. Prueba de su humanitarismo y avanzado espíritu es, por ejemplo, el artículo 16 de mismo: *"Se prohíbe el uso de grillos y cadenas para los presos, excepto en los casos en que las furia ó demencia de estos exija tomar estas medidas de sujeción para que no se dañen en sus personas ni á otras"*.

[437] Un descripción más detallada del mismo en BURILLO ALBACETE, F.J., *El nacimiento de la pena privativa de libertad*, Madrid, 1999, pp. 73-75.

[438] *Colección legislativa de cárceles...*, pp. 47-48.

[439] DSC, nº 58, 21-11-1821, pp. 886 y 898.

[440] Véanse los *Consejos que dirige a las Cortes y al pueblo español Jeremías Bentham*, Madrid, 1820, y las *Cartas de Jeremías Bentham al señor Conde de Toreno sobre el proyecto de Código Penal presentado a las Cortes*, Madrid, 1821.

[441] SALILLAS, R., *Evolución penitenciaria...*, pp. 11-12.

[442] Aunque fueron varios los informantes que, al expresar su opinión sobre el proyecto del Código Penal, reconocieron las influencias filosóficas, repárese, por ejemplo, en el dic-

uno de los principales autores de este Código, reconocía abiertamente la autoridad en él de autores como Montesquieu, Beccaria, Filangieri, y Lardizábal, además del principal Bentham, y si nos atenemos a los debates parlamentarios que precedieron a la aprobación del primer Código Penal español, las citas más abundantes fueron precisamente de estos autores[443].

Montesquieu se convirtió, durante el Trienio Liberal, en un padre intelectual de los diputados en Cortes, y entre 1820 y 1830 se hicieron cinco ediciones en castellano de la famosa obra de Beccaria, que se recuperó también así para la doctrina liberal de la persecución a la que había sido sometido durante la reacción absolutista. En 1836 aparecieron los *Comentarios del ciudadano Ramón Salas al tratado de los delitos y de las penas escrito por el Marqués de Beccaría*, acompañado del *Tratado de las virtudes y de los premios*, de Jacinto Dragonetti. Es muy probable que Ramón Salas escribiese su trabajo algunos años antes, pero no pudiese publicarlo hasta ese momento[444], en el que tras interesarse vivamente por el propio Bentham, pudo seguir la pista de Beccaria.

La nueva traducción de Filangieri, realizada por Ribera en 1821, superó notablemente en calidad a la revisión anónima hecha en 1813 de la primera traducción de Jaime Rubio ("incompleta y defectuosísima", en opinión de Lalinde), y gozó de una amplia difusión en España debido a que se trataba de una obra menos filosófica y mucho más práctica que las de los filósofos franceses[445].

Ese pragmatismo le había llevado a abundar, al margen de la consagración de los principios iusnaturalistas[446], en problemas más tangibles o manifiestos de la realidad penal y penitenciaria, como la reforma de las cárceles, o la necesidad de desarrollar un nuevo sistema y clasificación de las penas en el que predominaran las penas privativas de libertad.

---

tamen de la Universidad de Sevilla, en el Diario de Sesiones de las Cortes Extraordinarias (DSCE), nº 60, 23-XI-1821, p. 922: *"El proyecto en su totalidad contiene mucha filosofía; que se ha procurado reunir en él las doctrinas escogidas de los criminalistas más célebres, y que se han tenido presentes los mejores modelos, sin seguir particularmente á ninguno".*

[443] TOMÁS y VALIENTE, F., *El derecho penal...*, p. 103, ANTÓN ONECA, J., *Historia del Código penal de 1822*, en el ADP, 1965, p. 78, o RIVACOBA, M., *Lardizábal...*, p. 93, coinciden en señalar que la principal influencia era Bentham, aunque también se citen otros autores. HERRERO HERRERO, C., *España penal y penitenciaria...*, p. 176 señala también la influencia de Bexon.

[444] DELVAL, J.A., "Notas" a la edición de BECCARIA, *De los delitos y de las penas...*, p. 191.

[445] Véase LALINDE ABADÍA, J., *El eco de Filangieri en España*, en el AHDE, 54 (1984), pp. 480 y ss.

[446] Véase FILANGIERI, C., *Ciencia de la legislación ilustrada con comentarios de Benjamin Constant*, Tercera edición revista, corregida y comentada, París, 1836, tomo VI, pp. 1 y ss.

A la problemática de las cárceles de custodia se dedicó Filangieri buena parte del libro III sobre el *Juicio criminal*. En él se denunciaba el abuso que en todos los países se hacía de las cárceles, en contra de leyes antiguas *"que acaso tomaron los Romanos de los Atenienses"*, y que prohibían encarcelar preventivamente a los acusados a favor de otro tipo de garantías reales, salvo en los delitos más graves del ordenamiento[447]. También se hacía una exhaustiva y *"patética descripción, y por desgracia demasiado exacta, de los sufrimientos de los infelices que las imperfecciones de nuestro órden social y la insensibilidad de los depositarios del poder condenan á consumirse en las cárceles"*[448]. Y, finalmente, se proponía la reforma o mejora de las cárceles para que fueran más soleadas, bien ventiladas, limpias, salubres y ajenas a cualquier tipo de apremio, adelantándose específicamente la idea de la separación de los reos no sólo por sexos sino también por el tipo o gravedad de sus delitos.

Por su parte, la apuesta de Filangieri por el desarrollo de las penas privativas de libertad se hizo expresamente en el libro dedicado a la penalidad, en el que, tras concluir que la pena de muerte sólo debería aplicarse de forma excepcional a *"poquísimos delitos"*, y que tampoco debía abusarse de las penas de infamia (sólo *"por los delitos que son infamatorios"*), ni de las económicas (sólo a *"aquellos delitos que proceden de la codicia del dinero"*), llega a la conclusión de que era necesario buscar un nuevo tipo de pena capaz de llenar el *"vacío inmenso"* que se presentaba a la hora de castigar la mayor parte de los delitos del ordenamiento, y *"siempre que se manejen bien las penas privativas o suspensivas de la libertad personal, pueden llenar por sí solas gran parte de este vacío considerable"*[449].

Las ventajas que, a juicio de Filangieri ofrecían las penas privativas de libertad, eran muchas: por ser un castigo igualitario; por el valor del bien del que privan al delincuente; por poder graduarse o hacerse proporcionales a los distintos tipos de delitos, *"ya por la diversidad de su duración, y ya por la variedad que encuentra por lo tocante al modo y á la intensión"*; por su eficacia como *"instrumentos de seguridad"* para apartar al delincuente de la sociedad; por ser *"medios de instrucción y de ejemplo"*; y, finalmente, por los dos novedosos criterios penales de la corrección del delincuente (*"para corregir al delincuente con la experiencia de los males que acarrea el delito"*), y sobre todo de la utilidad: *"Finalmente, se hallarán combinables con los intereses económicos del estado, pues privando al hombre de su libertad personal, pueden hacerse instrumento de algunos bienes, de algunas*

---

[447] FILANGIERI, C., *Ciencia de la legislación ilustrada...*, tomo V, pp. 21 y ss.

[448] Traducción de las palabras de Benjamin Constant en sus comentarios a FILANGIERI, C., *Ciencia de la legislación ilustrada...*, tomo V, p. 34.

[449] FILANGIERI, C., *Ciencia de la legislación ilustrada...*, tomo VI, pp. 89-90.

comodidades, de algunas empresas necesarias ó útiles para la conservación y adquisición de las riquezas nacionales"[450].

En cuanto a Lardizábal, su influencia en el Código Penal de 1822 es también evidente[451]. No sólo se cita como referencia doctrinal en los debates parlamentarios que precedieron a la aprobación del Código Penal de 1822, sino que probablemente se utilizaron sus antiguos trabajos para la elaboración de aquel frustrado código dieciochesco para el conocimiento del derecho penal histórico, por cuanto la propia Comisión parlamentaria dio cuenta del hallazgo entre los papeles del desaparecido Consejo de Castilla de *"un extracto literal y circunstanciado de todas las leyes penales que se han publicado en los principales cuerpos de nuestro derecho, dispuesto por el orden de títulos y leyes de la Recopilación con anotaciones marginales, en que se advierten las correspondencias de otros códigos y sus antologías y concordancias"*.

Los legisladores buscaron asimismo ayuda en el extranjero, inspirándose en el Código Penal francés, que para el Colegio de Abogados de Madrid suponía uno de los mayores defectos del proyecto español por su tiranía y su dureza[452]. Calatrava respondió que *"la Comisión confiesa ingenuamente que ha tomado muchas cosas del Código francés, así como de las obras de Bentham, de Filangieri, de Bexon y de los demás que ha tenido a la mano"*, sin que fueran éstos modelos únicos[453]. En el mismo sentido, el propio Calatrava tuvo que defenderse también de la acusación planteada por Universidad de Sevilla acerca de que no se había seguido puntualmente el plan infalible de Bentham. Bentham había servido de fuente principal de inspiración, sí, como el Código francés, pero no de modelo exacto[454].

En cualquier caso, por lo que aquí interesa, tanto el reflejo del Código Penal francés, como el de Bentham y otros autores partidarios de la pena

---

[450] FILANGIERI, C., *Ciencia de la legislación ilustrada...*, tomo VI, pp. 90-91.

[451] ANTÓN ONECA, J., *El derecho penal de la Ilustración y don Manuel de Lardizábal*, en Revista de Estudios penitenciarios, 174 (1966), p. 603.

[452] Colegio de Abogados de Madrid, *Observaciones sobre el proyecto de Código Penal presentado a las Cortes por la Comisión nombrada al efecto*, Madrid, 1821, p. 4. Un extracto de sus opiniones puede leerse también en el DSCE, nº 60, 23-11-1821, p. 923: *"que el Código penal francés, al cual censura como favorable á la tiranía, no puede tomarse por modelo para el nuestro, ni pueden trasplantarse las leyes de un país á otro sin mucha circunspección: que la dureza del Código de Francia ha pasado en gran parte al proyecto, el cual por esta razón les parece menos conforme á un pueblo destinado á la libertad"*.

[453] DSCE, nº 60, 23-11-1821, p. 924.

[454] DSCE, nº 60, 23-11-1821, p. 924: *"La comisión respeta mucho la ilustración y mérito de este célebre escritor; pero las Cortes no llevarán a mal que no le tenga por infalible como le cree la Universidad. Se ha tenido presente su plan, así como los que otros proponen, y se ha formado el del proyecto, tomando de unos y de otros aquello que ha parecido mejor; lo mismo se ha hecho en todo lo demás, pero atendiendo siempre a las circunstancias particulares de nuestra nación, que no son enteramente iguales a las de otras"*.

privativa de libertad y la reforma del régimen penitenciario, fue todavía poco claro. Al igual que en el Código penal de la vecina Francia, en el proyecto del Código Penal de 1822 se conservaba la pena de muerte, y también los trabajos forzados en obras públicas o en el interior de las prisiones, así como la deportación y el destierro. Pero aunque se preveía una novedosa pena de reclusión en casas de trabajo, siguiéndose un criterio correccional, éstas no alcanzaban la importancia que tenían en aquel, en el que incluso el primero de sus libros llegó a titularse *"de las penas en materia criminal y correccional, y de sus efectos"*.

La falta fue acusada principalmente por el diputado Marcial López, miembro de la comisión de reforma penitenciaria y eminente penitenciarista, que más adelante sería enviado a Estados Unidos para el estudio de su sistema de prisiones, escribiendo en torno a él su principal obra. Al cerrar el debate sobre el proyecto en su totalidad el día 23 de noviembre de 1821, éste declaraba: *"Echo de menos en el proyecto de Código penal un capítulo ó una sección que pudiera llamarse correccional. Todos saben que los hombres regularmente hablando, no son criminales de repente: van haciéndose tales gradualmente. El primer paso que se da de ordinario, es una falta, ó cuando más un exceso, hijo acaso de algunos malos hábitos que se han adquirido por malos ejemplos domésticos, ó por falta de educación, ó por otras causas que por desgracia tienen todavía un fatal influjo entre nosotros. Cuando esto sucede (que es muy de ordinario), si el primer mal se ataja no tiene ciertamente el progreso y consumación, por decirlo así, que frecuentemente vemos, cuyos resultados son el pasar el hombre de culpable á criminal"*[455].

El diputado Vadillo le contestaba que si faltaba un tratado de penas correccionales, como en la vecina Francia, era porque en el Código francés se había seguido una clasificación tripartita de delitos diferente a la española (crímenes con pena infamante o aflictiva, delitos con pena correccional, y simples contravenciones castigadas con leyes de policía). En el Código patrio se habían dejado a un lado las cuestiones de policía, por cuanto se estaba elaborando un particular código sobre esta cuestión[456]; y se había preferido respetar la clasificación romana de crímenes, delitos públicos y delitos contra los particulares. A pesar de ello, *"es de advertir que las penas correccionales en el Código francés están graduadas en prisión, interdicción*

[455] DSCE, nº 60, 23-11-1821, p. 929. En este sentido también, por ejemplo, el diputado Vadillo en DSCE, nº 70, 4-12-1821, p. 1109: *"Los grandes criminales no se hacen de repente: la ley de la continuidad que dijo un célebre filósofo que existe en todas las cosas del mundo físico, se observa también en lo moral"*.

[456] En ese sentido fueron rebatidos, además, todas aquellas quejar sobre la falta de delitos menores o de policía contenidas en el debate sobre el proyecto en su totalidad del día anterior, en DSCE, nº 60, 23-11-1821, pp. 920-931.

de derechos civiles, y multa; y todas estas penas se hallan en el proyecto de Código, y no solamente por los delitos que comprende el Código francés, sino por otros varios que la comisión ha creído que debían añadirse"[457].

Con ello quería darse a entender que el espíritu correccional, si no la sección así llamada, sí se albergaba en el proyecto español, que en este punto había preferido separarse de otros intereses perseguidos en Francia con tan artificiosa distinción de lo correccional[458]. A esta opinión se sumó el diputado Martel[459], quien reconocía no obstante la necesidad del citado *Código Correccional,* aunque, como también expresó Gareli, su redacción, que se estaba llevando a cabo, así como la redacción de otras normas necesarias para el desenvolvimiento del Código Penal, como *"el reglamento de cárceles, el de presidios, el de casas de corrección, ó como quieran llamarse"*, no era absolutamente preceptiva para la aprobación del cuerpo principal: *"Puede y debe discutirse el Código, aunque no se hayan formado aún los reglamentos de cárceles, casas de corrección, etc. Sobre las bases del Código se formarán sin dificultad"*[460].

A pesar de ello, las objeciones acerca de las novedosas casas de corrección o reclusión que aparecían en el proyecto, fueron una constante en los informes previos al debate. El mismísimo Tribunal Supremo de Justicia hizo notar que, antes de la publicación del Código, deberían *"disponerse establecimientos para trabajos perpetuos, etcétera, con recursos fijos para mantener a los presos"*. La Audiencia de Navarra consideraba prematuros todos los artículos que tratan de las *"casas de reclusión (...) y otras materias que no se conocen hasta ahora en España"*. Y, precediendo

[457] DSCE, nº 61, 24-11-1821, p. 938.

[458] DSCE, nº 61, 24-11-1821, p. 938. *"La idea de que las penas correccionales formasen un cuerpo aparte, no pudo entrar ni entrará jamás en el ánimo de la comisión. Es bien sabido por qué se estableció esto en Francia: porque habiéndose discutido y aprobado su Código penal en tiempo en que un hombre aspiraba al despotismo, este se valió de todos los medios que tuvo a su alcance para sujetar la Francia, y reducirla á la esclavitud; y como esto no era fácil mientras hubiese jurados que entendiesen en todas las causas, trató de extraer muchas de su conocimiento, y someterlas á tribunales permanentes nombrados á su voluntad: y así es que un célebre jurisconsulto dice que ha sido esto la cosa más perniciosa y más contraria á la libertad de los franceses. La comisión, pues, no podía hacer esa distinción, que es inútil, supuesto que el castigo ó reclusión en casas de corrección está determinado en el proyecto siempre que ha parecido conveniente, evitándose así que acaso insensiblemente con el tiempo se cayese en la tentación de exceptuar ciertos delitos del conocimiento de los jueces de hecho"*

[459] DSCE, nº 61, 24-11-1821, p. 950: « Digo lo mismo respecto del Código de policía, seguridad y corrección. Será muy importante que esto se haga; no hay duda: sin embargo de que en mi opinión particular, que nada vale, es el que tiene más que examinar y el más delicado de todos, porque el Código correccional ha sido siempre por desgracia un instrumento de la arbitrariedad en manos del despotismo. Es conveniente que se haga para evitar muchos males que por su falta se experimentan: pero pido larga meditación, estudio y tiempo".

[460] DSCE, nº 61, 24-11-1821, pp. 953-954.

en este mismo sentido al ministro de la Audiencia de Galicia y al Colegio de abogados de la Coruña, el Colegio de Granada expuso, asimismo, *"la dificultad de la falta de establecimientos de castigo, por no ser fácil realizar la deportación, las obras públicas de continuo y los trabajos perpétuos; que los presidios no se hallan en el pié que supone el proyecto, y que entretanto deben subrogarse otras penas fáciles; que todas serán inútiles mientras no se precava la arbitrariedad de los directores ó jefes; que deben ejecutarse sin dispensa alguna, y que en esta parte debe ser extremada la vigilancia y muy grave la dificultad"*[461].

"Faltan esos establecimientos, es una verdad", les respondía Calatrava, *"mas la Comisión ha contado con que deben formarse para cuando se ponga en ejecución el nuevo Código. Aprobado lo que en éste se propone acerca de ellos, ha creído la Comisión que desde luego se deben encargar al Secretario de despacho a quien corresponda, no sólo la formación de estos establecimientos, sino también la de los reglamentos que deben gobernarlos. En éstos se prescribirá cuáles han de ser las ocupaciones de los reos y de qué fondos han de mantenerse. Semejantes pormenores entiende la Comisión que no son propios del Código penal"*[462].

De dichos *"pormenores"*, que según Calatrava no eran *"propios del Código penal"*, ya había tratado de pronunciarse previamente el dictamen de la Comisión parlamentaria acerca de las cárceles, de 28 de septiembre de 1820, así como la Orden de 12 de octubre de dicho año, en la que se había ordenado que todas las prisiones tuvieran luz natural y se destruyeran los potros y tormentos para presos. El proyecto de ley que entonces se formuló, a la vista del dictamen, se inspiraba en las ya conocidas propuestas de la Real Asociación de Caridad sobre la gestión y control de las cárceles, y establecía que éstas estuvieran al cuidado de las Juntas de Caridad de cada provincia, que *"harán el acopio de enseres para los trabajos de los presos, venderán sus manufacturas y cuidarán de su vestido y manutención, y darán cuenta anualmente a las Diputaciones Provinciales"*.

La nueva institución provincial, la Diputación, surgida en la Constitución de 1812 como pieza clave para el gobierno de las nuevas circunscripciones territoriales, venía así a asumir ciertas competencias sobre la administración de las cárceles de su jurisdicción, a las que más adelante se añadirían también las competencias de gestión y control de los presidios, como veremos más abajo, promoviéndose la desmilitarización de las prisiones y la adscripción puramente administrativa de las mismas. Pero sigamos ahora con el contenido del debate acerca del Código Penal,

[461] DSCE, nº 60, 23-11-1821, pp. 921-924.
[462] DSCE, nº 60, 23-11-1821, p. 926.

que se ocupaba, según se deduce de las palabras de su principal autor, de cuestiones mucho más trascendentes[463].

En este escenario, el tema de la corrección del delincuente, y el nuevo protagonismo adquirido por las penas privativas de libertad en general, volvieron a recuperarse fundamentalmente en tres momentos del debate: al delimitarse el esquema de la edad penal, al discutirse sobre las cuestiones relativas a la penalidad, que en el Código Penal se recogieron finalmente en los artículos 28 y siguientes[464], y, en menor medida, al tratar sobre la conmutación de las penas[465].

Los artículos 21 al 23 del proyecto, que luego resultaron ser los artículos 23 al 25 del Código, eximían de responsabilidad penal a los menores de 7 años, y entre los 7 y 17 años distinguían si los jóvenes habían actuado con discernimiento o malicia. Si era así, se les castigaba con la cuarta parte a la mitad de la pena señalada en el delito, prefiriéndose para ellos las penas de reclusión o encierro en *"casa de corrección"*[466], y, en caso contrario, *"no se le impondrá pena alguna y se le entregará a sus padres, abuelos, tutores o curadores, para que lo corrijan y cuiden de él; pero si éstos no pudieren hacerlo o no merecieren confianza y la edad adulta del menor y la gravedad de caso requieren otra medida al prudente arbitrio del juez, podrá éste poner al menor en una casa de corrección por el tiempo que crea conveniente, con tal de que nunca pase de la época en que cumpla los 20 años de edad"*[467].

---

[463] ANTÓN ONECA, J., *Historia del Código penal de 1822*, pp. 269 y 272 atribuye principalmente la autoría del Código Penal a Calatrava, no sólo porque lo digan autores contemporáneos sino por su relevancia en los debates parlamentarios. Con él coincide LASSO GAITE, J.F., *Crónica de la Codificación española*, Madrid, 1970, vol.1, pp. 142-144.

[464] También se advierte el sentido correccional de la pena en la conmutación de ellas por medio del arrepentimiento y la enmienda del artículo 144 del C.P.1822.

[465] JIMÉNEZ de ASÚA, L., *Tratado de derecho penal...*, I, p. 757.

[466] En este caso el castigo se haría en la forma prevista en los artículos 66 y 67 del proyecto, que resultaron los artículos 64 y 65 del Código, los cuales prohibían imponer pena de muerte ni de trabajos perpetuos, deportación, presidio, obras públicas, vergüenza, infamia, ni destierro al que cuando cometió el delito fuere menor de 17 años cumplidos, y *"en el caso de incurrir con discernimiento y malicia en delito de pena capital ó de trabajos perpetuos, sufrirá la de quince años de reclusión. Si el delito mereciere deportación ó destierro perpetuo del reino, sufrirá diez años de reclusión; si obras públicas, presidio ó reclusión, sufrirá en esta la cuarta parte á la mitad del tiempo respectivo; si infamia ó destierro de lugar determinado, uno á tres años en casa de corrección; si prisión, confinamiento ó arresto, la cuarta parte á la mitad del tiempo respectivo; pudiendo el juez imponérsele, si fuera más conveniente, en una casa de corrección"*.

[467] El debate del artículo 21 del proyecto, entre San Miguel y Calatrava, puede consultarse en el DSCE, nº 79, 12-11-1821, pp. 1230-1233. A continuación, la una mucho más interesante discusión del artículo 22 del proyecto, en DSCE, nº 79, 12-12-1821, p. 1233, evidenció la falta de los establecimientos correccionales y la posibilidad de agravar la situación del menor por esa causa. La influencia de Bentham es evidente, pues expresamente se argumentaba que *"se perjudicaría al menor de 17 años mientras no haya buenas casas de corrección: y con este motivo se recomienda que no se olvide la panóptica de Bentham"*;

El principal motivo en el que se basaba el recogimiento de los jóvenes en *"casas de corrección"* o bajo la autoridad de sus padres, era lógicamente la finalidad de lograr su enmienda, frente a los motivos puramente humanitarios que sustentaban también la rebaja de la pena para el mayor de 70 años o para las mujeres, o su encierro en *"casas de reclusión"* en los artículos 66 y siguientes. En los tres casos se prohibía que tanto los mayores, como las mujeres y los jóvenes, fueran castigados con las penas de trabajos perpetuos, deportación, obras públicas o presidio. Pero los encierros en las *"casas de reclusión"* previstas para los ancianos y las mujeres, o *"casas de corrección"* de los jóvenes perseguían objetivos absolutamente divergentes, siendo sólo el de éstos últimos la posibilidad de enmendarse[468]:

> *"Pero ¿qué males podrían resultar, me parece que se ha dicho, de que un muchacho sea condenado á presidio y obras públicas? Yo creo que muy graves; porque un joven que acaso no ha cometido más que un solo hurto, y que aún puede ser hombre de bien, iría a parar á un destino en que acabase de viciar sus inclinaciones y corromper su corazón, en que aprendiese lo que nunca hubiera sabido, saliendo de allí amaestrado en los delitos, y como autorizado para ser un facineroso en adelante"*[469].

Es evidente, en consecuencia, que aunque no fuera la finalidad principal de la pena, la corrección del delincuente fue recogida ya en el primer Código Penal español como un objetivo más de la misma[470]. En los debates se hablaba con toda naturalidad de delincuentes *"corregibles"* e *"incorregibles"*, y en atención a estas dos categorías se definieron las penas, entre las que ganaron un especial y novedoso protagonismo las penas privativas de libertad.

La privación de libertad no se contempló como un tipo de pena en sí misma, sino que sus distintas manifestaciones se repartieron entre dos de las tres categorías que se establecieron para clasificar las penas: penas corporales, penas no corporales y penas pecuniarias. Decía Calatrava que esta era la mejor clasificación que se podía hacer *"para saber los efectos legales que han de surtir según la Constitución, pues especificándose cuáles*

---

si bien es cierto que Calatrava especificaba más adelante que *"la panóptica de Bentham no es una casa de corrección para los menores de 17 años; es una casa de castigo para los delincuentes de otra edad"*.

[468] Véase el debate de los artículos 66 al 68, en DSCE, nº 89, 22-12-1821, pp. 1413 y 1415, y DSCE, nº 90, 23-12-1821, p. 1419.

[469] DSCE, nº 89, 22-12-1821, p. 1414.

[470] Su reconocimiento fue expresado ante las Cortes por el propio monarca, Fernando VII, al afirmar en DSCE, nº 84, 17-12-1821, p. 1337, que *"no todas las penas tienen por objeto la enmienda del delincuente, ni este es el principal objeto de las penas que le tienen (...), sino el escarmiento de los demás y el precaver los delitos"*.

son corporales y cuáles no, se declara con esto que las primeras causan la pérdida de los derechos de ciudadano, y hacen que el reo deba estar preso mientras se procede al juicio, y las otras no"[471]. Pero lo cierto es que esta división de las penas resultaba confusa y difícilmente aplicable en la práctica, como algunos diputados hicieron constar en Cortes.

La complejidad con la que se afrontaron las penas privativas de libertad es evidente. En el artículo 28 del Código Penal se distinguieron, de un lado, las penas de trabajos perpetuos, obras públicas, presidio o prisión en una fortaleza (consideradas corporales todas ellas); y, de otro, la de reclusión en una casa de trabajo, arresto sancionador, o corrección en alguna casa de esta clase para mujeres y menores de edad (no corporales)[472].

Las penas de trabajos perpetuos u obras públicas eran, en opinión de Roldán Barbero, las que de forma más nítida llamaban a la continuidad del Código con respecto a la línea utilitarista inaugurada en el Reglamento de 1807, priorizándose el trabajo en obras públicas y municipales[473]. En este sentido, llama especialmente la atención que el tradicional límite de 10 años para la ejecución de este tipo de penas, al margen de la "cláusula de retención", no fuera respetado por el Código, que permitía penas de hasta 20 o 30 años, e incluso a perpetuidad. Afortunadamente, como el Código no llegó a aplicarse, el límite de los 10 años de condena a obras públicas se mantuvo en la práctica penitenciaria.

El principal problema radicaba en la construcción de los nuevos establecimientos penitenciarios[474], teniendo en cuenta que, junto a los presidios a construir según el planteamiento panóptico, también había que erigir unas nuevas *"casas de reclusión"* distintas de las *"casas de corrección"*[475], cuya ausencia ya había sido notada en el debate del proyecto en su totalidad como una de sus principales obstáculos. En definitiva, lo que el Código planteaba era la erección de al menos cuatro clases distintas de establecimientos penitenciarios, todos ellos públicos y todos ellos renovados, porque no podían admitirse como tales las lóbregas cárceles ni los deplorables presidios del Antiguo Régimen.

El propio Bentham, que era el principal inspirador de esta propuesta y el autor más citado en Cortes, criticó duramente este proyecto de Código

---

[471] DSCE, nº 84, 17-12-1821, p. 1331.

[472] Más exhaustivo sobre ellas, HERRERO HERRERO, C., *España penal y penitenciaria...*, pp. 177-191.

[473] ROLDÁN BARBERO, H., *Historia de la prisión en España...*, p. 68.

[474] DSCE, nº 84, 17-12-1821, p. 1336. *"La comisión ha contado con que se establezcan unos presidios á propósito, para que los reos al tiempo que espíen sus delitos, se corrijan y no salgan peores. No considera pues los presidios en su estado actual, sino como deben establecerse, aunque se tarde algún tiempo"*.

[475] DSCE, nº 84, 17-12-1821, pp. 1337-1341.

penal español, en el que, según su opinión, no habían sabido recogerse sus ideas y abundaba la utopía[476]. Pero a pesar de ello, el proyecto salió adelante, y fue seguido de un importante movimiento tendente a poner en marcha la nueva penalidad. La comisión de Diputaciones provinciales comenzó a elaborar un plan de arreglo para las cárceles y la manutención de los presos[477], y el 29 de junio de 1822, las Cortes dictaron finalmente un Decreto para que se erigieran en edificios públicos cárceles, casas de corrección, casas de reclusión y presidios en los que se pudieran cumplir adecuadamente las distintas penas clasificadas en el Código, siguiendo las recomendaciones que desde el propio gobierno se estaban haciendo a la comisión de Salud pública parlamentaria[478].

Los presidios del Estado, aún dispersos por la geografía española, seguían de momento bajo la gestión del poder militar, a la espera de que el desarrollo de la ciencia jurídico administrativa corrigiese su adscripción. Pero los nuevos establecimientos penitenciarios que resultarían ser las cárceles y casas de corrección, se adscribieron durante el Trienio a la administración de los Ayuntamientos constitucionales, que a su vez debían dar respuesta de su gestión a las Diputaciones como órganos superiores[479]. Comenzaba así a dibujarse un nuevo panorama, que sin embargo quedó frustrado con la entrada de los Cien Mil Hijos de San Luis y el restablecimiento del Absolutismo político el 1 de octubre de 1823, durante los diez años de la Década Ominosa[480].

---

[476] *Cartas de Jeremías Bentham al Sr. Conde de Toreno, sobre el proyecto de Código penal presentado a las Cortes*, Madrid, 1821, cartas 2ª y 3ª, citadas ampliamente por SALILLAS, R., *Evolución penitenciaria...*, tomo 2, pp. 265 y ss.

[477] El plan de arreglo de las cárceles partía de un proyecto presentado por la Diputación provincial de Sevilla. DSCE, nº 100, 19-5-1822, pp. 1417-1419.

[478] DSCE, nº 116, 30-5-1822, pp. 1618-1619: *"A la comisión de Salud pública se mandó pasar otro oficio del mismo Secretario del Despacho, en que manifestaba la urgente necesidad de organizar en todo el Reino el ramo de cárceles y los establecimientos de corrección y reclusión, la de plantear con prontitud presidios en que con la separación prevenida en el Código penal acordado por las Cortes, se custodien los reos sentenciados ya; y la de señalar los fondos y arbitrios con que ha de subvenirse á la manutención de los presos".*

[479] Véase el art.1 del Capítulo Primero de Decreto XLV, de 3 de febrero de 1823, de Instrucción para el gobierno económico-político de las provincias, en FERNÁNDEZ, T.R., y SANTAMARÍA, J.A., *Legislación administrativa española del siglo XIX*, Madrid, 1977, p. 703; y también la Ley de 3 de febrero de 1823, restablecida posteriormente en 15 de octubre de 1836, disponiendo que las cárceles estén al cuidado de los Ayuntamientos, en *Colección legislativa de cárceles...*, p. 50.

[480] Aunque en base a ciertos documentos encontrados, FIESTAS, A., *Algo más sobre la vigencia del Código penal de 1822*, en la Revista de Historia del Derecho, II-1, Granada, 1977-1978, demostraba que el Código penal de 1822 sí había llegado a aplicarse, hemos de coincidir con ANTÓN ONECA, J., *Historia del Código penal de 1822*, en el Anuario de Derecho penal y ciencias penales, 18 (1965), p. 34, en que en todo caso se aplicó de forma *"breve, imperfecta y desigual"*.

CAPÍTULO 4. EL DESARROLLO DEL DERECHO PENITENCIARIO EN ESPAÑA: PRISIONES Y CÁRCELES EN LA ÉPOCA MODERADA

> *"Las leyes penales quedaron anticuadas por desvío vital. Sin necesidad de nuevas leyes, sólo por obra de la función penitenciaria, se define y titula la penalidad nueva a tal extremo, que, antes que en un Código penal, se estatuyó concretamente en un Código penitenciario, la Ordenanza general de presidios de 1834".*
>
> SALILLAS, R., *Evolución penitenciaria de España*, Madrid, 1918, facsímil en Pamplona, 1999, vol.I, pp. 11-12.

1. PRESIDIOS, CASAS DE CORRECCIÓN Y CÁRCELES

Durante los últimos años del gobierno absolutista de Fernando VII, tras el fracaso de las medidas adoptadas durante Trienio Liberal, siguieron sumándose algunos esfuerzos en la dirección del cambio. Ante el sinsentido de recuperar las obsoletas leyes de la Novísima Recopilación en materia penal, un Decreto de 1829 volvía a ordenar la formación de un Código criminal, aunque los primeros intentos de hacerlo resultaron un rotundo fracaso[481]; y también en 1829 se producía una muy bien recibida reimpresión del *Discurso sobre las penas* de Lardizábal[482].

Como hemos dicho ya, la reforma de las cárceles y de los presidios o establecimientos penitenciarios, era sentida como una perentoria necesidad aún por los defensores del Antiguo Régimen, puesto que era en esta parte del derecho penal donde más obsoleta e inhumana parecía la aplicación de las antiguas leyes, y porque la propia experiencia indicaba que su situación era insostenible tanto para las arcas del Estado como para la salud pública. Así fue señalado, nuevamente, por Marcial Antonio López, penalista y diputado a Cortes durante el segundo periodo constitucional, que, siguiendo la tendencia europea, hizo el primer estudio de derecho

[481] Sobre los intentos de formar un nuevo Código Criminal, véase CASABO RUIZ, J.R., *El proyecto de Código criminal de 1830. Estudio preliminar y edición*, Murcia, 1978, *El proyecto de Código criminal de 1831 de Sainz de Andino. Estudio preliminar y edición*, Murcia, 1978, y *El proyecto de Código criminal de 1834*, Murcia, 1978.

[482] ANTÓN ONECA, J., *Estudio preliminar al "Discurso sobre las penas", de Manuel de Lardizábal*, en la Revista de Estudios Penitenciarios, 174 (1966), p. 35.

penitenciario comparado en España con su obra *Descripción de los más célebres establecimientos penales de Europa y Estados Unidos*, que consiguió licencia de impresión para ser publicada en 1832[483].

El título de la obra llevó a afirmar a Lastres que en esta época se tomó la iniciativa de enviar a Marcial Antonio López al extranjero, comisionado por el propio gobierno, para conocer de primera mano los nuevos modelos penitenciarios[484]. Pero lo cierto es que no fue así, y el autor realizó su obra sin haber visitado ninguno de los establecimientos de los que habla en ella[485]. Hay que reconocerle el mérito, no obstante, de haber sido escrita en el momento en el que se hizo, "una época tristísima para España, en un periodo en que, cerradas las válvulas de la opinión, era raro y casi heroico encontrar un autor bastante digno é independiente para defender ideas de hoy", según opinara, a finales del siglo XIX, el mismo Francisco Lastres[486].

El trabajo se dividía en dos partes, para exponer exhaustivamente en la primera los nuevos modelos carcelarios de Filadelfia y Gante, a los que el autor aconsejaba seguir, y explicar en la segunda cómo realizar la reforma de los propios establecimientos españoles, según aquellos principios, y también según la panóptica de Bentham, que seguía siendo el principal referente. Con todo, hay una gran distancia entre esta obra y las de los autores racionalistas. López no se hace eco de la nueva ciencia jurídico penal de la Escuela Clásica, y ajeno a los modernos conocimientos, sigue basando su propuesta de reforma en un sentimiento puramente humanitario y de utilidad para el Estado[487].

Muy al contrario, sobre la reforma del régimen penitenciario se pronunció también en esta época, aunque ciertamente desde el exilio, el célebre jurista Francisco Agustín Silvela, padre del también célebre Luis Silvela del que trataremos más adelante. A diferencia de Marcial Antonio López, Silvela seguía principalmente las consignas del racionalismo jurídico en una obra que, aunque principalmente se ocupaba de la pena de muerte, dibujaba por ende, en el año 1832, todo un nuevo sistema penal en el que

---

[483] LÓPEZ, M.A., *Descripción de los más célebres establecimientos penales de Europa y Estados Unidos, seguida de la aplicación práctica de sus principios y régimen interior a las Casas de Corrección, Fuerza y Reconciliación que pudieran plantearse en España*, 2 vols., Valencia, 1832.

[484] LASTRES, F., *Estudios penitenciarios* (Madrid, 1887), edic. facsímil Pamplona, 1999, pp. 13.

[485] SALILLAS, R., *Evolución penitenciaria de España* (Madrid, 1918) edición de Pamplona, 1999, tomo I, p. XV.

[486] LASTRES, F., *Estudios penitenciarios*..., pp. 13-14.

[487] Coincido en ello con GUTIÉRREZ FERNÁNDEZ, B., *Examen histórico del derecho penal* (Madrid, 1866), edición facsímil en Pamplona, 2003, pp. 436-437.

la pena de privación de libertad cobraba un nuevo protagonismo, dirigida tanto a la prevención como a la corrección o enmienda del delincuente[488].

Por su parte, el 19 de enero de 1833, Jacobo Villanova y Jordán volvía a presentar, esta vez ante el nuevo titular del Ministerio de Gracia y Justicia, D. Francisco Fernández del Pino, su obra *Aplicación de la panóptica de Jeremías Bentham*, así como la Memoria favorable dictada en 1820 por la Sociedad Económica Matritense, para obtener la licencia de impresión que le permitió sacar a la luz la segunda edición de la obra en 1834[489]. Ésta se dividía en tres partes. La primera dedicada a exponer el estado de las cárceles en España, y el sistema panóptico propuesto para su mejora[490]. La segunda atendía a la localización de las cárceles, que debía ser a las afueras de las ciudades para procurar un mayor espacio a los edificios, la soledad y recogimiento de los reos, y ahorrar las molestias propias de estos establecimientos al resto de los ciudadanos; así como a la financiación de la mismas, a través de los nuevos emolumentos que ganarían los presos con su trabajo en beneficio de la hacienda pública[491]. Y, finalmente, la tercera parte se pronunciaba sobre las ventajas de sustituir la antigua pena de presidios por unas nuevas casas de corrección[492].

Y, finalmente, en 1836 Ramón de la Sagra, que sí viajó por los Estados Unidos y por otros países europeos, principalmente Francia, Suiza y Bélgica, para estudiar sus avances penitenciarios, publicaba su obra *Cinco*

[488] SILVELA, F.A., *Du maintien de la peine de mort*, París, 1832, traducido al español por el propio autor bajo el título de *Consideraciones sobre la necesidad de conservar en los Códigos y de aplicar en su caso la pena capital*, Madrid, 1835. Tanto la obra como el autor han sido comentados por GIBERT y SÁNCHEZ de la VEGA, R., *Ciencia jurídica española*, Granada, 1989, p. 39.

[489] VILLANOVA y JORDÁN, J., *Aplicación de la panóptica de Jeremías Bentham a las cárceles y casas de corrección de España*, Madrid, 1834, p. 6. En la advertencia preliminar a la obra el autor reconocía que los dos principales objetivos de la misma seguían siendo: *"el primero mejorar nuestras cárceles y la suerte de los presos: el segundo suprimir la pena de presidio, y subrogarla con casas de corrección que vengan á ser un centro de moralidad. Pareciéndome que uno y otro puede facilitarse por medio de la panóptica inventada por el sabio jurisconsulto inglés Jeremías Bentham"*.

[490] VILLANOVA y JORDÁN, J., *Aplicación de la panóptica de Jeremías Bentham...*, pp. 97-146.

[491] VILLANOVA y JORDÁN, J., *Aplicación de la panóptica de Jeremías Bentham...*, pp. 147-154.

[492] VILLANOVA y JORDÁN, J., *Aplicación de la panóptica de Jeremías Bentham...*, pp. 155-156: *"Por más que la pena de presidio tenga sus partidarios, la experiencia de muchos años ha acreditado que este género de castigo no llena el objeto de las leyes. Penétrese en lo interior de las cárceles, y se encontrarán en sus oscuros encierros muchos reos que apenas han cumplido el término de su condena salieron á perpetrar nuevos crímenes; y si se registran los procesos, se hallará que de cien condenados al último suplicio, noventa por lo menos habían arrastrado ya las cadenas de la esclavitud. Esto prueba que el sistema de nuestros presidios no es á propósito para corregir á los delincuentes, y que por el contrario burla las intenciones del legislador"*.

meses en los Estados Unidos de América del Norte, desde el 20 de abril al 20 de septiembre de 1835[493]. En ella, el autor afirmaba que había conocido personalmente del Dr. Julius, siendo el primer español en participar de su mano en el debate penitenciario europeo, como demuestra el hecho de que llegara a publicar en la *Revue Britanique*, y que fuera el único representante de nuestro país en el segundo Congreso Penitenciario internacional celebrado en Bruselas en 1847.

El delincuente, considerado en el Antiguo Régimen malo por naturaleza y susceptible de pagar sus culpas a través de la venganza pública, marginado y afligido por el poder público, se había convertido ya en un *"individuo que, ó por el error de un momento, ó por un hábito contraído en virtud de malas compañías, o por falta de educación, ó por un efecto de ociosidad, o* –sólo en último lugar– *por perversidad de corazón, se hizo digno de castigo"*[494].

Para plasmar estas ideas en la práctica, y culminar los anhelos por la reforma de los presidios en España, ya iniciados con la experiencia del presidio correccional de Cádiz y el Reglamento de 1807, por una Real Orden de 30 de septiembre de 1831, Fernando VII mandaba que se retomaran los trabajos ya iniciados en 1822 para la elaboración de una Ordenanza General de Presidios. A tal objeto se empleó una Junta, formada casi en su totalidad por militares (bajo la jurisdicción militar seguía estando el gobierno de los presidios), que volvía a estar presidida, como en aquella ocasión, por el Teniente-Coronel Francisco Javier Abadía[495], y que finalmente culminó sus trabajos en 1834, tras la muerte del monarca y la introducción definitiva en España del Estado de Derecho.

La Ordenanza General de presidios del reino, sancionada por la reina gobernadora tras la aprobación del entonces Ministro de Fomento, Javier de Burgos, el 14 de abril de 1834, se ha convertido así en un hito paradigmático de la historia penitenciaria[496], y gozó de una dilataba vigencia, siendo la norma básica del sistema penitenciario hasta su derogación formal a comienzos del siglo XX, si bien fue completada con el paso de los años por un ingente desarrollo reglamentario, pudiendo concluirse

---

[493] SAGRA, R. de la, *Cinco meses en los Estados Unidos de América del Norte, desde el 20 de abril al 20 de septiembre de 1835. Diario de viaje. 1836*, Madrid, 1836.

[494] VILLANOVA y JORDÁN, J., *Aplicación de la panóptica de Jeremías Bentham...*, pp. 165-166.

[495] La relación completa de la Junta, compuesta toda ella de militares, salvo José María Pérez, podernos encontrarla en la Real Orden de 3 de octubre de 1831, aunque no empezaron sus trabajos hasta 1832.

[496] Aunque la iniciativa no partió de él, finalmente fue Javier de burgos quien obtuvo la gloria de esta ley, según LASTRES, *Estudios penitenciarios*, Madrid, 1887, p. 14, y GARCÍA VALDÉS, C., *Del presidio a la prisión modular*, Madrid, 1998, p. 15.

que, aún siendo la norma marco, ya a mediados del siglo XIX estaba ampliamente superada.

Haciendo gala de su importancia, la Ordenanza de 1834 dio origen a una primera colección legislativa de presidios y casas de corrección, pionera del ramo, en la que se proclamaba su carácter innovador[497]. Y en este mismo sentido se han pronunciado todos los autores que se han acercado al tema[498], esgrimiendo la Ordenanza de 1834 como bandera del cambio o bisagra hacia el nuevo Estado liberal de Derecho, y notando de ella fundamentalmente dos méritos importantes: de un lado, la organización de una Administración específicamente penitenciaria, centralizada y de carácter civil, siguiendo las ideas de la nueva ciencia administrativa que comenzaba a fraguar el liberalismo; y, de otro lado, la creación de un nuevo modelo penitenciario en el que se aplicaba un tratamiento distinto al reo, intentando dar respuesta a las propuestas doctrinales que hasta aquí hemos venido señalando.

A la Ordenanza de 1834 se unió, en 1846, la normativa reguladora de las llamadas *Casas de corrección de mujeres*, que se sumaron de este modo a la nueva estructura penitencia de la época. El modelo bicéfalo surgido originariamente de estas dos normas (presidios y casas de corrección), continuaría vigente hasta su derogación formal a principios del siglo XX. Pero en la segunda mitad del siglo XIX había ya quedado ampliamente superado por la legislación complementaria, muy rica y ágil en este tiempo,

[497] Advertencia a la *Colección legislativa de presidios y casas de corrección de mujeres*, Dirección General de Establecimientos penales, Madrid, 1861, p. III. La Ordenanza General de presidios del reino de 14 de abril de 1834 en pp. 1-70: *"desde los primeros años del siglo actual empezó a sentirse la necesidad de producir importantes reformas en la administración y gobierno de nuestros establecimientos penales (...)"* y *"la Ordenanza general de presidios de 14 de Abril de 1834 vino a proveer de remedio a ésta necesidad, organizando la administración y gobierno de estos establecimientos bajo un plan mejor entendido, y confiándolos todos á un Centro superior directivo, que pudiera uniformar su disciplina y vigilar más fácilmente la observancia de lo prescrito en aquel Código"*.

[498] Sin ánimo de ser exhaustiva, véanse el propio SALILLAS, R., *Evolución penitenciaria de España* (Madrid, 1919), edic. facsímil en Pamplona, 1999, vol.2; GARCÍA VALDÉS, C., *Régimen penitenciario de España (investigación histórica y sistemática)*, Madrid, 1975, y *La ideología correccional de la reforma penitenciaria española del siglo XIX*, Madrid, 2006; TOMÁS y VALIENTE, F., *Las cárceles y el sistema penitenciario bajo los Borbones*, en Historia 16, extra 2 (1978), pp. 78 y ss; HERRERO HERRERO, C., *España penal y penitenciaria (Historia y actualidad)*, Madrid, 1985; ZAPATERO SAGRADO, R., *Los presidios, las cárceles y las prisiones*, en Anuario de Derecho Penal y Ciencias Penales, tomo 39, fasc.II (mayo-agosto 1986); ROLDÁN BARBERO, H., *Historia de la prisión en España*, Barcelona, 1988; BURILLO ALBACETE, F.J., *El nacimiento de la pena privativa de libertad*, Madrid, 1999; o FIGUEROA NAVARRO, M.C., *Los orígenes del penitenciarismo español*, Madrid, 2000, pp. 19, 22 y 32.

y nuevas corrientes doctrinales que lo presentaban aún como un reducto arcaizante que era necesario dejar atrás[499].

No hay que perder de vista, además, la segunda perspectiva desde la que se enfocaba la reforma: la mejora del estado de los presos en las cárceles. Durante todo el siglo XIX seguiría distinguiéndose entre las cárceles, lugares de custodia (aún cuando de forma creciente en ellas se estuvieran ejecutando también algunas sanciones), y los presidios o prisiones, que en general se referían a todos los nuevos establecimientos penitenciarios o de cumplimiento de condena[500]: *"Son prisiones, los encierros que coartan la libertad (...). Son cárceles, los lugares en que la justicia recluye á los presuntos reos y á los delincuentes"*[501].

Por eso, aunque su trayectoria estaba destinada a unirse, y para ello empezaban a entretejerse las primeras líneas de confluencia, ambos tipos de establecimientos siguieron en esta época una evolución diferente, por más que paralela. Ejemplo de esta realidad es que, tan sólo un año antes de que se publicara la *Colección legislativa de presidios y casas de corrección de mujeres* (1861) que se inauguraba con la paradigmática Real Ordenanza de 1834, y patrocinada por la misma Dirección General de Establecimientos Penales, se editaba la *Colección legislativa de cárceles* (1860) que aquella venía a complementar. Una misma administración central, dos vertientes del problema aún por unificar: las cárceles, y los presidios o casas de corrección de mujeres.

La gran diferencia entre ambas colecciones es, sin embargo, que mientras que la de presidios y casas de corrección comenzaba una época estrictamente nueva con la Ordenanza de 1834, la de cárceles aún dedicaba sus primeras páginas a recopilar toda la legislación existente en la Novísima Recopilación de 1805 sobre el régimen carcelario. Tras la legislación del Antiguo Régimen se pasaba a recopilar, en línea de continuidad, las garantías jurisdiccionales de los presos reconocidas en la Constitución de 1812, de las que hemos tratado más arriba, y a

---

[499] En palabras del propio SALILLAS, R., *Evolución penitenciaria...*, vol.2, p. 581-582: *"La Ordenanza general de Presidios es un Código inmaculado; la Ordenanza general de Presidios es un Código profanado. Es lo primero porque oficialmente ni se lee, ni se estudia, ni se comenta. Las páginas de la Ordenanza están, por lo tanto, vírgenes del manoseo de los estudios. Es lo segundo, porque la Ordenanza se ha invocado y se invoca para justificar las mayores torpezas y demasías (...) Es un Código penitenciario fundamental, desusado y no derogado"*.

[500] Coincido absolutamente en ello con TOMÁS y VALIENTE, F., *Las cárceles y el sistema penitenciario...*, p. 78; y así lo ha hecho también notar, siguiendo a Calasso, SANZ DELGADO, E., *Las viejas cárceles: evolución de las garantías regimentales*, en el Anuario de Derecho Penal y Ciencias Penales, Tomo LVI (2004), pp. 256.

[501] SALILLAS, R., *La vida penal en España*, Madrid, 1888, edc. fac. Pamplona, 1999, p. 331.

partir de ahí se iban sumando cronológicamente todas las disposiciones sobre la cuestión dictadas, indistintamente, durante el régimen liberal o absolutista.

La reforma de las cárceles había sido, como recordaremos, el principal objetivo para el que se fundó a finales del siglo XVIII la Real Asociación de Caridad, que puso fin a sus actividades en 1805 tras realizar un proyecto en el que, amén de clamar por la mejora de las condiciones de vida y el tratamiento de los reos en las cárceles, se preveía la reintegración a la Corona de las alcaidías y la creación de un sistema de financiación pública que acabara con los abusos allí cometidos.

El régimen liberal de Cádiz, más allá de los logros constitucionales conseguidos para la supresión de la tortura y las garantías jurisdiccionales a los reos, trató de impulsar estos mismos objetivos a través de órdenes concretas, como la dirigida el 30 de mayo de 1811 a los Ayuntamientos para la financiación y mejora de las cárceles. En la misma línea continuó Fernando VII tras sancionar la abolición de la tortura, promoviendo los trabajos del Consejo de Castilla para la reforma de las cárceles, y volviendo nuevamente los ojos hacia las Asociaciones de Caridad como pieza clave en su gestión.

El testigo lo recogió la Comisión de 1820 para el arreglo y mejora de las cárceles, creada durante el Trienio Liberal siguiendo las recomendaciones de Villanova y Jordán, y que basaba asimismo toda su propuesta en la formación de Juntas de Caridad provinciales, bajo el amparo, eso sí, de las nuevas Diputaciones provinciales. Y en esa misma dirección continuó el movimiento de reforma de las cárceles en la época moderada de la que ahora tratamos, en la que se creó finalmente una Sociedad Filantrópica para la mejora del sistema carcelario, correccional y penal de España, así como Juntas provinciales de Caridad desde las que volvía a gestionarse, con criterios humanitarios, el cuidado de los reos.

En suma, emprenderemos a continuación el estudio de la época moderada desde dos perspectivas disgregadas, atendiendo por separado a la problemática de los presidios y casas de corrección, y de las cárceles (o depósitos municipales). Los unos comenzaban una nueva andadura a partir de la Ordenanza General de 1834; las otras arrastraban el peso del pasado a la hora de acometer su reforma. Pero unos y otros se encontraron, como veremos, los mismos problemas económicos para convertirse, en la práctica, en lo que de ellos predicaba la doctrina jurídica.

2. LA CENTRALIZACIÓN ADMINISTRATIVA DE LOS PRESIDIOS

Mientras que la gestión de las cárceles se había desarrollado históricamente como una competencia civil de los concejos o ayuntamientos, la administración de los presidios durante el Antiguo Régimen había pertenecido plenamente a la jurisdicción militar, dependiendo de la Secretaría o Ministerio de la Guerra. Aunque la Constitución de 1812 había dejado entrever como uno de los objetivos prioritarios del liberalismo la creación de una poderosa administración civil del Estado que acabara definitivamente con la influencia castrense, durante el reinado de Fernando VII los presidios seguían perteneciendo a la autoridad militar, y ésta era una contradicción en la nueva teoría del Estado que era necesario modificar[502].

Frente a los "militaristas" conservadores, comenzaron a pronunciarse en este sentido un nuevo grupo de "administrativistas" afrancesados, como López Ballesteros, Sáinz de Andino o Javier de Burgos, quién, ya durante el gobierno de Cea Bermúdez, en el año 1832, consiguió su primer logro al adscribir a la recién creada Secretaría de Estado y de Fomento algunas cuestiones relacionadas con la seguridad pública, y entre ellas el control de las cárceles y los presidios[503].

En consonancia con la nueva atribución del Ministerio de Fomento, la Instrucción de 30 de noviembre de 1833, dirigida a los Subdelegados de Fomento en las provincias, abordaba problemas penitenciarios de gran interés, y apuntaba ya sin ninguna duda que la administración, tanto de las cárceles (en general bajo la administración municipal, aunque con financiación privada y un gran número de oficios en propiedad de particulares), como de los presidios (que habían estado en manos de la Secretaría de Guerra y de Marina), y del resto de establecimientos penitenciarios que se crearan en atención al Código Penal, debían depender exclusivamente de la Administración civil del Estado:

> *"La policía de las prisiones debe excitar la solicitud paternal de la administración. Hay pueblos en que los presos no viven sino de los dones eventuales é inciertos de la compasión; otros en que no pueden sostenerse*

[502] Véase BALLBÉ, M., *Orden público y militarismo en la España constitucional (1812-1983)*, Madrid, 1983, p. 117.

[503] Véase el Real Decreto de 9 de noviembre de 1832, dando forma y señalando las atribuciones de la Secretaría de Fomento, entre las que se contaban *"las cárceles y casas de corrección y presidios"*, en *Colección legislativa de cárceles*, Dirección General de Establecimientos penales, Madrid, 1860, pp. 56-59. Más detalladamente sobre esta cuestión, así como sobre los trabajos previos de Javier de Burgos o Sáinz de Andino, BURILLO ALBACETE, F.J., *El nacimiento...*, pp. 91 y ss.

sin gravar al vecindario con un suplemento de impuesto; otros en cuyas cárceles no hay separación para el delincuente á quien aguarda el suplicio, y el aturdido que expía por unos pocos días de encierro una falta ligerísima; hay prisiones en fin donde viven mezcladas las personas de sexos diferentes, con daño de las costumbres y mengua de la civilización. Todos estos inconvenientes pueden remediarse con pequeños esfuerzos. A los Subdelegados de Fomento incumbe hacer los que sean necesarios, y proporcionar recursos para cubrir los gastos á que antes no se haya provisto (...). La autoridad judicial cesa desde el punto en que el reo es, en virtud de su condena, trasladado á uno de dichos establecimientos, cuyo régimen es exclusivamente de la competencia de la administración. A ella toca organizarlos de manera que se cumplan las intenciones de la ley y la sentencia del Juez, corrigiendo y mejorando a los condenados, en lugar de endurecerlos y de pervertirlos. Para ello los gefes de la administración empezarán por examinar detenidamente cada una de las casas destinadas á este objeto, y cuidarán de introducir en su gobierno todas las mejoras de que sean susceptibles (...). Estas reglas son aplicables en proporción a los depósitos de condenados á obras públicas y á los presidios correccionales (...)"[504].

Además de por la reorganización administrativa del ramo, la instrucción de 1833 apostaba por la implantación de un sistema progresivo en nuestro régimen penitenciario (frente a las experiencias del aislamiento celular o sistema mixto de Auburn que se estaban desarrollando en el extranjero), siguiendo el modelo de la Ordenanza de 1807. Se trataba de un sistema que partía de la progresiva readaptación social del reo a través del trabajo correccional en depósitos de obras públicas y presidios correccionales, en los que debía de asegurarse a los presidiarios-trabajadores *"alimento abundante, vestido limpio, alojamiento respectivamente cómodo"*, y dedicarlos *"á empresas de prosperidad"*.

La Ordenanza General de Presidios de 1834, realizada por el Teniente-Coronel Abadía y la Junta mayoritariamente militar formada en 1831, respetó la adscripción civil al Ministerio de Fomento indicada ya en la Instrucción de 1833, y de él hizo depender una novedosa Dirección General de presidios, consiguiendo de esta forma la tan ansiada centralización[505].

[504] Esta Instrucción, fechada a 20 de noviembre y no a 30, puede consultarse en su integridad en FERNÁNDEZ, T.R., y SANTAMARÍA, J.A., *Legislación administrativa española del siglo XIX*, Madrid, 1977, pp. 501-502. El capítulo X de la misma, a fecha de 30 de noviembre, que se refiere específicamente a las obligaciones de los Subdelegados de Fomento en cuanto a las cárceles y los presidios, también se puede consultar en la *Colección legislativa de cárceles*, Dirección General de Establecimientos Penales, Madrid, 1860, pp. 63-64.

[505] Art. 18: *"Conforme a los prevenido en mi Real decreto de 9 de Noviembre de 1832, todos los presidios del Reino dependerán de la Secretaría de Estado y del Despacho del Fomento general del Reino"*; y art.22: *"El gobierno superior de todos los presidios del Reino estará á*

Como apuntara Salillas, el único precedente de esta Dirección General, como institución centralizada para los presidios, había sido la Inspección General diseñada asimismo por el Capitán General Morla en la frustrada Ordenanza de 1807, que en su opinión sirvió de antecedente en gran medida para la redacción de la Ordenanza de 1834[506]. Pero aquella institución, a diferencia de ésta, al margen de que nunca llegó a entrar en vigor, dependía exclusivamente de la autoridad militar (la Secretaría de Guerra), mientras que ésta se adscribía al nuevo Ministerio de Fomento (más tarde de Interior), en consonancia con las teorías de la nueva ciencia jurídico administrativa que comenzaba a forjarse[507].

Ahora bien, a pesar de que, desde el punto de vista organizativo, el ramo de presidios se adscribió definitivamente a la Administración civil del Estado; hay que tener en cuenta que tanto el régimen interno de los mismos, como todo el personal de los presidios continuaron teniendo naturaleza militar[508], manteniéndose al frente de cada presidio un Comandante-director[509]. Esta estructura organizativa interna de carácter "paramilitar"[510] (el Comandante y el Mayor en la cúspide, los capataces, furrieles y ayudantes, e incluso el antiguo "cabo de vara"), trataba de encontrar el equilibrio entre "militaristas" y "administrativistas", y venía a resolver el problema de la continuidad de los establecimientos. Pero, por otro lado, produjo una serie nada desdeñable de conflictos competenciales y enfrentamientos directos entre ambas jurisdicciones, que no lograría resolverse definitivamente hasta la creación del cuerpo de funcionarios civiles de prisiones en 1881.

La Dirección General venía a ser la máxima autoridad donde habrían de resolverse los problemas competenciales. Sin embargo, durante los primeros años está institución sirvió de poco, porque carecía de experiencia

cargo de un Director general, que residirá en la corte a las inmediatas órdenes del Ministerio de Fomento".

[506] Véase SALILLAS, R., *Evolución penitenciaria...*, tomo II, pp. 435 y ss.

[507] En palabras de TOMÁS y VALIENTE, F., *Las cárceles y el sistema penitenciario...*, p. 78, "los hombres del Estatuto Real trataron de poner orden en la administración del país, como luego hicieron sus sucesores los moderados", "y esta disposición legal constituye un buen ejemplo de esa mentalidad ordenadora, administrativa"; siendo para BURILLO ALBACETE, F.J., *El nacimiento...*, p. 89, la más importante novedad de esta ley, precisamente, "el diseño de una Administración específicamente penitenciaria, centralizada y de carácter civil".

[508] Art.19: *"Los presidios en su régimen interior estarán sujetos á la disciplina militar, sin que por esto pierdan su condición de civiles, ni la dependencia expresada"*; y art. 20: *"Para que se observe la disciplina de que habla el artículo anterior se emplearán en el gobierno particular de los presidios, individuos procedentes del Ejército o Armada en comisión".*

[509] Art.77: *"Habrá en cada establecimiento presidial un Comandante de la clase de Jefes del ejército ó armada, un Mayor de la de Capitanes, y un Ayudante de la de subalternos".*

[510] Así la califica TOMÁS y VALIENTE, F., *Las cárceles y el sistema penitenciario...*, p. 78.

y quedó en manos de personas con escasa preparación penitenciaria[511]. Los problemas se trasladaron en la práctica a la administración territorial, produciéndose desde la entrada en vigor de la Ordenanza numerosos enfrentamientos entre los Comandantes militares que dirigían los presidios, y los Subdelegados de Fomento o Gobernadores civiles de las provincias, que en puridad eran los jefes superiores de los mismos[512].

Los enfrentamientos comenzaron de forma temprana. Ya en 1834, los militares consiguieron aplazar por dos años, hasta 1836, la entrada en vigor de la Circular que les ordenaba trasladar toda la documentación de los presidios y ponerse bajo las órdenes de sus respectivos Gobernadores civiles[513]. Durante este tiempo, y en los años sucesivos, fueron muchos los conflictos competenciales que se produjeron entre ellos, y hubo de redactar un gran número de disposiciones adicionales a la Ordenanza para ir concretando, poco a poco, su aplicación efectiva, resolviendo cada una de las contiendas[514].

Una de las más significativas fue la relativa a los tribunales militares (jueces de rematados) que se habían creado durante el Antiguo Régimen para resolver todas las cuestiones relativas a los reos condenados. La reina trató de restringir sus atribuciones a lo meramente contencioso, otorgando a la jurisdicción ordinaria el conocimiento de cualquier otro aspecto[515], hasta que finalmente los Juzgados de Rematados fueron suprimidos el 3 de agosto de 1836, pasando sus atribuciones a los Gobernadores civiles[516].

---

[511] SALILLAS, R., *Evolución penitenciaria...*, tomo II, p. 583.

[512] Art.37: *"Los Subdelegados de Fomento serán en sus respectivas provincias los Jefes Superiores de los depósitos correccionales y presidios establecidos en ellas, así como de los destacamentos de otros que accidentalmente se hallen en el territorio de su mando. Los Comandantes y demás empleados en estos establecimientos los respetarán y obedecerán en este concepto".*

[513] Véase la Orden Circular de 28 de julio de 1834, la Real Orden de 25 de agosto de 1834, y las Reales Ordenes de 27 de enero de 1835 y de 4 de octubre de 1836, en *Colección legislativa de presidios...*, pp. 72-74, p. 75, p. 90 y pp. 129-130, respectivamente.

[514] La legislación citada se contiene en la *Colección legislativa de presidios...*, p. 71 y ss.

[515] Véanse las Reales Ordenes de 9 de marzo de 1835,13 de agosto de 1835, y 12 de noviembre de 1835, en *Colección legislativa de presidios...*, pp. 91-92, pp. 97-98 y 107-108.

[516] Real Orden de 3 de agosto de 1836, en *Colección legislativa de presidios...*, p. 125: *"Art.1. Todos los Juzgados conocidos con el título de rematados, cualquiera que sea la Autoridad que los desempeñe y el Ministerio de que la misma dependa, quedan suprimidos; debiendo cesar en todas sus funciones desde luego y pasar sus papeles y documentos á los respectivos Gobernadores civiles, exceptuando las causas no concluidas que se dirigirán á los Jueces que deban conocer de ellas, conforme á lo dispuesto en los artículos 34 y siguientes de la Ordenanza general de presidios (...). Art.3. En los casos de pura corrección y deserciones simples de los presidiarios se procederá gubernativamente en la forma establecida por Ordenanzas. Art.4. De los delitos ó crímenes que cometieren los confinados, fuera de los casos expresados en la anterior disposición, conocerán las Justicias y Tribunales ordinarios sin devengación de derechos respecto de los que carezcan de bienes".*

Para resolver los conflictos más particulares surgidos entre los Gobernadores civiles y los Comandantes de presidios, Gobernadores militares y, sobre todo, Capitanes generales, se creó además un nuevo órgano, el de Inspector General de presidios, que fue asignado personalmente al que fuera Comandante del presidio de Valencia: el Coronel Montesinos[517].

Montesinos, en el que nos detendremos más adelante, fue un importante adalid de la reforma penitenciaria desde su nombramiento como Comandante del presidio de Valencia en 1834[518], hasta la promulgación del Código Penal de 1848 y la Ley de Prisiones de 1849, de los que no era partidario, jubilándose en 1854. Antes de ello, había representado la reforma penitenciaria española, y en consideración a su persona se crearon específicamente para él los cargos de "Visitador de los presidios de la España meridional", que ocupó en 1839, y finalmente el de "Inspector General" de presidios, que ocupó en 1841, asumiendo muchas de las funciones de coordinación o resolución de contiendas que en puridad hubieran debido de corresponder a la politizada y escasamente útil Dirección General.

Desde esta posición de preeminencia, el Coronel Montesinos no sólo favoreció en todo momento a los oficiales militares frente a los Gobernadores civiles de las provincias, sino que denunció públicamente hasta la saciedad que todos los problemas de los presidios, y el retroceso que a su parecer estaban sufriendo, se debía fundamentalmente a la intervención en ellos de los órganos civiles. En su opinión, los presidios debían volver a pertenecer exclusivamente a órganos militares, desde donde se incorporarían las reformas del liberalismo, pero siempre dentro de la disciplina castrense[519].

Por su parte, los presidios del norte de África, capitaneados por el principal presidio de Ceuta, consiguieron mantener un régimen peculiar en la Ordenanza de 1834. Teniendo en cuenta su origen militar, y el hecho de que allí se iban a enviar a los delincuentes más cualificados, se estableció que excepcionalmente en estos presidios el Gobernador militar fuera a

---

[517] El nombramiento se contiene en la Real Orden de 11 de enero de 1841, del Ministerio de Gobernación, en *Colección legislativa de presidios...*, p. 188.

[518] A él se dedicó, por su importancia, un número monográfico de la Revista de Estudios Penitenciarios, nº 159 (oct-dic.1962). También puede consultarse RICO de ESTASEN, J., *El coronel Montesinos. Un español de prestigio europeo*, Alcalá de Henares, 1948, y, por supuesto, su biografía escrita por BOIX, V., *Sistema penitenciario del presidio correccional de Valencia*; Valencia, 1850.

[519] Véase MONTESINOS, M., *Reflexiones sobre el presidio de Valencia, reforma de la dirección general del ramo, y sistema económico del mismo* (1846), reeditado por la REP, 1962, nº 159.

su vez Gobernador civil en funciones[520], y que el Ministerio de Guerra se ocupara directamente de su gestión y el trabajo de los reos[521].

El presidio de Cádiz, de gran trayectoria militar y en la frontera con los norteafricanos, quedó en una situación comprometida, y tras una larga contienda sostenida entre la Dirección General de Presidios y el Capitán General de la región, finalmente fue separado también del resto de los presidios civiles peninsulares y adscrito al ejército como destino para los condenados por los tribunales de Marina[522]. De la misma manera, el presidio de Mahón quedó adscrito a los condenados por tribunales de Guerra.

Así las cosas (a saber, con un Inspector General de naturaleza militar, una debilitada Dirección General, y una nítida distinción entre los presidios militares y unos incipientes presidios civiles dirigidos y gestionados asimismo por órganos militares), el único control efectivo que los Subdelegados de Fomento, Jefes políticos o Gobernadores civiles pudieron ostentar de hecho sobre los presidios de sus respectivas provincias, fue el que les atribuía su condición de presidentes de las Juntas Económicas.

Según la Ordenanza de 1834, a cada establecimiento penal se le asignaría un fondo económico, del que habría que rendir cuenta mensualmente ante una *"Junta económica con arreglo al modelo que circulará el Director general"* (art.171). La Ordenanza decía poco más de este tipo de Juntas, al margen de que estarían presididas por los Subdelegados de Fomento o Gobernadores en África, y compuestas por el Comandante, el Comisario y el Mayor de cada establecimiento; y de que entre sus funciones estarían las de examinar los presupuestos de los mismos, tomar nota de todas las cantidades enviadas y recibidas por los habilitados de los presidios, calcular y aprobar los gastos de conducciones y transportes de reos, examinar los gastos ordinarios y extraordinarios, y formar cada quince días la distribución de lo que deba pagarse a cada establecimiento.

Tan parcas disposiciones estaban, por lo demás, dispersas en el articulado del texto, sin que podamos hacernos una idea precisa de lo que fueron estas Juntas económicas hasta que dos consecutivas Reales Órdenes

[520] Art.42: *"Las funciones señaladas á los Subdelegados en la Península las ejercerán del mismo modo en los presidios de África los respectivos gobernadores"*.

[521] Art.21: *"Los Gobernadores de las plazas de África, en su calidad de Jefes superiores de los presidios establecidos en ellas (que conservarán siempre su condición de civiles), dependerán del expresado Ministerio del Fomento general del Reino, en los correspondiente al gobierno y administración de los mismos establecimientos, y del Ministerio de Guerra en cuanto sea relativo al empleo de los presidiarios en las obras de fortificación, servicio de las líneas, maestranzas de ingenieros y demás trabajos militares"*.

[522] Véase la Real Orden de 5 de marzo de 1835 en *Colección legislativa de presidios...*, pp. 90-91.

de 20 y 30 de enero de 1836[523], mandaran finalmente la instalación de las mismas en cada provincia, estableciendo todo lo relativo a su personal y funcionamiento[524]. A tenor de las mismas, las Juntas Económicas quedaron formadas por el Gobernador civil como presidente (Gobernador militar en el presidio militar de Ceuta), dos vocales elegidos por el mismo, el Comandante del presidio, el Comisario o contador de propios de la provincia (Comisario de guerra en el presidio ceutí)[525], y el Mayor y Ayudante del presidio, donde los hubiere[526].

Desde su instalación, el Ministerio de Fomento endosaba a la Dirección General la libranza para presidios del Real Tesoro[527], y ésta a su vez las repartía entre los distintos establecimientos por medio de las Juntas Económicas, siendo los Gobernadores civiles los que podían proceder a su cobranza a través de los habilitados. La presidencia de las Juntas Económicas fue lo que permitió, por tanto, ejercer un control real sobre los presidios por parte de los Gobernadores civiles, que eran los encargados de repartir el dinero destinado a tales establecimientos desde las Juntas Económicas, y también se ocupaban con ellas de fiscalizar los fondos propios de los presidios (por ejemplo los que se generaba del trabajo de los reclusos), aprobar sus presupuestos y revisar sus gastos, reuniéndose al menos cada quince

[523] *Colección legislativa de presidios...*, pp. 112-115.

[524] Hasta entonces, las Reales Ordenes de 21 y 29 de agosto de 1834, habían establecido que, mientras que pudiera empezar a tener efecto lo dispuesto en la Ordenanza de 1834, la Dirección del Tesoro continuara encargándose de la administración económica de los presidios, satisfaciéndose por las oficinas de Hacienda los haberes de los empleados del ramo. Véanse en *Colección legislativa de presidios...*, pp. 74-76.

[525] Cuando las Contadurías de propios fueron suprimidas, pasaron a ejercer sus funciones los secretarios de los Gobiernos políticos, y donde no hubiera uno de los vocales elegidos por el gobernador. Véase la Real Orden de 9 de diciembre de 1836, en *Colección legislativa de presidios...*, p. 133.

[526] Arts.2, 3, y 4 de la Real Orden de 30 de enero de 1836, en *Colección legislativa de presidios...*, p. 113. Atiéndase también al art.7, sobre la composición de las Juntas de Pamplona, San Sebastián y Vitoria, dependientes del Virrey de Navarra, el Gobernador de San Sebastián y el Diputado General de Álava; y al art.6, según el cual *"en los presidios situados en puntos que no son capital de provincia ni residencia de los Gobernadores civiles, las Juntas económicas, dependiendo siempre del respectivo Gobernador civil, y recibiendo por su conducto las órdenes de la Dirección, constarán: Del Alcalde de la población en que se halle el presidio, en representación del Gobernador civil. De los Vocales que elegirá este Jefe. Del Comandante del presidio. De sujeto que eligiere el Gobernador civil para pasar revista en los presidios de esta clase, conforme al ya citado artículo 43 de la Ordenanza. Y del Ayudante del presidio donde lo hubiere"*.

[527] Hasta el 31 de agosto de 1838 existió una Contaduría general del ramo de presidios, con la que se comunicaba la Dirección General, pero en esa fecha fue suprimida pasando sus funciones a la Comisión general de clasificación de empleados civiles. Véase la Real Orden de 31 de agosto de 1838 en *Colección legislativa de presidios...*, pp. 157-158.

días, en cumplimiento de la ley de la Ordenanza que les mandaba realizar las distribuciones de fondos durante esos periodos[528].

El Gobernador civil no sólo detentaba una posición de preeminencia por presidir las Juntas Económicas, sino que también elegía a los dos nuevos vocales de las mismas que se previeron en 1836, y, a pesar de las quejas, fueron confirmados por la reina gobernadora en 1839 *"para fortalecer la acción administrativa de las Juntas económicas, dando mayor prestigio á las resoluciones de las mismas"*[529].

Las Juntas Económicas recibieron un nuevo impulso, aumentando cuantitativa y cualitativamente sus funciones en pro de la descentralización administrativa[530], a través de la Real Orden de 28 de enero de 1840. El principal problema que entonces se estaba encontrando la reforma no era de ideas o apoyaturas, sino de fondos económicos. Faltaban los recursos necesarios para poner en práctica en nuevo modelo penitenciario, y así lo reconoció el gobierno moderado, depositando toda su confianza en las Juntas Económicas para mejorar la situación:

> *"S.M. la Reina Gobernadora ha fijado su maternal solicitud en la situación y mejora de los establecimientos penales del Reino. Para dar á esta reforma la dirección é impulso que reclama la civilización actual, no pierde el gobierno de vista, á pesar de las preferentes obligaciones que absorben casi toda su atención y su tiempo, los felices experimentos hechos por otros pueblos más adelantados en esta línea. Pero como la reforma penitencial exige dispendios muy superiores á los actuales recursos, ya que no sea un estorbo la crítica situación del día, parece más conveniente por ahora trabajar en su preparación, de la cual se ocupa el Gobierno, contando para ello con el eficaz auxilio de las personas ilustradas y benéficas.*
>
> *Entre tanto puede la misma reforma derivar suma ventaja del puntual cumplimiento de la Ordenanza vigente sobre la materia. Esta Ordenanza, señalando una pauta general y fija, y procurando amoldar en algún modo este ramo de legislación á los buenos principios de la ciencia penal, há contribuido no poco á extirpar muchos abusos de que los presidios adolecían.*
>
> *Sus efectos, con todo, no han sido tan rápidos ni completos como se esperaba, á causa de dos grandes obstáculos. Por una parte, la falta de locales y medios ha imposibilitados la separación de los penados, á lo menos por edades, el debido suministro de utensilios y vestuario, la organización del trabajo, la puntual expedición de las cuerdas y la traslación inmediata de*

[528] Art.9 de la Real Orden de 30 de enero de 1836, en *Colección legislativa de presidios...*, p. 114: *"Las Juntas se reunirán para el desempeño de sus funciones con la frecuencia que sus Presidentes consideren precisa, además de celebrar sesión indispensable en los días 1º y 16 de cada mes"*.

[529] Real Orden de 16 de julio de 1839, en *Colección legislativa de presidios...*, p. 171.

[530] Así lo señaló BURILLO ALBACETE, F.J., *El nacimiento...*, p. 97.

cada confinado á su respectivo destino. Por otra, la culpable negligencia de algunos empleados inferiores ha relajado la disciplina de la Ordenanza con arbitrarias licencias temporales en detrimento de la justicia, y con abusos y fraudes que lastiman el decoro de la Autoridad y la rectitud y pureza de los mismos subalternos. Aunque el Gobierno siente no hallarse todavía en el caso de poder remover cumplidamente la primera de estas causas, bien que redoblará sus desvelos para proveer á las necesidades urgentes de los presidios, no puede sin embargo tolerar que por más tiempo continúe sin corrección el segundo extremo.

Con este propósito ha fijado su atención sobre las Juntas económicas, en las cuales el Gobierno libra su principal confianza, no solo como cuerpos administrativos, sino también como Autoridades inspectoras y tutelares"[531].

Esta norma, que aumentaba la capacidad inspectora, deliberativa y resolutiva de las Juntas económicas, sufrió algunas modificaciones en años siguientes, que trataban principalmente de limitar las amplias atribuciones que en este tiempo estaban desarrollando las mismas[532]. Así, cuando en 1843 se pidió formalmente que la vicepresidencia de las Juntas correspondiera *"a uno de los dos Diputados provinciales"* o vocales designados por el Jefe político, el gobierno provisional se apresuró a responder que la ley ya tenía prevista la sustitución del Jefe político por el Intendente, órgano unipersonal designado también desde Madrid, en cualquiera de sus funciones, incluida la presidencia de las Juntas económicas de los presidios[533]. Y ese mismo año, el gobierno impulsaba la publicación de una nueva Orden, explicitando en qué casos los Jefes políticos debían ejercer su superior autoridad en los presidios, y recomendando a las Juntas económicas que se limitasen en el ejercicio de sus atribuciones[534].

La idea era situar a la Dirección General de presidios en el lugar de preeminencia que le correspondía, centralizando en ella, a través de los Jefes políticos o Gobernadores civiles, todas las decisiones de importancia, y recortando las amplias funciones que se habían atribuido las Juntas

[531] Exposición de Motivos de la Real Orden de 28 de enero de 1840, determinando la organización, forma y atribuciones de las Juntas económicas de los presidios, en *Colección legislativa de presidios...*, pp. 176-179.

[532] La Real Orden de 10 de marzo de 1843, que declaraba secretarios natos de las Juntas económicas a los Mayores en los presidios peninsulares, los Ayudantes en los correccionales de primera clase, y los Oficiales de los Gobiernos políticos, sin percibir gratificación ni sueldo por el cargo, en *Colección legislativa de presidios...*, p. 229-230.

[533] Real Orden de 11 de septiembre de 1843, en *Colección legislativa de presidios...*, pp. 235-236.

[534] Real Orden de 3 de octubre de 1843, en *Colección legislativa de presidios...*, pp. 237-238: *"La Junta económica, de la cual es V.S. Presidente nato, se limitará en cada presidio al desempeño de sus atribuciones económicas y administrativas, dejando intactas las atribuciones gubernativas á los Comandantes, para que éstos no puedan bajo ningún pretexto eludir la responsabilidad que pueda exigirles la Dirección general"*.

económicas. Con tal finalidad, se dictaron un conjunto de disposiciones, entre los meses de marzo y abril de 1844, que terminaron de perfilar el nuevo sistema centralizado de administración penitenciaria: la Orden de 10 de marzo de 1844 autorizó a la Dirección general para disponer del fondo económico de los presidios, en consecuencia de lo cual, una Circular de 28 de marzo de ese año, ordenó a las Juntas económicas que no dispusieran de ninguna cantidad del fondo económico sin la autorización de la Dirección general[535]; y dos consecutivas órdenes de 30 de abril redujeron el personal de las Juntas económicas de los presidios, volviendo a dejar éstas con el organigrama previsto en la Ordenanza de 1834[536].

Pero la centralización administrativa ansiada por el nuevo gobierno moderado no sólo se proyectó, en el ramo penitenciario, en el protagonismo ganado finalmente por la Dirección General de presidios frente a la dispersión de las Juntas económicas, sino también en la mayor presencia e importancia del Jefe político frente al Comandante militar.

Cuando los moderados accedieron nuevamente al poder en 1844, se había afianzado ya en el país, efectivamente, una nueva ciencia administrativa, que determinó sin duda su diseño centralizado de Administración pública[537]. A los primeros administrativistas del liberalismo, Sainz de Andino, López Ballesteros o Javier de Burgos (que a pesar de firmar, en su calidad de Ministro de Fomento, la Ordenanza de 1834, estaba en contra de su exacerbado militarismo[538]), se fueron uniendo con el paso del tiempo hombres como Francisco Agustín Silvela[539], Alejandro Oliván[540], José Posada Herrera[541] y, algo más tardíamente, Manuel Colmeiro[542]. Todos

[535] Véanse la Real Orden de 10 de marzo de 1844 y la Circular de 28 de marzo de 1844, en *Colección legislativa de presidios...*, pp. 249-257.

[536] Real Orden de 30 de abril de 1844, restableciendo el artículo 83 de la Ordenanza, y Real Orden de igual fecha, disponiendo que los Contadores de provincia sean Comisarios de revista de los presidios, y que los Secretarios de los Gobiernos dejen de ser vocales de las Juntas económicas, ambas en *Colección legislativa de presidios...*, pp. 272-273. Con todo, las Juntas económicas continuaron su labor hasta que, por Real Decreto de 27 de agosto de 1888, fueran sustituidas por las Juntas Locales de Prisiones.

[537] Véase sobre esta cuestión SANTAMARÍA PASTOR, A., *Sobre la génesis del Derecho administrativo español en el siglo XIX (1812-1845)*, Sevilla, 1973, y más recientemente JIMÉNEZ ASENSIO, R., *La Administración pública en los orígenes del Estado Constitucional*, en Revista Española de Derecho Constitucional, nº 52, enero-abril 1998, pp. 305-328.

[538] Véase BURGOS, J. de, *Ideas de Administración*, edic. INAP, Madrid, 1987.

[539] SILVELA, F.A., *Colección de Proyectos, dictámenes y Leyes orgánicas o Estudios prácticos de Administración*, edic. Imprenta Nacional, Madrid, 1839.

[540] OLIVÁN, A., *De la Administración Pública con relación a España* (Madrid, 1843), edic. de Madrid, 1954.

[541] POSADA HERRERA, J., *Lecciones de Administración* (Madrid, 1843), edic. de Madrid, 1988.

[542] COLMEIRO, M., *Elementos de derecho administrativo español*, Madrid, 1850, y *Derecho administrativo español*, Madrid, 1858.

ellos fundaron en puridad la ciencia administrativa moderna, y permitieron que el panorama de la Administración pública comenzara a cambiar verdaderamente a partir de 1844.

En consonancia con sus teorías, el nuevo gobierno apostó decididamente por la centralización como forma de control político[543], y en esta nueva vuelta centralizadora del moderantismo los Gobernadores civiles o Jefes políticos se convirtieron en una pieza clave en las provincias, a imagen y semejanza del prefecto francés en el que se inspiraban[544]. Entre sus atribuciones se contaba, por supuesto, el ramo de las cárceles y los presidios, afirmando Colmeiro que *"la base de toda reforma carcelaria, es la centralización conveniente de la acción administrativa en punto á prisiones en manos del Gobierno bajo la inmediata vigilancia de sus delegados en cada provincia ó pueblo"*[545]. *"La regla esencial de la unidad"*, continuaba, *"está consagrada por la ley que establece que todas las prisiones civiles, en cuanto á su régimen interior, es decir, en todo lo concerniente á la seguridad, salubridad y comodidad, á la policía y disciplina, á la distribución y tratamiento de los presos, dependan del ministro de la Gobernación y de sus delegados en las provincias y en los pueblos"*[546].

La ley a la que se refería Colmeiro, y que había cambiado en la práctica la situación penitenciaria, se había desarrollado, sin embargo, solamente por vía reglamentaria, en desarrollo de la principal Ordenanza General de presidios de 1834. Una primera disposición este sentido fue el Reglamento de 15 de abril de 1844, que volvía a pronunciarse sobre las atribuciones de los Jefes políticos en los presidios[547]. La pequeñísima exposición de motivos que lo precedió no puede ser más esclarecedora, pues en ella la reina afirmaba la conveniencia de deslindar nuevamente las atribuciones de los Jefes políticos y los Comandantes de los presidios, al objeto de que *"se haga entender bien a éstos que no por cometérseles lo relativo al régimen y disciplina interior de dichos establecimientos, deben dejar de reconocer con relación a los mismos la autoridad siempre superior de los Jefes políticos"*.

Con tal intención, se publicó un extenso reglamento en el que se hacía especial hincapié en la superior autoridad de los Jefes políticos y la Dirección General de presidios, a los que los Comandantes militares de

---

543 Sobre los presupuestos ideológicos del partido moderado, véanse las clásicas obras de DIEZ del CORRAL, L., *El liberalismo doctrinario*, Madrid, 1947 o COMELLAS, JL., *Los moderados en el poder 1844-1854*, Madrid, 1982

544 SILVELA, F.A., *Estudios prácticos de Administración*, edic. Imprenta Nacional, Madrid, 1839, p. 240, decía que *"como representante del poder ejecutivo, el jefe político reasume en sí la dirección provincial de todos los ramos del servicio público civil"*.

545 COLMEIRO, M., *Derecho administrativo español*, Madrid, 1858, tomo I, pp. 387.

546 COLMEIRO, M., *Derecho administrativo...*, p. 389.

547 En *Colección legislativa de presidios...*, pp. 257-271.

los mismos estaban supeditados. Así, entre otras cosas, se extendía la acción tutelar de los Jefes políticos *"no sólo á los establecimientos penales para su fomento y mejora, vigilando sobre la constante ocupación de los penados, sino también a sus Comandantes"*; se establecía una obligación de visita para aquellos, recomendándoles que dieran especial cuenta de los abusos de éstos ante la Dirección General; se hacía responsables a los Comandantes de cualquier falta o abuso que en sus establecimientos se cometieran; se les obligaba a remitir periódicamente a la Dirección general toda la documentación de los presidios a su cargo, no conformándose con la anterior remisión que antes tenían que hacer solamente a los Jefes políticos, y que no siempre cumplían; etc.

Pero al margen de ésta y algunas otras disposiciones favorables a la creciente administrativización de las prisiones[548], la más importante de las normas que se promulgaron en esta época para corregir el excesivo militarismo de la Ordenanza General de 1834, fue el Reglamento para el orden interior de los presidios del Reino de 5 de septiembre de 1844[549]. Éste trataba exhaustivamente de todos los oficiales o instituciones de los presidios (comandantes, mayores, capataces, furrieles, ayudantes y cabos de vara), sus atribuciones y servicios (vigilancia nocturna, días festivos...), así como de las distintas secciones (jóvenes o mayores), suministros (comida, menaje, ropa, utensilios, medicinas, etc), y locales de las prisiones (escuelas, enfermerías o talleres), incorporando incluso unas normas unívocas para la contabilidad de los presidios. En todo su extensísimo articulado, el Reglamento potenció vivamente las atribuciones de los Gobernadores civiles frente a los Comandantes de presidios, reconociendo que, hasta el momento, *"cada comandante de presidio ha seguido la marcha que según sus deseos, conocimientos y mayor ó menor capacidad ó celo ha juzgado conveniente, resultando de aquí la confusión y desorden que lleva consigo la falta de método y de unidad en los trabajos"*.

El mayor logro de esta normativa fue, por lo demás, reconocer la contradicción existente en el hecho de que una institución civil estuviera gestionada por empleados militares, apostando por primera vez porque el personal de prisiones perteneciera íntegramente al cuerpo administrativo. Se reconoció, en consecuencia, que todos los destinos que conformaban la plana mayor de las prisiones, debían considerarse en lo sucesivo *"como empleos civiles efectivos, cesando por lo mismo el concepto de comisiones con que son desempeñados en la actualidad. Sus sueldos, hecha que sea la reducción ordenada en el presente decreto, serán satisfechos por el Ministerio de la Gobernación de la Península, y con cargo á su presupuesto (...).*

---

548 En *Colección legislativa de presidios...*, pp. 272-280.
549 En *Colección legislativa de presidios...*, pp. 281-319.

Los empleados correspondientes á las planas mayores no gozarán de fuero militar en ningún acto ni caso en que se interese el servicio presidial"[550].

La dificultad de separar definitivamente de las prisiones al personal militar, estribaba, no obstante, en encontrar a un personal civil capacitado para hacerse cargo de sus funciones. Para superarla, el Reglamento abogaba por la construcción de un presidio-modelo en Madrid en el que se formaran *"empleados inteligentes, celosos y versados en el ramo"*. Pero este proyecto nunca llegó a llevarse a cabo, y el personal de las prisiones continuó siendo de origen militar, por más que se les considerase a todos los efectos como *"empleos civiles efectivos"*.

Estaba compuesto por un Comandante de la clase de jefes del ejército o armada, un Mayor de la clase de capitanes, un Ayudante de la de subalternos, un Furriel de las de sargentos primeros retirados, un capellán, un facultativo, un capataz escribiente y el número de capataces de brigada que se requiriesen. Los capataces de brigada estaban al frente de las brigadas de 100 hombres en las que se dividía a los presos. Cada brigada se subdividía a su vez en cuatro escuadrones de 25 hombres, que dirigían los llamados *cabo de vara*, primero y segundo, elegidos de entre los propios reos.

Esta figura del *cabo de vara* fue la más discutida de la estructura organizativa, tanto por sus contemporáneos como por los autores posteriores que se han acercado al tema[551]. Se nombraban de entre presos que hubieran cumplido la mitad de sus condenas observando una conducta irreprensible, con el objetivo de que sirvieran de inmediato órgano de vigilancia y control del resto de sus compañeros. Para ello, dormían en las propias habitaciones de los presidiarios, a la entrada de la cuadra, para poder escuchar todas las conversaciones y observar las acciones, acompañaban a los presidiarios a los trabajos públicos y trataban de mantener el orden dentro y fuera de las habitaciones, tanto informando a los capataces de cualquier incidencia, como castigando ellos mismos a través de la "vara" que portaban y que les daba nombre: *"castigarán sin cólera, y sólo en el caso de insubordinación ó contestación insolente usarán de la vara, dando parte enseguida al capataz"*[552].

---

[550] Real Decreto de 5 de septiembre de 1844, arts.8 y 10, en *Colección legislativa de presidios...*, p. 281.

[551] Véase, por ejemplo, el propio COLMEIRO, M., *Derecho administrativo...*, p. 406, SALILLAS, R., *Evolución penitenciaria...*, vol.2, pp. 489-490; TOMÁS y VALIENTE, F., *Las cárceles y el sistema penitenciario...*, p. 81; o SANZ DELGADO, E., *El humanitarismo penitenciario español del siglo XIX*, Madrid, 2003, pp. 225-232.

[552] La regulación sobre esta figura se encuentra entre los arts.111 y 116 de la Ordenanza General de Presidios, y también en la Real orden de 5 de septiembre de 1844, del Ministerio de la Gobernación, aprobando los reglamentos y formularios relativos al orden y

En 1845, Montesinos fue obligado a compartir su cargo de Inspector General de presidios con un civil, Ildefonso Abellán[553]. Y en 1846 volvía a insistirse en la necesaria condición civil de los empleados de este ramo, y en la conversión de las comisiones militares que entonces estaban en el servicio de prisiones en empleos civiles. Es decir, para ingresar en el oficio aún era necesario pertenecer al ejército, puesto que no se había habilitado todavía una formación o vía de acceso civil. Pero la toma de posesión en el cargo conllevaba la inmediata pérdida de la condición y el fuero militar, a cambio de una mayor estabilidad en el empleo. Así quedaron las cosas hasta que, a finales de siglo, se acometiera definitivamente la creación de un cuerpo civil de funcionarios de prisiones.

La última reforma administrativa de importancia adoptada durante el gobierno moderado, antes de que el Código Penal de 1848 y posteriormente la Ley de Prisiones de 1849 dotaran de un nuevo rumbo al sistema penitenciario, fue la reordenación del Ministerio de Gobernación, suprimiéndose en 1847 la criticada Dirección General de presidios, y creándose en su lugar una más amplia Dirección de Beneficencia, Corrección y Sanidad[554], que asumiría sus funciones hasta que tras la publicación de la Ley de Prisiones de 1849 se restableciera nuevamente la entonces llamada Dirección General de Establecimientos Penales.

3. LAS CASAS DE CORRECCIÓN DE MUJERES

En el efímero primer Código Penal español de 1822, se distinguían cuatro clases de presidios, entre los que se contaban las *"casas de corrección"*, aunque sin hacer ninguna referencia específica a la problemática de las mujeres, que seguían en esta época constreñidas en las antiguas Casas-Galeras. De Casas Galeras se seguía hablando en la legislación de la época, aunque tratando de someter éstas a las mejoras del régimen

mecanismo interior de los presidios del Reino, en *Colección legislativa de presidios y casas de corrección...*, pp. 285 y ss.

[553] Véase BURILLO ALBACETE, F.J., *El nacimiento...*, p. 105, y LASALA, G., *La obra de Montesinos y su influencia en la legislación de su época*, en Revista de Estudios Penitenciarios, 159 (oct-dic. 1962), pp. 90-91, sobre los cambios desfavorables a Montesinos que supuso el nuevo gobierno moderado a partir de 1844.

[554] Véanse el Real Decreto de 20 de octubre de 1847, estableciendo la planta de la Secretaría del Ministerio de la Gobernación, en la que se suprime la Dirección general de presidios, y se crea la de Beneficencia, Corrección y Sanidad, y la Real Orden de 25 de octubre de 1847, dictando disposiciones para la ejecución del Real decreto del 20 del mismo, en el que se suprime la Dirección general de presidios y se crea la de Beneficencia, Corrección y Sanidad, en *Colección legislativa de cárceles...*, pp. 154-155 y 156-157, respectivamente.

penitenciario, hasta que en el año 1846 se impusiera finalmente la denominación de Casas de Corrección de mujeres[555].

En este momento, en el que todavía se distinguía la problemática de los presidios y la de las cárceles, las Casas Galeras o Casas de Corrección de Mujeres se consideraron del primer tipo: establecimientos penales, y desde esa perspectiva trataron de seguir la evolución o las mejoras previstas para todos ellos, aunque sus peculiaridades jurídicas no terminaron de perfilarse hasta la publicación del Reglamento para las Casas de Corrección de mujeres del Reino por Real Decreto de 9 de junio de 1847.

Con anterioridad a esta fecha, hubo una enorme confusión hasta decidir si las Casas Galeras debían verse sometidas o no al mismo régimen que los presidios. Así, por ejemplo, la Instrucción del recién creado Ministerio de Fomento, de 30 de noviembre de 1833, dirigida a los Subdelegados de Fomento en las provincias, puso la administración de todos los establecimientos penales, entre los que se entendían incluidas las Casas-Galeras, bajo la dependencia directa de la Administración civil del Estado. Sin embargo, la posterior Ordenanza General de Presidios del Reino de 14 de abril de 1834, en la que se creaba la novedosa Dirección General de Presidios, no se pronunciaba en absoluto acerca de las Casas-Galeras, sino exclusivamente sobre los presidios de los hombres, planteándose la duda de su adscripción administrativa y económica.

En un primer momento, y a consulta de autoridades concretas, se estableció que las Casas Galeras debían ser financiadas también por los Gobernadores Civiles, que en cada provincia presidían las Juntas Económicas creadas por la Ordenanza General de 1834 para repartir las ayudas del Ministerio entre los presidios[556]. Pero poco después, en ese mismo año de 1836, se modificaba el criterio, estableciéndose que las condenadas pagasen con sus propios bienes los alimentos establecidos en los reglamentos de las Casas-Galeras hasta que se determinaran los fondos públicos que se destinarían a ello[557].

555 Lo ha comprobado GARCÍA VALDÉS, C., *Del presidio a la prisión modular*, Madrid, 1998, pp. 23-24.

556 Real Orden del Ministerio de Hacienda de 2 de enero de 1836, mandando que por el Ministerio de la Gobernación se eviten los entorpecimientos que se notan para la manutención de mujeres penadas por delitos de contrabando, en *Colección legislativa de presidios y casas de corrección de mujeres...*, pp. 109-110: *"La Reina Gobernadora (...) se ha dignado resolver que por esa Secretaría se hagan las comunicaciones convenientes á los Gobernadores civiles, á fin de que dejen de ofrecerse los entorpecimientos que para la subsistencia de las mujeres confinadas en las galeras o casas de correccionales ofrece el enunciado expediente, puesto que su régimen y administración ocupará en el Ministerio del cargo de V.E. los mismos cuidados que le han merecido los presidios"*.

557 Véase la Real Orden del Ministerio de Hacienda de 26 de abril de 1836, declarando qué destino debe darse á las mujeres condenadas á galeras por delito de contrabando, y con

La propia Reina Gobernadora especificaba entonces que las Casas-Galeras no tenían nada que ver con los presidios, ni estaban bajo la dependencia de la Dirección General, estableciéndose que se daría orden al Ministerio de Hacienda para que previera determinadas ayudas a fin de que este tipo de establecimientos para mujeres *"no se vean expuestos a perecer de miseria"*:

> *"Enterada S.M. la Reina Gobernadora de lo expuesto por V.S. con fecha de 20 de Abril último, consultando si la casa-galera de esa ciudad debe estar bajo la dependencia del Director General de presidios, y por consiguiente mantenerse de los fondos destinados á éstos, se ha servido resolver S.M. que manifieste á V.S., como de Real órden lo ejecuto, que ninguna relación tienen las casas de corrección de mujeres con los presidios, según claramente demuestra la Ordenanza de éstos, ni sus fondos pueden distraerse á otros objetos; y que á fin de que ese establecimiento y otros de su clase no se vean expuestos á perecer de miseria, se comunica al Ministerio de Hacienda lo conveniente, con motivo de otra reclamación igual del Administrador de la casa-galera titulada de San Ignacio en Zaragoza, para que por el mismo Ministerio recaiga una resolución general".*

Dicha resolución general del Ministerio de Hacienda se hacía pública el día 5 de julio de 1836, resolviéndose que *"estando comprendidos en el presupuesto del Ministerio de la Gobernación del Reino las casas de corrección, la Pagaduría de dicho Ministerio atienda á las mencionadas casas (...), mientras las Cortes con conocimiento de todas las casas de corrección fijan lo conveniente"*[558].

Nada cambió en adelante. Al margen de alguna ayuda económica, escasa y muy puntual, conseguida del Estado por las Casas-Galeras, tanto su gestión como su financiación siguió dependiendo, mayoritariamente, de la caridad o iniciativa privada. Por eso, pocos años después de que Ramón de la Sagra fundara en 1839 la Sociedad Filantrópica para la mejora del sistema carcelario, correccional y penal de España (de la que se tratará con mayor detalle bajo el siguiente epígrafe), su Junta directiva acudió al gobierno para pedir la dirección de la Casa-Galera de Madrid, ciudad de Corte, confundiéndose nuevamente la gestión pública o privada de este tipo de establecimientos, y la penalidad con la beneficencia[559].

---

qué fondos se han de alimentar, en *Colección legislativa de presidios y casas de corrección de mujeres...*, pp. 117-118.

[558] Real Orden del Ministerio de Hacienda de 5 de julio de 1836, en *Colección legislativa de presidios y casas de corrección de mujeres...*, p. 122.

[559] Véase la Real Orden del Ministerio de la Gobernación, de 31 de mayo de 1842, poniendo la casa-galera de esta corte bajo la dirección de la Junta directiva de la Sociedad para

Entre los mayores logros de la Sociedad Filantrópica hay que citar, como veremos más abajo, la efectiva separación de los reos en las cárceles madrileñas por sexos y por edades. Este sistema de clasificación, defendido desde tiempo inmemorial y finalmente adoptado en Madrid a instancia de la Sociedad Filantrópica, inspiró además el frustrado Reglamento de 25 de agosto de 1847 para la reforma carcelaria, y se impuso en la posterior Ley de Prisiones de 26 de julio de 1849. La Sociedad Filantrópica ya se había disuelto para entonces, cesando sus actividades en 1848, pero sus esfuerzos se vieron recompensados en esta ley, que en su artículo 11 establecía que *"en las cárceles habrá departamentos diferentes para hombres y mujeres, y en el de cada sexo se tendrán con separación los varones menores de diez y ocho años, y las mujeres menores de quince, de los que hubieran cumplido estas edades"*[560].

Con todo, las mejoras introducidas por la Sociedad Filantrópica se dirigieron exclusivamente hacia las cárceles o establecimientos cautelares, tanto de hombres como de mujeres; mientras que la peculiar problemática de las Casas-Galeras seguía otros derroteros, al margen de la temporal atribución de la de Madrid a la Junta de aquella Sociedad. Tras los primeros momentos de indecisión, se trataba en definitiva de centralizarlos en la administración del ramo y asimilarlos poco a poco, a pesar de las diferencias de origen, al mismo régimen de los presidios.

Este proceso comenzó finalmente a través del Real Decreto de 1 de abril de 1846, por el que Javier de Burgos centralizó su gestión bajo el mando de la Dirección General de Presidios, *"cualquiera que haya sido hasta el día su denominación"*, refiriéndose al continuado uso de la antigua expresión de Casa-Galera frente a la más moderna denominación de Casa de Corrección que se impondría en adelante[561].

Las Casas-Galeras o de Corrección de mujeres se sumaban así al régimen general establecido para los presidios, pasando a depender de los gobernadores civiles para su administración, y poniéndose bajo el mando del mismo comandante del presidio para su dirección. De este modo, el poder público equiparaba en cierta medida las penas impuestas a hombres y mujeres, si bien todavía no podía hablarse (aún no se puede) de igualdad entre ambos sexos.

---

la mejora del sistema carcelario, correccional y penal de España, en *Colección legislativa de presidios y casas de corrección de mujeres...*, pp. 202-203.

[560] *Colección legislativa de cárceles...*, p. 171.

[561] Real Decreto de 1 de abril de 1846, encargando a la Dirección General de presidios la administración de las casas de corrección de mujeres, en TEIJÓN, V., *Colección legislativa sobre cárceles, presidios, arsenales y demás establecimientos penitenciarios*, Madrid, 1886, p. 78.

Tan sólo un año después de tan importante avance, aparecía el Reglamento para las Casas de Corrección de mujeres del Reino, de 9 de junio de 1847[562], presentado a la reina por el nuevo ministro don Antonio Benavides, y que en opinión de García Valdés "marca una nueva y definitiva época"[563].

Efectivamente, en él no sólo se modificaba la denominación de estos establecimientos, indicándonos con claridad la finalidad a la que se dirigían como "Casas de Corrección", sino que también se confirmaba definitivamente la adscripción de los mismos a la Dirección General de Presidios, y, al igual que se había hecho con respecto a los presidios en la Ordenanza General de 1834, se previó para las Casas de Corrección un sistema mixto de gobierno militar-civil: dependían del Ministerio de la Gobernación, estando bajo la autoridad de los gobernadores civiles, aunque en la práctica la dirección inmediata de las mismas quedaba en manos de los comandantes de los respectivos presidios de la provincia.

Como autoridades internas, u obligadas a vivir en el propio establecimiento, cada Casa de Corrección de mujeres tendría, además, un Rector de la clase sacerdotal para ocuparse de la educación moral de las *"corrigendas"*, y de la seguridad y orden del lugar; y una o dos inspectoras, dependiendo del número de internas, que debían ser *"de edad madura, soltera ó viuda, de conducta irreprensible, que sepa leer, escribir y contar, y de instrucción en las laboras propias de su sexo"*[564].

Llama la atención que, por asimilación a la obsoleta figura del *cabo de vara* que aún se mantenía en los presidios, para las Casas de Corrección de mujeres se previeron también los cargos de *celadora* y *ayudanta*, que eran elegidos de entre las propias corrigendas: *"Para que las corrigendas puedan ser nombradas celadoras ó ayudantas, han de reunir las circunstancias siguientes: llevar extinguida la mitad de su condena sin haber reincidido en delito ni aún falta; haber dado pruebas de su arrepentimiento, y tener disposición para desempeñar estos cargos"*. Su función era de ayuda o apoyo a la inspectora para la dirección de los talleres, al portería, la enfermería, la cocina o el lavadero, y estaban bajo sus órdenes[565].

Tampoco se olvidaron las tradicionales asociaciones benéficas, y para dirigir las labores de las mujeres o ayudar en la enseñanza moral, se

---

[562] En *Colección legislativa de España*, tomo 41, Madrid, 1849, pp. 140-151.

[563] GARCÍA VALDÉS, C., *Las «Casas de corrección» de mujeres: un apunte histórico*, en VV.AA., Cerezo Mir/Suárez Montes/Beristain Ipiña/Romeo Casabona (Eds.), El nuevo Código Penal: presupuestos y fundamentos. Libro Homenaje al Profesor Doctor Don Ángel Torío López. Granada, 1999, p. 590.

[564] Art.6 del Reglamento de 9 de junio de 1847, en *Colección legislativa de España*, tomo 41, Madrid, 1849, p. 141.

[565] Arts.10, 43 y 60 del Reglamento de 9 de junio de 1847, en *Colección legislativa de España*, tomo 41, Madrid, 1849, pp. 142, 146 y 149.

estableció en un artículo adicional que *"los Gefes políticos procurarán la formación de asociaciones de señoras, regidas por reglamentos especiales que se someterán á la aprobación del Gobierno"*[566].

Por lo demás, el Reglamento dignificaba la estructura de los edificios, el vestuario y la alimentación de las reclusas, a pesar de que seguía siendo muy sencilla, y establecía la obligación de que estas Casas de Corrección se construyeran en trece puntos del país, pudiendo aumentarse hasta quince: Barcelona, Burgos, Badajoz, la Coruña, Cartagena, Granada, Madrid, Sevilla, Valencia, Valladolid, Zaragoza, Santa Cruz de Tenerife, Palma de Mallorca, *"y si fuere necesario"*, dice la ley, también en Pamplona y Oviedo.

Para armonizar la administración de las casas de corrección de mujeres con la de los presidios, se dictó seguidamente, por el Subsecretario de la Gobernación, don Vicente Vázquez Queipo, la Real Orden de 15 de diciembre de 1847, estableciendo atribuciones de los jefes políticos, proveyendo reformas y edificios y ordenando cerrar algunos establecimientos.

El Reglamento de 1847 se hizo eco también de otro de los principios fundamentales que por entonces estaba desarrollando la doctrina jurídica del país, y no sólo dignificó la arquitectura, la higiene o el tratamiento de las reclusas, sino que también varió su concepción con respecto a ellas, pasando a considerarlas simples *"corrigendas"*, o mujeres desgraciadas que requerían de una ayuda moral, antes que pecadoras o delincuentes infames, como se consideraban en el Antiguo Régimen.

Para su corrección, que era el principal objetivo de su encierro, se previó un sistema de trabajo común en los talleres durante el día, y aislamiento en los dormitorios durante la noche. Se arbitró un régimen de premios que recompensaba la buena conducta, el aprendizaje y el trabajo de las reclusas, o de faltas y correcciones para castigarlas con reprensiones públicas o privadas, mayor número de horas de trabajo, privación de comunicación, etc[567]. Y, en definitiva, se siguió el método de aglomeración, clasificando los departamentos en tres clases según las penadas los fueron con retención, incorregibles y el resto[568].

El trabajo en los talleres y la forma de financiación (una parte para el mantenimiento de la Casa de Corrección y otra para las propias corri-

---

[566] Artículo adicional del Reglamento de 9 de junio de 1847, en *Colección legislativa de España*, tomo 41, Madrid, 1849, p. 151.

[567] Véanse los artículos 50-53 del Reglamento de 9 de junio de 1847, en *Colección legislativa de España*, tomo 41, Madrid, 1849, pp. 147-148.

[568] Art.45 del Reglamento de 9 de junio de 1847, en *Colección legislativa de España*, tomo 41, Madrid, 1849, p. 147: *"Se establecerán para los actos de recreo y descanso tres departamentos; uno para las penadas con retención, otro para las incorregibles, y el tercero para aquellas no comprendidas en los artículos anteriores"*.

gendas en pago de su esfuerzo), seguía las mismas normas previstas para los presidios, estableciéndose que la Ordenanza General de 1834 sería de aplicación subsidiaria en todos aquellas cuestiones no previstas específicamente en el Reglamento. Ninguna mejor prueba de que la intención era, definitivamente, unificar los criterios en los presidios de hombres y mujeres.

Pero, con todo, las diferencias seguían siendo notables. En primer lugar por la organización personal de ambos establecimientos, y ello a pesar de que, tratando de unificarla aún más, el Ministro de la Gobernación, don Manuel Beltrán de Lis, dictó la Real Orden de 22 de diciembre de 1851, ordenando en su art.1 que los comandantes de los presidios lo fueran "a la vez también de las casas de corrección", y dando otras disposiciones acerca del personal, como las que disociaron las funciones del rector en la figura del alcalde y el capellán[569].

Otra diferencia sensible era el régimen y tipo de trabajo a desarrollar por unos y otras, así como la educación recibida en cada lugar. Además, de los hombres se presumía una mayor delincuencia, manteniéndose para ellos los presidios coloniales en los que ingresaban los condenados a cadena perpetua, y los de arsenales, obras públicas y fortificación para los condenados a cadena temporal. Mientras que para las mujeres sólo se había previsto que cumplieran las penas de reclusión y prisión, mayor, menor o correccional, en las citadas Casas de Corrección, y la de arresto, mayor o menor, en los depósitos municipales[570].

El Reglamento para las Casas de Corrección de mujeres del Reino sería su régimen penitenciario regulador (siendo aplicable como derecho supletorio la Ordenanza General de presidios de 1834), hasta que paulatinamente estos establecimientos fueran desapareciendo a finales del siglo XIX. Para entonces, y sobre todo a partir de la revolución del 68, ya había conseguido erigirse y ponerse en pleno funcionamiento el nuevo proyecto penitenciario que, en respuesta al principio de centralización administrativa, y tratando de paliar las deficiencias de la estructura carcelaria femenina, venía a superar a las antiguas Casas de Corrección: la penitenciaria de mujeres de Alcalá de Henares.

---

[569] TEIJÓN, V., *Colección legislativa sobre cárceles...*, Madrid, 1886, p. 78. También la Circular de la Dirección, de 16 de septiembre de 1852, determinando el modo de proveer las vacantes de los empleados en las casas de corrección de mujeres, y la Circular de la Dirección, de 18 de enero de 1854, mandando que los Comandantes de los presidios nombren interinamente los empleados para las vacantes que ocurran en las casas de corrección de mujeres, en Teijón, en pp. 78-79.

[570] Véanse los ats.23 y 24 de la Ley de prisiones de 26 de julio de 1849, en *Colección legislativa de cárceles...*, p. 173.

4. LA MEJORA DE LAS CÁRCELES

Desde que se suprimieron las jurisdiccionales especiales, las cárceles adscritas a los distintos tribunales de primera instancia pasaron a depender de los Ayuntamientos constitucionales. Las provincias en las que se situaron las nuevas Diputaciones, según la división que finalmente culminara Javier de Burgos en 1833, se dividieron a su vez en partidos judiciales por Real Decreto de 21 de abril de 1834, y al frente de cada partido se impuso un juez de primera instancia, que tenía adscrita bajo su jurisdicción una cárcel de partido[571].

El resto de las cárceles del Antiguo Régimen que no estuvieran situadas en las cabezas de partido, no se suprimieron, sino que quedaron reconvertidas en meros depósitos o calabozos municipales, en los que se custodiaba al reo el tiempo suficiente para hacer las primeras diligencias y enviarlo, generalmente a través de la milicia nacional (hasta que se creara la Guardia Civil en 1844[572]), a la cárcel del partido judicial correspondiente. No había gran novedad en ello, más allá de la que suponía la nueva nomenclatura administrativa (depósitos municipales, cárceles de partido y cárceles de las Audiencias, dependientes de Ayuntamientos, Diputaciones, y el recién creado Ministerio de Fomento, jerárquicamente), puesto que las cárceles siempre habían pertenecido a la administración civil.

Por lo demás, tanto las cárceles de las Audiencias o Tribunales Superiores de Justicia, las de partido judicial, y los meros depósitos o calabozos municipales, pasaron a depender en última instancia del Ministerio de Fomento, al igual que los presidios; y éste inició una renovada labor de reforma, haciéndose eco de los trabajos realizados con anterioridad y las nuevas tendencias doctrinales.

El Ministerio compartía con la nueva ciencia jurídico-administrativa la convicción de que para una reforma real del sistema carcelario, era necesario que el Estado se hiciera cargo de la financiación y el control de todas y cada una de las cárceles repartidas por la geografía nacional, a través de una estructura centralizada. Pero también era consciente de que, ante los problemas económicos y el vacío legal, el único camino viable hacia la

---

[571] Así lo dispuso el Reglamento provisional para la administración de justicia de 26 de septiembre de 1835. Sobre estas cárceles de partido, desde el funcionamiento concreto de la cárcel del partido de Alcañiz, ha realizado un magnífico estudio documental BURILLO ALBACETE, F., *Las cárceles de partido judicial (1834-1854)*, en Anuario de Derecho Penal y Ciencias Penales, vol. LIV, enero 2001, pp. 323-399.

[572] Véase el Reglamento de la Guardia Civil, de 9 de octubre de 1844, en lo relativo a sus atribuciones para detener y arrestar a las personas, y conducción de reos, en la *Colección legislativa de cárceles*, Dirección General de Establecimientos penales, Madrid, 1860, pp. 125-126.

reforma, pasaba por dejar todavía el control y financiación de las cárceles en manos de los órganos intermedios, las Diputaciones y los Ayuntamientos[573], y seguir confiando en la iniciativa humanitaria, convirtiendo en una pieza clave de su gestión la nueva Sociedad Filantrópica, que surgió en esta época como continuadora de la desaparecida Asociación de Caridad.

Los esfuerzos del Ministerio de Fomento venían a sumarse, por lo demás, a los que se estaban realizando desde el Ministerio de Gracia y Justicia, continuando la labor de aseguramiento de las garantías jurisdiccionales reconocidas a los presos por la Constitución de 1812 (prohibición de la tortura y los apremios, detención con justa causa, etc)[574]. Siguiendo, en ese sentido, la estela iniciada por el Decreto de 11 de septiembre de 1820, sobre garantías jurisdiccionales para la detención y prisión de cualquier español[575], el Dictamen de 28 de septiembre de 1820, de la comisión parlamentaria para el arreglo y mejora de las cárceles del reino, y la Orden de las Cortes de 12 de octubre de 1820, para la supresión de los elementos de tortura y mejora del espacio de las cárceles, el Ministerio de Gracia y Justicia aprobó, el 26 de septiembre de 1835, un Reglamento provisional para la administración de justicia, dictando medidas para que no se hicieran prisiones sin justa causa ni se maltratase a los presos, y mandando hacer visitas semanales y generales de cárceles[576].

Un mes después, se nombraba Visitador de las cárceles de la Corte a Don Ramón Giraldo[577], que era ministro del Tribunal Supremo, y se le encargaba que examinara las cárceles de Madrid y sus régimen interno, en orden a proponer las mejoras que considerada convenientes para la seguridad, salubridad y estado moral de los presos[578]. Su labor no fue más

[573] Sobre las dificultades y quejas de los Ayuntamientos y los vecinos de cada partido judicial, para hacerse cargo de los gastos de las cárceles y los repartimientos dirigidos a su financiación, véase BURILLO ALBACETE, F., *Las cárceles de partido judicial...*, pp. 323-399.

[574] No en vano, la *Colección legislativa de cárceles*, mandada realizar por la Dirección General de Establecimientos Penales, y publicada en Madrid, 1860, comenzaba recogiendo, tras las disposiciones relativas al tema de la Novísima Recopilación, el articulado de las garantías jurisdiccionales de la Constitución de 1812, en pp. 35-36.

[575] En *Colección legislativa de cárceles...*, pp. 47-48.

[576] *Colección legislativa de cárceles...*, pp. 65-67.

[577] Real Orden del Ministerio del Interior de 25 de octubre de 1835, nombrando a D. Ramón Giraldo Visitador de cárceles de esta coste, en *Colección legislativa de cárceles...*, pp. 70-71.

[578] Real Orden de 20 de octubre de 1835, encargando a D. Ramón Giraldo que proponga lo que conceptúe conveniente para el arreglo de las cárceles del Reino, en *Colección legislativa de cárceles...*, p. 70: "*S.M. la Reina Gobernadora, que no cesa de meditar por mejorar la suerte de sus súbditos en cualquiera situación en que se hallen, ha llegado á entender con sentimiento el deplorable estado en que se encuentran las cárceles del Reino, tanto por lo que indebidamente sufren en ellas los detenidos y presos, cuanto por la inseguridad de las mismas, que en ocasiones hacen ineficaces los fallos judiciales; y deseosa S.M. de poner término á*

allá, como tampoco la del Ministerio de Gracia y Justicia que, una vez aprobado el Reglamento de desarrollo de las garantías jurisdiccionales previstas en el texto constitucional, se conformó con regular y controlar la aplicación de un exhaustivo sistema de visita de las cárceles por parte de las autoridades judiciales, heredero en cierta medida de las tradicionales obligaciones de visita del Antiguo Régimen[579], e inaugurado a partir de la Ordenanza de las Audiencias sobre las visitas de cárceles de 20 de diciembre de 1835.

La reapertura del expediente para la mejora de las cárceles, se produjo a través de la Real Orden de 5 de marzo de 1838, en la el Ministerio de la Gobernación nombraba una Comisión especial encargada de realizar un reglamento para la reforma de las cárceles del reino. De ella formaron parte dos de los más autorizados teóricos penitenciaristas del momento: el ya conocido Marcial Antonio López y Ramón de la Sagra[580]. Un año después, y con el mismo propósito, se fundó la Sociedad Filantrópica, impulsada precisamente por don Ramón de la Sagra, quien, a diferencia de otros de los que se presumió sin fundamento, sí había viajado previamente a los Estados Unidos en 1835, y a distintos países europeos, principalmente Francia, Suiza y Bélgica, comisionado por el gobierno para estudiar los nuevos modelos penitenciarios que allí se estaban desarrollando[581].

A su regreso a España, además de influir decisivamente con sus discursos y sus obras en el desarrollo de los modelos penitenciarios más novedosos (como el que estaba desarrollando Manuel de Montesinos en Valencia, del que trataremos más abajo)[582], Ramón de la Sagra fundó a

---

tamaños males, teniendo presente la inteligencia, práctica y conocimientos en esta materia que adornan á V.S.I, se ha dignado nombrarle para que, con el celo que le distingue, proponga á S.M. cuanto juzgue conveniente no sólo para el arreglo de las cárceles de esta capital, sino para las de todo el Reino, abrazando al mismo tiempo que lo conducente á la seguridad de los presos, cuanto convenga á mejorar la salubridad de aquellos y el estado moral de estos".

[579] Véase el capítulo IV., dedicado a "Las visitas de cárceles", por SANZ DELGADO, E., *Las viejas cárceles...*, pp. 253-352, así como la parte II del artículo de ZAPATERO SAGRADO, R., *Los presidios, las cárceles y las prisiones...*, pp. 552-555. La profusa legislación ordenando la visita de las cárceles, autoridades competentes, etc..., también se recogió en la *Colección legislativa de cárceles...*, a lo largo de todo el texto (véase índice).

[580] Fueron miembros de la misma: su presidente, D.Antonio Posada Rubin de Celis, Arzobispo electo de Valencia, y los vocales D. Fermín Gil de Linares, Decano de la Audiencia territorial de Madrid, D. Marcial Antonio López, Ministro Honorario del Tribunal Supremo de Justicia, D. Ramón de la Sagra, Diputado a Cortes por la provincia de la Coruña, y D. Juan Miguel Inclán, Vicesecretario de la Academia de San Fernando. Véase la Real Orden de 5 de marzo de 1838, en *Colección legislativa de cárceles...*, pp. 85-86.

[581] Sobre esta cuestión, véase también VON LISZT, F., *Tratado de Derecho penal*, Buenos Aires, 2008, p. 129.

[582] De entre sus obras específicas sobre el tema, cabe destacar DE LA SAGRA, R., *Atlas carcelario*, Madrid, 1843, y *Relación de los viajes hechos en Europa, bajo el punto de vista de Institución y Beneficencia pública, la represión, el castigo y la reforma de los delincuen-*

comienzos de 1839 la Sociedad Filantrópica para la mejora del sistema carcelario, correccional y penal de España. Dicha Sociedad compartía la naturaleza *"filantrópica"* de la Comisión nombrada el año anterior para la mejora de las cárceles, y perseguía junto a ella un mismo objetivo para la implantación del sistema celular en nuestro país[583]. Por eso, desde el primer momento, recibió ayuda y respaldo institucional, determinando incluso las acciones ministeriales[584]; y, por eso, en 1840 fue refundida oficialmente con la Comisión de cárceles a través de la Real Orden de 13 de diciembre, que nos dio las claves del frustrado trabajo que hasta entonces se había venido realizando por cada una de ellas, en una esclarecedora introducción:

> *"Por Real Orden de 5 de marzo de 1838 se nombró una Comisión especial para formar un proyecto de reglamento de las cárceles del Reino (...). Pidió esta Comisión y se le facilitaron los antecedentes y trabajos que en varias oficinas y establecimientos existían, y en 15 de Mayo siguiente presentó una Memoria sobre el estado de las cárceles, los vicios y defectos que en él se advertían, los males que unos y otros originaban y los remedios que podían aplicarse, manifestando al propio tiempo el órden que en sus trabajos sucesivos se proponía adoptar. En 30 de Mayo del mismo año se aprobaron las bases presentadas por la Comisión para el arreglo de las cárceles del Reino, y en consecuencia se expidió con fecha de 9 de Junio una Real Órden, con el laudable fin de poner coto á los abusos de las Alcaidías que debían oponer un poderoso estorbo á las reformas que se intentaren, y se adoptaron algunas otras disposiciones con el mismo objeto, y á fin de adquirir edificios que pudiesen servir por sus buenas circunstancias, para trasladar á ellos con ventaja muchas de las cárceles existentes. Casi todos*

tes, Madrid, 1844, 2 vols., aunque también resulta de singular interés sus *Lecciones de economía social*, Madrid, 1840. En cuanto a su pensamiento como sociólogo, desde el que reivindicaba la integración de todos los hombres dentro del orden social, véase LEGAZ Y LACAMBRA, L., *Ramón de la Sagra, sociólogo español*, en Revista Internacional de Sociología, nº 13, 1946, pp. 160 y ss, y RODRÍGUEZ CAAMAÑO, M.J., *Ramón de la Sagra, pionero de la sociología en España*, en REIS, nº 88/89, pp. 261-271.

[583] Ya la Real Orden de 5 de marzo de 1838, que creaba la Comisión, ordenaba expresamente a sus miembros, según consta en *Colección legislativa de cárceles...*, p. 86: *"que al examinar tan filantrópico asunto, tendrán presente es necesario que la distribución de los edificios destinados á cárceles, sea con separación absoluta de sexos y edades en varios departamentos, unos para los delincuentes que aguardan el último suplicio, ó las penas inmediatas; otros para los que hayan cometido delitos de menos gravedad y que pueden expiarse con algún tiempo de prisión, sin olvidar las habitaciones necesarias para enfermería y talleres (...)"*.

[584] Véase, en este sentido, la Real Orden de 28 de diciembre de 1839, del Ministerio de Gracia y Justicia, determinando las circunstancias que deben contener los testimonios de condena, y mandando que á la Sociedad filantrópica para la mejora del sistema carcelario se la faciliten las noticias y auxilios que necesite, en *Colección legislativa de cárceles...*, pp. 98-99.

los Jefes políticos, correspondiendo á la excitación del Gobierno, remitieron las noticias que se les pidieron; pero por desgracia y no por culpa del Ministerio de Gobernación, dejaron de ser atendidas las reclamaciones que se hicieron en más de una ocasión, para que se destinasen á cárceles algunos edificios de conventos suprimidos, ni tampoco tuvo mejor éxito la petición especial que del de San Francisco el Grande de esta Corte hizo la Comisión, animada del mejor deseo. No pudieron por tanto realizarse las mejoras que desde luego hubiera sido conveniente llevar á cabo, y no consta que se tomase ninguna resolución eficaz para remover los obstáculos que á ellas se oponían.

Creóse en tanto una Sociedad filantrópica para la reforma del sistema carcelario, penal y correccional de España, que considerando esta cuestión bajo el aspecto más elevado y trascendental, se propuso aplicar las buenas doctrinas realizadas ya con buen resultado en otros países, y prévia la autorización del Gobierno ideó la construcción de una penitenciaría-modelo, que había de ejecutarse con el auxilio de la caridad pública (...). La sociedad de que desde luego convenía plantear ciertas mejoras indispensables, proporcionó, á costa de generosos y constantes esfuerzos, vestido y trabajo á algunos presos menesterosos; hizo lo mismo y aun más particularmente con las presas; solicitó y obtuvo del Ayuntamiento un local adecuado para establecer una cárcel especial de mujeres; visitó con frecuencia y con buen fruto las prisiones, publicando el resultado de sus observaciones; separó á los jóvenes del contacto de los presos de mayor edad y estragadas costumbres; remedió con largueza su desnudez y miseria; estableció una cárcel para esta clase de penados, formando celdas con el fin de conseguir un cabal aislamiento durante la noche; introdujo en estas reclusiones la buena disciplina, el silencio y el trabajo, y proporcionó en fin á los jóvenes presos los medios necesarios de mejorar su instrucción y corregir su moral. En tal estado, y á fin de dar nuevo impulso á este importante asunto, se expidió la Real órden circular de 26 de Enero de este año, en la cual se reprodujo con corta diferencia lo prevenido en la de 9 de Junio de 1838 sobre edificios y tanteos de Alcaidías, disponiendo además que respecto á las de las cárceles de Madrid se procediese desde luego a proceder la conveniente demanda, para lo que anticiparía el Gobierno los fondos necesarios por cuenta del Ministerio de Gobernación.

Estas disposiciones y algunas otras relativas á la manutención de presos pobres, que fue preciso revocar por falta de fondos, son todas las que hasta el día se han dictado para la reforma de las cárceles. Ineficaces han sido sin duda y no podían menos de serlo, atendidas las circunstancias en que el país se ha encontrado, para conseguir el laudable fin á que iban encaminadas; pero fundadas en buenos principios han marcado el mismo camino que en la reforma carcelaria puede por ahora conducir á ventajosos resultados"[585].

[585] *Colección legislativa de cárceles...*, pp. 106-108.

Reconocía el Ministerio en esta disposición que, a pesar de estos esfuerzos realizados, aún no se había conseguido la ansiada reforma, ni la instalación de los nuevos modelos carcelarios, porque para ello *"se necesitan gastos inmensos que la penuria del Estado no permite hacer, y una reforma radical en la legislación penal que aun no se ha ejecutado"*. Por ello, los propósitos de conjunto que, de momento, se esgrimían para ambas instituciones, eran los de extirpar los abusos que aún quedaban del pasado, aumentando las garantías de los presos y reorganizando la administración del ramo; y procurar en lo posible la separación entre jóvenes, mujeres y hombres, así como la creación de celdas para la debida implantación del sistema celular en España[586]. Se venía apuntando también la necesidad de crear una *penitenciaría-modelo* en Madrid, como la que después ordenaría hacer el Reglamento de 1844 para formar a los funcionarios del sector haciéndose eco de la idea. Pero las dificultades económicas lo impidieron.

Veamos, por tanto, tan solo los avances efectuados, que resultaron ser finalmente la recuperación de todos los oficios carcelarios privatizados a través del tanteo, la ansiada supresión de los aranceles carcelarios, aún a costa de las arcas municipales, y el inicio del sistema celular en España con la remodelación arquitectónica de las cárceles.

a) El tanteo de las alcaidías enajenadas de la Corona

En cumplimiento de los objetivos expresados, una de las primeras disposiciones surgidas de los trabajos de la Comisión de cárceles y la Sociedad Filantrópica, fue la anhelada Real Orden de 26 de enero de 1840 que se cita en el texto reproducido. De acuerdo con los nuevos principios de administración pública, esta norma prohibía la privatización del oficio de alcaide de las cárceles, y ordenaba que todos aquellos particulares que hubieran recibido en el pasado el oficio en propiedad o arrendamiento, lo devolvieran a la Administración pública, determinándose el modo de indemnizarlos[587].

La cuestión no era nueva. Según Castejón, *"las alcaidías de cárceles, oficios enajenados de la corona (¡vergüenza da decirlo!), se empezaron á tantear y revertir en 1838 (R.O. 9 junio)"*[588]. Pero lo cierto es que ya en 1816 se dictó una ley declarando tanteables todos los oficios enajenados de la

[586] Véase SAGRA de la, R., *Discurso leído por Don Ramón de la Sagra al terminarse la sesión pública de instalación de la Sociedad para la mejora del sistema carcelario, correccional y penal de España*, Madrid, 1840.

[587] En *Colección legislativa de cárceles...*, pp. 100-103.

[588] CASTEJÓN, F., *Legislación penitenciaria española. Ensayo de sistematización*, Madrid, 1911, p. 56.

Corona, incluidas las alcaidías, que según se dispuso en 1817 sólo podrían seguir siendo servidas por sus antiguos titulares si éstos, en el término de tres meses, conseguían del rey una Real Cédula de Valimiento, otorgada por el Almirante Presidente del Supremo Consejo de Hacienda, a cambio de alguna *"recompensa de esta gracia"* que se destinaría a paliar el crédito público. La norma, sin embargo, fue suspendida *"por diversas reclamaciones"* el 10 de febrero de 1818, sin conseguir los efectos deseados[589].

Probablemente por ello, afirma Castejón que el tanteo de las alcaldías de las cárceles no comenzó a realizarse, en realidad, hasta 1838 y 1839, a través de sendas disposiciones del Ministerio de la Gobernación, en las que, siguiendo *"las bases sobre las cuales ha de fundarse el sistema de cárceles y casas correccionales del Reino"*, ya presentadas por la Comisión, se procede a acabar con uno de los principales abusos de las mismas: *"Uno de los primeros* (abusos) *y que más influjo tienen en el mal régimen de los mismos, es el servicio que suele hacerse de las Alcaidías por propietarios ó tenientes, los cuales han tratado y tratan, generalmente hablando de beneficiar sus plazas á costa de los pobres encarcelados, comprometiéndose á veces la buena y segura custodia, y resultando daños incalculables del sistema que siguen por su peculiar interés"*[590].

Sin embargo, estas disposiciones tampoco se cumplieron, porque los fondos con los que los Ayuntamientos quedaron obligados a atender a las mismas, previa aprobación de sus respectivas Diputaciones provinciales, y sin perjuicio de que éstas se les reintegraran el dinero cuando fuere posible, dieron ocasión a numerosas *"dilaciones y consultas, fundadas algunas y evidentemente dirigidas otras á entorpecer la ejecución de las disposiciones adoptadas"*. La ley de 26 de enero de 1840, vino a poner fin a esta situación de *"resistencias y obstáculos"* que había entorpecido la aplicación de sus predecesoras, y, reafirmándose en la perentoria necesidad de tantear las alcaldías enajenadas (sin duda, uno de los vicios *"más perjudiciales y aun funestos"* del régimen carcelario), resolvió el modo de hacerlo[591].

Los fondos necesarios para el tanteo, debían seguir corriendo a cargo de las castigadas haciendas municipales, a pesar de las numerosas quejas de los Ayuntamientos. Con anterioridad, y al objeto de satisfacer las

[589] Véanse la Real Cédula de 11 de noviembre de 1816, declarando tanteables todos los oficios enajenados de la Corona, la Real Cédula de 13 de noviembre de 1817, disponiendo que los dueños de oficios enajenados de la Corona puedan durante tres meses impetrar y obtener cédula para que no se les tanteen mientras vivan, y la Real Orden de 10 de febrero de 1818, suspendiendo los efectos de la Real Cédula de 13 de noviembre anterior sobre tanteo de oficios enajenados de la Corona, en *Colección legislativa de cárceles...*, pp. 40-43.

[590] Son palabras literales de la Real Orden de 9 de junio de 1838, en *Colección legislativa de cárceles...*, pp. 90-92. Véase también la Real Orden de 12 de enero de 1839, en *Colección legislativa de cárceles...*, p. 93.

[591] *Colección legislativa de cárceles...*, pp. 100-103.

"justas aspiraciones" a desembarazarse de dichos gastos expresadas por los municipios, el Ministerio de Gobernación había llegado a prever que se cubrieran estos gastos desde sus propios presupuestos generales, a través de distintas disposiciones dictadas en 1838 y 1839. Pero en realidad nunca se llegó a enviar el dinero a los municipios, y la medida quedó en suspenso en 1839, señalándose que resultaba necesario aplicar *"todos los ingresos del Tesoro al pago de los suministros del ejército y de las demás atenciones militares"* [592].

Tras el fracaso del intento, la ley de 1840 volvía a imputar el gasto de reversión de las alcaidías a los Ayuntamientos. Se previó que las Diputaciones les reintegraran a ellos estos gastos con posterioridad, si bien en la práctica los costes fueron sufragados íntegramente por los vecinos de cada lugar, por lo que las indemnizaciones a los antiguos alcaides resultaron muy bajas, y los oficios se arrebataron prácticamente a los titulares que no quedaron confirmados en ellos.

A partir de ese momento, y hasta que se habilitara otra vía pública de acceso al oficio en 1881[593], el Jefe político de cada provincia quedó encargado de atribuir las alcaidías de las cárceles a personas de su confianza que cumplieran ciertos requisitos, como tener arraigo en la zona, ser mayor de treinta y cinco años, poseer una moralidad acreditada, y saber *"por lo menos leer, escribir y contar"*[594]. En la norma se establecía la necesidad de pagar sus servicios con un sueldo público, además del uso de una habitación en la cárcel como pago en especie. Aunque quedaba por determinar el modo de cubrir ese sueldo, más allá del tradicional cobro de aranceles y tasas carcelarias.

Con todo, esta ley de 1840 daba un paso sustantivo, tanto desde el punto de vista de la administración, como en el reforzamiento de un régimen garantista para el reo. A pesar de que la legislación histórica había tratado de limitar los abusos y vejaciones a los reos a través de normas prohibitivas y obligaciones de visita para los oficiales públicos de justicia (que como hemos visto continuaron su desarrollo legislativo por el Ministerio de Gracia y Justicia a partir de 1835); todos los autores, desde los humanistas de los siglos XVI y XVII, a los ilustrados del XVIII, coincidían en señalar que las únicas medidas eficaces para conseguirlo, eran la desprivatización

[592] Véanse las Reales Órdenes de 10 de julio de 1838, 20 de noviembre de 1838, 8 de marzo de 1839, y 26 de julio de 1839, en *Colección legislativa de cárceles...*, pp. 92-94 y 96-97.

[593] Finalmente con la creación del Cuerpo de establecimientos penales de 1881.

[594] Para terminar la ejecución de las normas antes citadas, se dicta la Real Orden de 3 de octubre de 1843, mandando que en las vacantes de alcaidías revertidas á la Corona y tanteadas por los Ayuntamientos, los Jefes políticos nombres á los más dignos de entre los que las soliciten, en *Colección legislativa de cárceles...*, p. 118.

de los oficios de las cárceles, haciéndolos públicos y responsables de sus actos, y la supresión de los aranceles carcelarios (incluido el histórico y muy criticado *"carcelaje"* que se pagaba a la salida), haciéndose cargo íntegramente el Estado del mantenimiento económico de las mismas.

b) *La supresión de los aranceles carcelarios: la financiación pública de las cárceles*

El primer objetivo que se marcaron la Comisión de reforma y la Sociedad filantrópica para la mejora de las cárceles, a saber, el tanteo de las alcaidías enajenadas, se consiguió finalmente a través de la citada ley de 1840, que fue magníficamente recibida y aplaudida por todos los sectores[595]. Pero la financiación pública de las cárceles era una cuestión mucho más problemática en la situación de crisis económica por la que se atravesaba en la primera mitad del siglo XIX.

Por ese motivo, aunque desde fecha temprana se dictaron numerosas medidas para asegurar la manutención de los presos pobres al margen de la caridad[596], y limitar en lo posible los aranceles carcelarios que se les venían cobrando desde el Antiguo Régimen como abuso jurisdiccional (a la entrada, a la salida, por el uso de elementos y para la adquisición de bienes y servicios en las cárceles...)[597]; hubo que esperar hasta 1847 para que, finalmente, un significativo Real Decreto de 25 de agosto prohibiera el cobro de tasas o derechos carcelarios de cualquier tipo y para cualquier clase de reo[598].

---

[595] LASTRES, F., *Estudios penitenciarios...*, p. 15.

[596] En este sentido fueron muy numerosas las disposiciones dictadas desde principios de siglo para que las instituciones públicas mantuvieran a los presos pobres con parte de sus recursos económico. Véanse, por ejemplo, las Reales Órdenes de 26 y 27 de octubre de 1826, 15 de marzo de 1828, 15 de noviembre de 1833, 15 de enero de 1836, 23 de enero de 1837, 3 y 18 de mayo de 1837, 20 y 24 de abril de 1839, 29 de mayo y 3 de julio de 1841, 7 de enero, 19 de marzo y 10 de junio de 1842, 10 y 26 de mayo, 19 de septiembre, 23 de octubre y 7 de noviembre de 1842, y 29 de septiembre de 1846, en *Colección legislativa de cárceles...*, pp. 52-53, 62, 75, 78-79, 80, 83, 95-96, 110-111, 113, 115-116, 122-123, 127 y 141.

[597] Véase el esfuerzo que hace en este sentido el Reglamento de los Juzgados de Primera Instancia del Reino de 1 de mayo de 1844, arts.67 y 72, en *Colección legislativa de cárceles...*, pp. 120-122.

[598] De tal manera la Ordenanza de las Audiencias de 1835 no se atrevió a suprimir los aranceles carceleros, sino que se limitó simplemente, en su artículo 184, a ordenar al alcaide a tener *"siempre puesto el arancel de sus derechos en sitio donde todos lo puedan leer, y nunca llevarán más de lo que en él se prescriba; debiendo ser muy estrechamente responsables si se excedieren en esto, o por algún medio indirecto estafasen a los presos, o trataren que lo haga algún dependiente de la cárcel. A los pobres de solemnidad no se les exigirá derecho alguno"*.

Con anterioridad, el cobro de aranceles carcelarios ya se había prohibido para el caso de los presos militares, por sendas órdenes de 1828 y 1829, que venían a impedir que a los soldados detenidos en las cárceles se les cobrara cualquier tipo de derechos de carcelaje, grillos, etc, especificando que sólo debían hacerlo si estaban desaforados. Sus gastos correrían a cargo del Ministerio de Guerra[599].

Para el caso de los presos civiles, mucho más numerosos, la supresión de los aranceles carcelarios era, sin embargo, un proyecto más difícil de llevar a la práctica, y la Ordenanza de las Audiencias de 1835 aún tuvo que reconocer la necesidad del cobro de este tipo de derechos para su mantenimiento, prescribiendo solamente en garantía del reo que estuviera *"siempre puesto el arancel de sus derechos en sitio donde todos lo puedan leer, y nunca llevarán* (los alcaides) *más de lo que en él se prescriba; debiendo ser muy estrechamente responsables si se excedieren en esto, o por algún medio indiscreto estafasen a los presos, o trataren que lo haga algún dependiente de la cárcel. A los pobres de solemnidad no se les exigirá derecho alguno"*[600].

Los aranceles carcelarios no quedaron definitivamente abolidos, en consecuencia, hasta el citado Real Decreto de 25 de agosto de 1847, que, aunque tuvo una exigua vigencia en el tiempo y no consiguió imponer otros muchos de sus objetivos, al menos sí consiguió inaugurar finalmente, tras una larga campaña que apuntaba en esa dirección, la nueva fase de financiación exclusivamente pública de las cárceles:

> *"Art.76. Queda prohibido que los empleados y dependientes compren, cambien, vendan ó alquilen ningún efecto á los encarcelados.*
> *Art.77. Igualmente se prohíbe que los empleados y dependientes hagan trabajar á los presos en cosas de su uso ó servicio particular.*
> *Art.78. Se prohíbe también la existencia de cantinas, y que los empleados y dependientes faciliten á los presos ningún género de bebidas ó alimentos.*
> *Art.79. Se prohíbe del mismo modo que los encarcelados vendan ó cambien entre sí su ración ni la ropa necesaria para su uso.*
> *Art.80. Se prohíbe asimismo toda clase de derechos ó impuestos carcelarios, ya sean los que se cobran por alquiler de habitaciones y los conocidos con el nombre de entrepuertas, de grillos y demás de su clase, ya sean los que acostumbran á exigir los presos á los nuevos encarcelados con la denominación de entrada ó de bienvenida.*

---

599 Véanse las Reales Órdenes de 21 de mayo de 1828 y 10 de octubre de 1829, en *Colección legislativa de cárceles...*, pp. 54-55.

600 Art.184 de la Ordenanza de las Audiencias de 20 de diciembre de 1835, sobre visita de cárceles y obligaciones de los alcaides *Colección legislativa de cárceles...*, p. 74.

Art.81. Finalmente, se prohíbe que los empleados y dependientes admitan de los presos, ni de sus parientes y amigos, ninguna especie de gratificación, presente ni recompensa, bajo pretexto alguno"[601].

El gran problema que entonces se acució fue que, aunque la teoría administrativista liberal creía que el sistema carcelario y penitenciario debía ser contralado y sufragado íntegramente por el Estado, la ruinosa situación económica por la que atravesaba éste, volvió a cargar de hecho los cada vez más abultados gastos carcelarios en las depauperadas haciendas municipales y provinciales[602]. En este sentido, las quejas de los Ayuntamientos venían de antiguo y eran muy numerosas. Las normas administrativas generales que atribuían la competencia sobre las cárceles a los Ayuntamientos y Diputaciones, también dejaban en sus manos su mantenimiento económico, sobre todo desde el punto de vista material y del mantenimiento de los presos pobres (mientras que se mantuvieron los aranceles carcelarios, de ahí solían pagarse los sueldos de los oficiales, y cada preso no pobre sufragaba sus raciones diarias).

Para resolver las cuestiones que sobre este tipo de financiación se planteó entre las instituciones locales y provinciales, una significativa Real Orden de 3 de mayo de 1837, ya vino a resolver que los gastos de los presos pobres en la cárceles de partido debían prorratearse entre todos los pueblos integrantes de dicho partido judicial (hasta entonces se pedían a cada ayuntamiento de origen del reo, lo que suponía enormes problemas de gestión), salvo que el reo fuera de otra provincia, en cuyo caso las distintas Diputaciones tenían que reintegrarse los gastos ocasionados por el mismo. Los gastos de los depósitos municipales quedaban a cargo del Ayuntamiento donde éstos se encontraran (estancias de presos pobres y conducción de reos hasta las cárceles de partido). Y, por su parte, los costes de manutención de los presos pobres en las cárceles de las Audiencias, corrían a cargo de las Diputaciones provinciales[603].

---

[601] Artículos 76-81 del Real Decreto de 25 de Agosto de 1847, en *Colección legislativa de cárceles...*, p. 154, donde se prohibía expresamente el cobro de tasas o aranceles, la recepción de dádivas o regalos, la realización de negocios y el abuso del trabajo de los reos para fines particulares. En este mismo sentido se pronunciaron en adelante las distintas normas dictadas sobre régimen carcelario: por ejemplo, la Ley de prisiones de 1849, art. 21 del Título IV; el Reglamento para las cárceles de Madrid de 22 de Enero de 1874, art.257; el Reglamento definitivo para la cárcel celular de Madrid de 1894, artículos 93 y 101, o el Reglamento de 16 de Julio de 1904, provisional para la prisión celular de Barcelona, artículos 72 y 73. Finalmente, el Decreto de 5 de Mayo de 1913, en el artículo 82, del Capítulo VII del Título I, distinguió entre las acciones que podían ser constitutivas de un delito de cohecho, las faltas graves y las menos graves.

[602] La Orden de 3 de mayo de 1837 ya había establecido los mecanismos fiscales que debían aplicar los ayuntamientos cabeza de partido en esta materia.

[603] Real Orden de 3 de mayo de 1837, haciendo aclaraciones á la de 23 de enero anterior sobre alimentos de presos pobres, en *Colección legislativa de cárceles...*, pp. 80-82, y Real

Los repartimientos entre los pueblos de los distintos partidos judiciales para el mantenimiento de los presos pobres, comenzaron a hacerse efectivamente desde ese momento, a pesar de las quejas[604]. Y a partir del nuevo acceso de los moderados al poder en los años cuarenta, se fortalecieron sobre todo las labores de control e inspección de los presupuestos generales de las cárceles por parte de las Diputaciones.

Por lo demás, todo seguía igual cuando el Real Decreto de 1847 suprimió los aranceles carcelarios, aumentando de este modo el gasto de las instituciones públicas locales. No obstante, para despejar cualquier duda en este sentido, una Real Orden de 31 de diciembre de 1847 vino a reiterar lo que ya estaba legislado: que los gastos de los presos en las cárceles de Audiencia debían correr a cargo de las Diputaciones; los de los presos en cárceles de partido a prorrata entre los pueblos del cada partido judicial; y los de los detenidos en los depósitos y su conducción, a cargo de los respectivos municipios[605].

Esta realidad supuso, en opinión de Burillo Albacete, "una de las claves del fracaso del penitenciarismo liberal decimonónico, que no lograría, salvo en muy contadas ocasiones, superar la penosa situación carcelaria heredada del antiguo régimen"[606]. La falta de un presupuesto general del Estado para la reforma del sistema carcelario, y la dejación de una cuestión tan importante como la dotación económica de la misma en manos de las castigadas haciendas locales, impidieron ciertamente que ésta pudiera llevarse a cabo en la forma, y con la celeridad, que anhelaba la doctrina. Poco a poco se fueron afrontando los gastos más perentorios, como la manutención de reos o los costes de sus traslados. Pero, evidentemente, la remodelación de los espacios y la creación de un nuevo cuerpo de oficiales en las cárceles, eran gastos mucho más significativos que los vecinos de cada lugar no estaban dispuestos a pagar, ni sus ayuntamientos se atrevían a exigirles.

c) *Remodelación arquitectónica y sistema celular*

Al margen de la reorganización administrativa y desprivatización del ramo, los objetivos declarados por la Comisión de cárceles y la Sociedad Filantrópica eran la mejora arquitectónica de las cárceles, procurando la

---

Orden de 18 de mayo de 1837, declarando que no hay razón para alterar la de 3 del mismo mes, sobre alimentos de presos pobres.

[604] Véase, en este sentido, el magnífico trabajo de campo realizado por BURILLO ALBACETE, F., *Las cárceles de partido judicial...*, pp. 342-363.

[605] Real Orden de 31 de diciembre de 1847, en *Colección legislativa de cárceles...*, p. 159.

[606] BURILLO ALBACETE, F., *Las cárceles de partido judicial...*, p. 324.

separación entre jóvenes, mujeres y hombres, y la creación de celdas para la debida implantación del sistema celular en España, introduciendo en el país un régimen verdaderamente correccional a través de la instrucción y la ocupación o el trabajo de los detenidos[607].

La implantación del sistema pensilvánico o celular, modelo que había aprendido De la Sagra en su viaje a Estados Unidos, fue una de las principales motivaciones de la Sociedad Filantrópica. Dicho sistema, que estaba siendo acogido con gran expectación en la Europa del momento, consistía en el aislamiento de los reos en celdas individuales, donde se fomentaba su reflexión, así como en la instrucción moral y religiosa del reo, al que se le destinaba también al ejercicio de alguna ocupación o trabajo para procurar su corrección. La idea, que tenía sin duda una base "benthamiana", partía necesariamente de una previa separación de los reos, que se venía defendiendo en nuestro país desde la época bajomedieval (¡ya en las Partidas de Alfonso X!), pero que todavía a comienzos del siglo XIX no se había conseguido en su integridad[608].

Por eso, de forma paralela a los primeros esbozos que la Sociedad Filantrópica trató de hacer del sistema celular en nuestro país, se atendió sobre todo a la debida separación de los reos (lo que Castejón llamaba *"el sistema de clasificación"*[609]), mandándose aislar en espacios diferentes a los rematados y los procesados, así como a los condenados por delitos leves o graves, y atendiéndose especialmente a la adecuada separación de los reos por sexos y por edades, con la creación de cárceles de mujeres y departamentos especiales de jóvenes[610]. Para ello se aprovecharon algunos

[607] Además del discurso antes citado de Ramón de la Sagra, véanse también en este sentido PASTOR, L.M., *Memoria leída en la Junta de instalación de la Sociedad filantrópica fundada para procurar la mejora del sistema carcelario, correccional y penal de España*, Madrid, 1840; y FERRER i GARCS, R., *Memoria de los trabajos de la sociedad para la mejora del sistema carcelario correccional y penal de la provincia de Barcelona*, leída en Junta general el día 12 de junio de 1841, Barcelona, 1842.

[608] Recordemos que la Instrucción de 20 de noviembre de 1833, dirigida a los Subdelegados de Fomento en las provincias, aún afirmaba que *"hay pueblos(...) en cuyas cárceles no hay separación para el delincuente á quien aguarda el suplicio, y el aturdido que expía por unos pocos días de encierro una falta ligerísima; hay prisiones en fin donde viven mezcladas las personas de sexos diferentes, con daño de las costumbres y mengua de la civilización"*, en FERNÁNDEZ, T.R., y SANTAMARÍA, J.A., *Legislación administrativa española del siglo XIX*, Madrid, 1977, pp. 501-502.

[609] CASTEJÓN, F., *La legislación penitenciaria española. Ensayo de sistematización*, Madrid, 1911, p. 300.

[610] COLMEIRO, M., *Derecho administrativo español*, Madrid, 1876, libro IV, p. 393: *"La separación de los jóvenes y adultos fue acordada por un auto del Consejo en vista de varios desórdenes observados en las cárceles de Madrid. La Administración insistió en la necesidad de separar á los presos, al ver que en algunas cárceles estaban confundidos el delincuente á quien aguardaba el suplicio, y el aturdido que expiaba con pocos días de encierro su ligera falta, y que en otras vivían mezcladas las personas de sexos diferentes con daño de las costumbres*

de los bienes obtenidos de la desamortización eclesiástica que se estaba llevando a cabo desde 1836.

Efectivamente, desde que comenzara a realizarse la desamortización de los bienes de la Iglesia, el de la instalación de las nuevas cárceles fue sin duda un objetivo prioritario señalado para los conventos. Así lo estableció un Real Decreto expedido por el Ministerio de Gracia y Justicia en 1836[611], declarándose dos años después que los conventos que se destinaran a objetos de utilidad pública quedarían libres de pago de canon de cualquier especie[612]. A las Audiencias y otras autoridades judiciales y administrativas, se les enviaron diversos mandamientos en este tiempo para que dieran noticia del estado de las cárceles y sus recursos, al objeto de planificar la reforma de las mismas.

La Real Orden de 9 de junio de 1838, con la que la Comisión comenzaba a dar forma a los objetivos que se había marcado (prescribiendo, entre otras cosas, el tanteo de las alcaidías), ordenaba ya que se procediera de forma inmediata a acomodar las cárceles á su objeto, determinando expresamente las condiciones que éstas debían tener (a las afueras de las poblaciones, celdas separadas, talleres, enfermería, buenos patios, etc.), y determinando que para aquellos lugares cuya cárcel actual no se pudiera adaptar a estas condiciones se propusiera, previo informe de los arquitectos, *"el convento que le parezca mas á propósito, siempre que sea ventilado y se halle fuera del centro de la población"*[613].

y mengua de la civilización (Instrucción de 30 de enero de 1833); y por último, al autorizar el ministro de la Gobernación á los gobernadores de provincia para formar y someter á la aprobación del Gobierno un proyecto de reglamento de cárceles, entre otras bases señaló la separación de sexos y edades, de acusados y sentenciados y de presos por delitos graves, leves y políticos (Real orden de 10 de abril de 1844)".

611 Real Decreto de 8 de marzo de 1836, del Ministerio de Gracia y Justicia, destinando para establecimientos de utilidad pública, los conventos suprimidos que se crean á propósito, en *Colección legislativa de cárceles...*, p. 76.

612 Real Orden de 31 de mayo de 1838, declarando que los conventos que se destinen á objetos de utilidad pública, no están obligados al pago de cánon de ninguna especie, en *Colección legislativa de cárceles...*, p. 88-89.

613 *Colección legislativa de cárceles...*, pp. 89-90: *"Conformándose S.M. con lo propuesto por la comisión especial de cárceles; y deseando que todas las del Reino tengan las dependencias necesarias para plantear las bases del sistema que la misma le ha propuesto y ha merecido su Real aprobación, ha resuelto que los edificios cuya localidad y extensión permitan establecer cual conviene dichas dependencias, se proceda desde luego á acomodarlos á su objeto; y cuando no los haya con los requisitos que se necesita se proponga desde luego á S.M. el edificio que mejor los reúna. Y para que V.S. sepa los requisitos indispensables que han de tener esta clase de establecimientos, ha mandado se especifiquen con toda individualidad, y son los siguientes:*

1º. Que estén situados fuera del centro de las poblaciones.

2º. Que tengan la extensión necesaria para establecer la separación entre ambos sexos; entre detenidos y presos; entre jóvenes y viejos; entre reos de delitos atroces y los delincuentes que no se hallen en este caso, y entre los incomunicados.

Sin embargo, los trabajos y los avances se iban realizando muy lentamente[614]. A principios de 1839, el Ministerio de la Gobernación ordenaba al de Hacienda la concesión de los edificios desamortizados que se habían solicitado para convertir en cárceles[615]. Casi dos años después, el Ministerio de Hacienda establecía un término de tan sólo sesenta días para reclamar los edificios que se necesitasen para nuevas cárceles, a pesar de las quejas elevadas en este sentido por la Sociedad Filantrópica[616]. Y si a esta realidad, unimos el hecho de que no todos los Ayuntamientos se mostraron dispuestos a correr a cargo de las obras de remodelación que se necesitaba hacer en los conventos, debemos concluir que la desamortización favoreció sólo en cierta medida la reforma carcelaria, no llegándose a alcanzar el objetivo de reforma integral de todas las cárceles del territorio[617].

En cualquier caso, el principal campo de ensayo de la Sociedad filantrópica fue, evidentemente, la ciudad de Madrid, para la que, por Real Orden de 18 de julio de 1841, el Ministerio de la Gobernación aprobó *"las*

3º. Que tengan asimismo capacidad bastante para las piezas de trabajo, talleres y almacenes y dormitorios, enfermería, cocinas, buenos patios, comunes bien situados, algún huertecito si posible fuere, sala de visitas, oratorio, habitación para el Alcaide y algunos dependientes, y cuerpo de guardia.

Las cárceles que tengan estos requisitos, ó la mayor parte de ellos, particularmente en las capitales donde residen las Audiencias y en las de provincia, se conservarán para irlas acomodando á su fin, por los medios que están ya acordados, dándose parte inmediatamente de cuáles sean aquellas cárceles, y dónde están situadas. En otro caso propondrá V.S., oyendo previamente á los arquitectos que merezcan su confianza, el convento que le parezca mas á propósito, siempre que sea ventilado y se halle fuera del centro de la población: en la inteligencia de que esta propuesta ha de hacerse en el término preciso de veinte días, desde el en que se reciba esta Real órden".

[614] Véanse la Real Orden de 7 de marzo de 1840, Ministerio de la Gobernación, mandando que los Regentes de las Audiencias den noticia del número de reos y otros particulares necesarios, para que la Comisión de reforma del sistema carcelario pueda concluir sus trabajos, y la Real Orden de 5 de abril de 1840, del Ministerio de la Gobernación, mandando a los Jefes políticos que informen acerca del estado de los trabajos que hayan emprendido, en conformidad á la de 26 de enero anterior sobre mejoras de las prisiones, en *Colección legislativa de cárceles...*, pp. 103-104.

[615] Real orden de 12 de enero de 1839, del Ministerio de la Gobernación, mandando que por el Ministerio de Hacienda se concedan con brevedad los edificios destinados para cárceles, en *Colección legislativa de cárceles...*, p. 94.

[616] Real Decreto de 9 de diciembre de 1840, del Ministerio de Hacienda, previniendo que se reclamen dentro de sesenta días los edificios pertenecientes al Estado que sean aplicables á objetos de utilidad pública, en *Colección legislativa de cárceles...*, pp. 105-106, y Real Orden de 10 de marzo de 1841, del Ministerio de la Gobernación, trasladando al Ministerio de Hacienda una exposición de la Sociedad filantrópica, sobre los perjuicios que puede causar el Real decreto de 9 de diciembre anterior, que señala término para reclamar edificios públicos á fin de destinarlos á cárceles, en *Colección legislativa de cárceles...*, pp. 108-110.

[617] BONET CORREA, A., *Arquitectura carcelaria en España*, en Historia 16 (extra VII), octubre 1980, pp. 139-144.

bases propuestas por la Sociedad filantrópica para el arreglo de las cárceles de esta capital, que han de servir de modelo para todas las del Reino"[618].

El objetivo declarado era el *"establecimiento de un buen sistema correccional carcelario, que reporte al Estado con la moralidad los beneficios que se ven en otros países"*, y para ello se ordenaba que hubiera cuatro cárceles en la capital, tres de hombres y una de mujeres. En ellas, no sólo se previó la creación de *"estancias independientes"* o cédulas individuales para los internos, sino que también se establecieron normas relativas a la separación de los mismos por edad y por clase de delito, recomendándose, por ejemplo, que los militares no ingresaran en cárceles civiles, salvo en tránsito, y que *"a los presos por delitos políticos y deudas (...) conviene situarlos en la cárcel de jóvenes"*.

Entre las bases aprobadas por el Ministerio, constaba también la creación de una *"comisión activa de la Sociedad encargada de mantener la disciplina interior de los establecimientos penales y el vigor de sus reglamentos"*, de la que debían formar parte el Jefe político, que la presidiría, dos magistrados de la Audiencia territorial, dos vocales de la Diputación provincial, dos individuos del Ayuntamiento constitucional, dos de la Sociedad filantrópica, y el secretario de la misma. Quedaba en suspenso hasta futuras disposiciones el nombramiento de los empleados, que en todo caso, debería ajustarse a *"buenos principios dirigidos á proporcionar bienes morales y políticos de que carece la Monarquía en esta parte"*.

Con la intención de generalizar el modelo de Madrid, e impulsar la reforma también en el resto de la península, por Real Orden de 6 de abril de 1844, el nuevo Ministerio de Gobernación surgido tras la llegada al poder de González Bravo (ya bajo la influencia de Narváez), ordenaba iniciar un nuevo expediente, pidiendo a los Jefes políticos que enviaran propuestas de reglamento para las cárceles de sus respectivas provincias[619]. Mientras se llegaba a realizar la ley, esta Real Orden venía a aprobar, por lo demás, *"un sucinto proyecto de reglamento para todas las cárceles (...) fijando en él las reglas que deben observarse en todo lo relativo al régimen y disciplina interior de las mismas"*, aún teniendo en consideración que *"las circunstancias particulares de cada cárcel reclaman disposiciones atemperadas á su localidad, recursos y número de presos y empleados"*.

---

[618] Real Orden de 18 de julio de 1841, del Ministerio de la Gobernación, aprobando las bases propuestas por la Sociedad filantrópica para el arreglo de las cárceles de Madrid, en *Colección legislativa de cárceles...*, p. 111-112.

[619] Real Orden de 6 de abril de 1844, del Ministerio de la Gobernación, disponiendo que los Jefes políticos, con arreglo á las bases que se fijan, remitan para su aprobación un reglamento para las cárceles de sus respectivas provincias, en *Colección legislativa de cárceles...*, pp. 118-120.

Para salvar estas dificultades, el "sucinto proyecto de reglamento" no se pronunciaba sobre tales cuestiones de detalle, sino que realizaba simplemente una nueva declaración de intenciones, esgrimiendo los principios básicos de la reforma, cuáles eran: *"el aseo, la salubridad, la separación de sexos y de edades, la de acusados y sentenciados, la de presos por delitos graves, leves y políticos, la ocupación, la instrucción y la disciplina"*.

Cabe notar de esta Real Orden que recomendaba ya, en cuanto a la distribución del edificio, el aislamiento del reo propio del sistema celular[620], así como su ocupación, instrucción y disciplina. La disciplina consistía, según el desarrollo del texto, en la limitación de las visitas (hasta entonces las entradas y salidas de las cárceles eran abundantes e ilimitadas[621]), y en la prohibición de placeres efímeros a los reos, como juegos o bebidas *"espirituosas"*. La instrucción moral se lograba a través de los oficios religiosos del capellán. Y la ocupación mediante algún trabajo que les apartara de la ociosidad, el cual no tendría carácter obligatorio para los presos meramente cautelares, pero que en la práctica no se pudo arbitrar para ninguno de ellos por la falta, una vez más, de previsión económica.

El expediente iniciado en 1844, vigorizó nuevamente la reforma carcelaria, siendo seguido de medidas que volvían a instar a las autoridades municipales y provinciales la adquisición de edificios públicos para la construcción de cárceles, instruyendo para ello el expediente oportuno[622]. Entre tanto, se creaba el Cuerpo de la Guardia civil para descargar al ejército de las labores de persecución de delincuentes y conducción de reos, suprimiéndose la Milicia Nacional[623]; se aprobaba una nueva ley para el gobierno de las provincias, de 2 de abril de 1845, que convertía a los jefes políticos en pieza clave de la centralización administrativa potenciando sus funciones, también en cuanto a la gestión penitenciaria; y se erigía una nueva Constitución española, la Constitución de 1845, que representaba una vuelta al moderantismo, aunque respetaba en esencia las garantías

[620] No en vano, según CASTEJÓN, F., *La legislación penitenciaria española...*, p. 308, la primera manifestación del sistema celular es precisamente esta Real Orden de 6 de abril de 1844. En el mismo sentido se pronuncia GARCÍA VALDÉS, C., *Régimen penitenciario de España...*, p. 28.

[621] Frente a ello, la Real Orden de 6 de abril de 1844, establece, por vez primera en la legislación española: *"Que no se permita la entrada en las mismas sino á las familias de los presos en comunicación y á sus defensores, ni á mas mujeres que á las madres, hijas, hermanas y esposas de aquellos, fijándose para ello horas determinadas durante el día: podrá sin embargo la Autoridad civil conceder por escrito permiso de entrada á otras personas que las mencionadas, cuando por ellas ó por los presos se aleguen fundadas razones para obtener esta excepción"*. En *Colección legislativa de cárceles...*, p. 119.

[622] Véase la Real Orden de 12 de octubre de 1844, en *Colección legislativa de cárceles...*, p. 126.

[623] Reglamento de la Guardia Civil, de 9 de octubre de 1844, en *Colección legislativa de cárceles...*, pp. 125-126.

jurídicas al detenido o derechos jurisdiccionales alcanzados como uno de los primeros logros del liberalismo.

Pero, sin duda, el proyecto más importante que surgió del nuevo movimiento de reforma moderado, a la espera de la aprobación del nuevo Código Penal de 1848, resultó ser el Reglamento de 25 de agosto de 1847 para las Cárceles de las Capitales de Provincia, que, entre otras cuestiones, suprimió definitivamente los aranceles carcelarios, como hemos visto más arriba.

Además de ello, el Reglamento pretendía realizar una reforma integral con la creación de una instancia intermedia entre las cárceles de Audiencia y las de partido judicial: las cárceles provinciales. Preveía para Madrid *"tres cárceles-modelo; una para presos pendientes de causa; otra para sentenciados, y otra para mujeres"*; mientras que las cárceles de las capitales de provincia deberían dividirse en dos departamentos, de hombres y de mujeres, que a su vez se subdividirían en las siguientes secciones: de acusados por delitos leves, de acusados por delitos graves, de sentenciados por delitos leves, de sentenciados por delitos graves, de incomunicados, y de jóvenes menores de 15 años. Es decir, se establecía por vez primera un complejo sistema de clasificación en departamentos por sexos, edades y delitos[624].

También se reguló en esta norma un pormenorizado régimen de funcionamiento interno de las cárceles (en las que existirían una enfermería, una capilla, sala para declaraciones y careos, habitaciones del director y dependientes, local para talleres y oficinas), fijándose, por lo demás, el personal que debía atender las cárceles: un director (que, para parangonarse al de los presidios, se prefería de condición militar con el grado al menos de Comandante), un ayudante, un facultativo, un capellán, una inspectora para la vigilancia del departamento de mujeres, y el número de dependientes necesario.

La actividad de las Sociedades Filantrópicas en las cárceles, para la enseñanza de oficios y dirección de los trabajos fundamentalmente, fue asimismo objeto de regulación en el Reglamento, ordenando al Jefe político de cada provincia que fomentase la creación de tales asociaciones donde aún no se hubieran formado. Y en cuanto a las condiciones arquitectónicas de las cárceles, el Reglamento se mostró muy riguroso, ordenando que se hicieran importantes aportaciones económicas para la reconstrucción y mejora de los espacios.

---

[624] Este reglamento "marca una etapa más en la senda de la reforma", según ZAPATERO SAGRADO, R., *Los presidios, las cárceles y las prisiones...*, p. 556, en nota 131.

En definitiva, el Reglamento de 1847 era muy ambicioso, y ha pasado a la Historia como el primer gran intento de desarrollo normativo carcelario de España[625]. Pero, por desgracia, sus anhelos no se correspondían con la realidad carcelaria ni económica del momento, y tan sólo unos meses después de su entrada en vigor fue ordenado suspender por Real Decreto de 21 de enero de 1848, aduciéndose precisamente para ello falta de fondos: *"la penuria del Tesoro no ha permitido atender á la construcción de nuevos edificios destinados á este objeto, ni a la reparación y mejora de los que hoy existen"*[626].

Con él se disolvieron también las esperanzas de la Sociedad Filantrópica, que quedó disuelta a partir de esa fecha. Su actividad había sido breve, pero fructífera[627]. Y aunque los acontecimientos políticos del momento no le permitieron seguir adelante con sus labores, no se puede restar importancia al trabajo realizado por ella en el camino hacia la reforma.

El siguiente paso, tras la publicación del Código Penal de 1848, que modificó en buena medida el modelo de ejecución penitenciaria, estuvo representado por el específico desarrollo del régimen de cárceles y presidios realizado, en consonancia con aquel, por la Ley de Prisiones de 1849. Por primera vez, esta norma se ocupaba de forma unitaria de las dos vertientes del problema privativo de libertad, cautelar en las cárceles y punitivo en los presidios. Y por primera vez, se estableció un sistema con cierta permeabilidad en la práctica y permanencia en el tiempo, convirtiéndose en la norma más importante sobre la cuestión carcelaria publicada hasta el momento (sobre presidios, no obstante, venía a completar meramente a la todavía vigente Ordenanza General de 1834). Esta cuestión requiere, sin embargo, un estudio mucho más pormenorizado que veremos más adelante.

---

[625] Son palabras de BURILLO ALBACETE, F.J., *El nacimiento* ..., p. 186, pero antes que él ya alabaron el esfuerzo legislativo que supuso el mismo, CADALSO, F., *Instituciones penitenciarias...*, p. 182, o ZAPATERO SAGRADO, R., *Los presidios, las cárceles y las prisiones...*, p. 556.

[626] Real Orden de 21 de enero de 1848, del Ministerio de la Gobernación, mandando que se suspendan las obras de mejoras de cárceles y se reduzca el número de sus empleados á la plantilla vigente, en *Colección legislativa de cárceles...*, pp. 159-160.

[627] Entre sus logros, la separación efectiva de los reos por sexos y edades en las cárceles madrileñas. Atiéndase, por ejemplo, a los datos ofrecidos por SAGRA de la, R., *Estadística razonada del nuevo departamento de jóvenes: desde la instalación de éstos en él, en el mes de marzo, hasta fin de diciembre de 1840, leído en la Sociedad Filantrópica para la mejora del sistema carcelario, penal y correccional de España*, Madrid, 1841.

CAPÍTULO 5.
TIPO DE PRESIDIOS Y RÉGIMEN INTERNO EN LA PRIMERA MITAD DEL SIGLO XIX

"La técnica penitenciaria, el hombre delincuente son, en cierto modo, hermanos gemelos. No creer que ha sido el descubrimiento del delincuente por una racionalidad científica el que ha llevado a las viejas prisiones el refinamiento de las técnicas penitenciarias. No creer tampoco que la elaboración interna de los métodos penitenciarios ha acabado por sacar a la luz la existencia "objetiva" de una delincuencia que la abstracción y la rigidez judicial no podían advertir. Aparecieron los dos juntos y uno en la prolongación del otro, como un conjunto tecnológico que forma y recorta el objeto al que se aplica sus instrumentos".

FOUCAULT, M., *Vigilar y castigar*, Madrid, 1992, pp. 258-259. 1.

1. INTRODUCCIÓN

Antes de continuar la evolución cronológica del sistema penitenciario, con el estudio del nuevo estadio que inaugura el Código Penal de 1848 y la Ley de Prisiones de 1849, detengámonos un poco más en el primer modelo que se desarrolla durante los primeros años de nuestro incipiente Estado de Derecho, a partir de la publicación de la Ordenanza General de Presidios de 1834. Hasta aquí hemos visto las cuestiones relacionadas con la centralización y reorganización administrativa del ramo, así como los problemas de financiación que se derivaron de la misma, en un estudio en paralelo con respecto a la reorganización y mejora que también se produce en los primeros años de las cárceles. Pero han quedado muchas cosas en el tintero.

La primera de ellas, los tipos de establecimientos penitenciarios (estrictamente punitivos y no de cautela como las cárceles o depósitos) que quedaron consolidados con la Ordenanza General de 1834, a los que se dedicó la primera parte de la misma. Y, la segunda, el régimen interno y disciplinario que se impuso en ellos, de los que se establecieron las normas básicas en la tercera y cuarta parte[628]. Su desarrollo reglamentario

[628] Una descripción detallada del contenido de esta ordenanza en ZAPATERO SAGRADO, R., *Los presidios, las cárceles y las prisiones...*, pp. 511-568.

y los problemas concretos que se fueron suscitando en la práctica, será asimismo objeto de estudio en este apartado; dejándose para un posterior epígrafe, debido a su importancia, las cuestiones específicas relativas al trabajo correccional en los presidios, así como las primeras experiencias llevadas a cabo por el aclamado coronel Montesinos.

2. TIPOS DE PRESIDIOS

Según los artículos 1 y 2 de la Ordenanza General de Presidios de 1834, los primeros presidios contemporáneos se dividieron en tres tipos:

- Los presidios correccionales o "depósitos" para condenas cortas, de hasta 2 años, en las capitales de provincia.
- Los presidios peninsulares, para condenas de 2 a 8 años, en Barcelona, Valencia, Granada, Sevilla, Valladolid, la Coruña y Zaragoza.
- Los presidios africanos, para más de 8 años, donde alejar a los delincuentes más peligrosos: Ceuta, Melilla, Alhucemas y Peñón de Vélez de la Gomera.

A ellos, habría que unir, por lo demás, los antiguos presidios de obras públicas aún en pleno funcionamiento.

El artículo 3 se atrevía a establecer una estricta clasificación de los penados, afirmando que *"la aplicación de los reos á los presidios especificados en el artículo 1 sólo podrá alterarse cuando por faltar ó exceder penados de una clase, sea forzoso destinarlos ó reemplazarlos por los de la inmediata; pero esta medida no durará más tiempo que el que exija la necesidad que la motive; y los reos trasladados no perderán la condición de su clase"*. Pero esta cuestión, como otras muchas de las previsiones contenidas en la Ordenanza, no quedó más que en mera declaración de intenciones, pues las dificultades de la práctica terminaron imponiéndose a la voluntad de la ley.

No sólo fue difícil llevar a cabo la estricta separación de los reos en los distintos establecimientos, tal y como se quejaba Salillas[629], sino que incluso hubo que hacer un enorme esfuerzo para implementar en la práctica el diseño penitenciario propuesto en la Ordenanza. Además de los presidios correccionales, a erigir en cada una de las provincias españolas, las tres demarcaciones penitenciarias intermedias previstas en el Reglamento de 1807 (haciéndolas coincidir con las Audiencias territoriales), se habían aumentado hasta siete con los presidios peninsulares en la Ordenanza de 1834, sin que para ello se hubieran previsto ni las edificaciones ni los recursos necesarios, lo cual planteó un importante problema financiero.

[629] SALILLAS, R., *La vida penal en España...*, pp. 420-421.

Las primeras dificultades en este sentido se pusieron de relieve ya en la Circular del Director General de Presidios, don José Virues y Espínola, de 16 de noviembre de 1834, en la que se pide ayuda a los Gobernadores a fin de poder habilitar colegios y conventos para presidios, advirtiéndoles que *"en el máximum no pueden nunca pecar por grande, y en mínimum no debe aceptarse ninguno que sea capaz de menos de trescientos presidarios"*[630].

A partir de ese momento, existe un enorme movimiento en los distintos lugares, para habilitar o edificar "de nueva planta" unos presidios que, según la Ordenanza General, debían ser como el panóptico (que *"el Comandante pueda vigilar desde su habitación todos los departamentos y oficinas del presidio"*[631]); sin que se pudiera conseguir en la mayoría de ellos el objetivo deseado[632]. Los antiguos conventos o edificios desamortizados y reutilizados para ese fin no ofrecían las características apropiadas, aunque al menos, en términos generales, trataron de incorporar al espacio los principios de separación de sexos, seguridad y comodidad, y delimitaron claramente dos áreas, una propiamente penitenciaria o de custodia de los reos, y otra para las funciones de la Justicia[633].

Salillas nos ofrece un interesante catálogo acerca de prisiones emplazadas durante esta época en antiguos monasterios o conventos, llegando a la conclusión de que el fracaso de la arquitectura penitenciaria devino precisamente de utilizar este tipo de edificaciones para construir los nuevos presidios: *"La demostración de nuestra falta de sentido penitenciario, es ostensible en el convento habilitado para presidio, y allí también se ve palmariamente el sentido de nuestras inspiraciones penales. El convento y el presidio se repelen; entre la penitenciaría y el convento hay el parecido que entre celda y celda. La celda monástica, según las aspiraciones místicas, eleva a Dios el espíritu desposeído de las atracciones mundanas y pecaminosas; la celda penal, según las aspiraciones penitenciarias, devuelve al derecho la voluntad injusta"*[634].

Por lo demás, en las islas Canarias se planteó específicamente el problema de la ausencia de un presidio peninsular, lo cual generaba enorme dificultades y gastos en el envío a la península de condenados a más de dos años. Para solucionarlo, la Reina Gobernadora sancionó en 1837 una

---

630 *Colección legislativa de presidios y casas de corrección de mujeres...*, pp. 80-81.

631 Art.129 de la Ordenanza General de 1834, en *Colección legislativa de presidios y casas de corrección de mujeres...*, pp. 33-34.

632 La descripción ideal de los edificios se recoge en la Ordenanza General de Presidios de 1834, arts.129-140, en *Colección legislativa de presidios y casas de corrección de mujeres...*, pp. 33-35.

633 GÓMEZ BRAVO, G., *Crimen y castigo...*, pp. 104 y 105, pone en muy directa relación el diseño presidial de la Ordenanza General con la reforma de la Administración de justicia.

634 SALILLAS, R., *La vida penal....* p. 146.

Real Orden que aumentaba los presidios peninsulares, estableciendo "*que el establecimiento penal de las Islas Canarias tenga la doble consideración de depósito correccional y de presidio peninsular, ó sea de la primera y de segunda clase, sin aumentar por eso el número de empleados existentes en la actualidad*"[635]. Como vemos, se modificaba meramente la clasificación o denominación del establecimiento, sin que por ello se previera ninguna mejora o ampliación del mismo, prescribiéndose sólo que los distintos reos se aplicaran a los diversos tipos de trabajos señalados por la Ordenanza para cada uno de ellos, y, "*permitiéndolo el local*", se tuvieran con la correspondiente separación.

Esta particular reforma pone de relieve que la cuestión de fondo no dejaba de ser económica. Otro ejemplo de ello fueron las normas dictadas acerca de los traslados de reos. Se trataba, por un lado, de que los reos no fueran trasladados gratuitamente de un lugar a otro, cumpliendo sus condenas en el presidio más cercano (teniendo en cuenta que, según el artículo 9 de la Ordenanza, los condenados a presidio peninsular debían cumplir condena en otro distinto de aquel en cuya demarcación tuviera su vecindario o familia); y, por otro, de cumplir estrictamente la división por categorías establecida en la Ordenanza[636]. Conciliar ambos intereses era complejo, tal y como señaló la reina en 1837, reconociendo que hasta el momento no se cumplía con exactitud la clasificación de penas presidiales por parte de los jueces y tribunales, y recomendando a éstos su cumplimiento en los presidios ya establecidos (aún faltaba el presidio peninsular de Sevilla, según se advierte en la propia disposición)[637].

De tal manera, se ordenaba nuevamente a los jueces que sancionaran según el tiempo de condena a los presidios correccionales o de "*primera clase*", peninsulares o de "*segunda clase*", y africanos o de "*tercera clase*" en atención a la ordenanza, "*encargándoles asimismo que procuren no destinar á los depósitos correccionales a ningún delincuente por menos de dos años de tiempo, é impongan toda pena de inferior duración con la circunstancia de cumplirla en la cárcel pública, por haber acreditado la experiencia ser demasiado cierto lo que indica el Jefe político de Cádiz, sobre los inconvenientes que resultan de imponer la pena de presidio por muy corto tiempo en delitos leves*"[638].

Con todo, las normas para gestionar el destino de los penados no dejaron de sucederse en esta primera etapa, que se caracterizó precisamente

---

[635] *Colección legislativa de presidios y casas de corrección de mujeres...*, pp. 137-138.

[636] Véanse, por ejemplo, la Real Orden de 15 de abril de 1837, la Real orden 8 julio 1837, o la Real Orden de 31 de julio de 1839, en *Colección legislativa de presidios y casas de corrección de mujeres...*, pp. 142-143, pp. 146-147, y pp. 171-172.

[637] *Colección legislativa de presidios y casas de corrección de mujeres...*, pp. 149-150.

[638] *Colección legislativa de presidios y casas de corrección de mujeres...*, pp. 149-150.

por la vorágine ordenancista o reguladora. Era necesario deslindar y decidir quiénes iban a los presidios militares y quienes a los civiles[639]; qué reos, como hemos visto más arriba, habían de quedarse en las cárceles públicas, y quienes habían de ocuparse en los presidios; y dentro de éstos últimos, cómo realizar la clasificación de los penados en atención a la ordenanza[640].

Tan difícil era la separación, y tan continuadas las transgresiones por parte de los jueces (*"las ejecutorias de los Tribunales en esta materia son por lo común contrarias á las disposiciones terminantes de la Ordenanza de presidios"*, se afirmaba en 1843[641]), que en 1843 se ordenó a los jueces y tribunales que se abstuvieran en adelante de fijar en las sentencias el lugar exacto donde los reos habían de cumplir la condena, estableciendo sólo el tipo de presidio[642]. Un año después, aún habría que especificar, para evitar *"consultas innecesarias y perjudiciales entorpecimientos"* derivados de las numerosas preguntas que los jueces dirigían en este sentido a la Dirección general, que los tribunales tenían que remitir los reos a los presidios más inmediatos de la clase a la que hubieran sido destinados[643].

Téngase en cuenta que, además, el criterio económico pronto señaló la innocuidad de algunos de los presidios correccionales o de primera clase habilitados, habiéndose suprimido en 1841 los correccionales de Córdoba, Jaén, Tarifa, Zamora, Valladolid y Vitoria, *"por las fundadas razones que expresa de escasez de fuerzas en estos establecimientos"* y *"por considerable*

---

[639] Véase, por ejemplo, la Real Orden de 14 de mayo de 1837, mandando que no se destinen presos ni confinados al Alcázar de Segovia, *"por no ser compatible esta disposición con el importante objeto á que en el día está destinado exclusivamente aquel edificio, ni fácil proveer á la seguridad de tales personas, y admitirlas en dicho Alcázar sin graves perjuicios de la juventud militar que allí se educa"*, en *Colección legislativa de presidios y casas de corrección de mujeres...*, p. 143.

[640] Por ejemplo, véase la Real Orden de 29 de septiembre de 1841, mandando que no sean destinados al presidio de Málaga ni a ningún otro de los correccionales, los reos cuyas condenas excedan de dos años, en *Colección legislativa de presidios y casas de corrección de mujeres...*, p. 193.

[641] Ésta era la opinión generalizada de la época, también expresada por GARCÍA GOYENA, F., *Febrero, ó librería de jueces, abogados y escribanos, comprensiva de los Códigos Civil, Criminal y Administrativo*, tomo VIII, Madrid, 1842, libro V, p. 125: "7897. *Difícil es bajo la legislación vigente que los jueces puedan llenar con el acierto debido las funciones de su sagrado ministerio relativamente a la prisión de los reos, à su retención ó arresto, y á la soltura de los mismos, sin esponerse á incurrir, ó en el estremo de acordar una detención arbitraria, ó á conceder una libertad indebida por mas que quieran cumplir con toda escrupulosidad, porque cuando la legislación es oscura, los hombres con la mejor buena fe comenten aquellos mismos escesos que quisieran evitar, tal vez aquellos de que van huyendo*".

[642] Real Orden de 20 de agosto de 1843, en *Colección legislativa de presidios y casas de corrección de mujeres...*, pp. 232-233.

[643] Real Orden de 27 de septiembre de 1844, en *Colección legislativa de presidios y casas de corrección de mujeres...*, p. 319.

ahorro de sueldos de plana mayor, gastos de reparos y entretenimiento de los edificios que ocupan y demás que son consiguientes"[644].

Ese año, tras suprimir los presidios correccionales citados, aún quedaban como tales los de Algeciras, Alicante, Badajoz, Burgos, Cádiz, Canarias, Cartagena, Ciudadela de Barcelona, Jaca, Madrid, Málaga, Mallorca, Pamplona, Salamanca, Santoña, Tarragona, Toledo y Zaragoza. Presidios "de carreteras" eran, a su vez, los de Ávila, Bonanza, Córdoba, Granada, Logroño, Palencia, Soria y Valladolid. Y junto a ellos, además de los presidios de África (Ceuta, Melilla, Alhucemas y Peñón de Vélez), quedaba el presidio del Canal de Castilla, y los presidios peninsulares de Barcelona, Coruña, Granada, Sevilla, Valencia, Valladolid y Zaragoza.

Presidios españoles a 1 de marzo de 1841*

Presidios de África	**Presidios peninsulares**	**Presidios de carreteras u obras**	**Presidios correccionales**
1. Ceuta	1. Barcelona.	1. Ávila	1. Algeciras
2. Melilla	2. Coruña	2. Bonanza	2. Alicante
3. Alhucemas	3. Granada	3. Córdoba	3. Badajoz
4. Peñón de Vélez	4. Sevilla	4. Granada	4. Burgos
	5. Valencia	5. Logroño	5. Cádiz
	6. Valladolid	6. Palencia	6. Canarias
	7. Zaragoza	7. Soria	7. Cartagena
		8. Valladolid	8. Ciudadela-Barcelona
		9. Del Canal de Castilla	9. Jaca
			10. Madrid
			11. Málaga
			12. Mallorca
			13. Pamplona
			14. Salamanca
			15. Santoña
			16. Tarragona
			17. Toledo
			18. Zaragoza

*Fuente: Salillas, R., *Evolución penitenciaria en España*, Madrid, 1918, edic. facsímil en Pamplona, 1999, p. 101.

En 1842 se decidió, también por motivos de utilidad, centralizar el envío de todos los penados por delitos políticos, o más de ocho años, al

[644] *Colección legislativa de presidios y casas de corrección de mujeres...*, p. 189.

presidio africano principal o central, que era el de Ceuta (verdadera "ciudad penitenciaria"[645]), desde donde el Comandante General los distribuiría después al resto de presidios africanos menores (Melilla, Alhucemas y Peñón Gómez de la Gomera, aunque también se destinaban algunos reos a las islas Chafarinas), que tenían guarniciones muy pequeñas, en atención a las circunstancias y necesidades del momento[646]. Al año siguiente, se suprimían las planas mayores de los presidios de Alhucemas y el Peñón, y se mandaba que al frente de cada uno de ellos hubiera un capataz dependiente del presidio de Ceuta, manteniéndose solamente la organización personal del presidio menor de Melilla[647].

El nuevo gobierno moderado quiso terminar la recomposición del mapa de presidios, solucionando problemas arrastrados desde la publicación de la Ordenanza General. Para ello quiso establecer un presidio-modelo en la Corte, *"para proveer a los establecimientos penales del Reino de empleados inteligentes, celosos y versados en el ramo"*[648]; si bien la única reforma en ese sentido fue la escueta autorización al Director de presidios para que pudiera ingresar en el presidio de Madrid penados de todas clases[649]. Todavía habría que esperar muchos años para que el personal militar de los presidios fuera sustituido por personal civil capacitado.

En cuanto al resto de presidios correccionales o de primera clase, la tendencia fue continuar reduciéndolos, y así, el mismo día en que se publicaba el importante Reglamento de 5 de septiembre de 1844, para el orden interior de los presidios, fue publicado un Real Decreto que reducía a 13 los presidios que entonces existían en el país, tratando de darles con ello un poco de uniformidad y agilizar su administración centralizada. Quedaron así solamente los presidios de Barcelona, Burgos, Badajoz, Coruña, Cartagena, Ceuta, Granada, Madrid, Sevilla, Toledo, Valencia, Valladolid, y Zaragoza, además de un destacamento en las Islas Baleares y otro en las Canarias[650].

---

[645] SALILLAS, R., *La vida penal...*, p. 266.

[646] *Colección legislativa de presidios y casas de corrección de mujeres...*, pp. 194-195.

[647] *Colección legislativa de presidios y casas de corrección de mujeres...*, p. 229.

[648] Real Orden de 10 de marzo de 1844, en *Colección legislativa de presidios y casas de corrección de mujeres...*, p. 249.

[649] Real Orden de 30 de abril de 1844, en *Colección legislativa de presidios y casas de corrección de mujeres...*, pp. 273-274: *"Teniendo S.M. en consideración que el presidio de esta corte deberá servir de modelo á todos los demás, tanto de África como peninsulares y correccionales (...), se ha dignado autorizarle para que ingresen en él confinados de todas clases, si bien con la separación correspondiente a cada una de éstas"*.

[650] Real Decreto de 5 de septiembre de 1844, reduciendo el número de presidios y modificando la plana mayor de los que han de subsistir, en *Colección legislativa de presidios...*, pp. 280-281.

Por el contrario, las demarcaciones penitenciarias intermedias, donde establecer los presidios peninsulares o de segunda clase, fueron aumentándose progresivamente desde las siete previstas por la Ordenanza General, que pasaron a diez en 1843, trece en 1847, dieciséis en 1853 y veinte en 1857[651].

Un tema de particular importancia fue la supresión de las penas de presidio con destino a las milicias de Ultramar, y la incorporación de estos penados a los presidios peninsulares: a los de África los reos cuyas condenas fueran de diez años con retención; a los presidios peninsulares, para realizar obras públicas, los reos cuyas condenas no superaran los ocho años; y a los depósitos o presidios correccionales aquellos con condena inferior a dos años[652] En este sentido fueron numerosas las disposiciones dictadas durante los primeros años de vigencia de la Ordenanza General, que en principio se referían a las guarniciones tanto de Cuba y Puerto Rico como de Filipinas, aunque excepcionalmente se permitió que en Filipinas pudieran extinguir sus condenas los reos allí sentenciados[653].

En atención al Real Decreto de 23 de agosto de 1843, se prohibió asimismo que, por ningún tipo de circunstancia ni consideración, se condenase a prestar servicios militares por delitos comunes, poniendo fin definitivamente a una práctica que se venía experimentado desde el pasado. Esa misma disposición establecía que, en adelante, tampoco se podría conmutar por años de condena o presidio los años servidos en el ejercicio

[651] LÓPEZ GÓMEZ, P., *Los Archivos de la Administración de Justicia territorial en las edades moderna y contemporánea: las Reales Audiencias y las Audiencias Territoriales*, en La Administración de Justicia en la Historia de España: actas de las III Jornadas de Castilla la Mancha sobre investigación en archivos, Guadalajara, 11-14 nov. 1997 (1999), pp. 257-310.

[652] Véase la Real Orden de 26 de octubre de 1836, sobre que se suspenda la remisión a Ultramar (a los cuerpos que guarnecen las islas de Cuba, Puerto Rico y Filipinas) de los prisioneros procedentes de la facción, y que se les destine *"en la Península á los trabajos públicos ó á otra ocupación semejante"*; las Reales Órdenes de 30 de junio de 1837 y 18 de agosto de 1837, en el mismo sentido; la Circular de 10 de abril de 1838 de la Dirección General de Presidios, comunicando la Real Orden expedida en 2 del mismo por el Ministerio de la Gobernación, en que se manda que los sentenciados á las armas en Ultramar, que no hubiesen ido a su destino, cumplan el tiempo de su condena sin rebaja en los presidios de la península en donde se hallaren; las Reales Órdenes 6 de mayo de 1839 y de 7 de abril de 1842; y, de particular importancia, la Real Orden de 21 de febrero de 1845, determinando el destino que debe darse a los sentenciados a presidio por los tribunales de Ultramar, todas ellas en *Colección legislativa de presidios y casas de corrección de mujeres...*, pp. 131-132, pp. 145-146, p. 148, pp. 154-155, p. 168, p. 196 y p. 325, respectivamente.

[653] Véase la Real Orden del Ministerio de Guerra de 5 de diciembre de 1837, mandando que cuando los jueces dispongan que los reos extingan sus condenas en Filipinas, remitan al Ministerio de la Guerra testimonio de las mismas, en *Colección legislativa de presidios y casas de corrección de mujeres...*, p. 151. La misma orden se cita en Real Orden de 22 de agosto de 1842, reproduciendo y mandando observar la de 5 de diciembre de 1837, que previene que no se remitan á Filipinas confinados, sin acompañar testimonios de sus condenas, en *Colección legislativa de presidios y casas de corrección de mujeres...*, pp. 204-205.

de las armas, siendo el espíritu de la misma reponer el honor perdido por el ejército (*"porque la profesión militar recibe desdoro y mancilla con el ingreso de los malhechores en las filas del soldado"*, diría Colmeiro), además de evitar que en él se extendiera la indisciplina, el vicio o el crimen[654].

3. RÉGIMEN INTERNO: LA FINALIDAD CORRECTIVA

Una vez trazado, aún a muy grandes rasgos, la recomposición del mapa de presidios, queda que nos adentremos en la espinosa cuestión del régimen interno y disciplinario que se impuso en ellos. Y digo que la cuestión es espinosa porque ha generado diversas opiniones que, sólo a simple vista, podrían parecer encontradas u opuestas. De un lado, están las de quienes defienden, como el profesor Tomás y Valiente, que, al margen de la centralización administrativa, la Ordenanza de 1834 *"reformó pocas cosas. Se sigue manteniendo en ella las condenas "con retención", cuyo alzamiento se reserva para sí la voluntad real; se continúa regulando con severidad el trabajo forzado de los reclusos; se deja abierta la puerta (signo de nuevos tiempos, luego bien aprovechados) para que la reina pueda "conceder a alguna empresa un número determinado de presidiarios"*, para que se beneficie de su trabajo, y se militariza la estructura de gobierno interno de los establecimientos"[655].

Frente a quienes así opinan, predominan sin embargo los enaltecimientos o aclamaciones hacia el texto, de las que ya hemos tratado antes, señalando que supuso el culmen de anhelos largamente perseguidos, y que, en general, abunda en buenas intenciones. La Ordenanza de 1834, diría Salillas, *"es un Código penitenciario verdaderamente admirable: lo es por su contenido y lo es también por su eficacia en una obra reputada por Spencer como la más grande experiencia penitenciaria del siglo XIX"*[656].

Aunque aparentemente ambos criterios resulten contradictorios, puede que en realidad sean complementarios, porque sin duda la ley trataba de hacerse eco de la más moderna doctrina penitenciaria y su espíritu era humanitario (afirmación para la que pueden encontrarse, como veremos más abajo, numerosos ejemplos). Pero las formas en las que ese espíritu tuvo que constreñirse, y la falta de medios, dieron como resultado que en la práctica los avances fueran muy escasos, y frente a ellos prevalecieran pesarosas herencias del pasado, como la estructura militar de los presidios,

[654] COLMEIRO, M., *Derecho administrativo español...*, libro IV, p. 415.
[655] TOMÁS y VALIENTE, F., *Las cárceles y el sistema penitenciario...*, p. 78.
[656] SALILLAS, R., *Evolución penitenciaria...*, vol.2, p. 583.

la disciplina castrense, o los trabajos forzados propios del utilitarismo penal. Hubo, en consecuencia, luces y sombras[657].

Lo cierto es que todo cabía en el extensísimo texto de la Ordenanza (de 361 artículos), y el resto de la normativa de desarrollo que le siguió. El legislador trató de no dejar nada a la improvisación e impulsar, sólo a golpe de ley, el progreso; mientras que en los presidios los criterios de seguridad, prevención y utilidad, mantenían muchos de los usos y malas prácticas tradicionales. Precisamente en esa dualidad o discordancia radica el interés de este periodo de transición.

Ahora bien, fueron tantos los aspectos regulados a partir de la Ordenanza (sus normas "tienden a regular, con puntillismo, los detalles más nimios de la vida en prisión"[658]), que sería imposible abarcarlos en su totalidad. Por ello, es mejor que hagamos una remisión genérica al propio contenido de la Ordenanza, y a los autores que en general se han acercado a ella, para el conocimiento de los múltiples aspectos regulados de la vida cotidiana en la prisión (horarios, alimentación, vestido, trámites de entrada y salida, registros, distribución de espacios, medida de las celdas o calabozos, de las mesas y de cualquier espacio o utensilio, peso de los grilletes, composición de las camas, etc)[659], centrando sólo la atención en estas páginas sobre aquellos aspectos que, frente a las rémoras del pasado, y más allá del criterio de humanidad (mejoras arquitectónicas, mayores espacios, luz, higiene, enfermerías, mejor comida, vestuarios y utensilios, supresión de torturas o mejor trato al reo), persiguieron en alguna medida la corrección del delincuente.

Según Castejón, la corrección de los culpables siempre ha sido *"el fin último (no el único) de todo tratamiento penitenciario", y se ha atendido a él de distintas maneras: "ya por medio de la religión, la instrucción, el trabajo y la tutela"*[660]. El objetivo correccional venía siendo perseguido ya desde antiguo, si no como fin único de la pena privativa de libertad, sí al menos como uno de sus fines principales. Pero fue sobre todo a principios del siglo XIX cuando comenzó a plasmarse explícitamente en la legislación como una prioridad del Estado.

---

[657] En este mismo sentido, SANZ DELGADO, E., *Disciplina y reclusión en el siglo XIX: Criterios humanizadores y control de la custodia*, en Anuario de Derecho Penal y Ciencias Penales, tomo 52 (2002), pp. 109-202.

[658] GARCÍA VALDÉS, C., *Del presidio a la prisión modular...*, p. 15.

[659] Fundamentalmente, aunque de forma concisa, ZAPATERO SAGRADO, R., *Los presidios, las cárceles y las prisiones...*, pp. 511-523, ROLDÁN BARBERO, H., *Historia de la prisión...*, pp. 78-81, TRINIDAD FERNÁNDEZ, P., *La defensa de la sociedad...*, pp. 133-137, GARCÍA VALDÉS, C., *Del presidio a la prisión modular...*, pp15-18, o GÓMEZ BRAVO, G., *Crimen y castigo....*, pp. 104-105.

[660] CASTEJÓN, F., *Legislación penitenciaria española...*, pp. 297-298.

García Valdés sitúa concretamente el momento en que la finalidad correctiva pasa desde la doctrina a la legislación, en la orden de 30 de septiembre de 1831, por la que el rey nombró una comisión de personas celosas y conocedoras de los establecimientos penitenciarios para formar un reglamento general *"que conciliase"*, porque de eso se trataba, la finalidad de la *"vindicta"* o represalia pública con *"la corrección de los penados"*[661].

A ello atendió efectivamente la Ordenanza General de 1834, que utilizó para tal fin los medios aludidos por Castejón (religión, instrucción, trabajo, y tutela o disciplina), de los que vamos a tratar específicamente a continuación, y también otros, como el silencio y aislamiento del exterior, inspirados en Bentham y representados, por ejemplo, en la prohibición de comunicarse con familiares dentro de las cárceles; la clasificación de penados, especialmente mediante la separación de los jóvenes; o la primera formulación concreta de un sistema de rebajas, al que luego se superpondría el del trabajo manufacturero y sistema de talleres a partir de disposiciones gremiales recogidas en el texto[662].

Dejando para más adelante, por su propia especificidad, la problemática relativa al trabajo en las cárceles, veamos a continuación el resto de los aspectos señalados, no sólo en las previsiones de la Ordenanza de 1834, sino también en su posterior normativa de desarrollo, y particularmente en las disposiciones de mayor relevancia que se dictaron para completarla, como la como la Real Orden de 11 de enero de 1841, estableciendo reglas para la mejora de los presidios[663]; la Ordenanza de 25 de julio de 1842, que consolidó como principios fundamentales la necesidad de clasificación de los penados y el fin correccional del encierro; la Real Orden de 10 de marzo de 1844, estableciendo varias reformas para los presidios (entre ellas, que se haga una cárcel modelo para empleados inteligentes, celosos y

[661] GARCÍA VALDÉS, C., *La ideología correccional de la reforma penitenciaria española del siglo XIX*, Madrid, 2006, p. 23.

[662] GÓMEZ BRAVO, G., *Crimen y castigo...*, p. 104.

[663] Atiéndase a los fines señalados específicamente en el preámbulo a la Orden de 11 de enero de 1841, que nombraba a Montesinos visitador de presidios del reino y establecía reglas para la mejora de los presidios, en *Colección legislativa de presidios y casas de corrección...*¸ p. 186: *"En la necesidad que la ley reconoce de alejar por algún tiempo de la sociedad en casos determinados á los hombres criminales que contra ella ó alguno de sus individuos, o contra las propiedades que á éstos pertenecen hubieren atentado, deber es del Gobierno atender simultáneamente á lo que la seguridad común exige, y a las consideraciones que la humanidad reclama. Pero aconseja además la previsión y el orden social hace necesario procurar con filantrópico celo que al volver á la libertad los que por sus extravíos se vieron de ella privados, no la empleen en daño de sus semejantes, y que abandonando la senda del vicio puedan prestar útiles servicios y ganar honradamente su sustento. Por tanto, la Regencia provisional del Reino, (...) considera indispensable para conseguir estos fines, introducir en los establecimiento presidiales el órden, la disciplina, la conveniente instrucción, la educación moral y religiosa y el aprendizaje de artes y oficios útiles"*.

versados en el ramo, escuelas, talleres, enfermerías, raciones y utensilios); y la Real Orden de 5 de septiembre de 1844, aprobando los reglamentos y formularios relativos al orden y mecanismo interior de los presidios del reino, que resulta un extensísimo documento en el que vuelve a incidirse con nimiedad en todos los aspectos de la vida en los presidios, asegurando definitivamente los principios rectores de la corrección: clasificación de penados, silencio y aislamiento del exterior, instrucción religiosa y educación, castigos y premios o beneficios penitenciarios conformadores de un sistema de *"contabilidad moral"*, y el trabajo de los presidiarios.

a) La clasificación de penados

Uno de los principales aspectos a señalar de la Ordenanza de 1834, fue la introducción de un incipiente sistema de clasificación de penados, tal y como venía persiguiéndose desde antiguo (como último exponente del Antiguo Régimen, por ejemplo, en el Reglamento General de 1807), requería la doctrina y opinión pública de la época, y poco después se consolidaría también en las cárceles de custodia gracias a la labor de don Ramón de la Sagra y la Sociedad Filantrópica.

A diferencia de en las cárceles, en los presidios, habida cuenta de que las mujeres ya tenían sus propios establecimientos penales (las Galeras o Casas de Corrección), la separación o clasificación se realizó fundamentalmente según el criterio de la edad de los delincuentes, atendiéndose por vez primera a la problemática de los *"jóvenes presidiarios"*[664]; aunque también se clasificó según el tipo de delito (penados de primera, segunda y tercera clase, además de rematados a África y penados con pena infamatoria), y se estableció un régimen especial para los eclesiásticos.

Se consideraron *"jóvenes delincuentes"* todos los menores de 18 años[665], debiendo permanecer en una sección separada de la de los adultos hasta cumplidos los 20, fuera cual fuera el tiempo de su condena, incluso cuando se trataba de penados a los presidios del norte de África. Además, a diferencia de los adultos, a ellos tampoco se les podía aplicar los hierros, salvo *"en el caso de resistencia y obstinación en no querer aprender, ú otra*

---

[664] Tanto ZAPATERO SABRADO, R., *Los presidios, las cárceles y las prisiones...*, pp. 511-568, como GARCÍA VALDÉS, C., *Del presidio a la prisión modular...*, pp. 15-18, señalan la distinción hacia los presos jóvenes como una de la características más significativas de la Ordenanza.

[665] Art.82 de la Ordenanza General de 1834.

causa que á juicio del Comandante merezca se le aplique y trate con el mayor rigor"[666].

Dos años después de la publicación de la Ordenanza, la propia Reina Gobernadora hubo de especificar que sólo debían ingresar en los presidios los jóvenes sentenciados a ello según las leyes vigentes. Es decir, sólo debían ir a los presidios aquellos que hubieran cometido algún delito cualificado, mientas que los menores de 17 años que sólo hubieran incurrido en alguna falta, o delitos de poca importancia, debían ser encerrados en los hospicios, para evitar con ello los abusos que hasta entonces se producían, y procurar en todo caso su mejor corrección o enmienda[667].

Por su parte, para los jóvenes que sí debían ingresar en los presidios por los delitos cometidos, la Ordenanza de 1834, en su sección II del título III, y posteriormente el Reglamento de 1844, también establecieron una extensa regulación dirigida fundamentalmente a favorecer su regeneración social: *"Para la corrección de los desgraciados jóvenes á quienes la orfandad, el abandono de los padres ó la influencia de malas compañías lanzó en la carrera de los crímenes antes de que la experiencia les haya revelado los males que causan á la sociedad y á si mismos, mando que todos los presidiarios menores de diez y ocho años que haya en cada presidio vivan reunidos en una cuadra ó departamento con total separación de los de mayor edad"*[668].

El departamento de los jóvenes debía consistir en un dormitorio separado de los del resto de penados, un local para las enseñanzas, un patio, y espacios propios para labores y manufacturas. La separación debía ser tan estricta que incluso debían estar en lugar apartado los domingos, *"si por no haber otra misa tuviesen que asistir á la misma que oigan los presi-*

---

[666] Real Orden de 5 de setiembre de 1844, en el *Reglamento para el orden y régimen interior de los presidios de reino*, p. 284.

[667] Real Orden de 30 de septiembre de 1836, en *Colección legislativa de presidios y casas de corrección de mujeres...*, p. 129. *"Excmo. Sr.: He dado cuenta a S.M. la Reina Gobernadora de lo manifestado por V.E. tocante á la necesidad de modificar, en la forma que se juzgue mas conducente, la Real Órden de 25 de octubre de 1828 sobre costilleros, en la que se fundó la Subdelegación de las salinas de la Mata y Torre Vieja para confinar por cinco meses al presidio de Málaga á Francisco Guinao, de edad de diez años, por aprehensión de cinco celemines de sal; y lo cual, según V.E., autoriza la costumbre que hay entre los pueblos inmediatos á las referidas salinas de enviar á presidio todos los inviernos los padres pobres á los hijos que no pueden mantener, valiéndose de manejos acordados previamente con los carabineros; y enterada de todo, se ha servido declarar que no es necesaria la modificación que se solicita, pues la referida Real órden de 25 de octubre se halla derogada por la ley de 3 de mayo de 1830, determinando que para corregir los abusos y escandalosa costumbre que se denuncia, bastará que no se admita en el presidio de Alicante ni en otro alguno, sino á los reos sentenciados con arreglo á las leyes y órdenes vigentes, por los Juzgados respectivos; encargando particularmente á los del ramo de Hacienda, que cuando deba castigarse á jóvenes que no hayan llegado aun á la edad de diez y siete años, los manden encerrar en los hospicios para contener sus vicios y mejorar sus costumbres"*.

[668] Art.123 de la Ordenanza General de 1834.

diarios de mayor edad". El Comandante, según el articulado de la Ordenanza, debía elegir además sus propios maestros de artes y oficios, entre los presidiarios adultos de cada profesión, que se trasladarían a formarles a sus propios talleres[669].

Esta última previsión resultaba absolutamente ilusoria, porque suponía duplicar el coste de establecimiento de talleres en cada presidio, por lo que en la práctica nunca se llevó a efecto, enmendándose la letra de la ley en el Reglamento de 1844, según el cual, *"la sección de jóvenes penados, sea cual fuere su número, permanecerá constantemente en paraje que evite todo roce con las otras, y no se juntará con los de mayor edad más que en las horas indispensables de labor en los talleres, y siempre vigilada por los maestros"*[670].

Los jóvenes podían elegir a su entrada el taller que prefirieran de entre los habilitados dentro del presidio, permitiéndoles por una sola vez el cambio a otro, si lo solicitan antes de cumplidos los quince primeros días. Allí se veían sometidos al mismo régimen de trabajo y pluses que el resto de los presidiarios, pudiendo ser recompensados por su labor, al igual que los demás, del fondo económico. Cuando cumplían los 20 años, simplemente eran trasladados de la sección de jóvenes a la brigada de adultos que les correspondiera, sin dejar de asistir a su respectivo taller y a la escuela, por lo que en realidad la "separación" fue poco operativa[671].

La asistencia de los jóvenes a la escuela de educación primera debía ser diaria, en atención a la ley, y se convirtió en unos de los principales problemas de la reforma, haciéndose un especial hincapié en la necesidad de disponer de los fondos necesarios para ello, como veremos más abajo.

Al margen de la de los jóvenes, la sección general de adultos mayores de 20 años, estaba dividida a su vez en distintas partes, para penados de primera, segunda o tercera clase, rematados de África y penados con pena infamante[672]. La clasificación era más ficticia que real, porque el régimen

[669] Arts.124-128 de la Ordenanza General de 1834.

[670] Real Orden de 5 de setiembre de 1844, en el *Reglamento para el orden y régimen interior de los presidios de reino*, p. 282.

[671] Así opina también ROLDÁN BARBERO, H., *Historia de la prisión...*, p. 131: "Tanto el Reglamento de 1807, como la Ordenanza General de los presidios del reino de 1834 prescribían que los *jóvenes corrigendos* no fueran confundidos con los delincuentes adultos. Pero estas reglas se mostraban en la práctica poco operativas: la vida carcelaria y presidial seguía ofreciendo cuadros de insubsanable confusión entre personajes de las más diferentes edades".

[672] Ordenanza General de Presidios del Reino de 1834, art.86.4: *"Cuidar de que en el presidio estén separados de los demás confinados los que hubiesen sufrido pena infamatoria, como azotes, baquetas y demás; y no habiendo proporción para ello, que se mantengan en la cárcel socorridos por cuenta del presidio, hasta el momento de emprender su viaje a Ultramar"*.

establecido era de aglomeración o comunidad diurno y nocturno, y no de separación o celular, por lo que en la mayoría de las ocasiones se veían obligados a compartir los mismos dormitorios, patios, comedores y talleres, cuando los había. La ley recomendaba, al menos, la distribución de los sentenciados según su clase en brigadas distintas y aun separadas, si el local lo permitía, y con absoluta separación de los penados con infamia y rematados hasta su traslado a África[673].

Las diferencias entre una clase y otra, se manifestaban principalmente en el tratamiento que recibían, y así, si el Comandante decidía que había que aplicarles los hierros en determinados momentos o circunstancias, su aplicación dependía del tipo de penado, siguiéndose en este punto la experiencia del sistema progresivo de graduación con hierros ya aplicado por Montesinos en Valencia[674]:

- Sentenciados hasta dos años: grillete con rama corto a la rodilla de dos eslabones ligeros.
- Sentenciados hasta cuatro años: grillete a la cintura con cuatro eslabones ligeros.
- Sentenciados de seis a ocho años: grillete a la cintura con cuatro eslabones doble gruesos.
- Rematados a África: grilletes gruesos y apareados en cadena.

La legislación incidía incluso en la diferencia del peso de los grilletes según la clase de sentenciado: *"El peso de los primeros, incluso el grillete, no excederá de cuatro libras, de seis los segundos, de ocho los terceros y de diez y seis los últimos. No se les permitirá ciñan los ramales y cadenas á la pierna; han de llevarlos sueltos y sujetos por el último eslabón a la rodilla y cintura; las cadenas por el gancho que usan los que las llevan: tampoco*

[673] *Reglamento para el orden y régimen interior de los presidios de reino*, en Real Orden de 5 de setiembre de 1844, *Colección legislativa de presidios y casas de corrección...*, p. 282: *"Los establecimientos penales se compondrán desde luego de penados de primera, segunda y tercera clase, pero en brigadas distintas y aún separadas, si el local lo permite, numeradas por su órden y clasificación (...). Los rematados de África se tendrán con entera separación también hasta que se determine su transporte"*.

[674] Parece probado que el Reglamento de 5 de septiembre de 1844 se inspiró en esta cuestión en la experiencia de Montesinos. Véase LASALA NAVARRO, G., *La obra de Montesinos y su influencia en la legislación de su época*, en Revista de Estudios Penitenciarios, 159 (oct-dic. 1962), pp. 84-85, o FRANCO de BLAS, F., *Formación penitenciaria del Coronel Montesinos y su célebre sistema*, en Revista de Estudios Penitenciarios, 159 (oct-dic. 1962), p. 113: "Declaro con toda sinceridad que en los comienzos de mis estudios penitenciarios, al leer nuestra legislación, me indignaba en el Reglamento de 5 de septiembre de 1844 el detalle del peso de la cadena según la clase de delito (...). Cuando después me asesoré mejor comprendí que el precepto emanado de Montesinos tenía su razón y su alcance (...). Como Montesinos no partía del régimen celular, empleaba los hierros para establecer la graduación".

se les permitirá oculten bajo el pantalón sus prisiones; han de llevarlas constantemente fuera"[675].

En cuanto a los eclesiásticos, a pesar de los principios de igualdad y unidad jurisdiccional proclamados en la Constitución de 1812, fueron objeto de un tratamiento muy privilegiado tanto ante los tribunales como en los presidios. A finales del Antiguo Régimen, ya se había planteado un importante conflicto jurisdiccional entre los tribunales ordinarios y los eclesiásticos para establecer la competencia de las causas contra eclesiásticos que hubieran cometido delitos atroces o graves. Para resolverlo, en el año 1799., el rey Carlos IV mandó al Consejo de Castilla que formase una instrucción sobre la materia, y entretanto ordenó que conocieran de estas causas los tribunales reales junto con los eclesiásticos. Los principios de igualdad y unidad jurisdiccional de la primera constitución española apenas tuvieron aplicación, y así continuaban las cosas cuando, más de treinta años después, la muerte de Fernando VII propició el advenimiento del Estado de Derecho.

Al afrontar nuevamente la cuestión en 1835, el gobierno moderado hubo de reconocer que aquella decisión de conocimiento compartido entre los tribunales eclesiásticos y los ordinarios había traído como consecuencia *"funestos efectos (...) por el entorpecimiento y dilaciones á que da lugar en la sustanciación, en el pronunciamiento de fallos y en la ejecución de estos"*, derogándola inmediatamente y otorgando la competencia a los tribunales ordinarios en exclusiva. Hasta que se realizara una clasificación más conveniente de los delitos, decía la orden, se considerarían por lo demás *"atroces ó graves aquellos que por las leyes del Reino o decretos vigentes se castiguen con pena capital, extrañamiento perpetuo, minas, galeras, bombas ó arsenales"*[676].

Ahora bien, aunque el delito fuera de los penados por la ley con *"minas, galeras, bombas ó arsenales"*, no sería este el destino de los eclesiásticos puesto que, según el artículo 299 de la Ordenanza General de Presidios aprobada el año anterior, en 1834, *"subsistirán en su fuerza y vigor las Reales órdenes de 8 de marzo de 1794, 25 de diciembre de 1816 y 14 de octubre de 1819, preventivas de que los eclesiásticos cumplan sus condenas en los conventos, hospitales, casas de reclusión ó cárceles eclesiásticas de la Península, y que solamente se les destine a África por delitos de la mayor gravedad"*.

---

[675] *Reglamento para el orden y régimen interior de los presidios de reino*, en Real Orden de 5 de setiembre de 1844, *Colección legislativa de presidios y casas de corrección...*, p. 283.

[676] Real Orden de 20 de octubre de 1835, comunicando el decreto de 17 del mismo, que determina el modo de llevar a efecto las condenas impuestas a los eclesiásticos, en *Colección legislativa de presidios y casas de corrección...*, pp. 105-107.

Es decir, sólo en el caso de delitos muy cualificados, los eclesiásticos ingresarían en los presidios ordinarios, especialmente con condena a los del norte de África, aunque, según el artículo 300 de la Ordenanza General, para ser allí enviados requerían una previa licencia real. Este trámite entorpecía enormemente la ejecución de las sentencias contra eclesiásticos, y atendidas las solicitudes elevadas en este sentido por distintas Audiencias, la reina gobernadora acordó derogarlo en el año 1836, dejando subsistente todo lo demás[677].

De tal manera, cuando un eclesiástico era detenido en la España moderada, no sólo se colocaba por separado y con la debida distinción *"en el paraje más decente"* de las cárceles de custodia hasta que se sustanciase el juicio y dictase sentencia[678]; sino que, en el caso de ser condenado a una pena privativa de libertad, también era tratado en los presidios de forma distinguida, prefiriéndose, para las faltas o delitos leves, darle encierro en hospitales, conventos, cárceles eclesiásticas o, dentro de las ordinarias, en los presidios correccionales o casas de reclusión, y sólo en caso de delitos muy cualificados en los de África. Tanto en unos (presidios correccionales) como en otros (presidios de África), podían conservar el uso de su ministerio si así se lo permitía la sentencia, y eran destinados a labores relacionadas con el mismo, como el trabajo en la enfermería o en las escuelas[679]. En 1845 se dispuso, por lo demás, que los eclesiásticos reclusos en las cárceles y casas de corrección por faltas en el cumplimiento de su ministerio, se les pagara semanalmente una asignación económica[680].

---

[677] Real Orden de 1 de diciembre de 1836, declarando que por el artículo 1 de la circular de 20 de octubre de 1835 se deroga la primera parte del artículo 300 de la ordenanza, en *Colección legislativa de presidios y casas de corrección de mujeres...*, p. 133: *"S.M la Reina Gobernadora se ha enterado de las exposiciones elevadas por los Regentes de varias Audiencias, á fin de obtener el Real permiso para llevar á efecto las sentencias pronunciadas contra los eclesiásticos destinados á Africa; y teniendo presente lo dispuesto en el artículo 1º de la circular expedida por este Ministerio en 20 de octubre de 1835, y que por este requisito exigido á los Tribunales, pueden quedar ilusorios además de los fallos que acordasen, ha tenido á bien declarar que el artículo 300 de la Ordenanza general de presidios del Reino, que impone la obligación de impetrar la expresada licencia para ejecutar las providencias que dictasen, se halla derogado por el mencionado artículos de la circular referida, dejando en su fuerza y vigor la parte de aquel relativa a la asignación ó congrua que debe hacerse al reo por la Autoridad correspondiente, y sobre lo cual velarán las respectivas con toda su eficacia".*

[678] Real Decreto de 17 de octubre de 1835, mandando que los eclesiásticos presos sean tratado con la posible distinción, y colocados, sin perjuicio de su seguridad, en el paraje más decente de las cárceles, en *Colección legislativa de cárceles...*, pp. 68.69.

[679] *Reglamento para el orden y régimen interior de los presidios de reino*, en Real Orden de 5 de setiembre de 1844, *Colección legislativa de presidios y casas de corrección...*, p. 284.

[680] Real Orden de 20 de febrero de 1845, en *Colección legislativa de presidios y casas de corrección...*, pp. 324-325.

b) El silencio y el aislamiento

La norma del silencio, defendida por la doctrina junto con el aislamiento del reo en celdas individuales para procurar su circunspección y arrepentimiento, fue aún más difícil de llevar a la práctica que el principio de clasificación. El régimen establecido, por falta de medios y en pro del utilitarismo penal, era como hemos dicho el de comunidad diurna y nocturna. Los presos trabajaban y convivían en brigadas o grupos, por lo que procurar que lo hicieran absolutamente en silencio era poco menos que imposible.

Muy probablemente por ello, la Ordenanza General ni siquiera hizo alusión a este principio, y el posterior Reglamento de régimen interior de 1844 sólo lo aplicó en la forma de incomunicación del reo o aislamiento del exterior: *"Queda prohibido que penado alguno hable con personas libres, incluso su familia; que usen otra ropa que la del presidio, ni reciban otros alimentos que los de la casa"*[681].

La prohibición sólo podía alterarse por el Comandante como premio al comportamiento del reo, permitiéndosele entonces que hablara con su familia los domingos por la tarde, después de la misa. Éste era para Colmeiro uno de los principales elementos de corrección o enmienda, dentro del sistema de premios y castigos establecido para la *"regeneración moral"* del reo[682]. No sólo por la severidad de la incomunicación, sino por los esfuerzos que se conseguían de los penados en orden a conseguir la excepción.

En sentido contrario, el aislamiento también podía utilizarse como castigo, y para ello previno el Reglamento de 1844 que en todos los presidios hubiera *"un encierro en donde, con entera separación de los confinados"*, fueran arrestados por las faltas cometidas determinados presos u oficiales, como los cabos de vara y los capataces.

Por lo demás, el Reglamento sólo dio algunas directrices de cómo procurar el mayor silencio posible en los presidios, tratando de que desapareciera de ellos *"el repúgnate medio que para llamada a silencio se acostumbra de dar en las puertas golpes con una vara acompañándolos con la voz de alza, que si bien sirve a los confinados de advertencia para suspender los trabajos, es también la de que los mismos se valen para sus amotinamientos"*. En vez de ello, el Reglamento proponía la existencia en

---

[681] *Reglamento para el orden y régimen interior de los presidios de reino*, en Real Orden de 5 de setiembre de 1844, *Colección legislativa de presidios y casas de corrección...*, pp. 292-293.

[682] COLMEIRO, M., *Derecho administrativo español...*, libro IV, p. 410.

cada presidio de una caja con la que, atendidos los horarios fijados por el Comandante en una tablilla, se dieran los toques para ejecutar diariamente todos los movimientos sin ruido, confusión ni entorpecimiento[683]. Se proponía así un toque de diana por las mañanas, otro para formar listas y revisar el aseo, otro más para formar en el patio, un toque para la marcha a los destinos de trabajo, toque para el rancho, toque para la escuela, etc, determinándose que *"todos los movimientos han de hacerse con el mayor orden y silencio"*.

c) La instrucción religiosa y la educación

Junto a la clasificación de los reos, y el régimen de silencio y circunspección, su formación religiosa, y sobre todo su instrucción, se plantearon desde el primer momento como todo un reto de complejísima ejecución. Nuevamente en este punto la ley se hacía eco de las propuestas doctrinales, sí, pero se encontraba con los problemas de la práctica: falta de medios, desidia de oficiales y presos, reiterados incumplimientos, etc[684].

La Ordenanza General se limitó a señalar la necesidad de arbitrar los medios necesarios para poner en práctica un sistema de educación e instrucción religiosa en los presidios, ordenando a la Dirección General que indagara sobre la instrucción que se estaba dando en los de otros países, y a los Gobernadores civiles que se encargaran en sus respectivos establecimientos *"de la enseñanza y pasto espiritual de los confinados"*[685]. De especial interés en este sentido, el último artículo de la Ordenanza, número 371:

"Habiendo acreditado la experiencia la facilidad y prontitud con que por lo métodos perfeccionados para la enseñanza primaria, y con especialidad por el de D. José Mariano Vallejo, aprenden á leer las personas adultas, y convencida Yo de que el medio más eficaz para la corrección de los penados consiste en facilitarles la instrucción de que por lo general carecen, es mi voluntad que el Director general de presidios, tomando las noticias

[683] *Reglamento para el orden y régimen interior de los presidios de reino*, en Real Orden de 5 de setiembre de 1844, *Colección legislativa de presidios y casas de corrección...*¸ p. 293

[684] Así se reconocía en la Circular de la Dirección general de 20 de mayo de 1842, mandando que se establezcan escuelas y los capellanes cumplan sus obligaciones impuestas en la Ordenanza, en *Colección legislativa de presidios y casas de corrección...*¸ pp. 199-200 : *"Meditando esta Dirección general de mi cargo incesantemente sobre los diversos males de que adolece el vasto ramo que le está cometido (...) reconoce como el impuro y fecundo gérmen de todos ellos á la indisciplina, y á ésta como un resultado preciso y natural de la inobservancia de cuanto sabiamente previene la Ordenanza general de presidios en todos sus puntos"*.

[685] Ordenanza General para los presidios del reino, arts. 23.10 y 38.3.

convenientes, me proponga por vuestro conducto las medidas que estime oportunas para establecer á la mayor brevedad en todos los depósitos y presidios escuelas de primeras letras, en que los confinados de todas clases aprendan a leer, escribir, contar, la doctrina cristiana y un breve resúmen de las obligaciones civiles".

Al margen de estas disposiciones, o más bien simples declaraciones de intención, las obligaciones de los capellanes se circunscribieron en principio únicamente a cuestiones espirituales, como predicar misa los domingos, explicar la doctrina cristiana, suministrar los sacramentos, auxiliar a los condenados a muerte, visitar a los enfermos de la enfermería, o cuidar especialmente de los confinados jóvenes[686].

Sólo entre las reglas para la mejora de los presidios dadas en 1841, el gobierno se atrevió ya a establecer como una ineludible obligación en todos los establecimientos peninsulares y correccionales la instalación de *"escuelas de instrucción primaria regidas por los respectivos capellanes"*[687]. A las autoridades competentes se les compelía para ello a que nombraran capellanes allí donde no los hubiera, y dispusieran del fondo económico necesario para erigir las escuelas dentro de los cuarteles, así como para comprar *"papel, plumas, libros y demás objetos que sean necesarios"*.

A partir de este momento, fijada la obligación en la ley, su ejecución dependió exclusivamente de los esfuerzos que, a pesar de la falta de medios, quisieron hacerse en cada correccional. Se sabe, por ejemplo, que el Presidio Correccional de Salamanca llegó a establecer de forma temprana una escuela de instrucción primaria. Pero los continuos requerimientos que con posterioridad se hicieron en este sentido, nos indican que la mayoría de los presidios no siguieron su ejemplo[688]; ni siquiera cuando en 1844 se promulgó finalmente un extenso y detallado *Reglamento sobre escuelas*[689].

En el mismo, no sólo se reiteraba nuevamente la obligación de establecer escuelas en todos los presidios del reino, otorgando el cargo de maestro a sus respectivos capellanes, sino que también se resolvieron otras problemáticas que se habían ido planteando en la práctica. Así, en aten-

[686] Ordenanza General para los presidios del reino, arts.158-166.

[687] Orden de 11 de enero de 1841, estableciendo reglas para la mejora de los presidios, en *Colección legislativa de presidios y casas de corrección...*, p. 187.

[688] Circular de la Dirección general de 20 de mayo de 1842, mandando que se establezcan escuelas y los capellanes cumplan sus obligaciones impuestas en la Ordenanza, y Real Orden de 10 de marzo de 1844, en *Colección legislativa de presidios y casas de corrección...*, pp. 199-200 y pp. 249-250 "2º. *Que para moralizar a los penados no sólo se establezcan escuelas de instrucción primaria en los presidios donde no las hay, sino que procure V.S. mejorar las que existen, así como que los Capellanes cuiden de dirigirles con frecuencia las pláticas religiosas y morales de que trata la Ordenanza"* .

[689] *Reglamento sobre escuelas*, en la Real Orden de 5 de setiembre de 1844, en *Colección legislativa de presidios y casas de corrección...*, pp. 304-305.

ción a las múltiples obligaciones de los capellanes, se ordenó a las Juntas económicas que nombraran en cada presidio, a propuesta del Comandante, a un confinado que pudiera sustituir en la función de instrucción al capellán como *"pasante"* o *"segundo"*. Además, se determinó el programa o contenido de las enseñanzas (*"en estas escuelas se enseñará lectura por el modelo de Vallejo; escritura por el de Iturzaeta; principios de aritmética, ó sea las cuatro reglas de contar por números abstractos y denominados, y dibujo lineal"*); y se regularon con extremo puntillismo las características de los locales y utensilios (por ejemplo, con mesas de escribir *"largas y de 16 á 18 pulgadas de anchura, con la conveniente inclinación para que puedan trabajar los discípulos cómodamente, no permitiéndoles colocarse a ambos lados, a fin de evitar la mayor dificultad que habría de vigilarlos"*).

A pesar de todo ello, los avances fueron escasos. La doctrina de carácter humanitario que alumbraba el espíritu de la ley, era la que, desde finales del Antiguo Régimen, venía defendiendo que la instrucción resultaba clave para reducir la reincidencia y el número de delitos, asociando directamente las altas tasas de analfabetismo de los presos con la delincuencia (en palabra de Guizot, *"por cada escuela que se abre se cierra una prisión"*). Pero en las escuelas de los presidios no podían hacerse milagros. En ellas, diría Salillas, *"se enseña a leer y a escribir, pero no a sentir honradamente. En la actualidad, la escuela no tiene más que medios insignificantes para la instrucción, y esta instrucción, sea o no infecunda, desglosada, será inútil y casi puro pasatiempo (...). Subordinada al trabajo o para perfeccionar las industrias y los oficios, puede ser provechosa; como sistema exclusivo, aparte otros inconvenientes, es un estímulo de indolencia"*[690].

Esta forma de pensar es la que se impondría en los años venideros, cuando el humanismo penal se viera superado por nuevas doctrinas, especialmente la del positivismo de autores como Garófalo o Lombroso, para quienes la ignorancia no podía considerarse de ninguna manera causa de la delincuencia (las tribus primitivas, razonaban, a pesar de su ignorancia vivían en paz social y armonía con el entorno natural). Lombroso, incluso, llegó a asegurar que la instrucción en los presidios no sólo no evitaba la reincidencia, sino que la propiciaba de algún modo, o por lo menos era uno de sus factores indirectos, ya que el reo aprendía a través de ella medios para delinquir de forma más cualificada, pudiendo pasar de mero agresor a falsario[691].

Así las cosas, el inicial impulso dado a las escuelas presidiales fue perdiendo paulatinamente fuerza, potenciándose frente a ellas especial-

[690] SALILLAS, R., *La vida penal en España...*, pp. 227-228.
[691] LOMBROSO, *Los criminales*, traducción en Barcelona, s.f., facsímil Pamplona, 2003, p. 420.

mente la creación de talleres, en la creencia de que *"la escuela, aún para sus supersticiosos partidarios, no es más que una bella teoría. El trabajo es la realidad económica y la realidad penal: ganarás el pan con el sudor de tu rostro"*[692].

d) Castigos y premios: la contabilidad moral

El régimen disciplinario de los primeros presidios españoles del Estado de Derecho, ha sido calificado como *"muy duro y de tipo militar"*, atendiendo a la rigidez de la ejecución penal, los castigos por faltas en general (calabozos, ayuno de pan y agua...), las sanciones por deserción (cadena, palos, argolla, mordaza...), las condenas *"con retención"*, o todo lo referente a los procedimientos de indulto[693]. Ciertamente lo era, porque la estructura de los presidios continuaba siendo militar, y su disciplina resultaba, consecuentemente, castrense. A pesar de los ideales humanitarios que pugnaban por abrirse paso en la época, en esta cuestión en concreto la seguridad lo requería; y por ello no era de extrañar que hasta el Cabo de vara llevase una para castigar a los más díscolos, y a partir de él el resto de los oficiales del presidio utilizaran también constantemente la fuerza física como recurso[694].

La ideología moderada lo justificaba sin ningún empacho: *"La sumisión de los presos á la disciplina correccional es un deber tan riguroso, que no pudiendo corregirlos con benignidad y con dulzura, no queda otro medio sino el de intimar con el castigo (...): Cuando la enseñanza, la exhortaciones, el ejemplo y otros medios de dulzura no bastasen para corregir a los penados, los Comandantes pueden emplear la severidad, disponiendo por vía de castigo el encierro en calabozos, el recargo de hierros hasta unir a los presidiarios en cadena, ayuno de pan y agua, suspensión de la gratificación de su trabajo con destino al fondo económico, privación de toda comida hasta acabar sus tareas, y el que pasa de estos extremos sin enmendarse, es calificado de incorregible y remitido á los presidios de carretera ó á los arsenales"*[695].

Estos métodos de castigo que consignó Colmeiro (calabozos, recargo de hierros, ayuno de pan y agua, privación de toda comida o supresión de gratificaciones económicas o pluses), eran los que se esbozaron principalmente en la Ordenanza General de 1834, y finalmente se plasmaron

[692] SALILLAS, R., *La vida penal en España...*, p. 229.
[693] GARCÍA VALDÉS, C., *Régimen penitenciario de España...*, p. 30.
[694] SANZ DELGADO, E., *Disciplina y reclusión en el siglo XIX...*, pp. 109-202.
[695] COLMEIRO, M., *Derecho administrativo español...*, libro IV, pp. 400 y 411.

en la Real Orden 5 de septiembre de 1844, dependiendo exclusivamente del Comandante general[696].

La competencia exclusiva de los Comandantes para imponer castigos en los presidios, *"como únicos responsables de la disciplina y órden de los mismos"*, fue expresamente fijada por la Reina Gobernadora en el año 1839, tras conocer *"con disgusto el abuso que de su autoridad ha hecho el Gobernador militar del fuerte de Valladolid, mandando por sí y sin más formación de causa pegar cincuenta palos á un cabo de la primera brigada de presidiarios ocupado en los trabajos de fortificación de aquella plaza, y veinticinco a un confinado de la misma, cuyo castigo se ejecutó á presencia de la expresada brigada"*[697]. Por supuesto, se partía de la base de que tales castigos debían ser compatibles con los principios de humanidad y justicia, y aplicarse exclusivamente *"en los casos de pura corrección"*.

Con todo, los peores castigos no fueron éstos, impuestos simplemente a presos alborotadores o insubordinados, sino los que se imponían a los desertores de los presidios. Para ellos, la Ordenanza previó un amplísimo elenco de castigos, que además se fueron agravando con el paso del tiempo en atención al elevadísimo número de deserciones que se producían (sobre todo en los traslados o salidas a obras públicas del exterior). Entre ellos, se contaban la unión en cadena, la incomunicación en calabozo o *"celdilla de seis u ocho piés de ancho y nueve de elevación, aislada y con incomunicación absoluta"*, el recargo de hasta dos años en la condena, el traslado a África, o sanciones más graves como palos o azotes, y *"la mordaza ó argolla en público en el patio del cuartel de modo que sea visto, pero no mofado por los demás de su clase"*[698].

De especial dureza era también la llamada cláusula con retención, señalada por Tomás y Valiente como uno de los peores vicios mantenidos del pasado[699]. Como límite máximo de la pena de reclusión o presidio, se siguió manteniendo del Antiguo Régimen el tiempo de 10 años, *"como está prevenido en las leyes 7ª y 15, título IV, libro XII de la Novísima Recopilación"*, no tanto por un criterio de humanidad o benignidad en el

[696] *Reglamento para el orden y régimen interior de los presidios de reino*, en Real Orden de 5 de setiembre de 1844, *Colección legislativa de presidios y casas de corrección...*, p. 292, tratando de los Comandantes: *"Los castigos de que podrán valerse son encierros en calabozo, recargo de hierro hasta unirlos en cadena, pan y agua, privación de gratificación de su trabajo con aplicación al fondo económico, privación de comida hasta que acaban sus tareas: el que pasase por estos extremos sin enmendarse se clasificará de incorregible y se remitirá á los presidios de carretera ó arsenales que se designarán para ellos"*.

[697] Real Orden de 24 de abril de 1839, declarando que sólo los Jefes de los establecimientos presidiales están autorizados para imponer castigos á los confinados, en *Colección legislativa de presidios y casas de corrección de mujeres...*, p. 166.

[698] Véase la Ordenanza General de presidios del reino de 1834, arts.323-339.

[699] TOMÁS y VALIENTE, F., *Las cárceles...*, p. 78.

castigo, sino por un mero criterio de utilitarismo laboral: en diez años el reo quedaba exhausto y resultaba inútil para seguir trabajando. Por eso, la antigua cláusula de retención sólo podía imponerse a los presos más graves o cualificados, para que siguieran retenidos en los presidios de África una vez transcurridos los primeros diez años de su condena[700].

Tanto la facultad de imponer como la de alzar la cláusula de retención, era exclusivamente de la reina a través del Ministerio de la Gobernación. Pero los órganos inferiores encargados en escala de llegar hasta los reos en el presidio, debían ser quienes elevaran las propuestas e informes preceptivos, ya que a través del *"arrepentimiento y enmienda"* aquellos podían hacerse acreedores de la real clemencia. La Ordenanza dispuso, además, en un confuso artículo, que *"cuando el sentenciado con retención haya cumplido los diez años, y dos más en el presidio, día por día y sin rebaja, sin reincidir ó incurrir en delito, se le graduará de corregido, y no se le detendrá su licencia de cumplido, precediendo siempre mi Real aprobación"*[701].

A resolver la dudas que se derivaron de este artículo, se destinó una inmediata Real Orden de 14 de diciembre de 1834, publicada muy poco después de la Ordenanza, apresurándose a declarar que la cláusula de retención no condenaba necesariamente a dos años más de los diez, sino que suponía una prórroga indeterminada, a voluntad del monarca, según las condiciones del delito y conducta del penado[702].

Pero junto al alzamiento de la cláusula de retención, y frente al sombrío panorama descrito con respecto a los castigos, también se previó en la primigenia legislación penitenciaria española un interesante elenco de premios, rebajas de condena e indultos, que a juicio de Zapatero Sagrado podría considerarse uno de sus mayores *"avances"*[703].

A este sistema tendente a fomentar la corrección del reo mediante la promesa de premios o beneficios en su condena (rebajas, indultos o alzamientos de retención), se conoció genéricamente como *"el sistema de contabilidad moral"*; y, aunque ya viniera esbozado en sus principales características en la Ordenanza General, fue objeto de una detallada y muy interesante regulación en el Real Decreto de 20 diciembre de 1843.

Al margen de premios puntuales y muy concretos en la vida presidial por buen comportamiento o esforzado trabajo (por ejemplo, la paulatina eliminación o alivio de los hierros, la posibilidad de ejercer oficios como el de Cabo de vara, la excepcional comunicación dominical con los familiares tras el oficio religioso, o mejoras en el rancho o los pluses devengados

[700] Ordenanza General de presidios del reino de 1834, art. 316.
[701] Ordenanza General de presidios del reino, artículo 321.
[702] *Colección legislativa de presidios y casas de corrección de mujeres...*, p. 82.
[703] ZAPATERO SABRADO, R., *Los presidios, las cárceles y las prisiones...*, p. 518.

del trabajo), que se concedían por los Comandantes de los presidios; los verdaderos o más ansiados beneficios penitenciarios eran aquellos que suponían una disminución del tiempo de condena (rebajas), o incluso la libertad (indulto y alzamiento de la cláusula de retención)[704]. Éstos sólo dependían de la monarquía, siendo concedidos a través del Ministerio de la Gobernación o del Interior, y tramitados por el Director General de Establecimientos Penales, que para ello debía pedir a las autoridades o personas que considerase conveniente todos los informes necesarios.

En materia de rebajas, la Ordenanza General de presidios elaboró la primera formulación concreta de su régimen en nuestro país, estableciendo que las rebajas de condena estaban previstas para casos de méritos *"particulares o trabajos extraordinarios, arrepentimiento y corrección demostrada"*. Se exigía que el presidiario hubiera cumplido al menos la mitad del tiempo de su condena, que en ese tiempo no hubiera desertado ni "causado nota", y que no tuviera aplicada cláusula de retención. La rebaja no podía exceder de la tercera parte del tiempo de la condena[705]; y, aunque en principio estaban previstas para tramitarse individualmente, también se hicieron propuestas genéricas de las mismas, como la realizada por la Dirección general de presidios en 1839, declarando que los cabo de vara que por algún tiempo desempeñaran el cargo a satisfacción de sus jefes, tenían derecho a ser propuestos para rebaja[706].

Por su parte, indultos había de varios tipos: podían darse indultos para conceder una rebaja general de las condenas (como el del año 1814, especificaba la ley), indultos generales y comunes, o indultos extraordinarios. Los indultos generales no podían aplicarse a los condenados por delitos exceptuados o graves (salvo excepción), requerían el perdón de la parte ofendida si ésta existía, y no podían otorgarse a los rematados que se hallaran ya en los depósitos correccionales o presidios al tiempo de dictarlos. Los efectos de este tipo de indultos no alcanzaban a las condenas originales por las que los reos hubieran ingresado en los presidios, sino a las recargas sufridas en ellos, mientras que los indultos extraordinarios sí podían extender los beneficios de su aplicación a los presidiarios por los delitos que causaron su condena[707].

Tanto para la concesión de rebajas, como para la de indultos o alzamientos de retención, la ley previó además procedimientos muy garantistas de tramitación de los expedientes, en los que intervenían una multiplicidad

[704] En este primigenio sistema de rebajas, cuando se concedían por trabajo, ha querido ver el antecedente de la reducción de penas por trabajo ANTÓN ONECA, *Derecho penal. Parte General*, tomo I, Madrid, 1949, p. 517.

[705] Ordenanza General de presidios del reino, arts. 303-308.

[706] *Colección legislativa de presidios y casas de corrección de mujeres...*, p. 174.

[707] Ordenanza General de presidios del reino, arts. 355-361.

de órganos administrativos y judiciales, al objeto de evitar las corruptelas y vicios que en el pasado se realizaban al conceder *"perdones"* sin informes ni formalidades de ningún tipo. Pero, al parecer, desterrar esta práctica viciada de los usos de la época no debió ser nada sencillo, y a ese fin se encaminó la avalancha normativa que sobre este tema siguió a la publicación de la Ordenanza.

Así, por ejemplo, la Circular de la Dirección, de 24 de octubre de 1834, recordaba que no se podía dar curso a instancia alguna de confinados en solicitud de indulto o rebaja, no viniendo informada por los jefes de los presidios y acompañada de testimonio de condena; la Real Orden de 10 enero 1835, determinaba más específicamente el modo de documentar los expedientes sobre concesión de indulto, rebaja de pena y alzamiento de retención; el Real Decreto de 16 de abril de 1836, fijaba reglas para la concesión y aplicación de indultos, premios y rebajas a los confinados; la Circular de la Dirección general de presidios, de 16 de mayo de 1839, comunicaba nuevamente las reglas para la instrucción de los expedientes de indulto; y las Reales Ordenes de 18 de julio de 1840 y 8 de marzo de 1841, insistían en la falta de formalidades observadas en la tramitación de los expedientes de rebajas e indultos[708].

Finalmente, mediante un Real Decreto de 20 diciembre de 1843, el Ministerio de la Gobernación decidió atajar definitivamente los abusos, estableciendo *"una reforma radical y completa en el sistema de contabilidad moral"*, al objeto de que éste, verdaderamente, sirviera al fin correccional para el que estaba previsto[709]:

> *"La prerrogativa que al publicar la Ordenanza general de presidios se reservó la Corona de conceder las gracias de indulto, rebaja de condena y alces de retención á los reos que sufren en los establecimientos penales el castigo merecido por sus delitos, exige una regularización definitiva, para que este precioso derecho tienda en lo sucesivo á uno de los principales objetos de la pena, cual es la corrección de los criminales, y no continúe como hasta ahora reducido á una mera formalidad ó á un mero trámite que alcanza con pocas excepciones á toda clase de penados".*

A ello atendió la norma, estableciendo no sólo disposiciones concretas sobre las circunstancias en que debían tramitarse estos expedientes, sino también la necesidad de crear en cada presidio un *Registro indicador* y un *Registro de Conducta*, en los que, de forma separada, cada presidiario tuviera una hoja propia (según los modelos A y B insertos en el articulado)

---

708 En *Colección legislativa de presidios y casas de corrección de mujeres...*, pp. 80, 87, 116-117, 169-170, 183-185, 189.

709 *Colección legislativa de presidios y casas de corrección...*, pp. 241-246.

donde constasen, de un lado, todos los datos personales sobre el preso y sobre su delito, y, de otro, el repertorio o listado de actos reprensibles o meritorios, así como los premios o castigos que hubiera recibido durante su tiempo en la prisión[710]. Cualquier inscripción requeriría la previa aprobación de las Juntas económicas, y servirían en definitiva para motivar las propuestas de rebajas, indultos o alzamientos de retención elevadas por los Comandantes a la Dirección General. El resto de los trámites oficiales, los modelos de certificados que debían expedirse a este fin, e incluso los plazos en los que debían realizarse las solicitudes, también quedaron rigurosamente regulados en esta norma.

Pero el esfuerzo regulador no debió servir de mucho, si atendemos a las disposiciones posteriores. En febrero de 1844, volvía a ordenarse que a la solicitud de rebaja se acompañara la hoja histórico-penal del suplicante, y que los Comandantes no dieran curso a solicitudes de rebaja que no se hallaran en los casos previstos por la ley[711]. Ese mismo año, en mayo, se dictaron nuevas reglas clarificadoras de los casos a los que se podía aplicar rebajas[712], y una Real Orden mandando que la Dirección General de presidios remitiese sólo propuestas de rebaja que estuvieran lo suficientemente fundadas[713].

---

[710] Hasta ese momento, sólo se exigía un libro de registro en la Ordenanza General de Presidios de 1834, art. 295: *"Los Mayores en los presidios y los Ayudantes en los depósitos llevarán un libro de registro, en el que harán a cada sentenciado un asiento expresivo de su nombre, apellido, señas particulares y demás circunstancias que contenga su condena, época en que empezó a cumplirla, ocupación que se le dé en el establecimiento, anotando también, á juicio del Comandante, la conducta que observe, su aplicación al trabajo, sus costumbres y las vicisitudes que ocurran hasta expedirle la licencia de cumplido".*

[711] *Colección legislativa de presidios y casas de corrección...*, pp. 247-248.

[712] Orden de la Dirección general de presidios, de 30 de mayo de 1844, explicando el art.1° del Real Decreto de 20 de diciembre anterior, y la prevención décima del reglamento de 15 de abril siguiente, sobre rebajas a confinados, en *Colección legislativa de presidios y casas de corrección...*, p. 276: *"La buena conducta y pruebas de arrepentimiento unido á un servicio cualquiera, ya sea en trabajos públicos, ya dentro del establecimiento, son mérito bastante para proponer a S.M. alguna rebaja; así es que establecida una escala desde la tercera parte del total de la condena, y bajando de la escala en proporción a las circunstancias de cada penado, podrá tenerse como regla general el que a los confinados cabos de vara que hayan prestado iguales servicios se hará por una parte menos; y finalmente, á los que hayan observado buena conducta y trabajado con asiduidad, se les propondrá para el mínimun, sirviendo de ejemplo el caso siguiente: un confinado por nueve años, hallándose en el primer caso le correspondía tres años de rebaja, en el segundo dos y en el tercero uno, con lo que queda enlazado el artículo 1° del Real decreto de 20 de diciembre último con la prevención décima del reglamento de 15 de abril también último".*

[713] *Colección legislativa de presidios y casas de corrección...*, pp. 276-277. Véase también la Real Orden de 28 de marzo de 1845, del Ministerio Gracia y Justicia, declarando que le corresponde a él el despacho de los expedientes de indulto y alzamiento de retención, y que con ellos se remitan los informes de las Audiencias, *Colección legislativa de presidios y casas de corrección...*, pp. 326-327.

Así siguieron las cosas al menos hasta mediados de siglo, cuando la avalancha normativa sobre este asunto comienza a disminuir, a juicio de Zapatero Sagrado por varias razones: en primer lugar, por la publicación de nuevo Código Penal de 1848; en segundo lugar, por las innovaciones administrativas que cada vez más pusieron cerco a los abusos y corruptelas; en tercer lugar, por las nuevas corrientes doctrinales penales; y, en cuarto lugar, por la potenciación de la vía de indulto frente a la rebaja[714]. La ley de indulto de 1870 inauguraría, ciertamente, una nueva época, como veremos más adelante.

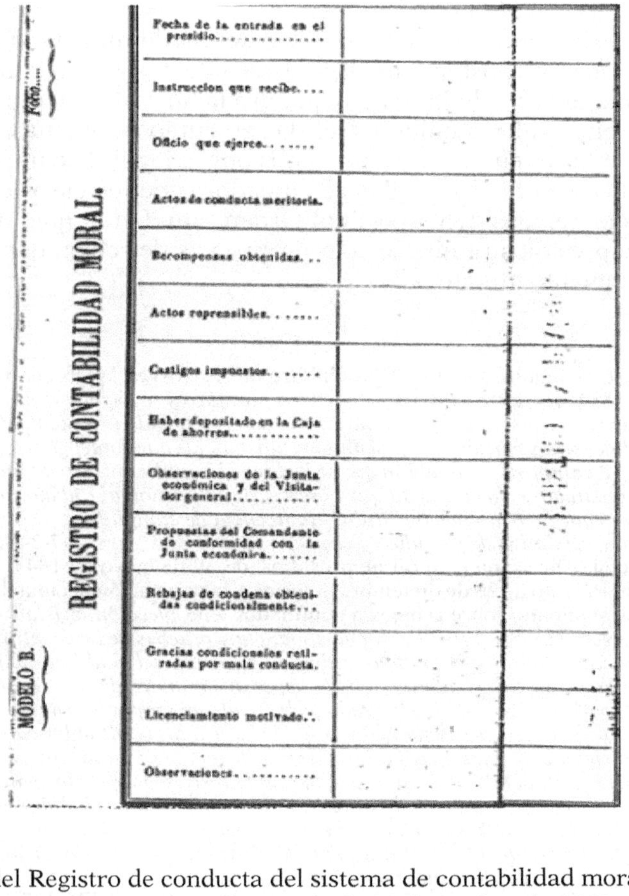

MODELO B. — Folio...

REGISTRO DE CONTABILIDAD MORAL.

Fecha de la entrada en el presidio...		
Instruccion que recibe....		
Oficio que ejerce.......		
Actos de conducta meritoria.		
Recompensas obtenidas...		
Actos reprensibles.......		
Castigos impuestos.......		
Haber depositado en la Caja de ahorros...........		
Observaciones de la Junta económica y del Visitador general...........		
Propuestas del Comandante de conformidad con la Junta económica.......		
Rebajas de condena obtenidas condicionalmente...		
Gracias condicionales retiradas por mala conducta.		
Licenciamiento motivado.		
Observaciones..........		

*Página del Registro de conducta del sistema de contabilidad moral, inserta como anexo en Real Decreto de 20 diciembre de 1843.

[714] ZAPATERO SABRADO, R., *Los presidios, las cárceles y las prisiones...*, p. 529.

4. EL TRABAJO EN LOS PRESIDIOS

Cuando se comenzó a debatir vivamente sobre la necesidad de dar trabajo a los presos en orden a procurar su corrección, los reos españoles ya hacía siglos que venían siendo, entre otras cosas, remeros, mineros y bomberos (también peones, braceros o soldados), como ya advirtiera Salillas y más recientemente ha suscrito García Valdés[715]. El utilitarismo penal, como se ha señalado más arriba, se venía imponiendo sobre todo desde el siglo XVIII como la principal forma de penalidad, siguiéndose en ello *"ideas muy exactas de economía pública"*, a las que ahora se unía también el *"pensamiento de reforma moral"*[716].

La economía política decimonónica ponía el acento en el provecho general o servicio al Estado antes que en la propia corrección del delincuente, mientras que el nuevo pensamiento reformista, todavía particularmente humanitario, se dirigía principalmente a la enmienda o regeneración social del reo a través del aprendizaje de un oficio. ¿Cómo se conciliarían ambos intereses en la ley?

Ciertamente, la estructura militar de los presidios y los usos del pasado, eran mucho más propicios al trabajo extramuros en obras públicas de utilidad, como hasta entonces se venía haciendo, que a las nuevas propuestas de obradores o talleres profesionales donde, intramuros, pudiera enseñarse algún oficio útil a los condenados. Por ende aquellos redundaban en un beneficio económico para el Estado (al menos, en teoría), mientas que éstas resultaban muy costosas para la hacienda. Por ello, los pocos autores que se han acercado al tema, desde diversas fuentes y perspectivas, suelen coincidir en que éste fue un periodo de transición entre ambos modelos, desde el de obras públicas al de manufacturas, teniendo en cuenta que el segundo era todavía un modelo puramente ideal, y prevalecía especialmente el primero: el objetivo preferente de la política penitenciaria en esta época siguió siendo principalmente utilitario a través del empleo de los confinados en obras públicas[717].

Sea como fuere (y emplazando, que no omitiendo, esta cuestión para más adelante), lo importante es que el trabajo de los penados se defendió

[715] Véase SALILLAS, R., *La vida penal en España...*, p. 5, y GARCÍA VALDÉS, C., *Del presidio a la prisión modular...*, p. 7.

[716] Coincido con COLMEIRO, M. *Derecho administrativo español...*, p. 410, en que estas fueron las dos bases principales para la introducción del trabajo en los presidios.

[717] Así de tajantemente lo afirma ZAPATERO SABRADO, R., *Los presidios, las cárceles y las prisiones...*, p. 523. Véanse también en este sentido SALILLAS, R., *La vida penal en España...*, pp. 117-118, y ROLDÁN BARBERO, H., *Historia de la prisión...*, pp. 66-68. Sin pronunciarse en preferencia, de ambos regímenes trata también HERRERO HERRERO, C., *España penal y penitenciaria...*, pp. 207-208.

desde un primer momento como una de las claves de la reforma, y ya la primigenia Instrucción de 30 de noviembre de 1833, dada a los Subdelegados de fomento, recogió las propuestas de la nueva ciencia jurídico penal, estableciendo las reglas estructurales a seguir en este tema para "corregir y mejorar a los condenados, en lugar de endurecerlos y pervertirlos" dentro de las prisiones[718]:

> *"Párrafo 48. Las reglas que deben regir en esta materia, y que se sacarán fácilmente de la denominación misma de la cosa, son:*
> *1º. Hacer trabajar á los reclusos por sentencia judicial.*
> *2º. Adjudicarles la mayor parte posible de los productos de su ocupación.*
> *3º. Inspirarles por esta cesión de los beneficios el amor al trabajo, al cual pueden deber algún día su rehabilitación social y la ventura del resto de su vida.*
> *4º. Tratarlos con benignidad y dulzura, no solo por el derecho que á ello tiene el que expía resignadamente la falta que cometió, sino porque la bondad con que se les mire modificará ó cambiará sus hábitos, pues el espectáculo constante de la indulgencia no puede menos de hacer indulgentes á los que lo presencien.*
> *Párrafo 49. Estas reglas son aplicables en proporción á los depósitos de condenados á obras públicas y á los presidios correccionales. Reglamentos nuevos van al punto á fijar el modo de aprovechar con bien del país y de los condenados mismos los trabajos, á veces inútiles, á que hoy se les somete (...). Dedicados á empresas de prosperidad, los presidiarios no saldrán de su confinación más perversos que se mostraran al dar los primeros pasos en la carrera del crímen; y volviendo á la sociedad, no podrán menos de bendecir la Administración protectora, bajo cuya dirección reformaron sus costumbres y se proporcionaron ahorros que mejorarán su condición"*[719].

Sorprende, en primer lugar, que el trabajo previsto en esta disposición estuviera dirigido tanto a los ya culpados o rematados en los presidios, como a los meramente detenidos o custodiados en los depósitos municipales o cárceles a la espera de un juicio. Sobre el trabajo en los depósitos municipales y cárceles de custodia, más que cómo principio programático, se pronunció de forma específica el ambicioso y frustrado Reglamento para las cárceles de las capitales de provincia de 25 de agosto de 1847[720],

[718] FERNÁNDEZ, T.R., y SANTAMARÍA, J.A., *Legislación administrativa española del siglo XIX*, Madrid, 1977, pp. 501-502, y *Colección legislativa de cárceles...*, pp. 63-64.

[719] La importancia de esta Instrucción, aún cuando fuera una norma muy temprana y de escasa trascendencia práctica, también ha sido puesta de relieve por COLMEIRO, M., *Derecho administrativo español...*, libro IV, p. 399, y HERRERO HERRERO, C., *España penal y penitenciaria...*, pp. 207-208.

[720] *Colección legislativa de cárceles...*, pp. 152 y 153, arts.65-71.

afirmando que *"los presuntos reos podrán dedicarse á toda especie de trabajos compatibles con la seguridad y órden del establecimiento. Su producto les corresponderá por completo, y ó dispondrán de él a favor de su familias, ó les será entregado á su excarcelación, si resultaran absueltos"* (art.71).

Para ello se preveía que en cada sección del depósito o la cárcel hubiera una sala destinada para taller, aunque en el caso de los depósitos municipales el trabajo sería voluntario, excepto para los detenidos que recibieran socorro de pobres, y sólo en las cárceles judiciales los reos pendientes de causa quedaban obligados al mismo *"considerando la ley á los presos, en cierto modo, como siervos de la pena"*[721].

Con anterioridad a esta norma, y a falta de talleres en las cárceles, se había planteado la posibilidad de destinar a los simples arrestados en obras de policía urbana, siguiendo en ello el espíritu igualitario que en este punto impregnaba la Instrucción General. Pero la negativa del Ministerio de la Gobernación fue rotunda en ese sentido[722].

En consecuencia, a pesar de las previsiones, debemos considerar que la general falta de medios, y el escaso desarrollo legislativo, impidieron que el trabajo pudiera llevarse efectivamente a las cárceles de custodia, imponiéndose en ellas la ociosidad para todo tipo de detenidos. La nueva doctrina jurídica también empezó a apuntar en esta dirección, señalando la irregularidad de hacer trabajar a quien todavía no había sido declarado culpable por sentencia judicial (había quien incluso consideraba ilegal la propia detención preventiva); y la Ley de 11 de octubre de 1869, se haría finalmente eco de esta teoría, suprimiendo el trabajo obligatorio en las cárceles, y poniendo fin de este modo a un proyecto que surgió ya malogrado desde su origen.

Por lo que respecta a los presidios de condena o propiamente penitenciarios, las directrices de la Instrucción de 1833 se complementaron fundamentalmente un año después en la Ordenanza General de 1834[723], que estableció los siguientes destinos para los distintos tipo de presidiarios:

---

[721] COLMEIRO, M., *Derecho administrativo español...*, libro IV, p. 399: *"En las cárceles era obligatorio el trabajo, considerando la ley á los presos, en cierto modo, como siervos de la pena. Los presos con causa pendiente y los sentenciados á sufrir el arresto mayor debían ocuparse en los talleres de los respectivos establecimientos, observándose con todo rigor la regla del silencio"*.

[722] Real Orden de 14 de agosto de 1845, en *Colección legislativa de cárceles...*, pp. 136-137: *"Atendiendo S.M. á que los presos que se hallan en las cárceles pendientes de causa, no puede considerárseles como presuntos reos mientras no recaiga sentencia de pena corporal aflictiva, ni por consecuencia afligírseles con trabajos públicos, se ha servido desestimar la solicitud del Ayuntamiento de esta capital, solicitando permiso para destinar los presos de la cárcel pública á las obras de policía urbana de la misma ciudad"*.

[723] La necesidad de dedicar a los penados a algún trabajo para su corrección, se manifiesta expresamente en el art. 110.2: *"No debiendo estar ocioso presidiario alguno, cuando*

- Los confinados a depósitos o presidios correccionales se habían de aplicar a trabajos de policía urbana o dentro de los cuarteles, siempre dentro de la ciudad o su término.
- Los confinados a presidios peninsulares, se habían de aplicar preferentemente a obras públicas (*"caminos, canales, arsenales y empresas á que Yo tenga por conveniente destinarlos"*), y sólo de forma subsidiaria (*"y no habiendo trabajos de estas clases"*, rezaba la ley) en los obradores que se establecieran en los presidios. Los destacamentos elegidos y enviados, previa aprobación del Director general, podían provenir de cualquier presidio peninsular, aunque se preferían, ciertamente, los más cercanos al destino.
- Los confinados a los presidios de África, por su parte, se habían de ocupar en los trabajos que fueran precisos en aquellas plazas (principalmente fortificación o labores de vigilancia o defensa).

¿Y qué ocurría con los antiguos presidiarios que la Monarquía cedía "en rebaja" a particulares o a empresas privadas para trabajar? El artículo 297 de la Ordenanza prohibió tajantemente la antigua y obsoleta práctica penal de otorgar presidiarios *"en rebaja"* al servicio doméstico. Tan enraizado uso, por el cual los propios carceleros u otros abusaban del trabajo de los reclusos en beneficio particular, ya había tratado de ser abolida por la Ordenanza de Arsenales de 1804, pero en la práctica fue muy difícil de desterrar.

Las soluciones propuestas para limitar los abusos de las concesiones de penados para servicios personales, plantearon un mayor control de las concesiones particulares, la derogación de las ya realizadas, y una especial exigencia de responsabilidad a los oficiales responsables[724]. Pero chocaron una y otra vez con la indolencia de éstos y una bien tejida red de intereses creados. Tan arraigado estaba el uso en algunos lugares, como los presidios africanos, que en 1839 la reina hubo de rectificar la genérica prohibición de la Ordenanza, exceptuándolos de ella[725].

mi Gobierno o el establecimiento no los ocupen, se dedicarán cada uno al oficio o género de industria que sepa o entienda, a cuyo fin el Comandante procurará se les busque trabajo, y se les faciliten materiales, útiles y herramientas".

[724] Véanse la Real Orden de 20 diciembre de 1836, dictando reglas y prescripciones para *"a fin de poner término a los abusos que puedan cometerse y se observan con especialidad en el presidio de Málaga por la inobservancia del art.297 de la Ordenanza del ramo, que prohíbe expresamente la existencia de presidiarios rebajados o destinados al servicio doméstico"*; la Real Orden de 1 de junio de 1837, mandando que los Jefes políticos vigilen el cumplimiento de los artículos 297 y 298 de la Ordenanza general de presidios; o la Real Orden de 19 de enero de 1839, recomendando el cumplimiento del art.297 de la Ordenanza, que prohíbe la existencia de rebajados, en *Colección legislativa de presidios y casas de corrección de mujeres...*, pp. 135-137, p. 144, y p. 164.

[725] Real Orden de 29 de marzo de 1839, resolviendo que se halla exenta la plaza de Ceuta de la prohibición de rebajados que establece el artículo 297 de la Ordenanza, en *Colección*

En adelante, siempre exceptuándose *"los presidios de África por las circunstancias particulares en que se encuentran"*, siguieron dictándose normas que trataban de limitar el fraude, como la de separar de sus comisiones y sujetar a la más severa responsabilidad a quienes lo permitiesen, y pedir un exhaustivo control a las autoridades, pidiéndose a los jueces que comunicasen los abusos de los que tuvieran conocimiento en este sentido a la Dirección General[726]. A pesar de ello, todavía el art.99 del mucho más tardío Reglamento de la prisión celular de Madrid, de 23 de febrero de 1894, había de insistirse en la prohibición de hacer trabajar a los presos *"en cosas de uso o servicio particular de los empleados"*.

Cuestión distinta era el trabajo para empresas privadas, práctica que el art.14 mantuvo expresamente para reos de los presidios peninsulares, disponiendo que en este caso los presidiarios concedidos a las empresas *"dependerán del depósito o presidio del distrito en que se halle la empresa, dándose de baja en los establecimientos á que pertenecían"*.

Según el artículo 15, los criterios y condiciones de la concesión dependían únicamente del Director General, sin perjuicio de la opinión del Ministerio de Guerra, que eran los encargados de evaluar los gastos de la vigilancia. Y, finalmente, el artículo 16 velaba por el ahorro de los presidios, estableciendo que se disminuiría el "prest" o salario de los presidiarios concedidos a una empresa para aplicarlo a la caja general, ya que éstos pasarían a ser pagados por la propia empresa y no por el presidio. El desarrollo de esta norma se llevo a cabo en la Parte Adicional a la Ordenanza General de Presidios dictada en 1843, tratando de garantizarse en todo caso el interés económico estatal con respecto a los confinados que se destinan a empresas privadas[727].

Al tiempo de dictarse la Ordenanza existía un elevado número de presidiarios destinados a empresas particulares, que mantuvieron en ellas en

legislativa de presidios y casas de corrección de mujeres..., pp. 165-166: *"Enterada S.M. la Reina Gobernadora de la exposición de V.S. en que manifiesta los inconvenientes que van a seguirse al vecindario de esa plaza, y aun a los confinados en su presidio, de llevarse á debido efecto la Real Orden de 19 de enero último, que manda guardar inviolablemente el art.297 de la Ordenanza general del ramo, que prohíbe haya rebajados en los establecimientos penales, se ha servido resolver, de conformidad con lo que en su vista ha propuesto la Dirección del ramo, que esa plaza esté exenta de aquel precepto, pero con la calidad de que el Comandante de ese presidio proponga a V.S para ser rebajados a los presidiarios por causas menos graves, próximos a cumplir y de irreprensible conducta, y que V.S. cuide de remitir á este Ministerio y a la Dirección de presidios una relación mensual de los nombres de ellos (...)"*.

[726] Así en la Orden de 11 de enero de 1841, y la Circular de la Dirección general de presidios de 19 de abril de 1842, en *Colección legislativa de presidios y casas de corrección...*, pp. 187 y 197.

[727] Art.56 de la Parte adicional a la Ordenanza, de 2 de marzo de 1843, en *Colección legislativa de presidios y casas de corrección...*, p. 228.

las mismas condiciones[728]; e incluso la Reina se reservó la posibilidad de concederlos a voluntad[729], buscándose en todo caso un beneficio económico, como se ha dicho[730]. Pero el problema de fondo era precisamente ése porque, aun cuando las empresas privadas se encargaran de sufragar los pluses y gratificaciones establecidos para los reos-trabajadores, e incluso los traslados, tanto la manutención de los reos como los gastos de la vigilancia seguían corriendo a cuenta del gobierno, y en términos generales no compensaban[731].

A pesar de ello, el uso de presos en empresas particulares se mantuvo, aún de forma cada vez más residual, al menos hasta la segunda mitad del siglo, cuando poco a poco pudo ir poniéndose freno a esta práctica[732]. En principio, se intentó que estas concesiones fueran cada vez más excepcionales, tanto en cuanto a la clase de penados (*"los sentenciados a cadena temporal o perpetua no podrán ser destinados á obras de particulares ni a las públicas que se ejecuten por empresas o contratas con el gobierno"*, diría el art.97 de Código Penal de 1848)[733], como en cuanto a los destinos, que se limitaron fundamentalmente *"á las Compañías de ferrocarriles"* tras el Real Decreto de la Gobernación de 15 de mayo de 1867. En segundo lugar, también coadyuvó a poner freno a esta práctica la reforma o reno-

[728] SALILLAS, R., *Evolución penitenciaria en España*, Madrid, 1918, facsímil Pamplona, 1999, pp. 93-101, nos da un dato de interés, según el cual a 1 de mayo de 1834 el número de penados concedidos a particulares ascendía a 5.016, y aunque su abolición se produjo el 31 de diciembre de 1836, siguieron haciéndose durante algún tiempo dichas concesiones. Sobre esta cuestión, véase también TOMÁS y VALIENTE, F., *Las cárceles...*, p. 78.

[729] Real Orden de 14 de diciembre de 1836, previniendo que sólo se hagan concesiones de penados a particulares cuando éstos soliciten número suficiente para poder establecer un pequeño depósito correccional, en el que pueda seguirse el método gubernativo y económico prescrito en la Ordenanza, en *Colección legislativa de presidios y casas de corrección de mujeres...*, pp. 134-135: *"Enterada S.M. la Reina Gobernadora de una instancia de D. José Marquez Espinosa, vecino de Alora, que solicita se le concedan veinticinco confinados del depósito de Málaga para desmontar y beneficiar un espacio de tierra considerable; y en vista de lo expuesto por V.S., de acuerdo con la Contaduría del ramo en 6 del corriente, no ha tenido á bien S.M. acceder a dicha solicitud, por oponerse á ello el espíritu de la Ordenanza, mandando que por regla general se destinen todas las de igual clase que se hagan por empresas particulares, cuando el número de presidiarios que se pidan no sea suficiente para que estableciéndose un pequeño depósito correccional, pueda seguirse en él el método gubernativo y económico prescrito por dicha Ordenanza"*.

[730] Real Orden de 30 abril de 1844, mandando que queden sin efecto todas las concesiones de confinados hechas a particulares, corporaciones y Autoridades, si no se avienen a pagar 34 mrvs diarios por cada plaza, en *Colección legislativa de presidios y casas de corrección...*¸ p. 273.

[731] Esta cuestión económica también ha sido señalada por SANZ DELGADO, E., *El humanitarismo penitenciario español del siglo XIX*, Madrid, 2003, pp. 241-248.

[732] Pueden citarse en esta sentido la Real Orden de Gobernación de 24 de enero de 1848, la Real Orden de septiembre de 1851, o la Real Orden de 18 de diciembre de 1857. Véase TEIJÓN, V., *Colección legislativa...*, pp. 577-578.

[733] CASTEJÓN, F., *La legislación penitenciaria española...*, p. 352.

vación de todo el cuerpo de prisiones, con el acceso de un personal civil, a partir de de 1869. Y, finalmente, serían las nuevas corrientes doctrinales positivistas y correccionalistas las que terminaran de poner cerco a esta antigua práctica de concesión de penados a empresas particulares por ser contraria al objetivo de su regeneración social:

> *"La concesión de secciones de penados á empresas particulares es más opuesta todavía á las reglas de la disciplina conveniente en los establecimientos penales. Un empresario tiene interés en explotar al hombre, ninguno en corregirle. La administración podrá intervenir, vigilar, dictar sus providencias; más siempre el influjo de un poderoso especulador, el obstáculo de un contrato solemne y aquella constante fuerza de inercia contra la cual se estrellan el carácter más impetuoso y el espíritu más ardiente, serán rémoras invencibles de todo progreso encaminado á mejorar la condición física y moral de estos siervos de la pena"*[734].

El fin del utilitarismo penal (del que fue la última manifestación la Ordenanza General de 1834), y su superación por otras corrientes que ponían el acento en el reo, antes que en el Estado, desterraron definitivamente esta práctica. Téngase en cuenta, además, que este sistema tampoco resultó ser muy rentable para la empresa privada, de modo que en este punto confluyeron, finalmente, los intereses "ideales" de la doctrina con los más puramente "materiales" de la empresa, a la simplemente ya no le compensaba mantener el régimen de rebajados en la Península[735].

Pero, dejando a un lado las peculiaridades de estas concesiones de presidiarios a particulares, centrémonos ya propiamente en el trabajo del resto de los presidios de la Península (correccionales o peninsulares), a través de sus dos modalidades principales: el trabajo en obras públicas, o el trabajo en los talleres u obradores. La única diferencia entre ellos era que los presidiarios de los depósitos correccionales no podían sobrepasar nunca el término de la ciudad cuando se dedicaban a obras de policía urbana o cualesquiera otras de carácter municipal. Pero, por lo demás, todos estaban sometidos al mismo régimen laboral.

---

[734] COLMEIRO, M. *Derecho administrativo español...*, p. 412.

[735] Distintas fueron las cosas en los presidios de África, donde, por sus propias características, la concesión de penados a particulares se mantuvo hasta el fin de sus días, y fue una de las causas, precisamente, de su decadencia. Véase RELOSILLAS, J.J., *Catorce meses en Ceuta*, Málaga, 1886, PEZZI, R., *Los presidios menores de África y la influencia española en el Rif*, Madrid, 1893, o SALILLAS, R., *La traslación de los presidios de África y la reforma penitenciaria*, Madrid, 1906.

a) El trabajo en obras públicas.

La Ordenanza de 1834 mantuvo, tal y como se ha señalado, el mismo espíritu utilitario que el Reglamento de 1807, destinando principalmente a los penados a las obras públicas de interés que se estaban desarrollando en la época[736]. Los principales destinos de trabajo forzado fueron:

- El Canal de Castilla o de Isabel II, que adsorbió el mayor número de presidiarios de la época.
- Carreteras como la de Alcobendas, la de las Cabrillas, la de Ávila a Salamanca, la de Palencia a Sagaz, la de Valladolid a Olmedo, la de Granada a Motril, la de Córdoba a Antequera, la de Jaén a Bailén, la de Bonanza a Puerto de Santa María, la de Logroño a Calahorra, la de Soria a Logroño, o la de Málaga a Loja.
- Puertos como los de Tarragona, Alicante, Puerto Real o Tarifa.
- Obras de fortificación, como las de en Jaca, Santoña, Cádiz, Figueras, Cardona y Hostalrich.
- Trabajos de desmonte de tierras, limpieza o policía urbana en general, promovidos por los Ayuntamientos.

Éstos últimos destinos, y siempre que fueran en la ciudad o término donde se encontrara el presidio, eran los previstos para los condenados a presidios correccionales, que no podían ocuparse en las grandes obras de fortificación. Excepcionalmente, entre los años 1838 y 1840, algunos de los condenados a presidios correccionales y a los africanos fueron empleados en las dos grandes empresas de construcción que se acometieron, las carreteras de Granada a Motril y de Córdoba a Antequera. Pero pronto se denunció que éste no había sido el espíritu de la ley, recuperándose la estricta división de destinos para los presidiarios de primera, segunda o tercera categoría[737].

El uso de los presidiarios para las obras o trabajos públicos de carácter municipal estaba tan arraigado, que fue difícil limitar los hábitos de muchos pequeños Ayuntamientos que, aún careciendo de presidio, solicitaban o conseguían condenados en presidios de otras circunscripciones para labores municipales. La situación aún era denunciada, tratándole de poner fin por los elevados costes que suponía, en 1842[738].

---

[736] Véase también en este sentido ROLDÁN BARBERO, H., *Historia de la prisión...*, pp. 66-68.

[737] Circular de la Dirección de presidios, de 22 de setiembre de 1840, declarando que en lo sucesivo no sólo se destinarán á carreteras y obras públicas los condenados a presidios de segunda clase, *Colección legislativa de presidios y casas de corrección de mujeres...*, p. 183.

[738] Real Orden de 17 de marzo de 1842, del Ministerio de Gracia y Justicia, mandando que no se impongan penas correccionales con destino á punto en donde no haya presidio,

Pero dejando a un lado este tipo de trabajos municipales, el trabajo más generalizado y temido era el de construcción en las grandes obras públicas que se acometieron entonces, elevadas a costa de la vida de muchos condenados. Según nos cuenta la doctrina de la época, los propios reos preferían la pena superior (a los presidios africanos) que la inferior a los presidios peninsulares, ya que el trabajo forzado en obras públicas resultaba extenuante y, cuando no los mataba, los dejaba gravemente lesionados o enfermos de por vida[739]. La estadística de muertes en este tipo de obras era sorprendentemente alta, y aún más sorprendente resultaba la naturalidad con la que de las mismas se daba cuenta en la documentación y la prensa.

Merece la pena detenerse en este sentido en estudios concretos sobre las obras de construcción que realizaron los reos, como por ejemplo el Canal de Isabel II. Se trataba de un canal de 70 km de recorrido para llevar agua desde el rio Lozoya a Madrid, que supuso la construcción de un edificio en las inmediaciones del Pontón de la Oliva para unos dos mil hombres (enviados desde los presidios de Madrid, Murcia, Zaragoza, Toledo y Valencia), y que se llevó la vida de un millar de ellos entre 1851 y 1866 (233 sólo en el año 1854)[740].

Lo peor, sin embargo, no era acabar muriendo, sino las penosas condiciones de vida que habían de soportarse en el ínterin. Según estableció la propia Ordenanza, los condenados a penas de entre dos a ocho años (es decir, un amplio abanico de delincuentes de todo tipo), debían siempre salir a realizar este tipo de trabajos en las llamadas *"cuerdas de presidiarios"*, atados unos a los otros con cadenas de hierro para evitar deserciones[741].

---

en *Colección legislativa de cárceles...*, p. 195: *"El Regente del Reino, en vista de lo manifestado por el Ministerio de la Gobernación de la Península, á consecuencia de una exposición del Ayuntamiento de San Sebastián, excusándose á admitir y mantener á un preso que por la Audiencia de Burgos fue sentenciado á dos años de limpieza del pueblo, mediante que no existía ya en aquella población el presidio que antes cuidaba de la limpieza, y que esta se hallaba por contrata a cargo de un particular, además de la imposibilidad de atender á la custodia y seguridad del preso, se ha servido mandar que en adelante no se impongan por los Tribunales esta clase de penas correccionales con destino á puntos donde no hay establecidos presidios, por los graves inconvenientes que se ofrecen para el mantenimiento y custodia de los presos".*

[739] Véase VILLANOVA y JORDÁN, *Cárceles y presidios. Aplicación de la panóptica...*, p. 156. También SALILLAS, R., *La vida penal en España...*, pp. 117-118.

[740] AAVV, *La creación del Canal de Isabel II*, editorial Fundación Canal de Isabel II, Madrid, 2001.

[741] Sobre esta cuestión incide también la Orden de 11 de enero de 1841, estableciendo reglas para la mejora de los presidios, en *Colección legislativa de presidios y casas de corrección...*, p. 187: *"5º. Los empleados del ramos deberán cuidar bajo su responsabilidad de que los presidiarios peninsulares ocupados de orden del gobierno en las carreteras y obras públicas, salgan á trabajar con los hierros que deben asegurarles y con las escoltas convenientes para evitar las deserciones (...). Los presidiarios correccionales y los peninsulares,*

Trabajaban atados de dos en dos, desde la salida del sol hasta media hora antes de que este se pusiera, sustentados por parcas raciones (veinticuatro onzas de pan y comidas muy reiterativas compuestas de legumbres, patatas o arroz, sobre todo), y debiendo soportar en ocasiones los golpes que les infligían los cabos de vara a modo de corrección (cuando no otras peores medidas disciplinarias, como la privación del rancho o la mordaza).

Para regular estas y otras cuestiones relativas al trabajo en obras públicas, en el año 1843 se publicó una importante parte adicional a la Ordenanza, compuesta de 59 artículos, que trataba exclusivamente *"De los confinados que se destinan a los trabajos de obras públicas"*[742]. Se ha dicho de ella que fue un texto "contradictorio, sin pretensiones doctrinales y escasa altura científica"[743], aunque debió resultar indudablemente de gran utilidad práctica.

Comenzaba determinando el sistema de elección de reclusos para las obras de construcción[744], así como los nombramientos de los capataces de brigada, los cabos de vara y el resto de los oficiales que debían ocuparse de ellos. A continuación, trataba también de las facultades del Ingeniero Director y el Comandante, otorgando a aquellos, frente a estos, un enorme poder sobre los reclusos, que estarían bajo sus órdenes inmediatas en todo lo relativo al trabajo.

Los Ingenieros podían elegir el sistema de reemplazamiento de penados y remoción de los oficiales encargados de ellos, determinar todas las normas relativas al trabajo y rendimiento en la obra, e ocuparse incluso de la disciplina de los recursos, pudiendo dirigirse al Jefe Político de la provincia o a la Dirección General en caso de que el Comandante no satisficiera sus demandas. Los Ingenieros directores formaban parte también de las Juntas económicas del presidio, por los que sus facultades eran en la práctica ilimitadas[745].

---

que no reuniendo las circunstancias que la Ordenanza previene, estuvieren trabajando en obras públicas, deberán inmediatamente ingresar en los establecimientos penales de que dependan".

[742] Parte adicional a la Ordenanza, de 2 de marzo de 1843, en *Colección legislativa de presidios y casas de corrección...*, pp. 221-228.

[743] ZAPATERO SAGRADO, R., *Los presidios, las cárceles y las prisiones...*, p. 524.

[744] Art.1: *"Luego que el Gobierno determine que alguna obra pública se ejecute con penados y el número de estos, las Dirección de presidios dará noticia a la de caminos de los depósitos de donde deban remitirse, a fin de que dando sus instrucciones al Ingeniero o Ingenieros de las provincias en que se hallen, puedan escoger los más á propósito por su edad, robusted y utilidad para el trabajo; en el concepto de que una vez elegido un confinado y destinado a las obras, no podrá salir de ellas sin una orden especial de la Dirección general de presidios, previos los informes del Ingeniero y del Comandante".*

[745] Véase la Real orden de 11 diciembre de 1843, estableciendo que la parte adicional a la Ordenanza sólo es aplicable al presidio de Cádiz cuando, sin entorpecer la acción del

Para sustituir al del presidio en el lugar de las obras, se creó también la figura de *Comandante de la escolta*, limitado a "auxiliar" al Ingeniero: *"El Comandante de la escolta estará a las órdenes del de presidio, el cual dispondrá la colocación de centinelas y vigilantes, tanto en las casernas y sus inmediaciones, como en los trabajos; pero deberá además auxiliar al Ingeniero Director para la custodia de los caudales y efectos de la propiedad del Estado, y en cuantas disposiciones acordase tomar en las obras para su mayor órden y progreso. El santo y seña lo dará, con arreglo a la Ordenanza del ejército, el Jefe que haya de mas graduación"*[746].

En cuanto a la retribución de los presidiarios, se trató de completar especialmente el sistema previsto en la Ordenanza. Aquella había fijado un socorro general diario de 32 maravedís para todos los presidiarios (dinero de "alcance" que se conservaba en la caja con absoluta separación de los fondos del establecimiento), de los que 2, calificados como "sobras", los percibían en mano los jueves y domingos. Manteniéndose esta base, la parte adicional a la Ordenanza vino a completar el régimen de pluses para los confinados que trabajaran en obras de caminos, canales o puertos:

- Para los peones ordinarios: 24 maravedís
- Para los que conocieran algún oficio o arte útil: 40 maravedís (estos formaban las llamadas *Brigadas de obreros* para trabajos cualificados, a veces en talleres, relacionados con la obra)
- Para los cabos de vara: 42 maravedís

Del plus correspondiente a cada presidiario se rebajaban 8 maravedís, que recaudaba la Junta Económica para gastos de reposición del vestuario.

Las faltas leves se castigaban por el Ingeniero con la pérdida del plus. Y, aunque también se previeron premios económicos, o de aumento de los pluses, *"para que las obras puedan progresar de un modo regular y conveniente"*[747]; el principal premio al que aspiraban los presidiarios era la rebaja de condena, prevista en el artículo 24 y propuesta también por el Ingeniero director.

Comandante pueda contribuir al fomento de las obras a que parte del mismo se destina, en *Colección legislativa de presidios y casas de corrección...*, pp. 240-241.

[746] Art.26 de la Parte adicional a la Ordenanza, de 2 de marzo de 1843.

[747] Art.52 de la Parte adicional a la Ordenanza, de 2 de marzo de 1843: *"Para que las obras puedan progresar de un modo regular y conveniente, y los penados tengan mayor estímulo en contribuir a este objeto, el ingeniero, en los casos que así convenga y la clase de obras lo permita, calculará y señalará destajos proporcionados en que los confinados encuentren la retribución correspondiente en el aumento de plus"*. Según ZAPATERO SAGRADO, R., *Los presidios, las cárceles y las prisiones...*, p. 527, al pie, el sistema de retribución a tanto la pieza, también conocido como de destajo, ha tenido desde entonces una clara supervivencia hasta el punto que hoy en día se practica habitualmente.

A pesar de las previsiones, la parte relativa a los pluses fue sin duda la más difícil de llevar a la práctica[748], convirtiéndose en una cuestión siempre cambiante y sin soluciones definitivas. En agosto de 1844 se ordenaba que fuera el Ministerio de Guerra el encargado de abonar 34 maravedís diarios de plus a los confinados que se ocuparan de obras militares[749]; y a finales de ese mismo año otra Real orden ministerial mandaba que censaran los pluses que se daban a los confinados empleados en obras de utilidad pública, excepto en las de guerra, municipales y provinciales[750].

Los problemas económicos para el mantenimiento del régimen de obras públicas, ya acuciados en las obras particulares, se sumaban así también a la condena que la doctrina de la época hacía del mismo por su carácter inhumano. Pero aunque sirvieron para poner de relieve la inutilidad económica del sistema, y su ineficacia desde el punto de vista de la corrección del delincuente, ninguno de estos dos motivos fue el detonante inmediato de la supresión del régimen de obras públicas. La causa que realmente acabó con este sistema fue la paulatina potenciación del segundo régimen de trabajo previsto en la Ordenanza: el régimen de talleres o manufacturas presidiales. "El trabajo intramuros se declaró incompatible con el del exterior, y se fue arrinconando a éste último por Reales Órdenes de 1843 y 1844, reduciéndolo, mediante la segunda de ellas, a algunas carreteras en fase de construcción y, prioritariamente, al Canal de Castilla, obra magna de la época isabelina, a la que ni siquiera los más lacerantes enemigos de esa práctica penal quisieron renunciar"[751].

---

[748] Véase la Real orden de 11 diciembre de 1843, sobre que el art.6 de la parte adicional a la Ordenanza, sobre pluses, no es aplicable al presidio de Canarias, en *Colección legislativa de presidios y casas de corrección...*, p. 241.

[749] Real Orden del Ministerio de la Gobernación, de 19 de agosto de 1844, en *Colección legislativa de presidios y casas de corrección...*, pp. 279-280.

[750] Real Orden de 16 de diciembre de 1844, mandando que censen los pluses que se dan a los confinados empleados en obras de utilidad pública, excepto en las de guerra, municipales y provinciales, en *Colección legislativa de presidios y casas de corrección...*, pp. 320-321: *"(...) por lo mismo que costea el Tesoro público los gastos de los presidios, no es justo aplicar gratuitamente confinados á objetos de beneficio particular, municipal o provincial; atendido, por último, á que de los fondos del ramo se satisfacen gratificaciones a los individuos que custodian las cuerdas de los confinados, y se costean los utensilios de los cuerpos de guardia de los presidios, se ha servido en consecuencia resolver S.M., que en las aplicaciones de presidiarios para servicios públicos que no sean del Ministerio de la Guerra, cesen desde luego los pluses que señaló la Real Orden y artículo citado, siempre que se justifique cumplidamente la utilidad general; que continúe el abono de pluses á los confinados que se destinen a servicios militares, así como á los que se empleen en objetos de inmediata utilidad particular, municipal o provincial; y finalmente, que se proponga al Ministerio de la Guerra, como lo verifico con esta fecha, la cesación de las gratificaciones que se hacen por aquel Ministerio y el de la Gobernación"*. Véase también la Real Orden de 23 de febrero de 1846 sobre pluses a los penados que trabajaban en carreteras.

[751] ROLDAN BARBERO, H., *Historia de la prisión...*, p. 69.

b) El trabajo en los talleres: la experiencia del coronel Montesinos

Como ya se ha dicho, el trabajo en *"los obradores"* se estableció en la Ordenanza General de 1834 con carácter subsidiario con respecto al principal régimen de obras públicas en los presidios peninsulares. Su escueta regulación se comprendió entre los artículos 141 y 148, en los que se establecía la obligación de crear en cada presidio peninsular un sistema de talleres o manufacturas, principalmente dirigido a quienes no pudieran ocuparse en obras públicas, que debía sufragarse con el fondo económico de cada presidio, y en especial con las ganancias de los artículos que se elaboraran en los propios talleres.

De tal manera, las tres cuartas partes de los beneficios obtenidos del trabajo manufacturero debían volver a repercutir en el presidio, y sólo una cuarta parte se destinaba al salario de los trabajadores, aunque, para estimular el trabajo, se preveía la concesión de premios y la exposición al público de las mejores obras de los confinados. También se permitía que algunos presidiarios pudieran servir de maestros para los penados más jóvenes o aprendices, concediéndoles un plus por su enseñanza, como ya se ha dicho al tratar del régimen particular de los reos de menor edad.

No era mucho, puesto que se carecía de capital previo para poner en marcha los talleres, no se decía nada de las dificultades para adquirir y almacenar las materias primas, ni se establecía ningún plan de distribución de los productos. Y eso sin contar con la escasa incentivación salarial prevista en la ordenanza para los trabajadores presidiarios. Pero, teniendo en cuenta el militarismo inherente a la Ordenanza General de 1834, tanto en su estructura organizativa como en su régimen disciplinario, hemos de reconocer junto a Roldán Barbero que la mera previsión de este sistema manufacturero, inspirado por Abadía, fue en sí misma un paso de importancia[752].

Con todo, el régimen no contentó a nadie. Los militares al mando de los presidios se encontraron con una novedad difícil de implementar en su tradicional práctica penitenciaria. Los administrativistas señalaron las deficiencias del sistema por su carácter híbrido o mixto, pidiendo mayor claridad organizativa[753]. Y los penalistas criticaron que, a pesar de prever el régimen de manufacturas, inspirándose pretendidamente en la "filosofía", los nuevos presidios estaban muy lejos de los establecimientos ideados por

---

[752] ROLDÁN BARBERO, H., *Historia de la prisión...*, p. 78: "En pos del trabajo manufacturero en presidio se orientaron tanto el ya citado Reglamento de 1807 como la Ordenanza General de los Presidios del Reino de 1834. La influencia de Abadía en ambos cuerpos normativos se halla probada".

[753] SILVELA, F.A., *Estudios prácticos de Administración*, edic. Imprenta Nacional, Madrid, 1839, pp. 240 y ss.

Bentham o las casas de corrección de Lardizábal, y seguían apostando principalmente por el utilitarismo del sistema de obras públicas[754].

De hecho, la creación de los talleres presidiales prescritos en la Ordenanza fue en la práctica muy lenta y pesarosa, pudiendo considerarla en general un rotundo fracaso durante su periodo más inmediato de ejecución[755]. A la altura del año 1840, la mayoría de los presidios españoles aún eran, en palabras del autorizado penalista Joaquín Francisco Pacheco en el Ateneo de Madrid, *"impuros y detestables establecimientos, que sublevan el ánimo de cualquier persona sensata"*, y *"la vergüenza de la situación penal de nuestra España"*. Contrario a la pena de trabajos forzados o trabajos "excesivos", que no conducía a la reforma de los delincuentes, éste autor se lamentaba de que aún no se hubieran establecido los talleres previstos en la Ordenanza: *"Prisiones verdaderas (...) en las que se les haga trabajar en silencio y en soledad, ó bien en común y con algún desahogo; en las que se procure promover su reforma, para que llegado el día de la libertad vuelvan a ser miembros útiles de la sociedad á quien dañaron; nada de esto, señores, se encuentra en nuestra España"*, sino simples *"presidios y castillos militares"*[756].

Las únicas excepciones a este panorama general, fueron las experiencias llevadas a cabo por los Comandantes Puig i Lucá en el presidio de Barcelona, y sobre todo Montesinos en el de Valencia, siguiendo ambos el ejemplo de lo que anteriormente Abadía había hecho en Cádiz.

El Coronel Montesinos ha sido encumbrado "hasta alturas sobrenaturales"[757] por la más reciente historiografía, aunque hay que decir que su reconocimiento fue previo fuera que dentro de España. En el extranjero, ya gozó de gran fama entre sus contemporáneos, especialmente entre los ingleses y americanos, que adalidaban en la época la reforma penitenciaria. Además de en numerosas cartas e informes de los

[754] VILLANOVA y JORDÁN, J., *Aplicación de la panóptica de Jeremías Benthan...*, pp. 155-157.

[755] Véase la Real Orden de 13 de junio de 1835, excitando el celo de los Gobernadores civiles y de los Comandantes de los presidios, para que establezcan en éstos talleres de oficios, en *Colección legislativa de presidios y casas de corrección de mujeres...*, p. 96; la Orden de 11 de enero de 1841, estableciendo reglas para la mejora de los presidios, en *Colección legislativa de presidios y casas de corrección...*¸ p. 187: *"10. Los Jefes políticos y las Juntas económicas procurarán por cuantos medios les sugieran su celo establecer inmediatamente los talleres de que trata la Ordenanza del ramo, en los que trabajen los confinados con utilidad propia y ventajas positivas para el fondo económico, lo cual, además de asegurar la suerte futura de aquellos puede proporcionar considerables ahorros al Erario"*; o la Circular de la Dirección general de presidios, de 25 de julio de 1841, comunicando la Real orden de 27 de junio anterior, en que se manda establecer talleres en los presidios, en *Colección legislativa de presidios y casas de corrección...*¸ pp. 191-192.

[756] PACHECO, J.F., *Estudios de derecho penal. Lecciones pronunciadas en el Ateneo de Madrid en 1839 y 1840*, Madrid, 1854, pp. 291-295.

[757] ROLDÁN BARBERO, H., *Historia de la prisión...*, p. 79.

penitenciaristas extranjeros llegados a Valencia para conocer su sistema en primera persona, su labor sirvió así de referente para ilustrar, entre otras, las obras de Spencer, Wines, Hill, Maconochie, Beaumont, o Tocqueville[758], y el propio Crofton le atribuyó la paternidad del sistema progresivo en el Congreso Internacional penitenciario de Londres de 1872[759].

En España, sin embargo, su obra pasó desapercibida durante mucho tiempo. Aunque él mismo quiso dejar consignadas por escrito sus ideas en varias obras[760], e impulsó la redacción de una valiosísima biografía centrada en su trabajo penitenciario que escribió Vicente Boix[761], ésta no alcanzó en su época la repercusión que hubiera sido de desear, perdiéndose en el olvido (sus familiares, dice Lasala, se vieron obligados a regalar los ejemplares entre amigos[762]). Ni Concepción Arenal ni Francisco Lastres, entre otros, reconocieron la influencia de este insigne penitenciarista a penas una veintena de años después de que se jubilara. Y hubo que esperar a principios del siglo XX para que Rafael Salillas reparara en su figura y le restituyera al lugar que le corresponde en el panorama penitenciario español, en una obra de 1906 titulada *"Un gran penólogo español. El Coronel Montesinos"*[763].

Desde entonces los estudios sobre el Coronel Manuel Montesinos se han multiplicado en el ámbito científico español[764]; y a finales de 1962 la

---

758 Véase GARCÍA BASALAO, C., *La celebridad internacional de Montesinos*, en Revista de Estudios Penitenciarios, nº 159, octubre-diciembre 1962, pp. 180-201.

759 BERNARDO DE QUIRÓS, C., *Cursillo de criminología y Derecho penal*, Ciudad Trujillo, México, 1940, p. 210.

760 MONTESINOS y MOLINA, M., *Reflecsiones sobre la organización del presidio de Valencia, reforma de la Dirección General del ramo, y sistema económico del mismo* (Valencia, 1846); *Esposiciones dirigidas al Escmo. Sr. Ministro de la Gobernación de la Península y al Sr. Director de Corrección* (Valencia, 1847); *Al Excmo.Sr. D. Diego Martínez de la Rosa, Director General de Presidios* (Valencia, 1847); *Bases en que se apoya mi sistema penal* (Valencia, 1846); *Informe elevado a la Superioridad en relación con los efectos reconocidos en las Penitenciarías del Reyno después de la promulgación del nuevo Código Penal* (Valencia, 1848); *Informe presentado al Gobierno de la Nación sobre el estado y porvenir próximo de la cuestión penitenciaria y sus presidios* (Valencia,); y HILL, M.D., *"Cuestionario remitido a Montesinos en 1856* (Valencia, 1856), todos ellos reeditados por la Revista de Estudios Penitenciarios, nº 159, octubre-diciembre 1962, pp. 249-323.

761 BOIX, V., *Sistema penitenciario del Presidio Correccional de Valencia*, Valencia, Imprenta del Presidio, 1850.

762 LASALA, G., *La obra de Montesinos y su influencia en la legislación de su época*, en Revista de Estudios Penitenciarios, nº 159 (octubre-diciembre 1962), p. 94.

763 SALILLAS, R., *Un gran penólogo español. El Coronel Montesinos*, Madrid, 1906, libro formado por un total de seis artículos sobre Montesinos previamente publicados en la Revista Penitenciaria, entre los que destaca *"La organización del presidio correccional de Valencia"* (febrero 1906).

764 Además de Salillas, se centró especialmente en su figura MONTESINOS CHECA, E., *De la práctica y de la teoría cuando Montesinos*, en REEP, diciembre 1947; *El espíritu de Cuerpo y Montesinos*, en REEP, noviembre 1947; *El Reglamento de 1844 y Montesinos,*

Revista de Estudios Penitenciarios editaba un monográfico sobre su figura que, además de reeditar sus principales textos, nos ofrece diferentes y riquísimas perspectivas de su vida y su obra[765].

Sin entrar, por ello, excesivamente en el detalle, diremos que Manuel Montesinos se incorporó a la administración penitenciaria española el 6 de septiembre de 1834, cuando fue nombrado Comandante interino del presidio de Valencia, tomando el cargo en propiedad el 25 de julio de 1837. Se ha especulado mucho sobre su falta de formación penitenciaria; idea que él mismo quiso difundir en sus escritos y a través de su biógrafo, probablemente para dar mayor relevancia a su labor (*"sin modelo alguno que imitar y sin antecedentes (...), cualquiera comprenderá los obstáculos que iban a rodear mi empeño en aprender de la teoría por la práctica, y de inventar (por decirlo asi) un sistema"*, diría, por ejemplo, en sus *Reflecsiones sobre la organización del presidio de Valencia*[766]). Pero lo cierto es que, al parecer, sí tuvo ciertas experiencias personales en las que apoyarse (como preso militar en presidios franceses), y pudo asimismo formarse en las obras de Bentham y Marcial Antonio López, a quienes reconoció personalmente como fuentes de inspiración[767].

En cuanto al marco legal en el que se basó, además de la entonces vigente Ordenanza General de presidios de 1834, pudo ser también el propuesto por normas anteriores como la Ordenanza de Arsenales de 1804, que debió conocer cuando estuvo al servicio de la Junta Consultiva Naval[768], o la Ordenanza del presidio de Cádiz de 1807.

Con todo este bagaje, su primera medida al hacerse cargo del presidio de las Torres de Cuarte, fue pedir al Director General que le concediera uno de los conventos abandonados en Valencia tras la desamortización, tal y como preveía la ley. Consiguió que se le cediera el convento de San Agustín con la única condición de que no pidiera dinero al gobierno para las reparaciones. Y no lo hizo. Sólo con el trabajo de los propios penados

en REEP, noviembre 1848; o *Los hombres de 1808, la Ordenanza de 1834 y Montesinos*, en REEP, marzo, 1949.

[765] Revista de Estudios Penitenciarios, nº 159 (octubre-diciembre 1962), de la que ya se han citado algunas aportaciones.

[766] MONTESINOS, M., *Reflecsiones sobre la organización del presidio de Valencia, reforma de la Dirección General del ramo, y sistema económico del mismo* (Valencia, 1846), en Revista de Estudios Penitenciarios, nº 159, octubre-diciembre 1962, p. 250.

[767] FRANCO de BLAS, F., *Formación penitenciaria del Coronel Montesinos y su célebre sistema*, y RICO de ESTASEN, J., *Bibliografía sobre el Coronel Montesinos*, en Revista de Estudios Penitenciarios, nº 159 (octubre-diciembre 1962), pp. 103-111 y 223-239. En p. 106, dice además Franco de Blas, *"será justo reconocer que el ambiente penitenciario que se respiraba al alborear del primer cuarto del siglo XIX sería decisivo para su formación"*.

[768] LASALA, G., *La obra de Montesinos y su influencia en la legislación de su época*, en Revista de Estudios Penitenciarios, nº 159 (octubre-diciembre 1962), p. 77.

acometió él mismo la reforma del edificio dotándolo de oficinas, farmacia, enfermería, escuela, capilla, cantina, dos amplios patios y talleres suficientes para cuarenta oficios diferentes, es decir, todo lo necesario para llevar a la práctica el plan de corrección y trabajo que se proponía.

Procuró que todo ello estuviera siempre limpio y bien ventilado, dándoles a los presos habitaciones dignas donde dormir, y al menos dos ranchos al día de comida saludable. El pensamiento de Montesinos fue resumido por su biógrafo en la célebre frase que se le atribuye, según la cual *"la penitenciaría solo recibe al hombre; el delito queda a la puerta"*[769]. Por eso, se ha señalado con razón que la grandeza de Montesinos no recayó sólo en la buena organización del presidio, sino la gran humanidad y el profundo planteamiento filosófico que latía detrás de su obra: *"Perfeccionar al hombre es hacerlo más social; todo lo que tienda a destruir ó entorpecer su sociabilidad, impedirá su mejoramiento. Por esto las penas, lejos de atacar su sociabilidad deben favorecer este principio, fomentando su acrecentamiento. El objeto de los castigos no es la expiación del crimen sino la enmienda, porque el oficio de la justicia no es vengar sino corregir"*[770].

Montesinos fue en este sentido un precursor de la nueva penología[771], mostrándose públicamente contrario a la pena como retribución o como un simple medio de prevención general o especial. En su opinión, la pena de prisión había de ser eminentemente reformadora, es decir, encaminada a la *"corrección moral"* de los penados. Y creía que a través de una particular atención sobre los mismos, dándoles un trato humano y afable, aunque riguroso y disciplinado, y habituándolos al trabajo para apartarlos de las malas costumbres, conseguiría verdaderamente devolver hombres honrados y útiles a la sociedad.

Sobre el buen trato o confianza dispensada a los reos, han sido numerosos los ejemplos a través de los cuales se nos cuenta cómo Montesinos trató de compaginar el trabajo obligatorio, la disciplina y la vigilancia continua, con la mayor benignidad posible, permitiéndoles la comunicación con sus familiares incluso a través de pases o autorizaciones fuera de la prisión, hablando personalmente con ellos para recoger sus demandas y compadecerse de sus problemas, haciendo de la prisión un lugar "alegre" en el que prácticamente no se habían de utilizar los palos ni las argollas ni los calabozos, e incluso utilizando a los reos de mayor confianza (en la fase de *"libertad intermedia"*) para realizar comisiones fuera de la prisión sin que se produjeran fugas. Es conocido así que cuando Montesinos en-

[769] BOIX, V., *Sistema penitenciario...*, p. 93.

[770] MONTESINOS y MOLINA, M., *Bases en las que se apoya mi sistema penal*, reproducido por la REP, nº 159 (homenaje al Coronel Montesinos, octubre-diciembre, 1962, p. 290.

[771] CUELLO CALÓN, E., *Montesinos precursor de la nueva penología*, en Revista de Estudios Penitenciarios, nº 159 (octubre-diciembre 1962), pp. 43-65.

vió dos expediciones de presos a los presidios de Madrid y Toledo para trabajar en las obras del Canal de Isabel II, por haberse terminado ya las obras de la carretera de las Cabrillas de las que hasta entonces se habían ocupado, no llevaron por escolta más que un bondadoso capataz cada una de ellas, sin registrarse el más mínimo incidente durante todo el camino.

Centrándonos en la clasificación y trabajo de los penados, que es el tema que nos ocupa, hay que decir que Montesinos comenzó por aplicar rigurosamente el tenor de la Ordenanza General: presos jóvenes separados realmente de los de primera, segunda o tercera clase (y no de forma ficticia, como en otros presidios), que se organizaban en brigadas de 100 hombres mandados por el capataz, y se subdividían en escuadras de 25 hombres mandadas por el cabo de vara. Todos ellos estaban obligados al trabajo, y recibían un mismo sistema de premios y castigos para fomentar su buen comportamiento.

Sin embargo, paulatinamente él mismo fue mejorando la aplicación de la ley, decidiendo por ejemplo dotar a cada recluso de un orden numérico y un lugar fijo dentro de la brigada, y diseñando un novedoso *"régimen progresivo"* con el continuaba la labor iniciada por Abadía en la Ordenanza de 1807 y culminaba los anhelos apuntados en la Instrucción de 1833[772]. Dicho régimen progresivo, que en su tiempo no recibió la denominación ni la fama, fue "descubierto" en puridad por Rafael Salillas, quien, *"para estudiarlo equiparadamente á la graduación del sistema progresivo irlandés"*, lo dividió en tres periodos[773]:

- Primer periodo: *De los hierros.*
- Segundo periodo: *Del trabajo.*
- Tercer periodo: *De la libertad intermedia.*

El periodo *"de los hierros"* sorprendió al propio Salillas por parecerle contradictorio al talante humanitario de Montesinos, según él mismo afirmara en su estudio. Pero pronto alcanzó a comprender que, al no ser partidario del régimen celular (*"el principio de la sociabilidad del hombre es su base, y ese principio, bien entendido y desarrollado, no puede menos de producir ventajosas consecuencias"*), el Coronel utilizaba dichos hierros, tomados de la experiencia de la Ordenanza de Arsenales de 1804,

[772] Sobre el "sistema progresivo" de Montesinos también se pronuncia HERRERO, C., *España penal y penitenciaria. Historia y actualidad*, Madrid, 1986, p. 211.

[773] SALILLAS, R., *La organización del presidio correccional de Valencia"*, en la Revista Penitenciaria, febrero 1906, y en *Un gran penólogo español. El Coronel Montesinos*, Madrid, 1906, artículo que ha sido también exhaustivamente estudiado por FRANCO de BLAS, F., *Formación penitenciaria del Coronel Montesinos y su célebre sistema*, en Revista de Estudios Penitenciarios, nº 159 (octubre-diciembre 1962), pp. 112-122; y SALILLAS, R., *Montesinos y el sistema progresivo*, en Revista de Estudios Penitenciarios, nº 159 (octubre-diciembre 1962), pp. 307-314

como elementos para establecer la graduación entre los reos a partir de una justicia distributiva: *"Los hierros con que le sujetan ni son molestos al paciente, ni le impiden moverse, ni mucho menos son de duración; pués á medida que el penado se apresura á pedir un oficio y adelanta en él, se le va aliviando de la cadena"*[774].

La graduación que se buscaba con la aplicación los hierros, más simbólicos que propiamente coactivos, serviría para informar más adelante el contenido del Reglamento de régimen interior de los presidios de 5 de septiembre de 1844, en el que, con el beneplácito del Ministro Pidal, se dio acogida al régimen progresivo ensayado por Montesinos con admirables resultados, llegándose a regular exhaustivamente, como vimos en su momento, hasta el tamaño y peso de los hierros según la categoría del reo.

De tal manera, a medida que los penados iban acostumbrándose a la vida en la prisión, comenzaban a trabajar en alguno de los oficios y adelantaban en su aprendizaje, los hierros se les iban aliviando, y pasaban al segundo periodo *"De trabajo"*, que era la piedra angular del régimen de Montesinos: *"Inspirar en el alma de los delincuentes sentimientos de lenidad y de afición al trabajo, encaminados á útiles ocupaciones, debe ser el objeto moral de las penitenciarías públicas, para que desde ellas no salgan á precipitarse de nuevo en la carrera interminable de los vicios"*[775].

Sin duda, en el tema del trabajo presidial Montesinos fue un innovador, y tanto sus ideas como sus experiencias sirvieron para dar un importante empujón a la reforma penitenciaria[776]. Su principal aportación fue decantar el régimen de trabajo intramuros en los presidios, y no extramuros o en obras públicas, potenciando el desarrollo del trabajo manufacturero. Para el fin de la *"corrección moral"* de los penados, los talleres eran en su opinión en un instrumento fundamental, y en esta creencia, no dudó en advertir al Ministro de Fomento de los perniciosos efectos del sistema de obras públicas (que, sin embargo, él mismo cumplía enviando presidiarios a obras de fortificación peninsulares o África en cumplimiento de la Ordenanza), y ponerle de relieve las virtudes reformadores que, en cambio, tenía el trabajo industrial[777].

---

[774] BOIX, V., *Sistema penitenciario del Presidio Correccional de Valencia*, Valencia, Imprenta del Presidio, 1850, p. 78.

[775] BOIX, V., *Sistema penitenciario del Presidio Correccional de Valencia*, Valencia, Imprenta del Presidio, 1850, p. 158.

[776] Véase en particular BUENO ARÚS, F., *Ideas y realizaciones de Montesinos en materia de trabajo penitenciario*, en Revista de Estudios Penitenciarios, nº 159 (octubre-diciembre 1962), pp. 123-179.

[777] MONTESINOS, M., *Esposiciones dirigidas al Escmo. Sr. Ministro de la Gobernación de la Península y al Sr. Director de Corrección* (Valencia, 1847), en Revista de Estudios Penitenciarios, nº 159, octubre-diciembre 1962, p. 255.

Sobre los pretendidos perjuicios que este régimen de talleres ocasionaría a los artesanos libres, decía que en el fondo no sería tal, y que, aún en el caso de que existiera, siempre se había de primar el bien público de la Nación sobre los intereses particulares. Su propuesta para conciliar ambos intereses era, en todo caso, un sistema de arriendo a los artesanos de los obradores penitenciarios, que no llegó a practicarse.

Por lo demás, el trabajo en los talleres presidiales debía dirigirse principalmente a la enseñanza profesional de los reclusos, y no al lucro del Estado, que siempre sería un interés secundario[778]. A pesar de ello, defendía que el producto del trabajo de los reclusos debía contribuir al sostenimiento del propio establecimiento, para que no se convirtiera en una pesada carga de la hacienda pública. Los reos también tendrían que ser remunerados con otra parte de los beneficios para incentivarlos económicamente, además de con otro tipo de premios, tal y como preveía la Ordenanza de 1834.

En el presidio de Valencia, este sistema se llevó a cabo de la siguiente manera: una vez que el reo elegía un oficio se convertía en *"aprendiz"*. El aprovechamiento en su trabajo le despojaba de los hierros y lo elevaba a la categoría de *"oficial"*, en la que se distinguían dos subcategorías: *"primeros"* y *"segundos"*. En el grado superior de la escala laboral estaban los *"maestros"*, que además de la remuneración ordinaria se beneficiaban de mayores pluses que los demás. La remuneración ordinaria se detraía del beneficio total dividido en cuatro partes, suponiendo la mitad del mismo: *"Cuanto ganan los penados se divide en cuatro partes iguales, de las que dos ingresan en el fondo económico, una se les entrega en mano, y la restante pasa á la caja de ahorros, para que al cumplimiento de sus condenas, los unos tengan con que trasladarse al punto que elijan para su residencia, y los otros medios para establecerse"*[779].

Mediante este método, Montesinos creó una importantísima industria presidial en Valencia, consiguiendo que todos los años salieran más de un centenar de hombres con oficios aprendidos. En tan sólo diez años desde que tomara posesión en 1836, consiguió establecer más de 43 artes u oficios en el presidio, negociando con contratas privadas la compra de materia prima y la venta de productos. Tales oficios fueron resumidos en 1850 por Vicente Boix:

[778] ROLDÁN BARBERO, H., *Historia de la prisión...*, p. 96, y DEL ROSAL, J., *Sentido reformador del sistema penitenciario del Coronel Montesinos*, en Revista de Estudios Penitenciarios, nº 159 (octubre-diciembre 1962), pp. 67-73. En esta creencia, se dictó la Real Orden de 2 de noviembre de 1845, declarando que los talleres de los presidios están exentos de la contribución industrial, en *Colección legislativa de presidios y casas de corrección...*, p. 341, *"por ser considerados establecimientos de enseñanza"*.

[779] Sobre el abono de pluses a los confinados, véase la posterior Real Orden de 5 de setiembre de 1844, en *Colección legislativa de presidios y casas de corrección...*, pp. 310-313.

Talleres	Operarios	Maestros
Carpintería	46	2
Fábrica de guitarras	6	
Torno de maderas y metales	12	1
Sillería	6	1
Lienzos para colchones	6	1
Zapatería	57	1
Cepillos y pelotas	12	1
Pesos y cuerdas de esparto	32	1
Fábrica de abanicos	12	1
Correjería	18	1
Alpargatería	46	1
Cinchas	8	1
Hormería	6	1
Fábrica de petacas	15	1
Telas de verano	12	
Hilo y algodón	7	
Cestería	17	1
Espartería	88	1
Sastrería	21	
Platería	8	1
Armería y cerrajería	22	
Telares de mantas morellanas	49	1
Tornos para hilar cáñamo	18	1
Telares de hilo y tornos	78	1
Encuadernación de libros	3	1
Medias y gorros de seda	2	1
Cordones	2	
Telares para felpas, terciopelos, damascos y telas de tisú	2	1
Tornos de plegar seda	37	1
Sombreros de palma	19	1
Herrería	27	1
Carros y toneles	14	1
Dorado de marcos y molduras	7	1
Pintores de sillas	3	
Rastilladores de cáñamo	2	
Carpintería	3	
Tornos de filatura de cáñamo	4	
Torno para construir cuerdas	4	
Chocolatería	3	
Telares para lienzos blancos	1	
Horno de pan	29	
Tintes	5	
Imprenta	7	1
Barbería	12	
	7	

Finalmente, el tercer periodo practicado por Montesinos dentro del régimen progresivo, llamado por Salillas *"De la libertad intermedia"*, ha llegado a nuestro conocimiento fundamentalmente a partir de la doctrina extranjera, pasando desapercibido por la patria y no siendo ni siquiera acusado como digno de particular atención en la biografía del reformador. Sin duda era el más novedoso, y por ello fue el que más interesó y asombró a las delegaciones foráneas, particularmente las inglesas, que vinieron a estudiar la labor del Coronel. Son ellas las que narran en sus informes cómo a los reos de más de diez años, en los que Montesinos tenía mayor confianza, se les dejaba salir del presidio para realizar distintas comisiones, por ejemplo, como mensajeros del Coronel para llevar pliegos oficiales, para acompañar a su esposa en algún viaje, realizar algún recado, o incluso como observadores durante la guerra carlista..., sin que nunca se produjera ninguna evasión.

Ésta última manifestación de la *"libertad intermedia"* no tuvo, como se ha dicho, repercusión alguna en España (era, más bien, una excentricidad propia del reformador). Pero su labor precursora del trabajo manufacturero sí consiguió ser justamente valorada en la época, aunque después cayera en el olvido. Las autoridades de su tiempo visitaron y se hicieron informar convenientemente de los admirables resultados que había alcanzado en el presidio de Valencia, y gracias a ello Montesinos fue nombrado Visitador de los presidios meridionales en febrero de 1839, y Visitador General de todos los presidios del reino en 1841, cargos ambos creados *ex profeso* para él.

Desde esa posición Montesinos fue, en su tiempo, una figura principal en el mundo penitenciario, relacionándose personalmente con los distintos Directores Generales (desde José Mª Pérez hasta José Puidulles), que le consultaban o delegaban asuntos de importancia. En el ámbito de sus competencias, visitó otros presidios en los que trató de ensayar su famoso sistema, o al menos dar las directrices necesarias para que así se hiciera; y bajo su influencia se dictaron una serie de Órdenes, entre 1843 y principios de 1844, encaminadas a potenciar las manufacturas en todos los establecimientos penales:

> *"El Gobierno provisional de la Nación, solicito por la mejora de los establecimientos presidiales, ha fijado su consideración en el influjo desmoralizador de las obras públicas á que se destinan los presidiarios en algunos puntos. El establecimiento de los talleres en todos los presidios del Reino es una reforma radical, a la cual no puede ni debe renunciar, á pesar de las dificultades que se le han opuesto para llevarlo á cabo; y en la cooperación ilustrada y activa de los Jefes políticos espera poder en breve remover esos obstáculos, é introducir en los edificios penales el aprendizaje de oficios útiles á la sociedad y á los mismos criminales, sin establecer en los diversos mercados una perniciosa concurrencia, de la cual se resienta la*

industria libre, como ha sucedido en otras naciones aun mas adelantadas en principios económicos.

Un dato notabilísimo que presenta nuestra estadística penal, imperfecta todavía, y atendido el cual es lícito asegurar que no hay nación ninguna que pueda prometerse mas frutos que la España de un buen sistema penitencial, hace cada día más imprescindible la necesidad de suministrar a los desgraciados reos, víctimas por lo general de la miseria y del abandono y desprecio de la sociedad, el conocimiento de oficios y profesiones que puedan ejercerse dentro del recinto de la expiación, sin mostrarse arrastrando sus hierros por los caminos públicos, haciendo alarde de un desenfado y una desvergüenza, que la abyección en que vegetan les obliga a exagerar.

En una comunicación á la Dirección general de presidios manifiesta el Visitador general del ramo, que en cinco años de observaciones en el presidio de Valencia sólo ha conocido un reincidente entre los muchos que han salido del presidio con oficio aprendido. Este hecho importantísimo habla más por sí solo que cuantos argumentos puedan alegarse a favor de los talleres presidiales, como elemento de la regeneración de los culpados y contra el antiguo sistema penal. Atendidas estas consideraciones, ha tenido á bien mandar el Gobierno provisional vigile V.S. con toda escrupulosidad el cumplimiento de la Ordenanza en lo relativo a destacamentos presidiales, y no permita, bajo ningún concepto, secciones de penados lejos de la vista de los Jefes de los presidios respectivos, dando inmediatamente parte á la Dirección general cuando cualquiera Autoridad local, sin expreso mandato del Gobierno, intente disponer de la fuerza de los presidios de su provincia"[780].

En 1843, tras su visita al presidio de Sevilla, Montesinos elevó incluso un informe a la Dirección General para que se creara un presidio modelo en Madrid, dirigido a la formación de funcionarios. Si bien dicha propuesta no llegó a ser estudiada en su momento, y quedó relegada en un cajón hasta que tiempo después algún otro se apropiara de la idea. Esto ocurriría a la llegada, tras la mayoría de edad de Isabel II, del nuevo gobierno moderado, con el que Montesinos no simpatizó demasiado.

Su influencia todavía se dejaría sentir durante algún tiempo en el nuevo gobierno, que redactó y aprobó el Reglamento para el régimen interior de

[780] Real Orden 3 octubre 1843, del Ministerio de la gobernación, recomendando el establecimiento de talleres en los presidios..., en *Colección legislativa de presidios y casas de corrección...*, pp. 236-237. Véase también la Real Orden de 10 de marzo de 1844, en *Colección legislativa de presidios y casas de corrección...*, pp. 249-250 "*3º. Que con el mismo fin* (Moralizar a los penados) *se instalen talleres en todos los presidios, limitando su fabricación a los objetos del consumo del establecimiento, ú otro de uso general y despacho seguro, y prefiriendo siempre la moralización resultante de los hábitos del trabajo, á los beneficios de una especulación*".

los presidios, de 5 de septiembre de 1844, tomando incluso citas literales de Montesinos (por ejemplo, en el sistema de los hierros). Sin embargo, ni esta norma ni las que le siguieron, satisficieron las expectativas de Montesinos en otros ámbitos, como por ejemplo, en la mayor influencia de los Comandantes de los presidios que proponía frente a los Gobernadores civiles, de la que ya tratamos, o en la apuesta por el trabajo manufacturero y los beneficios penitenciarios.

La Orden de 1847 redujo el trabajo manufacturero bajo el argumento jurídico de su excesiva lenidad. Según Roldán, fuera del presidio se estaba creando una verdadera clase obrera que comenzó a mirar con malos ojos la oferta laboral en las prisiones[781]. Y tanto el Código Penal de 1848 como la nueva ley de prisiones de 1849, que cayeron como un mazazo sobre el ánimo de Montesinos, ratificaron los designios que amenazaban su obra, aumentando en general todas las penas y anulando algunos de los preceptos conseguidos en los Reglamentos de 1834 y 1844. La Orden de 1 de agosto de 1857, firmada por el Ministro Cándido Nocedal, derogó finalmente el Reglamento de 5 de septiembre de 1844, habiéndose ya jubilado a petición propia Montesinos, decepcionado y desesperanzado, en marzo de 1854.

[781] ROLDÁN BARBERO, H., *Historia de la prisión...*, p. 81.

CAPÍTULO 6.
DEL CÓDIGO PENAL DE 1848 A LA DÉCADA DE LOS SESENTA.ÚLTIMOS INTENTOS REFORMISTAS DEL MODERANTISMO

"Y, mientras tanto, se produce un doble proceso: por un lado, la situación de la población carcelaria se mantiene en un estado de miseria sangrante, y por el otro, al nivel de codificación, al nivel de las ideas hechas leyes, se entabla una batalla (muy poco sangrienta) entre progresistas y reaccionarios (...), que sirve, de hecho, para ocultar entre ríos de tinta y montañas de papel la permanente desgracia de quienes caen en manos de la justicia".

MIRANDA, M.J., *Bentham en España, en El ojo del poder. El panóptico,* Madrid, 1989, p. 142.

1. NUEVO MARCO DOCTRINAL Y LEGISLATIVO: EL CÓDIGO DE 1848

A mediados del siglo XIX trataron de fijarse los modelos aprendidos de las primeras experiencias penitenciarias americanas y europeas, y se acució la polémica, importada de los Estados Unidos, entre el sistema de aislamiento celular filadélfico o el sistema mixto auburniano. En Francia, el propio Foucault dató de forma precisa el origen de un nuevo modelo penitenciario en la fundación del reformatorio de Mettray, en 1844, y en Inglaterra también fueron paradigmáticas en la década de los cuarenta las prisiones de Millbank o Pentoville[782].

Durante esos mismos años, en España la cuestión penitenciaria se entrelazó con la problemática de una más general codificación penal. En 1843 se había instituido la *Comisión General de Códigos,* confiándose a Manuel Seijas Lozano la redacción de un anteproyecto de Código Penal que daría lugar finalmente al Código de 19 de marzo de 1848. Anticipándose un año antes a la reforma penitenciaria que habría de acometer este texto,

[782] WATSON, J.A.F., *The prison system,* en RADZINOWICZ, L., y TURNER, J.W. (eds.), *Penal reform in England. Introductory essays on some aspects of English Criminal policy,* London, 1940, pp. 152-169, y BROWN, A., *English society and the prison. Time, cultura and politics in the development of the modern prison. 1850-1920,* Woodbridge, Suffolk, 2003, pp. 57-60.

en marzo de 1847 el nuevo gobierno moderado enviaba nuevamente a un comisionado, Juan San Martin, para visitar en el extranjero los establecimientos penitenciarios, *"ansioso de no quedar atrás en los adelantos que otras naciones han hecho, y á fin de aprovechar de la manera más ventajosa y bien entendida todas las mejoras introducidas en los de su clase que existen en Inglaterra, Francia, Bélgica y Suiza"*[783].

La reforma penitenciaria volvía a situarse, de esta forma, en el centro del debate penológico, no sólo durante la discusión y aprobación del Código Penal de 1848, sino también con la promulgación, tan sólo un año después, de la Ley de Prisiones de 26 de julio de 1849, que se dictó precisamente para adecuarse a las prescripciones del Código en materia de ejecución penitenciaria, y estableció un nuevo marco normativo, unificando, por primera vez en nuestro país, la problemática de las cárceles y la de los presidios.

La nueva normativa nacía en un ambiente intelectual en el que, frente al anterior predominio exclusivo de Bentham y la Escuela Clásica, comenzaban a notarse otras influencias, como las de Pellegrino Rossi, cuya obra fue traducida por primera vez en Madrid por Cayetano Cortés en 1839[784]. La obra de Rossi introdujo en España una concepción filosófica del delito según la cual todos los hombres estaban obligados a seguir un orden moral de cuya infracción nacía éste, y la pena no era sino la remuneración del mal (mal por mal) determinada de forma proporcional por un juez para la realización de la justicia absoluta.

Este principio retribucionista caló profundamente en el principal penalista de la época, Joaquín Francisco Pacheco, quien trató de consolidar la ciencia jurídico-penal española en una serie de importantes lecciones pronunciadas en el Ateneo de Madrid en 1839 y 1840[785]. En ellas consiguió difundir o "popularizar" una nueva doctrina que reducía la influencia de los criterios pactistas de Beccaria y utilitaristas de Bentham, aunque seguía defendiendo la voluntariedad en la comisión del delito y, junto al fin retribucionista, consideraba otros fines de la pena de carácter correctivo

[783] Véase la Real orden de 6 de marzo de 1847, en *Colección legislativa de cárceles...*, pp. 142-143.

[784] CORTÉS, C., *Tratado de Derecho penal* (escrito en francés por Pellegrino Rossi en París, 1829), traducido en Madrid, 1839.

[785] PACHECO, J.F., *Estudios de derecho penal*, 1º edic. Madrid, 1842. Sobre la importancia de las mismas, GUTIÉRREZ, B., *Examen histórico...*, p. 454, LASTRES, F, *Estudios penitenciarios...*, p. 16, y GIBERT, R., *Ciencia jurídica española*, Granada, 1983, p. 39, o más recientemente TELLEZ AGUILERA, A., *Estudio preliminar a El Código Penal concordado y comentado de Joaquín Francisco Pacheco*, Madrid, 2000, pp. 24-25.

o incluso intimidatorio (recuperando éste último del rechazo que había sufrido en el ideario del primer liberalismo o liberalismo exaltado)[786].

Pero Pacheco no se conformó con aprender y difundir a Rossi, o indirectamente otros autores como Coussin, Broglie o Guizot, sino que aportó cierta originalidad a sus aportaciones (no demasiada, según Dorado Montero[787]), inaugurando en definitiva una ciencia jurídico penal española hasta el momento inexistente por haberse limitado a reproducir a Beccaria, en el caso de Lardizábal y otros, o a Bentham, en el caso de Salas, Nuñez, o Villanova[788]. Frente a ellos, Pacheco dotó de mayor personalidad a su doctrina; perfiló la realización de la justicia absoluta como fin principal de la pena del pensamiento rossiniano hacia una esfera mucho más próxima a la moral, recuperando el valor retributivo de la expiación[789]; y junto a ella mantuvo también el principio de utilidad pública, definiendo en definitiva un sistema ecléctico a la hora de penar.

En un clima político de carácter moderado y una sociedad "ávida" de iniciarse finalmente en los problemas de la ciencia penal[790], las ideas de Pacheco fueron muy bien recibidas e influyeron poderosamente en la redacción del Código Penal de 1848, de cuya comisión formó parte. De hecho, tradicionalmente se ha atribuido a Pacheco la paternidad de dicho texto, aún a costa de relegar a un segundo plano al verdadero autor, Manuel Seijas Lozano[791]. Pero, con independencia de esta cuestión, lo cierto es que en el texto lograron plasmarse sin ninguna duda las ideas morales del nuevo retribucionismo penal que predominaban en el país (se hablaba de

[786] Para PACHECO, J.F., *Estudios de derecho penal...*, pp. 82 y ss, las penas son malas (mal por mal), y por ello no pueden ser arbitrarias ni inmorales, debiendo ser personales, divisibles, ejemplares, instructivas, reformadoras, tranquilizadores y populares.

[787] DORADO MONTERO, P., *De Criminología y Penología*, Madrid, 1906, p. 136.

[788] La misma línea doctrinal de Pacheco fue seguida en la época por GARCÍA GOYENA, F., *Código criminal español según las leyes y práctica vigentes, comentado y comparado con el penal de 1822, el francés y el inglés*, Madrid, 1843, en la que se prodigan las citas del inglés Blackstone, y de italianos como Filangieri y Rossi, aunque ya apenas si hay alguna mención de Lardizábal, a pesar de ser el libro una exposición del derecho penal del Antiguo Régimen.

[789] TELLEZ AGUILERA, A., *Estudio preliminar a El Código Penal concordado...*, p. 24.

[790] GUTIÉRREZ, B., *Examen histórico...*, p. 454.

[791] Resumiendo esta polémica cuestión historiográfica, ANTÓN ONECA, J., *El Código penal de 1848 y D. Juan Francisco Pacheco*, ADPCP, 18 (1965), pp. 473-495, y SÁNCHEZ GONZÁLEZ, Mª D. del M., *La codificación penal en España los códigos de 1848 y 1850*, Madrid, 2004, pp. 49-57.

un *"sistema de moralidad"* a la hora de penar[792]), y que vinieron a superar el utilitarismo de la Ilustración y del primer racionalismo[793].

En el terreno de las penas o sanciones, este retribucionismo o sistema de moralidad se puso de manifiesto especialmente en la pluralidad o abundancia de las mismas, pensadas para adecuarse individualmente a las circunstancias y necesidades de cada delincuente. El propio Seijas Lozano anticipaba esta idea el presentar el proyecto de Código ante la Comisión General de Codificación en octubre de 1844: *"La escala de aquellas* (las penas) *que ha aprobado ya la Comisión, es inmensa (...) Así también se consigue economizar la de muerte, proporcionando la imposición de otras que puedan producir una reforma en el carácter y costumbres del delincuente, reforma de que la sociedad debe sacar grandes ventajas. Este sistema es filantrópico y social a la vez, el mejor que puede servir de base para una legislación penal"*[794].

Las penas se dividieron así en penas aflictivas o correccionales[795], siendo las primeras: la muerte, la cadena perpetua y temporal; el presidio mayor y menor; la reclusión perpetua y temporal; la prisión mayor y menor; la relegación perpetua y temporal; el extrañamiento perpetuo y temporal; el confinamiento perpetuo, temporal, mayor y menor; y la inhabilitación absoluta y temporal, especial perpetua y temporal. De ellas podemos considerar penas privativas de libertad las de cadena perpetua o temporal, presidio, reclusión y prisión. Mientras que dentro de las penas llamadas "correccionales", lo eran, por su parte, las de presidio correccional, prisión correccional, y arresto mayor, al que se uniría como pena leve el arresto menor (para las faltas).

792 Por ejemplo, en DSC, nº 81, 13-03-1848, p. 1748, diputado Gómez de Laserna: *"Yo no he defendido el sistema de moralidad absoluta como base única del sistema penal. Creo que es necesario respetar el sistema de moralidad, pero unido con el sistema utilitario"*.

793 Según GARCÍA VALDÉS, C., *Régimen penitenciario de España*, Madrid, 1975, p. 37, Frente al Código Penal de 1822, el de 1848 es ya mucho menos liberal y mucho menos benthamista.

794 Actas de la Comisión General de Codificación sobre Código Penal, sesión del 2-10-1844, en LASSO GAITE, J.F., *Crónica de la Codificación española. 5. Codificación penal*, 2 vols., Ministerio de Justicia, 1970, vol.II, p. 464.

795 Junto a estas penas aflictivas o correccionales, la comisión proponía en un principio un tercer grupo de penas llamadas "admonitorias" o de carácter leve, que finalmente no fueron aprobadas porque a García Goyena, entre otros, le parecía un término propio de Derecho canónico. Este debate se produce en la Sesión del 7-11-1844, y puede consultarse en Actas de la Comisión General de Codificación sobre Código Penal, LASSO GAITE, J.F., *Crónica de la Codificación española...*, vol. II, pp. 581-582. Pacheco votó incluso contra la expresión "pena preventiva", porque en su opinión una pena siempre era represiva y nunca preventiva, proponiendo que se buscase otra palabra para amoldarse a la clasificación entre penas aflictivas y correccionales, en Actas de la Comisión General de Codificación sobre Código Penal, sesión del 9-12-1845, en LASSO GAITE, J.F., *Crónica de la Codificación española...*, vol.II, p. 1033.

Aunque se trataba, evidentemente, de un elenco muy extenso y de difícil aplicación, al discutir el proyecto los debates de la Comisión no se centraron tanto en esta cuestión (sí lo harían posteriormente las críticas), como en otras más particulares. Por ejemplo, la relativa al carácter perpetuo de determinadas penas como la de cadena o reclusión. Pacheco opinaba que los trabajos perpetuos sólo debían imponerse fuera de la península, aunque para otros miembros de la comisión, como Pérez Hernández o Vila esto suponía el problema de separar al reo de su familia[796]. Se dudó también en fijar la edad de 60 años para dar por terminados los trabajos perpetuos, trasladando al reo a una casa de reclusión hasta el final de sus días, e incluso si era necesario hacer categorías de reos para excluir a algunas de ellos (por sus condiciones o *"hábitos de vida"*) de los trabajos más duros, aunque finalmente sólo se aprobó la exclusión de las mujeres (*"para las mujeres no debe haber pena de trabajos forzados, sino únicamente la de reclusión"*), defendiéndose en el resto de los casos que la ley tiene que ser igual para todos[797].

Sin apenas discusión se aprobaron los artículos relativos a la pena de trabajos forzados temporales[798]. Y en cuanto a la pena de reclusión temporal, la Comisión previó en el proyecto que los sentenciados a ella se destinaran a trabajos interiores cuyo producto sería para el Estado, con la adición *"salva la parte que los reglamentos les destinen"*, que se añadió gracias a la intervención de Vizmanos para mantener la posibilidad de beneficiar al propio reo con el producto de su trabajo: *"Dice el artículo que los penados se ocuparán necesariamente en trabajos interiores y su producto será para el Estado; pero a mí me parece que no debiera ponerse tan inflexible la disposición, de suerte que los reglamentos de las penitenciarías o casas de reclusión no pudieran dejar alguna parte de los productos para los reclusos, como medio de estimularlos al trabajo y de formarles un pequeño capital para cuando vuelvan a la sociedad, lo cual ciertamente serviría para que éstos no reincidan"*[799].

[796] Sesión del 29-10-1844, en LASSO GAITE, J.F., *Crónica de la Codificación española...*, vol. II, pp. 556 y 559.

[797] Repárese en las reflexiones de Pacheco en Actas de la Comisión General de Codificación sobre Código Penal, sesión del 29-10-1844, en LASSO GAITE, J.F., *Crónica de la Codificación española...*, vol. II, pp. 560-561: *"Al arbitrio del Gobierno siempre está el conmutar la pena y de seguro la hará si se trata de personas que pertenecían a una clase distinguida: pero aquí en el Código no debemos establecer estas categorías. La Ley tiene que ser igual para todos, este es el dogma de nuestras actuales instituciones, y chocaría mucho que en una nación democrática como ésta, a pesar de ser al mismo tiempo monárquica, no sufriese la misma pena el Grande de España criminal que el jornalero criminal"*.

[798] Actas de la Comisión General de Codificación sobre Código Penal, sesión del 29-10-1844, en LASSO GAITE, J.F., *Crónica de la Codificación española...*, vol.II, pp. 559-562.

[799] Actas de la Comisión General de Codificación sobre Código Penal, sesión del 31-11-1844, en LASSO GAITE, J.F., *Crónica de la Codificación española...*, vol.II, pp. 565-566.

Cuando poco después se leyeron los artículos destinados a la prisión, algunos miembros de la Comisión General dijeron no entender la diferencia entre esta pena y la de reclusión, amén de señalar las dificultades económicas que se derivarían de crear distintos tipos de establecimientos para estas dos clases de penas (prisiones en las capitales de cada provincia y presidios destinados a la pena de reclusión). Seijas insistió en que diferencia *"la hay grande. En primer lugar la reclusión se sufre en establecimientos destinados al efecto; en 2º lugar, que los reglamentos son más severos; y finalmente que el producto de los trabajos allí es para el Estado, y aquí lo es todo para el sentenciado"*, con lo cual la pena de prisión también quedó aprobada en su singularidad[800].

Con tal pluralidad de penas, el proyecto de Código Penal se aprobaría finalmente por la Comisión el 19 de diciembre de 1845 y fue enviado al gobierno, aunque aún le quedaba un largo y tortuoso camino para su final aprobación ante las Cortes porque tuvo que esperar al momento político oportuno[801]. El proyecto de ley de autorización para la publicación del Código Penal no sería presentado ante el Senado hasta el 13 de febrero de 1847, gracias a la iniciativa del Ministro de Gracia y Justicia Bravo Murillo[802], y finalmente se debatiría en el Congreso entre los días 10 y 16 de marzo de 1848[803].

No hizo falta más tiempo, porque la vía elegida, a través de la aprobación de una genérica ley de autorización, impedía que las Cámaras entrasen a debatir el contenido concreto del Código. De ello se quejaron los diputados intervinientes en los debates, que censuraron el no poder entrar a debatir en detalle el articulado, y también el hecho de que no se hubiese consultado previamente a las Universidades, Tribunales de justicia u otros especialistas en materia criminal.

A pesar de ello, aprovechando la general discusión de la ley de autorización, ciertos diputados se atrevieron a plantear cuestiones más

[800] Actas de la Comisión General de Codificación sobre Código Penal, sesión del 31-11-1844, en LASSO GAITE, J.F., *Crónica de la Codificación española...*, vol. II, p. 568.

[801] Me remito a la magnífica obra de SÁNCHEZ GONZÁLEZ, Mª D. del M., *La codificación penal...*, pp. 59-74, o a la anterior de LASSO GAITE, J.F., *Crónica de la Codificación española...*, vol. I, pp. 251-315.

[802] DSC, nº 17, 13-02-1847, pp. 178-179.

[803] DSC, nº 79, 10-03-1848, pp. 1705-1719, DSC, nº 80, 11-03-1848, pp. 1723-1739, DSC, nº 81, 13-03-1848, pp. 1742-1759, DSC, nº 82, 14-03-1848, pp. 1763-1782, DSC, nº 83, 15-03-1848, pp. 1787-1804, y DSC, nº 84, 16-03-1848, pp. 1809-1828. Finalmente en DSC, nº 86, 18-03-1848, p. 1890, consta que *"el Congreso quedó enterado de una comunicación del Sr. Ministro de Gracia y Justicia, manifestando que S.M. había tenido a bien señalar la hora de las siete de la tarde del día de mañana para recibir la comisión del Congreso encargada de poner en sus augustas manos el proyecto de ley de autorización para plantear el Código penal discutido por ambos cuerpos colegisladores"*.

concretas. En el caso de las penas privativas de libertad, se plantearía así nuevamente el carácter perpetuo de las mismas (*"la pena perpetua es una pena terrible* - diría Laborda- *¿No entra por mucho en el establecimiento de las penas la consideración de que se corrija al penado y pueda volver á ser útil a la sociedad?"*[804]). La perpetuidad se mantuvo, no obstante, en las penas de cadena y reclusión, bajo el argumento de que este tipo de penas eran necesarias si se quería limitar efectivamente la de muerte y, además, frente a ella siempre existía la facultad de indulto del monarca[805].

La necesidad de limitar la pena de muerte (fin filantrópico y humanitario), fue el argumento insistentemente aducido no sólo contra quienes trataron de impedir la perpetuidad de las penas, sino también contra quienes señalaron la complejidad y severidad del nuevo sistema de penas creado. *"Me horroricé cuando leí la tabla de penas; me horroricé, señores, porque vi que se imponían ocho penas mayores que la pena mayor que antes se imponía en España, que era la de diez años de presidio con retención"*, decía Gómez de Laserna[806]; siendo replicado por Pidal: *"Pues yo creo que el Sr. Laserna en vez de horrorizarse de esto debió tranquilizarse; porque solo así se pudo economizar tanto como se ha hecho la pena de muerte; porque solo con una grande escala de penas se gradúa ésta mejor y se acomodan á la gravedad de los delitos. No ocho penas, señores, 80 hubiera yo querido si posible fuese entre detención de diez años y la muerte"*[807].

La filosofía retribucionista vuelve a ponerse palmariamente de manifiesto en este fragmento. Pero, para algunos, dicha doctrina era incompatible, cuando no absolutamente contraria al *"sistema penal que actualmente profesan los primeros jurisconsultos de Europa"*. Gómez de Laserna denunció, en este sentido, que el sistema de penas propuesto imposibilitaba el establecimiento del sistema penitenciario, porque era excesivamente severo (tanto por el tiempo de las condenas, la perpetuidad de algunas, o la previsión de que los condenados fueran atados con grilletes), y se alejaba de *"todos los sentimientos de enmiendas y corrección"*. En su opinión, *"el sistema que debía adoptarse como más análogo al siglo y más conforme a nuestras costumbres, es el de silencio y aislamiento por la noche y trabajo común por el día; y si no se adoptara éste podía elegirse otro, porque se han ensayado varios en Europa y América"*[808].

---

[804] DSC, nº 80, 11-03-1848, p. 1723. También contra la perpetuidad de las penas el Sr. Gómez de Laserna, en DSC, nº 82, 13-03-1848, p. 1768, y el Sr. Alonso, en DSC, nº 83, 15-03-1848, p. 1790.

[805] Así Pidal en DSC, nº 82, 13-03-1848, p. 1778, y Seijas Lozano y el Ministro Arrazola en DSC, nº 83, 15-03-1848, pp. 1796-1802.

[806] DSC, nº 82, 13-03-1848, p. 1768.

[807] DSC, nº 82, 13-03-1848, p. 1778.

[808] DSC, nº 82, 13-03-1848, p. 1768-1769.

El diputado Alonso también mostró su preocupación por el sistema penitenciario, observando que no existían establecimientos suficientes para llevar a la práctica la escala de penas propuestas, y los que existían *"lejos de ser establecimientos de corrección, son de corrupción"*: *"Creo que debían haberse puesto antes los establecimientos necesarios para las penas que se señalan en el Código, y si no nos va a suceder lo que sucedió cabalmente con el Código penal que se discutió en 1822. Cuatro meses que nos dejaron los facciosos y los nietos de San Luis administrando justicia con arreglo á aquel Código, resultaron en solo la Audiencia de Zaragoza una porción de sentenciados á trabajos forzados: ¿y dónde los llevamos? nos preguntábamos unos á otros. No teníamos establecimientos penales donde llevarlos, y así se quedaron en los presidios como antes. Pues esto mismo sucederá ahora"*[809].

Seijas zanjó la cuestión (Pacheco no era diputado a Cortes desde el 6 de septiembre de 1847), insistiendo en que si la escala de penas era tan extensa, lo era precisamente para poder graduarse y adaptarse al delincuente en busca de su corrección; y que precisamente por ello *"en el Código está incrustada la idea de la penitenciaria"*, para la que se habían consultado *"a todos los autores del sistema penitenciario, desde Howard hasta nuestros días"*, citando de entre los más recientes al francés Charles Lucas. Pero de ellos y de los sistemas extranjeros ensayados, afirmaba Seijas, se han aprendido tanto los aciertos como los errores: *"En primer lugar, es un error creer que la penalidad no envuelva más que un principio, que es el medicinal, el principio por el cual se trata de mejorar la condición del delincuente. Pues qué, ¿la sociedad no necesita expiación?. El crimen cometido, ¿no debe purgarse? A esta voz respondieron los Estados-Unidos, respondió la Suiza, respondió la Sajonia, respondieron otros pueblos que imbuidos por los errores de Howard y otros publicistas habían establecido ese sistema penitenciario"*[810].

Para apoyar sus opiniones en esta cuestión, Seijas citaría un informe presentado en los Estados Unidos por los directores de la penitenciaría de Virginia (Richmont), en la legislatura de 1825; las nefastas consecuencias que a su juicio se derivaron en Francia de la circular del Ministerio de Gracia y Justicia de 1828, que permitía a los condenados a perpetuidad con buena conducta adquirir la libertad en quince años; y las opiniones de Vasselot; increpando finalmente a Laserna: *"¿S.S. no ha consultado los efectos de ese sistema celular ó de aislamiento? ¿no ha visto los resultados que ha dado en la práctica? ¿No ha visto los estados que han publicado que han publicado los directores de los establecimientos por los cuales clama S.S?. Pues de ellos resulta, señores, admírese el Congreso, que de cada 100*

[809] DSC, nº 82, 13-03-1848, p. 1781.
[810] DSC, nº 83, 15-03-1848, p. 1795-1797.

delincuentes, los 90 morían por el onanismo ó por la demencia. ¿Y este sistema es el que se quiere introducir?. ¿Es este el sistema de penalidad que prefiere S.S?"[811].

Como no conocemos los trabajos de la Comisión, tenemos en este punto que confiar en la explicación de Seijas sobre cómo se fraguó el nuevo sistema penitenciario del Código Penal. Y, para ello, lo más fidedigno es reproducir sus propias palabras, aunque abuse un poco más de la reproducción de citas: *"Se trató y examinó el sistema celular y el de castigo en común, el aislamiento y todos los puntos relativos á esta materia; y después de una profunda meditación convinimos todos en que no debía admitirse de modo alguno el sistema de aislamiento. Pero nos ocurrió también, señores, que pudiera suceder que si no se consignase en el Código este principio, pudiera venir un Gobierno que, imbuido en esas doctrinas, y pensando de buena fé como S.S.* (a Laserna) *que ese sistema de aislamiento era el mejor y más admisible, quisiera introducirlo en el país; y lo quisimos evitar, y para ello tuvimos que valernos de un rodeo. ¿Y cuál es éste? Lo oirá el Congreso. Dice el art.96: "Los sentenciados á cadena temporal o perpétua trabajarán en beneficio del Estado; llevarán siempre una cadena al pié pendiente de la cintura ó asida á la de otro penado; se emplearán en trabajos duros y penosos, y no recibirán auxilio alguno de fuera del establecimiento"*.

De tal manera, Seijas justificó la necesidad de atar con cadenas o grilletes a los reos como medio necesario para evitar la introducción en el país del sistema de aislamiento (*"no estamos por el aislamiento, no; este principio está desterrado de nuestro Código"*). Y, para terminar, repitió que la escala penal propuesta envolvía en sí misma todo un sistema penitenciario, mucho más perfecto que el ensayado en otros países, porque a través del mismo se buscaba graduar las penas y separar a los reos en establecimientos diferentes, desde los destinados a la simple corrección hasta los destinados a trabajos perpetuos, de modo que los delincuentes más cualificados nunca pudieran mezclarse con los delincuentes menores.

La ley de 19 de marzo de 1848, de autorización para poner en vigor el Código, preveía que el plazo de tres años el gobierno propusiese a las Cortes las reformas oportunas para mejorar los aspectos que se hubiesen detectado tras los primeros años de aplicación del texto. En cumplimiento de la misma se realizó la reforma aprobada finalmente el 7 de junio de 1850, que afectó a unos 82 artículos[812]. Pero que, por lo que se refiere a las penas privativas de libertas, sólo influyó en la inclusión del arresto menor como pena leve.

---

[811] DSC, nº 83, 15-03-1848, p. 1796.

[812] LASSO GAITE, J.F., *Crónica de la Codificación española...*, vol.I, pp. 318-319.

Las críticas al nuevo Código, una vez publicado, no se hicieron esperar. Para la Audiencia de Sevilla, era *"enorme la diferencia de la nueva sanción penal y muy severa comparada con la actual práctica de los tribunales"*, pareciéndole asimismo desmedida la extensión de la penalidad a los menores. Y, en general, las respuestas de otras Audiencias, Fiscales y Colegios de Abogados, como por ejemplo en el extenso informe del Colegio de Abogados de la Corte, señalaron también las dificultades de aplicación del extensísimo elenco penas[813].

Según Lastres, *"reconociendo el mérito del nuevo Código, sin temor de equivocarse, se puede decir que bajo su aspecto penitenciario era inferior al de 1822, no sólo por haber suprimido aquellas disposiciones mencionadas con elogio en páginas anteriores, sino también porque, dominados su autores por el sistema de clasificación, y asustados del arbitrio judicial, quisieron detallar tanto, que llegaron á establecer nada ménos que treinta y seis especies de penas, doce de ellas de privación de libertad (...). Con razón afirmaba esto mismo el Colegio de Abogados de Madrid, que en su brillante dictamen demostró que para cumplir lo que ordenaba el Código, eran necesarios dos mil ciento cuarenta y cuatro Establecimiento penales"*[814]

Otros comentaristas del Código, mucho más cercanos a su tiempo, fueron Pacheco, Vizmanos, Hernández de la Rúa, Castro Orozco, Caravantes, Montero Hidalgo, el fiscal José Lorenzo Figueroa o Castillo Valero[815]. Pero de todos ellos sólo vamos a detenernos, por su autoridad, en Joaquín Francisco Pacheco y su conocido comentario a la ley[816], en la que finalmente quedaron aprobadas 29 penas principales, divididas en tres categorías (aflictivas, correccionales y leves) y 8 penas accesorias (art.24), muchas de las cuales eran a su vez eran divisibles en grado mínimo, medio o máximo (art.83). Pacheco insistió en la necesidad de esta escala tan compleja, frente a la más sencilla de otros Códigos europeos como el austriaco o el francés (*"el pequeño aumento de complicación que de esto resulte, lo tenemos por muy oportuno"*)[817]; e incluso en la necesidad de las penas perpetuas, que califica de *"repugnantes"*, pero que eran *"el único lazo, son un puente precioso, entre las penas comunes y la pena capital"*[818].

Las doce penas de privación de libertad en establecimiento penitenciario eran:

---

[813] LASSO GAITE, J.F., *Crónica de la Codificación española...*, vol.I, pp. 321-376.

[814] LASTRES, F, *Estudios penitenciarios...*, pp. 16-17.

[815] LASSO GAITE, J.F., *Crónica de la Codificación española...*, vol.I, pp. 198 y ss.

[816] PACHECO, J.F., *El Código penal concordado y comentado*, primera edición Madrid, 1848, utilizo la edición de Edisofer, Madrid, 2000 en atención a la tercera edición de la obra de 1867, la última antes de la muerte del autor.

[817] PACHECO, J.F., *El Código penal concordado...*, p. 318.

[818] PACHECO, J.F., *El Código penal concordado...*, p. 320.

Aflictivas	Correccionales	Leves
Cadena perpetua	Presidio correccional (7 meses a 3 años)	Arresto menor (1 a 15 días)
Reclusión perpetua	Prisión correccional (7 meses a 3 años)	
Cadena temporal (12 a 20 años)	Arresto mayor (1 a 6 meses)	
Reclusión temporal (12 a 20 años)		
Presidio mayor (7 a 12 años)		
Prisión mayor (7 a 12 años)		
Presidio menor (4 a 6 años)		
Prisión menor (4 a 6 años)		

La pena de cadena perpetua era la más grave porque implicaba elementos que afectaban a la honra, como la argolla y la degradación, mientras que la reclusión perpetua no llevaba consigo esa idea degradante (*"la reclusión está destinada para penalidad de crímenes, por decirlo así, más decentes"*).

La cadena y reclusión temporal podían llegar hasta 20 años, límite que sorprende si se tiene en cuenta que, aunque ya el Código Penal de 1822 previó penas superiores en el tiempo, en la práctica se había seguido utilizando hasta el momento el límite tradicional fijado por la legislación histórica en 10 años, que era el único adecuado para los trabajos en obras públicas. El Código Penal de 1848 superó dicho límite de los 10 años, ampliándolo hasta los 20[819], porque superó también la "vorágine constructora" que se había vivido hasta el momento con el sistema de obras públicas. Pacheco fue especialmente duro contra el mismo, relegando a un segundo plano los trabajos en obras públicas, que ya sólo se llevarían a cabo en la pena de cadena temporal, por los abusos y los desórdenes que habían supuesto en el pasado[820].

[819] PACHECO, J.F., *El Código penal concordado...*, pp. 326-327, comentario al art.26: *"Veinte años es según este artículo, el máximum de las penas temporales. Sin que en esto haya naturalmente ninguna regla fija, ni más que prudenciales apreciaciones, debemos decir que nos parece bien este plazo. El de diez años que establecía nuestra ley recopilada, era sumamente corto, y muy luego se llegaba a él. El de treinta que establece el código de Nápoles, es desmedidamente largo, y casi se confunde con la perpetuidad"*.

[820] ROLDÁN BARBERO, H., *Historia de la prisión...*, p. 68: "Sólo la definitiva consagración, por virtud del Código penal de 1848, de un conceptualismo atormentado, envuelto en las sombras de unas teorizaciones en ascenso, arrampló con el esquema de los tiempos

La idea era que el trabajo duro y degradante fuera acompañando al ascenso de la penalidad, de modo que en las penas superiores debía ser más duro, *"más físico, más personal, más material (...). Ahí está la cadena, que sujeta el cuerpo de los delincuentes: ahí está ese mismo nombre de presidio, cuya repugnancia nos afecta de un modo invencible. El asesino por precio, y el ladrón, reclaman evidentemente tal clase de expiaciones"* (repárese en el uso de la expresión "expiación"). Mientras que *"la idea dominante de la segunda escala* (de penas) *es la pérdida de la libertad, es el encerramiento. Puede haber en ella trabajo, pero no es este su carácter capital"*[821].

Como se ha dicho, el utilitarismo penal quedaba con ello superado en este código, no sólo en la principal vertiente de obras públicas que había seguido hasta el momento, sino también en su vertiente de trabajo intramuros en los talleres presidiales, que apenas estaba despuntando[822]. El utilitarismo sólo se mantuvo en los presidios africanos, que el código convirtió en centros de penados a perpetuidad[823] (recordemos que la Ordenanza de 1834 enviaba a ellos a simples penados por más de 8 años), endureciendo su carácter aflictivo, y manteniendo excepcionalmente en ellos, como se venía haciendo, el régimen puramente militar. Allí se siguieron realizando trabajos forzados de defensa y obras públicas en una especie de colonia penitenciaria que mantuvo su singularidad hasta el siglo XX, al margen de la realidad peninsular.

En la península sólo trabajarían en obras públicas los sentenciados a cadena temporal[824], con limitaciones según sus condiciones físicas[825] o

según utilidad, sustituyéndolo por otro según retribuciones, comprendidas en una escala que oscilaba desde un día de privación de liberad hasta la perpetuidad, pasando por todas las medidas temporales imaginables".

821 PACHECO, J.F., *El Código penal concordado...*, p. 418.

822 Según ROLDÁN BARBERO, H., *Historia de la prisión...*, pp. 81-82, el Código Penal de 1848 ratificó los designios que amenazaban a los talleres prisionales, "sus redactores no fueron evidentemente ni utilitaristas, ni correccionalistas, ni siquiera, como incautamente se ha dicho, filósofos de la pena; acaso tan sólo los movió la impertérrita creencia en un retribucionismo sin más meta que la de hacer vegetar a los penados (so capa de seguridad jurídica) en edificios inmundos y en la más completa ociosidad".

823 Art.94 C.P.1848: "La pena de cadena perpetua se sufrirá en cualquiera de los puntos destinados a este objeto en África, Canarias o Ultramar".

824 Art.95 C.P.1848: "La pena de cadena temporal se sufrirá en uno de los arsenales de marina, o en obras de fortificación, caminos y canales, dentro de la Península e islas adyacentes";.

825 Art.96 C.P.1848: "Los sentenciados a cadena temporal o perpetua trabajarán en beneficio del Estado: llevarán siempre una cadena al pie, pendiente de la cintura, o asida a la de otro penado: se emplearán en trabajos duros y penosos, y no recibirán auxilio alguno de fuera del establecimiento. Sin embargo, cuando el tribunal, consultando la edad, salud, estado, o cualesquiera otras circunstancias personales del delincuente, creyere que éste debe sufrir la pena en trabajos interiores del establecimiento, lo expresará así en la sentencia".

edad (hasta los 60 años)[826], y especificándose en la letra del código que *"los sentenciados a cadena temporal o perpetua no podrán ser destinados a obras de particulares ni a las públicas que se ejecuten por empresas o contratas con el gobierno"* (art.97); otra importante novedad frente al régimen anterior que permitía la cesión de penados a empresas particulares y que dio lugar a abundantes corruptelas[827].

Por su parte, se especificó que las mujeres condenadas a cadena temporal o perpetua cumplirían su condena en una casa de presidio mayor, de las destinadas para las personas de su sexo (art.99). Pero, por el momento, y hasta la aparición de la penitenciaria de mujeres de Alcalá de Henares en la década de los sesenta, debió ser junto al resto de las reclusas en alguna de las Casas de Corrección de Mujeres adscritas a la Dirección General de Presidios desde 1846[828], y que sólo un año antes a la publicación del Código habían recibido una regulación homogénea a través del Reglamento para las Casas de Corrección de mujeres del Reino de 1847[829].

La reclusión perpetua o temporal se sufrirían en establecimientos situados dentro o fuera de la península (si era temporal sólo en las islas Baleares o Canarias), alejados del domicilio de los penados en caso de la perpetua, y dedicándose éstos a un trabajo forzoso en talleres o manufacturas dentro del propio recinto, cuyos beneficios serían para el Estado (arts.100 y 101). Los presidios se ubicarían de la misma manera que las casas de reclusión en el caso de la pena de presidio mayor[830]; pero debía crearse un presidio menor en el territorio de cada Audiencia, y un presidio correccional en cada provincia para ocuparse de los penados que tuvieran su domicilio en dicha provincia, o en su defecto hubieran cometido en ella el delito (art.104).

La principal diferencia entre estos "presidios" y las "prisiones" mayor, menor y correccional (ubicadas según los mismos esquemas que los pre-

---

[826] Art.98 C.P.1848: "El condenado a cadena temporal o perpetua que tuviere, antes de la sentencia 60 años de edad, sufrirá la condena en una casa de presidio mayor. Si los cumpliere estando ya sentenciado se le trasladará a dicha casa presidio, en la que permanecerá durante el tiempo prefijado en la sentencia".

[827] Comentando el art.97, PACHECO, J.F., *El Código penal concordado...*, p. 448: "Es un acto de insigne humanidad la consagración de este principio. El desorden y los abusos que hemos presenciado en la materia, de algunos años a esta parte, exigían ese radical remedio. Era menester que cortase la ley de todo punto tamaño escándalo; que pusiese fin a esa esclavitud, la más dura y horrible entre todas las esclavitudes".

[828] Real Decreto de 1 de abril de 1846, en TEIJÓN, V., *Colección legislativa...*, p. 78.

[829] Real Decreto de 9 de junio de 1847, en *Colección legislativa de España*, tomo 41, Madrid, 1849, pp. 140-151.

[830] La diferencia, según PACHECO, J.F., *El Código penal concordado...*, p. 457, era que "en la reclusión, ya lo hemos dicho, debe dominar la idea del encerramiento; en el presidio la dureza del trabajo. Creemos que los reglamentos que el Gobierno formará para el régimen de tales casas pondrán en ese defecto el remedio oportuno".

sidios en territorio peninsular o insular, circunscripción territorial de las Audiencias, o provincias, respectivamente), era que *"los penados se ocuparán para su propio beneficio en trabajos de su elección, siempre que sean compatibles con la disciplina reglamentaria"*. Es decir, si en el presidio el beneficio era para el Estado, en la prisión lo era para el reo, y además no era obligatorio: *"El trabajo, repetimos, no entra en la esencia de esta responsabilidad (...), nadie puede obligarlos a que lo sufran. La disciplina los constreñirá a estar quietos, y a no trastornar el orden común; pero no podrá constreñirlos a que se ocupen en lo que no quieran ocuparse"*[831].

Finalmente, el arresto mayor se sufriría en casa pública destinada a este fin en las cabezas de partido, y el menor en las casas del Ayuntamiento u otras del público, o incluso en la propia casa del penado si así lo indicaba la sentencia (arts.111 y 112). Con lo cual, *"hemos llegado al límite inferior de las penas personales (...), hemos tenido ocasión de examinar paso a paso cómo se van suavizando, y perdiendo su dureza. Las del arresto, en que nos ocupamos ahora, son comparativamente a las de reclusión y cadena, lo que es en el orden de la salud un dolor de cabeza ligero respecto a una calentura que nos postra"*[832].

El Código Penal encomendaba así a las cárceles de partido la custodia de los condenados a la pena de arresto (hasta 6 meses), junto con los presos meramente preventivos, según venía siendo lo acostumbrado. Aunque en su disposición transitoria quinta se estableció también la "inquietante" posibilidad de que pudieran cumplirse en ellas algunas penas correccionales, siempre que estuvieran impuestas en su grado bajo, hasta dos años, para evitar en lo posible los costosos y complicados traslados de delincuentes a los presidios[833].

2. EL SISTEMA PENITENCIARIO EN LA LEY DE PRISIONES DE 1849

El artículo 87 del Código Penal de 1848, remitía a los "reglamentos especiales para el gobierno de los establecimientos en que deben cumplirse las penas", es decir, a la Instrucción de 20 noviembre de 1833, la Ordenanza General de presidios de 1834, el Reglamento provisional de cárceles de 1835, la Real orden de 6 abril 1844, la Ley 8 enero 1845 o el Reglamento 1847, entre otros.

[831] PACHECO, J.F., *El Código penal concordado...*, p. 460.
[832] PACHECO, J.F., *El Código penal concordado...*, p. 465.
[833] BURILLO ALBACETE, F., *Las cárceles de partido judicial...*, p. 383.

Sin embargo, todas estas normas de desarrollo, que ya conocemos, no eran suficientes para la ejecución de las nuevas disposiciones del código, y siendo consciente de ello, el Ministro Luis José Sartorius, Conde de San Luis, acometió una importante actividad legislativa en esta materia a través de un primer Real Decreto de 23 de febrero de 1848 para la reforma del ramo de presidios de la península (adaptando los existentes a la nueva escala penal)[834]; la Real Instrucción para la contabilidad de los presidios del Reino de 13 de marzo de 1848; o la ley de 6 diciembre 1848 sobre desarrollo y mejora de los talleres en los presidios.

No fueron más que los prolegómenos de la Ley de Prisiones de 26 de julio de 1849, que fue la principal contribución del Ministro Sartorius al ramo. Un texto breve (de sólo 36 artículos)[835], y según Cadalso "de escasa importancia"[836], del que no obstante se pueden señalar los siguientes méritos:

1. Que confirmó definitivamente la separación de los establecimientos penales en dos áreas: la de las prisiones civiles y la de las militares, aquéllas dependientes del Ministerio de la Gobernación y éstas del de la Guerra. El de Marina siguió con la competencia de los presidios navales y de los de arsenales[837].
2. Que unificó normativamente, por primera vez en nuestro país, la problemática de las cárceles y la de las prisiones, hasta entonces por caminos diferentes, ocupándose de forma conjunta de presidios, prisiones, cárceles de Audiencia, cárceles de partido y depósitos municipales[838].
3. Que consolidó definitivamente el término "prisión" para designar a los establecimientos de privación de libertad.
4. Que disipó la polémica sobre el sistema penitenciario español, cuestión que el Código había dejado sin resolver, pronunciándose a favor de un sistema propio, de clasificación y carácter progresivo. El sistema celular o de aislamiento, como ya quedara dicho en los debates parlamentarios sobre el Código Penal, estaba "desterrado", y los resultados del sistema de Auburn aún estaban por ver.

---

[834] En la Gaceta de Madrid, nº 4914 (año 1848), p. 3, en el Archivo del Boletín Oficial del Estado.

[835] Puede consultarse en *Colección legislativa de cárceles...*, pp. 170-176.

[836] CADALSO, F., *Instituciones penitenciarias y similares en España*, Madrid, 1922, p. 186.

[837] La Real Orden de 5 de diciembre de 1857 declaraba que los presidios de los arsenales dependían del Ministerio de Marina, en TEIJÓN, V., *Colección legislativa...*, p. 587. Sobre esta cuestión, véase también GARCÍA VALDÉS, C., *Del presidio a la prisión modular*, 2ª ed. Madrid, 1998, p. 19.

[838] ZAPATERO SAGRADO, R., *Los presidios, las cárceles y las prisiones...*, p. 561.

Esta última cuestión era de especial importancia en el momento. La polémica estaba en pleno apogeo en Estados Unidos y en el resto de Europa, desde la recepción en la década de los treinta de las primeras críticas de Edward Livingston al sistema de Filadelfia o celular, y España no podía mantenerse al margen. La tramitación de la Ley de Prisiones ante el Congreso se presentó, por tanto, como el mejor foro de debate sobre el sistema penitenciario[839], que volvió a ser traído a las Cortes precisamente por el diputado Gómez de Laserna (*"es un anacronismo de esta época el tratarse de establecimientos penales sin tratar de establecer los sistemas penitenciarios; por eso me opuse al Código Penal y por eso me opongo a esta ley"*[840]).

Tanto este diputado (que cita los ejemplos de Estados Unidos, Francia, Inglaterra, Bélgica o Prusia), como el resto de los intervinientes en el debate, demostraron tener un amplísimo conocimiento de las más novedosas doctrinas sobre la materia, haciéndose eco expresamente en sus discursos de ideas no sólo de Beccaria, Howard, Bentham o Filangieri, sino también de Brissot, Torqueville, Moreau de Jones, Lynds, Livingston, Lúcas, y otros comentaristas aún menos conocidos, como Tohergil o el magistrado inglés Moor, que escribió sobre la prisión de Millbauh, poniendo ejemplos de modelos de aislamiento como Pitsburg, mixtos como Millbauh, o incluso de las novedosas colonias penales de Australia[841].

El propio Ministro de Gracia y Justicia Arrazola, en su contestación a quienes criticaban la falta de definición de un sistema penitenciario en la ley, hizo alarde de sus conocimientos dando ante el Congreso una clase magistral de la historia penitenciaria europea y norteamericana desde el año 1776, en el que por primera vez el Parlamento inglés propuso a Jorge III la creación de establecimientos penitenciarios, hasta el momento actual[842].

---

[839] El primer proyecto de ley del Ministro de la Gobernación sobre prisiones y establecimientos penales, se presenta en DSC, nº 15, 15-01-1849, p. 199 (reproducido en su integridad en el Apéndice Sexto al nº 15, pp. 217-220), nombrándose una comisión para su estudio en el DSC, nº 16, 16-01-1849, p. 252, que leyó su dictamen sobre el citado proyecto en DSC, nº 36, 15-02-1849, p. 735 (reproducido en el Apéndice Primero al nº 36, pp. 753-755). El debate sobre el mismo queda finalmente abierto en DSC, nº 42, 26-02-1849, pp. 880-898, y continúa en DSC, nº 54, 12-03, 1849, pp. 117-1196, DSC, nº 55, 13-03-1849, pp. 1199-1206, aprobándose definitivamente el proyecto del Congreso en DSC, nº 56, 14-03-1849, p. 1214. Un mes después, en DSC, nº 111, 11-06, 1849, p. 2538, se reciben las modificaciones al proyecto de ley hechas por el Senado, y en DSC, nº 123, 05-07-1849, p. 2935 se nombra una comisión mixta de diputados y senadores que finalmente concilian los dictámenes, aprobándose ya sin discusión el proyecto definitivo que se reproduce en el Apéndice Segundo al nº 123, pp. 2941-2943.

[840] DSC, nº 42, 26-02-1849, pp. 887.

[841] Principalmente en DSC, nº 42, 26-02-1849, pp. 887-898, y DSC, nº 54, 12-03, 1849, pp. 1176-1187.

[842] DSC, nº 54, 12-03, 1849, pp. 1184-1185.

Los sistemas extranjeros y sus ensayos se conocían, por tanto, suficientemente en España, y no sólo por las primigenias obras de Marcial Antonio López, Jacobo Villanova, o Ramón de la Sagra, que siguiendo a Bentham se mostraron férreos partidarios del primer sistema celular y lograron que se reconociera en 1844 para las cárceles[843]; sino también por otros informes y obras posteriores de autores extranjeros y españoles que criticaban las nefastas consecuencias de aquel sistema de aislamiento absoluto (enfermedades, demencia...), y que también tuvieron ocasión de aprender del nuevo sistema de Auburn.

Por ello, incluso quienes pedían la definición de un sistema concreto (Gómez de Laserna y Luján, principalmente), ya no apostaban por el modelo filadélfico o de aislamiento absoluto: *"No se crea que yo me dejo llevar de las ideas filantrópicas que algunos abrigan (...), estaré muy lejos de las doctrinas humanitarias de Bentham, que quiere que se dulcifique su situación* (de los presos) *con la armonía música; ni de Livingston, que quiere que se les dé la misma educación que cada uno hubiera podido costearse por su cuenta; ni de Lúcas y otros, que quieren que la penalidad concluya tan luego como haya concluido la reforma del individuo; yo no quiero solo la reforma, sino que quiero la expiación, quiero el castigo"*[844].

Laserna y Luján proponían, respectivamente, un sistema de *"aislamiento material de noche y aislamiento moral de día"*, o *"el sistema penitenciario del aislamiento de noche y del trabajo común de día"*[845]. Es decir, un sistema mixto similar al de Auburn. Aunque los defensores del proyecto de ley adujeron que dicho sistema también tenía inconvenientes[846], y que no había que obviar ni menospreciar la propia experiencia patria, siendo el Gobierno español quien en definitiva debía *"escoger el que le parezca mejor de todos los sistemas de Europa y de fuera de Europa"*[847], y debía hacerlo sin prisas, *"festina lente"*, teniendo en cuenta que en todos los sistemas *"hay de bueno y de malo como en todos los sistemas humanos"*, y sin olvidar el punto de partida en el que se hallaba el país (*"nosotros estamos hoy, cuando más,*

[843] Por Real Orden de 6 de abril de 1844, según GARCÍA VALDÉS, C., *Régimen penitenciario de España...*, p. 28, y su discípulo SANZ DELGADO, E., *El humanitarismo penitenciario español...*, p. 255, quien no especifica que se impone sólo para las cárceles y nunca en las prisiones.

[844] Gómez Laserna en DSC, nº 42, 26-02-1849, pp. 888.

[845] DSC, nº 42, 26-02-1849, pp. 888, y DSC, nº 54, 12-03, 1849, p. 1179.

[846] Así, el Ministro de Gracia y Justicia en DSC, nº 54, 12-03-1849, p. 1184: *"Se ha venido á un segundo término medio, de silencio de noche y talleres de día, pero silencio en los talleres también (...) Allí, señores, no se fomentan los crímenes, pero se sientan los gérmenes para cuando salen de allí (...) tiene en primer lugar sus vicios peculiares, esenciales y propios; y en segundo mucha parte de los vicios del sistema antiguo. Resultado: que es demasiado pronto para decidirse así tan absolutamente por un sistema penitenciario determinado"*.

[847] El Ministro de la Gobernación en DSC, nº 42, 26-02-1849, p. 897.

como estaban en Inglaterra y los Estados Unidos en el último tercio del siglo pasado, y es menester no exigir de nosotros lo que no se exigía de ellos"[848]).

Tan prudente postura se tradujo, en la letra de la ley, en el mantenimiento de las propias experiencias patrias, siguiéndose principalmente los modelos de Francisco Javier Abadía en Cádiz y Manuel Montesinos en Valencia. El sistema progresivo era, además, por el que había apostado la propia Instrucción de 1833 o la Real Orden de 5 de septiembre de 1844. Y, además, no sólo se estaba afianzando en España, sino que, reconociendo la autoridad de Montesinos, también comenzaba a ensayarse en otros lugares como Australia con el capitán Maconochie (1840), Baviera con Von Obermaier (1842) o Irlanda con Crofton (1854)[849].

El sistema progresivo fue, en consecuencia, el que se mantuvo principalmente en la ley de 1849, aunque a él se añadió una mucha más férrea clasificación de los penados, y algunas otras peculiaridades que para García Valdés y sus discípulos "decantaron" esta ley hacia el sistema de Auburn[850].

Dicho viraje hacia Auburn se pondría de manifiesto fundamentalmente en el art.26 de la ley, según el cual *"todos los penados de ambos sexos, excepto los sentenciados á cadena perpetua y temporal, cuyo destino queda prefijado en el artículo 23, se ocuparán en los talleres de los respectivos establecimientos, debiendo observarse rigurosamente la regla del silencio durante los trabajos. De estos trabajos deben excluirse los que á juicio del Jefe político de la provincia puedan perjudicar las industrias del país"*.

Pero a este artículo pueden hacerse varias observaciones: aunque ciertamente para determinados penados se señalaba el sistema de trabajo común en silencio durante el día, para el reconocimiento de un sistema de Auburn completo faltaba el aislamiento nocturno para la reflexión y moralización del reo. Por lo demás, no todos los presos quedaban sometidos a dicho régimen de trabajo (para determinadas penas continuaban los trabajos de obras públicas); y éste ni siquiera era objeto esencial de la reforma, como hemos visto más arriba. El trabajo dejaba de ser un objetivo prioritario para convertirse en algo accesorio, que en ocasiones los propios condenados podían elegir, y supeditado a otros intereses económicos, como queda meridianamente claro en la última frase del artículo comentado.

---

[848] Ministro de Gracia y Justicia en DSC, nº 54, 12-03-1849, p. 1186.

[849] CADALSO, F., *Instituciones penitenciarias...*, p. 193, o más recientemente CEREZO DOMINGUEZ, A.I., *Origen y evolución histórica de la prisión*, capítulo 1 de la obra colectiva CEREZO, A.I, y GARCÍA, E. (coords.), *La Prisión en España. Una perspectiva criminológica*, Granada, 2007, pp. 1-22.

[850] GARCÍA VALDÉS, C., *Régimen penitenciario de España...*, p. 28, y SANZ DELGADO, E., *El humanitarismo penitenciario...*, p. 255.

De lo que sí podemos hablar con toda certeza es del afianzamiento del sistema de clasificación en la ley de 1849. La clasificación ya contaba con importantes precedentes en nuestro país, como hemos visto con anterioridad, pero en esta norma se consolidó como base fundamental del sistema penitenciario español, y sobre ella abundaron posteriormente la Real Orden de 13 de septiembre de 1849, y la Real Orden de 3 de septiembre de 1852, "mandando que en los establecimientos penales se destine un departamento especial para los condenados a penas correccionales ó leves y otro para los reos políticos".

La clasificación se realizaba según los siguientes criterios[851]:

1.- En los depósitos municipales, cárceles de partido y capitales de Audiencia (donde se destinaban presos "con causa pendiente" o sentenciados hasta arresto mayor)[852]:
   - Por razón de sexo.
   - Por razón de edad: hasta los 18 años los hombres y hasta 15 las mujeres.
   - Por razón del tipo de delito: por causas políticas o presos comunes.
   - Por razón del momento procesal o penal: arrestados con causa pendiente y presos sentenciados.

2.- En las prisiones o presidios para condenas superiores (presidios de la península, Baleares y Canarias para penados a reclusión perpetua o temporal, a presidio mayor, menor o correccional, a prisión mayor, menor o correccional; presidio de Ceuta y menores, para penados a cadena perpetua; y arsenales y destacamentos de obras públicas y de fortificación, para penados a cadena temporal)[853]:
   - Por razón de sexo.
   - Por razón de edad: hasta los 18 años los hombres y hasta 15 las mujeres.
   - Por razón del tipo de delito: delitos políticos y el resto según la naturaleza o cuantía de las condenas.

---

[851] También en ZAPATERO SAGRADO, R., *Los presidios, las cárceles y las prisiones...*, p. 564; y FIGUEROA NAVARRO, M.C., *Los orígenes del penitenciarismo español*, Madrid, 2000, pp. 49-50.

[852] Art.11 de la Ley de Prisiones de 1849: "*En las cárceles habrá departamentos diferentes para hombres y mujeres, y en el de cada sexo se tendrán con separación los varones menores de diez y ocho años, y las mujeres menores de quince, de los que hubiesen cumplido estas edades. Los presos por causas políticas ocuparán también un local enteramente separado del de los demás presos. En cuanto lo permita la disposición de los edificios de las cárceles, se procurará asimismo que los presos con causa pendiente estén separados de los que se hallen cumpliendo las condenas de arresto mayor*".

[853] Arts.23-25 de la Ley de Prisiones de 1849.

Es interesante reparar, en cuanto a este último tipo de establecimientos penitenciarios, en las cláusulas transitorias de los artículos 23 y 24, según los cuales *"ínterin se plantean los establecimientos que prescribe el Código penal"*, los sentenciados a penas superiores (toda la escala desde la prisión correccional hasta la cadena perpetua) ingresarían provisionalmente en los mismos presidios peninsulares o de las islas Baleares y Canarias, aunque siempre teniendo en cuenta la separación propuesta (según la edad y la naturaleza de sus condenas); mientras que las mujeres ingresarían *"en las casas de corrección que existen actualmente, según prescribe el Código penal, y con la limitación de que las sentenciadas á arresto mayor o menor extinguirán sus condenas en las cárceles ó en depósitos municipales, como también previene el mismo Código"*.

La dificultad de llevar a la práctica tan compleja red de establecimientos penales, ya había sido señalada en los debates parlamentarios del Código Penal, y volvió a ser una de las principales críticas en el Congreso a la Ley de 1849. *"El punto culminante de ataque que se ha presentado al dictamen de la comisión es que se creen 49 casas correccionales"*, reconocería el Ministro de la Gobernación[854], argumentándose que el proyecto en su totalidad resultaba *"ruinoso, porque es de un inmenso costo para nuestras provincias"*[855].

Por ello, los cambios fueron mucho más lentos de lo que hubiera cabido esperar, y bajo el amparo de las citadas cláusulas transitorias se mantuvieron los mismos establecimientos penitenciarios que ya se tenían, con enorme confusión de penados. La confusión se sustentaba en dichas clausulas transitorias, pero también en el enorme error que supuso, en opinión de Cadalso, la exigencia de que la pena de arresto mayor se cumpliera en las cárceles de partido: "Esta pena es correccional, como la prisión y presidio del mismo nombre, y por su naturaleza aquélla debe cumplirse en el mismo lugar que éstas. Quizá cause extrañeza este criterio, porque el presidio correccional se cumple en los penales o prisiones centrales; pero aparte que pudiera cumplirse el arresto mayor en las correccionales de provincia, hasta tanto que se crearan las de región para extinguir dichas penas correccionales, siempre será más extraño que los condenados, los declarados legalmente culpables, se confundan con los procesados, con los que pueden ser y muchas veces son inocentes"[856].

Las cárceles de partido no sólo albergaron así a simples detenidos y sentenciados a arresto mayor, sino que, en atención a la disposición transitoria quinta del Código Penal, también se destinaron a recibir a algunos

---

[854] DSC, nº 42, 26-02-1849, p. 889.
[855] Diputado Coria en DSC, nº 42, 26-02-1849, p. 880.
[856] CADALSO, F.: *Instituciones penitenciarias*... op. cit., p. 188.

condenados a prisión correccional en grado bajo (hasta dos años), para evitar los gastos de sus traslados a los presidios[857]. Cuestión ésta que, lejos de ser corregida, se afianzó por Real Orden de 4 de enero de 1854, según la cual, debido a las *"visibles consideraciones de equidad y de economía"*, su Majestad la reina *"se ha dignado mandar que los sentenciados á las penas referidas por tiempo tan escaso que haya de consumirse probablemente en su traslación al punto donde deban sufrirlas, las extingan en las cárceles de las cabezas de partido en los términos prevenidos por el Código para los condenados a la pena de arresto mayor"*[858].

De la misma manera, cuando al poco tiempo de promulgarse la Ley de prisiones de 1849, la Junta económica del presidio de Cartagena presupuestó el traslado de *"quinientos cuarenta y cuatro individuos peninsulares que teniendo dos o más condenas son considerados como de África, porque reunidas pasan de ocho años"*, el principal artífice de la ley, el Conde de San Luis, se apresuró a clarificar, por Real Orden de 9 agosto 1849, que tal liquidación, acumulando las penas, era contraria al texto legal, ordenando que se rectificara la lista de confinados y pasaran a África *"únicamente los que en una sola condena tengan más de ocho años"*[859].

La economía, más allá de la ideología, seguía determinando, en definitiva, el ritmo de la reforma. Y lo vemos de forma muy nítida si reparamos en la adscripción del gasto. Según la Ley de 1849, el gasto de personal, material y manutención de los detenidos pobres en los depósitos era de los respectivos Ayuntamientos[860]; el de las cárceles de partido y de capitales de Audiencia se repartía entre el partido judicial (manutención de presos pobres) y el Estado (personal y material); y el del resto de establecimientos penales correspondería íntegramente al Estado. Los gastos de construcción de prisiones correccionales en cada capital, especialmente en las que no tuvieran Audiencia, debían ser sufragados por las Diputaciones provinciales[861].

Sin embargo, este planteamiento apenas se mantuvo un par de meses. Una Real Orden de 23 de septiembre de 1849 volvía a adscribir todo el gasto de las cárceles a los presupuestos municipales y provinciales[862],

[857] BURILLO ALBACETE, F., *Las cárceles de partido judicial...*, p. 383.

[858] Real Orden de 4 de enero de 1854, en *Colección legislativa de cárceles...*, p. 215.

[859] Real Orden de 9 de agosto de 1849, en TEIJÓN, V., *Colección legislativa...*, p. 586.

[860] Tan sólo unos días después de dictarse la ley de prisiones, se daba la Real Orden de 31 de julio de 1849, de Ministerio de la Gobernación, mandando que los jefes políticos señalasen a los pueblos la cuota que les correspondía para la manutención de presos pobres, estableciendo que serían administradores de estos fondos los Alcaldes de las cabezas de partido, en *Colección legislativa de cárceles...*, p. 176.

[861] Arts.27-29 de la Ley de Prisiones de 1849.

[862] Real Orden de 23 de septiembre de 1849, en *Colección legislativa de cárceles...*, p. 180.

manteniéndose para el Estado sólo el de los establecimientos penales superiores; y esta tendencia continuó consolidándose en normas de desarrollo posteriores, en las que los antiguos repartimientos vecinales se sustituyeron, además, por la integración global del gasto en los presupuestos de los Ayuntamientos[863].

Aunque se adujo que dichos gastos municipales y provinciales se harían *"en concepto de anticipos reintegrables"*, lo cierto es que a partir de ese momento el presupuesto destinado a las mismas por el Estado fue puramente "extraordinario". Así lo reconoció la propia reina en mayo 1853, cuando, tras explicar que las reformas realizadas en cuanto a adscripción del gasto público de las cárceles al Estado se habían tenido que suspender al poco tiempo de dictarse por *"la penuria del Tesoro"* o *"escasez de fondos"*, y aclarar que *"dichas disposiciones están vigentes todavía, si bien con el carácter de medidas provisiones"*, pidió informes de las distintas cárceles del reino para estudiar la posibilidad de *"dedicar una cantidad considerable del presupuesto á objeto tan importante, si circunstancias extraordinarias no vienen á entorpecer por desgracia la realización de su pensamiento"*[864].

Cuatro años después se mantenía la "provisionalidad", ordenándose a los pueblos que arbitraran los fondos necesarios para hacer obras en las cárceles de partido (bajo la promesa, nuevamente, de que tales gastos les serían reintegrados en un futuro por el Tesoro Público), y a los Ayuntamientos y Diputaciones que aumentaran el máximum de la ración de presos pobres de sus propios fondos cuando fuera necesario[865].

3. NUEVO IMPULSO REFORMISTA A PRINCIPIOS DE LOS SESENTA

Ante los difusos resultados de la Ley de prisiones de 1849, en la que se habían puesto tantas esperanzas, y las novedosas noticias que continua-

[863] Así, por ejemplo, la Real Orden de 28 de febrero de 1850, mandando que a los penados con arresto mayor que cumplan en las cárceles se les socorra de los fondos municipales; la Real orden de 15 de julio de 1850, mandando que los Ayuntamientos costeen las obras de cárceles "a calidad de reintegro", o la Circular de 27 de abril de 1853, mandando a los gobernadores provinciales remitir los presupuestos de las cárceles, todas ellas en *Colección legislativa de cárceles...*, pp. 186, 187-189 y 203, respectivamente. Más adelante, insistirían en estos términos las Reales Ordenes de 10 de marzo de 1863 y 10 de enero de 1867, ambas en TEIJÓN, V., *Colección legislativa...*, pp. 42-43.

[864] Real Orden de 8 de mayo de 1853, en *Colección legislativa de cárceles...*, pp. 204-205.

[865] Respectivamente, en Real Orden de 5 de diciembre de 1856 y Real Orden de 12 de febrero de 1857, en *Colección legislativa de cárceles...*, pp. 235-236, aunque esta última orden se mantiene sólo hasta la Real Orden de 31 de agosto de 1857, en *Colección legislativa de cárceles...*, p. 237.

ban llegando el extranjero, entre la década de los cincuenta y principios de los sesenta se vivió un nuevo impulso reformista. El debate sobre cuál debía ser el mejor sistema penitenciario para España aún estaba lejos de cerrarse, y en torno al mismo se escribieron durante estos años un significativo número de escritos, exposiciones o tratados. Entre ellos, podemos señalar la *Exposición* a la reina Isabel II hecha por Vilarasau y Noguera (1853)[866]; y los numerosos discursos sobre la cuestión que leyeron en las Universidades españolas, en el acto de recibir el título de Doctor, autores como Ángel Mª Lorente Noguera (1854), Romualdo Álvarez (1861), Bernardo E. Rodríguez (1862), José Mª Barnuevo (1863) o Francisco de Borja Téllez-Girón Fernández de Velasco (1866)[867].

Éste último, que fuera el XVI Duque de Escalona y el XI Duque de Uceda, además de acumular otros numerosos títulos, se enfrentó a la problemática reconociendo que *"los Estados Unidos de América han sido la verdadera cuna de los sistemas penitenciarios, verificándose en su desarrollo el singular fenómeno, pocas veces observado en reformas sociales de esta trascendencia, que la práctica ha formado en mucho casos la teoría"*. En consecuencia, exclusivamente desde la práctica y al margen de cualquier novedad doctrinal, observaba Téllez-Girón los ejemplos estaudinenses y el francés de la prisión de la Roquette, a través de las obra de autores como Delessert, Foucher o Allier, llegando a la conclusión de que el mejor sistema era el celular.

Mucho más enriquecedora, bien fundada y amplia de miras que estos primigenios escritos doctorales, sería la obra del profesor de derecho penal de Santiago de Compostela Francisco Murube y Galán, *"Tratado de las prisiones y sistemas penales de Inglaterra y Francia"*[868]. Y lo fue porque, incorporándose a la práctica de otros países europeos de enviar comisionados al extranjero para el estudio de los sistemas presidiales, el gobierno español acordó enviar al citado profesor a estudiar los resultados prácticas de las prisiones inglesas y francesas por Real Orden de 23 de julio de 1859.

---

[866] VILARASAU y NOGUERA, I., *Exposición dirigida a Su Majestad para establecer un sistema penitenciario en España*, Madrid, 1853.

[867] Véanse LORENTE NOGUERA, A.M., *De los sistemas penitenciarios: Discurso leído en a Universidad Central*, Madrid, 1854, ÁLVAREZ, R., *Sistemas penitenciarios*, Madrid, 1861, RODRÍGUEZ, B.E., *Exámen de los sistemas penitenciarios y su utilidad respectiva: Discurso leído en la Universidad Central*, Madrid, 1862, BARNUEVO, J.M., *Examen de los sistemas penales y su utilidad respectiva*, Madrid, 1863, y TELLEZ-GIRÓN FERNÁNDEZ de VELÁZQUEZ, F. B., *Examen crítico de los diversos sistemas carcelarios y juicio crítico de nuestras leyes sobre cárceles y presidios*, Madrid, 1866.

[868] MURUBE y GALÁN, F., *Tratado de las prisiones y sistemas penales de Inglaterra y Francia, con observaciones generales sobre lo que conviene saber para la reforma de las de España*, Santiago de Compostela, 1860.

La obra de Murube y Galán se sumaba así, con medio siglo de retraso, al género de los estudios de derecho penitenciario comparado que se había extendido por Europa y Estados Unidos desde principios de siglo, siguiendo en cierta medida los trabajos realizados en España por Marcial Antonio López (1832), quien como sabemos no llegó a salir del país a cumplir su comisión, y el abogado Ramón de la Sagra (1836), que sí realizó un dilatado y muy fecundo viaje para el estudio de los sistemas penitenciarios de los Estados Unidos de América.

Murube y Galán visitó y estudió pormenorizadamente las prisiones de hombres y mujeres, y de carácter penitenciario o correctivo, existentes en Inglaterra (especialmente las del condando de York, Newgate, Coldbath-Fields, Westminster, Bridewells, Millbank y Hülks), y en Francia (especialmente el Depósito de la Prefectura, la prisión de Mazás, La Consegerie, San Pelagio, San Lázaro, La Roquette, y la fortaleza de Ha en Burdeos), informándose de su legislación, régimen interno y régimen económico, para terminar haciendo un estudio comparado con la situación española en el que ésta, lamentablemente, no podía acusar sino un notable retraso.

Influido por el tratado que el propio gobierno había enviado redactar, el Ministro de la Gobernación y eminente administrativista don José Posada Herrera, habiendo recibido un crédito extraordinario de setenta millones de la Hacienda Pública, se comprometió en noviembre de 1859 a auxiliar *"hasta llegar al límite del crédito"*, y con carácter excepcional, a los pueblos o provincias que con fondos municipales o provinciales procedieran a la construcción de nuevas cárceles, siempre que previamente se aprobaran por él los proyectos y presupuestos[869].

Este impulso económico animó a algunos lugares a emprender finalmente las obras de construcción y mejora que por tanto tiempo se estaban dilatando; y el Ministerio, decidido a aprovechar la coyuntura, promovió para favorecerlas una muy interesante Real Orden de 5 de marzo de 1860 que permitía, aún *"teniendo presente lo prescrito en el art.29 de la ley de prisiones"*, *"que siempre que en una capital de provincia fuese preciso edificar la cárcel, y no existiese todavía el presidio correccional que debe construirse en aquel punto con arreglo a la precitada ley, se adopte el sistema seguido en otras naciones de comprender ambos establecimientos, con la separación debida, y los departamentos peculiares á cada uno, en el nuevo edificio que se proyecte; obteniéndose así, entre otras ventajas, una notable economía para los fondos del Estado y de la provincia"*[870].

[869] Real Orden de 21 de noviembre de 1859, en *Colección legislativa de cárceles...*, pp. 240-241.

[870] Real Orden de 5 de marzo de 1860, en *Colección legislativa de cárceles...*, pp. 241-242.

Volvía a definirse ésta como una "*medida transitoria é interina, hasta tanto que la reforma definitiva de nuestra prisiones establezca entre estas la misma división filosófica que señala el Código penal entra las penas aflictivas y las correccionales*". Pero, interina o no, fue una de las medidas clave acometidas a principios de los sesenta para dar impulso, de una vez por todas, a la reforma penitenciaria, ordenándose también la "*reunión de datos estadísticos sobre el número y clases de los presos y detenidos que se custodian en las cárceles*" para poder planear el número y proporciones de los edificios[871].

Entre abril y diciembre de 1860, se aprobaron además cuatro importantes documentos para llevar a cabo las obras[872]: Una Real Orden de 27 de abril que aprobaba un extensísimo "Programa para la construcción de las prisiones de provincia y para la reforma de los edificios existentes destinados a este fin"; otra Real Orden de 9 de julio que hacía extensivas las disposiciones del citado programa a las prisiones preexistentes en las provincias, reconociendo que, hasta la fecha, las Diputaciones aún no habían podido dar cumplimiento a la disposición de la ley de prisiones que les obligaba a correr con el gasto de construcción de los presidios correccionales[873]; una Real Orden de 30 de septiembre que ordenaba remitir los planos aprobados por el Ministerio para que sirvieran de modelo en los proyectos de prisiones a construir; y una Real Orden de 14 de diciembre para acomodar algunas cárceles de provincia al nuevo marco legal, estableciendo que "*en aquellas capitales de provincia donde no habiendo depósito municipal fuese preciso (...) construir de nueva planta el presidio correccional, y la cárcel no reúna las condiciones necesarias para hacerla adaptable á las prescripciones del programa, se dé la preferencia a la formación de un anteproyecto que comprenda estos dos últimos establecimientos más bien que el depósito y el presidio, con el fin de excusar al Estado y a la provincia de un doble gasto de personal y administración*"[874].

[871] Real Orden de 10 de marzo de 1860, mandando formar y remitir cada tres meses un estado del número de presos, arrestados y detenidos que haya en los establecimientos de cada provincia, menos en los presidios, en *Colección legislativa de cárceles...*, pp. 242-243

[872] Real Orden de 27 de abril de 1860, Real Orden de 9 de julio de 1860 y Real Orden de 30 de septiembre de 1860, en *Colección legislativa de cárceles...*, pp. 245-260, y Real Orden de 14 de diciembre de 1860, en *Colección legislativa de cárceles...*, p. 263. Entre enero y mayo de 1861, sus disposiciones siguen desarrollándose a través de las Reales Ordenes de 2 de enero, 15 de febrero, 6 de mayo y 29 de mayo, recogidas por TEIJÓN, V., *Colección legislativa...*, p. 177.

[873] Real Orden de 9 de julio de 1860, en *Colección legislativa de cárceles...*, p. 256: "*La ley de 27 de julio de 1849 quiso removerle prescribiendo que las Diputaciones costearan la construcción de un presidio correccional en cada capital de provincia; pero esta medida tampoco ha producido el resultado que el legislador se propusiera, porque las muchas atenciones que pesan sobre el presupuesto provincial no han permitido que se consignen en él las cantidades que son indispensables para la pronta ejecución de obras de tamaña importancia*".

[874] Real Orden de 14 de diciembre de 1860, en *Colección legislativa de cárceles...*, p. 263.

La piedra angular de todo este movimiento fue el citado "Programa para la construcción de las prisiones de provincia, y para la reforma de los edificios existentes destinados á esta clase de establecimientos", sobre el que el famoso arquitecto Juan de Madrazo elevó una memoria al Ministro con modelos de planos para la construcción de las nuevas prisiones de provincia[875]. El programa comenzaba por clarificar la naturaleza y destino de dichas prisiones de provincia:

I. Depósitos municipales, que contienen:
   1. Los detenidos preventivamente.
   2. Los condenados a la pena de arresto menos (1 a 15 días).
   3. Los procesados criminalmente, ínterin se les traslada a las cárceles de partido.
   4. Los transeúntes civiles y militares.

II. Cárceles de partido y de capital de Audiencia, que contienen:
   1. Los presos con causa pendiente.
   2. Los sentenciados a la pena de arresto mayor (1 a 15 días).
   3. Los sentenciados correccionales y criminales, ínterin se les traslada a los respectivos establecimientos.

III. Establecimientos correccionales de provincia (presidios correccionales), que contienen:
   1. Los condenados a las penas de presidio y prisión correccionales (7 meses a 3 años).

IV. Depósitos municipales y cárceles de partido, que contienen:
   1. Los detenidos preventivamente.
   2. Los presos con causa pendiente.
   3. Los condenados a la pena de arresto menor.
   4. Los condenados a la pena de arresto mayor.
   5. Los sentenciados criminales y correccionales, ínterin se les traslada a los respectivos establecimientos.
   6. Los transeúntes civiles y militares.

V. Depósitos municipales y establecimientos correccionales, que contienen:
   1. Los detenidos preventivamente.
   2. Los condenados a la pena de arresto menos.
   3. Los procesados criminalmente, ínterin se les traslada a las cárceles de partido o de Audiencia.

---

[875] MADRAZO, J., *Modelos de planos para la construcción de las prisiones de provincia*, Madrid, 1860.

4. Los transeúntes civiles y militares.
5. Los sentenciados a las penas de prisión y presidio correccional.

VI. Cárceles de partido y establecimientos correccionales, que contienen:

1. Los presos con causa pendiente.
2. Los condenados a la pena de arresto mayor.
3. Los sentenciados a prisión y presidios correccionales.
4. Los condenados criminalmente, ínterin se les traslada a los establecimientos propios de sus condenas.

VII. Depósitos municipales, cárceles de partido y establecimientos correccionales, que contienen:

1. Los detenidos preventivamente.
2. Los presos con causa pendiente.
3. Los condenados a la pena de arresto menor.
4. Los condenados a la pena de arresto mayor.
5. Los sentenciados a prisión y presidio correccional.
6. Los presos transeúntes civiles y militares.
7. Los condenados criminalmente, ínterin se les traslada a sus respectivos establecimientos.

A continuación, a vueltas con el tema del sistema penitenciario, el Programa señalaba que *"el sistema celular (...) supone las más veces unos gastos tan considerables que dificultan o hacen del todo imposible su ejecución"*, optando por la reclusión en *"cuadras o salas comunes"*, siempre que en ellas se guardara la separación o clasificación exigida por ley[876]. Dicha separación se describía por cada uno de los establecimientos citados; y así, según el Programa, los depósitos, cárceles de partido y presidios correccionales, debían dividirse en dos departamentos (para hombres y mujeres), cada uno de los cuales se subdividiría en dos secciones (para mayores y menores de edad), y en cada sección habría también en un cierto número de celdas en los depósitos y cárceles de partido para detenidos preventivamente y presos políticos.

La división que se planeó en el Programa para el resto de los establecimientos de carácter híbrido, era algo más compleja pero similar a la descrita, regulándose incluso las medidas de las salas o dormitorios, además de la funcionalidad del comedor o refectorio de cada una, la sala de trabajo o labor, el depósito de materias primas o productos elaborados (si los hubiera), el patio o lugares comunes, las letrinas, la capilla, la cocina,

[876] Sobre esta cuestión, también GARCÍA VALDÉS, C., *Del presidio a la prisión modular...*, p. 34.

las habitaciones para los oficiales públicos, los centros de vigilancia, o incluso los balcones corridos de comunicación...

Finalmente, se preveía como *"una mejora de que es susceptible este sistema de encarcelación (...), el aislamiento por la noche de los penados de una misma sección entre sí, llevado á efecto por medio de la subdivisión del dormitorio común en varios de á un solo individuo, lo cual será realizable fácilmente en el mayor número de casos sin grandes aumentos de coste, á favor de tabiques sencillos, distintos de los que deben emplearse en el sistema celular exclusivo, en el cual las celdas han de estar formadas de muros de separación sólidos, y reunir en su interior todos los servicios indispensables á la vida"*.

4. REORGANIZACIÓN ADMINISTRATIVA DEL RAMO

Como antes se ha dicho, uno de los principales méritos de la nueva Ley de prisiones de 1849 fue la reorganización administrativa que acometió en el ramo, confirmando la separación de las prisiones militares y de las civiles, uniendo a éstas últimas por primera vez la problemática de las cárceles, y adscribiendo ambos tipos de establecimientos penitenciarios (cárceles y prisiones) al ahora llamado Ministerio de Fomento, antes de Gobernación.

Para ocuparse de sus competencias penitenciarias, en un primer momento el Ministerio siguió utilizando una Dirección General de Beneficencia y Corrección similar a la que en 1847 vino a sustituir a la antigua Dirección General de presidios de la Ordenanza General de 1834. Pero a ella unió otra novedosa Dirección de Establecimientos Penales, con la idea de diversificar y repartir entre ambas el trabajo. Las dos Direcciones Generales empezaron a trabajar al poco tiempo de publicarse la Ley de prisiones, aunque en 1853 un Real Decreto que regulaba la nueva planta del Ministerio de la Gobernación se decantaba por la Dirección General de Establecimientos Penales para la administración central de cárceles y presidios, dejando para otro tipo de establecimientos públicos la Dirección General de Beneficencia y Sanidad[877].

No duró mucho la medida. Unos meses después el criterio economicista aconsejó nuevamente refundir ambas Direcciones Generales, que finalmente se unificaron en la llamada Dirección General de Establecimientos Penales, Beneficencia y Sanidad[878]. En 1856 volvieron a separarse bajo

[877] Real Decreto de 10 de julio de 1853, en *Colección legislativa de cárceles...*, pp. 206-212.

[878] Real Decreto de 21 de octubre de 1853, en *Colección legislativa de cárceles...*, pp. 213-214.

los nombres de Dirección General del sistema carcelario y penitenciario y Dirección General de beneficencia y policía sanitaria, y pocos meses después se restablecía nuevamente la denominación de Dirección General de Establecimientos Penales, que continuó desde entonces sus labores segregada de la de Beneficencia[879].

La Dirección General de Establecimientos Penales se ocupaba principalmente de dictar las disposiciones convenientes para la ejecución de las órdenes y reglamentos administrativos, de velar por su cumplimiento, proponer mejoras, instruir todos los expedientes del ramo, examinar y aprobar los presupuestos de su dependencia, y nombrar o suspender a los empleados, de forma centralizada.

Los principales empleados de prisiones que debía nombrar el gobierno a través de esta Dirección General de Establecimientos Penales, eran los Alcaides. Cada cárcel o prisión pasaba en la nueva ley a ser dirigida por un Alcaide, quedando sólo para el resto de presidios superiores la influencia castrense de los Comandantes de presidios (presidios africanos o de penas superiores)[880]. Las prisiones de partido judicial, provinciales o de los pueblos (depósitos), se regirían por dicho alcaide, que se proponía en terna por el Jefe político o por el respectivo Alcalde de cada pueblo[881]. Habría, en consecuencia, tres tipos de alcaides:

- Alcaides de los depósitos municipales, con dependencia de los Alcaldes, y nombramiento del Jefe político de la provincia.
- Alcaides de las cárceles de capitales, con dependencia de los Jefes políticos provinciales y nombramiento del Gobierno.
- Alcaides de los presidios, dependientes de la Dirección General de Presidios y nombramiento del Gobierno[882].

No se exigía ningún tipo de preparación técnica específica para el cargo, lo que pudo determinar, en palabras de Burillo Albacete, un cier-

---

[879] Real Decreto de 11 de junio de 1856 y Real Decreto de 4 de agosto de 1856, ambos en *Colección legislativa de cárceles...*, pp. 228-235. Véanse también el Real Decreto de 6 de noviembre de 1857 y la Orden de 1 de abril de 1860, en *Colección legislativa de cárceles...*, pp. 237 y 243-244, donde se reorganizan los negociados de la Dirección General de Establecimientos Penales.

[880] Para los presidios africanos se dictó, a través de la Real orden de 4 de marzo de 1852, una especial instrucción para su sistema gubernativo y económico, en TEIJÓN, V., *Colección legislativa...*, pp. 586-587.

[881] Véase la Real Orden de 13 de septiembre de 1849, dictando reglas para la ejecución de la ley de prisiones, y la Real Orden de 12 de febrero de 1850, determinado la manera de instruir los expedientes para la provisión de Alcaidías, en *Colección legislativa de cárceles...*, pp. 177-179 y 185-186. También la Real orden de 1 de noviembre de 1866, recomendando el cumplimiento de las anteriores en la provisión de alcaidías, en TEIJÓN, V., *Colección legislativa...*, p. 4.

[882] ZAPATERO SAGRADO, R., *Los presidios, las cárceles y las prisiones...*, pp. 562.

to clientelismo a la hora de conceder las alcaldías[883], cuya provisión no siempre siguió con transparencia el procedimiento determinado en las leyes[884]. Por lo demás, la edad mínima de 35 años exigida para el cargo, se redujo en 1857 a tan sólo 30 años[885], y sólo se requería ser vecino honrado y residente en el lugar de la prisión.

Haciendo una interpretación equivocada de la ley, otros empleados subalternos de las prisiones comenzaron a ser nombrados también por el mismo procedimiento que los alcaides, lo que llevó al Ministerio de Gobernación a especificar, en 1860, que los subalternos cuyo sueldo anual no excediera de tres mil reales o cuatro mil en Madrid (porteros, mozos, llaveros y demás dependientes subordinados a los alcaides), no debían ser nombrados por el procedimiento de terna propuesta por el jefe político al gobierno a través de la Dirección General, sino simplemente por los Gobernadores civiles de cada provincia. La misma ley regulaba definitivamente las condiciones necesarias para ser portero en las prisiones: *"tener veinticinco años por los menos y no pasar de los cincuenta: haber servido de cualquiera de las armas ó institutos del ejército, y obtenido la licencia absoluta con buena nota: acreditar estos requisitos y el moralidad, y no haber sido procesados, con los documentos necesarios"*[886].

También son de destacar los preceptos dedicados por la Ley de prisiones a regular las obligaciones de los alcaides[887], ya que en ellos se percibe nítidamente la influencia del humanismo penal que venía impulsando desde antiguo la reforma penitenciaria. Dichos preceptos prohibían a los alcaides cometer arbitrariedades en la clasificación de los reos; agravarlos *"con encierros ni grillos y cadenas, sin que para ello preceda órden de la Autoridad competente"*, salvo excepciones de seguridad y dando siempre cuenta a la autoridad judicial; recibir ningún tipo de dádiva o retribución de los presos; o vejarlos como medida disciplinaria o precautoria, debiendo obrar siempre en este sentido con el previo conocimiento y aprobación de la autoridad competente.

Las autoridades judiciales no sólo debían velar para que no se produjeran detenciones ilegales, sino también para evitar cualquier tipo de abusos o vejaciones en las prisiones, y con tal finalidad se les seguía reconoci-

---

883 BURILLO ALBACETE, F., *Las cárceles de partido judicial...*, p. 387.

884 Así lo indica la Circular de la Dirección General de Establecimientos penales de 8 de mayo de 1854, recomendando el cumplimiento puntual de las anteriores reales órdenes sobre nombramiento de alcaides, lo que nos indica que éste no era fielmente respetado en algunos casos, en *Colección legislativa de cárceles...*, p. 216.

885 Real Orden de 28 de agosto de 1857, en *Colección legislativa de cárceles...*, pp. 236-237.

886 Real Orden de 29 de diciembre de 1860, en *Colección legislativa de cárceles...*, pp. 263-264. En este sentido también la Real Orden de 1 de noviembre de 1866, en TEIJÓN, V., *Colección legislativa...*, pp. 28-29.

887 En este sentido también SANZ DELGADO, E., *Las viejas cárceles...*, pp. 253-352.

miento el antiguo derecho de visita utilizado desde el Antiguo Régimen, que en este periodo se reguló prolijamente (aunque, como hasta ahora, no vamos a prestarle especial atención por preocuparnos principalmente de la rama administrativa), y que se mantendría hasta 1870[888]. En los casos de desacuerdo o conflicto entre el juez y el alcaide, la cuestión se elevaba, no obstante, al regente de la Audiencia o Gobernador, y en última instancia al Gobierno, aspecto éste que fue muy discutido por algunos diputados de carácter progresista en los debates parlamentarios que precedieron a la aprobación de la ley.

No es ajena a esta problemática de delimitación o deslinde de competencias, otra de las reformas de importancia acometida por la Ley de prisiones de 1849: la sustitución de las antiguas Juntas Económicas de los presidios por unas novedosas Juntas de Cárceles. Si aquellas habían visto reducir paulatinamente sus competencias desde su creación en orden a una mayor centralización administrativa; éstas, por el contrario, volverían a aumentarlas y verían cambiar su composición.

Según el artículo quinto de la Ley de prisiones, serían miembros natos de dichas Juntas de Cárceles el propio Gobernador civil, que las presidiría en cada provincia, un magistrado de la Audiencia como vicepresidente, designado por su Sala de Gobierno, un Consejero provincial designado por el jefe político, y un eclesiástico de la capital a elección del Diocesano. Las Juntas de Cárceles ampliarían su composición poco después para formar Juntas auxiliares de Cárceles:

> *"Los Jefes políticos de las provincias en que residen las Audiencias territoriales designarán un individuo de la Diputación provincial, otro del Ayuntamiento, otro de la Junta provincial de Sanidad y otro de la provincial de Beneficencia; y nombrarán un profesor en la facultad de medicina, un arquitecto y cuatro particulares entendidos en materias de contabilidad, para que en unión con los Vocales natos, formen las Juntas auxiliares de cárceles á que se refiere el art.5º de la ley; teniendo entendido que semejan-*

[888] Sobre esta cuestión, véase BURILLO ALBACETE, F., *Las cárceles de partido judicial...*, pp. 107-108, en las que se explica cómo la ley de 1849 mantiene y desarrolla el derecho de visita a las prisiones por parte de las autoridades judiciales. En el bienio progresista (Real Decreto de 14 de diciembre 1855) se crearon para ello Juntas Inspectoras Centrales en cada Audiencia, pero resultaron ser una fuente de conflictos, y de forma paulatina se fueron reduciendo sus competencias, hasta que por Real Orden de 10 octubre 1870 se suprimió definitivamente este derecho de visita. Sobre las funciones de inspección y visita de las autoridades judiciales en las prisiones, puede consultarse también ZAPATERO SAGRADO, R., *Los presidios, las cárceles y las prisiones...*, pp. 563-566.

tes cargos han de ser honoríficos y gratuitos, y que ha de darse noticia á este Ministerio de las personas que los desempeñen"[889].

En atención a sus miembros, podría señalarse tanto la mayor pluralidad de las nuevas Juntas, como su cambio de orientación, dejando de ser un órgano meramente ejecutivo para volver a convertirse en el revulsivo necesario de la reforma en cada provincia. En cualquier caso, ante el silencio de la ley, hubo que esperar hasta 1852 para que un Reglamento provisional de la Junta auxiliar de cárceles de Madrid, fuera clarificando en cierta medida sus atribuciones *"hasta tanto que se publiquen los reglamentos generales en conformidad á lo prevenido en la Ley de prisiones de 26 de Julio de 1849"*[890].

Entre dichas atribuciones se contaban las de vigilancia o inspección; contabilidad y administración de los fondos municipales, obtenidos de la caridad o del trabajo de los presos (la libranza de importes superiores a seis mil reales de vellón requerían previa autorización del Gobernador); la dotación de trabajo para los presos en las prisiones, así como la provisión a las mismas de los materiales y herramientas necesarias para ello (la falta de trabajo seguía siendo uno de los grandes problemas del régimen penitenciario); la información para el nombramiento o suspensión de los empleados de las cárceles; y la redacción del reglamento interior de las mismas, por cuyo cumplimiento debían velar. Para ello, la Junta debía inspeccionar las cárceles diariamente, repartiendo esta tarea de forma semanal entre sus vocales, y celebrar sesión ordinaria al menos cada quince días.

La administración judicial también creó sus propias Juntas en 1855, denominadas Juntas Inspectoras Penales y circunscritas al territorio de cada Audiencia peninsular o insular, incluida una en Ceuta, para vigilar el fiel cumplimiento de las condenas dictadas en cada tipo de prisión o presidio, asumir el derecho de visita y el resto de facultades que le confería la ley de prisiones a la autoridad judicial, y elevar los informes y noticias oportunos al Ministerio de Gracia y Justicia, aunque sus facultades quedaron expresamente *"limitadas á la parte judicial, y no se extienden en manera alguna al régimen interior y administración económica"*[891].

---

[889] Real Orden de 13 de septiembre de 1849, dictando reglas para la ejecución de la ley de prisiones, en *Colección legislativa de cárceles...*, p. 178.

[890] Real Orden de 23 de marzo de 1852, en *Colección legislativa de cárceles...*, pp. 198-200.

[891] Real Decreto de 14 de diciembre de 1855, en *Colección legislativa de cárceles...*, pp. 218-225. En este sentido también es interesante la Real Orden de 2 de abril de 1856, mandando que las Juntas Inspectoras Penales no invadan las atribuciones de la Dirección General de Establecimientos Penales, en TEIJÓN, V., *Colección legislativa...*, p. 637.

Una última novedad fue la utilización del nuevo cuerpo de la Guardia Civil, fundado en 1844, para la conducción de los reos y la captura de fugados[892]. A pesar de que hubo quien defendió la necesidad de convertirlo en una especie de guardia penitenciaria, lo cierto es que finalmente quedó encargado solamente de tales funciones fuera de las prisiones. Dentro seguirían utilizándose oficiales del origen militar (capataces, furrieles...) y obsoletas figuras como la del Cabo de Vara[893], hasta que ya a finales de siglo se acometiera finalmente la creación de un cuerpo civil de funcionarios de prisiones.

Hubo otros problemas señalados constantemente por la doctrina, e incluso en la letra de la ley, que sin embargo tampoco encontraron solución en este periodo, a pesar de los intentos. Como lo fueron el problema de la instrucción, aún en manos de los capellanes; el problema de la manutención de los presos pobres, vagos o transeúntes, sobre el que se legisló mucho y con pocos resultados, por cuanto en definitiva el aumento de los "socorros" previstos para ellos siempre se cargaba sobre las arcas del partido judicial o los municipios; o el problema del trabajo en los presidios que, aunque a partir de la publicación del Código Penal de 1848 dejaba de ser una pieza angular de la reforma, seguía ofertándose en la letra de la ley sin que hubiera en la práctica ocupaciones suficientes en las prisiones.

Todo ello provocó un generalizado sentimiento de frustración en la opinión pública, en el que se acusaba cada día más el retraso español con respecto a la evolución penitenciaria de otros países. Francisco Murube y Galán[894], y Francisco Borja Téllez-Girón Fernández de Velasco, así lo reconocieron respectivamente en sus obras, señalando éste último que aunque *"en estos últimos años se han formulado algunos programas para la construcción de cárceles provinciales y depósitos correccionales (...), faltan los cuantiosos recursos que en este servicio público son necesarios para que no sean letra muerta todas las teorías"*[895].

[892] Véanse la Real Orden de 14 de octubre de 1845, en la que ya se dispone que la Guardia Civil haga dos conducciones de presos por semana, en TEIJÓN, V., *Colección legislativa...*, p. 76; así como la Real Orden de 26 de agosto de 1849, mandando que la conducción de presos se haga por la Guardia Civil; y la Circular de la Inspección General de la Guardia civil de 5 de enero de 1850, dictando prevenciones para mejorar el servicio de conducción de presos en *Colección legislativa de cárceles...*, pp. 177 y 184.

[893] Nuevas disposiciones sobre el nombramiento y gestión de estos Cabos de Vara se dieron en las Reales Órdenes de 6 de mayo de 1860, 7 de agosto de 1862 o 30 de agosto de 1867, todas en TEIJÓN, V., *Cárceles, presidios...*, p. 21.

[894] MURUBE y GALÁN, F., *Tratado de las prisiones y sistemas penales de Inglaterra y Francia...*, pp. 220 y ss.

[895] TELLEZ-GIRÓN FERNÁNDEZ de VELÁZQUEZ, F. B., *Examen crítico de los diversos sistemas carcelarios...*, p. 47.

CAPÍTULO 7.
DOCTRINA CIENTÍFICA E INFLUENCIAS EXTERNAS A FINALES DE SIGLO XIX Y PRINCIPIOS DEL XX

"Todo el progreso jurídico en materia penal consiste en dar consideración al hombre. Esta es la característica diferencial entre el derecho penal antiguo y el moderno. Aquel es el derecho de la carda, de la redada, del tormento, del estigma y de la galera; éste es el derecho del hombre. El derecho á la pena es un soberano principio de dignificación: es el hombre en el derecho. Las revoluciones han tendido esencialmente á que el hombre no fuera manoseado ni por el poder ni por la justicia. Los poderes, acordándose tal vez del Micrómegas, ven en el hombre una cosa que puede colocarse sobre la uña del organismo jurídico".

SALILLAS, R., *La vida penal en España, Madrid,* 1888, facsímil en Pamplona, 1999, p. 77.

1. LA ESCUELA POSITIVISTA DE DERECHO PENAL Y SU RECEPCIÓN EN EUROPA

En la segunda mitad del siglo XIX, la ciencia jurídico penal europea se vio sacudida por el desarrollo de una nueva doctrina, el Positivismo, que basaba los estudios del crimen en análisis empíricos, y defendía, a través de ellos, el origen del comportamiento criminal en factores de carácter físico o psíquico. Es decir, el positivismo trataba de demostrar que había una cierta predisposición al crimen por parte de determinadas personas con características peculiares o propias que les distinguían del resto de la sociedad[896].

Frente a la Escuela clásica, que al estudiar el crimen seguía poniendo el acento en la sociedad y su seguridad (prevención general), la gran aportación de la nueva Escuela positivista italiana fue dar consideración por primera vez al delincuente, al hombre, situándolo en el centro del debate penal. Por eso, se ha señalado como su principal mérito el haber abierto

---

[896] AMOR y NAVEIRO, C., *Examen de las nuevas escuelas de derecho penal: memoria laureada por la Real Academia de Ciencias morales y políticas,* Madrid, 1899 (facsímil en Pamplona, 2007). También JIMÉNEZ de ASÚA, L., *Las Escuelas Penales a la luz de la crítica moderna,* en El Criminalista, IV, Buenos Aires, 1951, pp. 95 y ss; SERRANO GÓMEZ, A., *Introducción a la ciencia del derecho penal,* Madrid, 1981, pp. 53 y ss; o SHOEMAKER, D.J., *Theories of Delinquency. An examination of explanations of delinquent behavior,* 3ª edición, Oxford, 1996, pp. 12-20.

el campo de la ciencia jurídico penal, permitiendo el desarrollo de otras ciencias como la criminología, la psicología, la antropología criminal, o la ciencia penitenciaria propiamente dicha[897]. Aunque también, como veremos, se le atribuyen otros muchos perjuicios o deméritos.

El padre de la Escuela positivista fue Cesare Lombroso, quien en el año 1876 publicaba su obra *"Il uomo delincuente"* sembrando una enorme polémica[898]. En ella, Lombroso planteaba la idea del "delincuente nato", o, lo que es lo mismo, la teoría de que determinados hombres nacían determinados para el crimen por una regresión de la evolución humana (que se manifestaba en determinados rasgos físicos del cráneo o la cara, especialmente el mentón, los ojos, las orejas, el cabello...). En opinión de Lombroso, dicho atavismo o regreso a épocas no superadas de la evolución del hombre provenía de un fondo epiléptico, y producía frialdad de sentimientos e indiferencia ante el bien o el mal.

Las tesis de Lombroso fueron seguidas por otros autores italianos contemporáneos, como Enrico Ferri o Rafael Garofalo, considerados junto a él los evangelistas de la *"Scuola Positiva"* italiana[899]. Según Radzinowicz, no fueron los primeros en apuntar este tipo de ideas en Europa, pero sin duda sí los más conocidos y significativos, consiguiendo con sus escritos que el nacimiento de la criminología se asociara para siempre a sus nombres[900].

Dos años después de la primera publicación de *"Los criminales"* de Lombroso, en 1878, Enrico Ferri publicaba su obra *"Teoría de la imputabilidad y negación del libre albedrío"*[901], que envió a Lombroso y que, según relata el propio Ferri, a éste aún no le pareció "bastante positivista". Pero a partir de un curso de antropología criminal realizada por el autor en París poco tiempo después, su conversión al positivismo fue absoluta, publicando nuevas obras en esta dirección[902], y animando incluso a sus alumnos de Bolonia a visitar las cárceles para demostrar sus teorías.

---

[897] SERRANO MAÍLLO, A., *La metodología del estudio histórico de la Criminología en España*, en Estudios de Historia de las Ciencias criminales en España, Madrid, 2007, pp. 495-528.

[898] LOMBROSO, C., traducción al español *Los criminales*, Barcelona, 1911 (facsímil Pamplona, 2003). Otras obras de Lombroso fueron *Medicina legal*, traducc. de P. Dorado Montero, La España Moderna, Madrid, s.f.; *Escritos de polémica*, traducc. de A. Guerra, Madrid, 1893; o *El delito, sus causas y remedios*, traducc. de Bernaldo de Quirós, Madrid, 1902.

[899] SPIRITO, U., *Storia del Diritto Penale Italiano*, "Da Ccesare de Beccaria ai nostri Giorni", Turín, 1938.

[900] RADZINOWICZ, L, y HOOD, R., *The emergence of penal policy*, vol. 5 de A History of english law and its Administration from 1750, London, 1986, pp-1-33.

[901] Este tratado, a partir de su cuarta edición, pasó a llamarse FERRI, E., *Sociología criminal* (1880), traducción española de A. Soto, Madrid, 1908, 2 tomos.

[902] Véase FERRI, E., *Los nuevos horizontes del Derecho y del procedimiento penal*, traducc. de I. Pérez Oliva, Madrid, 1887; *Principios de derecho criminal: delincuente y delito*

Rafael Garófalo, profesor en la Universidad de Nápoles, no tardó en sumarse a estas ideas, fundamentando la responsabilidad penal en la peligrosidad social del delincuente y no en el libre albedrío[903]. Le siguieron otros autores patrios menos conocidos, como Marro, Berenini, Colajanni o Fioretti, aunque también se alzó contra ellos un nutrido grupo de pensadores críticos, tales como Gabelli, Orano, Monti, Buccellati, Poletti, Bovio, Favalli o Pugliesi, quienes señalaban fundamentalmente el peligro o inexactitud de los datos estadísticos y las afirmaciones realizadas sin suficientes pruebas empíricas, a pesar de las mediciones de cráneos y numerosos estudios médicos y físicos que comenzaron a realizarse en las prisiones.

A todos ellos, y especialmente a Gabelli, contestaron los tres padres del positivismo italiano en una obra de conjunto, en la que se evidencia con un vívido realismo la intensa polémica que había causado la nueva doctrina en el ambiente intelectual italiano[904]. Dicha polémica tuvo uno de sus momentos más álgidos en el año 1885, en el que Buccellati leía un opúsculo contra los positivistas en el Instituto Lombardo, titulado concretamente *"Los recientes adversarios de la ciencia del derecho penal"*[905], coincidiendo con la celebración en Roma del primer Congreso Internacional de Antropología criminal, en el que se discutía la teoría del delincuente nato.

Este Congreso, al que acudieron numerosos naturalistas, médicos y juristas, sirvió no sólo para fortalecer la Escuela penal positivista, sino también para proyectarla con más fuerza en el extranjero, situando nuevamente a Italia como "patria del derecho penal". Todas las miradas se volvieron nuevamente a Italia (en la memoria, todavía, el reconocimiento al también italiano Beccaria), sucediéndose nuevos Congresos Internacionales en París (1889) y Bruselas (1892) para discutir los planteamientos positivistas, y multiplicándose los estudios de antropología y psicología criminal[906].

---

en la ciencia, en la legislación y en la jurisprudencia, traducc. de J.A. Rodríguez Muñoz, 1ª edición, Madrid, 1933; u *Homicidio-Suicidio*, Madrid, Reus, 1934.

903 GAROFALO, R., *La criminología* (1885), traducción de P. Dorado Montero, La España Moderna, Madrid, s.f., o *El delito como fenómeno social*, traducc. de F. Lombardía Sánchez, La España Moderna, Madrid, s.f., edic. facsímil en Pamplona, 2004.

904 LOMBROSO, C., FERRI, E., GAROFALO, R., y FIORETTI, *La Escuela criminológica positivista*, en La España moderna, Madrid, s.f., edición facsímil Pamplona, 2003.

905 LOMBROSO, C., FERRI, E., GAROFALO, R., y FIORETTI, *La Escuela criminológica...*, p. 153.

906 No obstante, según el propio GAROFALO, R., *El delito como fenómeno social...*, p. 48: "Para que los estudios de Antropología y Psicología criminal puedan colaborar eficazmente en la obra de la reforma de la legislación penal, será necesario presentar algunas clases de delincuentes caracterizados con precisión y cognoscibles fácilmente. Es imposible clasificar á tal fin á los delincuentes en *delincuentes natos* y *ocasionales*. En los tres

Influencias contemporáneas al positivismo, como la antropología de Paul Broca o las teorías evolucionistas de Rudolf Virchow, Häkel, o incluso Darwin, así como algunos predecesores en distintos países europeos, fomentaron esta tendencia[907]. Pero pronto, los lombrosianos también comenzaron a ser puestos "bajo el microscopio" en toda Europa ("lombrosianism under the microscope")[908].

En Inglaterra, aunque en principio hubo una cierta influencia de la frenología (Sampson o Combe, rebatidos por Wharton), y tres médicos de prisión llevaron a cabo una investigación sobre los rasgos de los presos ingleses para comprobar los nuevos planteamientos, se concluyó que el tipo criminal era demasiado *sui generis* para apoyar las tesis positivistas. Además, en 1890, Havelock Ellis difundió las ideas del principal detractor de las teorías positivistas en Francia, Gabriel Tarde[909], con su obra *The Criminal*, cercando cada vez más las doctrinas italianas. Como los franceses, los ingleses se volcaron más bien en las condiciones sociales del delincuente (Beggs, Day, Beavan o Henry Lettson Elliot), o bien apostaron por posiciones eclécticas, teniendo en cuenta no sólo causas sociales para la comisión de un crimen, sino también económicas, políticas, éticas o incluso físicas, aunque sólo desde el punto de vista de la enfermedad o anormalidad mental[910].

Los llamados "alienistas" ingleses (entre ellos Prichard, Laycock o Maudsley), desarrollaron una interesante doctrina que consideraba el crimen como una forma de anormalidad mental[911]. Estos autores alienistas fueron mucho más conocidos en el exterior, compartiendo sus ideas con alienistas franceses como Valentin Magnan. Pero, a pesar de ello, los ingleses se mantuvieron en general muy apartados de las nuevas tendencias y de los numerosos congresos internacionales que se comenzaron a convocar desde 1885, en los que no participaron hasta una década después. A esas alturas, dentro de sus fronteras, la doctrina positivista o "nueva criminología" que les llegaba del Continente, era

Congresos de Roma (1885), París (1889) y Bruselas (1892), hase discutido ampliamente la teoría del delincuente nato, mas sin afirmarla en rotundo por falta de observaciones criticadas rigurosa y metódicamente, no pudiéndose, en las actuales condiciones de la ciencia, fundar una clasificación sólo sobre caracteres antropológicos".

[907] RADZINOWICZ, L. y HOOD, R., *The emergence of penal policy*, vol. 5 de A History of english law and its Administration from 1750, London, 1986, pp. 1-6, citando entre los "predecesores" españoles al positivism a Bernaldo de Quirós. Véase también ANTONINI, I., *I Precursori di Lombroso*, Torino, 1900.

[908] RADZINOWICZ, L. y HOOD, R., *The emergence of penal policy...*, pp. 20-27.

[909] TARDE, G., *La Criminalité Comparée*, París, 1886.

[910] Véanse Leone Levi, *Wages and earnings of the working classes: report to Sir Arthur Bass*, 1885; o William Douglas Morrison, *Crime and its causes* (1891), *Juvenile offenders* (1896), o *Reflections of the theories of criminality*, J Mental Science (1889).

[911] RADZINOWICZ, L. y HOOD, R., *The emergence of penal policy...*, pp. 6-10.

abiertamente rechazada por sus autores (primero Maudsley o Nicolson, y más adelante Griffiths, Du Cane, Ruggles-Brise, Simpson, Mercier, o el respetado médico de prisiones James Devon[912]), y en general por toda la opinión pública a través de sus periódicos, pudiendo encontrarse artículos o viñetas que ridiculizaban las teorías de Lombroso incluso en el prestigioso *The Times*.

Aunque tuviera un mayor calado, en Francia tampoco triunfó plenamente el positivismo[913]. Es cierto que allí se fundó una nueva revista en 1886 (Archivos de la Antropología criminal y de las ciencias penales, de Lyon), dedicada exclusivamente a difundir las nuevas ideas criminológicas[914], y que algunos de sus autores, como Lacassagne, Garraud, Coutagne o Bournet, al frente de la citada revista, se manifestaron abiertamente seguidores de las mismas. Pero también lo es que, en paralelo a estos acontecimientos, el sociólogo francés Gabriel Tarde publicaba en el año 1886 su conocida obra *La Criminalité Comparée*, convirtiéndose en el máximo exponente de la Escuela sociológica del crimen en Francia, y en uno de los principales críticos de Lombroso y sus seguidores[915].

En el año 1889 París acogió el segundo Congreso Internacional de Antropología Criminal. El alienista Valentin Magnan condujo a sus participantes a un reformatorio, para mostrarles que los jóvenes allí encerrados no tenían ninguna característica física definitoria de la criminalidad. Ante las iras de Lombroso y Garofalo, que se sintieron insultados con ello, se decidió formar una comisión internacional para llevar a cabo un estudio antropológico de criminales y hombres honestos de la misma clase social y provincia. Las conclusiones habían de presentarse en el siguiente Congreso Internacional de Antropología Criminal de Bruselas (1892), pero según el antropólogo francés Manouvrier los datos no podían considerarse válidos.

---

912 En este ambiente surgió también el importante libro de Charles Goring, *The english convict: a statistical study*, 1913, del que se hicieron eco en toda Europa y sembró gran controversia, ya que alimentó las teorías de los eugenistas (the eugenist), quienes entroncaban con las teorías de Darwin sobre la selección natural de las especies, al decir que "the criminal does breed the criminal", afirmando que el crimen era más el resultado de la naturaleza que de la crianza. Véase RADZINOWICZ, L. y HOOD, R., *The emergence of penal policy...*, pp. 27-33.

913 Como tampoco lo hizo en Alemania (excepto en la obra de Hans Kurella), combatido por hombres como Kräpelin, Baer, Näcke, oAschaffenburg. Véase RADZINOWICZ, L. y HOOD, R., *The emergence of penal policy...*, p. 24.

914 De ello se congratulaba Lombroso en LOMBROSO, C., FERRI, E., GAROFALO, R., y FIORETTI, *La Escuela criminológica...*, p. 184.

915 De hecho, los propios positivistas italianos contestan a sus críticas en LOMBROSO, C., FERRI, E., GAROFALO, R., y FIORETTI, *La Escuela criminológica...*, pp. 9 y ss.

En su mayoría, por tanto, podemos concluir que los franceses no se dejaron convencer por las teorías positivistas[916], apostando más bien por la corriente sociológica de Tarde, según la cual la causa del crimen no era física ni biológica sino social: el delincuente era víctima del medio social en que vivía. Y para demostrarlo comenzaron a elaborar estadísticas, siguiendo el temprano ejemplo o modelo de Guerry, *Essai sur la Statistique morale de la France* (1833).

De la misma manera, la corriente positivista fue recibida en España con cautela[917]. Las primeras noticias acerca del Congreso Internacional de Antropología de Roma de 1885 llegaron a España gracias a Isidro Pérez Oliva[918], quien también realizaría la primera traducción de Enrico Ferri bajo el nombre de *Los nuevos horizontes del derecho y del procedimiento penal*, en Madrid, en el año 1887. En dicha edición ya se incorporaba una introducción del propio Enrico Ferri respondiendo a las críticas vertidas contra la escuela positivista por el catedrático ovetense Félix Aramburu y Zuloaga ese mismo año de 1887[919]. Aunque sería más adelante Constante Amor y Naveiro quien dedicara una crítica más completa a la cuestión[920].

Definiéndose él mismo como *"espiritualista y escolástico y discípulo humilde de la escuela ético-jurídica de Suárez y de Fr. Alfonso de Castro"*[921], Amor y Naveiro criticaba especialmente de los positivistas su negación del libre albedrío humano, y con él de la responsabilidad moral. En su opinión, el positivismo, que históricamente entroncaba con la escuela frenológica, era un método inductivo o experimental que se olvidaba del delito en sí mismo, y pretendía aplicar exclusivamente al derecho y al procedimiento penal la observación física del delincuente. ¿Y cuál era, según este autor, la razón última del mismo?: *"El espíritu de independencia, de insubordinación de los entendimientos y de los corazones contra la doctrina y la ley de Jesucristo y el magisterio de la Iglesia; el amor de la novedad; la vanidad*

---

916 En este sentido, también puede traerse a colación la obra de FRANCK ADOLPHE, *Philosophie du Droit Penal*, 14º ed., París, 1893.

917 JIMÉNEZ de ASÚA, L., *Las Escuelas Penales a la luz de la crítica moderna...*, pp. 95 y ss; y SÁNCHEZ GONZÁLEZ, M.D del M, *La influencia de los escritores italianos en el pensamiento jurídico penal español del siglo XIX*, en Italia-España-Europa. XI Congreso Internacional de la Sociedad Española de italianistas, Sevilla, 2005, pp. 659-670.

918 PÉREZ OLIVA, J., *Escuela positivista del derecho penal en Italia*, en Revista de los Tribunales, dic.1885.

919 ARAMBURU y ZULOAGA, F., *La nueva ciencia penal*, Madrid, 1887. Para él la solución para reprimir el instinto criminal era la educación religiosa.

920 Se trató de la ya aludida obra de AMOR y NAVEIRO, C., *Examen de las nuevas escuelas de derecho penal: memoria laureada por la Real Academia de Ciencias morales y políticas*, Madrid, 1899, cuya edición facsímil en Pamplona, 2007, citaré en estas páginas.

921 AMOR y NAVEIRO, C., *Examen de las nuevas escuelas...*, p. 38.

de distinguirse de las muchedumbres, ó mejor, de arrastrarlas y constituir escuela"[922].

Desde este punto de vista, el autor español no sólo arremetía contra el positivismo y la antropología criminal, sino también contra la escuela sociológica del francés Tarde, y cualquier otra ciencia aplicada al crimen, como la estadística o la psicología, tachando todos estos movimientos de sectas *"fuera de la doctrina católica"*[923]. Incluso el correccionalismo de Augusto Roeder, que tantos seguidores estaba consiguiendo en España, fue objeto de crítica por Amor y Naveiro en la creencia de que el principal fin de la pena seguía siendo la expiación, y no la defensa o conservación social del positivismo, ni la corrección propia de la escuela correccionalista[924].

En la misma línea de Amor y Naveiro, el padre Jerónimo Montes también negó el positivismo o cualquier forma de determinismo que se opusiera al libre albedrío o la idea cristiana de culpabilidad. Para Montes los positivistas habían llegado *"á negar verdades tan claras y tan manifiestas á todo hombre, verdades tan patentes á los mismos que las niegan, como la existencia de la libertad humana"*[925]. Montes fijaba la adivinación y la magia como precedentes de los estudios fisionómicos de los positivistas, afirmando que con la teoría evolutiva de Lombroso la criminología queda reducida a un *"tratado de Historia natural"*[926].

De entre los españoles, Montes se opuso a cualquier simpatizante de la teoría positivista, en particular al catedrático salmantino Pedro Dorado Montero, aunque tuvo que descender hasta el siglo XVII para encontrar a alguien que en España hubiera escrito un tratado de fisonomía relacionando los caracteres anatómicos del delincuente[927]: *"Entre los escritores españoles que trataron de la ciencia fisonómica, merece un estudio aparte Esteban Pujasol, no porque lo hiciera mejor ni peor que los demás, que en este punto creo yo que, desde Aristóteles hasta Lombroso, cuantos intentaron averiguar las cualidades del alma por los rasgos del rostro se miraron antes al espejo, y su propia imagen influyó mucho en sus vaticinios..."*[928].

Debió retrotraerse hasta el siglo XVII porque, a diferencia de la tendencia seguida en el extranjero por otros médicos o psicólogos contemporáneos como el francés Broca o el escocés Thomson, que abundaron en

922 AMOR y NAVEIRO, C., *Examen de las nuevas escuelas...*, p. 51.
923 AMOR y NAVEIRO, C., *Examen de las nuevas escuelas...*, pp. 56-58.
924 AMOR y NAVEIRO, C., *Examen de las nuevas escuelas...*, pp. 287-310.
925 MONTES, J., *Precursores de la ciencia penal en España. Estudios sobre el delincuente y las causas y remedios del delito*, Madrid, 1911, facsímil Pamplona, 2003, p. 33.
926 MONTES, J., *Precursores de la ciencia penal...*, pp. 35-62.
927 PUJASOL, E., *Filosofía sagaz y anatomía de ingenios*, Barcelona, 1637.
928 MONTES, J., *Precursores de la ciencia penal...*, p. 107.

las características físicas del criminal para aportar a la Escuela positivista pruebas fehacientes de su argumento; en España se impuso la negación médica al determinismo biológico lombrosiano, en una corriente científica encabezada por hombres como José de Letamendi, Catedrático de Anatomía en la Universidad de Barcelona, Pedro Felipe Monlau o Pedro Mata, quien más en la línea correccionalista que en la positivista, trataba de entender la marginación y la criminalidad para humanizarla y ponerle fin mediante la prevención[929].

Otros penalistas españoles críticos con el positivismo fueron Ureña Smenjaud[930], Fernando Cadalso[931], Constancio Bernaldo de Quirós[932], los correccionalistas Luis Silvela y Concepción Arenal de los que trataremos más abajo, y el propio Rafael Salillas, quien no obstante comenzara siendo señalado como su principal introductor en España. La perspectiva de estos autores era, no obstante, distinta de la de los anteriores, pues aunque negaran el determinismo lombrosiano, admitían la necesidad de una mirada científica diferente sobre el delincuente, y abundaron en los estudios sobre el mismo, incluso desde la antropología en el caso de Rafael Salillas[933].

La mayor representante del correccionalismo español, Concepción Arenal, que había recibido elogios de Lombroso y Ferri por sus estudios acerca del delincuente, atenta a los numerosos Congresos internacionales, tanto de antropología criminal como penitenciarios, que comenzaron a realizarse en esta época como principal medio de difusión de las nuevas ideas, apuntaba contra los positivistas con su característico sentido común: *"En los Congresos Penitenciarios Internacionales hay hombres de todo el mundo, y sus conclusones parecen tener por base la identidad del delincuente de todos los países y la tendencia lógica a uniformar las leyes penales y los sistemas penitenciarios (...). Nada tiene de extraño que entre el ruso y el español, el norteamericano y el griego que se reúnen en un Congreso no haya grandes diferencias y que puedan existir entre los delincuentes de sus países*

[929] Véase MATA, P., *Criterio médico-psicológico para el diagnóstico diferencial de la pasión y la locura*, Madrid, 1868, y MONLAU, F.P., *Patología social. Breve estudio sobre la criminalidad*, Madrid, 1870. Un estudio aparte merecen quienes, desde un punto de vista más social que biológico, trataron de entender también el proxenetismo y la prostitución. Véanse CARBONERES, M., *Picaronas y alcahuetas en la mancebía de Valencia*, Valencia, 1876, o NAVARRO FERNÁNDEZ, A., *La prostitución en la villa de Madrid*, Madrid, 1909.

[930] UREÑA SMENJAUD, R., *Origen de la ciencia jurídico-penal*, en Revista General de Legislación y Jurisprudencia, tomo LXI, Madrid, 1882.

[931] CADALSO, F., *Estudios penitenciarios. Presidios españoles, escuelas clásica y positiva y colonias penales*, Madrid, 1893.

[932] BERNALDO de QUIRÓS, C., *Las nuevas teorías de la criminalidad*, Madrid, 1898. *La mala vida en Madrid. Estudio psico-sociológico*, Madrid, 1901.

[933] SALILLAS, R., *El delincuente español: el lenguaje*, Madrid, 1896, y *El delincuente español:el hampa (antropología pintoresca)*, Madrid, 1898. Ambos publicados en conjunto *El delincuente español: hampa y lenguaje*, edic. de Mª Jesús Miranda, Madrid, 2004.

respectivos, y que las desviaciones de la Justicia reciban influencias diferentes, según la diferentes circunstancias que rodean a los espíritus débiles, como lo son siempre los que no se resiten a la tentación de hacer mal"[934].

Ahora bien, a pesar de las numerosas críticas que recibiera el positivismo italiano, no se le puede negar la importancia de haber sacudido el pensamiento científico en torno al delincuente y la criminalidad, abriendo nuevas ramas científicas, como antes se ha dicho, y permitiendo en especial el desarrollo de la ciencia jurídico-penal. Los debates sostenidos en el Congreso de Antropología criminal de París (1889), y más adelante en los Congresos de Berna (1890) y Stüttgart (1903), permitieron que, frente a la dialéctica "Escuela clásica" o "Escuela positivista", comenzaran a pergeñarse nuevas corrientes de pensamiento, como la "Terza Scuola" italiana (Emmanuele Carnevale y Bernardino Alimena), o la alemana "Escuela Sociológica" o "Político-criminal", también llamada "Escuela de Marburgo", de Fran von Liszt[935]. Ambas corrientes seguían asignando a la pena fines preventivos, si bien la segunda de ellas puso más el acento en la prevención especial, abundando en la creación del derecho penal juvenil.

En España, aunque la influencia de estas y otras escuelas de pensamiento, no sólo penal sino también social (los primeros socialismos utópicos, el marxismo, la doctrina social de la Iglesia, etc.), también llegó, calaría sin embargo especialmente el correccionalismo alemán de Karl Röeder (discípulo de Krause), que tenía mejor acomodo con nuestra tradición humanitaria cristiana y con la corriente preventivista patria representada fundamentalmente por Lardizábal. De él se nutrió el reformismo de la Restauración y el discurso filantrópico español, desarrollándose una escuela propia, la llamada Escuela correccionalista española.

[934] En un curioso estudio titulado *Psicología comparada del delincuente* a propósito de un trabajo de Ferri titulado *Los remordimientos de los culpables*, cifr. CASAS FERNÁNDEZ, M., *Concepción Arenal y su apostolado: ideal de una justicia humanitaria*, Madrid, 1950, p. 146.

[935] En Alemania, el profesor Franz von Liszt fundaba en 1883, junto con el belga Adolph Prins y el holandés G.A. van Hamel, la "Union Internationale de Droit Penal" ("Die Internationale Kriminalistiche Vereinigung"), con el objetivo de buscar respuestas globales a la crisis abierta por el positivismo, y marcar la dirección de las reformas que los sistemas penales europeos debían acometer. La asociación, de carácter científico y privado, resultó muy activa durante sus primeros años, manteniendo congresos de forma regular para debatir problemas esenciales de policía criminal y tratar de vislumbrar los cambios que debían realizarse en las distintas legislaciones europeas. Sus conclusiones se publicaron hasta el año 1913 en el *Bulletin de l'Union Internationales de Droit Pénal*, aunque en la práctica sólo sirvieron para la formación doctrinal de autores, como Luis Jiménez de Asúa en España, y para remover la opinión pública, sin que ningún mecanismo consiguiera que sus propuestas llegaran efectivamente a la Administración. También promovió la realización de los primeros estudios comparados de derecho penal, como el del suizo Carl Stooss o el mismísimo von Liszt.

2. LA ESCUELA CORRECCIONALISTA EN ESPAÑA

Siguiendo a Antón Oneca, Rivacoba y Silva Melero[936], afirmaba Gerardo Landrove en 1969 que "el correccionalismo no supone más que la doctrina penal de los krausistas"[937]. Y es rigurosamente cierto. El krausismo fue, sin duda, la tendencia de pensamiento que se impuso en la España de la Restauración monárquica (desde 1874 a 1923, aunque formalmente hasta 1931, primero en la figura de Alfonso XII, después durante la regencia de Mª Cristina, y finalmente en la figura de Alfonso XIII), entre un nutrido grupo de ideólogos y políticos reformistas, que querían alcanzar el cambio social "desde arriba" frente a las tendencias socialistas o anarquistas que se estaban afianzando entre las clases más desfavorecidas.

La Restauración supuso para el país un dilatado periodo de paz, en el que se quiso alcanzar el consenso o equilibrio entre todas las tendencias políticas a través del turno de partidos, y también dar respuesta a los problemas sociales más acuciantes. A tal fin, se fomentó el librepensamiento a través de la *Institución Libre de la Enseñanza* (1876), señalado centro krausista, y se crearon órganos como el *Instituto de Reformas Sociales* (1903).

Como se ha dicho, la filosofía de la que se nutría este movimiento intelectual y reformista español, de origen cristiano, era el krausismo, que debe su nombre al filósofo alemán Karl Christian Friedrich Krause (1781-1832). Krause construyó una especie de "racionalismo armónico" como sistema de pensamiento, proponiendo la creación de un mundo en perfecta sintonía con Dios mediante la racionalización progresiva de las instituciones humanas. Aunque partía de una creencia religiosa, más que en la metafísica, Krause se basaba esencialmente en la aplicación de la ética al derecho, buscando en última instancia el entendimiento armónico del hombre y la sociedad[938].

---

[936] ANTÓN ONECA, J., *La teoría de la pena en los correccionalistas españoles* (1960), en Obras, tomo I, Buenos Aires, 2000, pp. 157-170; RIVACOBA y RIVACOBA, M., *Krausismo y Derecho*, Santa Fé (Argentina), 1963, y más adelante, aunque no es ésta la obra que cita Landrove, *El correccionalismo penal*, Córdoba (Argentina), 1989; y SILVA MELERO, V., *En torno a la escuela penal española*, en el Anuario de Derecho penal y ciencias penales, 1954, pp. 439-450.

[937] LANDROVE DIAZ, G., *El correccionalismo de Concepción Arenal*, Madrid, 1969, p. 13.

[938] Véase KRAUSE, C., *Ideal para la Humanidad para la vida*, Introducción y comentarios de J. Sanz del Río, Madrid, 1860. Como aparato doctrinal en español, puede acudirse a LÓPEZ CALERA, N.M., *En torno al concepto de Derecho en K.Ch.Fr.Krause*, en Anales de la Cátedra Francisco Suárez, Granada, 1962, II, fasc.2, pp. 367-378, y ORDEN JIMÉNEZ, R.V., *Las habilitaciones filosóficas de Krause: con estudio preliminar y notas*, Madrid, 1996, o *El sistema de la filosofía de Krause: génesis y desarrollo del panenteísmo*, Madrid, 1998.

Su discípulo Karl Röeder desarrolló este sistema de pensamiento en el campo específico del derecho penal, y por eso ha sido señalado unánimemente por los penalistas como el padre o fundador de la *"Besserungstheorie"* (teoría del mejoramiento o de la enmienda), que proponía como único fin de la pena la enmienda o corrección moral del delincuente. Para la teoría correccionalista, el delito no era sino una determinación defectuosa de la voluntad del hombre[939]. El centro de atención era el delincuente, al igual que en el caso de los positivistas, relegando a un segundo plano la importancia del delito. Ahora bien, el delincuente no nacía determinado para el mal por motivos biológicos o psicológicos incorregibles, como pensaban los positivistas, sino que era un hombre cualquiera equivocado, o que actuaba mal por una voluntad desviada, al que el Estado tenía la obligación de corregir para que no volviera a poner en peligro el orden jurídico.

En definitiva, se trataba de aplicar una especie de "tratamiento" a la enfermedad social que suponía el delito, y para ello la corrección moral, la transformación interna de los criminales, debía ser considerado el único fin posible de la pena, o la única sanción acorde con las exigencias de la Justicia. La pena por excelencia para alcanzar dicho fin no podía ser otra que la privación de libertad, entendiéndose que sólo las prisiones correccionales coadyuvaban al citado fin. Se admitían también las multas para pequeñas faltas, pero el resto de sanciones eran descartadas por Roëder, especialmente la pena de muerte que calificaba de "asesinato jurídico", por ser contrarias al objetivo correccional[940].

En este punto radicó la mayor novedad y verdadera aportación de la ideología correccional, tal y como señalara Pedro Dorado Montero: la revolución ideológica de Röeder, llegó a afirmar, es *"bastante más profunda que la que a Beccaria y sus prosélitos se atribuye"*[941]. En la misma línea, los profesores Bueno Arús y Rivacoba han reivindicado también la importancia de la escuela correccionalista, señalando que si los principios de Beccaria son los "principios básicos de nuestro Derecho penal y procesal", "los relativos a la finalidad de las penas son prontamente superados

[939] BRUZZUNE, G.A., *El principio de culpabilidad penal: una aproximación desde el krausismo*, Buenos Aires, 2005.

[940] RÖEDER, K., *Estudios sobre Derecho penal y sistemas penitenciarios. Fundamento jurídico de la pena correccional*, traducc. de Vicente Romero y Girón, Madrid, 1875, y *Las doctrinas fundamentales reinantes sobre el delito y la pena en sus interiores contradicciones*, traducido por Francisco Giner de los Ríos, 3ª edición Madrid, 1876. Sobre su figura se pronunció también GINER de los RÍOS, F., *Carlos Roeder*, en Revista General de Legislación y Jurisprudencia, 1880, pp. 140 yss.

[941] Cfr. LANDROVE DIAZ, G., *El correccionalismo de Concepción Arenal*, Madrid, 1969, p. 14.

por el correccionalismo de Roeder que conquista a nuestros teóricos de Derecho penal"[942].

Aunque cierta, la afirmación debe tomarse con prudencia, porque, si es verdad que el correccionalismo alemán se difundió especialmente en España (no en Alemania ni en otros países europeos[943]), ni supuso un giro radical de la política penitenciaria española, ni trascendió especialmente en el tiempo, ni, por supuesto, se asumió y desarrolló por los reformistas españoles con el mismo espíritu filosófico de su creador. A partir del mismo, pero desde un fondo esencialmente cristiano, humanitario y filantrópico (fueron muchos quienes remontaron la tradición correccionalista española a teólogos de la Segunda Escolástica como Domingo de Soto o Alfonso de Castro, y posteriormente a destacados preventivistas patrios como Lardizábal o Marcos Gutiérrez[944]), en España se forjó una Escuela propia: la llamada Escuela correccionalista española[945].

En general, el pensamiento krausista fue introducido en España en la segunda mitad del siglo XIX por Julián Sanz del Río, Fernando de Castro o Vicente Romero y Girón, seguidos por una segunda generación de krausistas, ya a partir del siglo XX, como Francisco Giner de los Ríos, Nicolás Salmerón, Gumersindo de Azcárate, Alfredo Calderón o Segismundo Moret[946]. Vicente Romero y Girón y Francisco Giner de los Ríos tradujeron

---

[942] Son palabras de BUENO ARÚS, F., *"Los fines de la pena y la pena de prisión en Beccaria y en la política criminal española contemporánea"*, en Cuadernos de Política Criminal, nº 38 (1989), p. 302, aunque también RIVACOBA y RIVACOBA, M., *El correccionalismo penal*, Córdoba (Argentina), 1989, pp. 20-22, defiende la importancia del correccionalismo como *"escuela"* penal y no simple *"teoría"* o *"tendencia"*, como prefieren designarla algunos.

[943] Las obras de Röder, tuvieron también cierta repercusión, no obstante, en los alemanes Ahrens y Tiberghien, que difundieron la filosofía krausista por Francia, Bélgica y Holanda, y también en la del italiano Pietro Siciliani, aunque triunfaría especialmente en España. RIVACOBA y RIVACOBA, M., *El correccionalismo penal*, Córdoba (Argentina), 1989, pp. 35-36.

[944] En palabras de ANTÓN ONECA, J., *La utopía penal de Dorado Montero*, Salamanca, 1951, p. 37, "el fin correccional no fue invento de Roeder". Así, comprobamos el renovado valor del pensamiento penológico español de la Segunda Escolástica, y sobre todo del penalista ilustrado por antonomasia, Manuel de Lardizábal y Uribe, en las obras de Amor y Naveiro, Silvela, Dorado Montero o el propio Rafael Salillas, quien, no en vano, editó de nuevo en 1916 el célebre *Discurso sobre las penas* de Lardizábal. En este sentido, también RIVACOBA y RIVACOBA, M., *El correccionalismo penal*, Córdoba (Argentina), 1989, pp. 23-26.

[945] Véase UREÑA SMENJAUD, R., *Antigua filiación de la moderna teoría correccionalista y origen de la ciencia jurídico-penal: discurso leído en el solemne acto de la apertura del curso académico de 1881 a 1882 en la Universidad Literaria de Oviedo*, Oviedo, 1881; SALILLAS, R., *Inspiradores de doña Concepción Arenal* (1920), en Revista de Estudios Penitenciarios, nº 200-203 (1973); o más recientemente VÁZQUEZ ROMERO, J.M., *Tradicionales y moderados ante la difusión de la filosofía krausista en España*, Madrid, 1998.

[946] DIAZ, E., *La filosofía social del krausismo español*, Madrid, 1973; o LÓPEZ MORILLAS, J., *El Krausismo español*, México-Madrid-Buenos Aires, 1980, y *Racionalismo pragmático: el pensamiento de Francisco Giner de los Ríos*, Madrid, 1988.

a Röeder y trajeron a España su teoría de la mejora, que encontró fácil acomodo entre los círculos cristianos. Pero dicha teoría fue desarrollada más adelante por penalistas españoles como Félix de Aramburu, Luis Silvela, Pedro Dorado Montero o Concepción Arenal, que la dotaron de un mayor eclecticismo[947].

Del catedrático ovetense Félix de Aramburu y su obra *La nueva ciencia penal* (1887), que fue replicada por el propio Enrico Ferri, ya hemos dicho algo con anterioridad[948]. Aramburu fue un hombre de cierto reconocimiento en su época, también como literato o poeta, pero sobre todo como penalista, alcanzando su fama a otros países europeos. De él se admiraba sobre todo su independencia a la hora de opinar, crítico no sólo con los positivistas, sino también con otras doctrinas innovadoras salvo el correccionalismo. De él tomó la corrección moral del delincuente, pero no como única finalidad de la pena, sino de consuno junto con la finalidad intimidatoria o de prevención general propia de la Escuela Clásica y la tradición española. Para Aramburu las penas debían cumplir ambos fines, que a su juicio servían de distinción entre delitos y crímenes[949].

Mucho más conocido sería el catedrático de Derecho Penal de la Universidad de Madrid Luis Silvela, perteneciente a una ilustre saga de juristas y políticos españoles. Era hijo de Francisco Agustín Silvela, de cuyas aportaciones a la ciencia jurídico penal ya hemos hablado antes, y que llegó a ser magistrado del Tribunal Supremo y Ministro de la Gobernación y de Gracia y Justicia en el periodo moderado; y hermano de Manuel Silvela, eminente abogado y Ministro de Estado entre 1877 y 1879, y Francisco Silvela, quien como Ministro de la Gobernación desde 1879, y Ministro de Gracia y Justicia a partir de 1885, coadyuvaría también de forma también decidida a la reforma penitenciaria.

Luis Silvela no lo hizo tanto desde la práctica, como sus hermanos, como desde la teoría, y ello a pesar de haber participado en varias legislaturas como diputado a Cortes y ser nombrado senador vitalicio en 1889. "Medio siglo después de Pacheco", se ha llegado a decir, "la ciencia jurídico penal española afloró verdaderamente de la mano de Luis Silvela"[950], quien fue el encargado de superar el moralismo retribucionista de Rossi y recuperar la tendencia preventivista clásica añadiéndole el fin de la

---

[947] ANTÓN ONECA, J., *La teoría de la pena en los correccionalistas españoles...*, p. 169, señala su carácter "marcadamente ecléctico".

[948] También hay que citar de este autor, ARAMBURU, F., *La actual orientación del Derecho Penal y de la lucha contra el delito*, Madrid, 1910.

[949] SILVA MELERO, M., *Un ovetense: profesor penalista y poeta romántico (D. Félix Pio Aramburu Zuloaga)*, Oviedo, 1952.

[950] TELLEZ AGUILERA, A., *Estudio preliminar a El Código Penal concordado y comentado de Joaquín Francisco Pacheco*, Madrid, 2000, p. 25.

enmienda[951]. Para ello recuperó en el discurso jurídico español la figura de Bentham, a quien dedicó gran parte de su obra, considerándolo el padre de la penalidad moderna, de la idea correccional o de reforma del delincuente[952]. Con todo, como en el caso de Arumburu, hay que notar principalmente el carácter ecléctico de Silvela, pues aunque reconocía la finalidad correctiva, no la situaba como única finalidad de la pena, ni defendía la necesidad de una corrección moral, sino simplemente jurídica[953].

Pero si Aramburu y Silvela incorporaron (o recuperaron) la finalidad correctiva a la tradición española, Pedro Dorado Montero, que había estudiado en Italia, en el Colegio de San Clemente de Bolonia, trató de conciliar lo aprendido allí del positivismo con el correccionalismo que se estaba desarrollando particularmente en nuestro país. *"El sistema penal del porvenir"* afirmó en el prólogo de una de sus obras más conocidas, *"debe ser algo así como la unión de la escuela correccionalista y de la positiva, la infusión del espíritu de la primera en el cúmulo no muy ordenado de datos de la segunda"*.

Del positivismo admiraba el estudio experimental o empírico acometido, aunque ello le valiera una acusada polémica en nuestro país, en el que fue tildado de determinista e incluso "herético" desde los sectores cristianos más conservadores (por ejemplo, por el propio padre Jerónimo Montes), por creerse que negaba el libre albedrío[954]. De la escuela correccionalista *"su sentido. Las ideas, por la misma vertidas, de que el delincuente es un individuo inferior que necesita ser atendido, que el delito no es más que un síntoma de aquella inferioridad, que la manera acertada de ejercer la función penal es atacar la causa, la raíz del delito (la voluntad torcida del delincuente); que este procedimiento no puede menos de redundar en beneficio de la sociedad misma, la cual por eso tiene el deber de ejercitar la función penal,*

---

[951] SILVELA, L., *El Derecho penal estudiado en sus principios y en la legislación vigente en España*, tomo I, Madrid, 1874, tomo II, Madrid, 1879 (2° edic., Madrid, 1903). Con un tono mucho más divulgativo, también publicó de forma conjunta una serie de artículos periodísticos sobre le reforma penal, bajo el título SILVELA, L., *El Código penal y el sentido común*, Madrid, 1886.

[952] SILVELA, L., *Bentham en España*, Madrid, 1894, y *Bentham, sus trabajos sobre asuntos españoles, expositor de su sistema en España. Discurso de recepción del Sr. D. Luis Silvela y de contestación del Sr. Conde de Torreánaz, leídos en la Junta Pública de 8 de abril de 1894*, Madrid, 1908.

[953] Sobre las ideas básicas que expuso en su obra principal, *El Derecho penal estudiado en sus principios y en la legislación vigente en España*, véase el resumen de ANTÓN ONECA, J., *La teoría de la pena en los correccionalistas españoles* (1960), en Obras, tomo I, Buenos Aires, 2000, pp. 160-162.

[954] LIMA TORROSO, J., *El libre albedrío en el pensamiento de Dorado*, en Doctrina Penal, 1, 1938, p. 724 y ss.

y el reo, el individuo inferior, el derecho á que se le imponga la pena; que ésta no es un mal, un castigo, sino un verdadero bien para el que la sufre"[955].

Sin embargo, Dorado no era un determinista, como afirmara en su defensa Jiménez de Asúa. Nunca negó expresamente el libre albedrío, y su imagen del delincuente está muy alejada de la de los positivistas, que lo comparan a una bestia. Lo que interesaba a Dorado Montero era la finalidad de la pena, y en este sentido no encontraba gran diferencia entre las escuelas cuando lo que se buscaba, desde hacía ya más de un siglo, no era sino la mejora del tratamiento del delincuente a través de ese derecho protector: *"Aquel humanitarismo sentimentalista que, desde fines del siglo XVIII principalmente, penetró, con Juan Howard y sus prosélitos, en las prisiones (...), se ha venido a encontrar y á coincidir en muchos puntos con otros movimientos que, arrancando de diferentes sitios, marchan en la misma dirección. Me refiero, de un lado, al correccionalismo, y de otro, a las enseñanzas y aspiraciones de la antropología y la sociología criminales modernas"*[956].

Es por ello que, aunque hubo quien le acusara de positivista, y quien dudó de su adscripción correccionalista[957], se puede afirmar que Dorado Montero fue una figura clave para la propagación de estas ideas en España, tratando de asentar los principios de un sistema de derecho penal preventivo o protector de los criminales, seres inadaptados que debían ser objeto de un tratamiento tutelar. En este sentido, hizo un especial hincapié en el derecho penal juvenil, y propugnó, al igual que Roëder, un tratamiento penal absolutamente individualizado para los presos, a partir del exacto conocimiento de la condición personal del penado y un estricto examen de los efectos del tratamiento. Ello implicaba el reconocimiento de penas indeterminadas o determinadas a posteriori, de carácter provisional hasta ver la reacción delincuente, y también la apuesta por la "libertad condicional"[958].

---

[955] DORADO MONTERO, P., *Problemas de derecho penal*, 2 vols., Madrid, 1895, edic. facsímil en Pamplona, 2003, pp. XIII-XV. Otras obras del autor fueron *Estudios de derecho penal preventivo*, Madrid, 1901; *Bases para un nuevo derecho penal*, Barcelona, 1902; *De criminología y penología. Balance penal de España en el siglo XIX*, Madrid, 1906; *La psicología criminal en nuestro derecho legislado*, Madrid, 1911; o *El derecho protector de los criminales*, 2 vols., Madrid, 1915.

[956] DORADO MONTERO, P., *El derecho protector de los criminales*, 2 vols., Madrid, 1915, edic. facsímil en Pamplona, 1999, tomo I, p. 221.

[957] ANTÓN ONECA, J., *La utopía penal de Dorado Montero*, Salamanca, 1951, pp. 28 y ss, y RIVACOBA y RIVACOBA, M., *El correccionalismo penal*, Córdoba (Argentina), 1989, pp. 38-41.

[958] DORADO MONTERO, P., *El derecho protector de los criminales*, 2 vols., Madrid, 1915, edic. facsímil en Pamplona, 1999, tomo II, pp. 43 y ss, especialmente en cuanto a la "condena condicional" en pp. 211--217.

Ahora bien, por encima de Pedro Dorado Montero y el resto de los autores citados, siempre despuntó, en España y fuera de ella por su influencia internacional, la figura de la que ha sido considerada sin duda la madre del correccionalismo español: Concepción Arenal. El nombre de esta mujer se utiliza prácticamente como sinónimo del correccionalismo español, y han sido tantos los estudios dedicados a su figura y su obra, desde su contemporaneidad hasta nuestros días, que un simple repaso a los principales títulos de tan abundante literatura puede darnos idea de su importancia, destacando las obras de el propio Dorado Montero,Giner de los Ríos, Romero Girón, Azcárate, Armengol y Cornet o Lastres[959].

También nos sirve, este repaso acometido al pie y el resto de citas que aparecen en la bibliografía, para poder enfocar de forma mucho más concisa la figura y el pensamiento de Concepción Arenal, con intención sintética e integradora. Concepción Arenal nació en Ferrol en 1820. Siendo adolescente llegó a Madrid y asistió a algunas clases de la Universidad Central de Madrid vestida con ropa de hombre, ya que los estudios universitarios aún estaban prohibidos para las mujeres. Allí conoció a quien sería su marido, el abogado Fernando García Carrasco, con quien asistiría

[959] Sin ánimo de ser exhaustiva, ARMENGOL y CORNET,P., *Bosquejo necrológico de Doña Concepción Arenal*, Barcelona, 1893, SALILLAS, R., *Dª Concepción Arenal*, en Galicia, año 1 (2 época), nº 9 (marzo 1893); SALILLAS, AZCÁRATE y SÁNCHEZ MOGUEL, *Dª Concepción Arenal en la ciencia jurídica, sociológica y en la literatura*, Madrid, 1894; SALILLAS, AZCÁRATE y SÁNCHEZ MOGUEL, *Dª Concepción Arenal y sus obras*, Madrid, 1894; DORADO MONTERO, P., *Concepción Arenal: estudio biográfico*, Madrid, 1900; ROVIRA CARRERÓ, I., *D. Concepción Arenal; su labor científica desde los puntos de vista penal y penitenciaria, Discurso leído en la solemne inauguración del curso académico*, Santiago de Compostela, 1926; TENREIRO RODRÍGUEZ, R., *Estudio sobre algunas ideas sociales y jurídicas de Dª Concepción Arenal, tesis inédita presentada en la Universidad de Madrid*, Facultad de Derecho, 1904; CASAS FERNÁNDEZ, M., *Concepción Arenal, su vida y su obra*, Madrid, 1936, y *Concepción Arenal y su apostolado: ideal de una justicia humanitaria*, Madrid, 1950; CABEZAS, M., *Concepción Arenal o el sentido romántico de la justicia*, Madrid, 1942; RICO LARA, M., *Concepción Arenal: la utopía realizada*, Madrid, 1944; DAIEN, S., *Concepción Arenal y el régimen social penitenciario*, en la Revista de la Universidad Nacional de La Plata (Argentina), nº 15 (sept-dic.1961); LANDROVE DÍAZ, G., *El correccionalismo de Concepción Arenal*, Madrid, 1969; LAFFITE PÉREZ del PULGAR, M.R., *Concepción Arenal. 1820-1893: Estudio biográfico-documental*, Madrid, 1973; GONZÁLEZ GUITIÁN, L., *El lugar de Concepción Arenal en el movimiento de reforma penitenciaria*, en Concepción Arenal, Ciencias y humanidades, monográfico 4 (octubre 1994); MARTÍNEZ PÉREZ, C., *Concepción Arenal en la historia de las ideas penales*, en Concepción Arenal. Ciencias y humanidades, monográfico 4 (octubre 1994); ALVARADO PLANAS, J., *Los proyectos legislativos de Concepción Arenal*, en el Boletín de la Facultad de Derecho de la UNED, segunda época, 10-11 (1996); SANTALLA LÓPEZ, M., *Concepción Arenal (1820-1893)*, Ferrol, 2001; ALLEGUE, P., *Elementos ilustrados en el pensamiento jurídico de Concepción Arenal*, en el Anuario de la Facultad de Derecho de Ourense, nº 1 (2002); ÁLVAREZ, M.T., *Concepción Arenal: idealismo y pragmatismo*, en Ellas mismas: mujeres que han hecho historia contra viento y marea, Madrid, 2003; PIRAT, A., *Concepción Arenal y el Krausismo*, en Moenia, vol.10 (2004); o LÓPEZ SOUTO, A., *Concepción Arenal*, A Coruña, 2004.

a tertulias intelectuales, comenzando a realizar sus primeros escritos literarios y a colaborar con el periódico liberal *"La Iberia"* entre 1855 y 1857.

Los temas sociales, en especial en relación a la pobreza, la beneficencia, el derecho penal y las cárceles, ya aparecieron entonces como su principal preocupación; aunque su figura intelectual comenzó a destacar sobre todo tras enviudar de su marido en 1857, a la edad de 37 años. En 1860 recibió el premio de la Academia de Ciencias Morales y Políticas por su obra *"La beneficencia, la filantropía y la caridad"*, firmada con el nombre de su hijo Fernando. En 1863 fue nombrada Visitadora de prisiones de mujeres en la Coruña, cargo en del que fue cesada en 1865, pasando a ocupar, ya Madrid y en 1868, el de Inspectora de a Casa de Corrección de Mujeres, en el que estuvo hasta 1873.

Desde estos cargos de Visitadora e Inspectora de prisiones de mujeres, conoció de primera mano el ambiente carcelario y aumentó significativamente su producción científica sobre el tema, con obras como *"Cartas a los delincuentes"*, dedicada en agradecimiento al Director General de Prisiones Antonio Mena Zorrilla; *"Las colonias penales en Australia y la pena de deportación"*, premiada en 1875 por la Academia de Legislación y Jurisprudencia; *"Estudios penitenciarios"*, que publica en 1876; o ya de forma más tardía *"El Visitador del preso"*, escrito de 1891 que gozó de gran fama en su tiempo y el que trató de sintetizar todo su pensamiento[960].

En 1870 había fundado también, junto a su amiga Juana de Vega, condesa de Espoz y Mina (con quien ya había fundado un grupo de beneficencia para las mujeres encarceladas conocido como Las Magdalenas), y junto a Fernando de Castro, la revista quincenal *"La voz de la Caridad"*, que se publicó durante quince años y en la que escribiría más de cuatroscientos artículos, muchos de ellos sobre el problema penitenciario.

Su influencia en asuntos de prisiones le garantizaría, asimismo, un puesto como miembro de la Comisión Nacional para la reforma penitenciaria que se formó durante el efímero periodo de la I República, en 1873[961]. En ésta época entraría en contacto también con emblemáticas figuras del krausismo, siendo gran amiga de Francisco Giner de los Ríos y de Gumersindo de Azcárate, y desde la creación de la Institución Libre de Enseñanza, en 1876, participó activamente en el *Boletín de la Institu-*

[960] Sus obras completas, reunidas y ordenadas por su hijo Fernando, constan de 23 tomos. ARENAL, C., Obras Completas, 23 tomos, Madrid, 1894-1897, disponibles en el catálogo general de www.cervantesvirtal.com.

[961] De esta época datan, precisamente, algunos de sus proyectos legislativos, que por lo efímero del primer periodo republicano no pudieron entrar nunca en vigor. Véase ALVARADO PLANAS, J., *Los proyectos legislativos de Concepción Arenal*, en Boletín de la Facultad de Derecho de la Universidad Nacional de Educación a Distancia, Segunda Época, nn.10-11, Madrid, 1996, pp. 27-47.

ción Libre de Enseñanza, en el que buena parte de sus obras afrontaron asimismo el problema penitenciario[962]. Con toda esta experiencia, presentó varios informes a los Congresos penitenciarios celebrados en Estocolmo (1878), Roma (1885), San Petersburgo (1890) y Amberes (1890), de los que los krausistas eran firmes partidarios.

En esta rama penitenciaria, hay quien ha comparado su figura en la España de finales del siglo XIX a la de otros promotores de la reforma en Europa como Mary Carpenter (Inglaterra), Carlos Lucas (Francia), Von Holtzendorff (Alemania), Beltrani-Scalia (Italia) o el Condede Sollohul (Rusia)[963]. Pero la figura de Concepción Arenal fue más allá, pues no sólo difundió ideas y promovió reformas, sino que creó con sus abundantísimos escritos una nueva corriente científica, absolutamente propia u original, siendo reconocida por los criminólogos más importantes del momento, desde los positivistas Lombroso o Ferri hasta el inglés Wines, el francés Joly y el mismísimo alemán Röeder; reseñada en obras como el Boletín de la Sociedad de Prisiones de París; y admitida, por poner otro ejemplo de su trascendencia internacional, en la londinense Asociación Howard para la reforma de las prisiones. Algunas de sus obras fueron traducidas al francés, inglés, alemán, italiano y polaco.

Según Salillas no es posible clasificar el pensamiento de Concepción Arenal en ninguna de las corrientes del momento en la ciencia penal. Fue autodidacta en su formación y, aunque su filiación krausista no puede negarse, en lo penal forjó también sus propias opiniones. Partía, como los krausistas, del ideal de una justicia humanitaria[964]. También compartía con Röeder el convencimiento de que en el fondo de la cuestión criminológica latía fundamentalmente un problema moral o ético. Pero el alemán, que conoció algunas de sus obras, llegó a afirmar de la autora española que revelaba "una originalidad y una elevación de ideas que la ponen al nivel de los primeros pensadores de Europa"[965].

---

[962] Un resumen de sus obras del Boletín puede verse en ONTAÑÓN, E., *Un estudio sobre la institución libre de enseñanza y la mujer*, Valencia, 2003, pp. 134-145: *"Empleo del domingo en los establecimientos penitenciarios"* (1884), *"Psicología comparada del delincuente"* (1887); *"Clínica criminal"*(1887); *"Complicidad social en los delitos"* (1889); *"El pauperismo"* (1890); *"Clasificación de los miserables respecto a las causas..."* (1891); o *"La instrucción del preso"* (1893).

[963] Citando a Casas Fernández, así lo hace también LÓPEZ SOUTO, A., *Concepción Arenal*, A Coruña, 2004, p. 57.

[964] CASAS FERNÁNDEZ, M., *Concepción Arenal y su apostolado...*, pp. 27-33, o PIRAT, A., *Concepción Arenal...*, p. 371.

[965] CASAS FERNÁNDEZ, M., *Concepción Arenal y su apostolado...*, pp. 13-14.

Ramón de La Sagra, otro coruñés ilustre, pudo ser al parecer uno de sus principales "inspiradores"[966], y de él tomó el sentimiento filantrópico o humanitario. Sin embargo, su pensamiento penitenciario fue más allá. Para Concepción Arenal existía una innegable correlación entre el individuo y la sociedad, siendo el derecho penal una necesidad humana. El delito era un quebrantamiento de la norma ética, o una violación moral del individuo a la que no podía permanecer ajena la sociedad, responsable del mismo. En el efervescente debate penológico que se estaba planteando en su época, podría decirse que estaba más cercana a las corrientes sociológicas del crimen que a aquellas que buscaban sus causas en factores biológicos, y pensaba, en consecuencia, que el mejor medio de prevenirlo era la educación.

Con respecto al castigo o la pena, consideraba también, por tanto, que ésta debía ser capaz de educar o corregir moralmente. *"Dada la naturaleza del hombre y la esencia de la pena, ésta ha de ser necesariamente correccional"*, llegó a afirmar. Pero éste no era el único fin de la misma: *"la pena es expiación, es intimidación, es educación"*. No le importa tanto su clasificación como su objetivo: *"El objeto de la pena es contribuir a la realización de la justicia como un elemento esencial de ella (...)"*[967]. Es decir, compartía con Röeder la idea de que la pena debía hacer un bien tanto al delincuente como a la sociedad, y en este sentido debía ser principalmente correccional, aunque no de forma exclusiva, y en esto se distanciaba de aquel e imprimía su originalidad[968].

Su experiencia en prisiones le demostraba que había muy diversas categorías de penados, algunos de ellos *"incorregibles"*, para los que llegó incluso a admitir la pena perpetua (pena de seguridad junto a la pena principal, que debía ser correccional). La mayoría, sin embargo, no eran *"monstruos"* y podían llegar a enmendarse tanto de obra como de pensamiento a través de la educación moral[969], aunque *"la corrección no es algo absoluto sin condiciones ni grados, sino que tiene mucho de relativo*

---

[966] SALILLAS, R., *Inspiradores de Doña Concepción Arenal*, Real Academia de Jurisprudencia y Legislación, Madrid, 1920.

[967] ARENAL, C., *Estudios penitenciarios*, en Obras Completas, tomo 2, parte 3, capítulo II.

[968] LANDROVE DIAZ, G., *El correccionalismo de Concepción Arenal*, Madrid, 1969, pp. 28-30.

[969] ARENAL, C., *Cartas a los delincuentes*, en Obras Completas, tomo 3: *"Los criminales, salvo algunas excepcioes, no son monstruos fuera de todas las leyes morales, a quienes es imposible aplicar ninguna regla, sino delincuentes del alma, en los que, como los del cuerpo,salvo el órgano u órganos enermos, los demás funcionan con regularidad y conforme a las leyes establecidas por Dios para todos los seres (...). Las reglas morales son aplicables en una prisión, como las de higiene en un hospital"*.

y graduado"[970]. Por ello, era firme partidaria de la individualización de la pena para cada delincuente.

Además de con penas individualizadas y educación moral, ¿cómo se podría realizar la corrección?. Pues mediante un trato digno y humanitario a los presos, que era una de las claves de su pensamiento, y también a través del escarmiento o la mortificación. En opinión de Concepción Arenal, las penas debían ser severas para despertar la conciencia del delincuente. A diferencia del pensamiento roederiano, el suyo admitía la posibilidad de que la finalidad correctiva se armonizase fácilmente con la expiatoria y la preventiva. Lo otro, la pura corrección bienhechora, derivaría en una utopía[971].

A partir de estos planteamientos o teoría general, los principales temas que le preocuparon en el concreto contexto de la reforma penitenciaria de su época son los que se reflejaron, principalmente, en sus numerosos artículos sobre prisiones, así recopilados precisamente por su hijo en sus Obras Completas[972]. Allí se comprueba, en primer lugar, su preocupación humanitaria en pro de un trato digno a los delincuentes. Para ellos no sólo pedía mayores fondos públicos para la construcción de establecimientos dignos y limpios (*"mientras nuestras cárceles y presidios continúen siendo lo que son no tenemos derecho a llamarnos un pueblo civilizado y cristiano"*), así como para la dotación de los enseres necesarios (buenas camas, mantas, almohadas...) y una alimentacion sana, quejándose de que aún fuera la caridad privada la que adalidara las reformas, y poniendo de relieve las malas condiciones en las que aún vivían los reos; sino que también abogaba por la supresión de la cadena (*"la cadena debe desaparecer del Código Penal y de las prisiones, como todo lo que es cruel y degradante"*), e incluso por la necesidad de que el traslado de los presos dejara de hacerse como hasta entonces, atados en largas cuerdas y a la vista de todos. Frente a ello, Arenal proponía que los traslados se realizaran en "carruajes"; asunto éste, como otros muchos, en el que su demanda fue escuchada, discutiéndose por primera vez en la sesión del Congreso de los diputados del 6 de marzo de 1880[973]. En 1883 se estableció definitivamente un servicio de transporte de presos en coche celular o en coche de tercera de ferrocarril, a pesar de los gastos que esto ocasionaba.

---

[970] ARENAL, C., *Informe al Congreso penitenciario internacional de San Petersburgo*, en Obras Completas, tomo 14.

[971] ANTÓN ONECA, J., *La teoría de la pena en los correccionalistas españoles...*, pp. 166-167.

[972] ARENAL, C., *Artículos sobre beneficencia y prisiones*, 5 vols., en Obras Completas, tomos 18-22.

[973] ARENAL, C., *Conducción de presos y penados*, y nuevamente *Conducción de presos y penados*, dos artículos recogidos en *Artículos sobre beneficencia y prisiones*, vol.V, en Obras Completas, tomo 22.

Otros temas recurrentes de sus artículos fueron su queja contra el derecho de gracia ante la justicia, que consideraba inadmisible por arbitrario, y sobre todo su oposición a la prisión preventiva[974], reprobando *"la facilidad con que se lleva a la cárcel a cualquier acusado del más leve delito, y aún a veces de una simple falta"*: *"Con suprimir la prisión preventiva para los acusados de delitos leves, se evitaba que se preparasen a cometer los graves, la ruina y la deshonra de su familia en muchos casos, economizando todo lo que cuesta mantenerlos, y haciendo más fácil la reforma de las cárceles, menos costosa para un corto número de detenidos"*[975].

Siguiendo en este punto fielmente el pensamiento roederiano, se mostró, por el contrario, partidaria de la libertad condicional, que consideraba un *"verdadero progreso de la ciencia"*. Observaba las dificultades que la práctica de este sistema podían tener, puesto que nunca olvidó la vertiente pragmática que sus cargos al servicio de prisiones le había dado, pero, aún así, creía que la libertad provisional podía ser un magnífico sistema para acostumbrar a los reos a la vida fuera de las prisiones y evitar las reincidencias, favoreciendo la corrección.

Arenal también tuvo mucho que ver con la reforma de las cárceles de mujeres y con cualquier iniciativa a favor de un tratamiento penal especializado para los jóvenes, como consecuencia lógica de su creencia en un sistema de penalidad individualizado. En cuanto al tratamiento de las mujeres, comenzó criticando duramente el sistema de la Penitenciaría de mujeres de Alcalá de Henares que se había creado tras la Revolución Gloriosa de 1869 para centralizar a las presas más cualificadas, como se verá más abajo. Denunció los vicios y malas condiciones de vida y se mostró contraria al primer reglamento dictado para dicho establecimiento en 1877. No obstante, el convenio firmado en 1880 para que las Hijas de la Caridad se hicieran cargo de la Penitenciaría de Mujeres le pareció un importante paso adelante hacia el sistema de corrección moral, así como el segundo reglamento de 1882, del que se tratará con mayor detalle[976].

---

[974] Sobre su crítica a la prisión preventiva, también se pronunció LANDROVE DIAZ, G., *El correccionalismo de Concepción Arenal*, Madrid, 1969, pp. 34-35.

[975] ARENAL, C., *La prisión preventiva*, en *Artículos sobre beneficencia y prisiones*, vol. III, en Obras Completas, tomo 20, aunque se cuentan siete artículos específicos sobre este tema, también recurrente en artículos sobre otro tipo de asuntos. Por ejemplo, en ¡Prisión preventiva!, vol.IV, tomo 21: *"Al abuso de encarcelar con leve motivo, se añade la interminable prolongación de los procedimientos; la falta de las cosas más necesarias que experienta los pobres presos; los malos tratamientos de que son objeto; el "via crucis" de las marchas y cárceles de tránsito; la posibilidad de recibir el tiro de un centinela, y se añaden, en fin, tantas cosas, que no hay ninguna más injusta y más vergonzosa que la prisión preventiva tal y como se practica en España"*.

[976] Véanse los artículos ARENAL, C., *El penal de mujeres de Alcalá de Henares, Los niños de las penadas de Alcalá, Reglamento de la prisión de mujeres, El Consejo penitenciario y el reglamento del correccional de mujeres, Patronato para las mujeres presas*, y *Reglamento de*

Por lo que respecta a los delincuentes jóvenes, pedía un trato justo pero especialmente tutelar, habida cuenta de que su menor edad limitaba su capacidad jurídica y, además, eran más fácilmente corregibles. Junto a otros partidarios que preconizaban ya en España este tratamiento penal juvenil, como Gumersindo de Azcárate, Pedro Dorado Montero, Rafael Salillas, Adolfo Posada, Francisco Lastres o Alice Pestaña, especialmente desde el ámbito de la Institución Libre de la Enseñanza[977], se adelantó así a su tiempo pidiendo tanto tribunales propios para los jóvenes delincuentes como establecimientos especiales para el cumplimiento de sus condenas.

De tal manera, recibió con entusiasmo la noticia de que Francisco Lastres había dado el visto bueno, por Real Orden de 29 de diciembre de 1875, para establecer en España una penitenciaría para jóvenes delincuentes menores de 21 años, siguiendo los ejemplos de Mettray, Val d'Yévre, Citeaux, Stanz, Ruysselede, Beermen y otras muchas casas de reforma europeas y americanas[978]. Lamentablemente el proyecto quedó frustrado, como ella misma reconoció en *La Voz de la Caridad* poco después: *"La Junta General de patronos para la construcción de un correccional de jóvenes delincuentes ha acordado disolverse ayer, renunciando a su empresa y devolviendo a los subscriptores las cuotas y donativos con que habían hasta aquí contribuido. La resolución es desconsoladora, y más si se tienen en cuenta los motivos en que se funda. El país ha permanecido sordo a las excitaciones dirigidas a la iniciativa individual. Todo el mundo ha aprobado la idea (...), pero cuando se ha tratado de contribuir, han sido muy pocos los que han cooperado a la benéfica obra"*[979].

Concepción Arenal apoyó también fervientemente tanto la creación, en febrero de 1882, del Patronato para las mujeres presas, como cualquier iniciativa dirigida a la creación de un Patronato similar para jóvenes, que, no obstante, no pudo llevarse a cabo hasta después de su muerte. La ini-

---

la penitenciaria de mujeres de Alcalá de Henares, en *Artículos sobre beneficencia y prisiones*, vol. V, en Obras Completas, tomo 22.

977 Entre los títulos del Boletín de la Institución Libre de Enseñanza sobre esta cuestión, caben destacar los de Rafael Salillas, *"Casa de corrección para jóvenes"* (1900), y Alice Pestana, de origen portugués y profesora en la Institución, que se preocupó especialmente por el derecho penal juvenil con artículos como *"Un tribunal para niños"* (1915), *"Como funciona en Portugal la justicia para los niños"* (1916), *"La tutela correccional de los menores"* (1917), *"La escuela de detención"* (1918); *"Tribunales para niños"* (1918); *"El Protectorado del niño delincuente"* (1920 y 1923); *"Justicia especial para los niños"* (1923); *"En la Casa-Escuela Concepción Arenal"*; *"La minoría de edad penal"*; y *"El Patronato del niño delincuente"*. Véase ONTAÑÓN, E., *Un estudio sobre la institución libre de enseñanza y la mujer*, Valencia, 2003, pp. 134-145.

978 ARENAL, C., *Penitenciaría para jóvenes delincuentes*, en *Artículos sobre beneficencia y prisiones*, vol.III, en Obras Completas, tomo 20.

979 ARENAL, C., *El correccional de los jóvenes delincuentes*, en *Artículos sobre beneficencia y prisiones*, vol.IV, en Obras Completas, tomo 21.

ciativa correspondió entonces a Alice Pestana, quien consiguió finalmente crear un Protectorado para niños el 18 de febrero de 1916 para *"echar una mano al espantoso abandono en que todavía se encontraban en España los llamados niños delincuentes"*. El Protectorado se mantenía al principio sólo con capital privado, aunque en 1918 recibio una primera subvención del Ministerio de Gracia y Justicia, y su función era visitar a los niños en las cárceles y tratar de sacarlos, colocándolos con familias particulares hasta la creacion de la "Casa-Escuela" que se llamó Concepción Arenal y funcionó sólo durante 4 años, siendo cerrada en 1924. Para entonces, las subvenciones y ayudas habían descendido drásticamente y el proyecto del Protectorado tocada a su fin.

Otra asociación que apoyó y sí consiguió ver fundada en vida Concepción Arenal, fue la Asociación General para la Reforma penitenciaria en España, que se constituyó en Barcelona en 1881. Tres años antes, en 1878, ella ya clamaba por la constitución de esta asociación, todavía inexistente en España, a imagen y semejanza de la francesa Sociedad General de Prisiones, o la inglesa Sociedad Howard para la reforma de las prisiones, de la que finalmente llegaría a ser miembro.

Arenal influyó también poderosamente en dos de los debates más acuciantes del momento: el personal de las prisiones y las colonias penitenciarias. Era partidaria, con respecto al primero, de la necesidad de crear un "cuerpo facultativo penitenciario" especialmente instruido y preparado para las funciones a las que iba a ser destinado (*"con un personal inteligente y honrado se pueda hacer mucho bien, por malo que sea el sistema penitenciario que se adopte; con personas ignorantes e inmorales imposible es tener éxito con el sistema más perfecto"*, llegó a escribir en *Estudios penitenciarios*)[980].

En cuanto a la problemática de las colonias penitenciarias, se mostró radicalmente contraria a su creación para la población presidial adulta, aunque favorable en el caso de colonias agrícolas para jóvenes, que podían ser muy adecuadas para su reeducación. En esta polémica, su opinión fue determinante ya que, al margen de sus obras de conjunto y numerosos artículos sobre el tema, dedicó todo un trabajo monográfico al tema, *"Las colonias penales de la Australia y la pena de deportación"*,

[980] De *"paso atrás"* calificó así la ley del Ministro Silvela sobre el nombramiento del personal de presidios (Decreto de 12 de agosto de 1879), que consideraba incompleta, alabando la meritoria conferencia que Francisco Lastres,*"incansable y meritorio propagador"* de la reforma penitenciaria, impartió en el Ateneo de Madrid sobre cómo debía ser *"La nueva cárcel modelo de Madrid"* y su personal. Véanse ARENAL, C., *Un paso atrás, Al señor Director de Establecimientos penales, Conferencia del Sr. D. Francisco Lastres en el Ateneo*, y *Reforma penitenciaria*, en *Artículos sobre beneficencia y prisiones*, vol. IV, en Obras Completas, tomo 21.

que resultó ganador del concurso convocado en 1875 por la Academia de Ciencias Morales y Políticas bajo el lema: ¿Convendría establecer en las islas del Golfo de Guineo, ó en las Marianas, unas colonias penitenciarias, como las inglesas de Botany-Bay?[981]. A este concurso también se había presentado Francisco Lastres con una obra a favor de establecer la pena de deportación a las colonias penales. Pero tras leer a Concepción Arenal cambió de opinión, y junto a él la mayor parte de la opinión pública, no volviéndose a reabrirse la cuestión hasta 1889.

Finalmente, queda reparar en la opinión de Concepción Arenal sobre el sistema penitenciario más idóneo. Tras examinar los pros y los contras del sistema de Filadelfia, de Auburn, y de Crofton o irlandés, en su obra *Estudios penitenciarios*, llegó a la conclusión de que todavía se encontraban en un momento de muchas dudas e incertidumbres en el que la experiencia habría de pronunciarse. Poco a poco fue descartando el sistema de clasificación inicial o moral por el tipo de delitos, que era el que se estaba desarrollando en las prisiones españolas (*"el sistema de clasificación es impracticable, porque no es posible hacerla de moralidades"*[982]). Sólo admitía una clasificación a posteriori o interna según la conducta de los propios reos en la prisión. También terminaría descartando el sistema auburniano o de trabajo común durante el día, por la enorme dificultad de mantener la regla del silencio en los talleres, donde podrían contagiarse los vicios entre los reos. Se decantó, en consecuencia, finalmente, por el sistema de aislamiento celular y el silencio, aunque defendiendo al mismo tiempo la necesidad del trabajo remunerado y la instrucción moral como requisitos necesarios para la corrección y dignidad de los presos.

La del aislamiento celular era la línea de pensamiento defendida en nuestro país por Marcial Antonio López, Jacobo Villanova y Jordán, o el propio Ramón de La Sagra, y también la del correccionalismo de Carlos Augusto Röder, traducido por Giner de los Ríos y Vicente Romero Girón. Pero, en el caso de Concepción Arenal, y posteriormente su principal seguidor y amigo Pedro Armengol y Cornet, las exigencias para un sistema penitenciario *"verdaderamente educador y correccional"* eran algo más complejas: Se debía partir del aislamiento del penado en su celda, tanto para dormir, como para comer y trabajar (recibiendo allí mismo los ma-

[981] Previamente ya se había pronunciado contra la pena de deportación prevista en la Ley de Bases de 21 de octubre de 1869, en su *Examen de las bases aprobadas por las Cortes para la reforma de las prisiones* (Revista General de Legislación y Jurisprudencia, 1869), y en su artículo *Reforma penitenciaria*, en *Artículos sobre beneficencia y prisiones*, vol. IV, en Obras Completas, tomo 21: *"La deportación no cumple ninguno de los objetos de la pena: es una pena injusta que no forma parte de nuestra penalidad y que es de desear y de esperar que no entre en ella"*.

[982] ARENAL, C., *Reforma penitenciaria*, en *Artículos sobre beneficencia y prisiones*, vol. IV, en Obras Completas, tomo 21.

teriales e instrucciones de sus maestros industriales); pero éste saldría de la misma para pasear, ejercitarse y recibir una educación moral, religiosa y literaria. También podría recibir la visita de los empleados de la prisión, el capellán, miembros de asociaciones de caridad y sus parientes, cuando ofrecieran suficientes garantías de moralidad, por lo que el aislamiento no sería absoluto[983].

A la muerte de Concepción Arenal, el 4 de febrero de 1893, la Asociación General para la Reforma penitenciaria en España, que se había constituído precisamente con su apoyo en 1881, celebró una solemne sesión para honrar su memoria, leyendo su secretario Pedro Armengol y Cornet un bosquejo necrológico sobre su vida y obra[984]. Desde entonces hasta nuestros días, la figura de Concepción Arenal debe fijarse siempre como uno de los hitos fundamentales para la reforma penitenciaria en España, no sólo porque la imbuyera de teoría, creando una escuela propia, sino porque su opinión fue determinante en muchos de los asuntos más acuciantes de la misma.

3. EL DEBATE SOBRE LA REFORMA PENITENCIARIA: DE CONCEPCIÓN ARENAL A VICTORIA KENT

Como dijera Concepción Arenal al responder a un cuestionario sobre reforma penitenciaria presentado por la Dirección General de Establecimientos Penales a la Junta de Reforma penitenciaria, los que se dedicaban a estos asuntos en la España de finales del siglo XIX eran *"muy pocas personas"*[985]. Sin embargo, la trascendencia o el calado de los mismos en la opinión pública resultaba verdaderamente asombrosa, como también reconociera otro contemporáneo, Luis Silvela:

---

[983] ARENAL, C., *Reforma penitenciaria*, en *Artículos sobre beneficencia y prisiones*, vol. IV, en Obras Completas, tomo 21: *"El penado podrá recibir visitas (no dentro de la celda) de los individuos de su familia que sean honrados. Para este efecto entendemos por familia los padres, hijos, esposos, abuelos, nietos y hermanos. También puede recibir la visita de los miembros de las asociaciones caritativas que ofrezcan garantías suficientes de moralidad e inteligencia. Podrá tener correspondencia con su familia si es honrada, y aun con alguna persona que sin ser pariente pueda por su virtud e ilustración contribuir a moralizarle. Si sabe escribir, podrá escribir cuantas cartas quiera siempre que no descuide sus ocupaciones obligatorias, y esto desde que entra en prisión. El secreto de la correspondencia será inviolable"*.

[984] ARMENGOL y CORNET,P., *Bosquejo necrológico de Doña Concepción Arenal*, Barcelona, 1893.

[985] ARENAL, C., *Reforma penitenciaria*, en *Artículos sobre beneficencia y prisiones*, vol. IV, en Obras Completas, tomo 21.

> *"Las cuestiones penitenciarias están a la orden del día: las ideas se han difundido en nuestro país de una manera tan prodigiosa, que ya no hay ama de cría que no esté en disposición de hablar con fruto de las ventajas del sistema radial, mozo de cuerda que no diserte sobre las excelencias de la prisión celular, y sargento de infantería ó recluta disponible que no pueda pronunciarse sobre los saludables efectos del sistema de Crofton. Existe, sin embargo, la preocupación (muy extendida por cierto) de que nuestros establecimientos penitenciarios, digámoslo así, no están a la altura que fuera de desear; que nuestras leyes son imperfectas y deficientes, hasta el punto que el actual Ministro de Gracia y Justicia, que ha hecho tanta ídem al Código penal al reputarle como el resumen acertado de la más sana filosofía, ha tenido palabras de censura para la escala de penas y considerado deplorable el estado de nuestros Establecimientos penales"*[986].

En ello estaba de acuerdo incluso uno de los más firmes detractores del correccionalismo en España, el que fuera periodista y uno de los más influentes políticos conservadores de la Restauración, Fernando Cos-Gayón, que ocupó entre otros el Ministerio de Gracia y Justicia y el de Gobernación. En su discurso de recepción ante la Real Academia de Ciencias Morales y Políticas, pronunciado en 1879[987], rechazaba el correccionalismo de Roeder y su arraigo en España, mostrándose contrario a que la enmienda pudiera ser el único y aún menos el principal fin de la pena[988].

A pesar de ello, apostaba por la necesidad de la reforma penitenciaria en España ya que *"la prisión es cada vez más la forma preferida de la pena"*; y, tras reconocer el retraso con el que se estaba llevando a cabo con respecto a otros países, señalaba sin embargo los principales avances que se estaban acometiendo desde el gobierno (constitución de una Junta

---

[986] SILVELA, L., *El Código penal y el sentido común*, Madrid, 1886, edic. facsímil Pamplona, 2003, pp. 77-78.

[987] *Discursos de recepción del Excmo. Sr. D. Fernando Cos-Gayón y de contestación del Excmo. Sr. D. Manuel Alonso Martínez, leíos en Junta pública de 15 de junio de 1879: Problemas relativos á prisiones. Importancia de la reforma penitenciaria: sus progresos y estado actual en otros países y en nuestra patria: sus objetivos y las dificultades con que tropieza*, en Discursos de recepción y de contestación leídos ante la Real Academia de Ciencias Morales y Políticas al dar posesión de sus plazas a los individuos de número de la misma.1875-1881, tomo II, Madrid, 1884, pp. 351-423.

[988] *Discursos de recepción del Excmo. Sr. D. Fernando Cos-Gayón...*, pp. 374-375: *"Todas las demás escuelas, antiguas y contemporáneas, con diversas teorías y con distintas denominaciones, han coincidido y coinciden en atribuir á la pena varios fines, aunque sin negar que entre ellos se cuenta también, cuando sea posible, la enmienda del delincuente (...). Para reparar el daño causado es preciso, pues, que con respecto a la ley y a la sociedad se haga "justicia"; con respecto a la generalidad de los ciudadanos se haga "escarmiento", y con respecto al delincuente, en los casos en que haya lugar a ello, se procure la "enmienda". De estos tres fines, el menos necesario, el menos esencial, el unico de que se puede prescindir y de que se prescinde forzosamente a menudo, por la índole incorregible del criminal o por la naturaleza de la pena que se le impone, es la enmienda"*.

de Reforma penitenciaria, asistencia a Congresos internacionales, envío de un comisionado, Andrés Borrego, para el estudio de penitenciarias extranjeras, aprobación de la creación de una prisión celular en Madrid, primer intento de correccional de jóvenes, etc), y afirmaba que *"se notan corrientes de ideas reformistas, y parece que a la prolongada apatía reemplaza ya actividad eficaz y fecunda"*.

Efectivamente, con la aparición de las nuevas escuelas del derecho penal, los congresos internacionales de los que trataremos más adelante, y en general todas las experiencias penitenciarias que se estaban desarrollando en Europa y Norteamérica, la cuestión de la reforma penitenciaria entró en un serio debate en nuestro país, y no solo por obra de los ya citados Félix de Aramburu, Luis Silvela, Pedro Dorado Montero, Concepción Arenal, Francisco Giner de los Ríos y el resto de hombres y mujeres de la Institución Libre de la Enseñanza, que dotaron a la ciencia penal española de una nueva teoría. Junto a ellos, hay que citar a otros hombres y mujeres que coadyuvaron también desde la práctica a la reforma penitenciaria desde diversas perspectivas o posiciones ideológicas.

Algunos de ellos, a los que Dorado Montero no dudó en reprender agriamente, lo hicieron sin responsabilidad, criticando ferozmente desde la tribuna o los periódicos más incendiarios el sistema de prisiones español, sin proponer soluciones comedidas y justas sino una reforma integral y muy difícil de llevar a la práctica. Un ejemplo de estos, dejando a un lado a los políticos, fue el del periodista José Nakens, que fue encarcelado en Madrid y escribió a partir de su experiencia una serie de artículos denunciando despiadadamente los abusos y defectos del sistema presidial. Dorado se opuso especialmente a los más idealistas o utópicos, que proponían poner fin al sistema de prisiones y establecer en su defecto simples escuelas o lugares de reforma, y pedía prudencia[989].

De entre quienes, por el contrario, sí promovieron de forma temprana la reforma penitenciaria desde la responsabilidad y el trabajo arduo, debemos destacar al penalista catalán Pedro Armengol y Cornet, gran amigo de Concepción Arenal y "uno de los más fieles intérpretes del apostolado arenalista"[990], y a Francisco Lastres[991], entre otros.

---

[989] DORADO MONTERO, P., *El derecho protector...*, tomo II, p. 470-489.

[990] CASAS FERNÁNDEZ, M., *Concepción Arenal y su apostolado...*, p. 12.

[991] A ambos calificó Arenal como "incansables y meritorios propagadores de la reforma penitenciaria", en ARENAL, C., *El Congreso Penitenciario de Estocolmo*, en *Artículos sobre beneficencia y prisiones*, vol. IV, en Obras Completas, tomo 21, y *Más sobre cárceles y presidios*, en *Artículos sobre beneficencia y prisiones*, vol. V, en Obras Completas, tomo 22, en el caso de *"el incansable promotor de la reforma penitenciaria, nuestro amigo el Sr. Armengol y Cornet"*; y ARENAL, C., *Conferencia del S. D. Francisco Lastres en el Ateneo*, en *Artículos sobre beneficencia y prisiones*, vol. V, en Obras Completas, tomo 22, en el caso de

Pedro Armengol y Cornet se dedicó al derecho y a la política en Cataluña. Fue diputado en la Diputación provincial, desde donde promovió la creación de una *Asociación General para la reforma penitenciaria*, la primera en España, que como sabemos se fundaría finalmente en 1881, siendo él su secretario[992]. También se pronunció, en 1888, en el debate en torno a cómo debía construirse la nueva cárcel de Barcelona, y en 1893 recibió un premio de la Academia de Legislación y Jurisprudencia de Barcelona por su obra *Ensayo de Estudios de Derecho Penal*[993]. Sin embargo, no resultó tan relevante su obra científica como su labor práctica, destacando su asistencia a los Congresos Penitenciarios internacionales de Estocolmo, Roma y San Petersburgo, y también a los nacionales de Valencia (1909), La Coruña (1914) y Barcelona (1919)[994].

Francisco Lastres, por su parte, también fue eminentemente un hombre de la práctica, del foro y el debate político, aunque también un reputado científico[995]. Contrario al movimiento positivista, su espíritu filantrópico le situó en posiciones más cercanas a las del correccionalismo español, defendiendo sobre todo la necesidad de la individualización de las penas y de un trato específico para los jóvenes delincuentes, a quienes dedicaría sus mayores esfuerzos. Como diputado en las Cortes, y miembro de la Junta de reforma penitenciaria, fue el representante oficial de España en el Congreso Penitenciario de Estocolmo[996] y, posteriormente, en el de Roma, para el que redactaría su obra quizá más ambiciosa y conocida, *Estudios penitenciarios*[997].

Francisco Lastres., al que la autora califica como "incansable y meritorio propagador de la reforma penitenciaria".

992 ARMENGOL y CORNET, P., *Asociación general para reforma penitenciaria. Su necesidad. Memoria*, Barcelona, 1880 (un folleto).

993 ARMENGOL y CORNET, P., *La nueva cárcel de Barcelona*, Barcelona, 1888, y *Ensayo de estudio de derecho penal*, Barcelona, 1894.

994 Véase ALBÓ i MARTÍ, R., *Armengol y Cornet en la ciencia penitenciaria: discurso leído en la sesión que celebró la Asociación General para la Reforma penitenciaria en España el día 14 de noviembre*, Barcelona, 1898, y más recientemente BONET i ARMENGOL, F., *Pere Armengol i Cornet, penitenciarista català*, Barcelona, 1994.

995 Escribió, entre otras obras que se citan más abajo, LASTRES, F., *Estudios sobre derecho penal y sistemas penitenciarios*, Madrid, 1875, *L'ancienne et la nouvelle prisión*, Madrid, 1885, y *Legislación, procedimientos civiles, criminales, canónicos y contenciosos administrativos*, 10º edición, tomo 1, Madrid, 1895.

996 Véase *Congreso Penitenciario de Estocolmo. Memoria dirigida al Excmo. Sr. Ministro de la Gobernaciónpor el Ilmo. Sr. D. Francisco Lastres*, Imprenta Nacional, Madrid, 1879.

997 La propia obra de LASTRES, F., *Estudios penitenciarios*, Madrid, 1887, edición facsímil Pamplona, 1999, comienza explicando el motivo de su redacción en p. 7: *"La Comisión penitenciaria internacional, en la sesión celebrada en Lucerna el 7 de octubre de 1882, á propuesta de su distinguido Presidente Sr. Beltrani Scalia, acordó pedir á los Delegados oiciales de las naciones que concurran al Congreso de Roma, una noticia biográfica y un brevísimo resúmen histórico de la reforma penitenciaria en los países que representaran, encargando que el punto de partida debía ser la época de Howard, y de este modo redujo la*

Lastres historió asimismo *La cárcel de Madrid, 1572-1877*, para sustentar científicamente su opinión ante la reforma[998]; pronunció en el Ateneo un discurso sobre *La caridad en las prisiones* que fue alabado por la propia Concepción Arenal[999]; y se enfrentó a ella en el concurso convocado en 1875 por la Academia de Ciencias Morales y Políticas para dilucidar si era conveniente establecer colonias penitenciarias en España[1000]. Pero, con todo, su mayor aportación fue al campo de la justicia penal juvenil, en el que se unió a los autores que, como José María Canalejas, reclamaban desde fecha temprana un especial tipo de "presidio-escuela" para jóvenes delincuentes[1001].

A tal fin, Lastres promovió desde 1875 la creación de una penitenciaría para jóvenes delincuentes que encontró numerosos escollos, tal y como señalara Concepción Arenal, pero que finalmente consiguió ver la luz en 1889. Unos años antes, en enero de 1883, Francisco Lastres consiguió la aprobación por el Senado de una Ley para *"la corrección paternal de la juventud"*, y el 6 de abril de 1889 la Reina Madre Mª Cristina, a instancia del Ministro Manuel Silvela, aprobó el Reglamento para el asilo de corrección paternal denominado Santa Rita, establecido en unos terrenos de Carabanchel Bajo donados a la fundación que presidía Lastres por el Marqués de Casa-Jiménez. Así comenzó la andadura de la Escuela de Reforma de Santa Rita, que funcionaba a pleno rendimiento, y al parecer con resultados muy satisfactorios, al comienzo de la Guerra Civil en 1936.

Aunque fueran los pioneros, en esta problemática de la juventud delincuente y la necesidad de casas de reforma para su corrección no sólo volcaron sus esfuerzos Francisco Lastres, José Mª Canalejas o Alice Pestana, siguiendo a Dorado Montero y otros de los principales autores citados. Era uno de los principales temas que se debatían en Europa, y aunque España se incorporara tarde al proyecto, apuntaron finalmente de forma decidida al mismo las conclusiones de los dos primeros Congresos penitenciarios españoles de Valencia (1909) y La Coruña (1914), en los que destacó la participación en este sentido del padre Domingo Alboraya, el

---

historia a poco más del siglo actual. Para cumplir lo dispuesto por la Comisión, expondremos á grandes rasgos lo ocurrido en España en el importante ramo de la Administración pública que se relaciona con la prisión y cumplimiento de las penas".

[998] LASTRES, F., *La cárcel de Madrid, 1572-1877*, Madrid 1878.

[999] LASTRES, F., *La caridad en las prisiones*, Madrid, 1888.

[1000] A favor de ello se pronunciaría LASTRES, F., *La colonización penitenciaria de las Marianas y Fernando Poo*, Madrid, 1878, para cambiar de opinión poco después, tras leer el trabajo ganador de Concepción Arenal.

[1001] CANALEJAS, J.M., *Presidio-Escuela*¸ Madrid, 1860. Véase también de este autor, CANALEJAS, J.M., *Cuestiones penitenciarias*, Madrid, 1855.

fiscal del Tribunal Supremo Avelino Montero-Ríos, y otros autores como Julián Juderías, José Soler y Labernia o Bartolomé Cossío[1002].

Otro de los debates que mantenía en vilo a la sociedad española era el de la elección del sistema penitenciario más conveniente para nuestras prisiones[1003]. El interés por las nuevas experiencias extranjeras, una vez superada la simple dialéctica entre el sistema filadélfico o celular y el auburniano o mixto, alentó nuevamente al gobierno liberal, conformado tras la Revolución Gloriosa, a enviar a un comisionado a Europa para el estudio de los principales y más novedosos establecimientos penales. Se continuaba con ello el ya clásico género de los estudios penitenciarios comparados, muy de moda en la Europa decimonónica, y que en España iniciaran de forma tardía Marcial Antonio López (1832), que nunca llegaría a viajar, Ramón de la Sagra (1836), que estudió las prisiones estadounidenses, y Francisco Murube y Galán (1860), que por primera vez visitó los establecimientos europeos.

El elegido, en esta ocasión, fue el reputado periodista y diputado a Cortes Andrés Borrego[1004], quien tras realizar una gira europea publicó finalmente, en 1873, su obra *"Visita de los principales establecimientos penales de Europa, ejecutada de orden del Gobierno, seguida de la exposición de un sistema aplicable a la reforma de las cárceles y presidios de España"*. Ese mismo año, resumía muchas de sus opiniones sobre lo aprendido en torno a las prisiones en *Estudios penitenciarios*, obra que con tono divulgativo y poca originalidad se hacía eco de las nuevas tendencias penitenciarias del momento[1005].

Más adelante, continuaría la serie de los estudios penitenciarios comparados Álvaro Navarro de Palencia, comisionado nuevamente por el gobierno por una Real Orden del Ministerio de Instrucción Pública de 28 de mayo y otra del Ministerio de Gracia y Justicia de 26 de junio de 1913, para visitar los establecimientos penitenciarios de Francia, Bélgica

[1002] Algunos de ellos dedicaron importantes monografías al tema, como SOLER y LABERNIA, J., *Los hijos de la casa: juventud viciosa y delincuente*, Madrid, 1907, y *Nuestras cárceles, presidios y casas de corrección*, Madrid, 1906; y JUDERÍAS J., *La protección a la infancia en el extranjero*, Madrid, 1908, que es una excelente obra muy nutrida de datos y referencias sobre la cuestión. Asimismo, es de destacar a comienzos del siglo XX la labor en pro de un tratamiento especializado para los jóvenes de los catedráticos de derecho penal de Zaragoza, Inocencio Giménez, y Valencia, Enrique de Benito.

[1003] SACANELLA, B., *Memoria sobre el sistema penitenciario en España*, Madrid, 1869; SAN MILLÁN y ALONSO, *Exposición y juicio crítico de los principales sistemas carcelarios. Derecho vigente en España*, Madrid, 1877; y SAN MIGUEL, Marqués de, *La cárcel de Barcelona y los sistemas penitenciarios*, Barcelona, 1877.

[1004] FÓRNEAS, M.C., *Andrés Borrego, pionero del periodismo parlamentario*, en Estudios sobre el Mensaje Periodístico, nº 5, 1999, pp. 143-157.

[1005] BORREGO, A., *Estudios penitenciarios*, Madrid, 1873.

e Italia. Poco antes, Francisco Cabrerizo ya había realizado un interesante trabajo sobre las prisiones de Londres que con esta nueva obra se pretendía completar[1006].

Navarro de Palencia pertenecía al recién creado Cuerpo de funcionarios civiles de prisiones (1881), reivindicación histórica que pretendía modernizar la administración penitenciaria y enajenarla finalmente de toda influencia castrense y religiosa. Tras una fulgurante carrera profesional en la que pronto despuntó como Jefe de la Cárcel de Valladolid[1007], y Director del Reformatorio de jóvenes delincuentes fundado en 1903 en Alcalá de Henares[1008], alcanzó por oposición los puestos de Jefe Superior de Primera clase e Inspector Central del Cuerpo de prisiones, que mantuvo tras la sublevación militar y el advenimiento de la Dictadura de Miguel Primo de Rivera en septiembre de 1923, influyendo decisivamente en la redacción e interpretación de los reglamentos y leyes penitenciarias de su tiempo[1009].

Paralelamente, mantuvo una intensa actividad intelectual, escribiendo obras como *"Socialismo y derecho criminal"* o *"De rastrillos adentro (historietas y perfiles): episodios de la vida penal"*[1010], que le prologara el propio Rafael Salillas, publicando artículos y noticias en revistas penitenciarias[1011], y presentando informes como *"El reformatorio de jóvenes delincuentes.*

1006 CABRERIZO GARCÍA, F., *Las prisiones de Londres y las nuestras*, Madrid, 1911.

1007 En calidad de tal hizo un magnífico trabajo y adquirió notoriedad luchando judicialmente contra el Ayuntamiento de aquella localidad para la consecución de los fondos que le correspondían a la mejora del establecimiento penitenciario, tal y como se puede ver en el Recurso de Alzada que, por la importancia que tuvo en su tiempo, se publicó en la Revista de las Prisiones, año VIII, núm.3°, publicada en Madrid, el 16 de enero de 1900, pp. 18-20.

1008 Álvaro Navarro de Palencia se hizo cargo del mismo en octubre de 1906. En NAVARRO de PALENCIA, A., *El reformatorio de jóvenes delincuentes. Información presentada al Congreso nacional de protección de la infancia convocado en Madrid*, Alcalá de Henares, 1907, puso de relieve sus principales deficiencias y métodos de mejora. Sobre su gestión en el reformatorio y su obra, puede consultarse GARCÍA VALDÉS, C., *Los presos jóvenes (apuntes de la España del XIX y principios del XX)*, Madrid, 1991.

1009 Aparece, por ejemplo, en la Real Orden del Ministerio de Gracia y Justicia de 15 de abril de 1926, publicada en la Gaceta de Madrid el 18 de abril de 1926, autorizando a los Señores Navarro de Palencia y García de la Barga para publicar un trabajo de concordancia y comentario entre el Real Decreto orgánico de Prisiones dictado por Real Decreto de 5 de mayo de 1913, y las disposiciones posteriores que lo amplían o modifican hasta el presente; y también como miembro de la Junta Técnica, mixta del Centro Directivo y del Cuerpo de Prisiones, formada por Real Orden de 4 de octubre de 1928 para la redacción del Reglamento del Cuerpo de Prisiones, publicada en la Gaceta de Madrid de 9 de octubre de 1928.

1010 NAVARRO de PALENCIA, A., *De rastrillos adentro (historietas y perfiles): episodios de la vida penal, con prólogo de Rafael Salillas*, Madrid, 1918, y *Socialismo y derecho criminal*, Madrid, 1919.

1011 Véase por ejemplo, su colaboración en el número inaugural de la revista *Vida penitenciaria*, año I, núm.1, Madrid, junio de 1932, pp. 10-11.

Información presentada al Congreso Nacional de protección de la infancia convocado en Madrid".

Su obra más relevante sería, no obstante, el estudio comparado que realizó tras su viaje oficial de tres meses por las prisiones europeas, publicado en 1918 con el título de *"Las prisiones extranjeras (Francia, Bélgica e Italia)"*[1012]. En ese tiempo pudo hacer un profundo trabajo en Francia (donde reconoce, no obstante, que la burocracia le entretuvo mucho), en Bélgica (en la que la gran amabilidad de las autoridades le procuró muchísima ayuda) y en menor medida en Italia, donde ya sólo le quedó tiempo para realizar una *"visita ligerísima a las prisiones de Roma y Milán"*.

Tras la obra de Navarro de Palencia, los estudios penitenciarios comparados en España aún recibirían la contribución de Diego Romero de Aguilar, que trabajó asimismo sobre las prisiones de Francia y Bélgica[1013]. La preferencia por los modelos europeos parecía imponerse así, de forma decidida, frente a la de los modelos norteamericanos, criticados sobre todo por su carácter fuertemente represivo. Aunque Fernando Cadalso viajó a los Estados Unidos en dos ocasiones (para asistir al Congreso Penitenciario Internacional de Washingon en 1910, y comisionado por el gobierno para estudiar el sistema penitenciario estadounidense entre 1911 y 1912), la predilección española por los sistemas europeos a principios del siglo XX se hizo evidente también en los Congresos penitenciarios nacionales de Valencia, La Coruña y Barcelona, en los que predominaron las referencias a modelos ingleses y franceses, y, sin embargo, hubo una muy escasa mención a las nuevas experiencias estadounidenses[1014].

El debate sobre cuál había de ser el mejor sistema penitenciario en España no era pueril, pues estaba directamente relacionado con la cuestión principal que centraba la oposición entre quienes defendían una reforma penitenciaria dirigida exclusivamente por el espíritu correccionalista o de tutela al delincuente, que se decantaban por los sistemas individuales defendiendo principios como el de la sentencia indeterminada o la libertad condicional; y la de quienes, por el contrario, seguían manteniendo los principios preventivo y retributivo de la pena consignados en el Código Penal de 1848 y, más adelante, también en el Código Penal de 1870, que

---

[1012] NAVARRO de PALENCIA, A., *Las prisiones extranjeras (Francia, Bélgica e Italia)*, Madrid, 1918.

[1013] ROMERO DE AGUILAR, D., *Historia y organización de las instituciones penitenciarias en Francia y Bélgica: trabajo de pensionado*, Madrid, 1935.

[1014] Desde la obra de Ramón de la Sagra sobre los presidios americanos, no volvería a incidir sobre el tema ningún autor español hasta que lo retomara el Director de la Escuela de Estudios Penitenciarios TOMÉ RUIZ, A., *Las prisiones y el sistema penitenciario de los Estados Unidos de América*, Madrid, 1957.

preferían el sistema de clasificación ya impuesto en España, admitiendo sólo la experiencia de un sistema progresivo.

La oposición se evidenció especialmente en el juego del turno de partidos propio de la Restauración. Progresistas y conservadores forjaron una idea muy distinta de cómo debía realizarse la reforma penitenciaria, y así, si políticos de posiciones progresistas, como Antonio Aguilar y Correa, Marqués de la Vega de Armijo[1015], o los hermanos Francisco y Manuel Silvela[1016], apostaron en algún momento por las novedades correccionalistas, los más conservadores, como el antes citado Fernando Cos-Gayón o el mismísimo Antonio Cánovas del Castillo, se decantaron por impulsar la reforma penitenciaria desde los principios de la Escuela Clásica.

Cánovas del Castillo, en el que nos detendremos brevemente por la importancia política de su figura, se opuso frontalmente a la Escuela Positivista, que negaba el libre albedrío, y también a la Correccionalista, en su Discurso inaugural ante la Real Academia de Jurisprudencia y Legislación de 1892, aduciendo que *"el esencial error de dicha escuela se cifra en anteponer el derecho individual abstracto al derecho colectivo, positivo, primordial de existencia, que por su naturaleza la sociedad posee"*. *"Paréceme sofisma evidente* –reconocía más adelante- *la pretensión de que se afirme antes la realización completa del derecho en la sociedad que su subsistencia, pues faltando ella todo derecho individual claudicaría"*[1017].

En su opinión, la teoría *"más generosa, la más simpática, la más conforme, sin duda, con las elevadas aspiraciones del espíritu humano", fue "la que nos enseñaron Rossi y Pacheco"*[1018], aunque tampoco ésta podía considerarse perfecta, y el principal principio de la penalidad era el de la conservación de la sociedad. Sin embargo, dicho principio no podía considerarse incompatible con la finalidad correctiva de la pena, sino que, por el contrario, consideraba muy conveniente conciliar en lo posible ambos intereses: *"¿Por ventura se dan caso en que quepa pretender la corrección*

[1015] Véase AGUILAR y CORREA, A., *Necesidad y urgencia de mejorar el sistema carcelario y penitenciario de España*, Madrid, 1868; *Discurso sobre reforma penitenciaria, leído en la Real Academia de Ciencias Morales y Políticas*, Madrid, 1868; o *Apuntes sobre el establecimiento de una casa de educación correccional de jóvenes en Madrid*, en 1861, Madrid, 1884.

[1016] Además de impulsar las principales reformas correccionalistas, sus ideas sobre la cuestión quedaron plasmadas en obras como SILVELA, M., *Discurso pronunciado en la Academia de Jurisprudencia y Legislación sobre la reforma penitenciaria*, Madrid, 1880.

[1017] CÁNOVAS del CASTILLO, A., *Discurso leído por el Presidente Excmo. Sr. D. Antonio Cánovas del Castillo en la Sesión inaugural del curso de 1892 a 83 de la Real Academia de Jurisprudencia y Legislación, celebrada el 28 de noviembre de 1892*, Madrid, 1892, pp. 6-7.

[1018] CÁNOVAS del CASTILLO, A., *Discurso leído por el Presidente Excmo. Sr. D. Antonio Cánovas del Castillo en la Sesión inaugural del curso de 1892 a 83 de la Real Academia de Jurisprudencia y Legislación, celebrada el 28 de noviembre de 1892*, Madrid, 1892, p. 9.

de los criminales sin menguarle á la penalidad su eficacia? Hágase en hora buena"[1019].

Ésta fue, en resumidas cuentas, la opinión a la que se aferraron los conservadores, defendiendo la necesidad de una reforma penitenciaria sin excesos. Ahora bien, para orientarse en el terreno práctico de las reformas más convenientes en una u otra dirección (es decir, en defensa o prevención de la sociedad, o hacia el principal fin de la tutela o enmienda del delincuente), tanto conservadores como progresistas se dejaron asesorar por los principales representantes de la ciencia penitenciaria de principios del siglo XX: Fernando Cadalso en el caso de los conservadores, y Rafael Salillas, que dirigió la política penitenciaria progresista.

Fernando Cadalso y Manzano ingresó en el cuerpo de funcionarios civiles de prisiones en el año 1883, y a partir de ahí siguió una brillante carrera profesional como Director de las cárceles de Valladolid, Alcalá de Henares y, tras su creación, la Cárcel Modelo de Madrid. Fue asimismo Inspector General de Prisiones durante más de veinte años (1911-1927); produjo una abundante literatura sobre los principales temas penitenciarios del momento, de gran influencia en su época[1020]; representó a España en los Congresos Penitenciarios Internacionales de Bruselas (1900), Washington (1910), Londres (1925) y Praga (1930), contribuyendo activamente también a la realización de los primeros Congresos Penitenciarios Nacionales de Valencia (1909) y La Coruña (1914); y estuvo comisionado para inspeccionar la Colonia penitenciaria de Ceuta y el Penal de Ocaña, que convertiría en reformatorio de adultos.

Su influencia en la legislación de prisiones durante los periodos conservadores de la Restauración ha quedado fielmente contrastada, siendo el principal promotor del régimen progresivo en España, que se consagró finalmente en un Decreto de 1901 redactado bajo su inspiración. Impulsó asimismo el régimen de las colonias penitenciarias (en Ceuta y posteriormente el Dueso), la aparición de reformatorios para mujeres, jóvenes y adultos, especialmente tras la creación del Reformatorio de Ocaña en

---

[1019] CÁNOVAS del CASTILLO, A., *Discurso leído por el Presidente Excmo. Sr. D. Antonio Cánovas del Castillo en la Sesión inaugural del curso de 1892 a 83 de la Real Academia de Jurisprudencia y Legislación, celebrada el 28 de noviembre de 1892*, Madrid, 1892, p. 8.

[1020] Podemos destacar de entre ella, CADALSO, F., *Los presidios españoles y las colonias penales*, Madrid, 1891, *Estudios penitenciarios. Presidios españoles, escuelas clásica y positiva y colonias penales*, Madrid, 1893; *Memoria de la prisión celular de Madrid*, Madrid, 1893; *La pena de deportación y la colonización por penados*, Madrid, 1895; *Principios de la colonización y colonias penales*, Madrid, 1896; *Informe al expediente general para promover la reforma de nuestros servicios penitenciarios*, Madrid, 1904; *La disciplina en las prisiones*, Madrid, 1909; *Instituciones penitenciarias en los Estados Unidos*, Madrid, 1913; *Instituciones penitenciarias y similares en España*, Madrid, 1922; o *Iniciativas penitenciarias en España*, Madrid, 1926.

1914, e incluso la introducción del sistema de libertad condicional en el país. Su carrera profesional culminaría en el periodo de la Dictadura de Primo de Rivera, en el que fue alcanzó el cargo de Jefe del Ministerio de Gracia y Justicia (desde el 17 de septiembre al 21 de diciembre de 1923), que ejerció por algún tiempo de forma coetánea al de Director General de Establecimientos Penales, desde el 2 de diciembre de 1923 a 5 de julio de 1925. Su jubilación se produjo en diciembre de 1927[1021], aunque al año siguiente aún recibiera nombramiento para representar a España en el Congreso Penitenciario Internacional de Praga que se celebraría en 1930.

Mucho más conocida ha resultado, sin embargo, la figura de Rafael Salillas y Panzano en la historia del penitenciarismo español. Salillas ha sido considerado unánimemente el origen en España de la criminología como ciencia autónoma frente al derecho penal y la política criminal[1022], y su mayor originalidad, así como abundancia y calidad literaria, ha venido despertando ya desde su época mayor interés que las de su contemporáneo Fernando Cadalso[1023].

Como aquel, había obtenido un empleo en la Dirección General de Establecimientos Penales en 1880, aunque, a diferencia de Cadalso, su formación universitaria no era la de jurista sino la de médico. Ello coadyuvó sin duda a su interés por la antropología criminal, escribiendo desde joven, como jefe del Negociado de Higiene y Antropología (1885), una serie de artículos sobre los criminales españoles que más tarde se publicarían de forma conjunta en su primera monografía *"La vida penal en España"* (1888). Un año antes, en 1887, se había encargado de organizar la sección penitenciaria de la Exposición Universal de Barcelona, y en 1889 pronunció una conferencia en el Ateneo de Madrid, *"Antropología en el Derecho penal"* que comenzó a señalarle, sólo de forma inicial, como introductor del positivismo lombrosiano en España.

1021 La Real Orden confiriendo el cargo de Director general de Prisiones a D. Fernando Cadalso, actual señor Jefe encargado del despacho del Ministerio de Gracia y Justicia, sin dejar de regir simultáneamente el expresado departamento, se otorgó en Madrid, a 2 de Diciembre de 1923, y se publicó en la Gaceta de Madrid del 04-12-1923. El Real decreto de confirmación de D. Fernando Cadalso como Inspector general de Prisiones puede consultarse en la Gaceta de Madrid de 5-07-1925. Y el Real Decreto de su jubilación en la Gaceta de Madrid del 15-11-1927.

1022 Véase el monográfico sobre su figura publicado en la Revista de la Escuela de Estudios Penitenciarios, nº 108, Madrid, 1954, o las obras de FERNÁNDEZ, M.D., *El pensamiento penitenciario y criminológico de Rafael Salillas*, Santiago de Compostela, 1976, GALERA GÓMEZ, A., *Rafael Salillas: medio siglo de antropología criminal española*, en LLULL, vol.9, 1986, pp. 81-104; o SERRANO MAÍLLO, A., y SERRANO GÓMEZ,A., *La metodología del estudio histórico de la criminología en España. Una hipótesis sobre su nacimiento*, en Estudios de Historia de las Ciencias Criminales en España..., pp. 499 y ss.

1023 DORADO MONTERO, P., *El derecho protector...*, tomo II, p. 623-669.

En 1890 asistió al Congreso Internacional Penitenciario de San Petersburgo, teniendo la oportunidad de visitar durante el viaje los establecimientos penitenciarios de San Petersburgo, Moscú, Berlín y París. Su obra durante estos años no dejó de aumentar en cantidad y en calidad, adquiriendo originalidad frente al positivismo, y cuando, en 1899, se creó un Seminario o "Laboratorio" de Criminología en la cátedra de Filosofía del Derecho de la Universidad de Madrid, de Francisco Giner de los Ríos, Rafael Salillas no dudó en participar en el mismo junto al propio Giner de los Ríos y otros destacados colaboradores como Luis Simarro y Constancio Bernardo de Quirós.

Tres años después, y a partir de aquella primera experiencia docente, se aprobó la creación de la Escuela de Criminología (1903), impulsada por el propio Rafael Salillas y considerada uno de los principales pasos al frente de la reforma penitenciaria correccional en España[1024]. La Escuela se puso en marcha finalmente en 1906, coincidiendo con el nombramiento de Rafael Salillas como Director de la prisión celular de Madrid[1025]. Con anterioridad, había sido nombrado Secretario de la Junta Superior de Prisiones y Vocal de la Comisión de Reformas Sociales (1902), desde donde influyó en la redacción de la nueva normativa penitenciaria, y Consejero y Secretario General del Consejo Penitenciario (1903), desde donde preparó un interesante *"Informe sobre la reforma penitenciaria"*[1026]. Pero serían sus cargos como Director de la cárcel celular y, especialmente, Director de la Escuela de Criminología, los que le situaran en la avanzadilla del penitenciarismo español[1027].

La Escuela de Criminología se instituyó en la propia prisión celular de Madrid, siendo sus fines la formación del cuerpo de funcionarios de prisiones y el establecimiento de la educación correccional en España. Fueron sus primeros profesores Félix de Aramburu, Federico Olóriz, Manuel Antón, Luis Simarro, Manuel Bartolomé Cossio y el propio Rafael

---

[1024] En palabras de JIMÉNEZ de ASÚA, L., *El Criminalista*, 2º serie, tomo VII, 1966, p. 14, gracias a la creación de dicha Escuela de Criminología, "medio siglo antes de que se hablara en Alemania y Suiza de pedagogía correccional (es ahora cuando la nueva penología adopta este nombre), don Manuel Bartolomé Cossio explicó esta materia, con este título y con un contenido tan moderno que se anticipó cincuenta años".

[1025] Dicho nombramiento consta en la Gaceta de Madrid, nº 317, 13-11-1906, p. 590, en la que se inserta, además, la hoja de servicios completa de Rafael Salillas.

[1026] SALILLAS, R., *Informe al expediente general para promover la reforma de nuestros servicios penitenciarios*, Madrid, 1904, y *Consejo penitenciario: memoria leída en la sesión inaugural celebrada el 19 de octubre de 1905*, Madrid, 1905.

[1027] En palabras de JIMÉNEZ de ASÚA, L., *Al servicio del Derecho penal*, Madrid, 1930, pp. 139-140, *"contagiados de él todos los profesores, la Escuela de Criminología era un Centro de educación en el que el régimen instructivo fue el medio de crear el "ánima". Los catedráticos de la Escuela rimaban con el director, y, así, ese organismo era una verdadera corporación en la que anidaba un espíritu".*

Salillas, y en sus inicios hizo gala de una intensa actividad investigadora e intelectual que lamentablemente después, con la oficialización de la misma, fue perdiendo. Salillas se mantuvo al frente de la misma hasta su muerte, el 23 de mayo de 1923.

A partir de ese momento, que coincidiría en España con el ascenso del totalitarismo en la Dictadura de Primo de Rivera, la dirección de la Escuela de Criminología se puso en manos del principal oponente de Salillas en cuestiones penitenciarias, el ya conocido Fernando Cadalso. Su enfrentamiento se hace evidente en el hecho de que, aunque necesariamente coincidieran y se conocieran por motivos obvios durante toda su carrera, ninguno de los dos citó nunca al otro en sus obras, ignorándose mutuamente en lo intelectual. Por ello, la llegada de Fernando Cadalso al principal proyecto de Salillas no auguraba nada bueno y coincidió con la supresión de su modesto presupuesto. Pareciera que Cadalso había sido designado meramente para poner fin a un centro incómodo a los conservadores, que efectivamente fue "suspendido" poco tiempo después por Real Decreto de 17 de diciembre de 1926.

Aquel decreto de *"suspensión temporal"* de la Escuela, refrendado en 1926 por Galo Ponte, preveía su regreso *"cuidadosamente reorganizada"*. Pero lo cierto es que habría que esperar hasta la época republicana para la fundación de un Instituto de Estudios Penales, por Decreto de 29 de marzo de 1932, que se instituía *"sobre el recuerdo de la antigua Escuela de Criminología"*, y compartiendo sus fines para la preparación del personal del Cuerpo de Prisiones. Éste sería dirigido por Luis Jiménez de Asúa, y rebautizado poco después con el mismo nombre de Escuela de Criminología.

El cierre de la Escuela en 1926 no pudo acabar, sin embargo, con la difusión del trabajo criminológico ya realizado desde la misma por el propio Rafael Salillas y sus discípulos. Para entonces, Salillas ya se había apartado de su primigenia influencia lombrosiana, que tantas críticas le valió en España, y había desarrollado una teoría propia, que probablemente resume mejor que otras su obra *"Evolución penitenciaria en España"* (1919)[1028].

[1028] Desde la obra de SALILLAS, R., *La vida penal en España*, Madrid (1888), hasta esta *Evolución penitenciaria en España*, Madrid, 1919, caben destacar otras obras como *El delincuente español: el lenguaje*, Madrid, 1896; *El delincuente español: el hampa (antropología pintoresca)*¸ Madrid, 1898; *Teoría básica biosociológica*, Madrid, 1901; *Discurso leído el día 10 de diciembre de 1902 en el Ateneo Científico, Literario y Artístico de Madrid con motivo de la apertura de sus cátedras*, Madrid, 1902; *Consejo penitenciario*, Madrid, 1905; *La traslación de los presidios de África y la reforma penitenciaria*, Madrid, 1906; *Sentido y tendencia de las últimas reformas en criminología*, Madrid, 1908; o *Prioridad de España en los determinantes del sistema progresivo y penetración de las ideas correccionales en nuestro país a fines del siglo XVIII y comienzos del XIX*, Madrid, 1913.

Dicha teoría básica fue considerada por el propio Salilas una teoría "biosociológica"[1029], es decir *"predominantemente sociológica, aunque también partícipe del carácter de antropológica"*[1030]. Quiere decir ello que el autor no tardó de salir del determinismo lombrosiano, que fijaba el origen del delito en causas puramente biológicas, y volvió a dar cabida en sus estudios antropológicos a otras causas sociales y psicológicas como la pobreza, la malnutrición, la marginalidad, la vagancia, la migración...

La conexión del delito con este tipo de causas sociales tampoco era nueva en la época (Tarde), pero la línea de investigación que Salillas abrió para describir la delincuencia a través de todos estos factores sí resultó absolutamente innovadora. Y ello a pesar de que el propio autor reconociese que los resultados de sus investigaciones estaban sin terminar, y por tanto su teoría resultaba inconclusa: *"la teoría de nuestro autor no es más que una hipótesis hasta ahora, un "puente" para enlazar cosas cuyo enlace no se suponía siquiera antes. Ni Salillas le de otro valor, ni era posible tampoco que él solo hubiera podido convertirla de un golpe en doctrina perfectamente fundada y comprobada, porque él solo no podía hacer la multitud de investigaciones, y reunir el sinnúmero de comprobantes al efecto, sobre tantas y tantas relaciones y particularidades como dicho teoría abarca"*[1031].

En suma, para Salillas el individuo no era sino un producto de su medio material y moral. En consecuencia, el delincuente caracterizaba las tendencias viciosas de la sociedad que lo había engendrado. No existían, en su opinión, los delincuentes natos, pero todos los individuos en su medio eran delincuentes en potencia. De ahí la obligación de higienización y saneamiento de la sociedad que tenía que realizar el Estado, tratando de corregir a los delincuentes corregibles y apartar definitivamente de la sociedad a quienes no lo fueran. Con los correccionalistas no sólo compartía la principal finalidad de tutela o enmienda de la pena, que plasmó en normas como el Decreto de 1903, sino también la preferencia por el sistema celular, salvo en el caso de los delincuentes incorregibles, para los que Salillas propuso la creación de colonias penitenciarias, participando activamente en su creación durante el último periodo de la Restauración.

Cercanos a Rafael Salillas, además de profesores de la primigenia Escuela de Criminología como Luis Simarro o Manuel Bartolomé Cossio, o alumnos como Carpena Pellicer o Llamas Aguilaniedo, pueden situarse los criminólogos Constancio Bernardo de Quirós y Pérez, y el propio Luis Jiménez de Asúa. Ambos de talante progresista y críticos con el régimen dictatorial de Primo de Rivera, tuvieron que esperar al advenimiento de la

[1029] Véase principalmente SALILLAS, R., *Teoría básica biosociológica*, Madrid, 1901.
[1030] DORADO MONTERO, P., *El derecho protector...*, tomo II, p. 624.
[1031] DORADO MONTERO, P., *El derecho protector...*, tomo II, p. 661.

Segunda República española para que su voz fuera escuchada junto con la de la más importante penitenciarista de la época republicana, Victoria Kent, a la sazón alumna de Jiménez de Asúa.

Mientras tanto, durante el periodo de la Dictadura, junto a Fernando Cadalso cabe destacar la figura de Eugenio Cuello Calón. A pesar de ser antiguo alumno de Pedro Dorado Montero, Cuello Calón renegó de la teoría correccionalista de su maestro y, tras estudiar también él mismo en el Colegio de San Clemente de Bolonia, prefirió optar por la Terza Scuola, traduciendo al español la obra de Bernardino Alimena *"Los principios de Derecho penal"*. Desde esta posición más "templada", accedió a la Cátedra de Derecho penal de la Facultad de Derecho de la Universidad de Barcelona, y tras proclamarse la Dictadura de Primo de Rivera fue nombrado Vocal de la Comisión general de Codificación, colaborando muy activamente en la confección del proyecto de Código penal de 1928. También fue nombrado por el gobierno de la Dictadura para representar a España en las Conferencias Internacionales de Derecho Penal de Varsovia y de Roma[1032].

El relevo progresista sería tomado, como se ha dicho, por Bernardo de Quirós, Luis Jiménez de Asúa y Victoria Kent, principalmente. Bernardo de Quirós había estudiado en la Universidad Central de Madrid con Francisco Giner de los Ríos, y cuando se creó el Laboratorio de Criminología en el curso 1899-1900 no dudó en participar en él. Gran estudioso y conocedor técnico del derecho, Rafael Salillas le encargó en 1902 la redacción de un nuevo proyecto de Código Penal[1033]. En 1903 entró a formar parte del Instituto de Reformas Sociales, para el que trabajó hasta su desaparición en 1924. Sus estudios y trabajos sociales, realizados en muchas ocasiones a pie de campo, influyeron poderosamente en su pensamiento criminológico, y en con el advenimiento de la República, en el año 1932 fue nombrado Catedrático de Criminología en el Instituto de Estudios Penales creado por Victoria Kent como continuación de la antigua Escuela de Criminología, y dirigido por Luis Jiménez de Asúa[1034].

1032 Eugenio Cuello Calón fue el elegido por el régimen de la Dictadura para representar a la Delegación oficial española en la Conferencia Internacional de Derecho Penal de Varsovia, siendo publicado su nombramiento en la Gaceta de Madrid de 27-10-1927, y también para representar a España en la Conferencia internacional de Derecho penal de Roma, siendo publicado su nombramiento en la Gaceta de Madrid de 13-04-1928.

1033 El propio Bernardo de Quirós se confiesa discípulo de Salillas en BERNARDO de QUIRÓS, C., *Lecciones de criminología*, México, 1953, p. 117, y como tal lo identifica GARCÍA VALDÉS, C., *Del presidio a la prisión modular...*, p. 28.

1034 Tras la Guerra Civil, tuvo que marchar al exilio, ejerciendo como profesor de criminología en la Universidad Ciudad Trujillo de la Republica Dominicana, y en la UNAM de México. Allí también fue nombrado Director de la Escuela de Capacitación del Personal Penitenciario y colaboró activamente con la Revista Criminalia. Entre sus obras, además de la ya previamente citada BERNARDO de QUIRÓS, C., *Las nuevas tendencias de la*

Por su parte, como Catedrático de derecho penal en la Universidad Central de Madrid, Luis Jiménez de Asúa también hizo siempre gala de las ideas más progresistas en cuanto al delito y la criminalidad. Gracias a una beca de la Institución Libre de Enseñanza, se había formado en Berlín con von Liszt, y también con Gautier en Ginebra, con Garçon en París, con Stooss en Suiza y con Thyeen en Suecia, éstos últimos destacados discípulos asimismo de Liszt, lo que le convirtió en el principal representante de la política criminal lisztiana en España. Su protesta contra la Dictadura de Primo de Rivera, en defensa de Miguel de Unamuno, le valieron un confinamiento en las Islas Chafarinas en 1926, ingresando ya en 1931 en el Partido Socialista Obrero Español para dedicarse activamente a la política, además del derecho. Participó en la redacción de la Constitución republicana de 1931 y del Código Penal de 1932. Había sido además profesor de la que sería la más insigne penitenciarista de la época y una de las primeras mujeres universitarias en España, Victoria Kent, quien, tras su nombramiento como Directora General de Prisiones, le designó Director del Instituto de Estudios Penales creado en 1932[1035].

Queda, finalmente, hacer un somero repaso sobre la figura de Victoria Kent, la última adalid de la reforma penitenciaria durante la Segunda República española. Su personalidad ha despertado tanto interés desde distintos ámbitos académicos, que bastará aquí con hacer una referencia genérica a la abundante bibliografía sobre la misma[1036], para centrarnos brevemente en su influencia penitenciaria.

Se le ha señalado como continuadora de la labor de Concepción Arenal, quizá porque ambas compartieran el espíritu de la Institución Libre de Enseñanza, en la que se involucraron en distinta medida (una como colaboradora, otra como estudiante), obtuvieran cargos en la Dirección

---

criminalidad, Madrid, 1898, podemos destacar *La mala vida en Madrid. Estudio psicosociológico*, en colaboración con Llamas Aguilaniedo, Madrid, 1901, con edición alemana de 1909 prologada por el mismísimo Lombroso; *Bandolerismo y delincuencia subversiva en la Baja Andalucía*, Madrid, 1913; *Los Reyes y la colonización interior de España desde el siglo XVI al XIX*, Madrid, 1929; o *Lecciones de criminología*, México, 1953.

1035 Al igual que Constancio Bernardo de Quirós, tras la Guerra Civil fue depurado y separado de su plaza de catedrático por una Orden Ministerial de febrero de 1939 que le llevó al exilio, continuando sus labores docentes en la Universidad Nacional de La Plata y la Universidad Nacional del Litoral de Argentina, donde dirigiría el Instituto de Derecho Penal y Criminología. Entre sus obras más importantes, además de las monumentales *Tratado de derecho penal*, 7 vols., Buenos Aires, 1949-1963, y *El criminalista*, 8 vols., Buenos Aires, 1941-1949; caben destacar *El derecho penal del porvenir*, Madrid, 1916; *La teoría jurídica del delitos*, Madrid, 1931, *Psicoanálisis del criminal*, Buenos Aires, 1940, o *La ley y el delito*, Buenos Aires 1945.

1036 Entre otros, TELO NÚÑEZ, M., *Concepción Arenal y Victoria Kent: las prisiones*, Madrid, 1995; RAMOS, M.D., *Victoria Kent (1892-1987)*, Madrid, 1999; GUTIÉRREZ VEGA, Z., *Victoria Kent: una vida al servicio del humanismo liberal*, Málaga, 2001; o VILLENA, M.A., *Victoria Kent; una pasión republicana*, Barcelona, 2007.

General de Prisiones (una como Inspectora y la otra alcanzando su Dirección General), y por su condición de mujeres. Pero en realidad, Victoria Kent se había formado con Luis Jiménez de Asúa en la Universidad Central de Madrid, recibiendo también numerosas influencias de Pedro Dorado Montero, y se mostró mucho más activa que Arenal en lo político, siendo elegida diputada a Cortes por el Partido Radical Socialista en 1931, y más adelante por Izquierda Republicana, dentro de las listas del Frente Popular, en 1936.

Su interés por los temas penitenciarios ya quedó de manifiesto en su tesis doctoral, leída en 1924 bajo el título de *"La reforma de las prisiones"*, y tras una brillante carrera como abogada, el 18 de abril de 1931 fue nombrada Directora General de Prisiones por el Presidente de la República Niceto Alcalá-Zamora. Sus primera medidas como Directora, tras visitar personalmente numerosos establecimientos penitenciarios, estuvieron dirigidas a suprimir las celdas de castigo, los grilletes, los hierros y las cadenas que aún quedasen en las prisiones, y todo tipo de castigo físico. También suprimió 115 cárceles de partido, ubicadas en pequeños pueblos y en edificios de condiciones muy precarias; prohibió utilizar armas a los funcionarios de prisiones; mejoró la alimentación en las cárceles; hizo instalar calefacción en las enfermerías; abrió la posibilidad de acceder a permisos penitenciarios; autorizó las visitas íntimas para los reclusos y reclusas; decretó la libertad de cualquier reo mayor de 70 años, con independencia del delito que hubiera cometido; y anticipó la libertad condicional de los presos que estuvieran a punto de conseguirla, entre otras medidas[1037].

Se preocupó asimismo por la creación de diversas escuelas y talleres ocupacionales en las prisiones, fiel al espíritu correccionalista. Y en 1932 creó el ya citado Instituto de Estudios Penales, tratando de formar el mejor personal de carácter civil para las prisiones, y apartar de ellas toda la influencia castrense y religiosa que hasta entonces habían tenido. En esta misma dirección, el 23 de octubre de 1931 había creado la Sección Femenina Auxiliar del Cuerpo de Prisiones, apartando de la penitenciaría de mujeres de Alcalá de Henares la influencia de las Hijas de la Caridad, e impulsó la fundación de una nueva Cárcel Modelo de mujeres, la Prisión de las Ventas, que sin embargo no se inauguraría oficialmente hasta el 31 de agosto de 1933, después de su dimisión como Directora General[1038].

[1037] Véase KENT, V., *Las reformas del sistema penitenciario durante la II República*, en Historia 16, extra VII, octubre 1978.

[1038] Sobre este proyecto de Victoria Kent existe un magnífico estudio monográfico, HERNÁNDEZ HOLGADO, F., *Mujeres encarceladas: La prisión de Ventas, de la República al franquismo, 1931-1941*, Madrid, 2003.

El frustrado intento de acometer una verdadera depuración del cuerpo de prisiones preexistente, fue el hecho que le motivó a ello. Debido a las presiones de los propios oficiales de prisiones, su proyecto no llegó a alcanzar el apoyo del Consejo de Ministros y fue rechazado por el Ministro Albornoz, lo que provocó la inesperada dimisión de Victoria Kent del cargo de Directora General, haciéndose efectivo el cese oficial el 4 de junio de 1932. Con ella se marchó la última gran reformista del sistema penitenciario español de la República, planteándose durante la guerra y el posterior periodo de la Dictadura franquista un escenario completamente distinto que escapa al marco cronológico fijado para este trabajo.

4. COLABORACIÓN INTERNACIONAL: LOS CONGRESOS PENITENCIARIOS INTERNACIONALES

Habiendo hecho una somera descripción de las principales teorías y protagonistas de la reforma penitenciaria en España, queda ahora un también breve repaso por el panorama internacional en el que se contextualizó aquella. La reforma penitenciaria, como sabemos, fue un trasunto global, y para coadyuvar a ella no tardaron en ponerse en marcha determinados mecanismos de colaboración internacional, cuyos principales órganos de manifestación fueron los Congresos Penitenciarios Internacionales.

Uno de los primeros en ocuparse de este tema fue Leon Radzinowicz, quien ya dividió fundamentalmente en dos periodos la colaboración internacional en materia penitenciaria: el periodo prebélico (1872-1913) y el periodo posbélico (1922-1939)[1039]. Dichos periodos se referían meramente a la acción de la novedosa *"International Prison Commission"* o Comisión Penitenciaria Internacional, creada en 1872 gracias a la iniciativa del entonces Secretario de la *Prison Association of New York*, Enoch Cobb Wines, y promotora de los diferentes Congresos Penitenciarios Internacionales que se convocaron desde entonces. Pero no podemos olvidar que, con anterioridad, hubo algunos esforzados antecedentes: el Congreso Penitenciario convocado en Frankfurt en 1846 fue el primero, y un año después le siguió un segundo Congreso Penitenciario de Bruselas de 1847, al que acudió, como único representante español, Ramón de la Sagra, lamentándose de no poder aportar un informe favorable de la situación española. Esta primigenia y audaz iniciativa internacional se vio interrumpida por la Revolución de 1848, no volviéndose a convocar ningún otro congreso

[1039] RADZINOWICZ, L., *International collaboration in criminal science*, en L. Radzinowicz and L.W.C. Turner (edit), *The modern approach to criminal law. Collected essays*, London, 1945, pp. 467-497.

científico sobre la cuestión hasta la reunión internacional mantenida en Cincinnati en 1870.

Con tales antecedentes, cuando en 1872 se formó, desde Inglaterra aunque a instancia del estadounidense Wines (por ello su fundación suele atribuirse a los Estados Unidos), la Comisión Penitenciaria Internacional, para dirigir o conocer en su conjunto la evolución de la reforma penitenciaria, ésta no dudó en volver a recurrir a la figura de los Congresos Penitenciarios Internacionales como principal mecanismo de acción. El primer Congreso Internacional celebrado bajo su auspicio ya sí en la época que Radzinowicz califico de prebélica (1872-1913), fue el celebrado en Londres, en 1872, y algunos años después se decidía realizar este tipo de eventos cada cinco años, siendo las siguientes convocatorias las de Estocolmo (1878), Roma (retrasado hasta 1885), San Petersburgo (1890), París (1895), Bruselas (1900), Budapest (1905) y Washington (1910). El Congreso Penitenciario Internacional previsto para celebrar en Londres en 1915 no pudo ya realizarse por causa de la guerra.

Aunque desde el Dr. Wines al Dr. Eickl los presidentes de la Comisión Internacional fueron cambiando, en este primer periodo puede señalarse el especial trabajo realizado en ella por el que fuera el Secretario General de la Comisión y de todos los Congresos mantenidos, el Dr. Luis Guillaume. A él se debe la notable evolución que, desde el primer Congreso de Londres al último de Washington, realizaron estas convocatorias internacionales, tanto en el número de participantes como en sus resultados, traspasando el ámbito puramente doctrinal de sus inicios para comenzar a plasmarse sus conclusiones en las legislaciones de algunos de los países participantes.

Para el conocimiento exhaustivo de lo ocurrido en cada uno de los citados Congresos de la época prebélica, habría que acudir a los numerosos tomos de miles de páginas en los que se recogen sus Actas, así como a las también abundantísimas Actas de las reuniones de la Comisión Permanente de la Comisión Penitenciaria Internacional. Pero como ése no es el objeto de este trabajo, utilizaré aquí simplemente las referencias que de ellos trajeron los distintos representantes oficiales españoles, o quienes participaron o presentaron ponencias a nivel particular (Concepción Arenal, Francisco Lastres, Armengol y Cornet, Salillas, Cadalso, Eugenio Silvela...), así como una interesantísima obra en español (abundan más en alemán o en inglés), escrita por el representante cubano Francesco Federico Falco y recopilatoria de las conclusiones alcanzadas en estos primeros Congresos desde Londres (1872) a Budapest (1905)[1040].

[1040] ARENAL, C., *El Congreso Penitenciario de Estocolmo*, en *Artículos sobre beneficencia y prisiones*, vol. IV, en Obras Completas, tomo 21; LASTRES, F., *Congreso Penitenciario de Estocolmo. Memoria dirigida al Excmo. Sr. Ministro de la Gobernaciónpor el Ilmo. Sr.*

CONGRESO	ESTADOS PARTICIPANTES	NÚMERO DE DELEGADOS	MIEMBROS INSCRITOS
Londres (7-13 julio 1872)	24	76	341
Estocolmo (15-19 agosto de 1878)	26	45	297
Roma (13-25 noviembre 1885)	25	48	239
San Petersburgo (3-15-22-24 junio de 1890)	26	69	740
París (30 Junio-9 julio de 1895)	24	88	817
Bruselas (6-13 agosto de 1900)	29	85	395
Budapest (3-9 septiembre de 1905)	28	82	336
Washington (2-8 octubre 1910)	27	82	?

El primer Congreso Internacional, celebrado en Londres en julio de 1872, y al que no asistió ningún representante español[1041], sirvió meramente para reconocer los principios alcanzados en Cincinnati, que fueron leídos por el representante estadounidense Wines, y para intercambiar datos e impresiones sobre el estado de las prisiones y de la opinión pública en los distintos países representados. También se nombró una Comisión Permanente encargada de preparar el segundo Congreso internacional, celebrado en Estocolmo (15-19 de agosto de 1878), al que ya sí acudieron los españoles Pedro Armengol y Francisco Lastres, y Concepción Arenal envió una primera memoria.

D. Francisco Lastres, Imprenta Nacional, Madrid, 1879, y *Estudios penitenciarios*, Madrid, 1887, edición facsímil Pamplona, 1999, sobre el Congreso de Roma; ARMENGOL, P., *Cuestiones penitenciarias. Un nuevo Congreso. Discurso de Mr. Wines, Presidente de la Comisión penitenciara de Bruselas*, Madrid, 1874; FALCO, F.F., *La obra de los congresos penitenciarios internacionales*, La Habana, 1906; y SILVELA, E., *El Congreso penitenciario de Washington de 1910*, Madrid, 1911. También he utilizado la obra en inglés de RUGGLES-BRISE, E., *Proceedings of the Washington Congress, 1910*, en Prison reform: at home and abroad, pp. 197-198.

1041 SILVELA, E., *El Congreso penitenciario de Washington…*, p. 5: *"Al de Londres no tengo noticia de que concurriera oficialmente España ni asistiera particularmente ningún español. Corrían entonces días muy tristes para la patria, y la malsana agitación políticas consumía todas las actividades"*.

El Congreso de Estocolmo se dividió en tres secciones de trabajo, y esa misma estructura se mantuvo en los siguientes Congresos celebrados en Roma en noviembre de 1885 (con la participación de Pedro Armengol, Francisco Lastres, Manuel Silvela y Luis Díaz Moreu); y San Petersburgo en junio de 1890 (con la participación de Eugenio Silvela, Rada y Delgado, Rafael Salillas y Cedrún de la Pedraja). Las tres secciones de trabajo eran: la sección legislativa, la sección de instituciones penitenciarias o penitenciaria, y la sección de medios preventivos.

En términos generales, se trataron las siguientes cuestiones:

1.- En la Sección legislativa:

- El alcance de la ley en materia penitenciaria.
- Las calificaciones o denominaciones de las penas.
- La utilidad de la pena de deportación y colonización por penados.
- La competencia de la inspección general de prisiones.
- La búsqueda de una fórmula para la estadística penitenciaria internacional.
- La responsabilidad legal de padres y tutores por delitos cometidos por los menores, y la necesidad de fijar una penalidad especial para ellos, haciendo especial hincapié en su corrección.
- La conveniencia de organizar la enseñanza de la ciencia penitenciaria para los funcionarios de prisiones, que se concluyó favorablemente.
- La posibilidad de un sistema de censuras y amonestaciones, o incluso una especie de condena condicional para condenas cortas, cuestión que quedó sin resolver.
- La lucha contra el encubrimiento habitual, con disposiciones severas ante determinados profesionales como banqueros, cambistas, joyeros y chalanes, la posibilidad de convertirlo en un delito especial o la significativa agravación de la condena por reincidencia en esta materia.
- Cómo evitar la perniciosa influencia de los padres o tutores sobre sus hijos o pupilos tras el cumplimiento de sus condenas y su licenciamiento de prisión, barajándose incluso la posibilidad de anular o limitar la patria potestad en los casos más graves.
- Qué clases de faltas delitos cometidos en las prisiones debían ser juzgados por los tribunales, y cuáles debían ser castigados meramente a través de los medios disciplinarios de la prisión.

2.- En la Sección penitenciaria:

- Formas de hacer más sencillas y menos costosas las prisiones celulares, y la organización de las cárceles locales o para penas de corta duración.
- La utilidad de Comisiones de vigilancia en las cárceles y sus facultades.
- La mejor alimentación de los presos.
- Si era preferible el trabajo público o privado, si éste perjudicaba a la industria libre, y sobre si debía ser remunerado; concluyéndose que el trabajo en las prisiones no debía ofrecer competencia a la industria libre y debería beneficiar en especial al propio régimen penitenciario y al Estado, debiendo limitarse en cierta medida la libre disposición del salario y danto preferencia a recompensas morales.
- Si existían delincuentes incorregibles, concluyéndose que sí, y qué medios podrían emplearse para proteger la sociedad contra ellos (colonización, establecimientos especiales...).
- Cuáles podrían ser las penas a perpetuidad, al margen de la deportación a las colonias, y cómo debían ser los establecimientos para ellas.
- La conveniencia de poner en práctica colonias agrícolas o industriales.
- Las diferencias a establecer entre el régimen del detenido antes y después de la sentencia judicial definitiva (separación y medidas disciplinarias menos severas).
- La necesidad de enseñar diferentes trabajos a diferentes tipos de condenados, según su categoría (por ejemplo, licenciados) y aptitud.
- Las ventajas del sistema progresivo junto al celular y sus posibles formas de aplicación.

3.- En la Sección de Medios Preventivos:

- La concordancia entre las administraciones penitenciarias.
- La acción y coordinación de las sociedades de patronato o beneficencia, entre ellas a nivel internacional y con la policía y otras instituciones a nivel nacional, para actuar dentro de las cárceles y prevenir la reincidencia.
- Si habría que establecer "refugios" o habitaciones separadas en las prisiones para los licenciados, concluyéndose de forma negativa.
- Cuáles serían los mejores medios para obtener el cambio regular de los datos del registro judicial entre los diferentes Estados.

- Si sería conveniente introducir en los tratados de extradición claúsulas relativas al cambio de categorías de los condenados.
- Los medios más eficaces para evitar y luchar contra la vagancia y el abuso de bebidas alcohólicas.
- La conveniencia de visitas a los presos por asociaciones de beneficencia.
- Los principios por los que deberían regirse las escuelas en los establecimientos penitenciarios así como los medios educativos religiosos.
- Si el sistema de colocación en familias ofrecía ventajas para los niños bajo la tutela de la autoridad pública, recomendándose una muy cuidadosa elección de las familias.
- Cómo hacer llegar a la opinión pública el verdadero carácter y la importancia de la reforma penitenciaria, involucrando en ello a los ministros de los diferentes cultos, la prensa, la difusión de conferencias o estudios científicos, o incluso la visita de las prisiones por individuos de todas las clases sociales.

A partir del Congreso Penitenciario de París, de junio 1895, a las tres secciones ya tradicionales se añadió una cuarta, habida cuenta de la especial importancia que habían adquirido las cuestiones relativas a los delincuentes menores. De tal manera, a los temas de la sección de legislación penal (coordinación internacional, reincidencia, deportación, indemnización a las víctimas, vagancia y mendicidad...); de la sección penitenciaria (procedimientos antropométricos, cárceles de mujeres, necesidad del trabajo, derecho al salario y conveniencia de premios al trabajo, penas disciplinarias, condenados enfermos de enajenación mental, influencia del ejercicio físico para la rehabilitación de los condenados...); y de la sección de medios preventivos (prevención de la reincidencia mediante sociedades de patronato, organización de las escuelas y bibliotecas en las cárceles, prevención social contra los vagabundos y delincuentes irresponsables, ventajas de los asilos para este tipo de delincuentes y especialmente los alcoholizados...); se añadieron nuevas cuestiones específicas relativas a la infancia y los menores, como el límite de la minoría penal (18 años con la condición de que los mayores de 16 mandados no sean confundidos con los otros en las casa correccional); la privación del derecho de custodia; la sustitución del tipo único de la casa de corrección por una serie de establecimientos apropiados a las diversas categorías de menores; la especial educación física racional que necesitan los jóvenes presidiarios; la colocación de jóvenes salidos de colonias penitenciarias en familias; o la prevención de la prostitución infantil. A este Congreso sólo acudió Pedro Armengol como representante español.

Los siguientes Congresos Internacionales fueron los de Bruselas, en agosto de 1900 (con la participación de Cedrún de Pedraja, Cadalso y Dorado Montero), y Budapest, en septiembre de 1905 (en el que se inscribieron Lastres, Dorado Montero y Álvaro Moriño, pero según Eugenio Silvela no acudió ninguno de ellos[1042]). Ambos mantuvieron la misma estructura en cuatro secciones, añadiéndose a algunos de los anteriores otros temas de interés, como por ejemplo: el servicio sanitario en establecimientos penitenciarios; la experiencia del régimen celular y si tenía alguna influencia en la salud física y mental de los presos, cuestión que se negó; la búsqueda de empleo a los que salieran de las prisiones; la reincidencia en los menores; la enseñanza profesional de los mismos, y si convendría combinar el sistema de encarcelamiento con el de colocación en aprendizaje o en pensiones de familias; los mejores medios para la clasificación moral de los detenidos y las diferentes consecuencias de esta clasificación; las indemnizaciones por accidentes en el trabajo penal; establecimientos especiales para irresponsables penales; el trabajo agrícola; prevención de la tuberculosis en las prisiones; protección de los hijos de los condenados; clasificación de presos menores; la organización de magistraturas especiales para niños; y las medidas más eficaces para asegurar la preservación de los menores moralmente abandonados y la reforma de los niños viciosos que no han cometido aun ninguna infracción punible.

Por último, el Congreso Penitenciario de Washington, al que acudirían Eugenio Silvela y Fernando Cadalso en octubre 1910, también se dividió en cuatro secciones: de legislación penal, cuestiones penitenciarias, efectos de la criminalidad, y protección de la infancia y los menores. Este Congreso pasaría a la historia por su defensa de la sentencia indeterminada[1043]; su decidida apuesta por la corrección de los delincuentes a través del trabajo remunerado, que en lo posible debería servir para ayudar económicamente a sus familias; el apoyo de las colonias penitenciarias para vagos y alcohólicos; y en lo relativo a la sección de menores, su aún mayor insistencia en la necesidad de crear tribunales especiales de menores y diseñar para ellos una especial formación educativa y profesional.

Lamentablemente, la Primera Guerra Mundial puso fin a todos los proyectos de la disuelta Comisión Penitenciaria Internacional, que no pudo volver a restablecerse hasta el año 1922, bajo el nombre de *"International Penal and Prison Commission"*. Los Congresos internacionales convocados por ella en esta segunda época o época posbélica fueron los de Londres

1042 SILVELA, E., *El Congreso penitenciario de Washington...*, p. 6.

1043 SILVELA, E., *El Congreso penitenciario de Washington...*, p. 21: *"La Sección primera, referente á la "Legislación penal", fue, con gran diferencia, la más concurrida y animada. Los americanos se habían propuesto ganar la batalla perdida a Bruselas en 1900 por los partidarios de la llamada "sentencia de duración indeterminada"*.

(1925), Praga (1930), y Berlín (1935). El cuarto estaba preparado para Roma en 1940, pero ya no se celebró. Tras la Segunda Guerra Mundial, la rehabilitada Comisión Internacional Penal y Penitenciaria aún convocaría un último Congreso, el de La Haya (1950), antes de que, a petición de las propias asociaciones, y en particular la *"Howard League"*, estas facultades de coordinación penitenciaria internacional pasaran a ser asumidas por las Naciones Unidas.

En cuanto a los resultados de los últimos Congresos de la Comisión Penitenciaria Internacional, además de por las Actas y memorias publicadas sobre todos ellos, pueden conocerse a través de la revista periódica creada por la Comisión, *Receuil de Documents en Matiére Pénale et Pénitentiaire*. Llama la atención el creciente interés que en ella se muestra para el establecimiento de un orden jurídico internacional en estas materias, y la realización de diferentes encuestas a los países para detectar los principales problemas de la administración penal y penitenciaria. Entre otros, se realizaron y publicaron encuestas o estudios específicos sobre la jurisdicción especial de menores (1927), las garantías jurídicas al detenido antes de juicio (1928), o el sistema penitenciario seguido en los diferentes países (1935, 1936).

La Comisión también elaboró y publicó ciertas recomendaciones o reglas básicas para la administración penal y penitenciaria, como las *Rules for the treatment of prisioners* (1929), el *Draft of a Model Extradition Treaty* (1936), o el *Memorandum on the vocational training of prison officials* (1938). Pero todos estos documentos de *Recuil de Documents en Matiére Pénale et Pénitenciaire*, no tenían en la práctica ninguna fuerza vinculante y su aplicación quedó a merced de los distintos Estados soberanos.

5. NUEVOS MODELOS PENITENCIARIOS EXTRANJEROS: EL SISTEMA PROGRESIVO

Además de la influencia de los Congresos internacionales, debe ser notada la de los modelos penitenciarios extranjeros más innovadores, que se estudiaron con atención en nuestro país. Como sabemos, desde el inicio del movimiento de reforma penitenciaria, el estudio de los sistemas penitenciarios de otros países dio lugar a un género específico, el de las obras de estudio comparado penitenciario, a las que ya nos hemos referido con anterioridad, y los informes sobre las experiencias más novedosas del extranjero se recibían con avidez en España. Superada la curiosidad por el sistema de Auburn, que en puridad nunca llegó a practicarse en Europa, al interés por el sistema celular se añadió especialmente, en este momento, el del nuevo sistema progresivo que, siguiendo la experiencia del capitán Maconochie en la isla de Norfolk en Australia, se había impuesto en la década de los cuarenta en la prisión de Pentoville de Inglaterra, y más adelante, con alguna ligera variación, en las prisiones irlandesas gracias a la acción de Walter Crofton. De sus principios básicos participaba también la experiencia española promovida por el general Montesinos, siendo el que se adaptaba mejor a las peculiaridades del penitenciarismo español.

El sistema progresivo (*progresiv*) de Pentoville combinaba el sistema celular en un primer grado, en el que se mantenía al recluso aislado durante 18 meses, y un segundo grado en el que el reo era enviado a trabajar a las colonias australianas. Cuando se abolió la deportación a Australia en 1853, este sistema se reformó y pasó a dividirse en tres periodos, basándose en la idea de restablecer gradualmente el equilibrio moral del reo para reintegrarle en la sociedad civil. El primer periodo consistía en 9 meses de prisión celular rigurosa; el segundo era un tiempo de trabajo en común en cuatro secciones progresivas (sistema de marcas); y el tercero se basaba en la concesión al reo de una libertad condicional con posibilidad de revocación. Walter Crofton introdujo una variación a este sistema progresivo en las prisiones irlandesas en 1854, incluyendo un cuarto periodo previo al de libertad condicional en que el reo residía en un establecimiento intermedio (*intermediate prison*).

La idea se recibió con enorme éxito no sólo en Europa, sino también en los Estados Unidos de América, que hasta entonces habían encabezado la reforma penitenciaria. De hecho, superó el ya enrarecido debate entre el sistema filadélfico o auburniano, imponiéndose a ambos como la nueva dirección a seguir en las prisiones norteamericanas, en el Congreso de Cincinati de 1870, en el que, tras afirmarse expresamente que *"el objeto supremo de la disciplina de las* cárceles es la reforma moral de los criminales" y dicho *"poblema de la reforma de los criminales no ha sido aún resuelto ni en los Estados Unidos ni en Europa"*, se reconocieron como los mejores ejemplos a seguir para modificar el sistema *"la experiencia de la señora Fry en Newgate, del capitán Maconochie en la isla de Norfolk, del coronel Montesinos en Valencia, del consejero Von Obermaier en Munich, de Sir Walter Crofton en Irlanda y del conde de Sollohub en Moscou"*:

> *"La clasificación progresiva de los prisioneros, basada en el mérito y no en algunos principios arbitrarios tales como la edad, el crimen, etc., debería ser aplicada en todas las prisiones (...). Este sistema comprendería tres grados; á saber: 1°, un grado penal con encarcelamiento celular más ó menos largo según la conducta; 2°, un grado de reforma basado sobre un sistema de notas favorables en el que los presos pasan de una clase á otra, ganando en la promoción á cada clase sucesiva un aumento de comodidades y de*

privilegios ; 3°, un grado de prueba en que son admitidos únicamente los que se juzgan reformados, con objeto de establecer su firmeza moral y la realidad de su reforma. Es necesario que el preso pase por un período de prueba antes de obtener la confianza. Es la falta de garantía de su reforma la que eleva una muralla de granito entre el delincuente que cumplió su pena y el hombre honrado. Este período de prueba es una parte esencial del sistema de reforma penitenciaria, puesto que ofrece á la sociedad la única garantía que pueda tener ésta de la confianza que merece el penado; y esta garantía es la sola condición que puede abrir libremente los varios caminos del trabajo honrado al delincuente que vuelve á la sociedad"[1044].

La práctica del sistema progresivo se armonizó en los Estados Unidos de América con su también principal preocupación por la problemática de los jóvenes delincuentes, otro de los principios alcanzados en Cincinatti, dando lugar a un nuevo tipo de centro penitenciario: el reformatorio (*"reformatory"*)[1045]. Seis años después de que Brockway presentara en el Congreso de Cincinati su famoso informe *"The ideal of a true prison reform system"*, y tras superarse problemas políticos y económicos para su aprobación y construcción, se creó el primer y más importante reformatorio estadounidense, el Reformatorio de Elmira (1876), bajo la dirección del propio Zebulón Brockway y basado "en el principio de ayuda en sustitución al de castigo; en el de la sentencia indeterminada en lugar de la de tiempo fijo; y en el propósito de rehabilitar al delincuente en vez de restringirle por la intimidación"[1046].

No hay duda de que el sistema del reformatorio (*"reformatory"*) supuso en los Estados Unidos una importante evolución sobre el sistema de la penitenciaria (*"penitentiary"*), y surgió a partir de las experiencias inglesa e

---

[1044] FALCO, F.F., *La obra de los congresos penitenciarios internacionales*, La Habana, 1906, pp. 5-6.

[1045] TÉLLEZ AGUILERA, A., *Los sistemas penitenciarios y sus prisiones. Derecho y realidad*, Madrid, 1998; TERCERO ARRIBAS, F., *Sistemas penitenciarios norteamericanos*, en GARCÍA VALDÉS, C. (dir.), Historia de las prisiones, Madrid, pp. 149-157.

[1046] Son palabras del propio BROCKWAY, Z., *The American Reformatory Prison sistem*, New York, 1910, traducidas por CASAS FERNÁNDEZ, M., *Concepción Arenal y su apostolado...*, p. 109. Atiéndase también, es este sentido, a BARROWS, S.J., *The reformatory system in the United States. Reports prepared for The International Prison Commission*, S.J. Barrows, commissioner for the United States, Washington, 1900 (House of representatives, 56th Congress, 1st Session, document n.459), p. 8: *"The penitentiary exists for the infliction of punishment; the reformatory exists for the reformation of the offender. The reformatory system assumes that men can be reformed, and that it is the duty of society to invoke those influences which shall lead to reformation. Its not concerned with the simple question of a punitive theory. (...) In a system purely retributive, obligation to the criminal is either disparaged or ignored. In a system purely sentimental, the protection of the society may be sacrified to a misplaced pity. The reformatory system is neither retributive nor sentimental. It assumes that society must be protected; it is organized and administered with this end in view"*.

irlandesa de Maconochie y Crofton[1047]. Pero también se benefició de otros modelos ensayados en el propio país, y junto al Reformatorio de Elmira, que ha pasado a la historia como el modelo más influyente[1048], surgieron otros con planes muy similares en Massachusetts, Pennsylvania, Illinois, Ohio o Indiana[1049].

Todos ellos se cimentaban sobre la finalidad educacional antes que retributiva de la pena *("reformatory influences are educational rather than retributive")*, y para ello apostaban, además de por diferentes principios arquitectónicos (edificios más luminosos y abiertos en el campo), por una clasificación moral del delincuente, una férrea disciplina militar, mucho ejercicio físico, trabajo en talleres o manufacturas bien preparadas (ocho horas diarias en el caso de Elmira), y sobre todo una buena educación o enseñanza al preso, cuestión ésta última que en los sistemas penitenciarios estadounidenses resultaba absolutamente original y que permitió la introducción de escuelas y bibliotecas en los centros penitenciarios. La sentencia indeterminada era otro de los principios básicos que comenzaron a aplicarse en los reformatorios para favorecer la corrección del preso, y suponía la posibilidad de beneficiar la conducta del detenido, permitiendo su salida condicional antes de finalizar el tiempo de la condena.

1047 BARROWS, S.J., *The reformatory system in the United States...*, p. 7: *"The reformatory system in the United States is an illustration of evolution in penology (...). The names of Machonochie and Crofton, in England and Ireland; and of Brockway, Tufts, Scott, McClaughry, and Ellen C.Johson, in our own country, will always be remembered and associated with the practical development of the reformatory system in the United States(...). The germ of the American system may be found in the ideas and experiments tried in Ireland and England by Machonochie and Crofton, but it was in the United States that these ideas were destined to find more thorough application and a more complete development"*.

1048 En España fue conocido especialmente gracias a la obra de DORADO MONTERO, P., *El Reformatorio de Elmira*, La España Moderna, Madrid, facsímil Analecta, Pamplona, 2000, aunque también gracias a CADALSO, F., *Instituciones penitenciarias en Estados Unidos*, Madrid, 1914.

1049 De todos ellos, recoge datos e informes de enorme interés BARROWS, S.J., *The reformatory system in the United States...*, pp. 28 y ss, señalando especialmente las aportaciones de quienes estaban dirigiendo por entonces la reforma del sistema en el país: *The Elmira reformatory*, by F.B. Sanborn; *Prison Management*, by Charles Dudley Warner; *The Indeterminate sentence*, by Charlton T. Lewis; *What shall be done with the criminal class?*, by Charles Dudley Warner; *The Massachusetts Reformatory*, by Joseph F. Scott, superintendent; *The Massachusetts Reformatory Prison for Women*, by Isabel C. Barrows; *Prison discipline*, by Ellen C. Johnson, late superintendent of the Sherborn prison; *The Pennsylvania Industrial Reformatory*, by Isaac J. Wistar; *The Illinois State Reformatory*, by Bishop Fallows; *Kansas State Industrial Reformatory*, compiled from official report; *The Reformation of Criminals. Ohio methods*, by Gen. R. Brinkerhoff; *The Indiana Prison System*, by Hon T.E. Ellison; *The Reformatory System in Minnesota*, by Henry Wolfer, late warden of State prison; y *Juvenile Reformatories of the United States*, by T.J. Charlton, superintendent reform school, Indiana.

Aunque los primeros reformatorios lo fueron para jóvenes, no tardaron en fundarse establecimientos similares para mujeres (el *"Massachusetts Reformatory Prison for Women"* tan sólo un año después que Elmira, en 1877) y para adultos, en el convencimiento de que el sistema progresivo también era conveniente para ellos. La diferencia entre unos y otros estribaba fundamentalmente en el tipo de trabajo y en la mayor atención puesta en la educación de los jóvenes. Aunque hubo ciertas diferencias entre los distintos centros, el régimen progresivo constaba, en general, de tres grados o periodos (el de aislamiento para reconocimiento y observación del recluso; el de vida en común para su educación y formación; y el de prelibertad para ponerlo en contacto con el exterior mediante permisos de salida), pudiendo dividirse el último de ellos en un cuarto periodo de libertad condicional. A los grados se ascendía o descendía en atención a un sistema de marcas que premiaban el aprendizaje, el trabajo y la buena conducta del detenido.

Siguiendo estos principios, la lista de reformatorios que estaban en funcionamiento en el año 1899 en Estados Unidos ascendía a 65, con un total de 19.410 internados[1050]. Lo cual significaba que, aunque no se hubieran modificado sus principales leyes ni códigos penales, basados en el principio retributivo de la pena, en poco más de veinte años había triunfado en la práctica penitenciaria estadounidense el nuevo principio correctivo que todavía estaba por implantar en Europa; y, si hacemos caso a los informes presentados en la obra de Barrows, con un porcentaje de éxito muy notable.

A pesar de ello, en España fueron preferidos los modelos europeos a los norteamericanos, como antes se ha defendido, y en atención a los ya citados estudios penitenciarios comparados de Andrés Borrego, Francisco Cabrerizo, Álvaro Navarro de Palencia y Diego Romero de Aguilar, se notaron sobre todo las influencias de las prisiones de Inglaterra, Francia, Bélgica o Italia.

Las cárceles inglesas fueron las que desarrollaron en mayor medida el sistema progresivo. Su punto de partida, tras la supresión de la pena de deportación, fue principalmente el régimen impuesto en la prisión de Pentoville siguiendo la experiencia de Maconochie en la isla australiana de Norfolk entre 1840 y 1844[1051]. Pero también se acusaron de forma muy

---

1050 BARROWS, S.J., *The reformatory system in the United States...*, p. 225.

1051 RADZINOWICZ, L., *English prison system*, en "The modern approach to criminal law", London, 1945, pp. 123-141; RAWS LINGS, P., *Imprisonment in England and Wales: a concise history*, London, 1985; KING, R. D. Y McDERMOTT, K., *The State of Our Prisons*, Oxford, 1996; BROWN, A., *English society and the prison. Time, culture and politics in the development of the modern prison. 1850-1920*, Woodbridg, Suffolk, 2003, y *Legitimacy in the Evolution of the Prison: The Chatham Convict Prison Outbreak, 1861*, en KNAFLA, L.

notable los ejemplos franceses de Mettray, fundada en 1839 por Frederic-Auguste Demetz cerca de Tour, o incluso el reformatorio belga de la Ruysselede[1052]. Ambos eran centros penitenciarios destinados a los jóvenes, y buscaban la corrección del delincuente a través de la educación religiosa y el trabajo. Para los reformadores ingleses, como Mary Carpenter, se convirtieron en el principal ejemplo a seguir a mediados del siglo XIX y en atención a ellos fundaron en 1849 el primer reformatorio de Red Hill, que combinaba asimismo un régimen de trabajo y educación para los jovenes. En 1854 el régimen correccional de los reformatorios fue aprobado tras un interesante Congreso Internacional celebrado en Birminghan, y a partir de la década de los sesenta dichos reformatorios y escuelas industriales (*"reformatory and industrial schools"*) se difundieron por todo el país, sin llegar a alcanzar en la práctica, lamentablemente, los resultados deseados.

Haciendo un giro de boomerang, el régimen del reformatorio regresó asimismo a Francia a partir de 1850, y se implantó en otros países europeos como Bélgica o Italia (de cuyas experiencias se valdría España para la fundación, en 1889, del Reformatorio de Santa Rita en Carabanchel), en pro de la nueva dirección progresiva y correccional del penitenciarismo. Junto a estos nuevos establecimientos para jóvenes, comenzaron a fundarse otros para adultos o mujeres, en régimen de clasificación y cierto carácter progresivo, procurando buscar asimismo el tratamiento especializado más adecuado a cada tipo de delincuente.

Aunque todavía estaba en plena fase de desarrollo el sistema celular en la mayoría de las prisiones centrales europeas (no en las municipales, provinciales o departamentales, a las que a duras pena llegaba la reforma y se seguía un régimen de comunidad como en el caso español), poco a poco se fue introduciendo también el sistema progresivo y el régimen de libertad condicional *"de tipo americano"* en algunas de dichas prisiones centrales o colonias agrícolas, además de en los reformatorios[1053]. No podemos olvidar que todavía eran una minoría o mera punta de lanza frente a la mayoría de prisiones europeas en régimen de comunidad o celular.

A., Crime, punishment, and reform in Europe, Greenwood Press, Wesport, Conn (U.A), 2003, pp. 107-119; DOWNING, K., y FORSYTHE, B., *The Reform of Offfenders in England, 1830-1995: A Circular Debate*, en KNAFLA, L. A., *Crime, punishment, and reform in Europe*, Greenwood Press, Wesport, Conn (U.A), 2003, pp. 145-162.

1052 Leon Radzinowicz and Roger Hood, *The emergence of penal policy*, vol. 5 de A History of english law and its Administration from 1750, London, 1986, p. 159.

1053 MORRIS, N, y ROTHMAN, D. J. (eds.), *The Oxford History of the Prison: The Practise of Imprisonment in Western Society*, Oxford and New York, Oxford University Press, 1995.; O'BRIEN, P., *Prison reform in France and other European countries in the nineteenth century*, en FINZSCH, N., y JUTTE, R., "Institutions of confinement: hospitals, asylums, and prisons in Western Europe and North America. 1500-1950", German Historical Institute/Cambridge University Press, 1996, pp. 297-298; y CLIVE, E., *Crime, police, and penal policy. European experiences 1750-1940*, Oxford Univ. Press, Oxford, 2007.

Pero pueden citarse como ejemplos la penitenciaria para mujeres de Saint-Lázare o las prisiones centrales de Lovaine o Gante en Bélgica, en las que seguía un interesante sistema de contabilidad moral que conducía hacia la libertad condicional y, sobre todo, un avanzado régimen de instrucción académica y moral de los reclusos.

Las modalidades de aplicación del sistema progresivo durante sus inicios fueron, además, muchas y no siempre favorables: en Francia, por ejemplo, las recompensas materiales por buen comportamiento (víveres suplementarios o aumento de la retribución del trabajo), impedía que la libertad condicional pudiese llevarse a efecto en la práctica. Otros defectos detectados por Navarro de Palencia en las prisiones francesas, belgas e italianas, fueron la falta de un buen sistema de clasificacion legal de los presos, a diferencia de lo que ocurría en Inglaterra, o la ausencia de una adecuada red de trabajo industrial o manufacturero.

La dificultad de dar trabajo a los presos sin perjudicar a la industria libre, era uno de los principales problemas de todas las prisiones europeas, sin que las soluciones alcanzadas llegaran a resultar nunca satisfactorias: *"El problema del trabajo penal, es uno de los que han preocupado y preocupan más intensamente el pensamiento de los especialistas en materia penitenciaria, y aún de los escritores de ciencia económica. La cuestión planteada al industrialismo penal por las asociaciones obreras de las poblaciones donde se hallaban enclavadas ciertas prisiones, en que la producción manufacturera se presentaba vigorosa, fue causa de reclamaciones perseverantes y de su estudio detenido, especialmente en Francia, Italia, Bélgica y Alemania, que sortearon acertadamente la dificultad, originándose de ello el Decreto francés de 11 de noviembre de 1885, sobre organización general del trabajo, y la reforma del Reglamento general de las prisiones belgas de 1905, que modificó, aunque no de una manera substancial, el régimen industrial penitenciario observado anteriormente en dicho país"*[1054].

[1054] NAVARRO de PALENCIA, A., *Las prisiones extranjeras (Francia, Bélgica e Italia)*, Madrid, 1918, p. 145.

CAPÍTULO 8.
EL RÉGIMEN PENITENCIARIO ESPAÑOL A FINALES DEL SIGLO XIX (1869-1901)

"Durante todo el siglo XIX y parte del XX ha subsistido el régimen militar establecido en la ordenanza de 1834, hasta que en 1903 fue sustituido por el tutelar, en virtud de lo dispuesto en el R.D. de 18 de mayo (art.1). Las ideas han evolucionado, las leyes se han sucedido; á despecho de los cambios de criterio y de las mudanzas de los tiempos, el régimen militar se ha mantenido durante un siglo. ¡Y pensar que ha sido España donde ha florecido la doctrina correccionalista!".

CASTEJÓN, F., *Legislación penitenciaria española. Ensayo de sistematización*, Madrid, 1911, p. 298.

1. DE LA REVOLUCIÓN GLORIOSA A LA I REPÚBLICA: EL SEXENIO REVOLUCIONARIO ANTE EL PROBLEMA PENITENCIARIO

La Revolución Gloriosa y la expulsión del país de la reina Isabel II en septiembre de 1868, abrió para muchos una nueva época de esperanza, también en el ramo penitenciario. La propia Concepción Arenal "*concibió la esperanza de que la Revolución de septiembre, que ella vivió con fuerte intensidad, abriese amplios horizontes para su ardiente anhelo de mejora del sistema penitenciario en nuestro país*"[1055].

Pareció premonitoria en este sentido la rapidez con la que se aprobaron por el nuevo gobierno de carácter progresista algunas normas como: el Decreto de 25 de mayo de 1869, que descentralizaba las competencias de la Dirección General y confería a los gobernadores provinciales

[1055] CASAS FERNÁNDEZ, M., *Concepción Arenal y su apostolado*, Madrid, 1950, pp. 124-125, quien reproduce el siguiente párrafo de la autora: *"La Revolución tiene el deber más imperioso de plantear un sistema penitenciario; lo primero, porque los principios obligan, y cuando no se obra en consecuencia de ellos son como cuerpos extraños que causan enfermedad en vez de dar fuerza. Lo segundo, porque de hecho esá abolida la pena de muerte. Lo tercero, porque por la excitación de las pasiones y de las luchas a mano armada por cuestiones políticas, van muchos hombres a presidio que, sin ser inocentes, no son tampoco criminales, y lo serán, confundiéndoles con ladrones y asesinos, o sin confundirlos, basta encerrar muchos hombres y sujetaros al régimen de nuestros establecimientos penales, para que se depraven..."*

la facultad de proveer los empleos de las cárceles[1056]; la Ley de 11 de octubre de 1869 que, a vueltas con el tema de personal y la anhelada desmilitarización de las prisiones, exigía por primera vez en nuestro país la condición civil para acceder al cuerpo de empleados de establecimientos penales (pero que, lamentablemente, no pasó de ser una mera declaración de intenciones); y, sobre todo, la Ley de Bases para la reforma penitenciaria de 21 de octubre 1869, que surgía antes incluso de que se aprobara un nuevo Código Penal y, en opinión de Arenal, de forma bastante precipitada[1057].

Desde nuestra contemporaneidad, algún autor ha considerado esta Ley de Bases de 1869 "el intento más serio por implantar un sistema penitenciario y unos establecimientos racionales y renovados", en directa relación con el más amplio elenco de libertades y derechos individuales reconocidos hasta el momento por la Constitución de 1869[1058]. Aunque los problemas a los que se enfrentó, tanto de carácter económico[1059], como puramente doctrinal, en el confuso debate científico penal o sobre el mejor sistema penitenciario de la época, impidió que en la práctica cosechara grandes resultados y fue derogada a menos de diez años de su publicación, en virtud de la Ley de 23 de julio de 1878[1060].

Conviene, no obstante, que nos detengamos brevemente en su contenido. La Ley de 21 de octubre de 1869, "estableciendo bases para la reforma y mejora de las cárceles y presidios y para el planteamiento de un buen sistema penitenciario; depósitos municipales; cárceles; colonias penitenciarias"[1061], reconocía cinco tipo de establecimientos penitencia-

---

1056 TEIJÓN, V., *Colección legislativa...*, p. 5.

1057 ARENAL, C., *Concurso especial para la construcción de la cárcel y presidio correccional de Madrid*, en *Artículos sobre beneficencia y prisiones*, Obras Completas, vol.I: *"Hay una ley de 11 de octubre de 1869 que contiene las bases para una ley de prisiones; bases presentadas a última hora, cuando las Cortes Constituyentes estaban para suspender sus sesiones, rendidas, puede decirse, por el largo trabajo y el calor sofocante de julio; bases aprobadas en algunas horas, con la protesta de muchos señores diputados de que no se procedía en tan grave asunto con la debida meditación; bases, puede decirse con verdad, no discutidas; bases, en fin, inadmisibles para la razón y la justicia, como creemos haberlo probado en el examen que de ellas hicimos"*. Dicho examen más exhaustivo se publicó en la Revista General de Legislación y Jurisprudencia de octubre de 1896.

1058 TOMÁS y VALIENTE, F., *Las cárceles y el sistema penitenciario...*, p. 78. Véase también SANZ DELGADO, E., *El humanitarismo penitenciario español...*, pp. 262 y ss.

1059 GÓMEZ BRAVO, G., *Crimen y castigo...*, p. 235, fija sólo en estos problemas económicos su fracaso.

1060 Ley de 23 de julio de 1878, art.4, publicada en la Gaceta de Madrid de 11 de agosto de 1878, y también por TEIJÓN, V., *Colección legislativa...*, pp. 177-178. La ley de base de 1869 se invocaría aún, no obstante, en el artículo 273 del Real Decreto de 5 de Mayo de 1913, en lo referente a la admisión de detenidos o presos en las cárceles de partido donde se halle establecido el Depósito municipal.

1061 Publicada en la Gaceta de Madrid, nº 295, 22-10-1869, p. 1.

rios: los depósitos municipales, las cárceles de partido, las cárceles de Audiencia, los presidios y casas de corrección, y unas novedosas colonias penitenciarias.

Su objetivo era la reforma y mejora de todas las cárceles de partido y de Audiencia[1062], ordenando financiar nuevamente las obras a los Ayuntamientos y Diputaciones en un plazo máximo de tres años; así como la de los presidios y casas de corrección, que correspondería a la Dirección General del ramo, para procurar la implantación en España del mejor sistema penitenciario: *"que es el Sistema misto, ó sea el de separación y aislamiento de los penados durante las horas de la noche, con el trabajo en comun durante las del dia; pero por grupos y clases, segun la gravedad de los delitos, la edad, inclinaciones y tendencias de Ios penados, su buena ó mala conducta, y todas las demás circunstancias que puedan contribuir á su correccion y enmienda, á la expiacion y al arrepentimiento, á su instruccion y á su moralidad, á empleándose todas las influencias y elementos moralizadores que seguramente puedan conducir á aquel resultado, separando todos los gérmenes ó motivos de corrupcion, y evitando ciertos castigos y correcciones crueles y degradantes"* (Base Quinta).

Aunque se decantara expresamente por el sistema "mixto", en realidad la norma sólo conseguiría que se respetara el sistema de clasificación hasta ahora seguido en las prisiones españolas, frente a las críticas de los correccionalistas, que apostaban por la implantación del sistema "celular" o de separación, y de los administrativistas, que no alcanzaban a entender cómo la ley se atrevía a apostar tan nítidamente por un sistema concreto en el convulso debate penitenciario de la época, en el que despuntaba también con creciente relevancia las propuestas del sistema "progresivo"[1063].

[1062] Base Segunda: *"Se procederá desde luego á la reforma y mejora de todas las cárceles de partido y de Audiencia para darle las condiciones de capacidad, higiene, comodidad y seguridad indispensables; para que los detenidos estén debidamente separados por grupos ó clases, segun su sexo y edad y la gravedad de los delitos por que fueren procesados; para que puedan disfrutar en la detencion, á ser dable y conveniente, de las mismas condiciones que en sus moradas propias; para que puedan dedicarse en lo posible, durante la detención, al ejercicio de su profesion, arte ú oficio; para que la detencion, salvo sus efectos inevitables, no pueda influir desfavorablemente en la salud de los detenidos; para que haya el mayor aseo, órden y moralidad, y para que los detenidos puedan cumplir con todos sus deberes"*.

[1063] Comentando la base quinta de la Ley de 21 de octubre de 1869, COLMEIRO, M., *Derecho administrativo español...*, libro IV, pp. 407-408: *"Entre las bases adoptadas para la reforma de los establecimientos penales hay una que aspira (dice la ley) al mejor sistema penitenciario para nuestro país, que es el sistema mixto, ó sea el de separación y aislamiento de los penados durante las horas de la noche, con el trabajo común durante las del día (...). Aparte de la forma, lenguaje y estilo tan impropios de un documento oficial de esta naturaleza, que debiera contener principios y reglas claras, precisas y terminantes en vez de frases de sentido oscuro é incierto, observará algun curioso cómo el legislador se atreve á pronunciar sentencia definitiva en la árdua y no resuelta cuestión que ventilan los filósofos y los jurisconsultos á propósito del mérito respectivo de los diversos sistemas penitenciarios. ¿Quién*

En cualquier caso, no fue este el aspecto más novedoso o reseñable de la Ley de Bases de 1869, sino el de su reconocimiento, de acuerdo con las tendencias del momento (recuérdese, por ejemplo, el contenido de las primeras Conferencias Internacionales sobre la cuestión), y por primera vez en España, de unas nuevas "colonias penitenciarias" que deberían crearse en el Golfo de Guinea o en las islas Filipinas para las penas perpetuas y para los presos incorregibles (base octava). La base decimocuarta también autorizaba al Ministro de la Gobernación para *"tomar el terreno en la parte que sea necesaria en el sitio llamado de San Fernando, ó en cualquier otro del Estado que estime más conveniente, a fin de establecer en él una colonia penitenciaria para los sentenciados menores de veintiún años"*.

La posibilidad de crear dichas "colonias penitenciarias" quedaría abierta asimismo en el Código Penal de 1870[1064]. Pero ésta sería una de sus escasas novedades en el terreno penológico, en el que se mantuvo tanto la filosofía retribucionista como la clasificación de penas propias del Código Penal de 1848. En un contexto doctrinal europeo que César Herrero ha calificado acertadamente de "multidireccional"[1065], en ciernes del desarrollo positivista y correccionalista, el Código de 1870 no se planteó en ningún caso como un texto cualitativamente nuevo, sino simplemente como una adaptación del código anterior a los nuevos principios de libertad reconocidos por la Constitución de 1869. Lo vemos con meridiana claridad al leer los procedimientos y debates seguidos para su redacción y aprobación[1066]. Así lo afirmarían también los principales artífices del proyecto, que en opinión de Luis Silvela fueron Montero Ríos y Groziard[1067], y los adalides de su aprobación en las Cortes, entre otros Francisco Silvela[1068]

---

puede asegurar que el mejor para nuestro país sea el mixto? La única prueba fehaciente de la bondad de uno ú otro es la estadística de las prisiones, porque el único criterio seguro es el número de reincidencias. Así pues, mientras la reforma no llegue a plantearse, raya en los límites de la imprudencia ó la temeridad aventurar un juicio inapelable".

[1064] Art.111: *"Las penas de relegación perpetua y temporal se cumplirán en Ultramar en los puntos para ello destinados por el Gobierno. Los relegados podrán dedicarse libremente, bajo la vigilancia de la autoridad, á su profesion ú oficio, dentro del rádio á que se extiendan lo límites del establecimiento penal".*

[1065] HERRERO HERRERO, C., *España penal y penitenciaria...*, p. 233.

[1066] LASSO GAITE, J.F., *Crónica de la Codificación española...*, vol.I, pp. 417-481, y en cuanto a los debates parlamentarios en Cortes, atiéndase al DSC, nn.293-308, del 30-05-1870 al 17-06-1870, pp. 8441 y ss, así como distintos apéndices.

[1067] SILVELA, L., *El derecho penal estudiado en principios y en la legislación vigente en España*, Madrid, 1903, pp. 33 y 254.

[1068] Reconociendo que era un *"Código de verano"*, Francisco Silvela diría, en DSS, nº 307, 15-06-1870, p. 8883 que *"la situación en que nos encontramos, Sres Diputados, no permite tampoco entrar en debates científicos de ninguna profundidad"*, entendiendo que la reforma del Código no lo era en su totalidad, sino sólo *"respecto de los derechos individuales"* para adaptarla a la Constitución de 1869.

o el propio Madrazo, presidente de la Comisión formada para el estudio del proyecto de ley sobre reforma del Código penal[1069].

Reconociéndose, por tanto, que la reforma era muy "conservadora", y que sólo resultaba "útil en su aspecto político por la protección de los derechos individuales", en consonancia con la nueva Constitución de 1869[1070]; en el terreno de las penas o sanciones siguió manteniéndose el principio retribucionista anterior, a través de una complejísima "aritmética penal" que trataba de adaptar la pluralidad de penas reconocidas a las necesidades de cada delincuente[1071]. Quiere decir esto que, aunque se admitiera, en lo posible, la finalidad de la enmienda o corrección del delincuente, dividiéndose las penas en aflictivas o correccionales como en el código precedente, la principal finalidad de la pena seguía siendo la retribucionista o expiatoria, distinguiéndose meramente unas penas de otras en su duración.

Así, en comparación con el Código anterior, las penas que implicaban privación de libertad en algún establecimiento penitenciario (sin tener en cuenta las penas accesorias ni su aplicación según las circunstancias agravantes o atenuantes), fueron:

[1069] Madrazo en DSS, nº 308, 17-06-1870, p. 8900: *"En estos momentos esa discusión amplia es completamente imposible. El estado en que se encuentra la Cámara no permite prolongar por mucho tiempo este debate. Por otra parte, es necesario, es urgente el que se publique, de una manera provisional, el proyecto que el Gobierno ha presentado á la deliberación de la Cámara; es absolutamente necesario, porque en la legislación penal actual hay disposiciones contradictorias e inconciliabrles con el texto de la Constitución; hay un vacío que llenar, porque habiéndose declarado los derechos individuales, es necesario reprimir el abuso que de ellos puede hacerse, y es necesario ampararlos contra la tiranía de la autoridad".*

[1070] Véase ANTÓN ONECA, J., *El Código penal de 1870*, en el Anuario de Derecho Penal y Ciencias Penales, nº 23,fasc.2, (1970), p. 250. También en este sentido NUÑEZ BARBERO,, R., *La reforma penal de 1870*, Salamanca, 1969, p. 58.

[1071] Sobre éste y otros aspectos, pueden consultarse los numerosos comentaristas del Código Penal, así como los penalistas que escribieron manuales o cursos a partir del mismo. Entre otros, y sin ánimo de ser exhaustiva, GROIZARD, A., *El Código penal de 1870, concordado y comentado*, 5 tomos, Madrid-Salamanca, 1870-1899; SANTAMARÍA de PAREDES, V., *Principios de derecho penal con aplicación al Código español, obra adaptada a las explicaciones de Luis Silvela por Vicente Santamaría*, Madrid, 1872; RUEDA, R., *El Código penal explicado*, en *Elementos de Derecho penal*, Santiago, 1877; SILVELA, L., *El Código Penal y el sentido común*, Madrid, 1886 (edic. facsímil en Pamplona, 2003); VALDÉS RUBIO, J.M., *Derecho penal. Su filosofía, historia, legislación y jurisprudencia*, 2 tomos, Madrid, 1903 (facsímil Pamplona, 2004), vol.2, pp. 145 y ss; GÓMEZ de MIRANDA, A., *Historia de la Codificación penal española y ligera crítica del Código vigente*, Madrid, 1907; o BERNALDO de QUIRÓS, C., y NAVARRO de PALENCIA, A., *Teoría del Código penal (su exámen y su crítica)*, Madrid, 1911.

C.P. 1848/ Penas aflic-tivas	C.P. 1870/ Penas aflic-tivas	C.P. 1848/ Penas correccio-nales	C.P. 1870/ Penas aflictivas	C.P.1848/ penas leves	C.P.1870/ penas leves
Cadena perpetua	Cadena perpetua	Presidio co-rreccional (7 meses a 3 años)	Presidio correccio-nal (6 meses a 6 años)	Arresto menor (1 a 15 días)	Arresto menor (1 a 30 días)
Reclusión perpetua	Reclusión perpetua	Prisión co-rreccional (7 meses a 3 años)	Prisión correccio-nal (6 meses a 6 años)		
Cadena temporal (12 a 20 años)	Cadena temporal (12 a 20 años)	Arresto mayor (1 a 6 me-ses)	Arresto mayor (1 a 6 me-ses)		
Reclusión temporal (12 a 20 años)	Reclusión temporal (12 a 20 años)				
Presidio mayor (7 a 12 años)	Presidio mayor (6 a 12 años)				
Prisión mayor (7 a 12 años)	Prisión mayor (6 a 12 años)				
Presidio menor (4 a 6 años)					
Prisión menor (4 a 6 años)					

Entre los aciertos del Código en materia penitenciaria, hay que señalar, no obstante, la remisión a reglamentos especiales para la regulación de la materia y la omisión de un sistema penitenciario concreto, especificando solamente que debería garantizarse la *"separación por sexos"* (art.100). Y también, de forma muy reseñable, la recuperación de la idea del trabajo obligatorio tanto para los condenados a penas de presidio o superiores, como a los condenados a penas inferiores a la prisión (en el Código anterior el trabajo para los condenados a prisión era voluntario), incluso cuando la pena era sólo de arresto mayor (en la que antes la opción al trabajo no estaba ni siquiera prevista)[1072].

La escala de los trabajos o destinos sí seguía siendo similar a la del código precedente, más duros cuanto más dura era la pena, de modo que los condenados a cadena o reclusión debían aplicarse *"a trabajo forzoso en beneficio del Estado"*, aunque, como el texto anterior, nunca *"a obras de particulares ni a las públicas que se ejecutaren por empresas ó contratas con el Gobierno"* (art.108); mientras que los condenados a penas de presidio, prisión o arresto lo harían en manufacturas o talleres creadas dentro del establecimiento penitenciario, destinándose el beneficio a:

- Hacer efectiva la responsabilidad civil proveniente del delito.
- Indemnizar al establecimiento de los gastos ocasionados.
- Proporcionar a los reos algún ahorro durante su detención y formarles un fondo de reserva, que se les entregaría a ellos a su salida, o a sus herederos en caso de fallecimiento (art.114).

La idea del utilitarismo penal, o la obtención de grandes beneficios para el Estado a través del trabajo presidial, que ya se había desterrado en el anterior Código de 1848, quedaba también, por consiguiente, completamente al margen del espíritu de éste, en el que sólo se mantuvieron algunas penas de trabajos forzados en las penas de cadena o reclusión. Por el contrario, el trabajo obligatorio intramuros en el resto de penas privativas de libertad, parecía abrir definitivamente la puerta hacia un muy incipiente régimen tutelar en el que éste, el trabajo, se entendería fundamentalmente como un elemento para la corrección y posterior reinserción del delincuente. Eso mismo parecía señalar la posibilidad abierta a la creación de las novedosas "colonias penitenciarias" que se discutían en el terreno internacional, y que en España no pasaron, de momento, de un embrionario proyecto en la letra de la ley.

[1072] Arts.115 y 118. Según COLMEIRO, M., *Derecho administrativo español...*, libro IV, p. 400: *"El Código penal suplió la omisión ó descuido del legislador mandando que los sentenciados á la pena de arresto mayor estén obligados á los trabajos del establecimiento hasta hacer efectiva la responsabilidad civil proveniente del delito é indemnizar á la casa de los gastos que originen, pudiendo después ocuparse para su propio beneficio en otros de su elección, con tal que sean compatibles con la disciplina reglamentaria.. Que los presos, mientras la ley los reputa inocentes, no trabajen sino por su voluntad y en su beneficio, es conforme á los principios de la ciencia carcelaria; y que los culpados reparen á su costa el daño de que son autores, es conforme á las nociones más sencillas del derecho penal"*.

Por lo demás, el confusionismo en cuanto al cumplimiento de las penas de arresto mayor y menor en casas públicas del partido (en ocasiones las mismas que las de las Audiencias) o Ayuntamiento, es decir, en las cárceles, junto a otros detenidos de forma meramente preventiva o cautelar, que ya se denunciara al dictarse el Código de 1848, y que se había acuciado con la promulgación de la Ley de Bases de 1869[1073], se mantenía exactamente igual en este Código de 1870. Huelga decir que el problema era fundamentalmente de índole económica, como no se cansaba de denunciar la doctrina y reconocería, un par de años después de la publicación del Código la Comisión designada en 1872 para la redacción de un proyecto de reglamento para las cárceles de Madrid.

La citada Comisión fue nombrada por la Junta Auxiliar de la cárcel de Madrid, y para hacer su trabajo supo informarse de las principales novedades *"puestas en ejecución en otros países"*, y especialmente de los principios planteados en *"los célebres é importantes Congresos de Francfort y de Bruselas"*. Pero estaba convencida de que intentar aplicar tales principios al caso español *"hubiera sido completamente estéril y no habría producido más resultado que formar un Reglamento de imposible aplicación, si bien lleno de bellísimas teorías"*. De modo que prefirió, según explica en el Preámbulo de su proyecto, *"prescindir de teorías y estudiar la cuestión en el terreno práctico, único medio de formar un Reglamento que llene las necesidades de actualidad y dé inmediatamente resultados tangibles"*.

Dicho Reglamento resultó ser, tras la ralentización del procedimiento que se vivió tras proclamarse la I República española en febrero de 1873, el Reglamento para las Cárceles de Madrid de 22 de enero de 1874, cuyos principales objetivos eran:

1.- Sustituir la desprestigiada denominación de *"Alcaide"* por la de *"Jefe de la cárcel"*, fijando ciertas condiciones tanto para éste como para su principales subordinados.

2.- Aumentar y definir las atribuciones y el número de vocales de la Junta auxiliar de las cárceles para que pudiera cumplir mejor con su cometido de apoyo al Gobernador provincial.

3.- Separar los fondos económicos ordinarios del servicio carcelario de los eventuales aplicables de fines puramente filantrópicos (para atender a presos desvalidos o huérfanos, la creación y mantenimiento de talleres...), aceptando para estos últimos una mayor colaboración de las asociaciones benéficas[1074].

1073 Véase SANZ DELGADO, E., *Las viejas cárceles...*, pp. 343 y ss.

1074 SANZ DELGADO, E., *Las viejas cárceles...*, pp. 2: "La intervención de asociaciones religiosas y filantrópicas sigue contemplándose de modo favorable por la administración pero sujeta a las disposiciones reglamentarias, y el procedimiento de actuación así se plasma en el Reglamento para las Cárceles de Madrid de 1874 que, en relación con la labor de

4.- Acabar definitivamente con los malos usos o abusos arancelarios, con medidas de control y prohibición de todo tipo de irregularidades en la gestión de las cárceles.

5.- Solucionar el problema de clasificación que se mantenía entre las Cárceles de Audiencia (donde según la Ley de Bases de 1869 se había de cumplir sólo penas de prisión y presidio correccionales), las Cárceles de Partido, y los Depósitos municipales: *"Es indudable que las Cárceles de Madrid carecen absolutamente de disposición para penados á prisión y presidio correccionales, y que por consiguiente sólo sirven y servirán para presos de causa pendiente y sentenciados á la pena de arresto mayor. Está fuera de cuestión que pertenecen á la categoría de Cárceles de partido y Depósitos municipales, puesto que en ellas ingresan también los detenidos, transeúntes y sujetos á la pena de arresto menor y que, por tanto, han de cubrirse sus gastos de los fondos municipales; y comprendiéndolo así la Comisión, ha juzgado oportuno expresarlo explícitamente en el Proyecto de Reglamento"*[1075].

Ante esta problemática, el artículo primero del Reglamento afirmaba, por ende, que *"las Cárceles tienen el doble carácter de prisiones preventivas y correccionales, con arreglo á la Ley"*; y, siendo así en la capital, el panorama de las cárceles del resto de partidos judiciales no era mucho más alentador.

¿Qué ocurría con el resto de establecimientos penitenciarios?. Un nuevo Decreto, dictado por el gobierno republicano el 16 de julio de 1873[1076], los clasificó a los efectos de la Administración en tres clases, definiéndolos todos ellos como *"establecimientos penales"*:

I. Los de Ceuta, Cartagena, Valencia y Zaragoza.

II. Los de Sevilla, Burgos, Santoña y Tarragona.

III.Los de Alcalá, Coruña, Granada, Toledo y las Baleares.

---

la Junta auxiliar de cárceles, en su artículo 18 prescribía: *"La Junta, cuya mision es alta y esencialmente filantrópica, se ocupará con el mayor celo y eficacia en mejorar, por cuantos medios le sugiera su ilustracion la condicion material y moral de los presos, aceptando el concurso y la ayuda de las personas caritativas y de las asociaciones religiosas y filantrópicas que quieran contribuir á la instrucción, socorro y consuelo de aquellos desgraciados. Para que esa ayuda sea eficaz y pueda ejercerse de una manera conveniente y compatible con el órden y disciplina indispensables en las Cárceles, los particulares ó asociaciones que quisieran visitar los establecimientos con el indicado objeto, se pondrán previamente de acuerdo con la Junta, que por sí ó por medio del Vocal eclesiástico ó Visitador, según los casos y circunstancias, fijará las reglas..."*. Con posterioridad, en virtud del Real Decreto de 24 de Junio de 1890 se establecía la denominada Junta local de prisiones de Madrid y se venía a reorganizar por Real Decreto de 19 de Julio de 1899, pasando a denominarse Junta de Patronato, años después, por Real Decreto de 20 de Enero de 1908.

[1075] El problema de clasificación de las cárceles de Audiencia y de partido, así como de sus gastos, ya había sido tratado de solucionar, en vano, antes de la Ley de base de 1869, por la Real Orden de 10 de enero de 1867, en TEIJÓN, V., *Colección legislativa...*, pp. 43-44-

[1076] TEIJÓN, V., *Colección legislativa...*, p. 588.

Los reos sentenciados a cadena, reclusión y relegación perpetuas serían destinados a los presidios de Alhucemas, Ceuta, Chafarinas, Melilla y el Peñón de la Gomera. Los reos sentenciados a cadena, reclusión y relegación temporales, a los de Cartagena, Coruña, Santoña, Tarragona y Baleares. Los sentenciados á presidio y prisión mayores, á los de Burgos y Sevilla. Y los penados con presidio y prisión correccionales se destinan á los de Granada, Valencia y Zaragoza.

Pero, en opinión de Colmeiro, de esta clasificación podían criticarse numerosos aspectos. En primer lugar que *"pudiera ponerse en duda qué nombre conviene hoy á los lugares en donde los reos cumplen su condena, porque toda persona escrupulosa vacilará si en el lenguaje oficial deben ser llamados presidios ó establecimientos penales"*. En segundo lugar, que *"pudiera también dudarse si el decreto referido deroga los artículos del Código penal relativos á esta materia, con los cuales se halla en patente contradicción, y si los tribunales atribuirán más fuerza y vigor á unos preceptos que á otros"*. Y *"por último, si en algo se estiman la eficacia de las penas y las razones de economía, no deja de ofrecer reparos é inconvenientes que se falte al principio general que el reo sufra el castigo en el establecimiento penal más próximo al teatro de su delito y al tribunal que pronunció la sentencia"*[1077].

Aunque desde sus inicios la reforma penitenciaria parecía seguir su camino al margen de ideologías, durante el efímero régimen de la I República no pueden dejar de señalarse algunas otras normas muy características del especial momento político. Es el caso del Decreto de 25 de junio de 1873, firmado por el Presidente del gobierno y Ministro de la Gobernación Francisco Pí y Margall, por el que se suprimían las plazas de capellanes de los establecimientos penales y se creaban en su lugar las de maestro de escuela, en consonancia con *"el saludable principio de la libertad religiosa, establecido por la Constitución actual"*[1078]; la Orden de Ministerio de Fomento de 8 de julio de 1873, estableciendo bibliotecas en todos los Establecimientos penitenciarios, *"procurando que las obras que en ellas figuren se distingan por su carácter de moralidad y por su inmediata aplicación a las necesidades de la vida moral y material, y sean acomodadas á las condiciones especiales de cada sexo"*[1079]; o el frustrado intento de reformar la provisión y organización del personal de empleados de los establecimientos penales acometido entre diciembre de 1873 y enero de 1874[1080].

1077 COLMEIRO, M., *Derecho administrativo español...*, libro IV, p. 403.

1078 TEIJÓN, V., *Colección legislativa...*, pp. 29-30.

1079 TEIJÓN, V., *Colección legislativa...*, p. 20.

1080 Tras el ya citado Decreto de 25 de mayo de 1869, que confería a los gobernadores provinciales la facultad de proveer los empleos de las cárceles públicas, se publicaron también el Decreto de 25 de junio de 1873, dictando disposiciones para la provisión de los

De éste último proyecto republicano cabe destacar, especialmente, el Decreto de 20 de diciembre de 1873, que, siguiendo el mismo espíritu con el que el primer gobierno del Sexenio Democrático dictara el Decreto de 11 de octubre de 1869, pretendía desmilitarizar el personal de los presidios, exigiendo como requisito necesario para el acceso al cuerpo la condición civil. Este Decreto de 1873 marcó, además, un hito en cuanto a denominación de los oficiales de prisiones, proponiendo nuevos nombres ajenos al mundo militar[1081]. Pero lamentablemente, como ocurriera con la de 1869, la norma no pudo llevarse a la práctica en el panorama penitenciario español, todavía acaparado, a pesar de las insistentes críticas, por los militares.

2. LA PRIMERA ETAPA DE LA "REFORMA OFICIAL" EN LA RESTAURACIÓN

Tras el pronunciamiento en Sagunto del general Martínez Campos a favor de la Restauración monárquica, el 29 de diciembre de 1874, y el regreso desde Inglaterra de Alfonso XII, en este amplio periodo de la historia contemporánea española, al ritmo del turno de partidos pareció imponerse el consenso en casi todos los ámbitos políticos, y ello afectó también al desarrollo mucho más estable y equilibrado de la reforma penitenciaria, que en palabras de Rafael Salillas se "oficializó" en esta época, convirtiéndose en objetivo prioritario del gobierno.

Después de tantos años de proyectos frustrados y leyes incumplidas, la "reforma oficial" del régimen penitenciario conseguiría alcanzar, en consecuencia, resultados mucho más concretos durante este periodo, apoyados por las influencias externas (principalmente de las Conferencias internacionales), y orquestados fundamentalmente por los sectores krausistas afines

---

empleos de cárceles de Audiencia y de partido a cargo de Diputaciones y Ayuntamientos; la Orden de 23 de agosto de 1873, recordando el cumplimiento del anterior decreto; y un nuevo Decreto de 22 de enero de 1874, que dejaba sin efecto el de 25 de junio de 1873 y restablecía el de 25 de mayo de 1869. Todos ellos relacionados por TEIJÓN, V., *Colección legislativa...*, p. 5. Véanse también el Decreto de 20 de diciembre de 1873, el Reglamento de 23 de diciembre de 1873, señalando los derechos y obligaciones de los empleados de Establecimientos penales, y el Decreto de 16 de enero de 1874, dejando sin efecto el de 20 de diciembre último relativo al personal de Establecimientos penales y restableciendo la legislación anterior, en TEIJÓN, V., *Colección legislativa...*, p. 179.

[1081] Véase GARCÍA VALDÉS, C., *La idea correccional de la reforma penitenciaria española del siglo XIX*, Madrid, 2006, p. 56, donde se explica cómo este Decreto pone fin a los cargos típicamente militares de Comandante, Mayor, Ayudante, Furriel y Capataz, y distribuye los nuevos cargos en tres secciones: disciplinaria (Inspector, Subinspectos y Celador), económica (Contador, Oficial de contaduría y Escribiente); y facultativa (Médicos y Profesores de Instrucción primaria).

al gobierno. Éstos dirigirían en última instancia la reforma penitenciaria hacia el régimen tutelar, y ello a pesar de las diferentes ideas que sobre la misma tenían en España conservadores o progresistas, como vimos al tratar de la controversia salillista y cadalsiana en el capítulo anterior.

Las diferencias políticas no fueron óbice para el avance, aunque en un primer momento, esto es, antes de acabar el siglo XIX, éste aún fuera modesto debido a la consabida austeridad española[1082]. En esta primera etapa se centró, sobre todo, en:

- La creación de un cuerpo civil de funcionarios de prisiones, consiguiéndose la "desmilitarización" de los establecimientos por la que venían clamando unánimemente los penitenciaristas españoles.
- La creación de un Consejo penitenciario que fuera capaz de impulsar la reforma, reorganizándose administrativamente el ramo (que pasó del Ministerio de Gobernación al de Justicia).
- La definición de un nuevo mapa de establecimientos penales más congruente y avanzado en el contexto europeo, para lo cual se puso finalmente en marcha la creación de una Cárcel-Modelo en Madrid y otras ciudades, se inauguraron establecimientos penales apropiados para jóvenes y mujeres, y se convirtió el presidio norteafricano de Ceuta en una colonia penitenciaria, afianzándose paulatinamente el "sistema progresivo" en nuestro país.

Dejando para un epígrafe independiente, el siguiente, todo lo relativo a la penitenciaria de mujeres, por el seguimiento específico que venimos

---

[1082] Resume las principales reformas de esta época COS-GAYÓN, F., *Discursos de recepción del Excmo. Sr. D. Fernando Cos-Gayón y de contestación del Excmo. Sr. D. Manuel Alonso Martínez, leíos en Junta pública de 15 de junio de 1879: Problemas relativos á prisiones. Importancia de la reforma penitenciaria: sus progresos y estado actual en otros países y en nuestra patria: sus objetivos y las dificultades con que tropieza*, en Discursos de recepción y de contestación leídos ante la Real Academia de Ciencias Morales y Políticas al dar posesión de sus plazas a los individuos de número de la misma.1875-1881, tomo II, Madrid, 1884, pp. 357-358: *"Sin embargo, de algún tiempo acá, ese atraso va rápidamente disminuyendo. El Gobierno español ha comisionado á un antiguo publicista para estudiar las principales penitenciarías de los países extranjeros, y después ha tenido representación oficial en el Congreso de Stokolmo. El legislador ha dispuesto lo necesario para que en Madrid se construya una vasta prisión celular, cuyas obras lleva con actividad la Administración pública. La iniciativa de un particular ha promovido el establecimiento, también en las cercanías de la capital, de una penitenciaría para jóvenes delincuentes, teniendo su plan excelente acogida, aunque los auxilios no han continuado después con la importancia que se habría convenido. Esta ilustre Academia abrió concursos entre los escritores que quisieran tratar uno de los más interesantes problemas penitenciarios, y ha tenido la satisfacción de encontrar dignos de sus premios varios trabajos debidos á plumas ya repetidamente ejercitadas en este ramo del saber. Al lado del Ministerio de la Gobernación funciona una Junta de Reforma penitenciaria é institución de patronatos de los penados cumplidos y de los niños abandonados. En el de Gracia y Justicia se ha abierto el Registro general de penados, que ha de producir considerables ventajas para la más rápida instrucción de los sumarios, para la más perfecta estadística y para la más justa aplicación de las penas".*

haciendo de la cuestión en este trabajo, tratemos de resumir a continuación las principales de estas reformas:

a) La creación de un Cuerpo Especial de Empleados Civiles de Establecimientos Penales

Una de las principales cuestiones que apremiaba resolver al comenzar la etapa de la Restauración, era la relativa al personal de las cárceles y prisiones[1083]. Hubo que comenzar por derogar o modificar algunos de los criterios alcanzados durante el anterior periodo de la I República, que, lejos de coadyuvar al fin, entorpecían aún más el organigrama del personal, como la supresión de las plazas de capellanes, o el nombramiento de los empleados de cárceles, que había pasado a depender del Gobernador de cada provincia en 1869 y volvió a recuperarse como competencia centralizada de los Directores Generales en 1875[1084].

Otras disposiciones dictadas entre 1877 y 1880 por el Ministro Silvela, trataron de introducir también cambios significativos en el personal de prisiones, imponiendo algunas condiciones para ingresar en el ramo[1085], y fueron muy bien recibidas por la doctrina de la época, que vio en ellas el efectivo comienzo de la desmilitarización[1086]. Sin embargo, no llegaron

1083 GÓMEZ BRAVO, G., *Crimen y castigo. Cárceles justicia y violencia en la España del siglo XIX*, Madrid, 2005, p. 237.

1084 Real decreto de 28 de Diciembre 1875, del Ministerio de la Gobernación, derogando el decreto de 25 de Mayo de 1869, y quedando en vigor las disposiciones que anteriormente regían para el nombramiento de los empleados de cárceles, publicado en la Gaceta del 8 de enero de 1876, y recogido asimismo por TEIJÓN, V., *Colección legislativa...*, pp. 5-6.

1085 Véanse la Orden de 20 de julio de 1877, de la Dirección General de Establecimientos penales, señalando el número de Ayudante y Capataces que debe haber en cada presidio, en TEIJÓN, V., *Colección legislativa...*, p. 16; el Real Decreto de 1 de septiembre de 1879, estableciendo las base para el nombramiento de los empleados de cárceles, la Instrucción de 3 de octubre de 1879 para el nombramiento de los empleados de cárceles, y el Real Decreto de 17 de mayo de 1880 suprimiendo los anteriores para el nombramiento de empleados de presidio y cárceles, en TEIJÓN, V., *Colección legislativa...*, p. 6; y el Real Decreto de 12 de agosto de 1879, reformando el cuerpo de empleados de Establecimientos penales, la Instrucción de 12 de agosto de 1879 para la organización del personal de penitenciarias, la Real Orden de 3 de octubre de 1879, aprobando la instrucción para la organización del personal de penitenciarías, y el Real Decreto de 17 de marzo de 1880, suspendiendo los ectos de las anteriores sobre el nombramiento de empleados de presidios y de cárceles, en TEIJÓN, V., *Colección legislativa...*, p. 179.

1086 En ARENAL, C., *Al señor Director de Establecimientos Penales*, en *Artículos sobre beneficencia y prisiones*, vol. V, en Obras Completas, tomo 22, Concepción Arenal se lamentaba de la anulación de los decretos con los que el Sr. Silvela imponía algunas condiciones para entrar en el ramo de presidios, iniciando la reforma del personal, sin lo que en su opinión era imposible mejorar las prisiones; y más adelante, en ARENAL, C., *Reforma penitenciaria*, en *Artículos sobre beneficencia y prisiones*, vol. V, en Obras Completas, tomo

a ser ejecutadas y se derogaron en poco tiempo, haciendo afirmar a Castejón que desde el intento republicano de 1873 hasta el Decreto de 1881, en la historia penitenciaria española *"cada reforma en la organización del personal va seguida de otra disposición que la deroga o deja sin efecto"*[1087].

La verdadera reforma relativa al personal no se produjo, por consiguiente, hasta la promulgación del Real Decreto de 23 de junio de 1881, firmado por el Ministro de la Gobernación Venancio González[1088]. Culminando los proyectos de desmilitarización de las prisiones que trataron de ponerse en marcha sin resultado con anterioridad, esta norma creaba por fin un Cuerpo Especial de Empleados Civiles de Establecimientos penales, refundiendo los cargos que existían en los presidios y en las cárceles, y derogando todas las disposiciones anteriores[1089].

Aunque la ley se encontró con algunos escollos durante sus primeros años[1090], y en 1884 dejaba de aplicarse por un breve periodo de tiempo en favor del antiguo sistema de conceder los destinos por libre designación[1091], finalmente se recuperó a partir de 1886, y, desde entonces, el cuerpo civil de funcionarios de prisiones se fue imponiendo poco a poco en el sistema

22, afirmaba como volvía a ver con satisfacción que se volvía a emprender la obra, iniciada por el Sr. Silvela, de reformar las cárceles y presidios, organizando un Cuerpo especial de funcionarios, el Cuerpo Especial de Establecimientos Penales.

1087 CASTEJÓN, F., *La legislación penitenciaria española. Ensayo de sistematización*, Madrid, 1914, p. 58.

1088 Publicado en la Gaceta de Madrid de 24 de junio de 1881, también fue íntegramente reproducido por TEIJÓN, V., *Colección legislativa...*, pp. 179-187.

1089 La importancia del Real Decreto de 23 de junio de 1881 ha sido señalada por autores como SALILLAS, R., *La vida penal en España...*, p. 149, CASTEJÓN, F., *La legislación...*, p. 56, o CADALSO, F., *Instituciones penitenciarias y similares en España*, Madrid, 1922, p. 793, quien, no obstante, afirmó categóricamente que *"la historia del Cuerpo de Prisiones puede dividirse en dos períodos: Primero de formación, desde 1881 a 1901; Segundo, de consolidación, desde 1901 hasta el presente"*. De entre nuestros contemporáneos, véase especialmente el trabajo de GARCÍA VALDÉS, C., *La ideología correccional de la reforma penitenciaria española del siglo XIX*, Madrid, 2006, en el que hace un estudio sistemático de las nuevas figuras o cargos del cuerpo de prisiones introducidos por este Decreto de 1881.

1090 Atiéndase, por ejemplo, Decreto de 2 de enero de 1883, disponiendo que los empleados de cárceles y presidios sean considerados individuos del cuerpo de establecimientos penales siempre que reunan las condiciones señaladas en el Decreto de 28 de julio de 1881, que se dicta en respuesta a reclamaciones de los oficiales preexistentes, en TEIJÓN, V., *Colección legislativa...*, pp. 6-7.

1091 Véase la Real Orden de 3 de diciembre de 1884, suspendiendo los efectos del art.16 del Real Decreto de 23 de junio de 1881 en lo relativo a la convocatoria para cubrir plazas, en TEIJÓN, V., *Colección legislativa...*, p. 191, y la Exposición de Motivos del Real Decreto de 13 de junio de 1886, en TEIJÓN, V., *Colección legislativa...*, p. 193, en la que se afirmaba que el Real Decreto de 23 de junio de 1881 no fue *"abrogado ni suspenso por otro precepto legal alguno, y si sólo sujeto a una preterición y eclipse en la práctica durante los dos últimos años"*.

penitenciario español, logrando apartar la influencia militar de los establecimientos penales[1092].

En su Exposición de Motivos, el Decreto de 23 de junio de 1881 afirmaba que, "*emprendida la reforma penitenciaria (...) importa á la corrección de los penados y al buen régimen a que hayan de estar sometidos durante su reclusión, (...) la organización del Cuerpo de funcionarios públicos que hayan de estar al frente de aquéllos; cuidando en cierto modo de la educación de los confinados, y procurándoles todo el bienestar compatible con su situación triste y con la carencia de su libertad*". Tratando, por consiguiente, de superar "*el abandono con que ha dejado de exigirse a sus individuos garantía de suficiencia, de rectitud y de otras diversas condiciones igualmente indispensables para el buen desempeño de sus funciones*", y que en gran medida era responsable de que los establecimientos penitenciarios acabaran convertidos, "*más que en casas de corrección, en focos de mayor perversidad y en sentina de peores vicios que aquellos que están llamados á extinguir los confinados*", se proponía una modificación "radical" de las condiciones de acceso a dicha carrera, que en adelante sería civil y no militar, y para la que se preveria un proceso de "*examen y la oposición, que tan satisfactorios resultados prácticos vienen dando en cuanto á otras carreras civiles del Estado*".

La base de la reforma era, por consiguiente, el establecimiento de un sistema de oposiciones civiles para el acceso al oficio, que acabara "paulatinamente" con el carácter militar que hasta entonces había tenido el personal de los presidios. La transición debía ser paulatina y periódica para que resultara ordenada y no perjudicara a los entonces detentadores de los oficios[1093]. En consecuencia, se proponía comenzar solamente seleccionando el personal que haría falta para la nueva Cárcel Modelo

[1092] El Real Decreto de 13 de junio de 1886, en TEIJÓN, V., *Colección legislativa...*, pp. 191-202, restableció la convocatoria de oposiciones prevista por el Real Decreto de 23 de junio de 1881, manteniendo los oficios previstos por aquel y regulando exhaustivamente los ejercicios y todo lo relativo al acceso y progresión dentro de la carrera penitenciaria, incluidos los sueldos y otras cuestiones propias del estatuto de este tipo de funcionarios públicos. Poco después, la Real Orden de 4 de agosto de 1886, volvía convocar oposiciones, adjuntando los programas para las pruebas, en TEIJÓN, V., *Colección legislativa...*, pp. 207-236.

[1093] Real Decreto de 23 de junio de 1881, Exposición de Motivos: "*El personal que á la fecha presta sus servicios en los Establecimientos penitenciarios es digno también de gran consideración por parte del Gobierno de V.M., que cree prudente, y así lo propone, que se reconozca desde luego la condición de individuos del nuevo cuerpo en la categoría correspondiente á aquellos que hayan prestado sus servicios en el ramo durante un largo período de tiempo, dejando cierta preferencia para el ingreso, en igualdad de calificaciones, para aquellos cuya antigüedad sea menor, aunque digna siempre de ser tomada en cuenta como garantía de que poseen ciertos conocimientos prácticos*". En este sentido se pronunciaba el Real Decreto de 23 de junio de 1881, art.21 y art. 22.

que se estaba construyendo en Madrid, dejando para más adelante la convocatoria de oposiciones a otras plazas vacantes[1094].

También se modificaba de forma definitiva la denominación de los empleados, de reminiscencia castrense. De modo que, en el nuevo Cuerpo especial de empleados de Establecimientos penales, los antiguos Comandantes y Alcaides recibían el nombre de *"Directores"*, y el resto de oficios se dividían en dos Secciones, la de *Dirección y Vigilancia* (que comprendía los antiguos cargos de comandantes, ayudantes, alcaides, sota-alcaides, capataces, celadores, porteros y llaveros), y la de *Administración y Contabilidad* (que comprendía los antiguos cargos de mayores, furrieles, escribientes y demás empleados que ejercen funciones administrativas y de contabilidad). Los oficiales del primer grupo que no fueran *"directores"*, eran denominados simplemente *"vigilantes"*, mientras que los mayores recibían el nombre de *"administradores"* y los furrieles el de *"oficiales de contabilidad"*[1095]. Los empleados con sueldos inferiores a 1.250 no pertenecían al Cuerpo y recibían la denominación de *"subalternos"*[1096].

Los *"capellanes"* y *"maestros de instrucción primaria"* también pasaban a ser nombrados por concurso en virtud de este Real Decreto. Mientras que los *"médicos"* serían nombrados libremente por el Gobierno o por la Dirección hasta que se organizase el personal de los distintos ramos de Sanidad civil (ya en 1886 se les exiguiría también el acceso por concurso).

El cargo de *"maestro de instrucción primaria"*, separando sus funciones específicas de las que antes realizara el *"capellán"* (desde que en 1842 se ordenara la creación de escuelas en los centros penitenciarios), se consolidó así también como uno de los aspectos más reseñables de este Decreto de 1881. Recordemos que, por primera vez, el oficio de maestro en los presidios se había introducido en 1873, durante la I República. Pero no será hasta la promulgación de este Decreto cuando los citados destinos comiencen realmente a cubrirse, aprobándose el "Programa general de

[1094] En el Real Decreto de 23 de junio de 1881, art.16º, se preveía que *"en cada uno de los primeros cuatro años hasta la constitución definitiva del Cuerpo se hará una convocatoria de exámenes y de oposiciones para proveer en sus diferentes categorías la cuarta parte del personal de que se ha de componer el Cuerpo. En la primera convocatoria se proveerán además en la forma procedente todas las plazas que constituyan el personal que se asigne a la nueva cárcel-modelo de Madrid"*.

[1095] Para un conocimiento exhaustivo del régimen jurídico y funciones de todos estos órganos, véase GARCÍA VALDÉS, C., *La ideología correccional...*, pp. 65 y ss. Téngase también en cuenta que en 1889, en un exceso de simpatía hacia el correccionalismo, José Canalejas Méndez intentó "dignificar" la carrera penitenciaria, haciendo designar a los funcionarios de prisiones "tutores". Pero dos años más tarde se suprimió ese nombre y volvieron a reducirse las excesivas condiciones impuestas para acceder al empleo.

[1096] El Real Decreto de 23 de julio de 1882 introdujo posteriormente algunas modificaciones en cuanto a la categoría y sueldo de los oficiales de establecimientos penales. En TEIJÓN, V., *Colección legislativa...*, pp. 187-189.

enseñanza" y el "Reglamento para el régimen de las escuelas de los establecimientos penales" en virtud de una interesantísima Circular de la Dirección General de 1 de febrero de 1885, según la cual, *"de los datos estadísticos que existen en la sección segunda de esta Dirección general, resulta: que siendo el número de confinados el de 18.733, solamente saben leer y escribir 8.675; que saben leer 1.238; que tienen instrucción superior 270, y que no saben leer ni escribir 8.550, cifra esta última verdaderamente desconsoladora"*[1097].

¿Y los antiguos *"cabos de vara"*? El Real Decreto de 23 de junio de 1881 no hacía ninguna mención específica a los mismos, y pocos días después de su promulgación, el 7 de julio, se dictaba una Real Orden disponiendo simplemente que los nombramientos de los cabos de vara en los establecimientos penales se haría en lo sucesivo por la Dirección general y no por los antiguos Comandantes de los presidios[1098]. En 1885, según algunos de los autores consultados, ésta obsoleta figura dejó de existir y fue superada por la nueva figura de los *"celadores"*. Ahora bien, coincido con García Valdés en que la figura en sí no dejó de existir, simplemente se le cambió de nombre[1099]. Así lo dice expresamente la Real Orden de 30 de diciembre de 1885, promotora del cambio, que expresa un mero *desideratum* de cara al futuro:

> *"Ilmo Sr.: La actual organización de los Establecimiento penales está llamada a sufrir radicales y profundas modificaciones á medida que los desahogos del Tesoro público permitan llevar á la práctica los adelantos ya ensayados con éxito en las naciones más cultas (...). Entre los funcionarios que deben desaparecer, al menos con el carácter que hoy tienen, hállanse en primer término, los llamados cabos de vara de los presidios, pues repugna considerar como agente de la Autoridad á un individuo que, por pertenecer á la clase de presidiarios, carece del prestigio indispensable para merecer el respeto y la obeciencia de los penados. No es, sin embargo, hora todavía de sustituir ó reemplazar á esos empleados que en lo sucesivo se denomi-*

[1097] Circular de la Dirección General de 1 de febrero de 1885, en TEIJÓN, V., *Colección legislativa...*, pp. 187-189.

[1098] Real Orden de 7 de julio de 1881 disponiendo que los nombramientos de cabos de vara en los establecimientos penales se hagan en lo sucesivo por la Dirección general, en TEIJÓN, V., *Colección legislativa...*, pp. 22-23: "3. *Para cumplir estos preceptos, los Comandantes de los presidios pondrán en conocimiento de la Dirección general sin demora y especificadas las causas que ocasionan las vacantes que ocurran en los respectivos presidios"*. Dicha Real Orden se completó con la Circular de la Dirección General de 26 de febrero de 1884, sobre nombramiento de cabos, para corregir los vicios detectados en el procedimiento establecido en la Real Orden de 7 de julio de 1881, por ejemplo, estableciendo que en la lista trimestral enviada a la Dirección para el nombramiento sólo aparezcan los nombres y apellidos de los penados que teniendo extinguidas las dos terceras partes de su condena no sean reincidentes, etc... Véase en TEIJÓN, V., *Colección legislativa...*, pp. 23-24.

[1099] GARCÍA VALDÉS, C., *La ideología correccional...*, pp. 101-106.

narán Celadores en la forma en que han de proveerse los demás cargos de los establecimientos de corrección, como quiera que las circunstancias aconsejan atenerse á un plan de severas economías (...). Un doble propósito, pues, persigue la presente disposición: autorizar á los Gobernadores civiles de las provincias para nombrar a los Celadores de los Establecimientos penitenciarios, y variar radicalmente la manera de formalizar las propuestas de los confinados más acreedores por sus condiciones especiales para aspirar á aquel cargo (...)"[1100].

En consecuencia, ya fueran designados por la Dirección General (1881), los Gobernadores (1885), o más adelante la Junta correccional de los presidios (Real Decreto de 18 de mayo de 1903), y nuevamente los Directores (ya no Comandantes) de las prisiones (Real Orden de 21 de enero de 1908), lo cierto es que los nuevos *"celadores"* continuaron siendo elegidos de entre los reclusos de mejor conducta y graduación penitenciaria más aventajada, siendo presentado para ellos el cargo como un poderoso estímulo o premio.

Para la doctrina el oficio de celador o cabo de vara no era sino un lastre o rémora de la reforma, denunciándose constantemente la confusión administrativa que producía el cargo, y la incongruencia de que tales reclusos recibieran el carácter de autoridad pública. Pero, a pesar de ello, el Real Decreto de 5 de mayo de 1913, del que trataremos más abajo, aún reconocía el cargo de celadores *"como auxiliares del régimen interior"*, debiendo ser elegidos *"por el Director de cada Prisión entre los penados del cuarto período"*[1101].

b) La creación del Consejo penitenciario y la adscripción administrativa de la Dirección General de Establecimientos penales al Ministerio de Justicia

Las reformas administrativas en el ramo también comenzaron pronto, como si una de las tareas pendientes que la Restauración se hubiese impuesto resolver fuera precisamente la reforma penitenciaria: *"La legislación de cárceles y establecimientos penales ocupa en España algunos volúmenes, y consta además de muchísimas disposiciones no recopiladas; y á pesar de ello, el estado de prisiones, correccionales y presidios es podo digno de la nación y de los tiempos presentes. Quizá este mal dependa en gran parte de las dificultades que ofrece toda cuestión penitenciaria. Ensayos,*

[1100] Real Orden de 30 de diciembre de 1885, suprimiendo los cabo de vara y creando los celadores, en TEIJÓN, V., *Colección legislativa...*, pp. 63-64.

[1101] Decreto de 5 de mayo de 1913, art.223.

conferencias, informaciones parlamentaria y multitud de escritos sobre la materia en los países más adelantados, aun no han sido bastantes para que se adopte una resolución definitiva y uniforme (...). Estas dudas no deben, sin embargo, ser obstáculo á la reforma entre nosotros. A los principios del reinado de V.M. cabe la gloria de haberla iniciado".

Con este convencimiento, el Ministro de Gobernación Francisco Romero y Robledo plantea al rey Alfonso XII en el año 1877 la creación de una Junta de Reforma penitenciaria e institución de Patronatos en beneficio de los penados cumplidos y de los niños abandonados[1102]. La institución estaría formada por algunos vocales natos (los Directores Generales de Establecimientos penales y de Sanidad y Beneficencia, el Presidente de la Audiencia de Madrid, y el Fiscal del Tribunal Supremo) y otros electivos (un representante del Colegio de Abogados de Madrid, otros de la Sociedad Económica, otro de la Academia de Ciencias Morales y Políticas, otro de la Matritense de Jurisprudencia y legislación, un Catedrático de la Universidad Central, un Arquitecto de la Academia de San Fernando, un Doctor en medicina, y seis elegidos entre las personas de mayores conocimientos en la materia objeto de la Junta).

Sus funciones eran, además de establecer las bases para crear y fomentar asociaciones patronales en beneficio de penados cumplidos y niños abandonados, proponer al Gobierno mejoras penitenciarias, informar al Ministro de la Gobernación de las cuestiones relativas al régimen penitenciario, estar en contacto con la Comisión de Códigos sobre estas cuestiones, abrir uno o dos certámenes públicos anuales para premiar memorias o estudios sobre reforma penitenciaria, y formular los programas de los conocimientos que deberían ser exigidos a los funcionarios de los presidios del Reino (cuerpo que, como sabemos, estaba en proyecto de constitución).

La Junta comenzó a funcionar de inmediato, prestando *"no escasos servicios"* al Gobierno, y habiéndose creado el Cuerpo especial de empleados de establecimientos penales en 1881, el mismo promotor de aquel proyecto, el Ministro Venancio González Rodríguez, decidió aumentar sus competencias (entre las que se encontraban, no en vano, la fijación de los programas de conocimientos para ellos), y modificar su organización para que asumiera un mayor protagonismo en la reforma penitenciaria, encargándole, entre otras cuestiones, formar parte de los tribunales que habían de juzgar las oposiciones de los nuevos funcionarios.

1102 Real Decreto de 31 de enero de 1877, creando una Junta de reforma penitenciaria e institución de patronatos en beneficio de los penados cumplidos y de los niños abandonados, en TEIJÓN, V., *Colección legislativa...*, pp. 94-97.

La Junta pasó a denominarse entonces "Consejo Penitenciario"[1103], y su composición pasó a estar formada por el Ministro del ramo (en principio el de Gobernación, aunque veremos que pocos años después lo será el de Justicia) como presidente; el Director General de Establecimientos Penales como Vicepresidente; y como vocales natos un Ministro del Tribunal Supremo, un Teniente o Abogado Fiscal del mismo Tribunal, un Ministro togado del Consejo Supremo de Guerra, y un Presidente de la Sala de Audiencia de Madrid. Eran vocales electivos un Académico de la de Ciencias Morales y Políticas, uno de la matritense de Jurisprudencia y Legislación, un socio de la Económica matritense, un catedrático de la Facultad de Derecho de la Universidad Central, un Abogado del Ilustre Colegio de Madrid, un Académico de la de Medicina y Cirugía, un Académico de la de San Fernando de la clase de Arquitectos y doce más elegidos libremente por el Ministro. Rafael Salillas fue nombrado, desde su inicio, Secretario permanente, influyendo decisivamente en dicho órgano[1104].

Cinco años después de crearse el Consejo Penitenciario, se aumentaban nuevamente sus competencias y número de consejeros, haciéndose un somero repaso de los principales éxitos que había alcanzado hasta la fecha: *"El reglamento de la prisión celular de esta corte, el programa para los exámenes á que debieron estar sometidos los empleados de penales, la participación directa que en los Tribunales de examen tuvieron los individuos de Consejo y los trabajos que sobre múltiples y variadas materias ha hecho aquel alto Cuerpo para preparar reformas esenciales en el sistema penitenciario de nuestro país, han demostrado, no sólo que el Consejo respondía á una verdadera necesidad social, sino que podía el desarrollo de sus atribuciones ser motivo de iniciativa para procurar aquéllas con más eficacia y garantía de exactitud y perfección en cuantos procedimientos estuviesen a cargo de la Dirección General de Establecimientos Penales"*[1105].

Como principal órgano de apoyo de la Dirección General de Establecimientos Penales, este Consejo Penitenciario estaría formado, además de por los vocales antes citados, por hasta ocho más que podían ser elegidos libremente por el Ministro de la Gobernación *"entre las personas de reconocida ilustración y competencia"*; y a las funciones antes conferidas al

---

[1103] Real Decreto de 24 de julio de 1881, disponiendo que la Junta de reforma penitenciaria e institución de patronatos en beneficio de los penados cumplidos y de los niños abandonados, creada por Real Decreto de 31 de enero de 1877, tome el nombre de Consejo penitenciario, sujetándose á las reglas que se determinan, en TEIJÓN, V., *Colección legislativa...*, pp. 97-101.

[1104] ZAPATERO SAGRADO, *Apuntes para un estudio sobre la obra y figura de don Venancio González*, en Revista de Estudios Penitenciarios, nn.232-235, 1981, p. 226.

[1105] Real Decreto de 5 de febrero de 1886, sobre modificación de atribuciones del Consejo penitenciario y aumento de Consejeros, en TEIJÓN, V., *Colección legislativa...*, pp. 101-103.

mismo se añadieron las de consulta en materia de redacción de pliegos de condiciones de las contratas de obras y suministros, creación de talleres en los establecimientos penales, y aprobación definitiva de los contratos y entregas de efectos y obras.

A pesar de que la entonces denominada Dirección General de Beneficencia, Sanidad y Establecimientos Penales, había sido suprimida durante la I República por un Decreto de 28 de marzo de 1873, que integraba todos sus servicios en la Secretaría General del Ministerio de la Gobernación, desde que con la Restauración se restableciera con el nombre de Dirección General de Establecimientos Penales, vemos, en consecuencia, cómo ésta seguía siendo el vértice o punto angular de toda la estructura organizativa, y de ella se hizo depender el Consejo Penitenciario, que se convirtió en el principal órgano consultivo de la administración central[1106].

La Dirección General de Establecimientos Penales seguía adscrita, durante los primeros años de la Restauración, al Ministerio de Gobernación. Pero hacía ya mucho tiempo que los más autorizados administrativistas de la época, arropados por algunos de los penalistas que se pronunciaron sobre la cuestión, venían exigiendo que su adscripción pasara al Ministerio de Justicia, donde desde el punto de vista jurídico tenía mejor acomodo[1107]. La Ley de Presupuestos generales del Estado de 29 de junio de 1887, en su artículo sexto, efectuó finalmente el cambio; y, aunque en 1888 se suprimió el cargo de Director General de Establecimientos Penales, confiriendo sus competencias al Subsecretario de Gracia y Justicia (Decreto de 10 de julio de 1888), por Real Decreto de 12 de agosto de 1889 se restableció nuevamente dentro del organigrama del Ministerio de Justicia[1108].

c) La nueva clasificación de los establecimientos penales. La cárcel "modelo" de Madrid, el Correccional para jóvenes de Santa Rita y la Escuela Central de Reforma para jóvenes de Alcalá de Henares

Frente al descontento generalizado por la clasificación de los establecimientos penales acometida durante la I República, por el Decreto de 16 de julio de 1873, también urgía una nueva organización de los mismos compatible con el Código Penal de 1870; el cual, a pesar del carácter de provisionalidad con el que había nacido, se mantuvo inalterado durante

[1106] Véase CASTEJÓN, F., *La legislación penitenciaria española....*, pp. 33-37.

[1107] Véase COLMEIRO, M., *Derecho administrativo español...*, libro IV, p. 367, y LASTRES, F., *Estudios penitenciarios...*, pp. 18 y 19.

[1108] Ver CASTEJÓN, F., *La legislación penitenciaria...*, p. 15. También resume esta cuestión GARCÍA VALDÉS, C., *La idea correccional...*, pp. 52-53.

todo este periodo como un signo más del consenso o armonía social alcanzada.

Mientras se acometía dicha clasificación, un Real Decreto de 13 de abril de 1875 trataba de despejar las dudas surgidas desde la promulgación de la Ley de Bases de 1869 sobre las cárceles de Audiencia y las de partido, declarando obligatorio el sostenimiento de aquellas por las Diputaciones y de éstas por los municipios de los distintos partidos judiciales, y dictando reglas para el cumplimiento de estas obligaciones[1109]. Tres años después, en virtud de la Ley de 1 de septiembre de 1879[1110], se dictaban nuevas normas para la organización de los establecimientos penales, determinándose:

- Para el cumplimiento de las condenas de cadena, reclusión y relegación perpetuas los establecimientos de Ceuta, Melilla, Alhucemas, Chafarinas y el Peñón de la Gomera[1111].
- Para el cumplimiento de las condenas de cadena, reclusión y relegación temporales los establecimientos de Cartagena, Palma, Tarragona, Zaragoza y Santoña.
- Para el cumplimiento de las condenas de presidio y prisión mayores los establecimientos de Burgos y Valladolid.
- Para el cumplimiento de las condenas correccionales los establecimientos de Sevilla (reemplazado por el de Ocaña por Real Decreto de 2 de enero de 1883[1112]), Granada, y los de San Agustín y San Miguel de Valencia.

Como novedad, la ley de 1 de septiembre de 1879 también determinó una clasificación mucho más estricta de los penados, separando completamente a los menores de 20 años de los mayores de edad (para el cumplimiento de sus condenas, cualquiera que fuera su grado y duración, señaló el presidio de Alcalá de Henares); y proponiendo un nuevo sistema de clasificación de penados que se basaba, por primera vez en España, en el tipo delictivo antes que en características físicas: reos de delitos políticos, de delitos perseguibles a instancia de parte, y del resto de delitos[1113].

La ley de 1879 no tenía en consideración uno de los proyectos reformistas más señalados de la primera época restauradora: la cárcel modelo

---

[1109] Gaceta de Madrid, nº 104, 14-04-1875, p. 128.

[1110] TEIJÓN, V., *Colección legislativa...*, p. 588.

[1111] La ley de 1 de septiembre de 1879 también dispuso que los presidios menores de África (Melilla, Chafarinas, Alhucemas y el Peñón de la Gomera), a pesar de seguir siendo sostenidos y gestionados desde el Ministerio de Guerra, pasaran a depender del Ministerio de la Gobernación (cuestión ésta que volvería a modificarse en 1885). Véase TEIJÓN, V., *Colección legislativa...*, p. 594.

[1112] TEIJÓN, V., *Colección legislativa...*, p. 588.

[1113] FIGUEROA NAVARRO, M.C., *Los orígenes del penitenciarismo español*, Madrid, 2000, pp. 49-50.

de Madrid, que no se terminaría hasta 1884, pero que había sido aprobada por Real Decreto de 15 de octubre de 1876. Ésta fue la primera y más aplaudida de las medidas reformistas del reinado de Alfonso XII; aunque, según Francisco Lastres, la primera cárcel modelo creada en España según el sistema celular había sido la de Vitoria, inaugurada en 1861 como *"timbre legítimo de gloria para la Diputación foral vascongada, que lo dispuso y sufragó los gastos ocasionados"*[1114].

El proyecto de Madrid era, sin embargo, mucho más antiguo, y se recibió por la sociedad como un inequívoco signo de progreso, así como triunfo del sistema pensilvánico o celular que por entonces defendían los sectores más progresistas del país. Recordemos que el proyecto ya había sido propuesto en 1840 por la Sociedad Filantrópica de Ramón de la Sagra, y desde entonces la necesidad de erigir en la capital un establecimiento que sirviese de modelo a los demás, y en el que pudieran formarse los oficiales de prisiones, se reiteró repetidamente en la legislación, por ejemplo en la Real Orden de Gobernación de 18 de Julio de 1841 aprobando las bases propuestas por la Sociedad Filantrópica, la Real Orden de 30 de Abril de 1844, o el Real Decreto de 25 de Agosto de 1847[1115].

Finalmente, fue Alfonso XII, al poco tiempo de acceder al trono, el que dio el visto bueno definitivo a la Ley de 8 de Julio de 1876, que disponía la construcción en Madrid de una Cárcel modelo sobre la base del sistema celular, con capacidad para albergar al menos mil presos[1116], y con la que se inauguraba la "reforma oficial" de los presidios del reino en la época de la Restauración[1117].

Con un brillante estilo narrativo, y recogiendo los numerosos testimonios periodísticos que se levantaron del acto, Pedro Trinidad Fernández nos cuenta en su obra cómo fue el acto de inauguración de las obras: "El cinco de febrero de 1877, a las dos de la tarde, en presencia de numeroso

---

1114 LASTRES, F., *Estudios penitenciarios...*, p. 18.

1115 SANZ DELGADO, E., *Las viejas cárceles...*, pp. 253-352, bajo el epígrafe titulado precisamente "La reforma resultante: la desilusoria cárcel modelo de Madrid".

1116 Publicada en la Gaceta de Madrid de 1 de septiembre de 1876, y por TEIJÓN, V., *Colección legislativa...*, pp. 344-347. La ley fue acompañada de otras, como el Real decreto de 10 de Agosto de 1876, del Ministerio de la Gobernación, nombrando los individuos de la Junta inspectora de las obras para la cárcel-modelo de Madrid, publicado en la Gaceta de 1 de Septiembre de 1876, y la Instrucción del 29 de Agosto de 1876, del Ministerio de la Gobernación para la inspección, vigilancia y administración de la nueva cárcel de Madrid, publicada también en la Gaceta de 1 de Septiembre de 1876 y por TEIJÓN, V., *Colección legislativa...*, pp. 347-351.

1117 El propio Real Decreto de 23 de junio de 1881 que creaba el cuerpo de funcionarios civiles de prisiones, visto más arriba, afirmaba en su Exposición de Motivos que la construcción de la cárcel modelo de Madrid había sido el primer paso de la reforma, y creaba precisamente el citado cuerpo de funcionarios civiles para elegir, en primer lugar, a los de este novedoso establecimiento.

público, su majestad Alfonso XII, acompañado de la Princesa de Asturias Doña María Isabel y de su alta servidumbre, fueron recibidos en la explanada donde se iba a colocar la primera piedra de la Cárcel de Audiencia de esta Corte. Esperaban al rey, en las tribunas instaladas para celebrar el acontecimiento, las más altas autoridades del Estado, los señores que componían el Consejo de Ministros y las comisiones respectivas..."[1118].

El arquitecto encargado de la obra era Tomás de Aranguren, quien, según el descriptivo relato de Trinidad Fernández "dio el martillo y una paleta al ministro de la Gobernación y éste se la pasó al Rey" el día de la inauguración de las obras. Había diseñado para esta cárcel un modelo panóptico, con una rotonda o cuerpo central poligonal destinado al cuerpo de vigilancia penitenciaria, y radial, mediante galerías de forma estrellada convergentes en el espacio central, con un total de cinco naves. Las obras, realizadas en el espacio previstas para ellas en unos terrenos de la Moncloa, por donde no se preveía que fuera a extenderse la ciudad de Madrid, duraron siete años, inaugurándose oficialmente el nuevo establecimiento penitenciario el 20 de diciembre de 1883[1119]; y en principio, por orden de 9 de mayo de 1884, fueron trasladados a él todos los presos de la antigua Cárcel de Corte que, por su estado ruinoso, habían sido hacinados a su vez en el insalubre edificio del Saladero[1120].

Según el primer Reglamento de esta Cárcel-Modelo o Cárcel-Celular, presumiblemente inspirado en Rafael Salillas, en ella habían de ingresar los detenidos y procesados de forma cautelar, los condenados a arresto menor y mayor por los Tribunales de Madrid, los condenados a presidio o prisión correccionales por la Audiencia territorial de Madrid y las de lo criminal del Alcalá, Ávila, Colmenar Viejo Guadalajara, Segovia, Sigüenza, Talavera de la Reina y Toledo, y los extranjeros o presos en tránsito. Es decir, la prisión celular sería, a la vez, de arresto municipal, cárcel de partido y cárcel correccional, teniendo un departamento especial para jóvenes.

Dejando a un lado el caso de los detenidos cautelares o en simple arresto, el primer Reglamento de la Cárcel-Modelo prescribía para los demás un sistema tutelar o dirigido principalmente a la enmienda, que se basaba en el aislamiento celular y la aplicación de un régimen progresivo en tres periodos, a los que se iba accediendo gracias a un sistema de cédulas de

---

1118 TRINIDAD FERNÁNDEZ, P., *La defensa de la sociedad...*, pp. 174-177.

1119 Un Real Decreto de 24 de julio de 1882 había fijado con anterioridad el personal que había de prestar sus servicios en la nueva Cárcel-modelo de Madrid, en TEIJÓN, V., *Colección legislativa...*, pp. 353-354; y por Real Orden de 8 de octubre de 1883 se aprobaba su extensísimo Reglamento, publicado asimismo por TEIJÓN, V., *Colección legislativa...*, pp. 355-416.

1120 CUESTA y SÁNCHEZ, F., *La cárcel de Madrid*, Madrid, 1884, pp. 151-158, y SOLER y LABERNIA, J., *Nuestras cárceles, presidios y casas de corrección*, Madrid, 1906, p. 23.

premio ganadas por el penado, y concedidas por el Director a la vista de los partes semanales que le daban el capellán, el profesor, los vigilantes y los maestros de taller:

- En el primer periodo, calificado de preparación, los penados estaban sometidos al aislamiento, pudiéndoseles privar del trabajo, lectura y comunicación con el exterior en un plazo máximo de diez días.
- En el segundo periodo, que era de una duración equivalente a la mitad del tiempo de condena, el penado asistía a la escuela y a los talleres sujeto a la regla del silencio, quedando obligado a ejecutar los servicios mecánicos del establecimiento, y podría comunicarse con su familia o personas del exterior una vez al mes.
- En el tercer periodo, el penado quedaba relevado de la ejecución de los servicios mecánicos del establecimiento, debiendo retribuirle los que prestara voluntariamente, y podía incluso ser nombrado maestro de taller por el Director. Se distinguía del resto por un galón rojo en la manga, y podía comunicarse con el exterior dos veces al mes, o más si le concedía el beneficio el Director[1121].

La puesta en funcionamiento de la Cárcel-Modelo de Madrid en 1884, determinó la necesidad de una nueva redefinición del mapa de establecimientos penales, acometida por el Gobierno el 6 de noviembre de 1885[1122]. Dicha norma se dictaba, según su propia Exposición de Motivos, para dar cabida a éste y otros cambios en los establecimientos penales españoles, resolver algunas dudas surgidas con la ley de 1879, por ejemplo, en cuanto a la adscripción administrativa de los presidios norteafricanos (que se habían hecho depender del Ministerio de la Gobernación aunque se sostenían económica y personalmente por el de Guerra), y diseñar en definitiva un panorama más racional de los establecimientos penales.

A tal fin, la ley de 1885 dividía el territorio peninsular en cinco zonas (Noroeste, Noreste, Central, del Este, y del Sur), y en clasificaba los establecimientos penales en cinco clases:

- De primera clase, los de Ceuta y Alcalá de Henares, comprendiéndose en este último el presidio para los jóvenes y la Penitenciaria de mujeres, de la que trataremos bajo el epígrafe siguiente.
- De segunda clase, aquellos a los que se destinen los condenados a cadena y reclusión temporales.

[1121] Reglamento de la Cárcel-Modelo de Madrid aprobado por Real Orden de 8 de octubre de 1883, arts.291 y ss, en TEIJÓN, V., *Colección legislativa...*, pp. 409-410.

[1122] Véase el Real Decreto de 6 de noviembre de 1885, modificando la organización, distribución y clasificación de los establecimientos penales españoles, frente a la anterior Ley de 1 de septiembre de 1879, en TEIJÓN, V., *Colección legislativa...*, p. 588-605.

- De tercera, aquellos a los que se destinen los condenados a presidio y prisión mayores.
- De cuarta, los correccionales.
- De quinta, los establecimientos mixtos que se habilitarán en Baleares y Canarias.
- El correccional anejo a la Cárcel-Modelo seguiría como hasta el día regido por disposiciones especiales y con la clasificación y objeto que estaban señalados en la ley de su creación.
- La adscripción de los presidios menores de África (Alhucemas, Melilla, Chafarinas y Peñón de la Gomera), fue devuelta asimismo al Ministerio de Guerra en su integridad[1123].

Primera Zona	Segunda Zona	Tercera Zona
-Santoña para cadena y reclusión temporales. -Burgos para presidio y prisión mayores. -Valladolid para presidio y prisión correccionales	-Tarragona para cadena y reclusión temporales. -Zaragoza para presidio y prisión mayores. -Pendiente de habilitar para presidio y prisión correccionales (entre tanto destinados a San Miguel de Valencia)	-Ocaña para presidio y prisión mayores. -Pendiente de habilitar para cadena y reclusión temporales (entre tanto destinados a Tarragona). -Pendiente de habilitar para presidio y prisión correccionales (entre tanto a Valladolid)
Cuarta Zona	Quinta Zona	
-Cartagena para cadena y reclusión temporales. -San Agustín de Valencia para presidio y prisión mayores. -San Miguel de los Reyes de Valencia para presidio y prisión correccionales.	-Granada para presidio y prisión correccionales. -Pendiente de habilitar para cadena y reclusión temporales (entre tanto a Cartagena). -Pendiente de habilitar para presidio y prisión mayores (entre tanto a Ocaña)	

1123 Art.17 el Real Decreto de 6 de noviembre de 1885, seguido de la Real Orden de 12 de marzo de 1886, del Ministerio de Guerra, nombrando su representante al Comisario de Guerra D. Justo Barbero y Robledo para gestionar que se realice en el plazo más breve posible la entrega á dicho Ministerio por el de la Gobernación de los presidios de Alhucemas, Melilla, Chafarinas y Peñón de la Gomera; y Real Orden de 3 de abril de 1886, delegando en D. Victor Teijón, Jefe de Negociado del Ministerio de la Gobernación, las funciones conferidas al Director general para fijar las condiciones con que ha de efectuarse la cesión á Guerra de los presidios menores de África, redactar y convenir las bases y época de la entrega, en TEIJÓN, V., *Colección legislativa...*, p. 67.

Cinco meses después de la publicación de esta ley, el Ministro Venancio González y la propia reina regente Mª Cristina, especificaban, no obstante, que con arreglo al artículo 115 del Código Penal de 1870, las penas correccionales debían cumplirse en los establecimientos destinados a tal fin dentro del territorio de las respectivas Audiencias, y para ello prescribieron la debida separación en las cárceles de Audiencia entre los penados correccionales y simples detenidos cautelares, apremiando las obras[1124].

Una Real Orden de 25 de octubre del mismo año de 1886 vino a apostillar que *"el departamento destinado á la extinción de las condenas correccionales estará completamente separado del correspondiente a los presos preventivos y rematados en expectación de marcha a establecimiento penal"*. Y, con posterioridad, la Real Orden de 9 agosto 1889 y el Real Decreto de 23 de diciembre 1889 dado para Ceuta, afianzaron en las cárceles correccionales el sistema de clasificación, quedando al margen de las mismas las especialidades prescritas para la Cárcel modelo de Madrid[1125].

La clasificación se haría de la siguiente manera:

- Por delitos contra las personas y contra la propiedad.
- Dentro de cada agrupación por delitos se haría una especial para los reincidentes.
- Al margen de los reincidentes, los grupos se harían por delitos análogos, según su gravedad.
- Dentro de tales grupos, se clasificaría por edades y caracteres, esto último tras observarlos y conocerlos suficientemente[1126].

Los jóvenes delincuentes menores de 20 años, además de un departamento separado en cada una de los establecimiento penales, tenían señalado, además, un establecimiento propio en Alcalá de Henares. Paralelamente, se venía trabajando desde hacía una década en la creación de un establecimiento educacional especial para ellos. Francisco Lastres era el principal promotor del proyecto desde 1875, y en 1883 consiguió la aprobación de una ley por el Ministro de la Gobernación Venancio González, autorizando la Junta de Patronos para fundar dicho asilo de corrección

---

[1124] Real Decreto de 15 de abril de 1886, disponiendo que las penas correccionales se cumplan en las cárceles de Audiencia desde 1º próximo de julio, y Real Orden de 1 de julio de 1886, sobre personal y sueldos de los empleados de cárceles de Audiencia, donde se inserta una interesante plantilla de todas las cárceles correccionales españolas del momento (un total de 94), en TEIJÓN, V., *Colección legislativa...*, pp. 54-62.

[1125] El 14 de Agosto de 1888 se publicaba un Real Decreto estimándose que el Real Decreto de 15 de Abril de 1886, dictado para el cumplimiento desde el 1º de Julio del mismo año de las penas de prisión correccional en las cárceles destinadas al efecto en el territorio de las Audiencias sentenciadoras, conforme lo previene en su art. 115 el Código penal, no derogaba en ningún caso lo establecido para la Cárcel modelo de Madrid.

[1126] Véase FIGUEROA NAVARRO, M.C., *Los orígenes del penitenciarismo...*, pp. 49-50.

paternal y escuela de reforma donde recibieran educación correccional los jóvenes delincuentes menores de 18 años[1127].

Curiosamente, según la propia norma, *"como antecedente curioso del objeto de esta ley, y para demostrar que no necesitamos en España acudir ni á Mettray*[1128]*, ni al hospicio de Tata-Giovani, ni á ningún otro punto del extranjero, en lo relativo á las casas correccionales para la juventud, se debe citar el establecimiento de Los Toribios de Sevilla"*, fundado en el siglo XVIII, y del que hacía a continuación una larga descripción. Cómo aquel, se establecía que *"el establecimiento tendrá carácter privado, será regido por la Junta de patronos, bajo la inspección y vigilancia del Gobierno, y en su caso de los Tribunales, y conservará su carácter aun cuando obtuviese subvención del Estado"*.

Los problemas económicos retrasaron la construcción del citado establecimiento correccional, hasta que el Marqués de Casa-Jiménez donó a la Junta de Patronos unos terrenos en Carabanchel, en los que finalmente el asilo fue erigido con el nombre de Asilo de Corrección paternal de Santa Rita, recibiendo su Reglamento el 6 de abril de 1889. La Orden de los Terciarios Capuchinos, tras una entrevista con Francisco Lastres, se hizo cargo de su gestión a partir de 1890, estableciendo un sistema pedagógico basado en el estudio y el trabajo de los jóvenes en talleres de carpintería, sastrería y zapatería, o bien en el cultivo, jardinería o cría de animales de granja; y este régimen se mantendría inalterado en el centro hasta la Guerra Civil española.

A imagen y semejanza del Asilo Correccional de Santa Rita, la iniciativa privada de otros patronatos determinó la creación en Barcelona del Asilo Toribio Durán, el Asilo Municipal del Parque y la Sección de Jóvenes de la prisión correccional[1129]. Aunque desde el punto de vista de la administración pública, la apuesta más avanzada en cuanto a la problemática de los menores delincuentes siguió siendo la prisión de Alcalá de Henares, que en 1888 fue transformada oficialmente en Escuela Central de Reforma para Jóvenes[1130].

La Escuela de Reforma de Alcalá de Henares, también señalado icono de la reforma penitenciaria, se basó al igual que la Cárcel-Modelo en el

1127 Ley de 4 de enero de 1883, autorizando a la Junta de Patronos para fundar un asilo de corrección paternal y escuela de reforma, en TEIJÓN, V., *Colección legislativa...*, pp. 10-15.

1128 Véase DAVENPORT HILL M.D., *Mettray, the exemplar of reformatory schools: a letter from the recorder of Birmingham to Charles Bowyer Adderley*, London, 1855.

1129 GÓMEZ BRAVO, G., *Crimen y castigo...*, p. 241.

1130 GARCÍA VALDÉS, C., *Los presos jóvenes (apuntes de la España del XIX y principios del XX)*, Madrid, 1991, pp. 104-107, y "El desarrollo del sistema penitenciario en España. Historia de una transición", en *Revista de Estudios Penitenciarios*, nº 249, 2002, pp. 13-21.

sistema progresivo. Admitía a jóvenes hasta de 20 años, pudiéndose elevar el límite de edad hasta los 23, y se dividía en dos secciones: una de menores delincuentes de entre 15 y 20 años, y otra de educación y corrección paternas para los menores de 15 años. Su Reglamento contemplaba, por lo demás, avances significativos en el panorama penitenciario español como la libertad condicional para la rehabilitación del delincuente, aunque no se basaba propiamente todavía en un sistema tutelar o de tratamiento individualizado.

Poco antes, el viraje antitutelar también se había producido en la Cárcel-Modelo de Madrid, que requirió de la reina regente Mª Cristina un nuevo Reglamento. Tocaba, en esta ocasión, turno de gobierno moderado, y aunque el nuevo Reglamento, elaborado por la Dirección General de Establecimientos penales, se hacía pretendidamente para adaptarse a las novedades de la clasificación de establecimientos penales y a la nueva adscripción de todos ellos al Ministerio de Justicia; lo cierto es que en él se plasmaron fundamentalmente las ideas penitenciarias de Fernando Cadalso, que había sido elegido Director de la Modelo en 1893, y presentó al Ministro Montero Ríos una memoria bastante crítica con los resultados alcanzados en dicho establecimiento en aplicación del sistema celular:

> *"Si en lo que respecta á estructura y distribución de dependencias esta Penitenciaría se halla á la altura de la más perfecta, no sucede lo mismo en lo relativo al sistema y régimen general. Triste es decirlo, pero fuerza el confesar lo muy lejos que se halla de cumplir el Establecimiento llamado modelo el fin para que se edificó (...). En punto al régimen, salvo el mantenimiento material del orden, se halla esta Penitenciaría en condición harto inferior á un Presidio de provincias (...), a lo que hay que añadir la confusa y perturbadora mezcla de corrigendos y procesados, la amalgama del sistema celular con el de aglomeración en el mismo Establecimiento, las muchas autoridades que ordenan y ejecutan los servicios"*[1131].

Tratando de solucionar estos problemas, el nuevo y definitivo Reglamento de la Cárcel-Modelo de Madrid, de 23 de Febrero de 1894[1132], *"parece responder á la tendencia manifestada no hace mucho de que la privación de libertad es medida de defensa, eliminatoria, no medida de corrección y tutela"*, diría Federico Castejón[1133]. Aunque, sin embargo, *"merece alabanzas porque mantiene el sistema progresivo planteado por el de 1883"*[1134].

1131 CADALSO, F., *Memoria de la prisión celular de Madrid*, Madrid, 1893, p. 12.
1132 Gaceta de Madrid, nº 64, 5-03-1894, p. 881.
1133 CASTEJÓN, F., *La legislación penitenciaria española...*, p. 443.
1134 Reglamento de la Cárcel-Modelo de Madrid de 23 de Febrero de 1894, arts. 254 y ss.

La Modelo de Madrid no sólo mantuvo el sistema progresivo, sino también su estructura arquitectónica celular, que trató de superarse por las nuevas cárceles modelo de Valencia (fundada en 1903) y Barcelona (1904)[1135], y también intentaría exportarse a la nuevas prisiones de partido que se edificaron en esta época (el propio Aranguren diseñó los planos para el Programa de cárceles de partido de 1877 siguiendo el modelo madrileño), consiguiéndose que al despuntar el siglo XX se hubiesen construido un total de veintinueve prisiones celulares en España (casi todas entre 1880 y 1890). Frente a ellas, la mayoría seguían siendo, no obstante, de aglomeración.

d) Los primeros proyectos de colonización penitenciaria: la colonia penitenciaria de Ceuta

Otra de las principales ideas que impulsaban la reforma penitenciaria en el plano internacional, era la de la colonización penitenciaria. Se trataba de fomentar la creación de colonias agrícolas o industriales para la formación de los reos, apartados por su peligrosidad o juventud del resto de la sociedad. Y para ello se contaba con los antecedentes de Inglaterra en Australia, sobre todo[1136], y en menor medida Francia en sus colonias de la Guayana y Nueva Caledonia, y también en colonias interiores como la de Mettray[1137].

Los ecos de este debate internacional también repercutieron en España, donde comenzaron a señalarse los pros y los contras del envío de los

---

1135 Aunque la Prisión celular de Barcelona fue mandada edificar por Ley de 23 de diciembre de 1886, tardó dieciséis años en construirse, siendo su Reglamento de 16 de Julio de 1904. Tenía el carácter de cárcel y de penitenciaría para toda clase de penas correccionales y mantenía la arquitectura celular, tratando de superar a la de Madrid. Véase ARMENGOL, P., *La nueva cárcel de Barcelona. Memoria del día de inauguración de las obras*, Barcelona, 1888, y ALBÓ y MARTÍ, R., *La prisión celular de Barcelona. Discurso leído en el acto de inauguración oficial de aquella*, Barcelona, 1904.

1136 RUSCHE G. and KIRCHHEIMER, O., *Punishment and social structure*, New York, 1939, DUNN R. S., *Sugar and slaves: the rise of the planter class in the English West Indies. 1624-1713*, London, 1973, JENKINS, P., *From gallows to prison? The execution rate in early modern England*, en Crime, police and the Courts in British History, edited by Louis A. Knafla, Westport, London, 1990, pp. 129-149, o SMITH, D., *The demise of transportation: Mid-Victorian penal policy*, en Crime, police and the Courts in British History, edited by Louis A. Knafla, Westport, London, 1990, pp. 241-265.

1137 CARBASSE, J. M., *Introduction historique au droit pénal*, Paris, 1990, o *Histoire du droit pénal et de la justice criminelle*, Paris, 2000. La experiencia de Mettray ha sido especialmente relatada por DAVENPORT HILL M.D., *Mettray, the exemplar of reformatory schools: a letter from the recorder of Birmingham to Charles Bowyer Adderley*, London, 1855, y recientemente por FORLIVESI, L., POTTIER, G.F., CHASSAT, S., *Educate & Punish: the agricultural penal colony of Mettray (1839-1937)*, Rennes, 2005.

delincuentes a las colonias (colonización exterior), antes de plantearse la colonización interior[1138]. Aquella se sustentaba, además, en las penas de relegación y extrañamiento previstas en el Código Penal de 1848, para el cumplimiento de las cuáles ya en 1850 se ordenó, con muy escaso éxito, el establecimiento de una colonia en las islas Marianas y otra en la isla filipina de Mindoro. En 1861, dos Reales Órdenes reiteraron la necesidad de crear estas colonias penales, una en las islas Marianas, y otra no ya en Mindoro (Filipinas), sino en el nuevo lugar de la isla de Fernando Poo (Golfo de Guinea)[1139].

Tanto la Ley de Bases de 1869, como el posterior Código Penal de 1870, insistieron en la posibilidad de crear dichas colonias penitenciarias de carácter agrícola o industrial, señalándose como los lugares idóneos para ellas el Golfo de Guinea, las islas Filipinas, o incluso en el interior el *"sitio llamado de San Fernando, ó en cualquier otro del Estado que estime más conveniente"*.

Al objeto de estudiar pormenorizadamente esta cuestión, la Academia de Ciencias Morales y Políticas convocó en el año 1875 un concurso con el siguiente tema: ¿Convendría establecer en las islas del Golfo de Guinea, ó en las Marianas, unas colonias penitenciarias, como las inglesas de Botany-Bay?. Contrarios a esta idea se mostraron en el concurso Pedro Armengol y Cornet[1140] y Concepción Arenal, que ya en 1869 había combatido la colonización penitenciaria en su *Examen de las bases aprobadas por las Cortes para la reforma de las prisiones*[1141]. A favor, Fernando Cadalso[1142] y Francisco Lastres[1143], quien no obstante, tras la victoria de los argumentos en contra de Concepción Arenal, cambiaría de opinión[1144].

Finalmente se impusieron los argumentos contrarios a la colonización exterior de Concepción Arenal, basados en diversas razones: de carácter humanitario, a la vista de la gran cantidad de muertes y enfermedades causadas con la *"transportation"* inglesa, así como de los inconvenientes de "invadir" aquellos lugares con las personas de peor condición; higiénico,

[1138] Sobre la cuestión también ROLDÁN BARBERO, H., *Historia de la prisión...*, pp. 158-165.

[1139] Reales Órdenes de 20 de junio de 1861, en la Gaceta de Madrid, nº 190, de 9-07-1861, p. 1, y en la *Colección legislativa de España*, Madrid, 1848-1893, vol.85, pp. 529-530.

[1140] ARMENGOL y CORNET, P., *¿A las islas Marianas o al Golfo de Guinea?*, Madrid, 1878.

[1141] ARENAL, C., *Las colonias penales de la Australia y la pena de deportación*, Madrid, 1877, edic. facsímil en Pamplona, 1999, pp. 120-163.

[1142] CADALSO, F., *La pena de deportación y la colonización por penados*, Madrid, 1895.

[1143] LASTRES, F., *Estudios penitenciarios*, Madrid, 1887, edic. facsímil en Pamplona, 1999, pp. 109-163.

[1144] Véase DORADO MONTERO, P., *El derecho protector de los criminales*, 2 vols., Madrid, 1915, edic. facsímil en Pamplona, 1999, tomo II, pp. 244 y ss.

habida cuenta del clima de insalubridad que entonces se presumía en los lugares señalados para la deportación, las Marianas y Guinea; económico, por el elevadísimo coste del proyecto; y administrativo, por la falta de funcionarios capaces de llevarlo a cabo con rigor y honestidad.

El tema no volvió a plantearse oficialmente durante algún tiempo, y ante la nueva consulta elevada desde el gobierno en 1882, el Consejo penitenciario, del que formaban parte entre otros el propio Francisco Lastres y Luis Silvela, concluía asimismo que no existía *"ninguna razón física, moral, jurídica ni administrativa"* para la creación de una colonia penitenciaria en Fernando Poo. Tanto allí como a las Marianas se habían enviado ya algunos grupos de *"conspiradores vencidos, y algunas veces a los vagos y hombres de mala conducta; pero se ha procedido siempre sin método, sin preparación alguna, y no es de extrañar, por tanto, que los resultados sean negativos"*[1145].

Los partidarios de la colonización exterior, sin embargo, continuaron abogando a su favor ensalzando las experiencias llevadas a cabo en Europa y manejando fundamentalmente tres argumentos para ella: que así estaba previsto en la ley; que era la mejor medida para apartar de la sociedad a los delincuentes incorregibles; y que era muy útil para repoblar, mantener y aprovechar los recursos que ofrecían las colonias.

> *"No basta llenar los buques de delincuentes y arrojarlos como cargamento sobre las playas de las islas, que es lo que se ha hecho hasta ahora, procediéndose con una crueldad indigna de Gobiernos serios y humanitarios (...). Decidida la colonización penitenciaria, es preciso proceder con criterio y no con la falta de juicio con que obraron los ingleses cuando enviaron á Australia las primeras expediciones. Sería muy oportuno, entre otras cosas, llevar construidas las habitaciones del Gobernador, Iglesia, hospital y cuartel (...). Los jefes encargados del mando de la colonia, deben ser no sólo hombres de carácter y honradez, sino entendidos en el régimen penitenciario y en las faenas agrícolas, para que el éxito correspondiera á los sacrificios que tendría que soportar el país"*[1146]

Otras recomendaciones eran *"que se facilite y estimule el matrimonio entre los deportados, no sólo como medio de aumentar la población, sino como elemento moralizador"*, para lo cual se sugería el envío de mujeres delincuentes e incluso de las propias mujeres o familias completas de los condenados que así lo desearan; y también someter a éstos a *"un régimen*

[1145] CADALSO, F., *La pena de deportación y la colonización por penados*, Madrid, 1895, p. 15.

[1146] LASTRES, F., *Estudios penitenciarios*, Madrid, 1887, edic. facsímil en Pamplona, 1999, pp. 154-155.

cuyo último término sea la colonización", siguiendo el *"magnífico sistema ideado por Crofton"*. En consecuencia, en primer lugar habría que encerrar al condenado en una penitenciaria celular entre 6 y 8 meses, siendo los primeros días de incomunicación absoluta y ociosidad, sin permitírsele lectura ni influencia externa alguna. Cumplido el tiempo de aislamiento, los presos deberían pasar a un segundo periodo en el que se dedicasen a trabajos agrícolas o fabriles, conservando el aislamiento por la noche y sin exigirles el silencio. Los que, por haber cumplido el segundo periodo de la pena, fueran susceptibles de conseguir la libertad, pasarían antes por un aprendizaje que podrían sufrir en las mismas islas señaladas de las Marianas o Guinea, y que *"para seguir en todo á Crofton, llamaremos a esta prisión intermedia"*; y finalmente, el delincuente obtendría la libertad para poder colocarse y realizar faenas agrícolas o industriales en la colonia, con la supervisión de las autoridades penitenciarias[1147].

Estos argumentos reabrieron la polémica en 1889, cuando el Gobierno volvió a plantearse los beneficios tanto de la colonización exterior como de la interior, llegando incluso a consultar a las Diputaciones y Ayuntamientos, mediante una Real Orden de 20 de febrero de 1889, si tenían terrenos aprovechables para la creación de colonias penitenciarias agrícolas. El proyecto de una colonización interior no pasó, de momento, de esta mera consulta. Pero en cuanto a la colonización exterior el Ministro Canalejas consiguió promulgar dos importantes leyes: el Real Decreto de 26 de enero de 1889, que creaba una colonia penitenciaria en la isla de Mindoro (Filipinas)[1148]; y el Real Decreto de 23 de diciembre de 1889, que convertía en colonia penitenciaria la penitenciaria de Ceuta.

En su artículo primero, el Real Decreto de 26 de enero de 1889, declaraba que se crearía *"en la isla de Mindoro una colonia penitenciaria agrícola, establecida bajo el régimen del trabajo obligatorio y para que los penados que la compongan cumplan sus condenas conforme al principio de la progresión y reintegren al Estado los desembolsos que le originen"*. La colonia estaría compuesta por 500 condenados a penas de cadena o reclusión perpetua o temporal (no extrañamiento o relegación ni aún menos la novedosa pena de deportación de la que hablaban algunos), que tuvieran entre 18 y 45 años, una constitución sana y robusta, y se hubiesen dedicado en alguna ocasión a trabajos agrícolas, siendo preferidos los solteros, y entre los casados aquellos cuyas esposas se ofreciesen a acompañarlos.

[1147] LASTRES, F., *Estudios penitenciarios...*, pp. 158-162, donde continúa: *"cumplida su pena, podrían volver á la Península convertidos en inteligentes labradores, que cambiarían las localidades de raquíticas cosechas en comarcas productivas, empleando los conocimientos teóricos y la práctica adquiridos en la colonia"*.

[1148] Gaceta de Madrid, nº 28, 28-01-1889, pp. 245-246.

También serían destinadas a la colonia de Mindoro algunas mujeres condenadas a reclusión perpetua o temporal, o las que cumplieran otras penas y quisieran ir voluntariamente por un periodo de diez años, siempre que tuvieran entre 16 y 40 años (edad fértil), fueran solteras o viudas, y tuvieran una constitución sana y robusta. Éstas se dedicarían a las ocupaciones propias de su sexo y, si se casaban con un colono que hubiera obtenido la libertad provisional o definitiva, la obtendrían igualmente aunque no hubiesen terminado su condena.

Una vez en la isla, se preveía la entrega a cada penado de una extensión de terreno que debían trabajar de acuerdo con el Director de la colonia y en secciones de penados que respondían mancomunadamente de sus explotaciones. Pasados dos años, comenzaría un segundo periodo en el que los penados de buena conducta trabajarían sólo bajo la protección de un patrono; y en el tercer período, que comenzaría a los dos años de estar bajo patronato, podrían obtener la libertad provisional dentro de la colonia.

A falta de desarrollar un Reglamento concreto para esta colonia penitenciaria, y habida cuenta de que la pérdida de Filipinas se produjo tan sólo nueve años después, en 1898, lo cierto es que, a pesar de todas las previsiones de esta ley, y de que incluso se determinaron los oficiales encargados de la colonia en un régimen civil-militar, el proyecto de Mindoro no llegó a desplegarse en la práctica.

Por ello, el Real Decreto de 23 de diciembre de 1889 que declaraba el presidio ceutí "colonia penal", de forma mucho más plausible o verosímil que cualquier otro proyecto, fue recibido con entusiasmo por los partidarios de la colonización exterior[1149]. La satisfacción por su reforma fue especialmente significativa, por cuanto no sólo implicaba un importante paso al frente para el sistema penitenciario español, sino que además se hacía precisamente en aquellos lugares, los presidios norteafricanos, que se habían mantenido desde la Ordenanza General de 1834 prácticamente al margen de cualquier innovación, y sometidos a las *"rancias costumbres"* de un régimen puramente militar[1150].

En su Preámbulo, el Real Decreto de 23 de diciembre de 1889 afirmaba que *"ya que, hoy más que nunca, se impone á la Administración la necesidad de moverse dentro de los límites de una estricta economía en los gastos;(...) forzoso es acometer el remedio de los males existentes, mediante una adaptación cuidadosa de cuanto haya de intentarse á la realidad de nuestra vida, procurando utilizar sus energías saludables, tal como se mues-*

[1149] CADALSO, F., *La pena de deportación y la colonización...*, p. 17, señalaba que su *"elocuente y bien escrito preámbulo corresponde á la importante reforma que propone, y cuyo articulado demuestra un verdadero deseo de mejora y de progreso en el sistema penitenciario"*.

[1150] ROLDÁN BARBERO, H., *Historia de la prisión...*, p. 101.

tran, sin aventurar planes ideales, antes al contrario, buscando en los hechos el punto de partida para promover con su razonada depuración resultados prontos y fecundos"[1151].

Por eso, se proponía la reorganización de la plaza de Ceuta como colonia penitenciaria antes que la elaboración de otros proyectos nuevos, y su sometimiento al régimen progresivo, afirmándose que *"se asigne al sistema celular el puesto que le corresponde como elemento insustituible, dentro de otro sistema más amplio y comprensivo, en el cual, á la vez que, según los casos, se determina diversamente las circunstancias y duración del periodo de aislamiento, prevalece el propósito de someter la vida penal a un proceso análogo al que caracteriza a todo organismo viviente, á fin de que el penado, por naturales gradaciones, rectifique y desarrolle la actividad de su espíritu, y al propio tiempo que sufre el castigo, vaya poco á poco preparándose para la vida libre á que puede volver tarde ó temprano"*[1152].

La importancia de este Decreto para el afianzamiento en nuestro país del sistema progresivo, siguiendo los primeros ensayos de Montesinos o los más recientes intentos de implantarlo en la Escuela de Reforma de Alcalá de Henares o la Cárcel-Modelo de Madrid, ha sido señalada por distintos autores[1153], afirmando incluso Carlos Herrera que el mismo pudo recoger las influencias del novedoso Reformatorio estadounidense de Elmira[1154].

[1151] Real Decreto de 23 de diciembre de 1889, en la Gaceta de Madrid, nº 359, 25-12-1889, pp. 873-875.

[1152] La colonia de Ceuta fue elegida además, como dice el propio Preámbulo, porque carecía de la mayoría de las escollos que se plantearían al tratar de establecer el régimen progresivo en otros lugares: *"El intento de aplicar en su total contenido á los Presidios peninsulares el régimen progresivo de que se acaba de hacer mención, tropezaría con escollos, por el momento insuperables. Aparte del elevado presupuesto que supondría la reforma de los edificios, habría que luchar con la carencia de terrenos necesarios para las dependencias y explotaciones que implica el desenvolvimiento del sistema: como sucede con todo aquello que no ha penetrado aún enteramente en las costumbres, producirían alarma y recelos los numerosos destacamentos penales al aire libre, con tanta fortuna establecidos en otros países: sería, por la misma razón, costosa y aventurada su custodia: crecerían, acaso, el odio y la repugnancia que las poblaciones muestran siempre á los Presidios de aglomeración: al subir de punto, en las localidades donde éstos radican el temor de la industria libre á la competencia de los penados, se levantarían más vigorosas que nunca las quejas y protestas que han conseguido ya varias veces destruir los talleres mejor organizados; y por último, como quiera que las Penitenciarías están hoy, en su mayor parte, instaladas dentro de grandes ciudades ó en sus inmediaciones, y como este grave inconveniente provoca, entre otros males, la sucesiva formación, en torno del Penal, de un núcleo sospechoso de vagabundos, aventureros y familias de criminales, es de recelar que, en el primer período de ensayo, adquiriesen mayor incremento estos focos de inmoralidad, á medida que aumentasen la importancia y el desarrollo de los establecimientos, á los cuales parece que se hallan inevitablemente adscriptos"*.

[1153] CASTEJÓN, F., *La legislación penitenciaria española...*, p. 313, o SANZ DELGADO, E., *El humanitarismo penitenciario...*, pp. 85-88.

[1154] HERRERO HERRERO, C., *España penal y penitenciaria...*, pp. 245-246.

La colonia penitenciaria de Ceuta estaría prevista para los condenados en España a las penas de cadena o reclusión (temporal o perpetua), previéndose que después de las obras el lugar tuviera capacidad para unos 4000 penados y se pudiera enviar a él a muchos de los condenados que estaban en los presidios peninsulares. Su régimen progresivo comprendía *"los cuatro períodos que requiere un plan razonadamente correccional": "uno celular, de preparación, en el que sólo se comunique el penado con los funcionarios del Establecimiento y con las Sociedades benéficas; el segundo, dedicado á la instrucción, con asistencia á la escuela y trabajo en común, bien en los talleres, bien en las obras públicas; el tercero, de carácter intermedio, equivalente al llamado de cañón á cañón en el cual se acentúa el tránsito, merced al trabajo libre en la ciudad ó en el campo, permitido durante una parte del día; y el último, señalado por la libertad de circulación del recluso dentro de la colonia, de modo que le sea dable aplicarse sin restricciones al oficio que elija, con tal de someterse á las reglas disciplinarias establecidas para el orden y gobierno del Instituto penitenciario"*.

Además, la norma trataba de lograr un sistema de clasificación que no se basara exclusivamente en la duración de la pena, sino también en la cualidad de los delitos y la condición de las personas para determinar, *"por afinidades reales, y no por meras coincidencias"*, la formación de los grupos de trabajo. Éste, por su parte, se basaría preferentemente en obras públicas, servicios municipales y talleres para la fabricación en gran escala de vestuario, equipo y utensilios para el Estado.

El régimen de Ceuta también se extendería a los llamados "Presidios menores" norteafricanos, dependientes de aquella (Peñón de la Gomera, Alhucemas, Melilla y Chafarinas)[1155], hasta que en 1907 se decretara el cierre de los mismos y el traslado de su población penal a la central de Ceuta[1156]. El fracaso que, en términos generales, resultó de esta experiencia colonizadora, a la que se puso fin en 1911 con el cierre del presidio de Ceuta, y la pérdida de los últimos territorios coloniales tras el desastre del 98, determinaron que en adelante comenzara a pensarse en la colonización agrícola de zonas del interior, que culminaría en la creación de la colonia penitenciaria del Dueso, como veremos más abajo.

[1155] Véanse la Real Orden de 10 de marzo de 1843, que centralizó los presidios norteafricanos haciéndolos depender orgánicamente del principal presidio de Ceuta, en *Colección legislativa de presidios...*, p. 229, y el posterior Reglamento de 5 de septiembre de 1844, en *Colección legislativa de presidios...*, pp. 280-281.

[1156] SANZ DELGADO, E., *El humanitarismo penitenciario...*, p. 87.

3. LA PENITENCIARÍA DE MUJERES DE ALCALÁ DE HENARES

Antes incluso de la creación de la Cárcel-Modelo de Madrid (1883), la Escuela Central de Reforma para Jóvenes (1888), o la colonia penitenciaria de Ceuta (1889), otro de los grandes iconos de la primera "reforma oficial" de la Restauración fue la creación de una cárcel central de mujeres: la Penitenciaría de mujeres de Alcalá de Henares.

Al parecer el proyecto era antiguo, y en el mismo no resultó ajena la influencia del mismísimo Coronel Montesinos, que en los años cuarenta ya propuso la creación de una cárcel central de mujeres, siguiendo las directrices de la nueva ciencia administrativa moderna basada en la idea de la centralización[1157]. Para el caso de las mujeres, además, en las que los índices de delincuencia eran muy inferiores a los de los hombres, la idea de una prisión única de carácter centralizado para los delitos más graves, parecía la mejor opción no sólo desde el punto de vista administrativo sino también económico.

El lugar elegido fue Alcalá de Henares, por su situación geográfica y porque allí ya existía una Casa de Corrección, anexa al presidio de los hombres, que podía ampliarse fácilmente en beneficio de la gestión administrativa de ambos establecimientos. En 1851 fueron enviadas a aquella Casa de Corrección las mujeres recluidas en la Galera de Madrid, y a principio de los sesenta se adoptaron las disposiciones necesarias para que comenzaran las obras de ampliación, encargándose a los presos varones del presidio de aquella localidad (erigido en el convento de Santo Tomás) las obras de remodelación del contiguo convento del Carmen, según los criterios de la nueva arquitectura penitenciaria que se estaba imponiendo en la época[1158].

Las obras se terminaron en 1863, y en 1869, tras los acontecimientos de la Revolución de la Gloriosa y la inauguración de un nuevo régimen de carácter progresista o liberal, fueron refundidas en ella las antiguas Casas-Galera que aún quedaban en la Península, cuyos edificios se encontraban, por cierto, en un estado absolutamente ruinoso. Así, enviaron a ella sus contingentes de reclusas las últimas Casas de Corrección que aún quedaban en La Coruña, Zaragoza, Sevilla, Valladolid, Granada, Valencia y Barcelona.

[1157] RICO de ESTASEN, P.: *El coronel Montesinos. Un español de prestigio europeo.* Alcalá de Henares, Talleres Penitenciarios, 1948, pp. 164-181.

[1158] SALILLAS, R., *La vida penal en España...*, pp. 290 y ss.

Finalmente, por la Instrucción de 21 de mayo de 1877[1159], y más adelante el Real Decreto de 1 de septiembre de 1879, que crearon una nueva clasificación de los establecimientos penales, se estableció que allí fuera centralizado el envío de todas las condenadas a penas superiores de prisión mayor y reclusión en todos los tribunales de la Nación, convirtiéndose definitivamente la de Alcalá en la prisión central de mujeres. El resto de las condenadas por penas inferiores debían ser enviadas a las cárceles de partido[1160].

Ciertamente, el conjunto penitenciario resultaba muy moderno para la época. Estaba dividido en dos grandes pabellones y una galería celular, talleres y zonas comunes como la enfermería, en torno a un espacioso patio que conducía al comedor de las reclusas, siendo todos sus elementos amplios, luminosos y bien ventilados[1161]. Pero a pesar de reconocer que *"en la fecha es acaso la mejor y más amplia prisión que cuenta España"*, su contemporáneo Rafael Salillas nos daba todavía una descripción muy pesimista del lugar, que a su juicio ocupaba *"viciosísima posición"* de espaldas a la Universidad de Alcalá, y tan cercano al presidio de hombres que no podían evitarse las relaciones entre unos y otras, que en la jerga penitenciaria se habían bautizado recíprocamente como *"chuchos"* y *"chuchas"*[1162].

Los vicios de la población penitenciaria, junto con la falta de organización en el trabajo y la necesidad de mayores medios materiales, eran señalados también en esta época por otros autores como los principales problemas de la reforma penitenciaria[1163]. Entre ellos destacaría Concepción Arenal, cuya primera aproximación a la Penitenciaría de mujeres de Alcalá de Henares se produjo como redactora de la revista *"La Voz de la caridad"*[1164], donde denunció que los oficiales responsables de aquella

---

1159 Instrucción de 21 de mayo de 1877, en TEIJÓN, V., *Colección legislativa...*, p. 79.

1160 Sobre esta cuestión, véase MARTÍNEZ GALINDO, G., *Galerianas, corrigendas y presas...*, pp. 361-362.

1161 SALILLAS, R., *La vida penal en España...*, p. 293: *"Una verja de reciente construcción; á dos pasos, la puerta principal; el vestíbulo; otra verja ó rastrillo; otra puerta que da entrada á un patio limitado por dos pabellones y una galería celular. Entre el pabellón frente á la entrada y el de la derecha, salida a otro patio más espacioso que conduce al comedor de las reclusas, capaz para más de ochocientas personas, bien aireado e iluminado, flamante, muy bonito, con mesas de color de leche, como en los cafés, es decir, de mármol, según lo describe una penada. Entre aquel pabellón y la galería celular, la entrada á un patio de comunicación con la iglesia, purificadora de almas, y con el lavadero, que con distinto jabón, agua y lejía, borra otras suciedades"*.

1162 SALILLAS, R., *La vida penal en España...*, pp. 272-273.

1163 Véanse LASALA NAVARRO, G., *La mujer delincuente en España y su tratamiento correccional*, Buenos Aires, 1948, y LLORCA ORTEGA, J., *Cárceles, presidios y casas de corrección en la Valencia del siglo XIX*, Valencia, 1992.

1164 ARENAL, C., *El penal de mujeres de Alcalá de Henares* (Gijón, 6 octubre 1880), en *Artículos sobre beneficencia y prisiones*, vol.V, en edición digital de sus *Obras Completas*,

penitenciaría no daban a la presas la educación moral necesaria, que éstas eran mal alimentadas y tratadas produciéndose frecuentes motines y enfermedades[1165], que tenían relaciones viciosas con los hombres del presidio, y que los niños de las reclusas correteaban por allí contagiándose del ambiente corrupto y decadente[1166].

El primer Reglamento o instrucción que se había redactado para la todavía denominada Casa-Galera de Alcalá de Henares, el 21 de mayo de 1877[1167], también le pareció a Arenal completamente insuficiente[1168]. Por eso, el convenio que se firmó el 28 de septiembre de 1880, para la instalación en la penitenciaría de Mujeres de las Hijas de la Caridad[1169], le pareció un importante avance, y no tardó en denunciar las dificultades que se produjeron para su puesta en práctica: *"Pronto hará un año que se había resuelto por la Dirección de Establecimientos penales, llevar a la Prisión de mujeres de Alcalá una comunidad religiosa, único medio, dadas todas las circunstancias de moralizar aquella casa. Entretanto el Sr. Santa Cruz tuvo que dimitir porque no se quería cumplir lo decretado en tiempo del Sr. Silvela respecto a la reforma del personal de presidios, y ya no se pensó más en el propósito que había respecto a la Prisión de mujeres"*[1170].

Una visita de la reina a aquella penitenciaría, en octubre de 1880, parece que fue providencial para que finalmente se precipitara la llegada de las Hijas de la Caridad a principios de 1881. Según el convenio, su función era hacerse cargo del régimen interior de la penitenciaría observando *"exactamente las órdenes y reglamentos del Establecimiento"*. El Director

según la edición de Madrid, Victoriano Suárez, 1900, en www.cervantesvirtual.com.

1165 De las sublevaciones de mujeres en Alcalá también nos dio puntual noticia SALILLAS, R., *La vida penal...*, p. 309: *"las sublevaciones de la población penal femenina son más imponentes que las de los presidiarios (...). La sublevación de 1881, motivada por quejarse de la calidad del pan duró tres días, otro tanto la de 1882; cinco la de 1884, por no querer reconoce á un demandadero; y tanto ó más las ocurridas anteriormente, de las que no tengo precisas referencias"*.

1166 ARENAL, C., *Los niños cautivos de Alcalá* (5 febrero de 1879), en *Artículos sobre beneficencia y prisiones*, vol.IV, en edición digital de sus *Obras Completas*, según la edición de Madrid, Victoriano Suárez, 1900, en www.cervantesvirtual.com.

1167 TEIJÓN, V., *Colección legislativa...*, p. 79.

1168 ARENAL, C., *Reglamento de la prisión de mujeres*, en *Artículos sobre beneficencia y prisiones*, vol.IV, en edición digital de sus *Obras Completas*, según la edición de Madrid, Victoriano Suárez, 1900, en www.cervantesvirtual.com, donde afirma que a dicho Reglamento *"damos este nombre por darle alguno, no porque lo merezcan doce artículos mal pensados, mal redactados, en que sobran unas cosas, faltan otras esencialísimas, y no constituye, ni remotamente, una regla razonable para regir una penitenciaría"*.

1169 Publicado por ABRIL y OCHOA, J., *Leyes penitenciarias de España*, Madrid, 1920, pp. 241-245.

1170 ARENAL, C., *El penal de mujeres de Alcalá de Henares* (Gijón, 6 octubre 1880), en *Artículos sobre beneficencia y prisiones*, vol.V en edición digital de sus *Obras Completas*, según la edición de Madrid, Victoriano Suáres, 1900, en www.cervantesvirtual.com

de las Hijas de la Caridad era el encargado de nombrar a la Superiora y demás Hermanas que debían componer la comunidad enviada a la penitenciaría, dependiendo éstas únicamente de los Jefes superiores del lugar, y nunca de los oficiales subalternos. Allí, la Superiora distribuía las labores o empleos de las Hermanas, entre los que se contaban la educación moral de las internas, la dirección de la escuela creada en el establecimiento para su enseñanza, y la enfermería.

De acuerdo con Concepción Arenal, Castejón opinaría que la llegada de las Hijas de la Caridad a la prisión central de mujeres supuso ya, sin ninguna duda, "el planteamiento implícito del tratamiento correccional, al encomendar el régimen del establecimiento á personas votadas á la noble tarea de hacer el bien"[1171]. Y, de la misma manera, este hecho ha sido señalado como paradigmático por Gómez Bravo, para quien "el papel de las religiosas en la corrección femenina fue reactivado en la Restauración, mientras en el terreno intelectual la consolidación de un punto de vista médico-social, la irrupción del positivismo y el nacimiento de la criminología enfocarían desde sus propios prismas la naturaleza de la mujer delincuente"[1172].

Con la llegada de las Hijas de la Caridad se produjeron algunos cambios de importancia, sobre todo en cuanto al cumplimiento del régimen religioso o la enseñanza moral previsto en las leyes, que alcanzó a todas las manifestaciones de la cárcel. *"Los dormitorios"*, por ejemplo, *"dejaron de llamarse brigadas, para colocarlos bajo la advocación de una potestad del cielo, y recibió la 1º, el nombre y la imagen de San José; la 2º, la de Santa Ana; la 3º, la de la Concepción; la 4º, la del Carmen (patrona del Establecimiento); la 5º, la de San Vicente de Paúl; la 6º, la de la Virgen del Rosario, y la 7º, la de los Dolores. Á la entrada de cada dormitorio, la imagen tiene su altar, adornado con ofrendas"*[1173].

También se ocuparon las religiosas de los hijos de las reclusas, para satisfacción de Concepción Arenal, educando a los mayores de tres años y menores de siete en un lugar separado, aunque dentro de la propia penitenciaría[1174]. Para ello, y a instancia de la Sociedad protectora de los Niños, en 1881 se habilitó el pabellón de párvulos dentro del penal de mujeres de Alcalá[1175].

[1171] CASTEJÓN, F., *La legislación penitenciaria española...*, p. 340.

[1172] GÓMEZ BRAVO, G., *Crimen y castigo...*, pp. 156-157.

[1173] SALILLAS, R., *La vida penal...*, p. 301.

[1174] ARENAL, C., *Los niños de las penadas de Alcalá*, en *Artículos sobre beneficencia y prisiones*, vol.V en edición digital de sus *Obras Completas*, según la edición de Madrid, Victoriano Suárez, 1900, en www.cervantesvirtual.com.

[1175] Véase SALILLAS, R., *La vida penal...*, p. 294.

Pero todavía quedaban muchas cuestiones por resolver en la penitenciaría de mujeres, para las que su escueto primer Reglamento de 1877 no tenía respuestas, y a finales de 1881 comenzó a debatirse el nuevo Reglamento para el régimen interior de la penitenciaría de mujeres de Alcalá de Henares, publicado el 31 de enero de 1882[1176]. Este texto, a pesar de puntuales críticas, recibió las alabanzas de la doctrina de la época en general, constituyendo para Concepción Arenal *"un verdadero progreso"*[1177], y se convirtió en la norma reguladora del establecimiento hasta su desmantelamiento definitivo en 1933.

El Reglamento mantenía, como no podía ser de otra manera, la vinculación de la penitenciaría con el Ministerio de la Gobernación (a partir de 1887 el Ministerio de Justicia), la Dirección General de Establecimientos penales, y el Gobernador de la provincia, dentro de las atribuciones que respectivamente les conferían las leyes. Por lo demás, en su artículo tercero modificaba el personal del establecimiento, fijando los cargos de un primer Jefe, un segundo Jefe, atribuido a la Superiora de las Hijas de la Caridad (que se seguían manteniendo en el establecimiento), un administrador, un capellán, un médico cirujano, un portero, y el número necesario de Hijas de la Caridad para las atenciones que se requieran.

En principio, se entendía que con ello desaparecerían definitivamente los órganos militares del presidio (que venían ocupándose de la dirección de todos ellos desde la Ordenanza General de 1834), pero lamentablemente el artículo terminaba diciendo que *"los cargos de primer Jefe y Administrador serán desempeñados, por ahora, por el Comandante y Mayor del presidio de hombres establecido en Alcalá"*, lo cual fue el primer aspecto a criticar del Reglamento por Concepción Arenal. También se mantenía la obsoleta figura de las celadoras, elegidas de entre las propias presas para ayudar a las labores de vigilancia y orden, que en opinión de Concepción Arenal resultaban un *"elemento subversivo del orden moral, e inútil, como se ha visto tantas veces, de conservar el material"*.

El objetivo de la penitenciaría, declarado en el artículo 2, era "la corrección y moralización de aquellas que por fallo de los Tribunales han sido condenadas a sufrir las penas que el Código señala, desde la prisión correccional á la reclusión perpetua". Y para ello se preveía un régimen de "reunión y trabajo en común de día y separación individual de noche".

Se instauraba para las mujeres, en consecuencia, un sistema mixto de reunión y trabajo en común durante el día, y separación individual durante

[1176] En TEIJÓN, V., *Colección legislativa...*, pp. 79-94.

[1177] ARENAL, C., *Reglamento de la penitenciaría de mujeres de Alcalá de Henares*, en *Artículos sobre beneficencia y prisiones*, vol.V en edición digital de sus *Obras Completas*, según la edición de Madrid, Victoriano Suárez, 1900, en www.cervantesvirtual.com.

la noche, al objeto de impedir vicios y fomentar la reflexión e introspección que sólo puede alcanzarse en soledad. Pero lo cierto es que sólo se edificó una galería celular con 180 celdas individuales, debiendo compartir el resto de las reclusas unos dormitorios comunes. Teniendo en cuenta que, en el mismo año de 1882 en el que se publicaba el Reglamento, la penitenciaría albergaba ya más de mil mujeres, que estaban metafóricamente *"como piojos en costura"*, según el canónigo de la Iglesia Magistral[1178], es evidente que la finalidad perseguida difícilmente podía llegarse a cumplir.

El trabajo incluía las faenas de la casa o el establecimiento, que debían desempeñar las reclusas en igualdad y sin prevalecerse de ninguna diferencia[1179], así como las labores en los talleres que se realizaban por la mañana y por la tarde, en el horario establecido por la Superiora. Por supuesto, se trataba siempre de labores *"propias de su sexo"*, como obrar pan (que se distribuía en el mercado de la localidad), coser o bordar (*"de lo fino", "de lo basto", "del ganchillo", "del encaje" y "del bastidor"*), sobre todo uniformes de reclusos o soldados del ejército, lavar la ropa de los presos del presido vecino, o rematar telas, calzado o algodón que recibían del Estado. A diferencia del trabajo de los hombres, generalmente en obras públicas, ellas siempre trabajaban en el interior del edificio.

Terminada la jornada de trabajo, se rezaban diariamente las oraciones de la tarde, comenzando por el rosario, y debían asistir a la escuela hasta la hora de acostarse, según el Reglamento, aunque en realidad los medios para crear la escuela nunca terminaron de llegar. Para su estímulo o corrección, se previó asimismo un régimen de premios y castigos disciplinarios, entre los que se contaban la exoneración de labores inferiores, preferencia en los talleres, comedor o dormitorios, mayores horas de esparcimiento, la concesión de distinciones o cargos en las secciones de talleres o la enfermería, etc.

A pesar de las previsiones del Reglamento, uno de los principales problemas de la penitenciaría de mujeres siempre fue el trabajo. No sólo porque las mujeres fueran perezosas y poco productivas a la hora de afrontarlo, sino también porque, sencillamente, no había trabajo suficiente para las prisiones españolas de los siglos XIX y XX, a pesar de que éste

1178 ACOSTA de la TORRE, L., *Guía del viajero en Alcalá de Henares* (1882), p. 203, cfr. GÓMEZ BRAVO, G., *Las prisiones de Eva...*, p. 351.

1179 Artículo 12 del Reglamento de 1882: *"Todas las reclusas son iguales entre sí, y, por lo mismo, no podrán excusarse de ninguna de las faenas del Establecimiento, á no se por razón de ancianidad, ni solicitar se las trate de diferente modo que á las demás, ni pretender otras consideraciones que las anejas á los cargos que desempeñen, ni otras distinciones que aquellas á que se hagan acreedoras por su laboriosidad y adelantos en su corrección, aprendizaje ó enseñanza"*.

fuera uno de los principios claves del régimen correccional, defendido por todos los teóricos y legisladores de la época[1180].

> *"No se caracterizan las galerianas por su laboriosidad, y el espacio del taller sólo sirve para reunir algunos corros que se clasifican, según la naturaleza de las labores, en "de lo fino", "de lo basto", "del ganchillo", "del encaje" y "del bastidor". Únicamente cuando la Dirección general encomienda á las monjas la construcción de camisas, ó cuando algún contratista cose allí uniformes para los presidiarios ó para el ejército, se reúne un buen número de costureras. Y por cierto que el Estado no obtiene ningún producto, ni hay manera de intervenir los fondos (...). Las relaciones de la Galera con el presidio, establecen también corrientes industriales. Las galerianas se dedican al lavado y el cosido de las ropas de los reclusos, y éstos les suministran manufacturas de los oficios que desempeñan (...). El comercio de exportación de la Galera, aparte los encargos de labores, se reduce á enviar el pan que se suministra al mercado de la población, y debe tener salida, pues las prestamistas de la casa dan dinero á cuenta del pan, tasando en cuatro reales cada quince libretas y descontándolas de manera que las deudoras sólo comen una libreta cada tercer día, y si no cumplen el contrato de grado, lo hacen por fuerza"*[1181].

Por último, los hijos de las condenadas, como se venía haciendo hasta el momento, podían mantenerse con ellas en el presidio hasta los siete años en el *"Departamento de niños"*, pero sólo *"aquellos que no tengan padre ni abuelos, y carezcan en absoluto de bienes á cargo de tutores"*. Las Hijas de la Caridad se encargaban de su educación a partir de los tres años, siendo derivados posteriormente a otros establecimientos de beneficencia.

En el año 1903, por Real Decreto de 3 de junio, se trasladó también provisionalmente a la penitenciaría de Alcalá de Henares la prisión correccional de mujeres de Madrid, en vista del estado ruinoso y deficiente del edificio en el que se encontraba[1182]. Y allí permaneció hasta que en 1918 culminaran las obras de construcción de la nueva prisión de mujeres madrileña, iniciadas en 1915[1183].

1180 ARENAL, C., *El penal de mujeres de Alcalá de Henares* (Gijón, 6 octubre 1880), en *Artículos sobre beneficencia y prisiones*, vol.V en edición digital de sus *Obras Completas*, según la edición de Madrid, Victoriano Suáres, 1900, en www.cervantesvirtual.com: *"El trabajo es una cuestión grave en todas las prisiones, y más en las de España, y más en la de Alcalá"*.

1181 SALILLAS, R., *La vida penal...*, p. 322.

1182 CASTEJÓN, F., *La legislación penitenciaria española...*, p. 392.

1183 Real Orden de 31 de mayo de 1915, aprobando el acta y plano de deslinde de la iglesia de Benedictinos de Montserrat y la Prisión de mujeres de esta Corte, y Real Orden de 19 de junio de 1916 reorganizando la Junta de Construcción de la Cárcel de mujeres de Madrid, y Real orden de 15 de junio de 1918, disponiendo que la prisión de mujeres de

CAPÍTULO 9. LA REFORMA PENITENCIARIA ESPAÑOLA A PRINCIPIOS DEL SIGLO XX (1901-1933)

"Las voces correccionalistas no pasan de ser un murmullo con escaso eco y menor plasmación legislativa. Las leyes punitivas son fundamentalmente represivas y la pena privativa de libertad no es, en unos casos, más que mero sustitutivo de la muerte y, en otros, en el mejor de los supuestos, una explotación temporal del penado en trabajos duros y penosos, o forzados, o bien una prolongada ociosidad en un medio corruptor y degenerativo.
Con semejantes bases, no es dificultoso pensar en los inconvenientes con los que tuvo que enfrentarse cualquier postura reformadora (...)hasta desembocar en el principio de la humanización de las penas, que al menos en teoría vino a proclamar el Código penal republicano de 1932".
GARCÍA VALDÉS, C., *Régimen penitenciario de España (Investigación histórica y sistemática)*, Madrid, 1975, pp. 41-42.

1. LA CONSOLIDACIÓN DE LA REFORMA EN LOS PRIMEROS AÑOS DEL SIGLO XX: EL REGLAMENTO DE 5 DE MAYO DE 1913

Tras los primeros proyectos de la "reforma oficial", a principios del siglo XX culminaría la verdadera reforma penitenciaria impulsada por la Restauración. En este sentido, la no muy abundante historiografía sobre la cuestión suele señalar juiciosamente como hito cronológico el Real Decreto de 3 de junio de 1901, que, de un lado, derogó formalmente la obsoleta Ordenanza General de Presidios de 1834, tratando de acabar por fin con los últimos resquicios militaristas y utilitaristas que aún pudieran quedar; y, de otro, consagró de forma general en todos los presidios del país el sistema progresivo que, junto al de clasificación, ya se había inaugurado inicialmente en la Modelo o la colonia penitenciaria de Ceuta[1184].

Madrid readquiera el carácter de prisión provincial o correccional, en ABRIL y OCHOA, J., *Leyes penitenciarias...*, pp. 168-169, 173-175 y pp. 176-177.

[1184] Desde el punto de vista de la historia social véase ROLDÁN BARBERO, H., *Historia de la prisión...*, pp. 117-118, ya que TRINIDAD FERNÁNDEZ, P., *La defensa de la sociedad...*, no se pronuncia específicamente sobre esta cuestión. Desde el punto de vista de la ciencia jurídico penal, véase BUENO ARÚS, F., *Cien años de legislación penitenciaria (1881-1981)*, en Revista de Estudios Penitenciarios, 232-235 (1981), pp. 64-65; GARCÍA VALDÉS, C., *Régimen penitenciario de España...*, p. 32, *Del presidio a la prisión modular...*,

El Decreto de 1901, inspirado sin lugar a dudas por Fernando Cadalso[1185], llevaba la firma del Ministro de Gracia y Justicia Julián García San Miguel, y según su Exposición de Motivos pretendía implantar el *"sistema progresivo irlandés ó de Crofton, que mejora notablemente la servidumbre penal inglesa, y que debe implantarse en todas las prisiones destinadas al cumplimiento de penas aflictivas y correccionales"*[1186]. Aunque, conscientes de la falta de recursos para la efectiva división celular de las prisiones, dicho sistema tendría que combinarse, como establecían los artículos 2 y 10 de la ley, con el sistema de clasificación, que permitía agrupar a los reos en espacios más amplios en razón del delito cometido, la condena y sus propias características[1187]. Es decir, se imponían los criterios economicistas y pragmáticos del conservadurismo (*"en consonancia con los fines jurídicos de la pena, ya se atienda á la expiación, ya á la enmienda, ya á la defensa social"*), frente a los que defendían desde los sectores más progresistas del liberalismo el régimen celular de inspiración salillista.

Para la aplicación del citado sistema progresivo, el Real Decreto de 1901 fijaba cuatro periodos:

1. Celular o de preparación, de aislamiento, de 2 a 12 meses, permitiéndose al preso la lectura y el trabajo individual.
2. Industrial o educativo, de vida mixta, también de aislamiento celular durante la noche y de reunión durante el día en lugares comunes como talleres, escuelas, etc., bajo la regla del silencio, en duración de la mitad de la condena.
3. El intermedio, de vida mixta con atribución a trabajos menos penosos y *"a los servicios que requiere más confianza"*, sin regla del silencio. Su duración abarcaba la mitad de la condena que le quedara al condenado por cumplir, descontando los periodos anteriores.
4. El de gracias y recompensas (los premios eran prácticamente automáticos aunque también estaba previsto el retroceso), "en equivalencia al de libertad condicional que existe en otros países, y regirá hasta tanto que se promulgue una ley que le conceda", y que incluía la propuesta de indulto por el Jefe de la Prisión.

---

pp. 40-42, o *La ideología correccional...*, p. 118, entre otras de sus obras; o sus discípulos HERRERO HERRERO, C., *España penal y penitenciaria...*, p. 251, o SANZ DELGADO, E., *El humanitarismo penitenciario español...*, pp. 268-274. También en este sentido FIGUEROA NAVARRO, M.C., *Los orígenes del penitenciarismo...*, pp. 78-79.

1185 Él mismo así lo afirma en CADALSO, F., *Informe del negociado de inspección y estadística. En expediente general para preparar la reforma penitenciaria*, Madrid, 1904, pp. 43-44.

1186 Gaceta de Madrid, nº 158, 07-06-1901, pp. 935-937.

1187 Véase ROLDÁN BARBERO, H., *Historia de la prisión...*, p. 117, o SANZ DELGADO, E., *El humanitarismo penitenciario...*, p. 270.

Un año después de la promulgación de esta ley, un nuevo Real Decreto de 10 de mayo de 1902, trataba de resumir todos los cambios acontecidos hasta la fecha, volviendo a clasificar las prisiones españolas en atención a las penas. En dicha clasificación, bajo el genérico nombre de prisiones, se mantuvo la unidad ya acometida entre los antiguos presidios y las simples cárceles de custodia[1188]:

> *"Las prisiones quedan clasificadas del modo siguiente: Prisiones de penas aflictivas; Prisiones correccionales; Escuelas de reforma; Prisiones preventivas. Serán prisiones de penas aflictivas las destinadas á extinguir las condenas desde presidio correccional hasta cadena perpetua. Prisiones correccionales las que sirven para el cumplimiento de las penas de arresto mayor y prisión correccional. Escuelas de reforma, los Establecimientos que tienen por objeto la educación y enseñanza de los jóvenes delincuentes, viciosos ó abandonados. Prisiones preventivas, los edificios en que permanezcan los detenidos y los procesados durante la tramitación de sus causas, los que cumplan arresto menor ó gubernativo, los transeuntes y los que se hallen en expectación de destino" (art.2).*

Dentro de prisiones de penas aflictivas, que en 1911 pasaron a denominarse genéricamente *"prisiones de Estado"*[1189], se distinguieron, por su parte:

- Para el cumplimiento de cadena perpetua y temporal: colonia penitenciaria de Ceuta, Melilla, Alhucemas, Chafarinas y Peñón de la Gomera (hasta su desaparición en 1907-1911).
- Para el cumplimiento de reclusión perpetua y temporal: prisiones de Cartagena, Santoña y San Miguel de Valencia.
- Para el cumplimiento de presidió correccional y presidio o prisión mayor: prisiones de Alcalá de Henares, Burgos, Chinchilla, Granada, Ocaña, San Agustín de Valencia y Tarragona.

[1188] Sobre la problemática específica de las cárceles durante este periodo véase SANZ DELGADO, E., *Las viejas cárceles...*, pp. 253-352.

[1189] Véase la Real Orden de 30 de mayo de 1911, en la Gaceta de Madrid, nº 155, 04-06-1911, p. 667: *"Sustituída en la Memoria presentada á los Cuerpos Colegisladores, que sirvió de base para la formación de los Presupuestos generales aprobados y vigentes, la denominación de Prisiones aflictivas, en pugna con el moderno concepto de la de Prisiones de Estado, que conviene con la dependencia, así administrativa como económica de dichos Establecimientos, S.M. el Rey (q.D.g.) se ha servido disponer que, en adelante, se denominen genéricamente Prisiones de Estado, todas aquellas que sostenidas exclusivamente por fondos de éste, se destinen al cumplimiento de las penas de presidio correccional, prisión mayor, reclusión ó cadena".*

- Para los presos menores de 18 años: Escuela de Reforma de Alcalá de Henares[1190].

Pero las críticas al nuevo sistema penitenciario arreciaron durante estos primeros años del siglo XX, no sólo por desacuerdos doctrinales con respecto al régimen progresivo previsto en el Real Decreto de 1901, sino incluso porque las dificultades para el cumplimiento del mismo, sobre todo en su primer y último periodo, lo hacían prácticamente inviable.

Por ello, habiéndose producido un importante cambio de gobierno con el ascenso al trono de Alfonso XIII en marzo de 1902, la cuestión volvió a ser revisada por el nuevo gabinete que presidía Francisco Silvela, impulsor de anteriores reformas penitenciarias como Ministro de la Gobernación y de Gracia y Justicia, y perteneciente, como vimos en el capítulo sétimo, a una saga familiar muy interesada doctrinal y políticamente por la cuestión penitenciaria (era hijo de Francisco Silvela y hermano del catedrático de Derecho Penal de adscripción correccionalista Luis Silvela).

Su primer Ministro de Gracia y Justicia, Eduardo Dato, impulsado sin duda por el nuevo espíritu regeneracionista que abanderaba el nuevo gobierno, e influenciado asimismo por el correccionalismo krausista, consultó en esta ocasión con Rafael Salillas, antagonista de Cadalso en cuestiones penitenciarias; y el resultado de dicha consulta sería el Real Decreto de 18 de mayo de 1903[1191], que venía a superar el anterior Decreto del 1901, imponiendo frente al sistema progresivo caldasiano un nuevo sistema tutelar de inspiración salillista[1192].

La nueva ley establecía como los únicos fines de la pena la prevención y la corrección del penado: *"La privación de libertad, definidora del estado penal, será entendida como sometimiento forzoso del penado a un régimen de tutela, con el único fin de evitar el delito aplicando a los delincuentes un*

[1190] Véase GARCÍA VALDÉS, C., *Régimen penitenciario de España...*, pp. 32-33, quien también resume otras de las normas más significativas que se dieron junto al Real Decreto de 03-06-1901, como el Real Decreto de 12-01-03 que aprobaba el Reglamento para la Inspección de Prisiones, la cual es reestructurada por Real Decreto de 20-3-05 y 20-1-08, y disposiciones complementarias; el de 19-1-03, que fundaba el Servicio de Estadística penitenciaria, que fue reorganizado por el de 12-12-07; el de 22-4-03, que regulaba lo concerniente al peculio de los reclusos, mientras que el de 14-5-03 se ocupaba de las comunicaciones orales y escritas de los mismos y del derecho de queja que les es reconocido. A ellas yo añadiría el muy significativo Real Decreto del Ministerio de Gracia y Justicia que dispuso que la Dirección general y el Cuerpo de Establecimientos penales formaran un solo organismo con el nombre de Cuerpo especial de Prisiones, publicado en la Gaceta de Madrid, 29-05-1901.

[1191] Gaceta de Madrid, nº 139, 19-05-1903, pp. 642-643.

[1192] Este viraje entre el *"sistema progresivo cadalsiano"* y el *"sistema tutelar salillista"*, ha sido señalado, entre otros, por GARCÍA VALDÉS, C., *Del presidio a la prisión modular...*, p. 43. que alaba la norma de 1903, y SANZ DELGADO, E., *El humanitarismo penitenciario...*, pp. 262 y ss.

tratamiento reformador" (art.1). Se basaba para ello en una "acción tutelar constante" y "ejercida individualmente en cada penado", habiéndose señalado también la influencia de Pedro Dorado Montero en la propuesta de tratamiento individualizado de los reos, especialmente en el caso de los jóvenes[1193].

Esta tutela no tendría que llevarse a cabo necesariamente en un sistema celular (quedando al arbitrio de los Directores la organización de las prisiones)[1194], pero sí atendiendo a una nueva "*clasificación indeterminada*" de los reos, "*entendiéndose con esto que no se ha de obedecer, en general, á preceptivas generales, como la del delito, por ejemplo, sino á la agrupación por condiciones, en virtud del estudio individual de cada penado*" (art.6). Es decir, la clasificación se basaría en las características físicas o intelectuales de los reos, no en el tipo de delito, y para ello se ordenaba la formación de un Expediente correccional de cada penado, que contendría:

1º Hoja penal.
2º Testimonio de la sentencia.
3º Apuntamiento separado de las circunstancias que concurrieron en la comisión del delito.
4º Antecedentes individuales.
5º Informe acerca de su estado físico y mental.
6º Informe acerca de su estado de cultura literaria y profesional.
7º Informe acerca de sus ideas morales, sentimientos e instrucción religiosa.
8º Anotación de sus vicisitudes en la vida penitenciaria.

La ley de 1903 abría así la puerta a la clasificación indeterminada o individualización científica, apartándose de los férreos esquemas del sistema progresivo, y su modernidad, según señalaba el ministro Eduardo Dato en su Exposición de Motivos, "*inspirada en las doctrinas criminológicas más en boga*", suponía un importante avance en la dirección correccionalista. En uno de sus Expedientes generales para promover la reforma penitenciaria, un año después de la publicación de este Decreto, la propia Dirección General de Prisiones afirmaba que con él culminaba "*la gran reforma educadora*"[1195]; aunque su alcance, una vez más, no fue duradero.

1193 Véase SANZ DELGADO, E., *El humanitarismo penitenciario...*, pp. 274-281.

1194 Art.4 del Real Decreto de 18 de mayo de 1903: "*En consideración a la impropiedad arquitectónica de la mayoría de las prisiones, y también con el fin de que los Directores de las mismas demuestren su aptitud y celo para organizarlas, se deja á su arbitrio; con la asesoría de la Junta correccional, el modo de adaptación á cada establecimiento del sistema que en este Real decreto se previene*".

1195 De forma mucho más exhaustiva, se pronuncia acerca de este Expediente de 1904 GARCÍA VALDÉS, C., *La ideología correccional...*, pp120-121.

Otro de los grandes logros de la época, firmado esta vez por el nuevo Ministro de Gracia y Justicia Francisco de los Santos Guzmán, fue la centralización de todos los jóvenes delincuentes en el Reformatorio de Alcalá de Henares o Escuela Central de Reforma, por Real Decreto de 8 de agosto de 1903[1196]. Hasta ese momento, además del establecimiento propio de Alcalá de Henares, los jóvenes menores de 20 años podían estar dispersos por los diferentes establecimientos penales, en los que debía existir un departamento separado para ellos. Pero a partir de este Decreto de 1903, *"el Establecimiento reformatorio de jóvenes delincuentes, instituido en Alcalá de Henares, será considerado como único para el cumplimiento de toda clase de condenas, desde la de presidio correccional, destinándose á él a los mayores de nueve años y menores de quince y a los mayores de esta última edad y menores de dieciocho"* (art.1)[1197].

La reforma emprendida de 1903 también recibió sus críticas, esta vez del sector conservador. Y en poco tiempo, sin que ni uno ni otro sistema hubiera llegado a ensayarse realmente en la práctica, o ni siquiera a entenderse por los gestores o incluso por la doctrina[1198], comenzaron a aparecer nuevas normas en la Gaceta de Madrid, de presumible inspiración cadalsiana, que volvían a virar el espíritu de la reforma hacía el régimen progresivo.

Es difícil quedarse con sólo unas cuantas, las más trascendentes, del abundante número de las que se publicaron. Tanto Enrique Sanz Delgado como César Herrero hacen un especial hincapié en aquellas normas, como el Real Decreto de 22 de octubre de 1906, de concesión de residencia como estadio anterior al indulto para los presidiarios de África[1199], o la Ley de Condena Condicional de 17 de marzo de 1908[1200], que se anticiparon o abrieron la puerta a la Ley de Libertad Condicional de 23 de julio de 1914, desarrollando el último periodo del sistema progresivo. Roldán Barbero, por su parte, señala los Decretos de 1911 y 1912 que reorganizaron los destacamentos penales para trabajos extramuros, adscribiendo a ellos a los penados que estuvieran en el cuarto período de condena según el

---

1196 Gaceta de Madrid, nº 223, 11-08-1903, pp. 1865-1866.

1197 Véase también el Real Decreto de 10 de mayo de 1907, publicado en la Gaceta de Madrid, nº 131, 11-05-1907, p. 569, para crear un establecimiento benéfico destinado a Escuela de Reforma y Asilo de corrección paternal de jóvenes, en el que se pudieran llevar a cabo los efectos de la patria potestad reconocidos en los arts.156 y 157 del Código Civil.

1198 La confusión entre ambos sistemas queda de manifiesto en el abigarrado planteamiento que realiza, al analizar estas leyes, el propio CASTEJÓN, F., *La legislación penitenciaria española...*, pp. 300-328.

1199 SANZ DELGADO, E., *El humanitarismo penitenciario...*, pp. 286-288.

1200 HERRERO HERRERO, C., *España penal y penitenciaria...*, pp. 298-303.

Decreto de 1901[1201]; aunque considerara también que las leyes que mejor plasmaron nuevamente el sistema progresivo fueron la Ley de Libertad Condicional de 23 de julio de 1914[1202], y la que convirtió en Reformatorio de adultos la vieja penitenciaria de Ocaña por Real Decreto de 30 de octubre de 1914[1203].

De entre todas ellas, sin embargo, destacó especialmente el Reglamento de Servicio de Prisiones publicado por Real Decreto de 5 de mayo de 1913[1204], en el que tanto García Valdés como Tomás y Valiente han querido ver el *"verdadero Código penitenciario español"* con el que se cierra esta etapa legislativa[1205].

El objetivo declarado de la norma, según su Exposición de Motivos, era efectivamente *"agrupar y clasificar la rica legislación penitenciaria"*, fijando como precedente de esta idea codificadora *"la ordenanza general de Presidios, de 1834"* y los dos Reglamentos generales de 1844 para el régimen interior de los presidios, y de 1847 para cárceles, que se dictaron a continuación, afirmando que su necesidad se derivaba de la falta de sistemática en la legislación penitenciaria desde la *Colección legislativa de Cárceles y Presidios* publicada en 1860. Pretendía, en consecuencia, poner orden y asentar criterios en el caótico mapa legislativo del ramo, y el resultado fue un extenso texto, de 518 artículos, que no sólo se pronunciaba sobre el personal de prisiones y sus funciones, sino también sobre todos los aspectos relativos al régimen presidial, clasificación de las prisiones, servicio de inspección, régimen disciplinario, juntas de disciplina y juntas de patronato, servicios administrativos, suministros, vestuario y asuntos económicos, etc[1206].

1201 ROLDÁN BARBERO, H., *Historia de la prisión...*, p. 119. En ellos, afirma, *"se halla el precedente más directo de los destacamentos penales de la época de posguerra, si bien estos últimos (...) estuvieron cohonestados a la desolación y las penurias causadas por la Guerra Civil"*.

1202 ABRIL y OCHOA, J.L., *Leyes penitenciarias de España*, Madrid, 1920, pp. 331-334. Un análisis de la misma nos lo ofrece CASTEJÓN, F., *Libertad condicional: Ley, Reglamentos y demás disposiciones dictadas*, Madrid, 1915.

1203 Gaceta de Madrid, nº 305, 01-11-1914, pp. 287-290. Publicado también por ABRIL y OCHOA, J.L., *Leyes penitenciarias...*, pp. 319-327.

1204 Gaceta de Madrid, nº 131, 11-05-1913, pp. 397-441.

1205 GARCÍA VALDÉS, C., *Régimen penitenciario de España*, Madrid, 1975, p. 34, citando en este sentido a Cuello Calón y Bernaldo de Quirós, y TOMÁS y VALIENTE, F., *Las cárceles y el sistema penitenciario bajo los Borbones*, en Las cárceles en España: cinco siglos de horror. Historia 16, extra 2 (1978), pp. 82-83. Véase también HERRERO HERRERO, C., *España penal y penitenciaria...*, pp. 341-351; FIGUEROA NAVARRO, M.C., *Los orígenes del penitenciarismo...*, pp. 49-50, o SANZ DELGADO, E., *El humanitarismo penitenciario...*, pp. 293-296.

1206 En opinión de GARCÍA VALDÉS, C., *Régimen penitenciario de España...*, p. 37: "Un simple vistazo a sus preceptos nos permite encontrar en ellos instituciones que, modernizadas, se reproducen en los sucesivos Reglamentos de prisiones. Los derechos de los

Dejando para más adelante el estudio de todo lo relativo al personal de prisiones y la Escuela de Criminología, sobre la que también se pronunció esta norma, centrémonos aquí especialmente en la nueva clasificación de las prisiones y la consagración en ellas de los sistemas de clasificación y progresivo. En los artículos 190 y siguientes de la ley, las prisiones se dividieron nuevamente en cuatro clases: prisiones centrales, provinciales, de partido y destacamentos penales.

Las Prisiones centrales, destinadas al cumplimiento de penas de presidio correccional, presidio y prisión mayor, reclusión temporal y perpetua y cadena temporal y perpetua, *"dependientes del Estado en todos los órdenes administrativos"*, se subdividieron a su vez por razón de sexos, edades y penas:

- Para mujeres, la Central de Mujeres de Alcalá de Henares, a la que ya nos hemos referido.
- Para jóvenes menores de veinte años, el Reformatorio de jóvenes delincuentes de Alcalá de Henares, también en funcionamiento.
- Para mayores de sesenta años, la Prisión Central de San Fernando, *"donde serán amparados y atendidos con el régimen más adecuado a su edad"*.
- Para el cumplimiento de las penas de cadena perpetua y temporal, las Prisiones Centrales de Figueras y Santoña, mientras quede subsistente éste último establecimiento (se cerró en 1922), señalándose en su defecto el de Chinchilla.
- Para el cumplimiento de las penas de reclusión perpetua y temporal, las Prisiones Centrales de San Miguel de los Reyes en Valencia y Cartagena.
- Para el cumplimiento de la pena de prisión mayor, la Prisión Central de Ocaña, a la que se destinarían también los reclusos previstos para la Colonia penitenciaria del Dueso, de la que trataremos más adelante y que estaba en construcción.
- Para el cumplimiento de las penas de presidio mayor y presidio correccional en el que concurriera la circunstancia de reincidencia, las Prisiones Centrales de Burgos, Tarragona, Granada, Puerto de Santa María y Celular de Valencia.
- Para el cumplimiento de la pena de presidio correccional sin reincidencia, la Prisión Central de Almadén, señalándose que en el futuro

reclusos, la obligatoriedad del trabajo y la educación penitenciaria, los servicios médicos y religiosos, las normas mínimas de higiene y, en fin, la adopción del régimen progresivo de tratamiento del reo, en unión de la exigencia de un personal funcionario apto y vocacionado para la misión prisional son las mismas aspiraciones y realidades concretas, en su caso, que podernos encontrar hoy al ojear el Texto penitenciario vigente".

podrían ser destinados también a la Colonia penitenciaria del Dueso cuando se terminaran las obras.

Las Prisiones provinciales serían aquellas que, enclavadas en las capitales de provincia, servían como prisión preventiva de la Audiencia y para los demás fines indicados en las Prisiones de partido; que, por su parte, además de para la aplicación de prisiones preventivas durante la substanciación del sumario, estaban previstas para el cumplimiento de las penas de arresto mayor y arresto menor en las poblaciones en las que no existieran Depósitos municipales.

Finalmente, los Destacamentos penales creados en 1911 y 1913, se consolidaban también en esta ley como manifestación propia del sistema progresivo: *"Además de dichas Prisiones, se pueden crear separadamente con los penados varones de las Centrales ó de las Provinciales del cuarto periodo, destacamentos penales para trabajos determinados de obras públicas"*.

El artículo 203 continuaba indicando que *"a estos destacamentos se destinarán solamente los que se hallen en el cuarto periodo de condena y con preferencia los que hubiesen sido obreros del campo, formando con ellos dos agrupaciones, una con los condenados á cadena temporal y perpetua y otra con los que lo estén á las de reclusión temporal y perpetua, presidio correccional, presidio y prisión mayores, no debiendo mezclarse en una obra ó servicio, corrigendos de uno y otro grupo"*.

Al describir así el mapa de prisiones, quedaban ya subrayados en la ley los sistemas progresivo y de clasificación, hacia los que finalmente se había decantado la reforma. Pero aún se abundaba más en ellos en algunos de los artículos destinados al régimen interior de las prisiones (art.214-215) del capítulo II, y en el capítulo IV bajo la rúbrica expresa *"Del sistema progresivo y de clasificación"*.

Todos ellos indicaban que el régimen ideal de aplicación en todas las prisiones sería el régimen progresivo en los cuatro consabidos periodos celular o de preparación, industrial o educativo, intermediario, y de gracias y recompensas, que se establecía *"en equivalencia al de libertad condicional"* hasta que un año más tarde se promulgara la Ley de Libertad Condicional de 23 de julio de 1914[1207].

Siendo éste el régimen ideal, se entendía que en las prisiones en las que no hubiera separación celular, prevalecería el sistema de clasificación

---

[1207] Art.1º de la Ley de Libertad Condicional de 23 de julio de 1914, en ABRIL y OCHOA, J.L., *Leyes penitenciarias...*, p. 331: *"Se establece la libertad condicional para los penados sentenciados a más de un año de privación de libertad, que se encuentren en el cuarto período de condena y que hayan extinguido las tres cuartas partes de ésta, que sean acreedores a dicho beneficio por pruebas evidentes de intachable conducta y ofrezcan garantías de hacer vida honrada en libertad como ciudadanos pacíficos y obreros laboriosos"*.

por ser el que más se aproxima al sistema progresivo. Dicha clasificación se aplicaría según los siguientes principios:

1º. Separación absoluta por sexos y edades, así como de los penados en tránsito, los condenados por delitos políticos, los que sean reincidentes o delincuentes habituales, o los que tengan acumuladas penas por sentencias distintas.

2º. Formación de las agrupaciones que consienta el Establecimiento, teniendo en cuenta la naturaleza del delito, la gravedad de la pena y la conducta de los penados, *"llegando hasta donde sea posible en la tendencia de individualizar el tratamiento penitenciario"*.

El tiempo de condena impuesto a los reclusos sometidos a este sistema de clasificación se dividiría asimismo en los mismos cuatro periodos señalados para el sistema progresivo, y la severidad del tratamiento se iría suavizando por buena conducta, o bien agravando si retrocedía de periodo como en el sistema progresivo.

Además de los principios de clasificación y progresión con premios y castigos, en el Reglamento de Servicio de Prisiones de 5 de mayo de 1913, se reconocieron asimismo los principios de inspección, trabajo obligatorio e instrucción como principales medios de corrección del delincuente, educación moral a través de los capellanes, personal público y técnico en las prisiones, gestión y financiación pública de las mismas, etc. Un siglo después, los que parecieran inalcanzables objetivos de la reforma penitenciaria, a pesar de su largo recorrido y muchas dificultades, habían triunfado finalmente en este Código, y a partir del mismo se reproducirían en los sucesivos reglamentos de prisiones[1208].

2. EL FIN DE LOS PRESIDIOS AFRICANOS Y LA COLONIZACIÓN INTERNA: LA COLONIA PENITENCIARIA DEL DUESO

Como acabamos de ver, en la clasificación de los presidios españoles realizada en el Reglamento de 5 de mayo de 1913, no aparecían ya los presidios africanos, circunscritos en 1889 a la Colonia penitenciaria de Ceuta; y, sin embargo, sí se hacía referencia en varias ocasiones a una nueva Colonia penitenciaria, la del Dueso, que cuando se promulgó dicha norma aún estaba en construcción.

[1208] Véase GARCÍA VALDÉS, C., *Régimen penitenciario de España...*, pp. 37 y ss.

¿Cómo se habían producido estos cambios?. El fracaso del proyecto de colonización exterior en la isla de Mindoro (Filipinas) tras la pérdida colonial del 98, y las crecientes críticas a las terribles condiciones que se soportaban en los presidios africanos (Peñón de la Gomera, Alhucemas, Melilla, Chafarinas y Ceuta), a pesar de haber quedado adscritos al sistema de la colonización, hicieron que a principios del siglo XX se decidiera poner fin definitivamente a estos antiguos y ya obsoletos presidios del norte de África y se retomara de nueva la idea de la colonización interior.

El espejo volvía a ser Europa, en la que no existían experiencias como las de nuestros viejos presidios africanos, y sin embargo se estaba apostando cada vez con mayor firmeza por la fundación de colonias agrícolas para la corrección de delincuentes. A los informes de quienes habían aprendido los modelos europeos y denunciaban la intolerable existencia de nuestros presidios africanos, aún militarizados en cuanto a su personal y propios de otra época[1209]; se unieron además las crecientes críticas por las penosas condiciones de vida y la corrupción que existía en ellos[1210], e incluso las quejas de la población civil de aquellos lugares, que veía en el nuevo régimen progresivo de dichos presidios una amenaza en lo económico y para su seguridad.

Los propios militares, que todavía gestionaban los presidios africanos al margen del moderno organigrama administrativo que adscribió el resto de presidios y cárceles primero al Ministerio de Fomento o de Gobernación, y desde 1887 al Ministerio de Justicia, también mostraron su disconformidad con el nuevo sistema que dejaba en sus manos a una creciente población civil al margen de la disciplina militar.

Por ello, de acuerdo con el gobierno regeneracionista de Silvela, por Reales Órdenes de 25 de septiembre, 6 y 11 de noviembre de 1902, el Ministerio de Guerra decidió nombrar una comisión mixta civil-militar para estudiar el régimen de la colonia penitenciaria de Ceuta, de la que formaron parte, además del Comandante General del presidio ceutí y otros cargos militares, el entonces Inspector General de Prisiones, Fernando

---

[1209] Véase, por ejemplo, MURUBE y GALÁN, F., *Tratado de las prisiones y sistemas penales de Inglaterra y Francia, con observaciones generales sobre lo que conviene saber para la reforma de los de España*, Santiago, 1860, y BORREGO, A., *Visita a los principales establecimientos penales de Europa, ejecutada de orden del Gobierno, seguida de la exposición de un sistema aplicable a la reforma de las cárceles y presidios de España*, Madrid, 1873.

[1210] Según ROLDÁN BARBERO, H., *Historia de la prisión...*, p. 102: "Lejos de ser los presidios africanos lugares de disciplina para los penados más depravados, se habían convertido, ante la permisividad ofrecida por el sistema progresivo, en destinos codiciados por el hampa". Sobre ello escribieron RELOSILLAS, J.J., *Catorce meses en Ceuta*, Málaga, 1886, PEZZI, R., *Los presidios menores de África y la influencia española en el Rif*, Madrid, 1893, o LAGUNA AZORÍN, *El presidio de Melilla visto por dentro*, Valencia, 1907.

Cadalso, y también el entonces Inspector de tercera clase de este ramo, Rafael Salillas[1211].

Sus conclusiones fueron que, *"aunque el sistema á que se hallan sometidos los penados* (refiriéndose al régimen progresivo) *adolece de vicios y deficiencias de procedimiento y de detalle, de que es preciso purgarle, es o cierto que da buenos resultados"*, lo que en principio aconsejaría la permanencia de la colonia penitenciaria. Sin embargo, *"como su carácter es esencialmente militar y sus condiciones actuales de plaza de guerra, la Colonia puede presentar inconvenientes para los fines de la defensa"*, y por tanto *"será prudente se piense en reducir el contingente penal hasta conseguir trasladarle cuando se disponga de edificios capaces y en condiciones en otros puntos"*.

El contingente total de los presidios africanos que se acordó ir disminuyendo era de unos 2.200 penados, según indicaba la Memoria de la citada Comisión mixta, o unos 3.000 según el Informe preparado por Francisco Cadalso en 1904[1212]. Su reducción comenzó en la práctica mediante la promulgación de un primer Real Decreto de 22 de octubre de 1906[1213], por el que se proveyó una *"concesión de residencia"* en Ceuta y Melilla a los penados de los presidios menores norteafricanos que se encontraran en el cuarto período de condena o periodo de circulación libre, o a los que se encontraran en el tercer periodo "de naturaleza intermedia" y reunieran ciertas condiciones.

La concesión de esta suerte de libertad condicional se haría por Real decreto, a propuesta del Ministro de Gracia y Justicia y en virtud de expediente instruido por el Consejo de Disciplina, y aunque dicha concesión de residencia podía ser revocada por mala conducta, si por el contrario los "libertos" demostraban buen comportamiento podían ser propuestos para un indulto por el patronato encargado de vigilarlos.

El resto de los penados en los presidios menores norteafricanos (Peñón de la Gomera, Alhucemas, Melilla y Chafarinas), tendrían que ser enviados a la Península cuando se decretara su supresión definitiva, lo cual aconteció casi un año después en virtud de un Real Decreto de 6 de mayo de 1907[1214].

1211 Véase la *Memoria relativa al régimen de la colonia penitenciaria de Ceuta, presentada a la Superioridad por la Comisión nombrada al efecto*, publicada en la Revista de las Prisiones, nº 4, 24-04-1903, pp. 30-34.

1212 CADALSO, *Informe al expediente general para promover la reforma de nuestros servicios penitenciarios*, Madrid, 1904, p. 57-60.

1213 El Real Decreto de 22 de Octubre de 1906 se publicó en la Gaceta de Madrid, nº 296, 23-10-1906, pp. 292-293.

1214 Gaceta de Madrid, nº 127, 07-05-1907, pp. 515-516.

Entre tanto, se había venido debatiendo cuál sería la mejor solución para acomodar a tales reclusos en la Península, imponiéndose la idea de la colonización interior[1215]. El *Expediente general para preparar la reforma penitenciaria* de 1904 así lo indicaba[1216], y la Dirección General de Prisiones realizó en este sentido una consulta a la que respondieron nuevamente los dos principales penitenciaristas de la época, Fernando Cadalso y Rafael Salillas. En su *Informe al expediente general*, Cadalso barajó la posibilidad de continuar con la colonización exterior en algunas pequeñas islas de la costa occidental de África o el Golfo de Guinea, pero finalmente hubo de reconocer las dificultades de esta idea. Rafael Salillas, por su parte, se decantó directa y decididamente hacia la creación de colonias agrícolas interiores *"en las zonas despobladas y susceptibles de repoblación de la península"*[1217], siguiendo con ello la tendencia más vivamente debatida por entonces en los Congresos penitenciarios internacionales.

A tal fin se creó una Comisión Mixta del Ministerio de Agricultura y Obras Públicas y de la Dirección General de Prisiones, cuya función era buscar las mejores alternativas en las que situar las nuevas colonias penitenciarias interiores. Debían ser lugares escasamente poblados y sin cultivar, no tanto con la intención de buscar su rendimiento económico (la idea del utilitarismo penal estaba completamente desterrada), sino la oportunidad de que pudieran ser levantados con el trabajo de los presos sin problemas con los habitantes del lugar. Se barajaron lugares tan desolados como las Hurdes o el valle de las Batuecas. Pero finalmente se eligió el Dueso (en Santoña, provincia de Santander), y, con una rapidez pasmosa para la administración española en general y la reforma penitenciaria en particular, allí se ordenó construir la que sería la única colonia penitenciaria interior de España, por el mismo Real Decreto de 6 de mayo de 1907 que suprimía definitivamente los presidios menores africanos.

El redactor de la norma fue el propio Salillas, quien advertía en la Exposición de motivos la *"urgencia"* de resolver el traslado de los reclusos de los presidios norteafricanos a la península, y basaba la ley en una anterior Real Orden de 10 de mayo de 1904 que ya establecía la colonización interior. El objetivo era que este tipo de reclusos pasaran a ingresar en el futuro la citada colonia penitenciaria creada en el lugar denominado

---

1215 CADALSO, *Informe al expediente general...*, Madrid, 1904, pp. 308 y ss; ROLDÁN BARBERO, H., *Historia de la prisión...*, pp. 162-165; o SANZ DELGADO, E., *El humanitarismo penitenciario...*, pp. 288-293.

1216 Además de otras actividades, como una ponencia presentada en 1904 por Moret, Ugarte y Saluquer, que apostaba decididamente por esta nueva forma de penar, según DORADO MONTERO, P., *El derecho protector de los criminales*, tomo I, p. 237 y 261.

1217 SALILLAS, R., *Informe al Expediente general para preparar la Reforma Penitenciaria*, Madrid, 1904. Véase también SALILLAS, R., *La traslación de los presidios de África y la reforma penitenciaria*, Madrid, 1906.

"Frente y Plaza de Armas del Dueso", que también integraría la población del viejo penal de Santoña, suprimido poco después. Pero mientras que se realizaban las obras, los presidiarios que cumplían en los presidios menores africanos penas de cadena perpetua y temporal, y que no habían obtenido el beneficio de la *"concesión de residencia"*, se trasladarían inmediatamente a otros establecimientos de la península, *"atendiendo con preferencia á la preparación del de Figueras, transformación del de Ocaña y mejora del de San Miguel de los Reyes y del ampliado reformatorio de Alcalá de Henares"*.

La nueva penitenciaría del Dueso se organizaría, según la norma, con arreglo al sistema progresivo y en las condiciones más expansivas posibles para promover el trabajo al aire libre. Tendría capacidad para 1000 penados, distribuidos en los tres periodos de reclusión celular (se ordenaba construir para ello un edificio celular con 200 celdas), trabajo industrial y agrícola, y período expansivo, análogo á la libertad intermedia. Y la acción penitenciaria propia de este tercer periodo debía consistir exclusivamente en la preparación del reo para que se reintegrase a la vida social, procurándose que este desenvolvimiento fuera favorecido por la asistencia social[1218].

Poco tiempo después de la promulgación de esta norma, en junio de 1907, se creaba la Comisaría regia del Dueso, dirigida por el Comandante de Ingenieros Lorenzo de la Tejera, para encargarse de las obras, que comenzaron en diciembre de ese mismo año. El día 18 de diciembre de 1907, se inauguraban unos edificios provisionales en los que se albergaría a los primeros presos destinados al Dueso para trabajar en las obras, con el resultado de numerosas fugas y problemas de seguridad que hicieron dudar del proyecto.

Las obras siguieron, no obstante, adelante, y por Real Decreto de 26 de enero de 1912 la colonia penitenciaria del Dueso se convertía ya en *"grupo penitenciario"*, aumentando su capacidad para 1500 reclusos, que se dividirían para los trabajos en una colonia industrial y otra agrícola, además de un manicomio judicial de nueva creación. Por Real Orden de 14 de enero de 1913, se añadiría a ella asimismo una sección de delincuentes menores de edad[1219]; y en 1915 se suprimía la Comisaría Regia del Dueso, otorgándose sus facultades a la Comisión Asesora para la Reforma Penitenciaria y Organización del Trabajo, al objeto de que fuera ésta la que culminara los trabajos de construcción[1220].

[1218] Gaceta de Madrid, nº 127, 07-05-1907, pp. 515-516.

[1219] Véase CASTEJÓN, F., *La legislación penitenciaria española...*, pp. 446-447.

[1220] La dimisión de Lorenzo de la Tejera del Cargo de Comisario regio de la Colonia penitenciaria del Dueso se publicó en la Gaceta de Madrid, nº 180, 29-04-1915, pp. 816-817. El Real Decreto de 19 de agosto de 1915 suprimía la Comisaría Regia del Dueso y

Tras la supresión de los presidios menores norteafricanos, aún quedaba por resolver la problemática de la colonia penitenciaria de Ceuta, que finalmente sería cerrada en el año 1911, indultándose a un buen número de sus reclusos y enviándose el resto a la Península[1221].

Aunque, según la Exposición de Motivos del Real Decreto de 7 de julio de 1911, *"en nuestras tradiciones y legislación penitenciarias ocupa Ceuta preferente lugar, estimándolo campo de experimentación de sistemas desenvueltos espontáneamente allí o regulados por disposiciones especiales (...)"*, al estar próxima su desaparición, *"respondiendo á consideraciones internacionales bien notorias"*, el proceso de desmantelamiento de la colonia dio comienzo mediante la concesión del indulto a los penados libertos que gozaran en Ceuta de la *"concesión de residencia"* al tiempo de publicarse este decreto, o a quienes la hubieran obtenido al llevarse a cabo la efectiva supresión de la colonia. Los libertos que aún existían en la plaza de Melilla se equipararían a los de Ceuta a estos efectos.

Para el traslado del resto de los reclusos a la Península, que comenzaría tras resolverse los indultos entre los meses de septiembre y octubre, se concedía un crédito extraordinario de 250.000 pesetas. Los reclusos se repartirían entre los principales presidios centrales, prefiriéndose para ellos el destino del Dueso desde que terminaran completamente las obras.

Sin embargo, para solucionar los problemas de hacinamiento que se derivaron de su llegada a la Península, poco después de que entrara en vigor la Ley de Libertad Condicional de 23 de julio de 1914, muchos de estos antiguos reclusos de Ceuta recibieron la libertad condicional por Real Decreto de 2 de agosto de 1914: *"Los penados procedentes de la suprimida Colonia penitenciaria de Ceuta, que gozaban de libre circulación por aquella plaza y fueron transferidos a las Prisiones de la Península, al suprimirse*

otorgaba sus facultades a la Comisión Asesora para la Reforma Penitenciaria y Organización del Trabajo, en la Gaceta de Madrid, nº 233, 21-08-1915, pp. 529-530; y el Real Decreto de 15 de noviembre de 1915, para la reanudación de la obras del Dueso, en la Gaceta de Madrid, nº 323, 19-11-1915, pp. 419-421, explicaba en términos generales el decurso y estado de las obras desde que comenzaron en diciembre de 1907.

[1221] Todos los autores que se pronuncian sobre esta cuestión, siguen para ello las noticias que en su día dio CADALSO, F., *Instituciones penitenciarias...*, pp. 308-312, aunque en la Gaceta de Madrid se puede seguir de forma más detallada el proceso. Véase el Real Decreto de 7 de julio de 1911 en la Gaceta de Madrid, nº 190, 09-07-1911, pp. 120-121, el Real Decreto de 14 de julio de 1911 en la Gaceta de Madrid, nº 200, 19-07-1911, pp. 247-248, el Real Decreto de 31 de agosto de 1911 en la Gaceta de Madrid, nº 246, 03-09-1911, pp. 245-246, el Real Decreto de 14 de septiembre de 1911 en la Gaceta de Madrid, nº 263, 20-09-1911, p. 152, o la Real Orden de 1 de diciembre de 1911 en la Gaceta de Madrid, nº 339, 05-12-1911, pp. 548-549.

aquel Establecimiento, serán declarados libertos, a menos que por su mala conducta no se hayan hecho acreedores a obtener esta beneficio"[1222].

En la fortaleza del Hacho de Ceuta, se constituiría una prisión provincial, para los sentenciados por los Consejos de Guerra de África o por la Audiencia de Tetuán a la pena de prisión correccional por Real Orden de 2 de agosto de 1918[1223]. Y finalmente Santoña sería completamente desmantelada y clausurada por orden de 27 de noviembre de 1922, determinándose en su lugar para la extinción de las penas de cadena, junto a la prisión central de Figueras, la Colonia Penitenciaria del Dueso, *"sita en la misma plaza de Santoña"* [1224].

3. EL CUERPO DE PRISIONES Y LA ESCUELA DE CRIMINOLOGÍA

El Reglamento de Servicio de Prisiones de 5 de mayo de 1913, supuso asimismo un avance significativo para la constitución del cuerpo civil de empleados de prisiones, que se consolidaría a principios del siglo XX. Creado éste en 1881, y restablecido tras su supresión temporal en 1886, habría que esperar todavía algunos años para que efectivamente se fuera imponiendo en la práctica a través del sistema de oposición[1225], en primer lugar por las dificultades de apartar a los antiguos titulares de sus puestos, y en segundo lugar por la necesidad de formar previamente a los nuevos oficiales civiles en materia penitenciaria para desterrar completamente los hábitos militares de las prisiones.

Con éste último propósito se puso en marcha en 1906 la Escuela de Criminología, que surgió de la mano de Rafael Salillas a partir de la experiencia del Seminario o "Laboratorio" de Criminología fundado en 1899

[1222] Véase el Real Decreto de 2 de agosto de 1914, así como la Real Orden de 16 de septiembre de 1914 aprobando su reglamento de desarrollo, en ABRIL y OCHOA, J.L., *Leyes penitenciarias de España...*, pp. 353-357. Por si hubiera alguna duda, un Real Decreto de 1917, publicado en Gaceta de Madrid, nº 139, 19-05-1917, p. 451, venía a confirmar que dicho beneficio de la libertad condicional también se hacía extensivo *"a los penados transferidos de Ceuta para trabajar en las obras del Dueso"*.

[1223] En la Gaceta de Madrid, nº 392, 07-08-1918, p. 392. Véase también el Real Decreto de 5 de noviembre de 1918, en la Gaceta de Madrid, nº 310, 06-11-1918, p. 479, y el Real Decreto de 28 de noviembre de 1918 creando en la población de Ceuta una Comisión de Libertad condicional, en ABRIL y OCHOA, J.L., *Leyes penitenciarias de España...*, pp. 365-366.

[1224] En la Gaceta de Madrid, nº 332, 28-11-1922, p. 846.

[1225] Son muy numerosas las disposiciones que durante estos primeros años tratan de organizar el cuerpo de prisiones y sus secciones. Véase un resumen de las mismas en CASTEJÓN, F., *La legislación penitenciaria española...*, pp. 58-63.

en la cátedra de Filosofía del Derecho de Francisco Giner de los Ríos en la Universidad Central de Madrid.

En puridad, la Escuela de Criminología fue aprobada por el Ministro de Gracia y Justicia Eduardo Dato, a instancia de Rafael Salillas, en marzo de 1903[1226]. Pero su norma constitutiva preveía que ésta no empezara a funcionar hasta que *"en los presupuestos generales del Estado se autoricen las consignaciones necesarias para su implantación"*, y para ello hubo que esperar hasta 1906, coincidiendo su puesta en funcionamiento con el nombramiento de Rafael Salillas como Director de la prisión celular de Madrid, donde la Escuela se instituyó[1227].

Su objetivo era *"la enseñanza y educación del personal de la Sección directiva del Cuerpo de Prisiones, de la Dirección general de este ramo y de los establecimientos de educación correccional que se instituyan"*; siendo algunos de sus primeros profesores Félix de Aramburu, Federico Olóriz, Manuel Antón, Luis Simarro, Manuel Bartolomé Cossio o el propio Rafael Salillas.

Las enseñanzas debían estar *"ligadas a la práctica"*, para lo que se previeron laboratorios, así como la creación de una biblioteca y un museo, y su plan de estudios debía comprender derecho penal español y comparado, y legislación penitenciaria comparada, así como ciencia penitenciaria, comprendiendo sistemas penitenciarios en todas sus manifestaciones; instituciones preventivas de todo género, la tutela y el sentido moderno de la función penal en sus varios aspectos; el Patronato de los delincuentes y formas que reviste en los pueblos cultos; instituciones penitenciarias, reformatorios de niños y adultos; colonias; Patronato de presos y cumplidos; organización y resultados en los varios países por informes de detalle y estadística; Antropología ó estudio del hombre físico y Antropometría; Antropología criminal; Psicología general y correccional; y Criminología con estadísticas de la criminalidad comparada.

El programa completo para los primeros ejercicios de oposición se publicó el 28 de junio de 1906[1228], y a partir de esa fecha se hicieron convocatorias de exámenes casi todos los años hasta 1909, siendo menos numerosas las plazas que se ofertaron entre ese año y el de 1917[1229], en el

---

[1226] Véase este Real Decreto de 12 de marzo de 1903 en la Gaceta de Madrid, nº 72, 13-03-1903, p. 1071, así como la rectificación de su artículo 36 publicada en la Gaceta de Madrid, nº 74, 15-03-1903, p. 1107.

[1227] El nombramiento de Salillas puede consultarse en la Gaceta de Madrid, nº 317, 13-11-1906, p. 590.

[1228] Gaceta de Madrid, nº 179, 28-06-1906, pp. 1258-1260.

[1229] Véase la Gaceta de Madrid, nº 15, 15-01-1907, pp. 167-168, Gaceta de Madrid, nº 190, 08-07-1908, p. 190, la Gaceta de Madrid, nº 238, 26-08-1909, p. 407, la Gaceta de Madrid, nº 153, 2-06-1911, p. 622, o la Gaceta de Madrid, nº 27, 27-01-1915, p. 259.

que se publicó un importante Real Decreto de 4 de octubre, reorganizando la Escuela de Criminología[1230].

El motivo aducido para ello fue la modificación prevista para el ingreso en las Secciones Técnica y Auxiliar del cuerpo de prisiones, que junto a la Sección Facultativa reorganizarían asimismo todo el cuerpo de prisiones a partir de un posterior Real Decreto de 20 de octubre de 1918. La Escuela de Criminología se reformaba para poder reformar a su vez desde el origen todo el cuerpo de prisiones, y fijar reglas para la progresión automática dentro de las escalas: *"Significa, Señor, esta propuesta un avance de la reforma orgánica de los servicios de Prisiones que el exponente ha de honrarse en elevar á V. M. La entrada en el año académico no permitía espera para habilitar la Escuela de Criminología, á fin de que sobre el nuevo plan de estudios y con arreglo á su nueva regulación, puedan publicarse las convocatorias de ingreso en ella y sepan, quienes vayan a nutrirla, los derechos y deberes que les asisten y las esperanzas de carrera que ellos pueden fundar (...)"*.

Entre otros, se reformaban los numerosos preceptos del importante Real decreto de 5 de Mayo de 1913, que vino a clasificar y poner orden en el cuerpo penitenciario español, después de años de caos e incertidumbre, vinculando su acceso de manera directa a las enseñanzas de la Escuela de Criminología, que también regulaba en el capítulo 4 del título I, *"Del personal de las prisiones"*[1231].

Frente a la regulación anterior, la nueva norma de 1917 establecía sólo dos clases de alumnos para la Escuela: los que aspirasen a plazas de Vigilantes y los que aspirasen a plazas de Ayudantes. Es decir, quienes quisieran ingresar, desde abajo, o bien en la Sección Auxiliar o bien en la Sección Técnica. Para el resto de las plazas se preveía un régimen de ascensos internos según el cual:

- Los ascensos desde el cargo de Ayudante hasta el de Subdirector de primera clase, inclusive, serían por turno de antigüedad.

- Para el ascenso a Director de tercera clase existirían dos turnos, de antigüedad y de concurso, cubriéndose las vacantes alternativamente por uno y otro; y los ascensos desde Director de tercera a Director de primera se harían por rigurosa antigüedad.

[1230] En la Gaceta de Madrid, nº 281, 8-10-1917, pp. 53-56, y publicado también por ABRIL y OCHOA, J.L., *Leyes penitenciarias de España...*, pp. 235-241.

[1231] Véanse los artículos correspondientes del ya citado Reglamento, publicado en la Gaceta de Madrid, nº 131, 11-05-1913, pp. 398-403.

- Finalmente, el ascenso de Director de primera clase a Jefe superior de segunda, sería por concurso de méritos entre los Directores de la citada clase, siempre que llevasen por lo menos dos años de servicio en la misma

El programa de estudios para los vigilantes, repartidos en dos años, comprendía las siguientes materias: Derecho penal español, Fisiología é Higiene, Agricultura y nociones de Industrias en el primer curso; y Legislación penitenciaria y sistemas penitenciarios aplicados en España, Procedimientos penales é identificación judicial, Contabilidad de Prisiones y régimen interno de las mismas en el segundo curso.

Las asignaturas previstas para los ayudantes eran: Derecho Penal; Legislación y sistemas penitenciarios comparados; Pedagogía correccional; Derecho administrativo y Economía política en el primer curso; y Antropología étnica y criminal; Sociología criminal; Ciencia penitenciaria y procedimientos de identificación; Psicología y Ética en el segundo curso[1232].

El resto de cuestiones relativas al personal, quedaron reguladas por Real Decreto de 20 de octubre de 1918, que fijaba la planta general del Cuerpo de Prisiones en sus tres secciones Técnica, Auxiliar y Facultativa[1233].

SECCIÓN TÉCNICA
1.- Jefes superiores: de primera, segunda o tercera. 2.- Directores: de primera, segunda o tercera. 3.- Subdirectores: de primera o segunda. 4.- Ayudantes.
SECCIÓN AUXILIAR
1.- Jefes de prisión de partido: de primera o de segunda. 2.- Vigilantes u Oficiales de prisiones[1235].
SECCIÓN FACULTATIVA
1.- Médicos: jefes, de primera, de segunda, de tercera o de cuarta. 2.- Capellanes: de primera, de segunda o de tercera. 3.- Profesores de instrucción primaria: jefes, de primera, de segunda, de tercera, de cuarta y Profesora de instrucción primaria.

[1232] Véase el Real Decreto de 31 de marzo de 1919, que fijaba más adelante la situación de los alumnos de la Escuela de Criminología aspirantes a Ayudantes del Cuerpo de Prisiones.

[1233] Publicado íntegramente por ABRIL y OCHOA, J.L., *Leyes penitenciarias de España...*, pp. 232-235.

[1234] Véase el Real Decreto de 28 de noviembre de 1918, cambiando la denominación de Vigilantes por la de Oficiales de Prisiones, en ABRIL y OCHOA, J.L., Leyes pen*itenciarias de España...*, p. 245.

Esta estructura no se aplicaba en su integridad a la penitenciaría de mujeres de Alcalá de Henares que, como vimos más arriba, en cuanto a su cuerpo auxiliar quedó bajo la influencia de las Hijas de la Caridad, y así se mantuvo hasta la creación, durante el periodo de la Segunda República Española, de la Sección Femenina Auxiliar del cuerpo de prisiones.

La influencia de las Hijas de la Caridad no sólo se mantuvo en la penitenciaría de mujeres, sino que también se extendió a las prisiones centrales y provinciales de hombres en virtud del contrato celebrado entre el Director general de prisiones Juan Izquierdo y el Director de la Real Orden de Hijas de la Caridad en febrero de 1923. En estas, sin embargo, las religiosas no serían las encargadas, de la disciplina interior de las prisiones en su totalidad, sino sólo de *"los servicios que se les encomiende"*, estando bajo la dependencia del Director de cada establecimiento penal[1235].

Por lo demás, cabe destacar el proyecto de creación de una Escuela de Reforma, por Real Orden de 9 de octubre de 1919, para conmemorar *"el primer centenario de la excelsa mujer e insigne escritora Doña Concepción Arenal, cuyo singular talento e incansable y eficaz actividad marcaron la orientación más firme y acertada para nuestra reforma penitenciaria y para la redención del culpable"*[1236]. Bajo el titulo de Institución Arenal, la Escuela de Reforma estaría destinada al tratamiento corrector y educativo de jóvenes delincuentes. Pero, lamentablemente, la falta de fondos públicos y el posterior advenimiento de la Dictadura de Primo de Rivera dieron al traste con este proyecto.

La llegada de la Dictadura también afectaría a la Escuela de Criminología. Tras la muerte de Rafael Salillas el 23 de mayo de 1923, su función comenzó a ponerse cada vez más en entredicho por las fuerzas conservadoras. *"La función que realiza la Escuela de Criminología y forma en que se desarrolla está siendo en estos momentos objeto de estudio"*, se declararía el 22 de febrero de 1926 para defender que, tras la renuncia de Manuel Antón Ferrándiz, *"no se provean con carácter definitivo los cargos vacantes de Director de dicha Escuela y Profesores y Auxiliar de la misma"*[1237].

En atención a ello, el rey nombraría como *"Director accidental de dicho Centro docente"* a Fernando Cadalso y procedió a congelar el presupuesto destinado al mismo, como si la función de éste no fuera otra que la de

---

1235 Véase el Contrato celebrado entre la Administración y el Director de Hijas de la Caridad para el servicio de las religiosas de la expresada institución en las Prisiones centrales y provinciales, de 16 de febrero de 1923, en la Gaceta de Madrid, nº 60, 01-03-1923, pp. 768-770.

1236 Real orden de 9 de octubre de 1919, en la Gaceta de Madrid, nº 287, 14-10-1919, p. 189.

1237 Véanse las dos Reales Órdenes de 22 de febrero de 1926 publicadas sobre esta cuestión en la Gaceta de Madrid, nº 54, 23-02-1926, pp. 991-992.

venir a desmantelar la institución. Efectivamente, el 17 de diciembre de 1926, se decretaba la *"suspensión temporal"* de la Escuela, amparándose en razones económicas y organicistas, y asegurándose su regreso *"cuidadosamente reorganizada"*[1238].

Este regreso nunca se produjo, sin embargo, durante el periodo de la Dictadura. Habría que esperar a la proclamación de la Segunda República para que un nuevo Decreto, de 29 de marzo de 1932, fundara el llamado Instituto de Estudios Penales *"sobre el recuerdo de la antigua Escuela de Criminología"*. El Instituto, dirigido en su origen por Luis Jiménez de Asúa, compartía los mismos fines para la preparación del personal del Cuerpo de Prisiones que la Escuela de Criminología, y, por eso, poco después de inaugurarse sería rebautizado nuevamente con su nombre.

4. LOS AÑOS DE LA DICTADURA DE PRIMO DE RIVERA (1923-1931)

El golpe de Estado dirigido por el Capitán General de Cataluña, Miguel Primo de Rivera, el 13 de septiembre de 1923, daría comienzo en España al nuevo régimen de la Dictadura que, con el apoyo del rey Alfonso XIII, y en consonancia con el ascenso de otros totalitarismos en Europa, pretendía sacar al país de la crisis social y política que se vivía a finales de la Restauración.

El propio Primo de Rivera fue nombrado presidente del gobierno por Alfonso XIII el 15 de septiembre, y junto a él se creó un Directorio Militar cuya finalidad era *"poner España en orden"*. Las primeras medidas del nuevo gobierno fueron suspender la Constitución y todas las garantías constitucionales, suprimir la estructura ministerial, disolver las Cortes, Diputaciones provinciales y Ayuntamientos, prohibir los partidos políticos, censurar las publicaciones de la prensa, y declarar el estado de guerra hasta casi dos años después.

A pesar de ello, uno de los objetivos fundamentales de la Dictadura era modernizar el país a través de una política de "armonización" pública que favoreciera a las clases marginales, siguiendo un sistema intervencionista

[1238] Véase también la Real orden de 29 de diciembre de 1926 que, en cumplimiento del Real Decreto de 17 de diciembre, ordenaba clausurar la Escuela a fecha de 31 de diciembre, en la Gaceta de Madrid, nº 364, 30-12-1926, p. 1790: *"2º. La Escuela de Criminología quedará clausurada en 31 de Diciembre actual. El Director accidental de la Escuela, o en su nombre el Profesor Secretario, hará la entrega al Director de la Prisión Celular de Madrid, en cuyo edificio radica aquella, de todas las existencias de mobiliario, material de enseñanza y de oficina y de todos los libros que componen la biblioteca (...)"*.

y corporativista similar al ensayado en Italia por Benito Mussolini. Sus claves para modernizar la sociedad española fueron la reactivación de la economía a través de la inyección de capital y la intervención pública, la centralización y el control institucional de las asociaciones u organizaciones, y una legislación de claro signo populista que preveía sensibles mejoras para los desfavorecidos (vivienda de protección oficial, retiro obrero, protección de familias numerosas, protección de la maternidad...).

En este clima de "modernización autoritaria"[1239], hay que situar las reformas que afectaron al ramo de prisiones. Tras la supresión del Ministerio de Gracia y Justicia el 15 de septiembre, el Inspector General de Prisiones Fernando Cadalso fue encargado del despacho ordinario de todos los asuntos del Departamento de Gracia y Justicia de la Dictadura hasta el nombramiento de un Subsecretario[1240]; y, aunque en principio se nombró interinamente al Marqués de Belzunce, Don José García San Miguel, para encargarse de los asuntos correspondientes a la Dirección General de Prisiones[1241], tras su muerte en diciembre de 1923, Fernando Cadalso fue confirmado también en el cargo de Director General del ramo[1242].

A él se deberían, en consecuencia, muchas de las reformas que se promovieron, y que comenzaron con un temprano Decreto, de 23 de octubre de 1923, que modificaba la ley de libertad condicional para adaptarla a las modificaciones orgánicas del régimen, y fijar de forma más tajante sus cómputos de aplicación por las confusiones que se derivaban del cómputo de los indultos[1243]. El fondo de la cuestión, o los beneficios de la libertad condicional, no se pusieron, sin embargo, en tela de juicio.

1239 Véase GONZÁLEZ CALLEJA, E., *La España de Primo de Rivera. La modernización autoritaria (1923-1930)*, Madrid, 2005, o TAMAMES, R., *Ni Mussolini ni Franco: la Dictadura de Primo de Rivera y su tiempo*, Madrid, 2008.

1240 Gaceta de Madrid, nº 261, 18-09-1923, p. 1132.

1241 Gaceta de Madrid, nº 264, 21-09-1923, p. 1164.

1242 Gaceta de Madrid, nº 337, 3-12-1923, p. 1026, Gaceta de Madrid, nº 338, 4-12-1923, p. 1043, y Gaceta de Madrid, nº 358, 24-12-1923, p. 1390.

1243 Decreto de 23 de Octubre de 1923, en la Gaceta de Madrid, nº 297, 24-10-1923, p. 315: *"(...) Punto de la mayor importancia es también para la aplicación de aquella ley determinar claramente el tiempo que el penado ha de hallarse sometido a tratamiento penitenciario, para observar su conducta y apreciar si se halla o no en condiciones de ser liberado. Ya la ley preceptúa en su art. 1.º, en lo concerniente a la condición de tiempo, que ha de llevar extinguidas las tres cuartas partes de condena, y así se aclara extremo tan esencial en Real decreto de 10 de Abril de 1916. Pero otro Decreto, el de 25 de Abril de 1921, dictado en contra del parecer de la Comisión asesora y del razonado informe del Consejo de Estado en pleno, Decreto que se halla en vigencia, dispone que el tiempo comprendido en los indultos, así generales como particulares, se compute como sufrido en reclusión para los efectos de libertad condicional. En tal tiempo en que el penado no se halla sujeto a régimen penitenciario, aunque se cuenta como extinción de responsabilidad penal, no es posible apreciar su proceder, resultando en muy repetidos casos que los sentenciados a pena de muerte conmutada y a penas perpetuas, obtienen la libertad a los quince, catorce y menos años, con lo cual se*

La segunda reforma acometida en el ramo, quiso venir a solucionar también una antigua problemática del régimen penitenciario: la de los penados que cumplían prisión correccional en las llamadas cárceles de Audiencia, confundiéndose en ellas con los simples procesados o detenidos cautelares. En opinión del nuevo Directorio militar, esta medida *"mezclaba sistemas tan distintos como el carcelario y penitenciario"*, no servía para aliviar la carga del contribuyente, *"que siguió pagando lo mismo, con la única diferencia de ingresar su tributo en las arcas provinciales, en vez de hacerlo en las del Fisco"*, y además en *"la población penal ha disminuido considerablemente, por virtud de las leyes de condena y de libertad condicionales y de otras disposiciones"*, por lo que la ley ordenaba que todos los sentenciados a prisión correccional que cumplieran condena en las prisiones provinciales fueran transferidos a las centrales, y que en lo sucesivo sólo fueran destinados a ellas los sentenciados a dicha pena de prisión correccional[1244].

Por desgracia, la medida no duró demasiado, y más adelante se reconocería que, aunque había sido un *"sano propósito"* disponer que todas las penas de prisión correccional fueran cumplidas en las prisiones centrales, *"la realidad enseña que en no pocas ocasiones, por el tiempo de prisión preventiva del reo, transcurrido durante la sustanciación de la causa y por la duración de la pena impuesta, el tiempo de permanencia de los condenados a prisión correccional en las prisiones centrales es tan reducido que no basta para obtener ninguno de los resultados que mediante el régimen de dichos establecimientos aspira el Estado a obtener en beneficio de los penados, y que por otra parte será siempre difícil lograr mientras el Código penal no sea modificado..."*. Por ello, volvía a autorizarse el cumplimiento de dichas condenas en las prisiones provinciales cuando el tiempo de prisión fuera inferior a dos años, y *"con la excepción de los reos que por su edad, por su sexo, o por cualquier otra circunstancia hayan de ser destinados a Reformatorios"*[1245].

---

desvirtúa la naturaleza de la institución, los fallos de los Tribunales resultan en gran parte ilusorios y en realidad, viene a crearse un cierto estado de indefensión social". En 1927 se dictaba un Real Decreto disponiendo que la Comisión asesora de libertad condicional fuera presidida por el Director general de Justicia, Culto y Asuntos generales y cuanto no pueda actuar dicho Director general, presida las sesiones de referida Comisión el Director general de prisiones, en la Gaceta de Madrid, nº 60, 01-03-1927, p. 1276.

[1244] Decreto de 15 de noviembre de 1923, en la Gaceta de Madrid, nº 322, 18-11-1923, p. 722.

[1245] Real Decreto de 17 de diciembre de 1926, de fijación de las prisiones en que deberán extinguirse las penas de prisión correccional de duración que no exceda de dos años, en la Gaceta de Madrid, nº 352, 18-12-1926, p. 1531. Véase también la Real Orden circular de 24 de diciembre de 1926, para el cumplimiento de lo decretado sobre destino de los condenados a cortas penas de prisión correccional, en la Gaceta de Madrid, nº 363, 29-12-1926, p. 1765.

Siguiendo una secuencia cronológica, destaca en tercer lugar el Real Decreto de diciembre de 1923[1246], por el que se reorganizaba la Inspección penitenciaria[1247]. Según su Exposición de Motivos, *"entre las instituciones dependientes del Ministerio de Gracia y Justicia, que con apremio requieren radical reforma, se encuentra la Inspección penitenciaria. Creada a principios de la pasada centuria para los presidios peninsulares que empezaron a crearse, actuó por cortos intervalos insistemáticamente y con escasa eficacia, salvo el escaso tiempo que la tuvieron a su cargo el Coronel Montesinos y la insigne Arenal (...), llegando en la actualidad a ser costosa como infecunda"*.

Para solucionar estos problemas y adaptarse a las exigencias de la época, el nuevo régimen reorganizaba el servicio, sin retocar el fundamento de la institución o su espíritu correccionalista (*"desde que en las funciones de la pena se dió preferencia a la enmienda del culpable"*), dotándolo de mayores atribuciones. La Inspección penitenciaria se dividió así en general (con un Inspector general y cuatro Inspectores centrales) y local (ejercida en cada provincia por el Director de mayor categoría de las prisiones de la misma), y quedaron suprimidos tanto la Junta superior inspectora como los Inspectores regionales creados por un anterior Real decreto de 14 de Febrero de 1921.

Se perseguía con ello una mayor centralización y control del servicio de Inspección. Pero también una mayor responsabilidad de sus órganos, tal y como se confirmó en la posterior Real Orden de 14 de diciembre, dictada para *"dar exacto cumplimiento al Real decreto de 7 del mes actual, que reorganiza la inspección penitenciaria y el servicio de contabilidad en las prisiones"*[1248]. En ella se ratificaba que ejercería el cargo de Inspector provincial el Director de mayor categoría de cada provincia, y se formaría una Junta de disciplina de la Prisión, presidida por el mismo, para la administración y contabilidad de las prisiones de cada provincia. De ella dependerían los gastos realizados, siendo todos y cada uno de los Vocales de la Junta, en unión con su Presidente, solidariamente responsables de la inversión de los fondos y de la exactitud y veracidad en el examen de las cuentas.

[1246] Real Decreto de 7 de diciembre de 1923, en la Gaceta de Madrid, nº 343, 09-12-1923, pp. 1122-1123.

[1247] Normas anteriores sobre la reforma de la Inspección penitenciaria, desde 1901 a 1918, pueden consultarse en ABRIL y OCHOA, J.L., *Leyes penitenciarias de España...*, pp. 53-73. Es necesario reparar también en la reforma acometida por el Real decreto de 14 de Febrero de 1921, en la Gaceta de Madrid, nº 46, 15-02-1921, pp. 486-488.

[1248] Gaceta de Madrid, nº 349, 15-12-1923, pp. 1208-1209.

El cargo de Inspector General de Prisiones siguió siendo ejercido por Fernando Cadalso[1249], quien a su vez ejercía como Director General de Prisiones desde el mes de diciembre, y también asumía las funciones del Subsecretario de Gracia y Justicia en caso de enfermedad o ausencia de éste[1250]. Haciendo honor a la univocidad de su poder en el ramo penitenciario, en enero de 1924 se decidió finalmente suprimir el cargo de Director General, confiriéndose sus atribuciones al Inspector General del ramo[1251]. Ambos cargos se refundían así en uno sólo, en manos de Fernando Cadalso, quien sería durante la Dictadura el principal responsable español de las cuestiones penitenciarias, tanto dentro como fuera de nuestras fronteras. A él le correspondió también, en consecuencia, representar a España en el Congreso Penitenciario Internacional de Londres que se celebró en agosto de 1925, como vimos en su momento[1252].

La obra centralizadora culminó finalmente con la supresión del Consejo Superior Penitenciario, que se había restablecido y reorganizado muy poco tiempo antes de proclamarse la Dictadura[1253], por medio del Real Decreto de 5 de abril de 1924[1254]. Se afirmaba en él que el Consejo Superior Pe-

---

1249 La confirmación de su cargo se encuentra en la Gaceta de Madrid, nº 186, 5-07-1925, p. 147.

1250 Fernando Cadalso ejercía asimismo las funciones del Subsecretario del Ministerio de Gracia y Justicia por sustitución en caso de enfermedad, véase la Gaceta de Madrid, nº 18, 18-01-1924, pp. 279-280, o ausencia del mismo, véase la Gaceta de Madrid, nº 133, 13-05-1925, p. 869, la Gaceta de Madrid, nº 134, 14-05-1925, p. 884, y la Gaceta de Madrid, nº 148, 28-05-1925, p. 1091.

1251 Real Decreto de 24 de enero de 1924, en la Gaceta de Madrid, nº 26, 26-01-1924, pp. 442-443: *"(...) Art.1. Queda suprimida la denominación de Dirección general de prisiones. El organismo así titulado hasta el presente se denominará en lo sucesivo Inspección general de Prisiones y se organizará en la forma que mejor responda a los progresos de la ciencia y a las demandas de los sistemas penitenciarios modernos"*.

1252 Su nombramiento como delegado español para dicho Congreso puede consultarse en la Gaceta de Madrid, nº 200, 19-07-1925, p. 472. Durante su ausencia fue sustituido en sus funciones de Inspector General por el Jefe de Administración de primera clase de la Inspección general de prisiones, José Luis Escobar (Gaceta de Madrid, nº 210, 29-07-1925, p. 662); y en sus funciones como Subsecretario de Gracia y Justicia por el Oficial mayor de dicha Subsecretaría, Joaquín Agustín Díaz Cañabata (Gaceta de Madrid, nº 216, 4-08-1925, p. 818). Cadalso siguió sustituyendo al Subsecretario Francisco García-Goyena tras regresar de Londres (Gaceta de Madrid, nº 239, 27-08-1925, p. 1219), hasta que éste recuperase sus funciones en septiembre (Gaceta de Madrid, nº 255, 12-09-1925, p. 1516).

1253 El Consejo penitenciario había sido sustituido, al pasar el ramo de prisiones al Ministerio de Gracia y Justicia, por una Junta Superior de Prisiones creada por Real Decreto de 22 de mayo de 1899. Aquella se derogaría el 5 de abril de 1904, volviéndose a restablecer el Consejo Penitenciario, que en 1915 fue sustituido de nuevo por dos Comisiones asesoras. Éstas serían disueltas, restableciéndose y reorganizándose otra vez el Consejo Superior Penitenciario en virtud del Real Decreto de 6 de Abril de 1923, en la Gaceta de Madrid, nº 97, 07-04-1923, pp. 135-138, y el Real Decreto por el que se nombraban los Consejeros titulares del Consejo Superior Penitenciario, en la Gaceta de Madrid, nº 97, 07-04-1923, p. 138.

1254 Gaceta de Madrid, nº 97, 06-04-1924, p. 146.

nitenciario se había creado *"con el fin de mejorar la situación de nuestros penales y cárceles (...); pero no presidió el acierto en su constitución, su funcionamiento resultó difícil y su acción fué poco fecunda, no obstante los plausibles propósitos que a sus fundadores animaba"*. Los motivos que lo sustentaban habían desaparecido, según afirmaba la ley, desde que el personal de prisiones se especializó y se realizaron las necesarias mejoras arquitectónicas en las prisiones, por lo que *"en la actualidad, lejos de tener razón de ser, ocasiona por el contrario á la Administración penitenciaria entorpecimientos que se deben evitar en bien del servicio público"*. Por tales razones, el Consejo se suprimía, transfiriéndose sus atribuciones y facultadas al *"Ministerio de Gracia y Justicia o al Gobierno, según los casos"*.

Otras medidas acometidas por el Directorio Militar durante los primeros años de la Dictadura, fueron la regulación de las actuaciones de las autoridades de los distintos órdenes en las prisiones para evitar conflictos competenciales[1255]; y la ordenación de los servicios religioso y sanitario en las prisiones donde no hubiera capellán ni médico del cuerpo penitenciario, habiéndose prohibido, por motivos económicos, hacer nuevos nombramientos de personal[1256]. También cabe mencionar la ley para regularizar la estadística numérica de recluidos[1257]; o la ley que prohibía los espectáculos de recreo y la entrada de personas extrañas en el interior de las prisiones[1258]. Pero, en definitiva, no se acometieron reformas sustanciales dentro del régimen tutelar que sustentaba el sistema penitenciario.

[1255] Véase la Real orden de 20 de septiembre de 1924, en la Gaceta de Madrid, nº 265, 21-09-1924, pp. 1451-1452.

[1256] Véase la Real Orden de 21 de Noviembre de 1924, en la Gaceta de Madrid, nº 327, 22-11-1924, p. 863.

[1257] Real decreto de 12 de enero de 1924. Véase también la Circular que apremiaba a los directores de las prisiones a remitir los datos que se les solicitaban para la elaboración de dicha estadística y de los presupuestos, amenazándoles con la sanción de su *"morosidad"*, en la Gaceta de Madrid, nº 19, 19-01-1924, p. 324.

[1258] Real orden de 11 de marzo de 1924, en la Gaceta de Madrid, nº 73, 13-03-1924, pp. 1385-1386: *"Excmo. Sr.: Por concesiones improcedentes y por tolerancias poco meditadas se viene permitiendo desde hace tiempo la entrada en las Prisiones a personas extrañas a las mismas, para dar funciones teatrales unas veces, por mera curiosidad de visitar los edificios o de ver a los reclusos otras y alegando la práctica de un Patronato, que en la realidad resulta ficticio, no pocas. Las funciones teatrales, los espectáculos de circo y otros actos similares que con frecuencia han tenido lugar en los más importantes Establecimientos, han contribuido poderosamente a alterar el sosiego de los reclusos y a relajar el orden de los Establecimientos al presentarse en el interior de los mimos personas de ambos sexos, con los trajes y en las actitudes requeridos por la función o espectáculo que había de representar, olvidando que la Prisión es lugar de recogimiento y penitencia y que queda desnaturalizada al convertirla en teatro o en centro de expansiones reñidas con su régimen y con la austeridad que reclama la corrección del culpable. Las visitas por mera curiosidad en nada favorecen a los Establecimientos y en cambio contrarían a no pocos reclusos (...)"*.

Buena muestra de ello puede encontrarse en la Real orden de fundación, en agosto de 1925, del nuevo Reformatorio de Mujeres de Segovia para las mujeres sentenciadas a pena de prisión correccional, también bajo la influencia de las Hijas de la Caridad: *"La Administración penitenciaria ha carecido hasta el presente de una Institución moderna donde aplicar el tratamiento debido a las mujeres sentenciadas por delitos menos graves a vida de reclusión por tiempo relativamente corto, y por tal causa las penadas de referencia han sido constreñidas a forzosa convivencia con toda clase de reclusas en la promiscuidad carcelaria (...). A proporcionar a estas sano ambiente donde puedan redimirse bajo la acción tutelar de la Administración penitenciaria en la orientación que hoy se sigue, tiende el nuevo edificio, los nuevos medios de que se le dota y el nuevo sistema reformador que se implanta"*[1259].

La misma orientación, "señalada por los Congresos penitenciarios internacionales, principalmente por el que en Londres acaba de celebrarse", para que "los delincuentes primarios se destinen a instituciones distintas de las que sirvan para los habituados a una vida delincuente", determinó la inauguración del nuevo Reformatorio de Adultos de Alicante, en septiembre de 1925. Este Reformatorio se creó específicamente para los sentenciados por primera vez a penas correccionales, mayores de veinte años y menores de sesenta, siendo el sistema aplicado en él "el progresivo de los Reformatorios modernos"[1260].

El proyecto de construcción de una nueva prisión preventiva en Murcia[1261], y la supresión, por sus *"malas condiciones"*, de la prisión central de Chinchilla[1262], fueron otras dos significativas medidas en esta dirección, acometidas ambas en diciembre de 1925. La prisión central de Chinchilla no sólo suponía, por el ruinoso estado del edificio, una *"regresión peniten-*

[1259] Real orden de 28 de agosto de 1925, de fundación del Reformatorio de Mujeres de Segovia, en la Gaceta de Madrid, 241, 29-08-1925, p. 1254.; y Real Orden de 9 de septiembre de 1925, para su gestión por las Hijas de la Caridad, en la Gaceta de Madrid, nº 254, 11-09-1925, p. 1501. Dos años más tarde, sin embargo, se dictaba una Real Orden disponiendo que por la Dirección general de Prisiones pueden ser destinadas a la Prisión Central de Mujeres, de Alcalá de Henares, las condenadas a penas correccionales de privación de libertad en duración no menor de tres años, habida cuenta de que *"la capacidad de la Prisión Central de Mujeres de Segovia no es suficiente para el número de condenadas de pena correccional (...) y, en cambio, la Prisión Central de Alcalá de Henares, también de mujeres, ofrece amplitud muy sobrada en relación con las condenadas que a ella van..."*. En la Gaceta de Madrid, nº 179, 2806-1927, p. 1852.

[1260] Véase la Real orden de 2 de septiembre de 1925, en la Gaceta de Madrid, nº 246, 3-09-1925, p. 1355.

[1261] Real Decreto de 17 de diciembre de 1925, en la Gaceta de Madrid, nº 353, 19-12-1925, p. 1539.

[1262] Real Decreto de 21 de diciembre de 1925, en la Gaceta de Madrid, nº 357, 23-12-1925, pp. 1604-1605.

ciaria", sino que, a juicio del recién nombrado Ministro de Gracia y Justicia Galo Ponte, tampoco reunía las condiciones necesarias para *"el desarrollo de la industria y, por tanto, del trabajo, factor principal para el orden de la prisión y para la reforma de los penados"*. En estos motivos se justificó su supresión, quedando repartidos sus reclusos entre el nuevo Reformatorio de Alicante (para sentenciados a presidio o prisión correccional no reincidentes), o la Prisión central del Puerto de Santa María.

La formación de un Directorio Civil, a partir del 3 de diciembre de 1925, con el restablecimiento del cargo de Presidente del Consejo de Ministros y algunos de los Ministerios en manos de hombres que provenían del antiguo sistema de turno de partidos, como Calvo Sotelo, o el nuevo Ministro de Gracia y Justicia Galo Ponte, influyó en nuevos cambios estructurales, aunque no modificó en general la política penitenciaria de la Dictadura.

En atención a la nueva reestructuración administrativa, el Ministerio de Gracia y Justicia volvió a dividirse en tres Direcciones Generales, siendo una de ellas la Dirección General de Prisiones. Se recuperó con ello el cargo de Director General (nombrándose a Constante Miquélez de Mendiluce), frente al de Inspector General (todavía Fernando Cadalso) que antes lo había asumido: *"La Dirección general de prisiones (...) estará regida por un Director general, que tendrá las atribuciones y deberes que en la legislación especial penitenciaria le están asignados. El Inspector General de Prisiones pasará a desempeñar, bajo las órdenes del Director general, las funciones propias de su cargo, al frente de la Inspección del Ramo"*[1263].

Fernando Cadalso se jubiló finalmente de sus cargos de Subdirector de Prisiones e Inspector General el 14 de noviembre de 1927, siendo sustituido en ambos cargos por José Luis Escobar y Aragón[1264]; aunque todavía en mayo de 1928 sería llamado a representar a España en el Congreso Pe-

[1263] Real Decreto de 17 de diciembre de 1925, en la Gaceta de Madrid, nº 352, 18-12-1925, pp. 1509-1510. Véanse también el Real Decreto de 14 de junio de 1926, reorganizando los servicios de la Inspección General de prisiones, en la Gaceta de Madrid, nº 166, 15-06-1926, pp. 1558-1560, y el Reglamento de organización interior y distribución de servicios en la Dirección general de prisiones, de 20 de julio de 1926, en la Gaceta de Madrid, nº 217, 5-08-1926, pp. 853-854. La Orden de aplicación y observancia del Reglamento orgánico del Centro Oficial de la Administración penitenciaria, no publicada en la Gaceta de Madrid, y ratificada en Madrid, el 27 de Agosto de 1926, por El Director general Constante Miquélez de Mendiluce, y el Señor Subdirector General interino, D. José Luis Escolar, nombró a su vez a los funcionarios encargados de las distintas secciones en las que quedó dividida la Sección de Obligaciones de la Dirección General, entre ellos el Subdirector e Inspector General Fernando Cadalso, que se encargaría a su vez de la sección de Intervención y Contabilidad, o el Inspector Central Álvaro de Palencia, encargado de la sección de Clasificación.

[1264] Véanse ambos Reales Decretos, de 14 de noviembre de 1927, en la Gaceta de Madrid, 15-11-1927, p. 942.

nitenciario internacional de Praga[1265]. También se jubilaría, en diciembre de 1928, otro de los hombres más activos de la reforma penitenciaria en estos momentos, Álvaro Navarro de Palencia, cuya obra estudiamos más arriba[1266]. Y ya tras la muerte de Primo de Rivera, en el último año de la Dictadura presidida por el Almirante Aznar, presentó su dimisión del cargo de Director de Prisiones Constante Miquélez de Mendiluce, que fue sustituido efímeramente por José Betancort hasta la llegada del régimen republicano y el nombramiento de Victoria Kent[1267].

En cuanto al personal de prisiones, tras la anterior amortización de plazas y otros arreglos temporales realizados, la reforma de la plantilla se impuso como otra de las reformas más necesarias para hacer desaparecer anomalías y armonizar el servicio. A tal fin, un primer Real Decreto de 14 de junio de 1926, reorganizó el personal de las Secciones Técnicas y Auxiliar del Cuerpo de prisiones, refundiendo los cargos de Administradores de primera y segunda en una sola clase de Subdirectores-Administradores, y los de Jefes de primera y segunda clase en Jefes de prisión de partido[1268].

Posteriormente, otro Real Decreto de 17 de diciembre de 1926, creó específicamente el cuerpo de Guardines de prisiones (la Guardia penitenciaria), diferenciado del de Oficiales, y refundió en una sola clase las funcionarios de la Sección Auxiliar del Cuerpo de prisiones (hasta entonces Jefes y Oficiales de prisión)[1269]. Con ello se obtenían, según la ley, *"tres mejoras positivas: un aumento en el personal de vigilancia de 141 funcionarios; una economía muy superior á un millón de pesetas, y sin causar el menor perjuicio a ninguno de los funcionarios actuales ni a los que tienen ganado derecho a serlo, otorgar a los Oficiales que no podían pasar jamás*

[1265] Real orden disponiendo que D. Fernando Cadalso y Manzano, Inspector general de Prisiones, jubilado, salga en comisión del servicio para Praga (Checoeslovaquia), para representar a España en las Sesiones de la Comisión Penitenciaria Internacional, en la Gaceta de Madrid, nº .133, 12-05-1928, pp. 827-828.

[1266] Real Decreto declarando jubilado a D. Alvaro Navarro de Palencia, Jefe superior de primera clase del Cuerpo de Prisiones, en la Gaceta de Madrid, nº .353, 18-12-1928, p. 1746.

[1267] Reales decretos admitiendo a D. Constante Miquélez de Mendiluce y Peciña la dimisión del cargo de Director de Prisiones, y nombrando Director General de Prisiones a D. José Betancort y Cabrera, ambos en la Gaceta de Madrid, nº 48, 17-02-1930, p. 1218; y Real Decreto disponiendo cese en el cargo de Director general de Prisiones D. José Betancort Cabrera, en la Gaceta de Madrid, nº 109, 19-04-1931, p. 231.

[1268] Gaceta de Madrid, nº 166, 15-06-1926, p. 1560.

[1269] También comenzó a modificarse, con respecto al cuerpo de funcionarios de prisiones, el procedimiento para su recompensa y corrección entre los años 1926 y 1927, por medio del Real Decreto de 4 de noviembre de 1926, en la Gaceta de Madrid, nº 309, 5-11-1926, pp. 734-735, Real decreto sobre correctivos a los penitenciarios de 12 de diciembre de 1926, en la Gaceta de Madrid, nº 348, 14-12-1926, p. 1420; o Real Orden distando las reglas que se indican sobre concesión de recompensas a los funcionarios del Cuerpo de Prisiones, en la Gaceta de Madrid, nº 214, 2-08-1927, p. 704.

de la categoría administrativa de terceros (...) el logro de su aspiración". "El error estuvo", proseguía la norma *"en convertir en Oficiales a todos los Vigilantes, sometiendo así a los Oficiales a servicios determinados que no responden a la cultura que se les exige, y privándose de subalternos para quienes tales servicios, que no requieren estudios, resultan más adecuados. Esto es lo que se trata de subsanar ahora y se subsanará sin mengua de los progresos penitenciarios y sin que la reforma influya en el régimen ni en el tratamiento de los reclusos en ningún aspecto"* [1270].

Este mismo Real Decreto de 17 de diciembre ya anunciaba, de otro lado, la *"supresión accidental de la Escuela de Criminología"*, que según el artículo octavo de la norma quedaba suprimida a fecha de 31 de diciembre de 1926. Se preveía que la Dirección general de Prisiones estudiara la reorganización de dicho Centro de enseñanza y la reglamentación de su nuevo funcionamiento, pero como sabemos esto no llegó a ocurrir en los años de la Dictadura, debiendo esperar su recuperación al advenimiento del posterior régimen republicano[1271].

Por lo que respecta al mapa de las prisiones civiles del Estado, los cambios continuaron al ritmo propuesto desde el inicio de la Dictadura. Si el decreto de supresión de la prisión de Chinchilla ya afirmaba, en diciembre de 1925, que existían al momento *"23 prisiones de nueva planta o transformadas, que pueden competir ventajosamente con sus similares del extranjero"*, en los años siguientes siguieron produciéndose numerosas modificaciones, ampliaciones y proyectos de nuevos establecimientos penitenciarios, como, por ejemplo, los de las nuevas prisiones de Zaragoza, Salamanca, Segovia, Avilés, Sarriá, Granada o Huelva[1272], o la novedosa

---

[1270] Gaceta de Madrid, nº 352, 18-12-1926, pp. 1528-1530. Véanse también la Real Orden disponiendo que sea la de cincuenta y cinco años la edad máxima para el ingreso en el personal subalterno de Guardianes de Prisiones, en la Gaceta de Madrid, nº 131, 10-05-1928, pp. 792-793, el Real Decreto aprobando el Reglamento provisional del personal subalterno de Guardianes de prisiones, en la Gaceta de Madrid, nº 143, 22-05-1928, pp. 1036-1039, y la Real orden aprobando y publicando la "Cartilla penitenciaria" para ingreso en el personal auxiliar de Guardianes de prisiones, en la Gaceta de Madrid, nº 151, 30-05-1928, pp. 1172-1179.

[1271] Véanse también la Real orden de gracias al profesorado de la suprimida Escuela de Criminología y de conservación y uso de sus enseres y biblioteca, de 29 de diciembre de 1926, en la Gaceta de Madrid, nº 364, 30-12-1926, p. 1790, y la Real orden dando instrucciones para la elección de Habilitado del personal en cada provincia, de 29 de diciembre de 1926, en la Gaceta de Madrid, nº 364, 30-12-1926, pp. 1790-1791.

[1272] Real Orden para la construcción de una prisión en Zaragoza, en la Gaceta de Madrid, nº 145, 25-05-1926, p. 1093; Reales Ordenes para la construcción de Prisiones provinciales en Salamanca, Segovia, y prisiones preventivas en Avilés y Sarriá, en la Gaceta de Madrid, nº 301, 27-10-1928, pp. 578-579; Real Orden para la construcción de una prisión provincial en Granada, en la Gaceta de Madrid, nº .141, 21-05-1929, p. 1061; o Real Orden para la construcción de una prisión provincial en Huelva, en la Gaceta de Madrid, nº 173, 22-06-1929, p. 1719.

adscripción de la prisión del partido judicial de Melilla a la prisión provincial de Málaga desde el punto de vista de inspección y administración[1273].

La modificación más significativa en este sentido fue, sin duda, la que devino de la nueva demarcación judicial del territorio realizada por Real decreto-ley de 17 de diciembre de 1926. A consecuencia de la misma se mandaban suprimir un total de 40 Juzgados de instrucción y primera instancia, junto a sus respectivas Prisiones preventivas[1274]. Pero la mayoría de estos Juzgados y Prisiones continuaron funcionando con posterioridad gracias a que sus respectivas Diputaciones y Ayuntamientos se ofrecieron *"espontáneamente"* a sufragar sus gastos[1275]. Por Real Orden de 13 de diciembre de 1927, se insistía en la necesidad de suprimir 28 de los citados Juzgados junto a sus Prisiones de partido, condicionándose su continuidad a que aquellas corporaciones se comprometieran a seguir pagando sus gastos[1276], y fueron 25 los que finalmente lograron salvarse gracias a ello,

---

[1273] Real Orden de 5 de diciembre de 1927, en la Gaceta de Madrid, nº 342, 8-12-1927, pp. 1461-1462.

[1274] Real Decreto de 21 de junio de 1926, en la Gaceta de Madrid, nº 173, 22-06-1926, pp. 1721-1722.

[1275] Reales órdenes de continuación de funcionamiento de los Juzgados de primera instancia e instrucción de Montblanch, Borjas Blancas, Brihuega, Almagro, Sahagún, Lillo y Albaida, con sus cárceles, en la Gaceta de Madrid , nº 180, 29-06-1926, p. 1858; Reales órdenes disponiendo continúen con carácter definitivo el funcionamiento de los Juzgados de primera instancia e instrucción de Cuevas de Vera y Valoria la Buena, y de las prisiones preventivas correspondientes a los mismos, en la Gaceta de Madrid, nº 195, 14-07-1926, pp. 306-307; Real orden disponiendo continúen con carácter definitivo el funcionamiento de los Juzgados de primera instancia e instrucción de Rute, Chiclana, Albaida, Yeste y Sariñena, y las prisiones preventivas correspondientes a los mismos, en la Gaceta de Madrid, nº 196, 15-07-1926, pp. 329-330; Reales Órdenes disponiendo continúe con carácter definitivo el funcionamiento de los Juzgados de primera instancia e instrucción de La Unión, Allariz, Belmonte y Astudillo, y sus prisiones preventivas, en la Gaceta de Madrid, nº 197, 16-07-1926, pp. 356-360; Reales Órdenes disponiendo continúe con carácter definitivo el funcionamiento de los Juzgados de primera instancia e instrucción y sus prisiones preventivas correspondientes a Olivenza, Alcántara, Roa, Fuentesauco, Borjas Blancas, Aliaga, Azpeita, Sahagún y Estepa, en la Gaceta de Madrid, nº 198, 17-07-1926, pp. 382-384; Reales Órdenes disponiendo continúe con carácter definitivo el funcionamiento de los Juzgados de primera instancia e instrucción de Amurro, Negreira, Torrox y Vivez, en la Gaceta de Madri, nº 201, 20-07-1926, pp. 484-485; Reales Órdenes disponiendo continúe con carácter definitivo el funcionamiento de los Juzgados de primera instancia e instrucción de Montblanch de Lillo y Vivero, y de sus correspondientes prisiones preventivas, en la Gaceta de Madrid, nº 203, 22-07-1926, pp. 555-556; o Real Orden de disponiendo que a partir del 1 de enero continúen funcionando los Juzgados de primera instancia e instrucción que se indican y las Prisiones preventivas correspondientes a dichos Juzgados, en la Gaceta de Madrid, nº 362, 28-12-1927, pp. 1923-1924, y nº 363, 29-12-1927, pp. 1963-1964.

[1276] Gaceta de Madrid, nº 348, 14-12-1927, pp. 1573-1574.

siendo suprimidos sólo los Juzgados y Prisiones de Cabuérniga, Chiclana y Fuentesauco[1277].

Finalmente, en octubre de 1928 se acometía una reforma mucho más profunda, dirigida a conciliar toda la normativa penitenciaria y los servicios de prisiones con el nuevo Código Penal que se había promulgado el 8 de septiembre de ese año. Poco preciso en cuanto a sus principios y contenido[1278], este Código eminentemente pragmático no gustó, sin embargo, a quien fuera uno de los miembros originarios de la Comisión General de Codificación, el Catedrático de Derecho Penal Luis Jiménez de Asúa, que renunció precisamente a su puesto en la citada comisión alegando, entre otras cosas, que *"en orden al progreso carcelario, este momento es de franca regresión. La Escuela de Criminología, en la que con ejemplar desinterés desempeñábamos cargos algunos Profesores universitarios, expira con el año por supresión del modestísimo presupuesto que la sustentaba. Todo el camino penosamente recorrido se pierde, y otra vez el cabo de vara mandará en nuestros presidios. Un Código moderno que no tenga una aplicación fiel por los Magistrados y una práctica inteligente en los establecimientos penales será letra muerta"*[1279].

Precedido de ésta y otras críticas, el Código de 1928 salió, no obstante, adelante, y para conciliar sus principios con la legislación penitenciaria se constituyó una nueva comisión, presidida por el Director General de Prisiones, y encargada de estudiar y proponer un nuevo Reglamento orgánico de los servicios penitenciarios[1280]. Dicho Reglamento se aprobó en noviembre de 1930[1281], y venía a sustituir, completándolo y adaptándolo

---

[1277] Gaceta de Madrid, nº 362, 28-12-1927, pp. 1923-1924, y Gaceta de Madrid, nº 363, 29-12-1927, pp. 1963-1964.

[1278] Los principios penitenciarios de este Código, que en opinión de Jiménez de Asúa "no sabe a qué dirección se afilia", han sido estudiados por HERRERO HERRERO, C., *España penal y penitenciaria...*, pp. 304-323.

[1279] Palabras de Jimenez de Asúa al renunciar a su puesto en la Comisión General de Codificación (Madrid, 11-12-1926), en JIMÉNEZ de ASÚA, L., *Tratado de Derecho penal*, I, 3ª edic., Buenos Aires, 1964, p. 776, cifr. GARCÍA VALDÉS, C., *Régimen penitenciario de España...*, p. 38.

[1280] Real orden disponiendo que bajo la presidencia del Director general de Prisiones, se constituya en dicha Dirección general una Comisión de funcionarios del servicio de Prisiones, especialmente encargada de estudiar y proponer, con la mayor prontitud, un proyecto de Reglamento de los servicios penitenciarios, debiendo abarcar cuantos aspectos de ellos se consideren necesitados de reforma, en la Gaceta de Madrid, nº 280, 6-10-1928, pp. 150-151; y Real orden disponiendo se den las gracias al Director general de Prisiones y funcionarios de la Comisión formada para redactar el proyecto de Reglamento orgánico de los servicios de Prisiones, en la Gaceta de Madrid, nº 182, 1-07-1930, p. 11.

[1281] Real decreto aprobando el Reglamento orgánico de los servicio de Prisiones, que se inserta, en la Gaceta de Madrid, nº 325, 21-11-1930, pp. 1029-1086; y Real orden disponiendo que durante el término de dos meses quede prohibida a los particulares la

a los numerosos cambios sucedidos desde su promulgación, al anterior Reglamento orgánico de prisiones de 1913[1282].

El Reglamento de los servicios penitenciarios de 1930 resultó ser un texto muy extenso (485 artículos), que no sólo se ocupó de la clasificación de las prisiones (centrales[1283], provinciales y de partido) y su régimen interno, sino también de la aplicación de la libertad condicional, ingreso de penados, régimen disciplinario, instrucción y trabajo, visitas, instituciones de patronato, administración y contabilidad, suministros... y, por supuesto, todo lo relativo al personal de prisiones. Se publicó tan sólo unos meses antes del fin de la Dictadura y la pacífica proclamación de la Segunda República tras la marcha de Alfonso XIII. Pero la mayoría de sus preceptos aún perduraron durante el nuevo régimen republicano, habida cuenta que durante el mismo sólo sufrió algunas reformas parciales a través de nuevas Órdenes y Decretos, pero nunca una derogación o sustitución formal, como veremos a continuación.

5. LA REFORMA PENITENCIARIA EN LA SEGUNDA REPÚBLICA (1931-1936)

Tras la proclamación de la Segunda República española el 14 de abril de 1931, se vivió el último gran momento de efervescencia en la reforma penitenciaria. Los principios correccionalistas y de *"humanización penal"*, largamente desarrollados por parte de la doctrina española, e irradiados desde instituciones como la Institución Libre de Enseñanza, trataron de seguir implementándose entonces en la ley, llevándose hasta sus últimas consecuencias; y para ello sería clave la primera Directora General de Prisiones elegida durante la República, Victoria Kent, que llegó al cargo tan sólo cuatro días después de proclamarse el nuevo régimen, el 18 de abril de 1931[1284], a sugerencia del nuevo Ministro de Justicia Fernando de los

---

publicación, suelta o en colección, del Reglamento orgánico de los servicios de Prisiones, en la Gaceta de Madrid, nº 325, 21-11-1930, p. 1086.

[1282] Analiza este Reglamento HERRERO HERRERO, C., *España penal y penitenciaria...*, pp. 352-354.

[1283] Las prisiones centrales se dividieron en *"comunes"* (los Reformatorios de Alicante y Ocaña para reclusos entre 23 y 30 años con penas menos graves, la colonia penitenciaria del Dueso, y las Prisiones centrales de Cartagena, San Miguel de los Reyes, Burgos, Puerto de Santa María y Figueras), y *"especiales"* (la Escuela de Reforma de Alcalá de Henares para menores de 18 años, el Reformatorio de Mujeres de Segovia, la Prisión Central de Mujeres de Alcalá de Henares, la Prisión-Asilo de San Fernando y el Manicomio penal del Puerto de Santa María, previéndose que *"en el plazo más breve posible se acondicionará un nuevo establecimiento destinado exclusivamente a Prisión Central de Incorregibles"*.

[1284] Véanse el Decreto disponiendo cese en el cargo de Director general de Prisiones D. José Betancort Cabrera, y el Decreto nombrando Directora General de Prisiones a Doña

Ríos, socialista de pensamiento humanista y cofundador de la Institución Libre de Enseñanza, y, al parecer, propuesta inicialmente por el también diputado socialista Andrés Saborit[1285].

La figura de Victoria Kent, por su magnífica labor como jurista y política de la época, y también por el hecho de ser una de las primeras mujeres visibles de la Historia española, ha sido tan exhaustivamente estudiada, que poco más se puede añadir[1286]. Baste decir aquí que estudió Derecho en la Universidad Central de Madrid, siendo discípula de Luis Jiménez de Asúa, y se formó en la Residencia de Señoritas, o sección femenina de la Residencia de Estudiantes de la Institución Libre de Enseñanza, convirtiéndose en la primera mujer abogada en colegiarse en el Colegio de Abogados de Madrid.

Como tal ejerció hasta involucrarse en la vida política, a la que llegó a través del Partido Radical Socialista, por el que presentaría sus candidaturas a Diputada en Cortes en los años 1931 y 1933. A él seguiría fielmente adscrita cuanto el partido se fusionó con Acción Republicana, el 2 de abril de 1934, bajo el nombre de Izquierda Republicana, defendiendo siempre unos ideales progresistas que lamentablemente le condujeron al exilio al estallar la Guerra Civil española.

El tema penitenciario le interesaba especialmente, como demuestra el hecho de que se doctorara en 1924 con una tesis sobre "La reforma de las prisiones", recogiéndose en su pensamiento las influencias correccionalistas de Concepción Arenal, Pedro Dorado, Constancio Bernaldo de Quirós, o su maestro Luis Jiménez de Asúa[1287], con quien posteriormente contaría para su proyecto de recuperación de la Escuela de Criminología. Por ello,

---

Victoria Kent Siano, ambos en la Gaceta de Madrid, nº 109, 19-04-1931, p. 231.

1285 Así lo afirma él mismo en una carta que ha sido estudiada por GARGALLO VAAMONDE, L., *El sistema penitenciario de la Segunda República. Antes y después de Victoria Kent (1931-1936)*, Madrid, 2011, p. 45.

1286 ÁNGEL LÁZARO, *Victoria Kent y la cárcel de mujeres*, Cronica, Madrid, 3 de septiembre de 1933; RAMOS, Mª D., *El informe del Congreso Internacional de Estudiantes de Praga o la huella de la Institución Libre de Enseñanza en Victoria Kent (1921)*, en Arenal: Revista de Historia de mujeres, vol.5, nº 2, 1998, pp. 413-431; RAMOS, M.D., *Victoria Kent (1892-1987)*, Madrid, 1999, GUTIÉRREZ VEGA, Z., *Victoria Kent: una vida al servicio del humanismo liberal*, Málaga, 2001, CAPEL MARTÍNEZ, R.M., *Victoria Kent Siano*, en Progresistas: biografías de reformistas españoles (1808-1939), Madrid, 2006, o VILLENA, M.A., *Victoria Kent; una pasión republicana*, Barcelona, 2007.

1287 Son otros de sus escritos sobre la cuestión penitenciaria de KENT, V., *Hombres y prisiones*, en La Voz, Madrid, 10 de agosto de 1931; *Prisiones de hoy y prisiones de mañana*, Universidad de México, México D.F., noviembre de 1949; *Criminalia*, México D.F., marzo de 1949; *Sobre las cárceles habló Victoria Kent*, en La Nación, Buenos Aires, 25 de julio de 1964; *Sobre la readaptación del recluso habló la doctora Victoria Kent*, en El Argentino, Buenos Aires, 6 de agosto de 1964; *Victoria Kent: una experiencia penitenciaria*, en Tiempos de Historia, nº 17, 1975; o *Las reformas del sistema penitenciario durante la Segunda República*, en Historia 16, Madrid, extra VI, octubre de 1978.

y porque, como afirma en su magnífico trabajo Luis Gargallo, de la mujer se presumía en esta época una especial sensibilidad para los temas humanitarios y sociales, el Presidente de la República Niceto Alcalá Zamora le ofreció en abril de 1931 el puesto de Directora General de Prisiones, desde el que acometió la mayor parte de las reformas republicanas[1288].

En este sentido, la nutrida bibliografía que, a diferencia de lo ocurrido con otros periodos históricos, ha fijado su atención sobre el régimen penitenciario republicano[1289], coincide en señalar dos momentos durante el mismo: el formado por los primeros catorce meses en los que Victoria Kent estuvo en el cargo de Directora General, hasta su dimisión el 4 de junio de 1932, en el que se acometieron las reformas más avanzadas en beneficio del reo y en cuanto al régimen del personal; y todo el periodo posterior, hasta el final de la República en 1936, en el que los otros ocho Directores que le sucedieron, y el Subdirector que se hizo cargo de este ramo al desaparecer la Dirección General desde el 17 de octubre de 1935 hasta el 22 de febrero de 1936[1290], apenas introdujeron cambios en el régimen penitenciario, limitándose a legislar sobre cuestiones materiales y de seguridad o disciplina dentro de las prisiones[1291].

[1288] La propia Victoria Kent cuenta cómo fue su nombramiento en KENT, V., *Las reformas del sistema penitenciario durante la Segunda República*, en Historia 16, Madrid, extra VI, octubre de 1978, pp. 102-103: *"Una llamada telefónica del presidente de la República, don Niceto Alcalá Zamora, me sorprende, tanto por oír su misma voz como por su inesperado mensaje. Sus palabras las recuerso casi fielmente. "Victoria, ¿quiere usted prestarnos su colaboración?". Sin vacilar un momento, le respondí: "Con entusiasmo y toda mi voluntad, estoy a sus órdenes" (...). La propuesta fue hechas por el presidente en el Consejo de Ministros y aprobada unánimemente por los reunidos. Don Álvaro de Albornoz, mi defendiddo en aquel Alto Tribunal Militar (que formaba parte de ese Consejo de Ministros) me comunicó que todos los reunidos elogiaron el acierto del presidente al proponerme para el cargo de directora general de Prisiones (...). Pocos días después me convocaba don Fernando de los Ríos, ministro de Justicia del Gobierno, para darme posesión de mi cargo"*.

[1289] GARCÍA VALDÉS, C., *Régimen penitenciario de España...*, pp. 46-50; HERRERO HERRERO, C., *España penal y penitenciaria...*, pp. 361-395; TELO NÚÑEZ, M., *Concepción Arenal y Victoria Kent: las prisiones*, Madrid, 1995; QUADRA SALCEDO, T. de la, *Seguridad pública y política penitenciaria*, en Las reformas administrativas de la II República. V Seminario de Historia de la Administración, Madrid, 2009, pp. 63-88; o GARGALLO VAAMONDE, L., *El sistema penitenciario de la Segunda República. Antes y después de Victoria Kent (1931-1936)*, Madrid, 2011. Existe también una colección legislativa de la mayor parte de este periodo, publicada por CAMPILLO, A.M., *Legislación penitenciaria (1931-1935)*, Alcalá de Henares, 1935.

[1290] Recuérdese el cuadro de Directores Generales inserto en el capítulo 4.

[1291] QUADRA SALCEDO, T. de, *Seguridad pública y política penitenciaria*, en Las reformas administrativas de la II República. V Seminario de Historia de la Administración, Madrid, 2009, p. .66: "En la República hay que distinguir un primer periodo (básicamente hasta el cese de Victoria Kent como directora general de prisiones) que se prolonga hasta las elecciones de 1933, en el que se diseña el cambio conceptual y real del régimen penitenciario, y un periodo posterior en el que una parte de las medidas son suprimidas, y en todo caso no se detecta ya ninguna progresión ni cambio de la situación penitenciaria".

De hecho, hay quien va más allá al contrastar estos dos periodos, asegurando, no sólo que en los años posteriores a Victoria Kent se produjera un significativo parón en materia de legislación penitenciaria, sino que incluso la misma cambió radicalmente de dirección y *"la cárcel perdió el carácter reformador que en principio quiso darle la República para centrarse en otros dos objetivos de la institución penitenciaria: provocar miedo y terror, dando lugar a una verdadera pedagogía del miedo"*[1292].

La afirmación me parece exagerada. Ciertamente, en la época posterior a Kent habrá que notar la supresión de algunas de las medidas adoptadas, y la promulgación de algunas otras en pro de la seguridad. Pero, como veremos, los principios conceptuales básicos que sustentaban la *"humanización y elasticidad"* de las penas se mantuvieron en el Código Penal de 1932 y su posterior normativa de desarrollo, por lo que no puede decirse de forma tan tajante que la reforma perdiera su sentido o coherencia, aunque sí, evidentemente, su fuerza[1293].

Veamos a continuación, y de forma resumida puesto que ya existen otros estudios más exhaustivos sobre la cuestión, las principales reformas acometidas en ambos periodos.

a) Las reformas de Victoria Kent al frente de la Dirección General de Prisiones

De las primeras medidas de reforma acometidas por Victoria Kent, señala principalmente Quadra Salcedo su *"coherencia"*. La aconfesionalidad o laicidad del nuevo gobierno, plasmada fundamentalmente en el principio de libertad religiosa de la Constitución de 1931, el cientificismo en materia penal, la humanización de las penas, y la protección de la dignidad del preso a pesar de haber perdido su libertad, fueron los principios que efectivamente guiaron, a mi juicio, la labor legislativa de esta primera etapa.

En pro de la libertad religiosa se dictaron las primeras normas, dirigidas a garantizar la libertad de cultos a los reos y acabar con la influencia religiosa en los presidios. La Orden de 22 de abril de 1931 liberó así a los reclusos de su obligación de asistir a los actos religiosos (que, por lo demás, se mantuvieron para quienes quisieran), y les permitió leer la prensa si

[1292] GARGALLO VAAMONDE, L., *El sistema penitenciario de la Segunda República. Antes y después de Victoria Kent (1931-1936)*, Madrid, 2011, p. 38.

[1293] Véase, por ejemplo, GARCÍA VALDÉS, C., *Régimen penitenciario de España...*, p. 46, o QUADRA SALCEDO, T. de, *Seguridad pública y política penitenciaria...*, p. 76.

no estaban incomunicados[1294]. Esta medida fue completada por la Orden de 4 de agosto de 1931, que disolvía el personal de capellanes del cuerpo de prisiones, y permitía que los reclusos pudieran ser atendidos por representantes de otras religiones si lo solicitaban expresamente[1295]. Y, por último, un más tardío Decreto de 23 de octubre de 1931 ponía fin a la labor de las Hijas de la Caridad en las prisiones de mujeres, sustituyendo a las religiosas por un nuevo cuerpo civil especializado: la Sección Femenina Auxiliar del Cuerpo de Prisiones[1296].

A la nueva "Sección femenina auxiliar del Cuerpo de Prisiones", se le encomendaba "el servicio de vigilancia y custodia de las reclusas en la Prisión Central de Mujeres de Alcalá de Henares, Reformatorio de Mujeres de Segovia y Prisiones provinciales de Mujeres, de Madrid, Barcelona y Valencia, así como la instrucción y educación de las mismas, bajo la dependencia de los funcionarios del Cuerpo de Prisiones encargado de la dirección y administración de tales Establecimientos".

El acceso a la misma sería por concurso público, al igual que en el resto de los oficios del cuerpo de prisiones, y a él podrían presentarse mujeres de entre 27 y 45 años con ciertos conocimientos previos determinados en la ley. Tras aprobar la oposición tendrían que realizar, además, un curso de especialización en la nuevamente recuperada Escuela de Criminología, como veremos más abajo[1297].

Al margen de esta última medida relativa al personal, de gran trascendencia, hay que decir que, a pesar del especial significado con el que las contempla la doctrina actual, este tipo de reformas sobre la libertad

---

1294 Gaceta de Madrid, nº 113, 23-04-1931, p. 283, y CAMPILLO, A.M., *Legislación penitenciaria (1931-1935)*, Alcalá de Henares, 1935, pp. 136-137.

1295 Gaceta de Madrid, nº 217, 5-08-1931, p. 978, CAMPILLO, A.M., *Legislación penitenciaria (1931-1935)*, Alcalá de Henares, 1935, pp. 187-188.

1296 Decreto de 23 de octubre de 1931, creando una Sección especial en el Cuerpo de Prisiones denominada "Sección femenina auxiliar del Cuerpo de Prisiones", en la Gaceta de Madrid, nº 297, 24-10-1931, p. 469; Orden abriendo un concurso para proveer 34 plazas de la Sección femenina auxiliar del Cuerpo de Prisiones, en la Gaceta de Madrid, nº 300, 27-10-1931, p. 528; Orden dictando reglas relativas a la creación de la Sección femenina auxiliar del Cuerpo de Prisiones, en la Gaceta de Madrid, nº 317, 13-11-1931, pp. 966-967; y Lista de los concursantes admitidas y excluidas del concurso para la provisión de 31 plazas de Sección femenina auxiliar del Cuerpo de Prisiones, en la Gaceta de Madrid, nº 320, 16-11-1931, pp. 1020-1023. También en CAMPILLO, A.M., *Legislación penitenciaria (1931-1935)*, Alcalá de Henares, 1935, pp. 97-100.

1297 El primer concurso público para la sección femenina quedó abierto pocos días después de la publicación de este Decreto, por Orden de 26 de octubre de 1931, y hacia marzo de 1935 la Sección Femenina Auxiliar contaba con 90 mujeres, de las cuales 6 eran jefes de servicio, y el resto oficiales y celadoras. Véase la Orden de 16 de septiembre de 1932, declarando con la categoría administrativa de Oficiales de Administración civil a las funcionarias que constituyen la Sección femenina de Prisiones, en CAMPILLO, A.M., *Legislación penitenciaria (1931-1935)*, Alcalá de Henares, 1935, pp. 100-101.

de cultos apenas fueron enunciadas en un breve párrafo por la propia Victoria Kent al describir sus primeras acciones. Para ella fueron más importantes, sin duda, las medidas dirigidas a garantizar las mejoras de las condiciones de los detenidos:

> *"Con urgencia fueron dadas las órdenes de sustituir los camastros inmundos de las cárceles por jergones nuevos. Nos encontramos con que el presupuesto de que podía disponer para todos los servicios y necesidades de las cárceles y penales era el que había señalado el régimen monárquico anterios (...). Con ese mismo presupuesto al que debía atenerme, aumenté el capítulo destinado a alimentación de los reclusos, sin necesidad de pedir suplemento de crédito.*
>
> *Las celdas de castigo, cadenas y grilletes fueron suprimidos en todas las prisiones y penales (...). Esta reforma fue una de las que causaron más sensación en la opinión pública.*
>
> *Conociendo, como conocía por experiencia, que toda la correspondencia de los reclusos debía ser entregada abierta a la Dirección de la prisión, ordené que fueran establecidos buzones para la correspondencia que la población reclusa deseara dirigir a la Dirección general, exclusivamente.*
>
> *(...) En el aspecto cultural dispuse que se celebraran conferencias y conciertos a solicitud del director de cada prisión y se permitió la entrada de la prensa para los reclusos, siempre que fuera autorizada por el director. De este modo se evitaba lo que venía sucediendo: la entrada clandestina de toda clase de periódicos"*[1298].

Otras medidas relacionadas con la mejora de las condiciones de vida de los presos, fueron las dirigidas a mejorar la sanidad e higiene en las

[1298] KENT, V., *Las reformas del sistema penitenciario durante la Segunda República*, en Historia 16, Madrid, extra VI, octubre de 1978, pp. 103-104. Estas normas pueden consultarse en la Gaceta de Madrid: Orden de 12 de mayo de 1931 para mejorar el régimen alimenticio de los reclusos, en la Gaceta de Madrid, nº 133, 13-05-1931, p. 700, desarrollada en Gaceta de Madrid, nº 149, 29-05-1931, p. 1014 y Gaceta de Madrid, nº 195, 14-07-1931, p. 384; Orden de 13 de mayo de 1931 para retirar de las prisiones todas clases de cadenas de las llamadas "blancas, grillos y demás hierros análogos que existas, en la Gaceta de Madrid, nº 134, 14-05-1931, p. 724; Orden de 20 de mayo de 1931, por la cual ordena colocar en cada prisión un buzón de reclamaciones, cuya llave estaría bajo custodia del Inspector regional, de los Presidentes de Audiencia o de los Jueces de Instrucción, para que remitieran su contenido cada quince días a la Dirección General de Prisiones, en la Gaceta de Madrid nº 141, 21-05-1931, p. 851; y Orden de 13 de julio de 1931, que permite a los funcionarios de prisiones tener comunicaciones con la prensa, en la Gaceta de Madrid, nº 195, 14-07-1931, p. 384. En este sentido también, véanse, entre otras, la Orden del 22 de agosto de 1931, por la cual se convoca un concurso para la adquisición de 1.500 mantas de pura lana con destino a las prisiones, en la Gaceta de Madrid, nº 235, 23-08-1931, p. 1420, o la Orden del 25 de septiembre de 1931, por la cual se extiende a todos los presos de las cárceles suprimidas, el derecho de ser trasladados por línea férrea, o por el medio más rápido y económico de que se disponga, pero nunca a pie.

prisiones[1299]; las que obligaron a los funcionarios a no distanciarse del lugar de su residencia en prisión y les prohibieron llevar armas de fuego en los establecimientos penitenciarios[1300]; o las promulgadas específicamente en atención a la población reclusa mayor de 70 años. Para ellos comenzaron a decretarse indultos especiales o generales en diciembre de 1931[1301], y en marzo de 1932 se estableció que, con carácter general, pudieran recibir el beneficio de la libertad condicional cualquiera que fuera el grado en el que se encontraran al cumplir esa edad, siempre que dieran garantías de llevar una vida honrada[1302].

La reforma que, sin embargo, provocó mayor alarma social junto a la supresión de grilletes y cadenas, fue a juicio de la propia Victoria Kent la relativa a la concesión de permisos de salida a los reclusos[1303]. La ley que permitía la concesión de permisos de fin de semana a los internos que estuvieran en un grado avanzado y hubiesen demostrado buen comportamiento, fue de hecho una de las medidas que hizo replantearse al gobierno las políticas penitenciarias de Kent, junto a otras como, por ejemplo, la que pretendía establecer relaciones *vis a vis* de los internos con sus parejas en las prisiones, que nunca llegaría a ser aprobada. Esta desconfianza se manifestaría de forma aún más palmaria cuando Kent pretendió acometer

---

[1299] QUADRA SALCEDO, T. de la, *Seguridad pública y política penitenciaria*, en Las reformas administrativas de la II República. V Seminario de Historia de la Administración, Madrid, 2009, pp. 72-73.

[1300] Orden de 19 de mayo de 1931, por la cual prohibió a los funcionarios de prisiones ausentarse del lugar de su residencia oficial sin permiso especial, en la Gaceta de Madrid, nº 141, 21-05-1931, pp. 851-852, y Orden del 14 de marzo de 1932, por la cual anula todos los documentos de identidad para uso de armas, de que gozaban los funcionarios, tanto de la Dirección General como de Prisiones, en la Gaceta de Madrid, nº 77, 17-03-1931, pp. 1924-1925. Ambas se pueden consultar asimismo en CAMPILLO, A.M., *Legislación penitenciaria (1931-1935)*, Alcalá de Henares, 1935, pp. 194-195 y 232-233.

[1301] Orden del 10 de diciembre de 1931, por la cual se indulta a los penados que tengan más de 70 años, en la Gaceta de Madrid, nº 345, 11-12-1931, p. 1426, y Orden de 19 de diciembre de 1931, sobre la anticipación de la libertad condicional a presos anciano, en la Gaceta de Madrid, nº 354, 20-12-1931, p. 1844.

[1302] Orden del 22 de marzo de 1932, por la cual concede a todos los septuagenarios de buena conducta el derecho a pedir la libertad condicional, en la Gaceta de Madrid, nº 84, 24-03-1932, p. 2071. En CAMPILLO, A.M., *Legislación penitenciaria (1931-1935)*, Alcalá de Henares, 1935, pp. 150-151.

[1303] KENT, V., *Las reformas del sistema penitenciario durante la Segunda República*, en Historia 16, Madrid, extra VI, octubre de 1978, p. 107: *"No tenemos que insistir en la alarma que produjo esta medida en ciertos sectores reaccionarios. Se esgrimían argumentos y hacían correr la especie de que un recluso puesto en libertad sin condiciones, por un supuesto plazo corto, ya en la calle, no volvería jamás a la prisión. Debemos puntualizar que esos permisos se concedían teniendo en cuenta la conducta en el establecimiento, el informe del director y sus circunstancias familiares. Pues bien, contra toda esa propaganda mal intencionada, debo afirmar que los permisos concedidos fueron respetados en los límites impuestos y los reclusos que disfrutaron de ese permiso de unos días de libertad ni uno dejó de presentarse en la prisión en el dia y a la hora que le fueron señaladas"*.

una verdadera depuración del cuerpo de funcionarios de prisiones, como veremos más abajo, y determinaría finalmente la dimisión del cargo de la Directora general en junio de 1932.

Pero antes de su dimisión, otro de los proyectos que, sin embargo, Victoria Kent sí consiguió impulsar, fue la reorganización o reestructuración de las prisiones del Estado, con medidas que también encontraron un amplio eco en la opinión pública y la prensa de la época[1304]. En julio de 1931, se aprobaban dos proyectos para la construcción de nuevas prisiones provinciales en Valladolid y Santander[1305]. En septiembre se aprobaba asimismo la construcción de una nueva prisión provincial en Ciudad Real, al tiempo que, *"por razones de humanidad"*, se decretaba la supresión de todas aquellas prisiones de partido judicial que no reunieran las condiciones de habitabilidad exigidas, encontrándose en *"estado ruinoso"*[1306].

El número predeterminado por la ley era de 115, y de la supresión de 115 cárceles de partido habla Victoria Kent en su narración[1307]. Aunque a ellas se sumaron también *"aquellas otras pequeñas prisiones que daban un promedio menor a seis detenidos mensuales"*, por lo que finalmente, según lo publicado en la Gaceta de Madrid de 23 de septiembre, se declararon suprimidas un total de 322 prisiones, siendo reconducidos sus internos a la prisión provincial correspondiente[1308]. El descenso del número de presos preventivos que se derivó de la aplicación de la ley de libertad condicional, permitió este cierre masivo de centros penitenciarios *"ruinosos"*, mientras se proyectaba la construcción de otros nuevos y más modernos; aunque muchos de ellos tuvieron que volver a reabrirse por los Directores generales posteriores a Kent, debido en gran medida al hacinamiento en las cárceles que comenzó a producirse tras la entrada en vigor de la Ley de Vagos y Maleantes el 4 de agosto de 1933.

Paralelamente, se ponía en marcha el que probablemente fue el más ansiado proyecto de Kent: la construcción de una nueva "cárcel-modelo" de mujeres en Madrid. Victoria Kent ya había presentado ante el ministro Fernando de los Ríos los planos de la nueva cárcel de mujeres al mes de haber sido nombrada Directora General de Prisiones. Pero, debido a su en-

---

1304 Un estudio muy exhaustivo sobre la prensa de la época en relación a las prisiones, nos lo ofrece en la segunda parte de su estudio GARGALLO VAAMONDE, L., *El sistema penitenciario de la Segunda República. Antes y después de Victoria Kent (1931-1936)*, Madrid, 2011, pp. 111-192.

1305 Orden de 24 de julio de 1931, en la Gaceta de Madrid, nº 220, 8-08-1931, p. 1066.

1306 Ambas Órdenes de 10 de septiembre de 1931, aparecen publicadas en la Gaceta de Madrid, nº 254, 11-09-1931, pp. 1764 -1766.

1307 KENT, V., *Las reformas del sistema penitenciario durante la Segunda República*, en Historia 16, Madrid, extra VI, octubre de 1978, p. 104.

1308 Gaceta de Madrid, nº 266, 23-09-1931, p. 1963. Las reglas para la supresión de las prisiones se publicaron en la Gaceta de Madrid, nº 268, 25-09-1931, pp. 2001-2002.

vergadura, el proyecto no se autorizó finalmente hasta el 29 de noviembre de 1931[1309], no pudiendo iniciarse las obras hasta mediados 1932, cuando paradójicamente Kent dimitía sin ver terminada su principal obra.

La nueva prisión, llamada de las Ventas por el lugar donde se erigió, fue entregada oficialmente el 31 de agosto de 1933, suponiendo el fin de la antigua cárcel de mujeres madrileña de la calle Quiñones, en estado *"penoso"*, y de la penitenciaría de Alcalá de Henares, cuyas reclusas fueron enviadas allí[1310].

Se trataba de un edificio grande, luminoso y moderno, con personal mayoritariamente femenino y progresista, pabellones y habitaciones no del todo aisladas que permitían la comunicación de las presas entre sí, y un régimen dirigido fundamentalmente a la educación o formación de las reclusas. Lamentablemente, su experiencia original apenas duró dos años antes de que la Guerra Civil desfigurara completamente su espíritu y su finalidad. Tras la guerra, la prisión de las Ventas siguió siendo cárcel de mujeres, pero si originariamente se había ideado para albergar unas 500 mujeres, durante el franquismo llegó a albergar a más de 5.000, en su mayoría presas políticas, convirtiéndose desgraciadamente en la cárcel de mujeres más poblada y tristemente conocida de la historia de España.

Por último, queda tratar brevemente de las reformas acometidas por Victoria Kent en el cuerpo de funcionarios de prisiones, que finalmente le empujaron a su dimisión. Para ella, este problema *"era grave y los veníamos estudiando con el profesor de la Universidad de Madrid, don Luis Jiménez de Asúa (...). La necesidad de la reforma vino a robustecerla un fichero, confeccionado por honestos y leales funcionarios que me entregaron personalmente en mi despacho del Ministerio"*[1311].

"Antes de aplicar drásticas medidas", se comenzaron a aplicar, sin embargo, reformas parciales, como la que prohibía a los funcionarios ausentarse de su residencia en el lugar de trabajo sin permiso, o la reestructuración del servicio de Inspección, para procurar un mayor control de los funcionarios y evitar los abusos. A tal fin, por Orden de 9 de junio de 1931 se suprimieron las inspecciones regionales y se centralizó el servicio en la

---

[1309] Orden del 27 de noviembre de 1931, por la cual se aprueba el proyecto de construcción de una Prisión Provincial de Mujeres en Madrid con carácter urgente, en la Gaceta de Madrid, nº 333, 29-11-1931, p. 1278.

[1310] Sobre esta cárcel existe un magnífico estudio monográfico de HERNÁNDEZ HOLGADO, F., *Mujeres encarceladas: La prisión de Ventas, de la República al franquismo, 1931-1941*, Madrid, 2003.

[1311] KENT, V., *Las reformas del sistema penitenciario durante la Segunda República*, en Historia 16, Madrid, extra VI, octubre de 1978, p. 107.

Dirección General[1312], acabando con la influencia de los inspectores locales que solían ocultar o no castigar las acciones desmedidas o injustificadas de los funcionarios de prisiones. La Dirección debía coordinar a partir de entonces todos los asuntos de la Inspección, de los que se daría cuenta mensualmente a una Junta Central Inspectora, aunque lamentablemente esta medida no se mantuvo por mucho tiempo[1313].

Además, *"era necesario preparar el camino para la formación del nuevo personal de prisiones"*, comenzándose, como vimos, con la creación de la Sección femenina auxiliar del Cuerpo de Prisiones en octubre de 1931, y culminándose con la fundación del Instituto de Estudios Penales en marzo de 1932[1314]. Este Instituto, que recuperaría más adelante el nombre de Escuela de Criminología, fue dirigido por el profesor Luis Jiménez de Asúa, y su finalidad era la formación del personal de prisiones con estudios especializados de penología, criminología, psicopatología, pedagogía correccional, derecho penal y penitenciario, sistemas de identificación judicial, administración o contabilidad de prisiones, etc.

La depuración del Cuerpo de funcionarios de prisiones, aplazada pero no olvidada por Victoria Kent, era el siguiente paso, y a tal fin se encaminó tras la creación del Instituto de Estudios Penales, presentando un proyecto ante el nuevo ministro de Justicia don Álvaro de Albornoz. Como ella misma cuenta, el proyecto en líneas generales consistía en la *"separación de aquellos funcionarios de conducta irregular, que ignoraban, además, los principios básicos del tratamiento de los detenidos"*, y su sustitución por los reclusos de mejor conducta hasta que llegaran los nuevos funcionarios formados en el Instituto de Estudios Penales.

La propuesta, al parecer, *"asustó al señor Albornoz y la presentó al Consejo de Ministros"*, sin que finalmente fuera aprobada, probablemente porque las críticas a algunas de las medidas ya comentadas de Victoria Kent habían arreciado por parte de la oposición y de la opinión pública, y a ella se le achacaron algunas fugas de presos que se venían produciendo desde principios de año como ejemplo del fracaso de su política correccional.

1312 Véase el Decreto suprimiendo la Inspección regional de Prisiones en la Gaceta de Madrid, nº 161, 10-06-1931, pp. 1279-1280, y las Órdenes nombrando Inspectores centrales de Prisiones a D. Anastasio Martín Nieto, D. Antonio Fernández Moreno y D. Alfonso Díaz de Cevallos y Soldevilla, en la Gaceta de Madrid, nº 192, 11-07-1931, p. 317

1313 La Inspección de Prisiones, volvió a ser objeto de reformas como las publicadas en la Gaceta de Madrid, nº 307, 12-11-1932, p. 748, Gaceta de Madrid, nº 336, 2-12-1933, pp. 1434-1435; Gaceta de Madrid, nº 66, 7-03-1934, p. 1837; Gaceta de Madrid, nº 169, 17-06-1936, pp. 2411-2412, y Gaceta de Madrid, nº 173, 21-06-1936, pp. 2546-2547. De ellas nos informa GARGALLO VAAMONDE, L., *El sistema penitenciario de la Segunda República. Antes y después de Victoria Kent (1931-1936)*, Madrid, 2011, p. 56.

1314 Orden de 29 de marzo de 1932, en la Gaceta de Madrid, nº 91, 31-03-1932, p. 2258. En CAMPILLO, A.M., *Legislación penitenciaria (1931-1935)*, Alcalá de Henares, 1935, pp. 69-77.

Sin el apoyo del gobierno en esta cuestión, Kent presentó su dimisión el 4 de junio de 1932[1315], porque *"sentarme en mi despacho a firmar órdenes y comunicados no favorecía la continuación de mis proyectos y de otro lado no podía aceptar de buen grado mi temperamento esa situación"*[1316].

b) El ramo de prisiones tras Victoria Kent

Tras la dimisión de Victoria Kent en junio de 1932, fue nombrado Director General de Prisiones Vicente Sol Sánchez[1317], y con él comenzaría una nueva etapa en la que predominaría la ideología de la defensa social frente al correccionalismo. Así opina Luis Gargallo, quien enumera en su obra las causas que principalmente conducirían a este cambio: los indultos, permisos de libertad condicional y fugas producidas en el anterior

[1315] Gaceta de Madrid, nº 160, 8-06-1932, p. 1755.

[1316] KENT, V., *Las reformas del sistema penitenciario durante la Segunda República*, en Historia 16, Madrid, extra VI, octubre de 1978, p. 109.

[1317] Decreto nombrando Director general de Prisiones a don Vicente Sol Sánchez, en la Gaceta de Madrid, nº 60, 08-06-1932, p. 1755. Su dimisión consta en la Gaceta de Madrid, nº 60, 08-06-1932, p. 1755, siendo sucedido por a D. Manuel Ruiz Maya, con nombramiento en la Gaceta de Madrid, nº .127, 07-05-1933, p. 940, y cuya dimisión se publica en la Gaceta de Madrid, nº 257, 14-09-1933, pp. 1696-1697. Ruiz Maya es sucedido a su vez por José Estellés Salarich, nombrado en la Gaceta de Madrid, nº 257, 14-09-1933, p. 1697, y cuya dimisión aparece en la Gaceta de Madrid, nº 337, 03-12-1933, p. 1451. El Decreto nombrando Director general de Prisiones a don Arturo Martín de Nicolás, se publica en la Gaceta de Madrid, nº 337, 03-12-1933, p. 1451, y su dimisión en la Gaceta de Madrid, nº 358, 24-12-1933, p. 2107. Posteriormente fue nombrado don Hipólito Jiménez y Jiménez Coronado, en la Gaceta de Madrid núm. 358, de 24-12-1933, p. 2107, quien dimitió en la Gaceta de Madrid, nº 175, de 24-06-1934, p. 1929. Fue sucedido por don Elviro Ordiales Oroz por un breve periodo de tiempo, publicándose su nombramiento en la Gaceta de Madrid, nº 175, 24-06-1934, pp. 1929-1930, y su dimisión en la Gaceta de Madrid, nº 327, 23-11-1934, p. 1491. Después, asumiría el cargo don Francisco Delgado Iribarren por dos veces, primero desde su nombramiento en la Gaceta de Madrid, nº 327, 23-11-1934, p. 1491, hasta su dimisión en la Gaceta de Madrid, nº 95, 05-04-1935, p. 124, y tras un periodo intermedio en el que asumió el cargo don Francisco Vega de la Iglesia (Gaceta de Madrid, nº 95, 05-04-1935, p. 124 y Gaceta de Madrid, nº 132, 12-05-1935, p. 1276), nuevamente con nombramiento en la Gaceta de Madrid, nº 132, 12-05-1935, p. 1276, y cese en la Gaceta de Madrid, nº 277, 04-10-1935, p. 76. Tras el cese de Francisco Delgado, la Dirección General de Prisiones fue suprimida, incorporándose sus servicios a la Dirección General de Justicia, por Decreto publicado en la Gaceta de Madrid, nº 286, 13-10-1935, p. 280, nombrándose Subdirector de Prisiones a don José Luis Escolar y Aragón, en la Gaceta de Madrid, nº 290, 17-10-1935, p. 425. En febrero de 1936, se restablecería por el gobierno de la República la Dirección General de Prisiones (Gaceta de Madrid, nº 53, 22-02-1936, p. 1522), nombrándose Director General a don Pedro Villar y Gómez, en la Gaceta de Madrid, nº 56, 25-02-1936, p. 1596, a don Manuel López-Rey Arrojo hasta su dimisión en la Gaceta de la República, nº 315, 10-11-1936, p. 675, y a don Juan Antonio Carnicero Giménez (Gaceta de la República, nº 315, 10-11-1936, p. 675 y Gaceta de la República, nº 316, 11-11-1936, p. 678).

periodo habían aumentado la alarma social; una sociedad dividida vivía en permanente conflicto poniendo en peligro el orden público; comenzaban a notarse los efectos de una crisis económica que aumentaba la tensión social, etc[1318].

El punto de inflexión entre uno y otro periodo lo sitúa en una Circular de la Dirección general de prisiones de 19 de junio de 1932, en la que se afirmaba que *"el problema de las Prisiones ha evolucionado hoy en su esencia, y más que la obra científica de la corrección y reforma del hombre delincuente, constituye al día su fin primordial la función de seguridad y aislamiento del hombre peligroso"*[1319].

Las primeras órdenes del nuevo periodo, y las más importantes en términos cuantitativos durante el mismo, también son sintomáticas del cambio de política, puesto que, si poco antes Victoria Kent había esgrimido la necesidad de depurar, perseguir y castigar a los funcionarios del cuerpo de prisiones, sus sucesores en la Dirección general, comenzando por el propio Vicente Sol, se reconciliarían con ellos, atendiendo la mayoría de sus demandas corporativas.

Algunas de ellas fueron de carácter meramente económico[1320]. Pero otras, más interesantes, supusieron una sensible mejora de sus condiciones laborales, como, por ejemplo, la modificación del sistema de selección de los Jefes de servicio, que se amplió frente al procedimiento previsto en el Reglamento de 1930, permitiendo que fuera un sistema de oposición y no la elección de la Dirección General la que determinara dichos as-

---

[1318] GARGALLO VAAMONDE, L., *El sistema penitenciario de la Segunda República. Antes y después de Victoria Kent (1931-1936)*, Madrid, 2011, pp. 63-66.

[1319] En la Gaceta de Madrid, nº 171, 19-06-1932, p. 2027. El especial significado de la misma también ha sido puesto de relieve por QUADRA SALCEDO, T. de la, *Seguridad pública y política penitenciaria*, en Las reformas administrativas de la II República. V Seminario de Historia de la Administración, Madrid, 2009, p. 76.

[1320] Son ejemplos de ello el temprano Decreto para presentar a las Cortes un proyecto de ley sobre concesión de un crédito extraordinario de 529.125 pesetas con destino a satisfacer a los funcionarios del Cuerpo de Prisiones (Sección técnico-auxiliar) el 20 por 100 sobre sus haberes, en la Gaceta de Madrid, nº 170, 18-06-1932, p. 1996; el Decreto para presentar a las Cortes un proyecto de un suplemento de crédito de 234.750 pesetas, con destino a satisfacer durante el segundo semestre del año actual los haberes de 150 Oficiales de Prisiones que, hallándose en situación de excedentes forzosos, habrán de pasar al servicio activo, en la Gaceta de Madrid, nº 196, 14-07-1932, p. 338; el Decreto disponiendo que los funcionarios encargados del manejo y custodia de fondos y efectos públicos en las Prisiones Centrales o provinciales, no tendrán obligación de prestar fianza como garantía del desempleo de su cargo, en la Gaceta de Madrid, nº 307, 02-11-1932, p. 748; el Decreto autorizando la presentación a las Cortes un Proyecto de ley sobre concesión de un suplemento de crédito con destino a satisfacer los haberes de 150 Oficiales de Prisiones, en la Gaceta de Madrid, nº 154, 03-06-1933, pp. 1654-1655; la Ley concediendo un suplemento de crédito de 407.000 pesetas para satisfacer haberes oficiales del Cuerpo de Prisiones, en la Gaceta de Madrid, nº 195, 14-07-1933, p. 307.

censos[1321]; o la elevación a la categoría de "Oficiales", frente a la anterior denominación de "Auxiliares", a las funcionarias de la Sección femenina del Cuerpo de Prisiones[1322].

Otras evidentes mejoras laborales fueron la suspensión de la exigencia de presar fianza que se les hacía a los administradores de prisiones antes de ocupar su cargo, la aprobación del Estatuto de la Mutualidad Benéfica de Funcionarios del Cuerpo de Prisiones, la ampliación de sus permisos, la concesión de vacaciones a los maestros de prisiones, el establecimiento de tres turnos diarios de ocho horas para todo el personal, la fijación de nuevos méritos para el ascenso interno en el Cuerpo, o recompensas especiales a su trabajo[1323].

Mención aparte requieren los cambios que se produjeron en cuanto su régimen disciplinario, disponiéndose que las autoridades gubernativas y judiciales se abstuvieran en adelante de actuaciones que afectasen al régimen o disciplina de los funcionarios de prisiones[1324], y permitiéndose que formaran parte de las Juntas de Disciplina de las mismas, con carácter de vocales, un Jefe de Servicios y un Oficial de Prisiones[1325]. Incluso se presentó a las Cortes un proyecto de ley para atribuir a los funcionarios del servicio de Prisiones el carácter de Autoridad o Agente[1326].

En beneficio de los funcionarios, también hubo reformas institucionales de cierta relevancia, como las acometidas en el servicio de Inspección[1327],

1321 Gaceta de Madrid, nº 238, 25-08-1932, p. 1454. Sobre esta modificación, también se pronuncia más extensamente GARGALLO VAAMONDE, L., *El sistema penitenciario de la Segunda República. Antes y después de Victoria Kent (1931-1936)*, Madrid, 2011, pp. 66-67.

1322 Gaceta de Madrid, nº 261, 17-09-1932, p. 2010.

1323 Respectivamente, en la Gaceta de Madrid, nº 307, 2-11-1932, p. 748, Gaceta de Madrid, nº 3, 03-01-1933, pp. 44-47, Gaceta de Madrid, nº 152, 01-06-1933, p. 1602, Gaceta de Madrid, nº 222, 10-08-1933, pp. 976-977, Gaceta de Madrid, nº 235, 23-08-1933, p. 1252, Gaceta de Madrid, nº 171, 20-06-1934, p. 1839, y la Gaceta de Madrid, nº 314, 10-11-1934, pp. 1188-1189. Algunas de ellas, aunque no todas, también fueron publicadas por CAMPILLO, A.M., *Legislación penitenciaria (1931-1935)*, Alcalá de Henares, 1935, pp. 185 y ss.

1324 Gaceta de Madrid, nº 250, 07-09-1933, p. 1579

1325 Gaceta de Madrid, nº 128, 07-05-1936, p. 1262.

1326 Véase el proyecto publicado en la Gaceta de Madrid, nº 324, 20-11-1935, y el Decreto declarando que los funcionarios del Servicio de Prisiones afectos a los Establecimientos o a la Inspección Central, tengan el carácter de Autoridad si sus funciones son inspectoras o directivas, y el de Agentes de la Autoridad, si son subalternos, tanto dentro de las Prisiones como fuera de ellas, en la Gaceta de Madrid, nº 268, 25-09-1934, pp. 2595-2596. También en CAMPILLO, A.M., *Legislación penitenciaria (1931-1935)*, Alcalá de Henares, 1935, pp. 189-190.

1327 Véase el Decreto dictando reglas para el desempeño del cargo de Inspector Central de Prisiones, que podría desempeñar el puesto de Vocal de la Junta Inspectora del Ramo, en la Gaceta de Madrid, nº 307, 02-11-1932, p. 748; la Orden dictando normas para el mejor servicio de inspección de Prisiones, en la Gaceta de Madrid, nº 50, 19-02-1933, p.

que fue objeto de continuos cambios durante la República en busca de una eficacia que no lograba alcanzar[1328]; o incluso las que se produjeron en la Dirección General de prisiones entre octubre de 1935 y febrero de 1936, en pleno apogeo del gobierno radical cedista, cuando ésta fue suprimida en pro de la centralización, incorporándose sus funciones a la Dirección General de Justicia[1329]. Bajo su dependencia, se creó para ello una Subdirección de Prisiones, que dirigió José Luis Escolar, no volviéndose a recuperar la Dirección General hasta el nuevo triunfo de la izquierda, unida en el Frente Popular, y la formación de un nuevo gobierno por parte de Manuel Azaña a comienzos de 1936[1330].

1384; el Decreto creando el cargo de Subinspector general de Prisiones, en la Gaceta de Madrid, nº 336, 02-12-1933, pp. 1434-1435; la Orden circular suprimiendo el cargo de Inspector general de Prisiones, y disponiendo pasen a depender directamente las Prisiones militares de los Generales de las Divisiones en cuyo territorio se hallen enclavadas, en la Gaceta de Madrid, nº 341, 07-12-1933, p. 1560; o la Orden disponiendo que el territorio nacional se divida, a los efectos de la Inspección de Prisiones, en las cinco Zonas que se indican, en la Gaceta de Madrid, nº 66, 07-03-1934, p. 1837.

[1328] Véase GARGALLO VAAMONDE, L., *El sistema penitenciario de la Segunda República. Antes y después de Victoria Kent (1931-1936)*, Madrid, 2011, p. 93.

[1329] Véase el Decreto incorporando a la Dirección general de Justicia todos los servicios que correspondían con anterioridad a las suprimidas Subsecretarías de Justicia, Dirección general de Prisiones y Dirección general de los Registros y del Notariado, agrupándolos, por razón de su distinta naturaleza, en tres Subdirecciones, que se denominarán: de Justicia, de los Registros y del Notariado y de Prisiones, en la Gaceta de Madrid, nº .286, 13-10-1935, p. 280; la Orden confirmando en el cargo de Subdirector de Prisiones a D. José Luis Escolar y Aragón, en la Gaceta de Madrid, nº 290, 17-10-1935, p. 425; la Orden distribuyendo los asuntos entre las tres Subdirecciones que se denominarán de Justicia, de Registro y del Notariado y de Prisiones, en la Gaceta de Madrid, nº 300, 27-10-1935, pp. 763-764.

[1330] Decreto restableciendo la Subsecretaría y las dos Direcciones generales de los Registros y del Notariado y de Prisiones, en la Gaceta de Madrid, nº 53, 22-02-1936, p. 1522. A partir de este momento, se iniciará una frenética labor legislativa para reformar la organización y competencias tanto de la Dirección como de la Inspección de prisiones, como se comprueba en Decreto declarando nulo desde su origen el Decreto de 30 de Noviembre de 1933, que creó el cargo de Subinspector general de Prisiones, que, en su virtud, queda suprimido, en la Gaceta de Madrid, nº 169, 17-06-1936; el Decreto autorizando al Ministro de este Departamento para presentar a las Cortes un proyecto de ley reformando la organización de la Dirección e Inspección de Prisiones, en la Gaceta de Madrid, nº . 173, 21-06-1936, pp. 2546-2547; Ley relativa a los servicios de la Dirección general de Prisiones, en la Gaceta de Madrid, nº 196, 14-07-1936, p. 418; Orden disponiendo que los servicios de la Dirección general de Prisiones se ajusten a la nomenclatura y cuadro de asuntos que se detallan, en la Gaceta de Madrid, nº 197, 15-07-1936, pp. 568-569; Orden relativa a la reorganización de la Dirección e Inspección general de Prisiones, en la Gaceta de Madrid, nº 200, 18-07-1936; la Orden creando el cargo de Delegado especial de la Dirección general de Prisiones, y designando para el mismo a D. Melchor Rodríguez García, en la Gaceta de Madrid, nº .338, 03-12-1936, pp. 859-860; o la Orden suprimiendo el cargo de Secretario técnico de la Dirección general de Prisiones, en la Gaceta de Madrid, nº 364, 29-12-1936, p. 1142.

Antes de la supresión de la Dirección General, al iniciarse el gobierno cedista de Gil Robles, el Director General de Prisiones Hipólito Jiménez acometió asimismo la creación de un nuevo Cuerpo de Seguridad de Prisiones, frente al de los antiguos Guardianes, en condiciones muy favorables para los aspirantes (que debían haber pertenecido anteriormente a algún cuerpo armado, como el Ejército, la Marina, la Guardia Civil...)[1331]. Los puestos ofertados trataban de hacerse atractivos por la peligrosidad que conllevaban en los difíciles momentos socio-políticos que se atravesaban. Pero con ello no sólo se fomentó el corporativismo o la protección del funcionariado frente al reo en las prisiones, sino también el regreso a un militarismo que sin duda retrotraía los avances correccionalistas a tiempos del pasado[1332].

En contra de la primera política penitenciaria de la República, dirigida por Victoria Kent, encontramos finalmente la Orden de 5 de junio de 1933 que declaraba subsistente el artículo del Reglamento de Prisiones que prohibía la libertad de opinión en la prensa, permitida a los funcionarios de prisiones por la anterior Orden de 13 de julio de 1931[1333]. La prohibición para hacer cualquier crítica interna, o airear públicamente los problemas administrativos o las inquietudes morales de los funcionarios, venía a coadyuvar en definitiva la nueva visión que se quería proyectar de las prisiones, como instituciones técnicas para la aplicación de las penas, ajenas a cualquier nuevo debate moral o científico[1334].

Pero siendo cierto que se dictaron este tipo de medidas corporativistas o restrictivas en pro de la seguridad, debido a las convulsas circunstancias del momento, no se puede afirmar tajantemente que se diera al traste en este periodo con toda la labor de humanización y corrección alcanzada hasta entonces. Más bien, como decía en su mencionada circular Vicente

---

[1331] Véanse el Decreto creando el Cuerpo de Seguridad interior de las Prisiones, en la Gaceta de Madrid, nº 12, 12-01-1934, pp. 378-379; la convocatoria del concurso para la formación de un grupo de 300 aspirantes al Cuerpo de Seguridad interior de las Prisiones, en la Gaceta de Madrid, nº 17, 17-01-1934, pp. 470-471; y la relación de los individuos que finalmente constituyeron el Cuerpo de Aspirantes al de Seguridad interior de las Prisiones, en la Gaceta de Madrid, nº 89, 30-03-1934, pp. 2421-2424. También la dotación de otras 200 plazas de Guardianes de Prisiones para las nuevas cárceles rehabilitadas, en la Gaceta de Madrid, nº .348, 4-12-1934, p. 2139.

[1332] En esta etapa, se verificó también el traspaso al gobierno catalán de las competencias en materia de prisiones, tras haberse aprobado su Estatuto, en virtud del Decreto implantando el acuerdo sobre adaptación del servicio de Prisiones a la Generalidad de Cataluña, en la Gaceta de Madrid, nº .132, 12-05-1934, pp. 1010-1011.

[1333] Gaceta de Madrid, nº 158, 7-06-1933, pp. 1765-1766, y CAMPILLO, A.M., *Legislación penitenciaria (1931-1935)*, Alcalá de Henares, 1935, pp. 141-144.

[1334] ver QUADRA SALCEDO, T. de, *Seguridad pública y política penitenciaria*, en Las reformas administrativas de la II República. V Seminario de Historia de la Administración, Madrid, 2009, p. 69.

Sol, esta ya se daba por supuesta, entendiéndose que la reforma penitenciaria ya había *"evolucionado en su esencia"*, que no se podían alcanzar mejores resultados, y que habría que esperar los efectos prometidos, aunque finalmente truncados por la guerra.

El Código penal que se aprobó en octubre de 1932, siendo el mismo Vicente Sol Director de prisiones, así viene a confirmarlo, anunciando su Exposición de Motivos el tratamiento que en él se iba a dar a las penas bajo el título genérico de *"Humanización y elasticidad del Código"* [1335]. Como afirma García Valdés, dicho título "no desmiente su contenido", puesto que en el Código no sólo se abolen las penas de muerte, relegación y degradación, sino que también se modernizan las penas privativas de libertad suprimiéndose las de cadena perpetua y temporal, y reduciéndose la completa aritmética penal del Código de 1870, que toma de referencia frente al Código de la Dictadura, a tan sólo tres tipos de penas: de reclusión mayor o menor, presidio y prisión o arresto[1336].

Por lo demás, *"todavía se mantienen cuatro de las seis escalas contenidas en el Código de 1870, y pervive idéntico el método mensurador de grados de pena. Tocar el Código en este flanco era deshacer todas su economía y tener que elegir otros sistema de individualizar las penas"* [1337].

El objetivo era, en definitiva, asegurar la *"elasticidad"* del sistema y mantener los mismos principios alcanzados para la ejecución de las penas: clasificación de penados, sistema progresivo con aplicación, en lo posible, de un último periodo de libertad condicional, trabajo y educación para el delincuente como presupuestos básicos para su reinserción, régimen de premios y castigos, trato humanitario a los presos y mejoras en sus condiciones de vida, etc.

Ciertamente, hubo Directores más proclives que otros a la adopción de este tipo de medidas, como es el caso de José Estellés, último director del gobierno socialista-azañista (en el cargo desde septiembre a diciembre de 1933). Entre otras cuestiones, Estellés aprobó la creación de una Comisión para la elaboración de un nuevo Reglamento penitenciario que, en la senda del correccionalismo iniciado por Kent, sustituyera al de 1930,

---

1335 Ley de 27 de octubre de 1932, autorizando la publicación del Código Penal reformado, en CAMPILLO, A.M., *Legislación penitenciaria (1931-1935)*, Alcalá de Henares, 1935, pp. 28-32.

1336 GARCÍA VALDÉS, C., *Régimen penitenciario de España (Investigación histórica y sistemática)*, Madrid, 1975, p. 47.

1337 Exposición de Motivos del Código Penal de 1932, cfr. CUELLO CALÓN, E., *Código penal reformado de 27 de octubre de 1932*, Barcelona, 1932, pp. XIII-XIV.

todavía vigente[1338]; aunque lamentablemente dicha Comisión fue disuelta por su sucesor Hipólito Jiménez el 24 de diciembre de 1933[1339].

Otras medidas adoptadas por Estellés para mejorar las condiciones de vida de los presos, fueron la aprobación de un suplemento de crédito extraordinario para renovar el "material de prisiones"[1340]; la orden por lo que se mandaba vacunar de tuberculosis a todos los niños nacidos en ellas[1341]; la creación de dos prisiones de partido y dos prisiones provinciales nuevas, respectivamente en Priego de Córdoba y Cartagena, y Córdoba y Cáceres, tratando de mejorar las condiciones de habitabilidad para los presos[1342]; la circular por la que se prohibía el aislamiento por más de seis meses y el empleo de celdas sin luz natural o insuficientemente ventiladas[1343]; o la orden por la que derogaba los artículos del Reglamento de prisiones que impedía a los presos quedarse con la remuneración íntegra de su trabajo, afectando parte de la misma al pago de sus responsabilidades civiles[1344].

Sin embargo, antes y después del mandato de Estellés también se dictaron medidas en pro de la humanización del castigo y la corrección de los delincuentes, incluso durante el periodo de gobierno de la CEDA, en el que se pueden encontrar líneas de continuidad con respecto a los periodos de gobierno de izquierdas que le precedieron o sucedieron, por ejemplo, en el caso de la mejora de la alimentación y gestión de los economatos[1345],

---

1338 Gaceta de Madrid, nº 265, 22-09-1933, p. 1828.

1339 Gaceta de Madrid, nº 361, 27-12-1933, p. 2173.

1340 Gaceta de Madrid, nº 283, 10-10-1933, p. 250.

1341 Gaceta de Madrid, nº 283, 10-10-1933, p. 256.

1342 En la Gaceta de Madrid, nº 287, 14-10-1933, p. 389, y Gaceta de Madrid, nº 336, 2-12-1933, p. 1440.

1343 Circular de 18 de octubre de 1933, en la Gaceta de Madrid, nº 293, 20-10-1933, pp. 524-525. QUADRA SALCEDO, T. de, *Seguridad pública y política penitenciaria*, en Las reformas administrativas de la II República. V Seminario de Historia de la Administración, Madrid, 2009, p. 75: "A esa misma línea de superar la idea de aislamiento y castigo, responde una norma del año 1933 en la que se ordena el cierre de las celdas oscuras, las celdas que no tenían ventilación. Y se ordena que nunca más ningún interno, ni siquiera aunque esté en una situación de aislamiento, que no de castigo, sea enviado a una celda de éstas que no tiene luz, que no tiene ventilación, y que las mismas se empleen para almacenes u otros menesteres".

1344 Orden disponiendo se consideren derogados los artículos 323, 325 y 326 del Reglamento de los Servicios de Prisiones de 14 de Noviembre de 1930, en la Gaceta de Madrid, nº 311, 07-11-1933, p. 901.

1345 Decreto relativo al funcionamiento de los Economatos en las prisiones, en la Gaceta de Madrid, nº 344, 09-12-1932, pp. 1750-1753; Orden dictando reglas relativas a las cuentas de alimentación en las prisiones, en la Gaceta de Madrid, nº 104, 14-04-1933, pp. 341-342; Decreto relativo a la reorganización de los Economatos administrativos de las Prisiones, en la Gaceta de Madrid, nº 77, 18-03-1934, pp. 2071-2072; o la Orden para una reorganización más eficiente del abastecimiento de víveres en las prisiones, en la Gaceta de Madrid, nº 54, 23-02-1935, pp. 1606-1607.

en el reconocimiento y fomento del trabajo como uno de los tratamientos reeducadores básicos[1346], o en el caso de la sanidad.

En el ámbito sanitario, concretamente, se culminaron las mejoras iniciadas por Victoria Kent con sucesivas medidas como la creación de un Depósito central de medicamentos, instrumental quirúrgico y materias desinfectantes y desodorantes para atender a las necesidades de las prisiones[1347]; la aprobación de un Reglamento de los servicios de Sanidad e Higiene[1348]; la habilitación de la prisión de Segovia como Hospital y Asilo penitenciario para penados con tuberculosis, enfermos crónicos, inútiles y mayores de sesenta años[1349]; y, finalmente, el establecimiento de un Sanatorio psiquiátrico penitenciario en la prisión celular de Valencia[1350].

La preocupación por el delincuente también se puso de manifiesto con la creación, en el Instituto de Estudios Penales, de un servicio de Biología Criminal dedicado al estudio científico de los delincuentes, que se ocuparía del examen de los tratamientos especiales que requirieran algunos de ellos[1351]. El Instituto en su conjunto sería reorganizado y sustituido nuevamente por la Escuela de Criminología en febrero de 1935[1352]; aunque poco más de un año después, en marzo de 1936, se restablecía otra vez como Instituto, ordenándose que su anejo psiquiátrico, del que dependía el Servicio de Biología, reanudara inmediatamente sus funciones[1353].

Para mejorar el funcionamiento de las prisiones en detrimento de la protección del cuerpo de funcionarios, quizá la única medida de conjunto que se dictara, al margen de las reformas del servicio de Inspección, fue la

---

1346 Lo que se comprueba, por ejemplo, en la Orden disponiendo que por la Dirección general de Prisiones se proceda a la constitución y organización de dos talleres, uno de carpintería mecánica y ebanistería en la Escuela de Reforma de Alcalá de Henares, y otro de cerrajería y metalurgia en la Colonia Penitenciaria de Santoña, en la Gaceta de Madrid, nº 339, 04-12-1932, p. 1625.

1347 Decreto disponiendo que la Dirección general de Prisiones podrá organizar, adjunto al Economato del Ramo, un Depósito central de medicamentos, instrumental quirúrgico y materias desinfectantes y desodorantes para atender a las necesidades de las Prisiones, en la Gaceta de Madrid, nº 41, 10-02-1933, pp. 1066-1067.

1348 Decreto aprobando el Reglamento, que se inserta, de los servicios de Sanidad e Higiene de Prisiones, en la Gaceta de Madrid, nº 189, 08-07-1933, pp. 175-177

1349 Circular habilitando a su nuevo destino el edificio del Hospital-Asilo Penitenciario de Segovia, en la Gaceta de Madrid, nº 202, 21-07-1933, pp. 458-459.

1350 Orden estableciendo un Sanatorio Quirúrgico Penitenciario en el edificio de la Prisión celular de Valencia, en la Gaceta de Madrid, nº .116, 26-04-1935, pp. 734-735.

1351 Decreto de 23 de febrero de 1933, en CAMPILLO, A.M., *Legislación penitenciaria (1931-1935)*, Alcalá de Henares, 1935, pp. 73-79.

1352 Decreto de 26 de febrero de 1935, en la Gaceta de Madrid, nº 59, 28-02-1935, pp. 1737-1738. También en CAMPILLO, A.M., *Legislación penitenciaria (1931-1935)*, Alcalá de Henares, 1935, pp. 197-202.

1353 El Decreto de 7 de marzo de 1936, en la Gaceta de Madrid, nº 68, 08-03-1936, pp. 1923-1924.

Orden por la que finalmente se prescribía la formación de un fichero con los datos de comportamiento moral y profesional de los funcionarios[1354], tal y como había pretendido hacer Victoria Kent. No obstante, en la práctica esta medida no resultó, al parecer, muy útil[1355].

Por último, en la línea de continuidad con los logros del pasado, cabría mencionar los esfuerzos de los distintos gobiernos republicanos por mantener los contactos con el exterior y no desvincularse de los avances internacionales. Así lo demuestra el envío como representantes oficiales al XI Congreso Internacional de Derecho Penal y Prisiones celebrado en Berlín, en agosto de 1935, del entonces Director General de prisiones Francisco Delgado Iribarren, y del Director de la Escuela de Criminología Quintiliano Saldaña[1356].

He querido dejar para el final las medidas acometidas en la reorganización y clasificación de los establecimientos penales, no sólo por la importancia que en sí mismo encierra el tema, sino también por las dificultades para su calificación. Se podría decir que en este ámbito hubo reformas en parte continuistas, y en parte rupturistas frente a la anterior situación penitenciaria, sobre todo conforme más avanzaba el periodo republicano y se iban perfilando los inicios del conflicto.

En términos generales, se puede señalar el pragmatismo o, como lo denomina Luis Gargallo, el "tecnicismo" de muchas de las decisiones. En respuesta a la nueva clasificación de las penas realizada por el Código Penal de 1932, se acometió una nueva clasificación de los establecimientos penitenciarios según la naturaleza y gravedad de la condena:

- Reclusión mayor y menor:
    - Colonia penitenciaria de El Dueso.
    - Prisión Central de Cartagena.
    - Presidio mayor y menor.
    - Prisión Central de Burgos.
    - Prisión Central de Puerto de Santa María.
    - Prisión Central de Valencia.
- Prisión mayor y menor.

[1354] Gaceta de Madrid, nº 50, 19-02-1933, p. 1384.

[1355] GARGALLO VAAMONDE, L., *El sistema penitenciario de la Segunda República. Antes y después de Victoria Kent (1931-1936)*, Madrid, 2011, p. 79.

[1356] Orden disponiendo se expida un libramiento de pesetas 9.865,90 a favor de D. Francisco Delgado Iribarren y otro de pesetas 6.839,93 a favor de D. Quintiliano Saldaña y García Rubio, para que asistan, en representación de España, al XI Congreso Internacional de Derecho penal y de Prisiones, que se celebrará en Berlín los días 18 al 24 del próximo mes de Agosto, en la Gaceta de Madrid, nº 211, 30-07-1935, pp. 968-969.

- Reformatorio de Ocaña.
- Reformatorio de Alicante.
- Reformatorio de Segovia.

- Presidio y prisión menores que no excedan de 1 año, arresto mayor, y aquellos a quienes falte menos de 6 meses para cumplir su condena.
    - Prisiones provinciales[1357].
- Arresto menor.
    - Depósitos municipales.
- Menores de 18 sentenciados a más de 1 año, y de entre 18 y 23 años, no reincidentes, sentenciados a presidio o prisión mayor o menor.
    - Escuela de Reforma de Alcalá de Henares.
- Mayores de 60 años o "inútiles" a quienes queden más de 6 meses para cumplir la condena.
    - Prisión-Asilo de San Fernando.
- Mujeres condenadas por cualquier clase de pena a más de 1 año.
    - Prisión Central de Mujeres de Alcalá de Henares.
- Reincidentes y presos de mala conducta.
    - Prisión Central de Chinchilla.
- Condenados con responsabilidad atenuada por enajenación o trastorno mental.
    - Manicomio penal del Puerto de Santa María.

Suprimida en julio de 1933, la Prisión-Asilo de San Fernando sería sustituida por el Asilo penitenciario de Segovia para enfermos crónicos, inútiles y mayores de sesenta años[1358]; y a ella se uniría en 1934 el Sanatorio psiquiátrico de la prisión celular de Valencia, a los que nos hemos referido con anterioridad.

En enero de 1933, las prisiones se reordenaron a su vez en tres grupos, llamados de servicio intenso, corriente y atenuado, según el número de presos que custodiaban, y de cara sobre todo a facilitar el ascenso entre ellas de los funcionarios de prisiones[1359]. La mayoría de las prisiones cen-

[1357] Con excepción de los condenados en las islas, a quienes se permitió cumplir condena en las prisiones de partido por Orden disponiendo que los que sufran penas de arresto mayor impuestas por las Audiencias de Palma de Mallorca, Las Palmas de Canarias y Santa Cruz de Tenerife, puedan cumplirlas en las Prisiones de partido de las islas en que habitualmente residan, en la Gaceta de Madrid, nº 356, 21-12-1932, p. 2012, y en CAMPILLO, A.M., *Legislación penitenciaria (1931-1935)*, Alcalá de Henares, 1935, pp. 135-136.

[1358] Véase la Gaceta de Madrid, nº 212, 31-07-1933, p. 716, y la Gaceta de Madrid, nº 258, 15-09-1934, p. 2325.

[1359] Decreto disponiendo que las Prisiones del territorio nacional se clasifiquen en tres grupos: de servicio intenso, corriente y atenuado, en la Gaceta de Madrid, nº 1, 01-

trales quedaron en el primer grupo, de servicio intenso, junto con algunas de las provinciales, mientras que éstas y las de partido se distribuyeron a su vez entre los grupos de servicio corriente y atenuado.

Cada vez eran más, sin embargo, las prisiones de partido que se iban poblando de los numerosos detenidos de la crisis social y política que se vivía, sobre todo tras la promulgación, en agosto de 1933, de la Ley de Vagos y Maleantes que permitía detener a un buen número de personas por razón de su peligrosidad social, y la revolución de octubre de 1934. El hacinamiento que comenzaba a padecerse en estas cárceles, determinó que muchas de las prisiones suprimidas por Victoria Kent en 1931 tuvieran que volver a abrirse[1360], al tiempo que se dotaban nuevas plazas o se reintegraban al servicio activo los funcionarios que estaban en excedencia para poder atenderlas.

Junto a las restablecidas, también se crearon otras nuevas, que, si bien servían para aumentar una población penal que a Kent le hubiera gustado ver disminuida, al menos se construyeron siguiendo los principios arquitectónicos de humanidad y salubridad. Así ocurrió con las dos prisiones de partido y las dos prisiones provinciales mandadas erigir por Estellés en 1933 en las localidades de Priego de Córdoba y Cartagena, y Córdoba y Cáceres, respectivamente[1361]; y con las prisiones provinciales que a finales de 1934 se decidieron construir en Santa Cruz de Tenerife y Pontevedra[1362].

Para dar respuesta al creciente número de reclusos que podríamos considerar "sociales", los llamados *"vagos"* o *"maleantes"*, aplicándoles un específico tratamiento reeducador, se habilitó asimismo en junio de 1934 un Reformatorio de vagos y maleantes en el edificio que antes había ocupado la prisión de mujeres de Alcalá de Henares[1363]. Pero, habida cuenta

01-1933, pp. 4-5, y también en CAMPILLO, A.M., *Legislación penitenciaria (1931-1935)*, Alcalá de Henares, 1935, pp. 14-20.

1360 Véase la Orden restableciendo, provisionalmente, las Prisiones de partido judicial que se indican, en la Gaceta de Madrid, nº 216, 04-08-1933, p. 852, el Decreto restableciendo las prisiones de los partidos judiciales que se mencionan, en la Gaceta de Madrid, nº 225, 13-08-1933, p. 1019, el Decreto restableciendo las Prisiones de partido judicial que se expresan y suprimiendo las que se indican, en la Gaceta de Madrid, nº 37, 06-02-1934, pp. 986-987, y la Orden restableciendo provisionalmente las siguientes Prisiones de partido judicial que se mencionan, en la Gaceta de Madrid, nº 265, 22-09-1935, p. 2291.

1361 En la Gaceta de Madrid, nº 287, 14-10-1933, p. 389, y Gaceta de Madrid, nº 336, 2-12-1933, p. 1440.

1362 Orden autorizando al Director general de Prisiones para celebrar la subasta para la construcción de una Prisión provincial en Santa Cruz de Tenerife, en la Gaceta de Madrid, nº 340, 06-12-1934, p. 1919, y Orden autorizando al director general de Prisiones para celebrar subasta para la construcción de una Prisión provincial en Pontevedra, en la Gaceta de Madrid, nº 356, 22-12-1934, p. 2368.

1363 Orden disponiendo que el edificio que fue Prisión Central de Mujeres de Alcalá de Henares sea utilizado para la aplicación de la Ley de 4 de Agosto de 1933, con las

de que *"su capacidad no llena, ni con mucho, las necesidades planteadas por el problema"*, contabilizándose más de mil quinientos los reclusos de esta condición distribuidos en las prisiones españolas, en diciembre de ese mismo año de 1934 se ordenó habilitar para el mismo fin, junto al Reformatorio de Alcalá de Henares, el antiguo centro de custodia o depósito de la prisión del Puerto de Santa María, y la prisión de Burgos, en cuyos terrenos de cultivo se estaba tratando de organizar por aquel entonces una colonia agrícola[1364].

La idea de crear nuevos espacios de reclusión, como esta colonia agrícola de Burgos, llamados por la prensa o el propio lenguaje político de la época *"campos de concentración"*[1365], comenzó a imponerse entonces como una realidad cada vez más próxima.

Vicente del Sol había tratado de recuperar la idea de la colonización exterior penitenciaria[1366], e incluso se nombró en 1933 una Comisión de Ministerio de Justicia encargada de estudiar las condiciones del mejor lugar para su establecimiento. Ahora bien, como ocurriera con el de Mindoro, el proyecto de creación de una colonia penal en el África occidental no pasó de su mera publicación en la Gaceta, sin que llegase a enviarse a ella un solo penado antes de que se declarase la Guerra Civil española[1367].

En marzo de 1834, se previó asimismo la implantación de *"colonias penitenciarias o campos de concentración"* en las islas canarias de Hierro

denominación de Reformatorio de Vagos y Maleantes, en la Gaceta de Madrid, nº 163, 12-06-1934, p. 1647, y Orden disponiendo que los servicios que se presten en el Reformatorio de Vagos y Maleantes, de Alcalá de Henares, sean considerados como los de las Prisiones del primer grupo, en la Gaceta de Madrid, nº 166, 15-06-1934. La primera de ellas ha sido publicada también por CAMPILLO, A.M., *Legislación penitenciaria (1931-1935)*, Alcalá de Henares, 1935, pp. 50-51.

1364 Decreto estableciendo tres instituciones de tratamiento reeducador de vagos y maleantes, que consistirán, respectivamente, en un campo de concentración, con aplicación de trabajos industriales y agrícolas en los terrenos contiguos a la Prisión central de Burgos; Casa de Trabajo, en Alcalá de Henares, y otra de custodia en la antigua Prisión central del Puerto de Santa María, en la Gaceta de Madrid, nº 347, 13-12-1934, y en CAMPILLO, A.M., *Legislación penitenciaria (1931-1935)*, Alcalá de Henares, 1935, pp. 124-127.

1365 Véase GARGALLO VAAMONDE, L., *El sistema penitenciario de la Segunda República. Antes y después de Victoria Kent (1931-1936)*, Madrid, 2011, p. 144.

1366 SOL, V., *Proyecto de Decreto para el establecimiento de Colonias penales en el África occidental española*, en Revista Vida Penitenciaria, año 1, nº 8, Madrid, 1932, pp. 8-12.

1367 Decreto creando una Colonia penal en los territorios españoles del Africa Occidental, y Orden designando una Comisión de funcionarios para que se trasladen a los territorios de Río de Oro y la Guinea y procedan a redactar el estudio y proyecto de las obras necesarias para la construcción e instalación de una Colonia penitenciaria en las posesiones españolas del Africa Occidental, en la Gaceta de Madrid, en la Gaceta de Madrid, nº 21, 21-01-1933, pp. 482-484. El primero de ellos también ha sido publicado por CAMPILLO, A.M., *Legislación penitenciaria (1931-1935)*, Alcalá de Henares, 1935, pp. 33-38.

y Lanzarote[1368]. Y a esta política se sumaba la creación de la colonia agrícola de Burgos, prevista específicamente para el tratamiento de vagos y maleantes, habiéndose barajado también la posibilidad de edificar este tipo de campos de concentración en otras zonas de la Península.

Desgraciadamente, éstos no fueron los únicos espacios de reclusión excepcional habilitados a partir de la revolución de 1934. Como ha estudiado Luis Gargallo, conforme iban avanzando las protestas y conflictos sociales, se iban utilizando todo tipo de instalaciones para la reclusión y castigo de los cada vez más numerosos detenidos, "desde los palacios de la Exposición de Barcelona, a cuarteles, castillos, colegios, o fábricas". También se utilizaron buques o "barcos-prisión"[1369]; y específicamente para los presos políticos en julio de 1936 se destinó la prisión central de Burgos. Esa penalidad, sin embargo, ya puede considerarse excepcional, como excepcionales se iban haciendo las circunstancias que condujeron a la Guerra Civil.

[1368] Decreto autorizando al Ministro de este Departamento para implantar, por el sistema de administración, en las islas de Hierro y Lanzarote, del archipiélago canario, los Establecimientos necesarios para Colonias penitenciarias o Campos de concentración, en la Gaceta de Madrid, nº .69, 10-03-1934, p. 1891, y en CAMPILLO, A.M., *Legislación penitenciaria (1931-1935)*, Alcalá de Henares, 1935, pp. 38-41.

[1369] GARGALLO VAAMONDE, L., *El sistema penitenciario de la Segunda República. Antes y después de Victoria Kent (1931-1936)*, Madrid, 2011, pp. 126 y ss. Específicamente, véase por ejemplo el estudio de PÉREZ GARCÍA, G., *La colonia penitenciaria de Villa Cisneros. Deportaciones y fugas durante la Segunda República*, en Historia y Comunicación Social, vol.7, 2002, pp. 196-186.

EPÍLOGO

La Segunda República española fue el último momento en el que brilló la idea de la reforma penitenciaria en nuestro país. No continuaremos el estudio jurídico-institucional de las prisiones ni durante la Guerra Civil ni durante el posterior periodo de la Dictadura franquista, como se anunció al tratar del objeto de estudio, fundamentalmente por dos motivos: el primero es que en este tiempo el sistema penitenciario descarriló de los principios preventivos (general y especial) que durante tantos años le habían ido marcando el camino, para volver a convertirse en un instrumento más de la represión política, participando del caos en el que se sumieron el resto de las instituciones jurídicas.

El segundo motivo es que, a diferencia de lo ocurrido en otros periodos contemporáneos, el estudio de la realidad presidial durante la Guerra Civil y el franquismo, como ocurriera en el caso de la Segunda República, ya está siendo objeto de un detallado análisis por parte de un nutrido grupo de historiadores y juristas, a cuyas conclusiones difícilmente yo podría sumar algo más desde esta perspectiva integradora. Si aquí se trataba de entender la evolución de la reforma penitenciaria contemporánea desde sus fundamentos ideólogos y jurídicos, la ruptura que supusieron las prisiones de la guerra civil y las posteriores prisiones franquistas, así como el carácter especial o excepcional del que se dotaron las medidas penitenciarias adoptadas durante la guerra y la posguerra, excluyen necesariamente su estudio de este trabajo.

Baste resumir, a modo de epílogo final, las principales conclusiones alcanzadas por otros acreditados autores[1370], para poner de relieve mera-

[1370] RILOVA, I., *El centro penitenciario de Burgos durante la Guerra Civil. El año 1936*, en *Revista de Estudios Penitenciarios*, n.º 241 (1989); BALCELLS, A., *Justícia i Presons després de Maig de 1937 a Catalunya*, Episodis de la Història, Barcelona, núm. 274 (1989);

mente la desarticulación o retroceso que supusieron las medidas adoptadas durante la guerra y el franquismo en la reforma penitenciaria española.

Entre ellas, cabe destacar el encarcelamiento masivo que, en ambas zonas de España, determinó el hacinamiento de los presos y la necesidad de habilitar nuevos espacios para ellos, como castillos, palacios, pósitos o picaderos municipales, plazas de toros, fábricas abandonadas, etc. Ni que decir tiene que el estado de guerra en la zona republicana, y el no reconocimiento el orden jurídico preexistente en la zona nacional, regida por un orden meramente militar, supuso la supresión de cualquier garantía jurídica para el detenido y el regreso de las torturas, apremios y vejaciones a las prisiones.

En la zona nacional, un Decreto de 24 de noviembre de 1936 derogaba toda la legislación republicana en materia de prisiones, restableciéndose el contenido del Reglamento de prisiones de 1930, que teóricamente estuvo vigente hasta que se aprobara el Reglamento de prisiones de 1948, aunque en la práctica quedó inaplicado por la publicación de una multiplicidad de nuevas disposiciones. En 1944 se produjo la reforma del Código Penal, recuperándose la pena de muerte y modificándose la escala de las privativas de libertad; y en 1945 se realizó asimismo la reforma del decimonónico Código de Justicia Militar, al que la Nueva España de Franco había sometido las nuevas conductas políticas que condujeron a la mayoría de presos a las prisiones, tipificadas penalmente a través de leyes como la Ley de Responsabilidades Políticas de febrero de 1939, la

---

SUBIRATS, J., *Pilatos 1939-1941. Prisión de Tarragona*. Madrid, 1993; SABÍN RODRÍGUEZ, J.M., *Prisión y muerte en la España de postguerra*, Madrid, 1996; CAÑELLAS, C., TORÁN, R., JUNQUERAS, O., MARÍN, P., y GARRIGA, G., *Història de la presó model de Barcelona*, Barcelona, 2000; LAFUENTE, I., *Esclavos por la patria. La explotación de los presos bajo el franquismo*, Madrid, 2002; SERRANO, R. y SERRANO, D., *Toda España era una cárcel. Memoria de los presos del franquismo*, Madrid, Aguilar, 2002; MOLINERO, C. y otros (eds.), *Una inmensa prisión. Los campos de concentración y las prisiones durante la guerra civil y el franquismo*, Barcelona, Crítica, 2003; ACOSTA G., GUTIERREZ, J. L., MARTINEZ, L., & DEL RÍO, A., *El canal de los presos (1940-1962). Trabajos forzados: de la represión política a la explotación económica*. Barcelona, 2004; CHAVES PALACIOS, J., *Franquismo: prisiones y prisioneros*, en Pasado y memoria: Revista de Historia Contemporánea, nº 4 (2005); GÓMEZ BRAVO, G., *El desarrollo penitenciario en el primer franquismo (1939-1945)*, en Hispania Nova. Revista de Historia Contemporánea, nº 6 (2006), *Los delitos y las penas. Alcalá de Henares. 1800-1900. La ciudad judicial y penitenciaria*, Madrid, 2006, y *La redención de penas. La formación del sistema penitenciario franquista. 1936-1950*, Madrid, 2007; GASTÓN, J. M., y MENDIOLA, F.: *Los trabajos forzados en la dictadura franquista*, Iruñea-Pamplona, 2007; RODRÍGUEZ TEIJEIRO, D., *Configuración y evolución del sistema penitenciario franquista (1936-1945)*, en Hispania Nova. Revista de Historia Contemporánea, nº 7 (2007); o GÓMEZ BRAVO, G., *La política penitenciaria del franquismo y la consolidación del Nuevo Estado*, Anuario de Derecho Penal y Ciencias Penales, LXI (2008), pp. 165-197, y *El exilio interior. Cárcel y represión en la España franquista 1939-1950*, Madrid, 2009.

Ley contra la francmasonería y el comunismo de 1 de marzo de 1940, o Ley de Seguridad del Estado de 29 de marzo de 1941.

La militarización del orden político y jurídico tuvo su inmediato reflejo en la administración penitenciaria. Durante la guerra, tanto la primera Comisión de Justicia como la Inspección de Presidios y Prisiones y la Inspección de Campos de Concentración de Prisioneros, creadas en la zona nacional en dependencia de la Junta Técnica del Estado (hasta la creación de la Dirección de Prisiones en julio de 1937), se caracterizaron por ser órganos dirigidos por militares.

En un primer momento, se crearon también unas Comisiones Clasificadoras de Prisioneros y Presentados para gestionar el numeroso número de presos que llegaban del frente. Pero, tras su supresión en abril de 1939, serían los propios Gobernadores militares de cada provincia los que decidirían sobre el destino de los detenidos. A los Gobernadores militares competía también el nombramiento de los directores de las prisiones o jefes de los campos de concentración, de condición militar, y miembros del ejército o guardias civiles eran encargados de los traslados y custodia de los presos.

En este punto cabe citar también la importante depuración acometida en el personal de prisiones, una vez finalizada la guerra, por el nuevo régimen franquista. Muchos de los antiguos directores o jefes, y otros miembros de las distintas secciones del personal, fueron depurados por su desafección al régimen, procurándose, especialmente a partir del año 1940 (decreto de 26 de enero de 1940), que estos puestos fueran ocupados militares jubilados o miembros de la Guardia Civil, Carabineros y demás cuerpos armados de más de 45 años de edad.

Por su parte, la financiación de tan numerosos centros presidiales también se vio muy comprometida y, a falta de fondos públicos, los propios familiares de los presos o instituciones de caridad tuvieron que recuperar la ya desterrada costumbre de contribuir su mantenimiento, llevándoles diariamente ropa o comida para evitar que murieran de frío, enfermedades o inanición.

Para dar salida a la numerosa población de presidiarios, apartando el problema de insalubridad del resto de la población y tratando de sumar activos o recursos para la guerra, se crearon también los llamados Campos de concentración, para destinar a los presos al trabajo en obras públicas, minas, etc[1371]. Cuando, tras la finalización de la contienda, el

[1371] TORRES, R., *Los esclavos de Franco*, Madrid, 2000; GUTIÉRREZ CASALA, José L., *Las Colonias Penitenciarias de Montijo*, Mérida, 2002; FERNÁNDEZ LÓPEZ, J.A., *Historia del Campo de Concentración de Miranda de Ebro*, 1937-1947, Miranda de Ebro, 2003; RODRIGO, J., *Los campos de concentración franquistas, entre la historia y la memoria,*

General Franco decidió ir suprimiendo progresivamente estos Campos de concentración, creándose en su lugar el Servicio de Colonias Penitenciarias militarizadas (ley de 8 de septiembre de 1939), las competencias de la Inspección de Campos pasaron asimismo a ser asumidas de forma directa por la jurisdicción militar, que resolvería en adelante, tras el preceptivo consejo de guerra, el destino de los presos concentrados en dichos campos.

Otra clara retrocesión o regresión con respecto a los avances conseguidos hasta el momento por el sistema penitenciario español, fue el regreso de la influencia religiosa a las prisiones. Las prisiones franquistas recuperaron el cuerpo de sacerdotes, que en 1931 había disuelto Victoria Kent, por un decreto del año 1943. Éstos no sólo debían ocuparse de las tareas de educación o formación religiosa de los reclusos mediante la predicación y el catecismo, sino que también podían prestar otro tipo de ayuda a los directores de las cárceles. Sirvieron así como medios de control de los presos, llegando a confeccionar ficheros o registros donde se anotaba su participación y conducta religiosa, además de otras notas sobre su moralidad. También llegaron a ocuparse en muchas cárceles de su instrucción básica en otros ámbitos de la educación, más allá del religioso, por la falta generalizada de maestros.

Ciertamente, la instrucción religiosa no era obligatoria y muchos presos se resistieron a ella como un medio de aferrarse a sus ideales políticos. Pero la asistencia a los actos de culto o catequesis se premiaba con la progresión en el grado de la condena del recluso, y era tenida muy en cuenta en el sistema de redención de penas por trabajo.

La redención de penas por el trabajo, de profundo calado religioso, fue la solución por la que se apostó finalmente para solucionar el problema material de la enorme población penitenciaria existente tras la guerra, tratándose de evitar el colapso de la administración penitenciaria, y aligerar los costes de mantenimiento de las prisiones, a través de un sistema de trabajo y control externo de los liberados.

El antecedente de este sistema fue un temprano decreto de 28 de mayo de 1937 que impuso a los prisioneros el trabajo, generalmente como peones en obras públicas, a cambio de un salario. En octubre de 1938 se creó el Patronato Central para la Redención de Penas por el Trabajo, y finalmente se publicaba el decreto de Redención de Penas por Trabajo de 7 de noviembre de 1938. Con él, se pretendía acortar las larguísimas penas de privación de militar que se habían impuesto a la mayoría de los

Madrid, 2003; RODRIGO, J., *Cautivos. Campos de concentración en la España franquista, 1936-1947*, Barcelona, 2005; EGIDO, A y EIROA, A. (eds), *Los campos de concentración franquistas en el contexto europeo* en *Ayer* nº 57, (2005); o MONFORT, A., *Barcelona 1939. El camp de concentració d'Horta*, Barcelona, 2008.

presos políticos en aplicación del Código de Justicia militar. Pero nunca en beneficio del reo, sino del Estado, y en atención a unos rigurosos criterios de control para la defensa social.

Mención aparte merece, de nuevo, la situación de las presas del franquismo[1372]. La represión de las mujeres republicanas o "caza de rojas", en un régimen que pretendía volver a someter a la mujer a su papel tradicional frente a la igualdad jurídica que habían conseguido durante la República, fue especialmente expeditiva y cruel, y a tal fin se habilitaron un gran número de prisiones. Quizá la más representativa de ellas fuera la madrileña cárcel de las Ventas, por lo que había representado para el ideario republicano y lo que tristemente llegó a convertirse en el periodo franquista. Pero junto a las Ventas, se establecieron muchas otras cárceles de mujeres en el país, como la prisión barcelonesa de Les Corts, en un convento de las Hijas de la Caridad hasta que en 1954 se fundara la nueva prisión modelo de mujeres de Barcelona, o las de Santander, Amorebieta, Saturrarán, Valencia, Zaragoza, Burgos...

La situación penitenciaria que padecieron las mujeres fue muy dura porque, además del mismo hacinamiento, condiciones de insalubridad, humillaciones y torturas que se practicaban con los hombres, ellas tenían que sufrir el encarcelamiento de sus hijos más pequeños y el inmenso dolor de verles enfermar o morir. Llegaron a crearse incluso cárceles específicas para mujeres con hijos, llamadas eufemísticamente "Prisiones para madres lactantes", siendo tristemente conocida "la Maternal" de Segovia, por el trato inhumano y cruel que aplicaba sobre las reclusas su directora María Topete, y por el elevadísimo número de muertes que allí se produjeron de mujeres y niños.

En los primeros años del régimen franquista, a partir de un decreto de 1941, también se crearon en algunas ciudades españolas cárceles destinadas específicamente a "mujeres caídas" o mujeres "de mala vida".

[1372] En esta cuestión, deben citarse obras como el conocido ensayo de la reclusa DOÑA JIMÉNEZ, J., *Desde la noche y la niebla (mujeres en las cárceles franquistas)*, Madrid, 1978, o el relato de FALCÓN, L., *En el infierno: ser mujer en las cárceles de España*, Barcelona, 1977, y otras propias de la investigación histórica como las de CUEVAS, T., *Cárcel de mujeres (1939-1945)*, Barcelona, 1985; BARRANQUEIRO, E., EIROA, M., y NAVARRO, P., *Mujer, cárcel y franquismo. La prisión provincial de Málaga (1937-1945)*, Málaga, 1994; VINYES, R., *Irredentas, las presas políticas y sus hijos en cárceles franquistas*, Madrid, 2002; HERNÁNDEZ HOLGADO, F., *Mujeres encarceladas: La prisión de las Ventas, de la República al franquismo. 1931-1941*, Madrid, 2003; NÚÑEZ DIAZ-BALART, M., *Mujeres caídas*. Madrid, 2003; CUEVAS, T., *Testimonios de mujeres en las cárceles franquistas*, Osca, 2004; MONTES SALGUERO, J. *¿Fue posible tanta intolerancia en el siglo XX?: las mujeres en las cárceles franquistas*, en Intolerancia e Inquisición. Actas del Congreso Internacional de Intolerancia e Inquisición, vol. 2, 2006; MONTES SALGUERO, J. y CUEVAS, T., *Presas en Las Ventas, Segovia y Les Corts*, Barcelona, 2006; o EGIDO LEÓN, Á., El perdón de Franco. La represión de las mujeres en el Madrid de la posguerra, Madrid, 2009.

El propósito era doble: por un lado separarlas de las presas políticas y otro tipo de detenidas en las cárceles comunes de mujeres, que estaban masificadas; y por otro poder controlarlas mejor, y atender de forma más especializada a su moralización y reeducación religiosa, como si fueran una especie de enfermas de lujuria.

La influencia religiosa fue especialmente significativa en todas estas prisiones de mujeres, a las que volvieron a incorporarse órdenes religiosas como la de las Hijas de la Caridad, u otras nuevas como la de las Mercedarias de la Caridad, las Hijas del Buen Pastor, la Orden de San Vicente de Paul, o la Orden de las Cruzadas, que se creó específicamente para este fin. Las madres Adoratrices se encargaron, por su parte, de las mujeres "caídas" recluidas en sus propias cárceles.

A las funcionarias de la Sección femenina de Prisiones que no resultaron depuradas[1373], se les asignaron en estas prisiones las competencias de vigilancia, traslados de las reclusas o gestión interna del establecimiento. Pero las religiosas adquirieron una influencia determinante en todo lo demás. Según el Reglamento de Prisiones que se aprobó en 1948, además de la formación religiosa, a estas órdenes religiosas competerían los servicios de enfermería, cocina, vestuario, limpieza y economato, así como otras competencias que decidieran otorgárseles, fundamentalmente en la dirección de las labores o trabajos que se realizaran en el establecimiento.

Por lo que respecta al trabajo, aunque las mujeres no fueran obligadas a realizar trabajos forzados, como los hombres, sí lo fueron a realizar otro tipo de labores en las prisiones bajo la dirección de las religiosas a su cuidado. Se hicieron algunos trabajos de artesanía en los talleres, con los que se llegó a realizar algún comercio no muy lucrativo, aunque fundamentalmente se trataba de realizar las mismas labores "propias de su género" (cocina, limpieza, costura...) que se les venían enseñando y exigiendo desde las primeras experiencias penitenciarias de la madre Magdalena de San Jerónimo, con la finalidad de poder hacer de ellas "mujeres decentes".

Con el paso de los años, una vez se decretaran hasta un total de ocho excarcelaciones masivas entre 1940 y 1945, y comenzaran a notarse los beneficios de la redención de penas y la libertad condicional, la situación de las prisiones franquistas comenzó a pacificarse. Surge la imagen de un Franco humano y piadoso, capaz de perdonar a sus enemigos, y ello no sólo se tradujo en la firma de una serie de indultos anunciados a bombo y

[1373] HERNÁNDEZ HOLGADO, F., *Carceleras encarceladas. La depuración franquista de las funcionarias de Prisiones de la Segunda República*, en Cuadernos de Historia Contemporánea nº 27,(2005), pp. 271-290.

platillo, sino también en la adopción de algunas medidas de carácter humanitario, que se promulgaron asimismo de cara a la galería internacional.

El fin de la Segunda Guerra Mundial en 1945, y la política de aperturismo internacional que se afanó en llevar a cabo la Dictadura a partir de 1949 para salir del aislamiento, fueron en este sentido determinantes del cambio de rumbo que se vivió en los últimos años del franquismo. Dicho cambio de orientación se tradujo en una serie de medidas humanitarias, sustentadas en un sentimiento caritativo cristiano antes que en la búsqueda de una justicia social, que consiguieron ir borrando las condiciones insalubres e inhumanas que se habían padecido hasta el momento en las prisiones de la Dictadura, y mejorar sensiblemente las condiciones materiales de la reclusión, aunque en el fondo siguieron ancladas en presupuestos ideológicos y científicos propios de otra época.

Cabe citar entre ellas, por ejemplo, la creación en 1943 del Patronato Nacional de Presos y Penados de España para velar por el estado de los presos y su futuro en libertad; la imposición de un servicio de enfermería obligatorio para el cuidado de los presos de ambos sexos en 1944; la ampliación del beneficio de la libertad condicional vigilada a los presos "ideológicos" también a partir de 1944; o las mejoras que a partir de la bonanza económica de los años cincuenta comenzaron a producirse en la alimentación de los presos, dependiente aún en gran medida de las dádivas de sus familiares o instituciones de caridad.

Pero, sin duda, el principal exponente de la nueva política penitenciaria de la Dictadura fue el Reglamento de Prisiones de 1948, con el que se pretendía superar la venganza y represión practicadas en las prisiones de la posguerra y abundar en el camino de la redención del recluso, aunque para ello incorporara todavía elementos religiosos y militares en un discurso muy difícil de entender. El texto se proclamaba seguidor de *"las más avanzadas doctrinas, que miran al delincuente, como persona humana, susceptible de regeneración"*. Pero, sin especificar a qué doctrinas científicas se refería, basaba todo su tratamiento penitenciario en *"principios de caridad cristiana"* y una disciplina puramente militar.

El criterio cristiano de la regeneración a través de la religión, la disciplina, el trabajo y la educación, siguió determinando la política penitenciaria española, defendiéndose sus resultados ante críticas internacionales como la que publicó en 1952 la "Commission Internationale contre le Régime Concentrationarire"[1374]. España trataba de convencer al resto del mundo de la bonanza de su sistema penitenciario, y al tiempo adaptarse a las

[1374] A tal fin fueron dirigidas las obras de AYLAGAS, F.: *El régimen penitenciario español*, Alcalá de Henares, 1951, y FERNÁNDEZ CUEVAS, V.: *Regeneración del preso*, Madrid, 1953.

exigencias internacionales, proclamadas principalmente tras el Primer Congreso de las Naciones Unidas sobre prevención del delito y tratamiento del delincuente celebrado en Ginebra en 1955, al que nuestro país no pudo asistir por no ser aún miembro de la ONU.

En respuesta a estas exigencias internacionales, y tras la incorporación del país a las Naciones Unidas en diciembre de ese mismo año de 1955, se promulgaría en febrero de 1956 un Reglamento de los Servicios de Prisiones que parecía anunciar algunos cambios, al hablar de la actividad *"reformadora, con arreglo a los principios y orientaciones de la ciencia penitenciaria"*, aunque en puridad atendía a los mismos principios de la redención que se venían siguiendo hasta el momento[1375]. Bajo esta contradicción, se mantuvieron tanto la administración y la disciplina militar como la influencia religiosa en las prisiones, aunque se redujeron hasta su desaparición definitiva los trabajos forzados de obras públicas, se mejoraron las condiciones de vida en las prisiones, y llegaron a inaugurarse varias cárceles nuevas, que consiguieron una mejor repartición de la población presidial, mucho más reducida que en los años anteriores por nuevos indultos y beneficios de libertad condicional.

España entró así en las década de los sesenta con una elasticidad en su política penitenciaria difícil de explicar: atenta de un lado a la influencia internacional, pero replegada de otro sobre sus propios valores. Y así, aunque la administración penitenciaria seguía en manos de antiguos combatientes o afectos al régimen, fieles a la ideología fascista de carácter redentor, la cada vez mayor internacionalización de las relaciones políticas y económicas, y la incorporación a la vida activa de una nueva generación que no había vivido directamente la guerra, permitieron introducir poco a poco nuevas teorías penitenciarias de sabor moderno.

Esta paulatina transición en el pensamiento penitenciario franquista, tuvo su principal instrumento en la Escuela de Estudios Penitenciarios que se había fundado en 1940 para la formación del nuevo personal de prisiones creado tras la guerra, integrado fundamentalmente por miembros del ejército o de los cuerpos armados. La doctrina que se les enseñaba a través de las distintas disciplinas en las que tenían que instruirse, estaban en un primer momento nítidamente determinada por *"el espíritu cristiano y español de redención de la pena"*, que pretendía recuperar *"la savia teológica y jurídica del pensamiento clásico español, tan olvidada por quienes en varias generaciones cerraron sus ojos a los claros e inmortales principios de nuestra doctrina perenne"*. Pero, poco a poco, junto al conocimiento

---

1375 BUENO ARÚS, F., *Las prisiones españolas de la Guerra Civil hasta nuestros días*, en Historia 16, Extra VII (1978), pp. 118-119, y GARRIDO GUZMÁN, L.: *Manual de Ciencia Penitenciaria*, Madrid, 1983, p. 178.

teológico y puramente jurídico, se fueron incorporando otras disciplinas como la psicología, la sociología y otras ciencias sociales, al tiempo que en las Universidades españolas se recuperaban las cátedras para este tipo de estudios y se vivía un cierto revulsivo científico en el ámbito de la criminología con hombres como Juan del Rosal, Marino Barbero Santos, Enrique Ruiz Vadillo o Jesús Alarcón Bravo.

Frente a la doctrina de la redención, la doctrina de la reinserción social a través de los sistemas penitenciarios de individualización científica que se defendían a nivel internacional, comenzó a recuperarse así tímidamente en España en los últimos años del franquismo. Según Bueno Arús, esta realidad se hizo notar sobre todo en el lenguaje, comenzando a hablarse de "tratamiento" en lugar de "redención" y de "internos" frente a "presos". Incluso se cambió el nombre de la Dirección General de Prisiones, que comenzó a denominarse Instituciones Penitenciarias[1376].

Con todo, la ley que recuperaba el carácter civil de la administración de prisiones, a través de un nuevo Cuerpo Técnico de Instituciones Penitenciarias, no se promulgó hasta 1970, y aún tuvieron que pasar cuatros años para que la primera promoción de este cuerpo comenzara a hacer efectiva la sustitución de los militares por un personal civil específicamente preparado.

Esta sustitución favoreció en adelante la exclusión del elemento religioso y la recuperación del cientificismo en el mundo penitenciario. Sin embargo, hubo que esperar a la muerte del Dictador en 1975, para que el nuevo periodo de la Transición democrática pudiera retomar verdaderamente el ritmo de la reforma sin los lastres ideológicos del pasado, a partir de la publicación de la Ley General Penitenciaria de 26 de septiembre de 1979.

1376 BUENO ARÚS, F., *Las prisiones españolas de la Guerra Civil...*, pp. 134 y ss.

FUENTES Y BIBLIOGRAFÍA

1. FUENTES LEGISLATIVAS

ABRIL y OCHOA, Leyes penitenciarias de España, Madrid, 1920.

AUTOS ACORDADOS DEL CONSEJO (AA), Madrid, 1745, edic. facsímil de Lex Nova, Valladolid, 1982.

BRAVO MOLTÓ, E., Legislación penitenciaria, II, Madrid, 1891.

CAMPILLO, Legislación penitenciaria (1931-1935), Alcalá de Henares, 1935.

CASTEJÓN, Legislación penitenciaria española. Ensayo de sistematización, Madrid, 1914.

COLECCIÓN legislativa de presidios y casas de corrección de mujeres, 2 vols, Madrid, 1861.

COLECCIÓN legislativa de cárceles, Madrid, 1860.

CORTES DE LEÓN y CASTILLA (CLC), tomos I-V, edic. de la Real Academia de la Historia, Madrid, 1861-1882.

DÍAZ de CEBALLO, A., Legislación de prisiones, Madrid, 1929.

FERNÁNDEZ, T., y SANTAMARÍA, J., Legislación administrativa española del siglo XIX, Madrid, 1977.

GACETA DE MADRID o GACETA DE LA REPÚBLICA: DIARIO OFICIAL, publicaciones oficiales del Estado (1812-1936).

NOVÍSIMA RECOPILACIÓN (NoR), en Los Códigos españoles concordados y anotados, Tomos VII-X, Madrid, 1850.

NUEVA RECOPILACIÓN (NR), Madrid, 1640, edic. facsímil de Lex Nova, vols.I-III, Valladolid, 1983.

EL LIBRO DE LAS LEYES DEL SIGLO XVIII (1708-1781), edición y estudio preliminar de Santos M. Coronas González, Madrid, 1996, 5 vols.

CÓDIGOS PENALES españoles, Madrid, 1975.

COLECCIÓN legislativa de las disposiciones legales aprobadas desde 1810, publicada periódicamente por las Cortes Generales.

CONSTITUCIONES y Reglamentos, Congreso de los Diputados, Madrid, 1931.

DIARIO DE SESIONES DE CORTES, varios centenares de volúmenes, vol. 1 en Cádiz, 1811.
MORENO GARVAYO, N., Colección de Reales Cédulas del Archivo Histórico Nacional, Madrid, 1977.
PORTUGUÉS, J.A., Colección general de las Ordenanzas militares, tomo VIII, Madrid, 1765.
SANZ LÓPEZ, Colección de disposiciones penitenciarias, 3 vols., Alcalá de Henares, 1942-1943.
TEIJÓN, V., Colección legislativa sobre cárceles, presidios, arsenales y demás establecimientos penitenciarios (1572-1886), Madrid, 1886.

2. FUENTES DOCTRINALES

AGUILAR y CORREA, A., Marqués de la Vega de Armijo, Necesidad y urgencia de mejorar el sistema carcelario y penitenciario de España, Madrid, 1868.
AGUILAR y CORREA, A., Marqués de la Vega de Armijo, , Discurso sobre reforma penitenciaria, leído en la Real Academia de Ciencias Morales y Políticas, Madrid, 1868.
AGUILAR y CORREA, A., Marqués de la Vega de Armijo, Memoria sobre el establecimiento en Madrid de una casa de educación correccional para jóvenes en 1861, Madrid, 1880.
ALBÓ y MARTÍ, R., La prisión celular de Barcelona. Discurso leído en el acto de la inauguración oficial de aquella, Barcelona, 1904.
ALBÓ y MARTÍ, R., Corrección de la infancia del delincuente, Madrid, 1905.
ALONSO y SANJURJO, Apuntes sobre el abandono de las plazas de Orán y Mazarquivir, Revista de España, 82 (1881).
ÁLVAREZ POSADILLA, J., Práctica criminal por principios, ó modo y forma de instruir los procesos criminales de las causas de oficio de justicia, 2 vols., Madrid, 1797, y vol.3, Valladolid, 1803.
ÁLVAREZ POSADILLA, J., Comentarios a las Leyes de Toro, 4ª reimpresión, Madrid, 1833.
AMOR y NEVEIRO, C., Examen de las nuevas escuelas de derecho penal: memoria laureada por la Real Academia de Ciencias Morales y Políticas, en el curso ordinario de 1895, Madrid, 1899.
ANZANO, T., Elementos preliminares para poder formar un sistema de gobierno de Hospicio General, Madrid, 1778.
ARANGUREN, T., Apuntes sobre la reforma del sistema penitenciario de España, Madrid, 1871.
ARENAL, C., Obras Completas, 23 vols., Madrid, 1894-1897.
ARIAS MIRANDA, J., Reseña histórica de la beneficencia española, Madrid, 1862.
ARMENGOL y CORNET, P., Asociación general para reforma penitenciaria. Su necesidad. Memoria, Barcelona, 1880 (un folleto).
ARMENGOL CORNET, P., ¿A las islas Marianas o al golfo de Guinea?, Madrid, 1878.

ARMENGOL CORNET, P., La nueva cárcel de Barcelona, Barcelona, 1888.
ARMENGOL CORNET, P., Ensayo de estudio de derecho penal, Barcelona, 1894.
ARQUELLADA, V. de, Noticia del estado de la cárcel de Filadelfia (Madrid, 1801), edic. de Madrid, 1916.
AYLAGAS, F., El régimen penitenciario español, Madrid, 1951.
AZCÁRATE, G., Minuta de un testamento (ideario del krausismo liberal), edición de J.L. Monereo, Granada, 2004.
BACA, G., Los Thoribios de Sevilla, Madrid, 1766.
BALTARD, L., Architectonographie des prisons, 1829.
BARNUEVO, J.M., Examen de los sistemas penales y su utilidad respectiva, Madrid, 1863.
BEAUMONT. G. de, y TOCQUEVILLE, A. de, Systéme pénitentiarie aux États-Unis de application en France suivi d'un apéndice sur les colonies pénales et des notes statisques, París, 1845.
BECCARIA, De los delitos y de las penas (Livorno, 1764), Alianza edit., Madrid, 1995.
BELLOWS, H.W., Prisons and reformatories at home and abroad, Londres, 1872.
BENTHAM, J., Tratados de legislación civil y penal, obra extractada de los manuscritos del Sr. Jeremías Bentham por Esteban Dumont (1821), Madrid, 1822, edic. de Magdalena Rodríguez Gil, Madrid, 1981.
BENTHAM, J., El panóptico (1821), Madrid, 1989.
BENTHAM, J., Principios de la ciencia social ó de las ciencias morales y políticas, traducido en Salamanca, 1821.
BERNALDO de QUIRÓS, C., Las nuevas teorías de la criminalidad, Madrid, 1898.
BERNALDO de QUIRÓS, C., Alrededor del delito y de la pena, Madrid, 1904.
BERNALDO de QUIRÓS, C., Criminología de los delitos de sangre en España, Madrid, 1906.
BERNALDO de QUIRÓS, C., Cursillo de criminología y derecho penal, Ciudad Trujill, Méjico, 1940.
BERNÍ, J., Práctica criminal, (Valencia, 1749), facsimilar Madrid, 1995.
BOADA de las COSTAS y FIGUERAS, P., Adiciones y repertorio general de la práctica universal forense de los tribunales superiores e inferiores de España e Indias, Madrid, 1792, 2 tomos.
BOIX, V., Sistema penitenciario del presidio correccional de Valencia, Valencia, 1850.
BORREGO, A., Visita de los principales establecimientos penales de Europa, ejecutada de orden del Gobierno, seguida de la exposición de un sistema aplicable a la reforma de las cárceles y presidios de España, Madrid, 1873.
CABANILLAS, R., Memoria sobre las minas de Almadén, en Anales de minas, tomo I, Madrid, 1838.
CABARRÚS, Conde de, Cartas sobre los obstáculos que la naturaleza, la opinión y las leyes oponen a la felicidad pública (1792-1793), Madrid, 1820.
CABRERIZO GARCÍA, F., Las prisiones de Londres y las nuestras, Madrid, 1911.

CADAFACH y BUGUÑÁ, J., Discursos sobre el atraso y el descuido del derecho penal hasta el siglo XVIII, Madrid, 1849.
CADALSO, F., Estudios penitenciarios. Presidios españoles, escuela clásica y positiva y colonias penales, Madrid, 1893.
CADALSO, F., La pena de deportación y la colonización por penados, Madrid, 1895.
CADALSO, F., Principios de la colonización y colonias penales, Madrid, 1896.
CADALSO, F., Informe al expediente general para promover la reforma de nuestros servicios penitenciarios, Madrid, 1904.
CADALSO, F., Instituciones penitenciarias en Estados Unidos, Madrid, 1914.
CADALSO, F., Instituciones penitenciarias y similares en España, Madrid, 1922.
CADALSO, F., Iniciativas penitenciarias en España: 2ª conferencia pronunciada el día 25 de marzo de 1926, Madrid, 1926.
CALDERÓN COLLANTES, F., Sobre el derecho del estado para castigar y la legitimidad de la pena de muerte, en RGLJ, 39 (1871).
CAMPOMANES, P.R., Discurso sobre el fomento de la industria popular (1774), Madrid, 1975.
CANALEJAS, J.M., Cuestiones penitenciarias, Madrid, 1855.
CANALEJAS, J.M., Presidio-Escuela (1860), en la Revista de Estudios Penitenciarios, 1968.
CANTU, C., Beccaria et le droit pénal, París, 1885.
CARPENA PELLICER, F., Antropología criminal, con prólogo de Rafael Salillas, Madrid, 1915.
CARRERA del CASTILLO, S., Legislación vigente sobre redención de las penas por el trabajo (precedida de una exposición sumaria del sistema), Madrid, 1940.
CASTEJÓN, F., Criminalidad y represión en el antiguo y en el nuevo régimen, Madrid, 1932.
CASTILLO DE BOVADILLA, J., Política para corregidores y señores de vasallos, Amberes, 1704.
CASTRO, J.F. de, Discursos críticos sobre las leyes y sus intérpretes, Madrid, 1765-1770.
CASTRO, A. de, Defensa de la tortura y leyes patrias que la establecieron: e impugnación del Tratado que escribió contra ella el Doctor D. Alonso María de Acevedo, Madrid, 1778.
CASTRO y OROZCO, J., Código Penal explicado para la común inteligencia y fácil aplicación de sus disposiciones, 3 vols., Granada, 1848.
CLARI, I., Practica criminales. Sententiarum Receptarum, Liber Quintus, Venetiis, 1601.
CERDÁN DE TALLADA, T., Visita de la cárcel y de los presos, Valencia, 1574.
CEVALLOS, J. de, La falsa filosofía, o el ateísmo, deísmo, materialismo y demás nuevas sectas convencidas de crimen de Estado contra los soberanos y sus regalías, contra los magistrados y sus potestades legítimas, Madrid, 6 tomos, 1775-1776.

CHAVES, C. de, Relación de las cosas de la cárcel de Sevilla y su trato (s.f., aunque no anterior a 1585), en GALLARDO, B., Ensayo de una biblioteca española de libros raros y curiosos formado con los apuntamientos de don Bartolomé José Gallardo, coordinados y aumentados por don M.R. Zarco del Valle y don J. Sancho Rayón, 4 tomos, Madrid, 1968-69 (edición facsímil de la de 1866), edit. Gredos, en el Tomo I.

CLAVIJO y FAJARDO, J., Sobre la necesidad de formar un cuerpo de Leyes completo en el idioma patrio y corriente, en El Pensador, II (1762).

CORTINES y ANDRADE, F.I., Discurso político sobre el establecimiento de los hospicios en España, Madrid, 1768.

COS-GAYÓN, F., Discurso sobre reforma penitenciaria, leído ante la Real Academia de Ciencias Morales y Políticas, Madrid, 1879.

CUELLO CALÓN, E., La reforma penal en España. Discurso de recepción del académico de número D. Eugenio Cuello Calón y contestación del académico de número Excmo. Sr. D. Eloy Montero Gutiérrez, sesión del 6 de marzo de 1949, Real Academia de Ciencias Morales y Políticas, Madrid, 1949.

CUELLO CALÓN, E., Penología: las penas y las medidas de seguridad, su ejecución, Madrid, 1920.

DIXON, Hepsworth, John Howard and the Prison-World of Europe. From Original and Authentic Documents, publicado por Frederick Charlton, Webster, Mass., 1852.

DORADO MONTERO, P., Problemas del derecho penal en España, Madrid, 1895.

DORADO MONTERO, P., Concepción Arenal: estudio biográfico, Madrid, 1900.

DORADO MONTERO, P., Estudios de derecho penal preventivo, Madrid, 1901.

DORADO MONTERO, P., Bases para un nuevo derecho penal, Barcelona, 1902.

DORADO MONTERO, P., De criminología y penología. Balance penal de España en el siglo XIX, Madrid, 1906.

DORADO MONTERO, P., La psicología criminal en nuestro derecho legislado, Madrid, 1911.

DORADO MONTERO, P., El derecho protector de los criminales, Madrid, 1915.

DORADO MONTERO, P., El Reformatorio de Elmira, en La España Moderna, facs. Pamplona, 2000.

DOU y de BASSOLS, R.L. de, Instituciones del Derecho público general de España con noticia del particular de Cataluña, 9 vols. Barcelona, 1975 (facsímil de la edición de Madrid, 1800).

DU BOYS, A., Historia del Derecho penal de España, Madrid, 1872, traducido por J.V. Caravantes.

DUCPÉTIAUX, E., Des conditions du système de l'emprisonnement séparé ou cellulaire, Bruxelles, 1858.

DURÁN y BAS, M., Escritos, Primera y Segunda serie, 1888 y 1895.

ELIZONDO, F.A. de, Práctica universal forense de los Tribunales de España e Indias, ocho tomos, Madrid, 1793-1791.

ERASMO de ROTTERDAM, Elogio de la locura (1511), Barcelona, 1981.

ESCRICHE, J., Diccionario razonado de legislación civil, penal, comercial y forense, Valencia, 1838.
FARINACII, P., Praxis et theoricae criminalis, Venetiis, 1609.
FAUCHER, L., De la réforme des prisons, París, 1838.
FEIJOO, B.J, La ociosidad desterrada y la milicia socorrida, en Discursos, Obras escogidas, I, Madrid, 1952.
FELIÚ de la PEÑA, F., Leyenda histórico-política-militar-administrativa-religiosa del Peñón de Vélez de la Gomera (...) y Memoria sobre la conservación o abandono de los presidios menores, Valencia, 1846.
FERNÁNDEZ CUEVAS, V.: Regeneración del preso, Madrid, Publicaciones Españolas, 1953.
FERNÁNDEZ de HERRERA y VILLAROEL, G., Práctica criminal, Madrid, 1724 (primera edición de 1671).
FERRER i GARCS, R., Memoria de los trabajos de la sociedad para la mejora del sistema carcelario correccional y penal de la provincia de Barcelona, leída en Junta General el día 12 de junio de 1841, Barcelona, 1842.
FERRI, E., Sociología criminal (1880), traducción española de A. Soto, Madrid, 1908, 2 tomos.
FERRI, E.. Los nuevos horizontes del Derecho y del Procedimiento Penal. Versión castellana de Isidro Pérez Oliva. Madrid, España: 1887
FERRI, E., Principios de derecho criminal: delincuente y delito en la ciencia, en la legislación y en la jurisprudencia, traducc. De J.A. Rodríguez Muñoz, 1ª edición, Madrid, 1933.
FERRI, E. , Nuevos estudios de antropología criminal, edic. facsímil Pamplona, 2005.
FILANGIERI, G., Ciencia de la legislación, traducida al castellano por don Jayme Rubio, Madrid, 1781-1789.
FORNER, J.P., Discurso sobre la tortura, 1792, edic. Valparaiso, 1990.
FORONDA, V. de, Cartas sobre los asuntos más exquisitos de la economía política y de las leyes criminales, Madrid, 1789-1790.
FREIXAS y PASCUAL, J., La cuestión penitenciaria, Habana, 1877.
GALDIANO y CROY, L., Breve tratado de los hospitales y casas de recogimiento desta Corte, Madrid, 1677.
GARCÍA GOYENA, F., El Código criminal español según las leyes y la práctica criminal vigentes, comentado y comparado con el de 1822, el francés y el inglés, 2 vols., Madrid, 1843.
GAROFALO, R., La criminología, traducción de P. Dorado Montero, La España Moderna, Madrid, s.f.
GAROFALO, R., El delito como fenómeno social, traducc. de F. Lombardía Sánchez, La España Moderna, Madrid, s.f., edic. facsímil en Pamplona, 2004.
GÓMEZ de la SERNA, P., Estado lamentable de la administración de justicia en lo criminal, en la RGLJ, 39 (1871).
GÓMEZ de la SERNA, P., Elementos de Derecho civil y penal de España, precedidos de una reseña histórica de la legislación española, Madrid, 3 vols., 12ª edic., 1977.

GÓMEZ de MIRANDA, A., Historia de la Codificación penal española y ligera crítica del Código vigente, Madrid, 1907.
GÓMEZ TUTOR, R., Apuntes sobre reforma penitenciaria, Cartagena, 1878.
GONZÁLEZ ESTÉFANI, M., Sistema penitenciario. El presidio, la prisión celular y la deportación. Obra escrita en francés por Lepelletier de la Sarthe, Toledo, 1861.
GROIZARD, A., El Código penal de 1870, concordado y comentado, Madrid-Salamanca, 1870-1899.
GUTIERREZ, J.M., Practica criminal de España, Madrid, 1804.
GUTIERREZ FERNÁNDEZ, B., Práctica criminal de España, 3 vols., Madrid, 1804-1806.
GUTIERREZ FERNÁNDEZ, B., Examen histórico del Derecho penal (Madrid, 1866), edic. facsímil en Pamplona, 2003.
HERAS, J. de las, La juventud delincuente en España y su tratamiento reformador, Alcalá de Henares, 1927.
HERNÁNDEZ, T., Principios acerca de prisiones, conforme a nuestra legislación y las leyes, escritos para instrucción del pueblo y gobierno de Jueces y Alcaldes constitucionales. Segunda edición, aumentada con notas, Madrid, 1820.
HEVIA BOLAÑOS, Curia Philípica, 2 tomos, Madrid, 1771.
HILL, M.D., Cuestionario remitido a Montesinos en 1856, en Revista de Estudios Penitenciarios, nº 159 (octubre-diciembre 1962).
HILL, M.D., Suggestions for the repression of crime, London, 1857.
HOWARD, J., El estado de las prisiones en Inglaterra y Gales (Londres, 1789), traducc. y estudio de S. García Ramírez, México, 2003.
JOVELLANOS, G.M. de, Discurso acerca de la situación y división interior de los hospicios con respecto a su salubridad, Madrid, 1778, en Obras, tomo 2, Madrid, 1952.
JOVELLANOS, G.M. de, El delincuente honrado, Madrid, 1787, en Obras, tomo 6, Madrid, 1952.
JULIUS, N.H., Leçons sur les prisons, traducc. Francesa, 1831.
KRAUSE, C. CR., Ideal para la Humanidad para la vida, Introducción y comentarios de J. Sanz del Ríos, Madrid, 1860.
KENT, V., Hombres y prisiones, en La Voz, Madrid, 10 de agosto de 1931
KENT, V., Prisiones de hoy y prisiones de mañana, Universidad de México, México D.F., noviembre de 1949.
KENT, V., Criminalia, México D.F., marzo de 1949.
KENT, V., Sobre las cárceles habló Victoria Kent, en La Nación, Buenos Aires, 25 de julio de 1964.
KENT, V., Sobre la readaptación del recluso habló la doctora Victoria Kent, en El Argentino, Buenos Aires, 6 de agosto de 1964.
KENT, V., Victoria Kent: una experiencia penitenciaria, en Tiempos de Historia, nº 17, 1975.
KENT, V., Las reformas del sistema penitenciario durante la Segunda República, en Historia 16, Madrid, extra VI, octubre de 1978.
LAGUNA AZORÍN, J.M, El presidio de Melilla visto por dentro, Valencia, 1907.

LARDIZÁBAL, M. de, Discurso sobre las penas, contraído a las leyes criminales de España, para facilitar su reforma, Madrid, 1782.
LASTRES, F., Estudios sobre derecho penal y sistemas penitenciarios, Lecciones pronunciadas en el Ateneo de Madrid, Madrid, 1875.
LASTRES, F., La colonización penitenciaria en las Marianas y Fernando Poo, Madrid, 1878.
LASTRES, F., El Congreso penitenciario de Stocklomo. Memoria dirigida al Excmo. Sr. Ministro de la Gobernación por el autor, Madrid, 1879.
LASTRES, F., L'ancienne et la nouvelle prisión, Madrid, 1885.
LASTRES, F., Estudios penitenciarios, Madrid, 1887.
LEÓN, P. de, Compendio de algunas experiencias en los ministerios de que usa la Compañía de Jesús, s.f. (hacia 1616), publicada por HERRERA PUGA, P., Sociedad y delincuencia en el siglo de Oro, en Biblioteca de Autores Cristianos, Madrid, 1974.
LECUMBERRI, C., Colonias agrícolas y escuelas de reforma para jóvenes indigentes, mendigos, vagos y delincuentes, Madrid, 1865.
LETAMENDI, J. de, La criminalidad ante la ciencia, Madrid, 1883.
LOMBROSO, C., Los criminales, traducc. en Barcelona, s.f., edición en Pamplona, 2003.
LOMBROSO, C., Medicina legal, traducc. de P. Dorado Montero, La España Moderna, Madrid, s.f.
LOMBROSO, C., Escritos de polémica, traducc. de A. Guerra, Madrid, 1893.
LOMBROSO, C., El delito, sus causas y remedios, traducc. de Bernaldo de Quirós, Madrid, 1902.
LOMBROSO, C., FERRI, E., GAROFALO, R., y FIORETTI, La Escuela criminológica positivista, en La España moderna, Madrid, s.f., edición Pamplona, 2003.
LÓPEZ, M.A., Descripción de los más célebres establecimientos penales de Europa y Estados Unidos, seguida de la aplicación práctica de sus principios y régimen interior a las Casas de Corrección, Fuerza y Reconciliación que pudieran plantearse en España, 2 vols., Valencia, 1832.
LUCAS, C., De la réforme des prisons, París, 1838.
MARAT, J.P., Principios de legislación penal, París, 1790 (Madrid, 1891).
MARCOS GUTIÉRREZ, J., Práctica criminal de España, Madrid, 1805.
MARTÍN de CÓRDOBA, Informe del Marqués de Esquilache sobre la conveniencia de abandonar o conservar los presidios menores de África, manuscrito, 1763.
MARTÍNEZ RUIZ, J., La sociología criminal, en Obras Completas, Madrid, 1975.
MATA, P., Criterio médico-psicológico para el diagnóstico diferencial de la pasión y la locura, Madrid, 1868.
MELENDEZ VALDÉS, J., Discursos forenses, Madrid, 1821.
MONLAU. P.F., Patología social. Breve estudio sobre la criminalidad, Madrid, 1870.

MONTERROSO Y ALVARADO, G. de, Práctica civil y criminal e instrucción de escrivanos, Valladolid, 1563.
MONTES, J., Los principios del derecho penal según los escritores españoles del siglo XVI, Madrid, 1903.
MONTES, J., Estudios de antiguos escritores españoles sobre los agentes del delito, Madrid, 1907.
MONTESINOS, M., Bases en que se apoya mi sistema penal, edit. por la REP, nº 159 (1962).
MONTESINOS, M., Informe presentado al Gobierno de la nación sobre el estado y porvenir próximo de la cuestión penitenciaria y sus presidios (1856), edit. por la REP, nº 159 (1962).
MONTESQUIEU, Del espíritu de las leyes, traducida al castellano por Juan López de Peñalver, Madrid, 1820.
MURUBE y GALÁN, F., Tratado de las prisiones y sistemas penales de Inglaterra y Francia, con observaciones generales sobre lo que conviene saber para la reforma de los de España, Santiago de Compostela, 1860.
NAVARRO de PALENCIA, A., De rastrillos adentro (historietas y perfiles): episodios de la vida penal, con prólogo de Rafael Salillas, Madrid, 1918.
NAVARRO de PALENCIA, A., Las prisiones extranjeras (Francia, Bélgica, Italia), Madrid, 1918.
NÚÑEZ, T., Espíritu de Bentham y sistema de ciencia social, Salamanca, 1820.
ORTIZ de ZUÑIGA, M., Observaciones sobre la reforma que exige el Código Penal (motivos de la reforma de 1850), en ED, 3, fasc. 2 (octubre 1863), fasc.3 (noviembre 1863) y fasc. 4 (diciembre 1863).
ORTIZ ORTIZ, J., Progresos de la legislación penal, Madrid, 1859.
PACHECO, J.F., Estudios de derecho penal. Lecciones pronunciadas en el Ateneo de Madrid en 1839 y 1840, segunda edic., Madrid, 1854.
PACHECO, J.F., El Código Penal concordado y comentado, Madrid, 1848-1849.
PASTOR, L.M., Memoria leída en la Junta de instalación de la Sociedad filantrópica, fundada para procurar la mejora del sistema carcelario, correccional y penal de España, Madrid, 1840.
PEREYRA, L.M., Ordenanza de la casa galera de Valladolid, 1796.
PÉREZ de HERRERA, C., Amparo de los verdaderos pobres y reducción de los fingidos, 1598 (edición facsímil por CAVILLAC, M., Clásicos Castellanos, 1975).
PÉREZ OLIVA, J. Escuela positivista del derecho penal en Italia, en Revista de los Tribunales, dic.1885.
PÍ y MARGALL, F., Reforma carcelaria, ED, 4, fasc.2 (febrero 1864).
PRADILLA BARNUEVO, Summa de las leyes penales, Madrid, 1639 (facsimilar Valladolid, 1996).
QUIÑONES, J., Relación de todas las obras de fortificación y correspondientes a ellas que se han ejecutado en las plazas de Orán, Mazarquivir y sus castillos, desde el día 1º de enero de 1734 hasta el presente de 1738, en Societé de géographie et d'archeologie de la province d'Oran, 46 (1926).
QUIRÓS, B. de, Las nuevas teorías de la criminalidad, Madrid, 1898.

RÖDER, C., Estudios sobre Derecho penal y sistemas penitenciarios. Fundamento jurídico de la pena correccional, traducc. de V. Romero y Girón, Madrid, 1875.
RÖDER, C., Las doctrinas fundamentales reinantes sobre el delito y la pena en sus interiores contradicciones, traducido por F. Giner de los Ríos, 3ª edición Madrid, 1876.
RODRÍGUEZ VAAMONDE, F., Ensayo sobre la prisión por deudas, Madrid, 1869.
ROMAGNOSI, J.D., Genesi del Diritto penale, en Opere, vol. IV, Milano, 1841.
ROMERO de AGUILAR, D., Historia y organización de las instituciones penitenciarias en Francia y Bélgica: trabajo de pensionado, Madrid, 1935.
ROSSI, P., Tratado de derecho penal (Bruselas, 1833), traducc. de Cayetano Cortés, Madrid, 1839, 2 tomos, 3ª edición en Madrid, 1883.
ROUSSEAU, J.J., El contrato social (1762), traducc. de M. Armiño, Madrid, 1988.
SACANELLA y VIDAL, B., Memoria sobre el sistema penitenciario en España dirigida al Excmo Sr. Ministro de la Gobernación, Madrid, 1869.
SAGRA, R. de la, Cinco meses en los Estados Unidos de América del Norte, desde el 20 de abril al 20 de septiembre de 1835. Diario de Viaje, Madrid, 1836, publicado en Revista de Estudios Penitenciarios, nn.224-227, enero-diciembre 1979.
SAGRA R. de la, Discurso leído por Don Ramón de la Sagra al terminarse la sesión pública de instalación de la Sociedad para la mejora del sistema carcelario, correccional y penal de España, Madrid, 1840.
SAGRA, R. de la, Estadística razonada del nuevo departamento de jóvenes: desde la instalación de éstos en él, en el mes de marzo, hasta fin de diciembre de 1840, leído en la Sociedad filantrópica para la mejora del sistema carcelario, penal y correccional de España, Madrid, 1841.
SAGRA, R. de la, Atlas carcelario, ó colección de láminas de las principales cárceles de Europa y de América, Madrid, 1843.
SAGRA de la, R., Relación de los viajes hechos en Europa, bajo el punto de vista de la instrucción y beneficencia pública, la represión, el castigo y la reforma de los delincuentes, Madrid, 1844.
SALAS, R., Tratado de legislación civil y penal de Jeremías Bentham, Madrid, 1820.
SALAS, R., Comentarios del ciudadano Ramón Salas al tratado de los delitos y de las penas escrito por el Marqués de Beccaria, Madrid, 1836.
SALDAÑA, Q., Historia del Derecho penal de España, adición a la traducción del Tratado de Derecho penal de von Liszt, Madrid, s/f.
SALEILLES, R., La individualización de la pena: estudio de criminalidad social, traducida por Juan de Hinojosa, Girona, 2006.
SALILLAS, R., La vida penal en España, Madrid, 1888.
SALILLAS, R., Dª Concepción Arenal, en Galicia, año 1 (2 época), nº 9 (marzo 1893).

SALILLAS, AZCÁRATE y SÁNCHEZ MOGUEL, Dª Concepción Arenal en la ciencia jurídica, sociológica y en la literatura, Madrid, 1894.
SALILLAS, AZCÁRATE y SÁNCHEZ MOGUEL, Dª Concepción Arenal y sus obras, Madrid, 1894.
SALILLAS, R., El delincuente español: el lenguaje, Madrid, 1896, y El delincuente español: hampa, Madrid, 1898, ambos en El delincuente español: hampa y lenguaje, edic. de Mª Jesús Miranda, Madrid, 2004.
SALILLAS, R., Teoría básica biosociológica, Madrid, 1901
SALILLAS, R., Discurso leído el día 10 de diciembre de 1902 en el Ateneo Científico, Literario y Artístico de Madrid con motivo de la apertura de sus cátedras, Madrid, 1902.
SALILLAS, R., Informe al expediente general para promover la reforma de nuestros servicios penitenciarios, Madrid, 1904.
SALILLAS, R., Consejo penitenciario: memoria leída en la sesión inaugural celebrada el 19 de octubre de 1905, Madrid, 1905.
SALILLAS, R., La traslación de los presidios de África y la reforma penitenciaria, Madrid, 1906.
SALILLAS, R., Sentido y tendencia de las últimas reformas en criminología, Madrid, 1908.
SALILLAS, R., En las Cortes de Cádiz (revelaciones acerca del estado político y social), Madrid, 1910 (edic. Cádiz, 2002).
SALILLAS, R., La cárcel real de esclavos y forzados de las minas de azogue de Almadén y las características legales de la penalidad utilitarista, Madrid, 1913.
SALILLAS, R., Prioridad de España en los determinantes del sistema progresivo y penetración de las ideas correccionales en nuestro país a fines del siglo XVIII y comienzos del XIX, Madrid, 1913.
SALILLAS, R., Montesinos y el sistema progresivo, en Revista de Estudios Penitenciarios, nº 159 (octubre-diciembre 1962).
SALILLAS, R., Evolución penitenciaria en España, Madrid, 1918 (edic facsímil en Pamplona, 1999).
SALILLAS, R., Inspiradores de doña Concepción Arenal (1920), en REP, nº 200-203 (1973).
SALILLAS, R., Dos manuscritos de Rafael Salillas, Madrid, 1998.
SÁNCHEZ RIVERA de la LASTRA, J., El utilitarismo: Estudio de las doctrinas de Jeremías Bentham, Madrid, 1922.
SANDOVAL, B., Tratado del cuidado que se debe tener con los presos pobres, Toledo, 1564.
SAN JERÓNIMO, M. de, Razón y forma de la Galera Real que el rey nuestro señor manda hacer en estos reinos para castigo de las mujeres (Valladolid, 1608), en BAE, Madrid, 1903.
SANTAMARÍA de PAREDES, V., Principios de derecho penal con aplicación al Código español, obra adaptada a las explicaciones de Luis Silvela por Vicente Santamaría, Madrid, 1871.

SAN MIGUEL, Marqués de, La cárcel de Barcelona y los sistemas penitenciarios, Barcelona, 1877.

SAN MILLÁN y ALONSO, Exposición y juicio crítico de los principales sistemas carcelarios. Derecho vigente en España, Madrid, 1877.

SANZ de RÍO, J., Introducción y comentarios a la obra de C. Ch Krause, Ideal de la Humanidad para la vida, Madrid, 1860.

SEVILLA y SOLANA, F., Historia penitenciaria de España. La Galera. Apuntes de Archivo, Segovia, 1917.

SILVELA, L., El derecho penal estudiado en los principios y en la legislación vigente en España, 2 vols., Madrid, 1873.

SILVELA, M., Discurso pronunciado en la Academia de Jurisprudencia y Legislación sobre la reforma penitenciaria, Madrid, 1880.

SILVELA, L., El Código Penal y el sentido común, Madrid, 1886 (edic. facsímil en Pamplona, 2003).

SILVELA, L., Bentham en España, Madrid, 1894.

SILVELA, L., Bentham, sus trabajos sobre asuntos españoles, expositor de su sistema en España. Discurso de recepción del Sr. D. Luis Silvela y de contestación del Sr. Conde de Torreánaz, leídos en la Junta Pública de 8 de abril de 1894, Madrid, 1908.

SOMOZA, J., Inventario de un jovellanista, Madrid, 1901.

SOLER y LABERNIA, J., Nuestras cárceles, presidios y casas de corrección, Madrid, 1906.

SPENCER, H., Ética de las prisiones, en La España Moderna, Madrid, s.f.

STUART MILL, J., El utilitarismo, edic. española, Madrid, 1991.

TAMARIZ y EGUÍA, R., Estudio sobre la vagancia y la mendicidad voluntarias, Madrid, 1890.

TARDE, G., La criminalidad comparada, traducc. de A. Posada, Madrid, s.f.

TELLEZ GIRÓN, F., Examen de los diversos sistemas carcelarios y juicio crítico de nuestras leyes sobre cárceles y presidios, Madrid, 1866.

TENREIRO RODRÍGUEZ, R., Estudio sobre algunas ideas sociales y jurídicas de Dª Concepción Arenal, tesis inédita presentada en la Universidad de Madrid, Facultad de Derecho, 1904.

UREÑA SMENJAUD, R., Antigua filiación de la moderna teoría correccionalista y origen de la ciencia jurídico-penal: discurso leído en el solemne acto de la apertura del curso académico de 1881 a 1882 en la Universidad Literaria de Oviedo, 1881.

UREÑA SMENJAUD, R., Origen de la ciencia jurídico-penal, en Revista General de Legislación y Jurisprudencia, tomo LXI, Madrid, 1882.

VIADA y VILASECA, S., Código Penal reformado de 1870, 3 vols. Barcelona, 1874.

VICENTE y CARAVANTES, Código penal reformado, comentado novísimamente, Madrid, 1851.

VIDA, J., El Proyecto de Código penal. Apuntes críticos, Madrid, 1885.

VILA y MIQUEL, E., De la necesidad y medios de sustituir las penas cortas de privación de libertad, Madrid, 1917.

VILARASAU y NOGUERA, I., Exposición dirigida a S.M. para establecer un sistema penitenciario en España, Madrid, 1853.
VILLANOVA y JORDÁN, J., Cárceles y presidios. Aplicación de la panóptica de Jeremías Bentham, Madrid, 1834.
VILLADIEGO, A. de, Instrucción política y práctica judicial conforme al estilo de los Consejos, Audiencias, y Tribunales de la Corte, y otros ordinarios del Reyno, Madrid, 1766.
VIVES, J.L., Tratado del socorro de los pobres (Brujas, 1526), traducción española de J.G. Nieto, Valencia, s.f.
VIZCAÍNO PÉREZ, V., Código y práctica criminal arreglado a las leyes de España, tres tomos, Madrid, 1833.
VOLTAIRE, Comentario sobre el libro "De los delitos y de las penas" por un abogado de provincias (1766), en De los delitos y de las penas, Madrid, 1968.
VON LISZT. F., Tratado de Derecho penal, edic. Buenos Aires, 2008.

3. BIBLIOGRAFÍA

ACOSTA G., GUTIERREZ, J. L., MARTINEZ, L., y DEL RÍO, A., El canal de los presos (1940-1962). Trabajos forzados: de la represión política a la explotación económica. Barcelona, 2004.
ALLEGUE, P., Elementos ilustrados en el pensamiento jurídico de Concepción Arenal, en el Anuario de la Facultad de Derecho de Ourense, nº 1 (2002).
ALLOZA APARICIO, A., En busca de las causas del crimen. Teorías y estudios sobre delincuencia y justicia penal en la España Moderna, en Espacio, tiempo y forma, serie IV, Historia Moderna, t.14 (2001).
ALMEDA, E., Corregir y castigar. El ayer y el hoy de las cárceles de mujeres, Barcelona, 2002.
ALONSO ROMERO, M.P., El proceso penal en Castilla (siglos XIII-XVIII), Salamanca, 1982.
ALONSO PACHECO, J., El pensamiento penológico de Lardizábal. Comentario al Discurso sobre las penas, s.l., 1953.
ALVARADO PLANAS, J., Los proyectos legislativos de Concepción Arenal, en el Boletín de la Facultad de Derecho de la UNED, segunda época, 10-11 (1996).
ALVARADO PLANAS, J., y SERRANO MAÍLLO, A. (edit.), Estudios de Historia de las Ciencias Criminales en España, Madrid, 2007.
ÁLVAREZ, M.T., Concepción Arenal: idealismo y pragmatismo, en Ellas mismas: mujeres que han hecho historia contra viento y marea, Madrid, 2003.
ÁLVAREZ LÁZARO, P. (edit.), Librepensamiento y secularización en la Europa contemporánea, Madrid, 1996.
ÁLVAREZ LÁZARO, P. (edit.), La actualidad del Krausismo en su contexto europeo, Madrid, 1999.
ÁLVAREZ-URÍA, F., Miserables y locos. Medicina mental y orden social en la España del siglo XIX, Barcelona, 1983.
ANCEL, M., La défense sociale nouvelle (Un mouvement de politique criminelle humaniste), París, 1966.

ANTÓN ONECA, J., La utopía penal de Dorado Montero, en Acta Salmanticencia. Derecho, tomo II, nº 1, Salamanca, 1951.

ANTÓN ONECA, J., Los fines de la pena según los penalistas de la Ilustración, en Revista de Estudios Penitenciarios, nº 166 (1964).

ANTÓN ONECA, J., Historia del Código Penal de 1822, en el ADPCP, 18 (1965).

ANTÓN ONECA, J., El Código Penal de 1848 y D. Joaquín Francisco Pacheco, en el Anuario de Derecho Penal y Ciencias Penales, 18 (1965).

ANTÓN ONECA, J., El derecho penal de la Ilustración y don Manuel de Lardizábal, en Revista de Estudios Penitenciarios, 174 (1966), y en Obras, tomo I, Buenos Aires, 2000.

ANTÓN ONECA, J., El Código Penal de 1870, en el ADPCP, 23 (1970).

ANTÓN ONECA, J., Los proyectos decimonónicos para la reforma del Código Penal español, en el ADPCP, 25 (1972).

ANTÓN ONECA, J., Don Rafael Salillas, en el Anuario de Derecho Penal y Ciencias Penales, 1974, fasc.2.

ANTÓN ONECA, J., La teoría de la pena en los correccionalistas españoles (1960), en Obras, tomo I, Buenos Aires, 2000.

BABIANO, J., y FERNÁNDEZ, A., Justicia y delito en el discurso liberal de las Cortes de Cádiz, en Antiguo Régimen y liberalismo. Homenaje a Miguel Artola. 2. Economía y sociedad, Madrid, 1995.

BALLBÉ, M., Orden público y militarismo en la España constitucional (1812-1983), Madrid, 1983.

BALCELLS, A., Justícia i Presons després de Maig de 1937 a Catalunya, Episodis de la Història, Barcelona, núm. 274 (1989).

BARBEITO, I., Cárceles y mujeres en el siglo XVII, Madrid, 1991.

BARÓ PAZOS, J., Historiografía sobre la codificación del Derecho penal en el siglo XIX, en Doce Estudios de historiografía contemporánea, Santander, 1991.

BARRANQUEIRO, E., EIROA, M., y NAVARRO, P., Mujer, cárcel y franquismo. La prisión provincial de Málaga (1937-1945), Málaga, 1994.

BEATTICE, J.M., Albion's fatal tree, edic. Douglas et al., London, 1975.

BERGALLI, R., Questió criminal i ideología punitiva en el selge XIX, en L'avenc, 97 (Barcelona, oct.1986).

BERGALLI, R. (coord.), Sistema penal e intervenciones sociales: algunas experiencias nacionales, regionales y locales en Europa, Barcelona, 1993.

BERGALLI, R. (coord.), Sistema penal y problemas sociales, Valencia, 2003.

BERGALLI, R., y BUSTER, J. (dirig), Pensamiento criminológico, Barcelona, 1883.

BERGALLI, R., y MARI, E. (coord.), Historia ideológica del control social, Barcelona, 1989.

BERMEJO, J.L., El proyectado Suplemento a la Nueva Recopilación, en AHDE, 50 (1980).

BERMEJO, J.L., Tormentos, apremios, cárceles y patíbulos a finales del Antiguo Régimen, en el AHDE, 56 (1986).

BERMEJO, J.L., Acotaciones a la última fase del proceso recopilador, en AHDE, 57 (1987).
BERNAL GÓMEZ, B., Legislación novohispánica en materia carcelaria, en el II Congreso de Historia del Derecho mexicano, México, 1980.
BLASCO, F., Lardizábal. El primer penalista de América española, México, 1954.
BLEIBERG, G., El informe secreto de Mateo Alemán sobre el trabajo forzoso en las minas de Almadén, en Estudios de historia social, julio-diciembre 1977
BRUZZUNE, G.A., El principio de culpabilidad penal: una aproximación desde el krausismo, Buenos Aires, 2005.
BUENO ARÚS, F., Ideas y realizaciones de Montesinos en materia de trabajo penitenciario, en Revista de Estudios Penitenciarios, nº 159 (oct-dic. 1962).
BUENO ARÚS, F., Las prisiones españolas de la Guerra Civil hasta nuestros días, en Historia 16, Extra VII (1978).
BUENO ARÚS, F., Historia del Derecho penitenciario español, en Lecciones de Derecho Penitenciario, 1986.
BUENO ARÚS, F., Los depósitos municipales de detenidos, en Estudios penales y criminológicos, nº 12 (1987-1988).
BUENO ARÚS, F., Los fines de la pena y la pena de prisión en Beccaria y en la política criminal española contemporánea, en Cuadernos de política criminal, nº 38 (1989).
BUENO ARÚS, F., La mujer y el sistema penitenciario español, en Poder Judicial, nº 39 (1995).
BUENO ARÚS, F., La ciencia del derecho penal: un modelo de inseguridad jurídica, Madrid, 2005.
BURILLO ALBACETE, F.J., El nacimiento de la pena privativa de libertad. Siglos XVI-XX, Madrid, 1999.
BURILLO ALBACETE, F.J., La cuestión penitenciaria. Del Sexenio a la Restauración (1868-1913), Zaragoza, 2011.
CANTERAS MURILLO, A., Cárceles de mujeres en España: origen, características y desarrollo histórico, RER, 237 (1987).
CANTÚ, C., Beccaria et le droit pénal, Paris, 1885.
CAÑELLAS, C., TORÁN, R., JUNQUERAS, O., MARÍN, P., y GARRIGA, G., Història de la presó model de Barcelona, Barcelona, 2000.
CAPILLA PÉREZ, A., Concepción Arenal: un enfoque desde el trabajo social, en Portularia revista de trabajo social, Huelva, 2001.
CARBASSE, J.M., Histoire du droit pénal et de la justice criminelle, París, 2000.
CASABO RUIZ, J.R., Los orígenes de la codificación penal en España: el plan de Código Criminal de 1787, en el Anuario de Derecho Penal, 22 (1969).
CASAS FERNÁNDEZ, M., Voltaire criminalista. Precursor del humanismo en la legislación penal, Madrid, 1931.
CASAS FERNÁNDEZ, M., Concepción Arenal y su apostolado: ideal de una justicia humanitaria, Madrid, 1950.
CEREZO DOMINGUEZ, A. y GARCÍA ESPAÑA, E. (coords.), La prisión en España. Una perspectiva criminológica, Granada, 2007.

CHAVES PALACIOS, J., Franquismo: prisiones y prisioneros, en Pasado y memoria: Revista de Historia Contemporánea, nº 4 (2005).

COPETE, MªL., Criminalidad y espacio carcelario en una cárcel del Antiguo Régimen: la cárcel de Sevilla a finales del siglo XVI, en Historia Social, 6 (1990).

CORONAS GONZÁLEZ, S., Ilustración y Derecho. Los fiscales del Consejo de Castilla en el siglo XVIII, Madrid, 1992.

CORONAS GONZÁLEZ, S., Jovellanos, jurista ilustrado, en el AHDE, 66 (1996).

CORONAS GONZÁLEZ, S., El pensamiento jurídico de la Ilustración en España, en Història del pensament jurídic, Barcelona, 1999.

CORONAS GONZÁLEZ, S., La literatura jurídica española del siglo XVIII, en Historia de la literatura jurídica en la España del Antiguo Régimen, vol. 1, Madrid, 2000.

CUELLO CALÓN, E., Lo que Howard vio en España. Las cárceles y prisiones de España a fines del siglo XVIII, en la Revista de Estudios Penitenciarios (REPe), 1 (1945).

CUELLO CALÓN, E., Montesinos precursor de la nueva penología, en REP, nº 159 (octubre-diciembre 1962).

CUELLO CALÓN, E., Derecho penal. Parte General, I, Barcelona, 1975.

CUESTA de la ARMENDI, J. de la, El trabajo penitenciario resocializador, San Sebastián, 1982.

CUESTA de la ARMENDI, J. de la, La obra de Montesinos y su influencia en la legislación de la época, en REP, nº 159 (octubre-diciembre 1962).

CUEVAS, T., Cárcel de mujeres (1939-1945), Barcelona, 1985.

CUEVAS, T., Testimonios de mujeres en las cárceles franquistas, Osca, 2004.

DAIEN, S., Concepción Arenal y el régimen social penitenciario, en la Revista de la Universidad Nacional de La Plata (Argentina), nº 15 (sept-dic.1961).

DEROZIER, A., Escritores políticos españoles. 1780-1854, Madrid, 1975.

DEROZIER, A., Quintana y el nacimiento del liberalismo en España, Madrid, 1978.

DIAZ, E., La filosofía social del krausismo español, Madrid, 1973.

DOMÍNGUEZ ORTIZ, A., La galera o cárcel de mujeres de Madrid a comienzos del siglo XVIII, en Anales del Instituto de Estudios Madrileños, 1973.

DOÑA JIMÉNEZ, J., Desde la noche y la niebla (mujeres en las cárceles franquistas), Madrid, 1978.

EGIDO LEÓN, A., El perdón de Franco. La represión de las mujeres en el Madrid de la posguerra, Madrid, 2009.

EGIDO, A y EIROA, A. (eds.), Los campos de concentración franquistas en el contexto europeo en Ayer nº 57, (2005).

EMSLEY, C., Crime, police, and penal policy. European experiences 1750-1940, Oxford Univ. Press, Oxford, 2007.

ESCUDERO, J.A., Cinco siglos de cárceles, en Historia 16, extra VII (1978).

ESPINOSA IBARRA, J., La asistencia psiquiátrica en la España del siglo XIX, Valencia, 1966.

FALCÓN, L., En el infierno: ser mujer en las cárceles de España, Barcelona, 1977.
FERNÁNDEZ LÓPEZ, J.A., Historia del Campo de Concentración de Miranda de Ebro, 1937-1947, Miranda de Ebro, 2003.
FERNÁNDEZ RODRÍGUEZ, M.D., El pensamiento penitenciario y criminológico de Rafael Salillas, Santiago de Compostela, 1976.
FIESTAS LOZA, A., Los delitos políticos (1808-1936), Salamanca, 1977.
FIESTAS LOZA, A., Algo más sobre la vigencia del Código Penal de 1822, en RHD, 2-1 (1977-1978).
FIESTAS LOZA, A., Las cárceles de mujeres, en Historia 16, octubre 1978, extra VII.
FIGUEROA NAVARRO, M.C., Los orígenes del penitenciarismo español, Madrid, 2002.
FOUCAULT, M., Vigilar y castigar: nacimiento de la prisión, vigésima edición en castellano, Madrid, 1992.
FRAILE, P., Un espacio para castigar. La cárcel y la ciencia penitenciaria en España (siglos XVIII-XIX), Barcelona, 1987.
FRANCO de BLAS, F., Formación penitenciaria del Coronel Montesinos y su célebre sistema, en Revista de Estudios Penitenciarios, nº 159 (octubre-diciembre 1962).
GACTO FERNÁNDEZ, E., Aproximación a la historia del derecho penal español, en Per la storia del pensiero giuridico moderno, 34-35. Entre derechos propios y derechos nacionales, Milano, 1990.
GARCÍA MARTÍN, S., Días amargos de Montesinos, en REP, nº 159 (octubre-diciembre 1962).
GARCÍA VALDÉS, C., Régimen penitenciario de España (Investigación histórica y sistemática), Madrid, 1975.
GARCÍA VALDÉS, C., El nacimiento de la pena privativa de libertad, en Cuadernos de Política Criminal, 1 (Madrid, 1977).
GARCÍA VALDÉS, C., Derecho penitenciarios (Escritos 1982-1989), Madrid, 1989.
GARCÍA VALDÉS, C., Estudios sobre derecho penitenciario, Madrid, 1982.
GARCÍA VALDÉS, C., Comentarios a la legislación penitenciaria española, Madrid, 1982.
GARCÍA VALDÉS, C., Los presos jóvenes: apuntes de la España del XIX y principio del XX, Madrid, 1991.
GARCÍA VALDÉS, C., Historia de la prisión; teorías economicistas, Madrid, 1997.
GARCÍA VALDÉS, C., Del presidio a la prisión modular, Madrid, 1998.
GARCÍA VALDÉS, C., Estar mejor y salir antes: premios y beneficios condicionados a la conducta del recluso en la legislación penitenciaria del siglo XIX y principios del siglo XX, en el Anuario de Derecho Penal y Ciencias Penales, 2001.
GARCÍA VALDÉS, C., El desarrollo del sistema penitenciario en España: Historia de una transición, en Revista de Estudios Penitenciarios, nº 249 (2002).

GARCÍA VALDÉS, C., La ideología correccional de la reforma penitenciaria española del siglo XIX, Madrid, 2006.

GARGALLO VAAMONDE, L., El sistema penitenciario de la Segunda República. Antes y después de Victoria Kent (1931-1936), Madrid, 2011.

GARLAND, D., Punishment and Welfare: A History of Penal Strategies, Aldershot, 1987.

GARRIDO GUZMÁN, L., Compendio de ciencia penitenciaria, Valencia, 1976.

GARRIDO GUZMÁN, L., Manual de Ciencia penitenciaria, Madrid, 1983.

GASTÓN, J. M., y MENDIOLA, F.: Los trabajos forzados en la dictadura franquista, Iruñea-Pamplona, 2007.

GIBERT y SÁNCHEZ de la VEGA, R., Ciencia jurídica española, Granada, 1983.

GIL CREMADES, J.J., El reformismo español: krausismo, escuela histórica, neotomismo, Barcelona, 1969.

GÓMEZ BRAVO, G., Cartografías penales para la España del siglo XIX. Publicado en: Cuadernos de Historia Contemporánea, 2003, Universidad Complutense de Madrid, vol. 25.

GÓMEZ BRAVO, G., Las prisiones de Eva. Mujer y cárcel en el siglo XIX. Publicado en: Anuario de Derecho Penal y Ciencias Penales, tomo LVI (enero-diciembre 2003).

GÓMEZ BRAVO, G., El paisaje de la violencia. Publicado en: Cuadernos de Historia Contemporánea, 2004, Universidad Complutense de Madrid, vol. 26.

GÓMEZ BRAVO, G., Urbanismo y violencia en el siglo XIX: el caso de Alcalá de Henares. Publicado en: Actas. VII Congreso Asociación de Historia Contemporánea: "Memoria e identidades", Universidad de Santiago de Compostela, 2004.

GÓMEZ BRAVO, G., Crimen y castigo. Cárceles, justicia y violencia en la España del siglo XIX, Madrid, 2005.

GÓMEZ BRAVO, G., Educar o castigar: la lucha del reformismo penitenciario español en el siglo XIX y principios del XX. Publicado en: Revista de Educación, 340, mayo-agosto 2006.

GÓMEZ BRAVO, G., El desarrollo penitenciario en el primer franquismo (1939-1945), en Hispania Nova. Revista de Historia Contemporánea, nº 6 (2006).

GÓMEZ BRAVO, G., Los delitos y las penas. La ciudad judicial y penitenciaria: Alcalá de Henares, 1800-1900, Alcalá de Henares, 2006.

GÓMEZ BRAVO, G., La redención de penas. La formación del sistema penitenciario franquista. 1936-1950, Madrid, 2007.

GÓMEZ BRAVO, G., La política penitenciaria del franquismo y la consolidación del Nuevo Estado, Anuario de Derecho Penal y Ciencias Penales, LXI (2008).

GÓMEZ BRAVO, G., El exilio interior. Cárcel y represión en la España franquista, 1939-1950, Madrid, 2009.

GONZÁLEZ GUITIÁN, L., ¿Un predecesor de Beccaria?, en Estudios Penales y criminológicos, Santiago de Compostela, vol.11 (1986-1987).

GONZÁLEZ GUITIÁN, L., El lugar de Concepción Arenal en el movimiento de reforma penitenciaria, en Concepción Arenal, Ciencias y humanidades, monográfico 4 (octubre 1994).

GRACIA MARTÍN, L., Prolegómenos para la lucha por la modernización y expansión del derecho penal y para la crítica del discurso de resistencia, Valencia, 2003.
GRAVEN, J., Montesquieu et le droit penal, en Revue de Science Criminelle et Droit Pénal Comparé, 1949.
GUTIÉRREZ CASALA, José L., Las Colonias Penitenciarias de Montijo, Mérida, 2002.
GUTIÉRREZ VEGA, Z., Victoria Kent: una vida al servicio del humanismo liberal, Málaga, 2001.
HAY, D., LINEBAUGH, P., RULE, J.G., THOMPSON, E.P., WINSLOW, C., Albion's fatal tree: Crime and society in eighteenth century, Harmondsworth, 1986.
HERNÁNDEZ HOLGADO, F., Mujeres encarceladas: La prisión de Ventas, de la República al franquismo. 1931-1941, Madrid, 2003.
HERNÁNDEZ HOLGADO, F., Carceleras encarceladas. La depuración franquista de las funcionarias de Prisiones de la Segunda República, en Cuadernos de Historia Contemporánea nº 27,(2005).
HERRERO HERRERO, C., España penal y penitenciaria. Historia y actualidad, Madrid, 1985.
HERRERO HERRERO, C., La Justicia penal española en la crisis del poder absoluto, Madrid, 1989.
IZNATIEFF, M., A just measure of pain: The penitentiary in the industrial revolution, 1978.
JIMÉNEZ de ASUA, L., El Criminalista, 8 vols., Buenos Aires, 1941-1949.
JIMÉNEZ de ASUA, L., Tratado de derecho penal, 7 vols., Buenos Aires, 1949-1963.
JIMÉNEZ de ASUA, L., Lombroso, Buenos Aires, 1963.
JENKINS, P., From gallows to prison? The execution rate in Early modern England, en Crime, police and the Courts in British History, edit by Louis A. Knafla, Westport, London, 1990.
KING, P., Crime, Justice, and Discretion in England. 1740-1820, Oxford University Press, Oxford, 2000.
LACALZADA, M.J., La reforma penitenciaria entre la ilustración y el organicismo social: C. Arenal, en Estudios penales y criminológicos, nº 16, 1992-1993.
LAFFITE PÉREZ del PULGAR, M.R., Concepción Arenal. 1820-1893: Estudio biográfico-documental, Madrid, 1973.
LAFUENTE, I., Esclavos por la patria. La explotación de los presos bajo el franquismo, Madrid, 2002.
LALINDE ABADÍA, J., El eco de Filangieri en España, en el AHDE, 54 (1984).
LALINDE ABADÍA, J., La pena en la península Ibérica hasta el siglo XVII, en La peine-punishment, Rec. Bod., 56 (1991).
LANDROVE DÍAZ, G., El correccionalismo de Concepción Arenal, Madrid, 1969.
LARA RONDA, A., Autógrafo de Don Manuel Montesinos. 1832-1843, en Revista de Estudios Penitenciarios, nº 246 (1995).

LASALA NAVARRO, G., Los cinco Códigos fundamentales del ramo de Prisiones, en Revista de Estudios Penitenciarios, nº 31 (1947).
LASALA NAVARRO, G., La mujer delincuente en España y su tratamiento correccional, Buenos Aires, 1948.
LASALA NAVARRO, G., Condena a obras públicas, en la Revista de Estudios Penitenciarios, nº 125 (1956)
LASALA NAVARRO, G., La obra de Montesinos y su influencia en la legislación de su época, en Revista de Estudios Penitenciarios, nº 159 (octubre-diciembre 1962).
LLORENTE de PEDRO, P.A., Modalidades de la ejecución penitenciaria en España hasta el siglo XIX, en el Anuario de Derecho Penal y Ciencias Penales, nº LVII, enero 2004.
LÓPEZ-AMO, A., El poder político y la libertad (la monarquía de la reforma social), Madrid, 1957.
LÓPEZ MORILLAS, J., El Krausismo español, México-Madrid-Buenos Aires, 1980.
LÓPEZ MORILLAS, J., Racionalismo pragmático: el pensamiento de Francisco Giner de los Ríos, Madrid, 1988.
LÓPEZ PELÁEZ, P., El gran gallego fray Martínez Sarmiento, La Coruña, 1895.
LÓPEZ PELÁEZ, P., Los escritos del padre Sarmiento y el siglo de Feijóo, La Coruña, 1901.
LÓPEZ SOUTO, A., Concepción Arenal, A Coruña, 2004.
LLORCA ORTEGA, J., Cárceles, presidios y casas de corrección en la Valencia del siglo XIX, Valencia, 1992.
MAESTRO, M.T., Voltaire and Beccaria as reformers of Criminal Law, Nueva York, 1942.
MARSÁ VANCELLS, P., Actualidad permanente del pensamiento de Concepción Arenal, Madrid, 1983.
MARSÁ VANCELLS, P., Concepción Arenal y la Institución Libre de Enseñanza, Madrid, 1992.
MARTÍNEZ DÍEZ, G., La tortura judicial en la legislación histórica española, en el AHDE, 32 (1962).
MARTÍNEZ GALINDO, G., Galerianas, corrigenas y presas. Nacimiento y consolidación de las cárceles de mujeres en España (1608-1913), Madrid, 2002.
MARTÍNEZ PÉREZ, J., Locura y criminalidad, en Historia-16, nº 192, Madrid (1992).
MARTÍNEZ PÉREZ, C., Concepción Arenal en la historia de las ideas penales, en Concepción Arenal. Ciencias y humanidades, monográfico 4 (octubre 1994).
MARTÍNEZ RUIZ, E., La delincuencia contemporánea. Introducción a la delincuencia isabelina, Granada, 1982.
MASFERRER DOMINGO, A., Tradición y reformismo en la Codificación penal española, Jaén, 2003.
McSHANE, M. y WILLIAMS, F.P., Encyclopedia of American Prisons, Nueva York, 1996.

McSTAY ADAMS, T., Bureaucrats and Beggars. French Social Policy in the Age of the Enlightenment, Oxford University Press, Oxfor, 1990.
MELOSSI, D., and PAVARINI, M., Cárcel y fábrica. Los orígenes del sistema penitenciario (siglos XVI-XIX), Buenos Aires, 1980.
MERLE, R., La penitence et la peine; théologie, droit canonique, droit pénal, París, 1985.
MOLINERO, C. y otros (eds.), Una inmensa prisión. Los campos de concentración y las prisiones durante la guerra civil y el franquismo, Barcelona, Crítica, 2003.
MONFORT, A., Barcelona 1939. El camp de concentració d'Horta, Barcelona, 2008.
MONTES SALGUERO, J. ¿Fue posible tanta intolerancia en el siglo XX?: las mujeres en las cárceles franquistas, en Intolerancia e Inquisición. Actas del Congreso Internacional de Intolerancia e Inquisición, vol. 2, 2006.
MONTES SALGUERO, J. y CUEVAS, T., Presas en Las Ventas, Segovia y Les Corts, Barcelona, 2006.
MONTEVERDE, A., Las cárceles y prisiones en la segunda mitad del siglo XVIII y comienzos del XIX. Apuntes teóricos y penales de Jeremías Bentham, en Revista de Estudios Histórico-Jurídicos de la Pontificia Universidad Católica de Valparaiso, 20 (1998).
MOWERY ANDREWS, R., Law, magistracy, and crime in Old Regime Paris. 1735-1789. vol.I. The system of criminal justice, Cambridge University Press, New York, 1994.
NÚÑEZ BARBERO, R., La reforma penal de 1870, Salamanca, 1969.
NÚÑEZ DIAZ-BALART, M., Mujeres caídas. Madrid, Oberón, 2003.
OLIVER OLMO, P., La cárcel y el control del delito en Navarra entre el Antiguo Régimen y el Estado Liberal, tesis doctoral, Univ. País Vasco, 2000.
ONTAÑÓN, E., Concepción Arenal (1820-1893), en Un estudio sobre la Institución Libre de Enseñanza y la mujer, Valencia, 2003.
ORELLA UNZÚE, J.L., Don Manuel de Lardizábal y Uribe, en Corte y Monarquía en España, Madrid, 2003.
PALOP, J.M., Delitos y penas en la España del siglo XVIII, en Estudis. Revista de Historia Moderna, nº 22 (1996).
PAVARINI, M., Control y dominación. Teorías criminológicas burguesas y proyecto hegemónico, edic. Siglo XXI, Buenos Aires, 2003.
PAVARINI, M., La situación penitenciária a Europa en la segona meitat del segle XIX, L'avenc, nº 97 (1986).
PENDAS GARCÍA, B., J. Bentham: política y derecho en los orígenes del Estado Constitucional, Madrid, 1988.
PEREIRA PORTO, C., A aportación de Concepción Arenal no marco do estado liberal español, A Coruña, 1997.
PÉREZ ESTÉVEZ, R.M., El problema de los vagos en la España del siglo XVIII, Madrid, 1976.

PÉREZ ESTÉVEZ, R.M., Delincuencia en la España del siglo XVIII: los presidiarios de la marina, en Cuadernos de Investigación Histórica, 3, Madrid, 1979.
PÉREZ FERNÁNDEZ, J.M., Un paseo por el reformismo penitenciario del siglo XIX a través de la cárcel modelo de Valencia, en Ars longa. Cuadernos de Arte, nº 9-10 (2000).
PÉREZ FERRER, E., Ideas penales y penitenciarias del Padre Feijóo, en Revista de Estudios Penitenciarios, nº 166 (1964).
PÉREZ GARCÍA, G., La colonia penitenciaria de Villa Cisneros. Deportaciones y fugas durante la Segunda República, en Historia y Comunicación Social, vol.7, 2002.
PÉREZ MARCOS, R.M, Tomás Cerdán de Tallada, el primer tratadista del derecho penitenciario, en el AHDE, 2005.
PETIT, C., La cárcel de Sevilla, en Archivo Hispalense, segunda época, nº 12, vol. IV (1945).
PEZZI, R., Los presidios menores de África y la influencia española en el Rif, Madrid, 1893.
PIKE, R., Penal servitude in Early Modern Spain, London, 1983.
PIKE, R., Penal practices in early modern Spain, in Criminal Justice History, 5 (1984)
PIRAT, A., Concepción Arenal y el Krausismo, en Moenia, vol.10 (2004).
PISCIOTTA, A.W., Benevolent repression: social control and the American Reformatory, London and New York, 1994.
PLATT, A. and TAKAGI, P., Punishment and penal discipline, Berkeley, 1980.
POLO y la BORDA GONZÁLEZ, J., La legislación penal en España a fines del siglo XVIII (una propuesta de interpretación), Barcelona, 1988.
PORRET, M., Beccaria: le droit de punir, Paris, 2003.
PRATT, J., Punishment in a perfect society: The New Zealand Penal System, 1840-1939, Wellington, 1992.
PRATT, J., Punishment and Civilization: Penal Tolerance and Intolerance in Modern Society, London, 2002.
PRIETO SANCHÍS, L., La filosofía penal en la Ilustración española, en Homenaje al Dr. Marino Barbero Santos in memoriam, Cuenca, 2001.
RADZINOWICZ, L., y HOOD, R., A History of english law and its Administration from 1750, 5 vols, London, 1948-1986.
RADZINOWICZ, L. y HOOD, R., The Emergency of Penal Policy in Victorian and Edwardian England, Clarendon Press, Oxford, 1990.
RAMOS, M.D., Victoria Kent (1892-1987), Madrid, 1999.
RAMOS VÁZQUEZ, I., Arrestos, cárceles y prisiones en los derechos históricos españoles, Madrid, 2008.
RICO de ESTEASEN, J., El Coronel Montesinos. Un español de prestigio europeo, Alcalá de Henares, 1948.
RICO LARA, M., Concepción Arenal: la utopía realizada, en Boletín de Información del Ministerio de Justicia, año XLVIII, nº 1700, Madrid, 1994.

RILOVA PÉREZ, I., El centro penitenciario de Burgos durante la Guerra Civil. El año 1936, en Revista de Estudios Penitenciarios, n.º 241 (1989).
RILOVA PÉREZ, I., Aproximación histórica al estudio del trabajo penitenciario en España, nº 248 (2000).
RIVACOBA y RIVACOBA, M., Krausismo y Derecho, Santa Fé (Argentina), 1963.
RIVACOBA y RIVACOBA, M., Lardizábal, un penalista ilustrado, Santa Fé, 1964.
RIVACOBA y RIVACOBA, M., El derecho penal en la Ilustración, en Doctrina penal, nº 42, Buenos Aires, 1988.
RIVACOBA y RIVACOBA, M., Victoria Kent: óbito y obra de una penitenciarista española, en Doctrina Penal, año 10, nº 40, Buenos Aires, octubre-diciembre de 1987.
RIVACOBA y RIVACOBA, M., El correccionalismo penal, Córdoba (Argentina), 1989.
RIVACOBA y RIVACOBA, M., Un discípulo español de Beccaria desconocido en España, en la Revista de Derecho Penal y Criminología, nº 6 (1996).
RIVACOBA y RIVACOBA, M., Últimos escritos penales de Foronda, en Homenaje al Dr. Marino Barbero Santos in memoriam, Cuenca, 2001.
RIVERA BEIRAS, I., La cárcel en el sistema penal. Un análisis estructural, Barcelona, 1996.
RIVERA BEIRAS, I., La cuestión carcelaria. Historia, epistemología, derecho y política penitenciaria, Buenos Aires, 2006.
RODRIGO, J., Los campos de concentración franquistas, entre la historia y la memoria, Madrid, 2003.
RODRIGO, J., Cautivos. Campos de concentración en la España franquista, 1936-1947, Barcelona, 2005.
RODRÍGUEZ RAMOS, L., La pena de galeras en la España moderna, en Estudios Penales, Salamanca, 1982.
RODRÍGUEZ TEIJEIRO, D., Configuración y evolución del sistema penitenciario franquista (1936-1945), en Hispania Nova. Revista de Historia Contemporánea, nº 7 (2007).
ROLDÁN BARBERO, H., Historia de la prisión en Espanya, Barcelona, 1988.
ROMERO AGUILAR, D., Ciencia penitenciaria: Historia y organización de las instituciones penitenciarias en Francia y Bélgica, Alcalá de Henares, 1935.
ROSADO, J., Mendicidad, vagancia y otras enfermedades sociales, Málaga-Córdoba, 1924.
ROSAL de, J., Sentido reformador del sistema penitenciario del Coronel Montesinos, en REP, nº 159 (octubre-diciembre 1962).
ROUSSEAUX, X., DUPONT-BOUCHAT, M.S., VAEL, CL. (dir), Révolutions et justice pénale en Europe. Modéles français et traditions nationales. 1780-1830, París, 1999.
ROVIRA CARRERÓ, I., D. Concepción Arenal; su labor científica desde los puntos de vista penal y penitenciaria, Discurso leído en la solemne inauguración del curso académico, Santiago de Compostela, 1926.

RUBINOS RAMOS, A., Concepción Arenal: una auténtica reformadora social, La Coruña, 1975.

RUSCHE, G. y KIRCHHEIMER, O., Pena y estructura social, Bogotá, 1984.

SABÍN RODRÍGUEZ, J.M., Prisión y muerte en la España de postguerra, Madrid, 1996.

SAINZ GUERRA, J., La evolución del derecho penal en España, Jaén, 2004.

SÁNCHEZ GONZÁLEZ, M.D del M, La Codificación penal en España. Los Códigos de 1848 y 1850, Madrid, 2004.

SÁNCHEZ GONZÁLEZ, M.D del M, La influencia de los escritores italianos en el pensamiento jurídico penal español del siglo XIX, en Italia-España-Europa. XI Congreso Internacional de la Sociedad Española de italianistas, Sevilla, 2005.

SANTALLA LÓPEZ, M., Concepción Arenal (1820-1893), Ferrol, 2001.

SANZ DELGADO, E., Las prisiones privadas: la participación privada en la ejecución penitenciaria, Madrid, 2000.

SANZ DELGADO, E., Disciplina y reclusión en el siglo XIX: criterios humanizadores y control de la custodia, en el Anuario de Derecho Penal y Ciencias Penales, tomo 55 fasc/mes 1, 2002.

SANZ DELGADO, E., El humanitarismo penitenciario español del siglo XIX, Madrid, 2003.

SANZ DELGADO, E., Las viejas cárceles: evolución de las garantías regimentales, en el Anuario de Derecho Penal y Ciencias Penales, tomo 56, fasc/mes 1, 2003.

SANZ DELGADO, E., Dos modelos penitenciarios paralelos y divergentes: Cadalso y Salillas, en Revista de Estudios Penitenciarios, nº extra 1 (2006).

SCANDARELLI, S., Una tentativa di reforma penale nel secolo XVIII spagnolo. Il "Discurso sobre las penas" di Manuel de Lardizábal, en Bolletino dell'Archivio Storico Sardo di Sassari, 11 (1983).

SERRANO, R. y SERRANO, D., Toda España era una cárcel. Memoria de los presos del franquismo, Madrid, 2002.

SEOANE IGLESIAS, J., Concepción Arenal: Un testimonio intelectual humanizado, en Concepción Arenal, Ciencias y humanidades, monográfico 4 (octubre 1994).

SERNA ALONSO, J., De la gestión penitenciaria a la dominación de clase. El ejemplo de Manuel Montesinos, en Poder y Control, nº 3, Barcelona, 1987.

SERNA ALONSO, J., Presos y pobres en la España del siglo XIX. La determinación social de la marginación, Barcelona, 1988.

SERRANO GÓMEZ, A., Introducción a la ciencia del derecho penal, Madrid, 1981.

SHOEMAKER, D.J., Theories of delinquency. An examination of explanations of delinquent behavior, 3º edic., Oxford, 1996.

SILVA MELERO, V., En torno a la escuela penal española, en el Anuario de Derecho penal y ciencias penales, 1954.

SILVA MELERO, V., La faceta criminológica en el pensamiento del Padre Feijóo, en el Anuario de Derecho Penal y Ciencias Penales, 1956.

SMITH, D., The demise of transportation: Mid-Victorian penal policy, en Crime, police and the Courts in British History, edited by Louis A. Knafla, Westport, London, 1990.

SPIERENBURG, P., The Spectacle of Suffering, Cambridge, 1984.

SPIERENBURG, P., The prison experience. Disciplinary Institutions and their inmates in Early Modern Europe, London, 1991.

SUAREZ GRIMÓN, V., Delitos, prisión y destierro en Canarias a fines del siglo XVIII, en el IX Coloquio de Historia Canario-Americana (1990), Las Palmas de Gran Canaria, 1992.

SUBIRATS, J., Pilatos 1939-1941. Prisión de Tarragona. Madrid, 1993.

TELLEZ AGUILERA, A., Los sistemas penitenciarios y sus prisiones, Madrid, 1998.

TELO NÚÑEZ, M., Concepción Arenal y Victoria Kent. Las prisiones, Madrid, 1995.

TOMÁS y VALIENTE, F., La prisión por deudas en los derechos castellano y aragonés, en el AHDE, 30 (1960).

TOMÁS y VALIENTE, F., El derecho penal de la monarquía absoluta (siglos XVI, XVII y XVIII), Madrid, 1969.

TOMÁS y VALIENTE, F., La tortura en España. Estudios históricos, Barcelona, 1973.

TOMÁS y VALIENTE, F., Las cárceles y el sistema penitenciario bajo los Borbones, en Historia 16, extra VIII (1978).

TORRES, R., Los esclavos de Franco, Madrid, 2000.

TRINIDAD FERNÁNDEZ, P., La defensa de la sociedad. Cárcel y delincuencia en España (siglos XVIII-XX), Madrid, 1991.

TORIBIO, A., Beccaria y la Inquisición española, en el Anuario de Derecho Penal, 1971.

UREÑA, E., El Krausismo alemán: los congresos de filósofos y el krausofröbelismo (1833-1881), Madrid, 2002.

VÁZQUEZ ROMERO, J.M., Tradicionales y moderados ante la difusión de la filosofía krausista en España, Madrid, 1998.

VILLENA, M.A., Victoria Kent, una pasión republicana, Barcelona, 2007.

VINYES, R., Irredentas, las presas políticas y sus hijos en cárceles franquistas, Madrid, 2002.

WEISSER, M.R., Crime and punishment in early modern Europe, London, 1979.

WRIGHT, G., Between the Guillotine and Liberty: Two Centuries of the Crime Problem in France, Oxford/New York, 1983.

ZAPATERO SAGRADO, R., Los presidios, las cárceles y las prisiones, en el Anuario de Derecho Penal y Ciencias Penales, vol.XXXIX, fascículo II (mayo-agosto 1986).

ZYSBERG, A., Politiques du bagne. 1820-1850. L'impossible prison: recherches sur le système pénitentiaire au XIXe siécle, París, 1980.

ZYSBERG, A., y BURLET, R., Gloria y miseria de las galeras, Madrid, 1989.

Made in United States
North Haven, CT
04 November 2026

21767037R00271